Norbert Oellers · Robert Steegers

Weimar

Literatur und Leben
zur Zeit Goethes

Mit 56 Abbildungen

Philipp Reclam jun. Stuttgart

2., verbesserte Auflage von:
Norbert Oellers / Robert Steegers:
Treffpunkt Weimar. Literatur und Leben
zur Zeit Goethes. Stuttgart: Reclam, 1999.

RECLAM TASCHENBUCH Nr. 20182
Alle Rechte vorbehalten
© 1999, 2009 Philipp Reclam jun. GmbH & Co., Stuttgart
Reihengestaltung: büroecco!, Augsburg
Umschlaggestaltung: Eva Knoll, Stuttgart,
unter Verwendung eines Fotos
vom Eingang in den »Gelben Saal« in Goethes Wohnhaus, Weimar
(Foto: Jürgen Karpinski)
Gesamtherstellung: Reclam, Ditzingen
Printed in Germany 2009
RECLAM ist eine eingetragene Marke
der Philipp Reclam jun. GmbH & Co., Stuttgart
ISBN 978-3-15-020182-4

www.reclam.de

Inhalt

Vorbemerkung

Dies ist kein Buch für Klassik-Spezialisten, auch nicht für Leser, die wissen wollen, was es denn mit der Klassik, genauer: mit der deutschen Klassik auf sich habe. Das Buch stellt einen sehr viel bescheideneren Anspruch. Es berichtet, nach einer kurzen Darstellung der wechselhaften Geschichte einer Stadt, die einmal zum geistigen Mittelpunkt Deutschlands werden sollte, über Begebenheiten und Verhältnisse, die aus dem großen Abstand von zweihundert Jahren denen interessant sein mögen, die zu dieser Zeit – durch eigene Imagination und mit Hilfe des Berichteten – eine Brücke schlagen wollen, um Goethe und seinem ›Umfeld‹ ein wenig näher zu kommen. Obwohl die wichtigsten Ereignisse die überlieferten Werke der Weimarer Dichter sind, ist das Buch nichts weniger als eine Literaturgeschichte. Titel werden immerhin erwähnt, aber die mit ihnen bezeichneten und zuweilen auch zitierten Texte werden nicht ausführlich beschrieben, analysiert oder gar interpretiert, damit der Charakter des hier Zusammengetragenen, das in erster Linie Unterhaltungs- und Informationswert haben soll, nicht durch (populär)wissenschaftlichen Aufputz, der dem Ganzen leicht ein schiefes janusköpfiges Ansehen hätte verleihen können, verfälscht werde.

Das Buch ist, wie sein Titel und die Kapitelüberschriften verdeutlichen, im wesentlichen ein Goethe-Buch; denn er war nun einmal für über ein halbes Jahrhundert die Zentralsonne der Residenzstadt, die ihm das Prädikat ›Ilm-Athen‹ verdankt und sich noch heute in seinem unverblaßten Glanz zu sonnen beliebt.

Neben Goethe erscheinen, in gemessenem Abstand, die anderen großen und mittleren Geister: Wieland und Herder und Schiller (der allerdings nur insgesamt sieben Jahre in Weimar lebte), Bertuch, Musäus, Böttiger, Falk; dazu einige Damen, die das gesellschaftliche Leben der Stadt und Goethes Leben mitbestimmt haben: Charlotte von Stein, Christiane Vulpius, Johanna Schopenhauer und andere. Außerdem wird das geistige Jena, das zu Weimars Ansehen beitrug, nicht

völlig übersehen: Die Romantiker tauchen auf (A. W. Schlegel und
seine Frau Caroline vor allem), die Philosophen (Fichte, Schelling,
Hegel) und die Studenten. Auch den Weimarer Staatsbeamten, Goethes Amtskollegen, wird ein wenig Aufmerksamkeit geschenkt, um
sichtbar zu machen, daß der Dichter-Minister viele Jahre auch im Geheimen Consilium den Ton angab. Und 26 Jahre lang war er Leiter
des Hoftheaters, das unter ihm zu einer der vorzüglichsten Bühnen
in Deutschland wurde. Davon – nicht zuletzt von den Theaterskanda-
len – ist in diesem Buch natürlich auch die Rede.

Die Herzogin Anna Amalia hat den ›Musensitz‹ Weimar begründet,
ihr Sohn Karl August hat ihn befestigt und ausgebaut. Die Herrschaften werden also, im Hinblick auf die von ihnen geförderte kulturelle
Entwicklung der Stadt, so gewürdigt, daß verständlich wird, warum
ihnen Denkmäler errichtet und Straßen und Plätze nach ihnen be-
nannt wurden.

Nicht nur die Bewohner Weimars, die der Stadt zu Ansehen verholfen haben, sondern auch die Besucher, die anreisten, um teilzuhaben
an dem ›Erlebnis Weimar‹, kommen in diesem Buch zu Wort. Die teilweise ausführlichen Zitate sollen den schriftlich fixierten Eindruck des
Gesehenen und Gehörten authentisch vermitteln, wobei in einigen
Fällen leicht zu erkennen und in anderen zu vermuten ist, daß die sub-
jektiven Wahrnehmungen von Vorerwartungen bestimmt wurden, die
den Blick auf die Realitäten trübten oder gar verstellten. Der Leser
mag entscheiden, welche Mitteilungen ihm ›passend‹ erscheinen und
welche er allenfalls als Kontrast zur vorgestellten Wirklichkeit gelten
lassen kann.

Die Verfasser hoffen, daß die Leser angeregt werden, das Ferne als
nah zu sehen und das Eigene im Fremden wiederzuerkennen; und daß
sie die Neigung verspüren, sich, den skizzierten Spuren folgend, genauer zu informieren nach eigenem Gutdünken: durch die Lektüre
anderer Bücher, der klassischen deutschen Literatur vielleicht, und –
sei es zum ersten oder zum wiederholten Mal – durch einen Besuch
der von der Geschichte nicht nur ausgezeichneten Stadt, deren dunkle
Seiten kennenzulernen kein Freund der Klassik versäumen sollte.

Die Kapitel 1, 3 und 4 des Buches wurden von Norbert Oellers, die
Kapitel 2, 5 und 6 von Robert Steegers geschrieben.

Die Verfasser danken Frau Jutta Schöning sowie den Mitarbeiterin-
nen und Mitarbeitern der Universitätsbibliothek Bonn für ihre Hilfe.

ERSTES KAPITEL

Die Vor- und Frühzeit der Musenstadt

Die Jahrhunderte vor 1775

Es scheint sicher zu sein, daß Weimar eine alte, aber, verglichen mit Städten im heutigen Westdeutschland, die als römische Gründungen schon ihre 2000-Jahr-Feiern hinter sich haben, keine sehr alte Stadt ist. Ihre Gründung hat sich im 13. Jahrhundert ereignet; über genaue Jahreszahlen streiten die Historiker. Immerhin gab es schon in der zweiten Hälfte des 10. Jahrhunderts eine Burg Weimar; und die dort residierenden thüringischen Grafen waren – auch das ist urkundlich gesichert – in mancherlei Händel des Reichs verwickelt. Für das 12. Jahrhundert ist auch schon eine Kirche – die Jakobskirche – bezeugt, und die Herren von Weimar rückten als Ministeriale in den Dienst des Königtums auf. Die Vorzeit ist im dunklen Schoß der Geschichte kaum sichtbar.

Karl Gräbner, ein um 1820 nach Weimar gezogener Schriftsteller, wußte in seinem 1830 erschienenen Weimar-Buch über die Anfänge der Stadt dies zu berichten:

Dunkel ist die Geschichte der Vorzeit, und nur bewährte Urkunden können Hellung schaffen, jedoch ist ihre Zahl durch wilde, verheerende Kriege und erbitterte Mönche sehr vermindert worden. Namen von Ortschaften und Familien sind selten bis auf unsere Zeit unverfälscht geblieben; Mönche mordeten sie mit ihrem Latein. Wohnungen, deren Stätte Niemand mehr kennt, wo höchstens ein Brunnen oder der Name des Feldes einige Spuren davon geben, wurden teils im 13ten Jahrhundert, wo das Faustrecht galt, teils im Bauernkriege (1525) und im 30jährigen Kampfe zerstört. Viele Hilfsquellen sind daher für die allgemeine Geschichte zu Grunde gegangen, weil dem rohen Krieger und dem Bauer nichts heilig, nichts

merkwürdig war. Die meisten Urkunden und Denkmäler, die Hilfsquellen über die Geschichte von der Stadt *Weimar* zerstörten besonders die Verwüstung vom Landgraf Ludwig (1173) und die Brände in
den Jahren 1292 und 1424.[1]

Die Burg also war da, nicht weit davon stand eine Kirche, und ein
paar Kilometer südlich entwickelte sich die Siedlung »Oberweimar«.[2]
Von hier (und von Ehringsdorf und Tiefurt) aus setzte bald ein lebhafter Zuzug nach Weimar (»Unterweimar«) ein, so daß schon Ende
des 13. Jahrhunderts das Städtchen auf eine reputierliche Bevölke-
rungszahl von einigen hundert Menschen gekommen war. Verheerende Brände in den Jahren 1292 und 1299 legten große Teile der Stadt
und auch die Burg in Schutt und Asche.

Über die folgenden Jahrhunderte gibt es, in aller Kürze, dies zu sagen: Die Stadt wuchs und gedieh unter wechselnden Herrschaften:
1346 verloren die Grafen von Weimar ihren Besitz an das Haus Wet-
tin, wurden aber damit von den neuen Besitzern belehnt; 1372 über-
nahmen die Markgrafen von Meißen und Landgrafen von Thüringen
die durch das Aussterben des Weimarer Grafengeschlechts ›verwaiste‹
Stadt; ein Jahrzehnt später wurde diese den thüringischen Wettinern
zugeschlagen. Dann gab's 1424 wieder ein entsetzliches Feuer, das
über die Hälfte der Stadt vernichtete und auch die Burg, die im
13. Jahrhundert errichtete Stadtkirche und das gerade erst fertiggestellte Rathaus nicht verschonte. Als die Schäden noch nicht einmal
behoben waren, wütete 1434 das Feuer aufs neue, machte allerdings
vor dem neuen (provisorischen) Rathaus halt und ging auch glimpflich
mit den Teilen der Burg um, die schon wieder ausgeführt waren. 1439
konnten die Arbeiten abgeschlossen werden: Aus der Burg war nun
ein Schloß geworden. Wilhelm III. (»der Tapfere«), Landgraf von
Thüringen, residierte fortan mit Vorliebe dortselbst. 1482 wurde er in
der Stadtkirche begraben.

1495: »Die Zahl der Häuser im Windischen-, im Markt-, im Neu-
tor- und im Jakobsviertel beträgt 179, in den drei Vorstadtsiedlungen
vor dem Frauen-, dem Jakobs- und vor dem Kegeltor stehen 47 Gebäude.«[3] Die Zahl der Bewohner Weimars läßt sich auf annähernd
1800 schätzen.

1512: »In der Stadt gibt es 196 Bewaffnete, davon 132 mit einem
ganzen Harnisch und 64 mit Vorderteil und Hauben, mit 115 langen
Spießen, 57 Hellebarden und 24 Handbüchsen.«[4] Diese Geharnisch-
ten bekamen bald Arbeit.

Die Neuzeit kam pünktlich nach Weimar. Am 31. Oktober 1517 soll Martin Luther 95 Thesen, mit denen insbesondere der schwunghafte Ablaßhandel der katholischen Kirche gebrandmarkt wurde, an die Schloßkirche von Wittenberg genagelt haben. Ob's so war, mag den Historikern zu entscheiden überlassen bleiben. Sicher ist: Der Keim der Kirchenspaltung war gelegt. Luther reiste durch die Lande und predigte ein neues Christentum. Am 29. September 1518, auf der Durchreise nach Augsburg, wo er den Widerruf seiner Überzeugungen verweigerte, trat er in der Weimarer Schloßkirche auf. Daß er seine Zuhörer nicht nur nachdenklich machte, sondern auch für sich einnahm, erhellt aus der Tatsache, daß er im April 1521 – dieses Mal auf der Durchreise nach Worms, wo er vor dem Reichstag standhaft blieb und deshalb in Acht und Bann getan wurde – von den Honoratioren der Stadt mit Respekt und Applaus behandelt wurde. Groß war der Zulauf, als der Reformator im Oktober 1522 erneut nach Weimar kam und an mehreren Tagen in Stadt- und Schloßkirche seine neue Christenlehre vehement verkündete. Ein halbes Jahr später trat der erste evangelische (Hof-)Prediger sein Amt in Weimar förmlich an. Kurfürst Johann (»der Beständige«), Herzog von Sachsen, hatte sich da schon zu Luther bekannt, und sein Sohn Johann Friedrich (»der Großmütige«) pflegte freundschaftliche Beziehungen zum Reformator, Beziehungen, die sich in den Stürmen der folgenden Jahrzehnte weiter festigten.

1525 wurde den Franziskanern das öffentliche Predigen untersagt. Im selben Jahr verließ der katholische Pfarrer an der Stadtkirche die Stadt – es gab für ihn nicht mehr viel zu tun. Schon ein Jahr zuvor hatte ihn das Verbot, die Messe zu lesen, weitgehend arbeitslos gemacht.

In den Jahren 1524/25 war Thüringen ein Hauptschauplatz des Bauernkriegs. Angeregt durch des Wiedertäufers Thomas Münzer chiliastische Verkündigungen und durch seine Forderungen nach Beteiligung des Volkes nicht nur an religiösen Reformen, sondern auch an der Aufhebung feudaler Herrschaftsstrukturen, sammelten sich in großer Zahl die Bauern zum bewaffneten Kampf gegen die Fürsten, die sich aber, nicht zuletzt durch Luthers tatkräftige Unterstützung, ungeschwächt behaupten konnten. In der Schlacht bei Frankenhausen gelang ihnen ein vollständiger Sieg »wider die« – wie Luther sie nannte – »mörderischen und räuberischen Rotten der Bauern«. Kurfürst Johann konnte walten, wie er wollte; er ordnete an, daß sich der Glauben seiner Untertanen an der Lehre Luthers auszurichten habe.

1525, fünf Jahre vor der Confessio Augustana, war Weimar eine protestantische Stadt.

1531 wurde Weimar – neben Torgau und Coburg – zur kurfürstlichen Hauptresidenz ernannt. Nach nur 16 Jahren war es mit dieser Herrlichkeit vorbei; denn nach der Niederlage bei Mühlberg (mit dem Ende des gegen Kaiser und katholische Kirche formierten ›Schmalkaldischen Bundes‹) wurde den Ernestinern die sächsische Kurwürde entzogen; zu dem ihnen verbliebenen Restbesitz in Thüringen, der im folgenden Jahrhundert immer mehr zersplittert wurde, gehörte Weimar. Das von dort aus regierte Fürstentum erfreute sich bis zum Dreißigjährigen Krieg eines anhaltenden wirtschaftlichen Aufschwungs.

Auch auf dem Gebiet der Kultur machte Weimar in dieser Zeit von sich reden. 1548 wurde ein Gymnasium in Jena zur »Akademie« ernannt, die sich insbesondere um die Pflege des lutherischen Glaubens kümmern sollte; zehn Jahre später wurde sie feierlich als Universität eröffnet. Um dieselbe Zeit: »Mit künstlerischen Darbietungen von Schülern und Studenten beginnt die Weimarer Theatergeschichte.«[5] Da war gerade Lucas Cranach d. Ä. gestorben (1553), der Hofmaler der sächsischen Kurfürsten, der schon 1521 die Weimarer Schloßkirche ausgemalt hatte und 1552 seinen Dienstherrn, Herzog Johann Friedrich (der 1547 als Kurfürst von Sachsen in die Gefangenschaft des Kaisers geraten war), nach Weimar begleitete, um die Arbeit am Hauptaltar der Stadtkirche aufzunehmen. Noch im Todesjahr des Vaters vollendete Lucas Cranach d. J. (zusammen mit Peter Roddelstedt?) das bedeutende Werk, einen Dreiflügelaltar, auf dessen Mittelteil (mit der Kreuzigung Jesu) der Künstler auch Luther und sich selbst verewigt hat.

Weiter gehörte zum kulturellen Leben in der Stadt während der zweiten Hälfte des 16. Jahrhunderts: Das Rathaus wurde umgebaut; die Verwirklichung der Pläne, aus dem spätgotischen Schloß ein Renaissance-Schloß zu machen, wurde in Angriff genommen (aber nicht abgeschlossen); das ›Grüne Schloß‹ (heute die Bibliothek) für Johann Wilhelm, den Bruder des Herzogs, und das ›Rote Schloß‹ für die verwitwete Herzogin Dorothea Susanna entstanden; und die reichen Bürger der Stadt beteiligten sich an der regen Bautätigkeit und ließen sich prächtige Häuser errichten. Schließlich: 1602 fand sich in Weimar auch ein Buchdrucker ein, 22 Jahre bevor die herzogliche Druckerei in Betrieb genommen wurde.

1591, 22. Februar: »Die Huren und alle, die in verbotener Ehe lebten, haben trotz geleisteter Kirchenbuße die Stadt innerhalb eines Monats zu verlassen.«[6]

1613, 29. Mai: »Mit großer Schnelligkeit bricht ein Unwetter mit wolkenbruchartigen Wasserfluten und Hagelschauern, die Thüringer Sintflut, herein: Die Ilm steigt um acht Meter, bringt Brücken zum Einsturz und reißt 44 Wohnhäuser sowie Mühlen mit sich fort. 65 Menschen und 200 Stück Vieh ertrinken im Wasser.«[7]

Am Ende des 16. Jahrhunderts war die Einwohnerschaft Weimars auf über 3000 gestiegen; in den Jahrzehnten zuvor waren über 1000 Menschen rasch aufeinanderfolgenden Pestepidemien zum Opfer gefallen. Nun blühte die Stadt. An Handwerkern, Gewerbetreibenden und Kaufleuten war kein Mangel; sie waren fast alle in eigenen Zünften organisiert: Bäcker, Fleischer, Schneider, Schuster, Leineweber, Kramer, Maurer, Stellmacher, Sattler, Töpfer, Gerber, Schlosser, Schmiede, Glaser, Kürschner, Kannengießer und andere. »Gegen Ende des 16. Jahrhunderts wurden in Weimar rund 100 verschiedene Berufe ausgeübt«.[8]

Er wurde (und wird?) als Held verehrt: Herzog Bernhard von Sachsen-Weimar, genannt »der Große«, Feldherr im Dreißigjährigen Krieg. 1625 diente er als Oberst unter Christian IV. von Dänemark, später kämpfte er an der Seite des Schwedenkönigs Gustav Adolf II. und entschied eine der wichtigsten (und natürlich erbittertsten) Schlachten des Kriegs: die bei Lützen im November 1632. Nachdem der König sein Leben gelassen hatte, übernahm Bernhard das Kommando und behauptete sich, obwohl selbst gefährlich verwundet, gegen die Wallensteinische Armee. Und er siegte weiter. Dann war er auch in einigen Schlachten gegen die Kaiserlichen unterlegen, siegte wieder (meistens mit den Franzosen) und verlor schließlich, nach plötzlicher Erkrankung, im Juli 1639 sein Leben. »Der französische Apotheker hatte die Arznei gemischt. [...] Er [Bernhard] war, wie gleichzeitige Schriftsteller, selbst französische sagen: einer der vortrefflichsten Fürsten und Feldherrn seiner Zeit, der dem besten Helden des Altertums in Parallele gestellt zu werden verdiente.«[9] 160 Jahre später hat Schiller in seinem *Wallenstein* ein Hoch auf Herzog Bernhard ausbringen lassen.[10]

Der lange Krieg hat Weimar nicht weniger in Mitleidenschaft gezogen als die meisten anderen Städte des Reichs: Die finanziellen Ressourcen des Herzogtums waren erschöpft, die Lebenshaltungskosten so gestiegen, daß es vielen Bürgern am Notwendigen mangelte, Hunger und Seuchen nahmen zu, Handwerksbetriebe machten bankrott, gegen die zunehmende Bettelei half keine (Anti-)Bettel-Ordnung und gegen Einquartierungen kein Schutzbrief. Als wäre dem Westfälischen Frieden nicht zu trauen gewesen: Erst zwei Jahre nach dessen Abschluß feierte die Stadt (im August 1650) das Ende des Kriegs. Das Volk mußte sich einen Tag lang freuen, am Hof ging es eine Woche ausgelassen zu. Da war Wilhelm IV. Herzog; ihm war nicht viel geblieben.

1640 waren die Ernestinischen Besitzungen noch einmal geteilt worden. Sachsen-Weimar gehörte fortan zu den besonders kleinen Herzogtümern in Deutschland. Auch der 1741 erfolgte Zugewinn durch das Eisenacher Fürstentum änderte an dem Kleinstaat-Status nichts. Für den absolut regierenden Fürsten war die Kleinheit (und damit Überschaubarkeit) seines Herrschaftsgebietes nicht unvorteilhaft: Er war seinen Untertanen so nahe, daß er ihnen durch seine bloße Präsenz Ergebenheit abverlangen konnte. Er konnte sie auch, ohne Aufstände großen Stils fürchten zu müssen, unter Kuratel halten und bei Bedarf auspressen. Gründe für eine aktive Geldbeschaffungspolitik fand der Herzog schon bald: Am Schloß, das 1618 mal wieder durch einen Brand zerstört und von dem bis 1630 nur die Kirche wieder aufgebaut worden war, sollte nun zügig weitergearbeitet werden. Bereits 1651 wurde der einheimische Baumeister Johann Moritz Richter mit der Fortführung des Aufbaus betraut, der bis 1664 immerhin so weit voranschritt, daß die Vollendung der nun »Wilhelmsburg« genannten Anlage auf spätere Zeiten verschoben werden konnte. Zum Schloß gehörte fortan auch eine von Richter entworfene steinerne Brücke über die Ilm, die, weil sie an den sich nach Süden erstreckenden »Stern«, den frühbarocken Schloßgarten, grenzte, bald »Sternbrücke« genannt wurde; sie ist die älteste erhaltene Brücke Weimars.

Während in der zweiten Hälfte des 17. Jahrhunderts die Wirtschaft in Weimar günstigstenfalls stagnierte, stieg die Zahl der Bewohner sprunghaft an; etwa 4700 waren es an der Wende zum 18. Jahrhundert. 15 adelige Familien und acht alleinstehende Adelige lebten inzwischen in der Stadt und beschäftigten etwa 80 Bedienstete; der Anteil der fürstlichen und städtischen Beamten sowie sonstiger für den Hof Tätiger (unter Einschluß des Militärs) betrug über 21 Prozent der arbeitenden Bevölkerung (die sich wiederum auf etwas mehr als ein Drittel der Gesamtbevölkerung belief); die Gruppe der insgesamt 390 Handwerksmeister, zu denen seit Ende des Jahrhunderts auch einige Strumpfwirker gehörten (1713 waren es schon 76), machte über 30 Prozent der im Berufsleben Stehenden aus.

Während der Regierungszeit des Herzogs Johann Ernst II. (1672–1683) erlitt Weimar einen kulturellen Verlust durch die 1680 erfolgte Auflösung der 1617 begründeten und seit 1651 in Weimar ansässigen »Fruchtbringenden Gesellschaft« (auch »Palmorden« genannt), der ersten deutschen Sprachgesellschaft, die sich die Pflege und Reinerhaltung der deutschen Sprache angelegen sein ließ und die zu ihren Mitgliedern so bedeutende Dichter und Gelehrte wie Martin Opitz, Andreas Gryphius, Friedrich von Logau, Georg Neumark und Johann Michael Moscherosch zählen konnte.

Für die Beurteilung der Qualitäten und Leistungen des von 1683 bis 1728 regierenden Herzogs Wilhelm Ernst gilt, was Schiller von Wallenstein gesagt hat: »Von der Parteien Gunst und Haß verwirrt / Schwankt sein Charakterbild in der Geschichte«[11]. Er habe, wurde bündig formuliert, »despotisch die Regierungsgewalt im Herzogtum Sachsen-Weimar bis zu seinem Tod« ausgeübt und »die eigenstädtische Entwicklung Weimars« unterdrückt.[12] Zu den Unterdrückungsmaßnahmen gehört, daß den Stadtmusikanten verboten wurde, an Sonn- und Feiertagen zum Tanz aufzuspielen, daß der Erwerb des Bürgerrechts drastisch verteuert wurde, daß die Bevölkerung an Feiertagen eine bestimmte Kleiderordnung befolgen mußte, daß dem Rat der Stadt Personalentscheidungen aufgezwungen wurden, die allein den Interessen des Herzogs dienten; auch durften die Armbrustschützen im Schützengraben weder Bier trinken noch Karten spielen, und am Montag fand kein Markt mehr statt. Unbotmäßigkeiten seiner Untertanen bestrafte der Herzog schneller und härter, als die meisten seiner Vorgänger dies getan hatten.

Wilhelm Ernst dachte und handelte aber auch über den Tag hinaus: Er verbesserte das Schulwesen (die Stadtschule wurde in den Rang eines Gymnasiums erhoben), richtete für besonders arme und gute Schüler einen Freitisch ein, begründete ein herzogliches Archiv, führte 1700 den gregorianischen Kalender ein, bemühte sich, allerdings ohne großen Erfolg, um die Ansiedlung französischer Emigranten (Hugenotten), erweiterte systematisch die bis dahin kümmerliche Bibliothek auf über 10 000 Bände und führte den Kunstsammlungen beträchtliche Schätze zu. Natürlich wollte er auch als Bauherr in den Geschichtsbüchern einen hervorragenden Platz einnehmen: So ließ er, um nur einiges anzuführen, für die verwitwete Herzogin Charlotte Dorothea Sophie das ›Gelbe Schloß‹ (in unmittelbarer Nachbarschaft des ›Roten Schlosses‹) errichten, das Jagdschloß Ettersburg in Angriff nehmen, die alte Jakobskirche abreißen und neu bauen; den Grundstein des Schlosses Belvedere legte er 1724 vermutlich mit eigener Hand.

Zu verbuchen ist noch, daß Wilhelm Ernst das Musikleben Weimars entschieden förderte. Sofort nach seinem Regierungsantritt verhalf er der 1662 aufgelösten Hofkapelle zu neuem – und bald schon kräftigem – Leben; wenig später ließ er ins Schloß eine Opernbühne einbauen, die Kirchen versorgte er mit vorzüglichen Organisten, mit Johann Sebastian Bach zum Beispiel, den er 1708 zum Umzug nach Weimar bewegen konnte. Bach, zunächst nur Hoforganist, wurde 1714 Konzertmeister der Hofkapelle; die Kapellmeisterstelle, die 1716 vakant wurde, ging allerdings an einen Konkurrenten, weshalb der gekränkte Künstler, dem ein Ruf nach Köthen schon sicher war, um seine Entlassung bat. Die Dringlichkeit seiner (wiederholt vorgetragenen) Bitte veranlaßte den Herzog, ein Exempel zu statuieren, das nur unter dem Stichwort »feudalabsolutistische Willkürherrschaft« unterzubringen ist: Der Musiker wurde Ende 1717 für vier Wochen in Haft genommen; danach durfte er dem Ruf nach Köthen folgen.

In Karl Gräbners Geschichtsbuch wird des Herzogs mit Freundlichkeit gedacht:

Wilhelm Ernst war in jeder Rücksicht, für Weimar, einer der glorreichsten Fürsten. Er sahe nicht sowohl auf Verschönerung und Vergrößerung der Stadt, als auch auf Gewerbe, besonders sorgte er für Erziehung der Jugend, und war ein treuer Anhänger der Lutherischen Religion. [...] Als im Jahre 1706 Weimar durch den Schwedischen Einfall in Kursachsen mit Durchmärschen und Einquartierung, zu erdulden hatte [sic], zeigte sich auch hier der Herzog mild und freigebig. Bei aller dieser Güte hatte er dennoch Verdrüßlichkeiten von seinen Bürgern (1716) zu erfahren, sie murrten wegen einer errichteten Konsumtions-Akzise, doch bald wurden die Verteidigungsführer in Haft genommen, und der Herzog ließ gern die Akzise wieder eingehen. Sanft entschlief er den 26. August 1728.[13]

Schon während der beiden letzten Jahrzehnte seines Lebens war Wilhelm Ernst durch seinen Neffen Ernst August (I.) beim Regieren unterstützt worden. Dieser übernahm nun für zwanzig Jahre die Herrschaft und zeigte, was er gelernt hatte: mit harter Hand durchzugreifen, wenn sich seinen ehrgeizigen Plänen, den Glanz des höfischen Lebens zu mehren, Widerstände entgegensetzten und wenn das

Volk Pflichtbewußtsein, Ergebenheit und Dankbarkeit missen ließ. Aus einem Abstand von fast einem Vierteljahrtausend ließ sich – cum ira et studio – ein Sündenregister dieser Art aufstellen:

> Ernst August war ein brutaler, unberechenbarer Despot. Er begann seine Herrschaft damit, daß er die Diener seines Vorgängers alle entließ. Für geringe Vergehen wurden grausame Strafen angedroht. So stand auf Diebstahl von Wäsche oder Obst der Tod durch den Strang. Der Herzog selbst aber beging schlimmste Verbrechen. Um hohe Lösegelder oder günstige Kaufverträge zu erpressen, ließ er schuldlose Menschen einkerkern. Zahlreich waren auch seine außerehelichen Beziehungen. Beamte zwang er dann, seine Opfer zu heiraten.[14]

Karl Gräbner, Untertan des Großherzogs Karl Friedrich, hielt es 1830 für geraten, dessen Urgroßvater in ein freundlicheres Licht zu setzen und seine Kritik nur durch die Blume zu äußern:

> Er [Ernst August] war ein ernster und strenger Regent, der die Gesetze zwar streng ausübte, aber auch, als ein Vater, seine Untertanen liebte. Er bauete gern, liebte die Waffen, die Jagd und den Gartenbau, dabei vergaß er nicht Künste und Wissenschaften, denn er war derjenige, welcher Weimar zu einem Glanze zu erheben anfing.[15]

In der Tat: Schloß Ettersburg und Schloß Belvedere wurden vollendet, und das Militärwesen blähte sich auf. Künste und Wissenschaften wurden zwar nicht vergessen, aber keineswegs in besonderem Maße gefördert. Der Musik war der Herzog offenbar nicht sonderlich zugetan, denn 1735 löste er die Hofkapelle auf.

Wie Hohn klingt angesichts der überlieferten Fakten das Herrscherlob, das der Stiftsprediger Laurentius Reinhard 1738 in neun Versen zu Papier brachte:

> Auf, Weimar! freue dich. Denn Gott versorgt dein Heil.
> Dich schützet Ernst August, den höchste Weisheit schmückt,
> und dessen Vater-Huld die Redlichkeit beglückt.
> Ein Fürst, dem jedermann das Lob der Großmut giebet,
> der jeden Untertan wie seine Kinder liebet.
> Maecenas alle die, die hier am Ruder sind,
> erteilen guten Rat und helfen dir geschwind.
> Hier ist Gerechtigkeit, wo dein Augustus wohnet,
> in dessen Residenz die wahre Tugend thronet.[16]

Soviel zum Thema ›Poesie‹ am Vorabend der Kulturstiftung des Herzogtums Sachsen-Weimar-Eisenach. Zum Thema ›Geselligkeit‹ sei noch ein Ereignis erwähnt, das in allen Geschichtsbüchern der Stadt bemerkt wird: »Im Jahr 1733 schenkte Herzog August dem Stadtrate zu Weimar einen großen Platz vor dem Frauentore, hinter dem welschen Garten, worauf er einen Garten von Fruchtbäumen anlegen, mit einer Mauer umgeben, und bei dessem [!] Eingange, nebst andern Nebengebäuden, ein Schießhaus aufführen ließ, wo den 11. Sept. und die folgenden Tage in Gegenwart des Hofes, das erste Vogelschießen gehalten wurde.«[17]

Die Bilanz der Herrschaft Ernst Augusts fällt deshalb ziemlich negativ aus, weil die prächtige Hofhaltung Stadt und Land in Finanznöte stürzte, die wegen der von Jahr zu Jahr drückenderen Wirtschaftskrise stetig zunahmen und immer schmerzlichere Opfer von der zu großen Teilen ohnehin mittellosen Bevölkerung forderten.

Über die acht Jahre, die noch vergingen, bis Anna Amalia, geborene Prinzessin von Braunschweig-Wolfenbüttel, als Gemahlin des Herzogs Ernst August II. Konstantin ihren Einzug in Weimar hielt, sind nicht viele Worte zu machen. Daß bis 1755 der Herzog von Sachsen-Coburg die Regentschaft für den minderjährigen Erbprinzen führte, ist kaum interessanter als ein statistisches Detail aus dem Jahre 1750: »257 mit Fischtran betriebene Wandlaternen beleuchten die Straßen und Plätze«[18]. Ein Mandat aus dem Jahre 1759 hätte sicher auch schon ein Jahrzehnt zuvor erlassen werden können: »Der Kot in der Stadt wird durch die Mistfuhren veranlaßt. Wer keine Torfahrt hat, soll den Mist außerhalb der Markttage auf die Gassen herausschaffen, nicht über Sonn- und Feiertage auf den angewiesenen Plätzen liegen lassen. Schweine soll man nicht ungescheut auf den Gassen herumlaufen lassen.«[19] – Nachdem Ernst August II. Konstantin zweieinhalb Jahre regiert hatte, starb er (am 28. Mai 1758). Da war sein Sohn Karl August acht Monate und 25 Tage alt. Für ihn übernahm Anna Amalia die Regentschaft, die bis zum 3. September 1775 währte.

Am 24. März 1756 waren die Einwohner Weimars zum Jubeln abkommandiert. Ernst August II. Konstantin und seine junge Gemahlin (geboren am 24. Oktober 1739) trafen ein:

Alle Augen waren auf die neue Fürstin und Frau Anna Amalia gerichtet. Freudig bewegt blickte auch sie auf ihre nunmehrigen Untertanen, die nicht satt wurden, die Hüte zu schwenken und Vivat zu

Herzoginmutter
Anna Amalia

Ölgemälde von
Georg Melchior Kraus,
um 1775

schreien. Im Purpurmantel saß sie da; ihr Kleid war von golddurch-
wirkter blauer Seide; im weiß gepuderten hochtoupierten Haar trug
sie eine Rose. Rote Wangen zeugten von Gesundheit; große blaue
Augen blitzten aus dem Gesichtchen der zierlichen Dame.[20]

Vielleicht war es ja so, wie Wilhelm Bode es Anfang des 20. Jahrhunderts imaginierte. Die junge Frau liebte jedenfalls das Theater.
Karl Theophil Doebbelin kam im Juli mit seiner Theatertruppe
nach Weimar, fand Gefallen und wurde engagiert. Für ein angemesse-
nes Gehalt sollte er drei Vorstellungen pro Woche geben. Daß es
schon bald auf Grund von Hofintrigen zur Entlassung Doebbelins
kam und nach dem Tod des Herzogs auch die verbliebenen Mitglieder
der Truppe das Weite suchen mußten, ändert nichts an der rühmlichen
Tatsache, daß es in Weimar schon – wenn auch nur für zwei Jahre, die
ersten des Siebenjährigen Kriegs – ein Hoftheater gab, als die meisten

deutschen Fürsten vom Theater (und der dramatischen Kunst) weniger Ahnung hatten als vom Vogelschießen.

1761 tat Anna Amalia etwas zur Hebung des Musiklebens in Weimar, indem sie den Komponisten Ernst Wilhelm Wolf, einen vorzüglichen Klavierspieler, und den Komponisten Franz von Benda, einen nicht weniger vorzüglichen Geigenspieler, an den Hof verpflichtete. Wolf stieg 1763 zum Hoforganisten auf. Und die Förderung der Literatur sollte auch nicht zu kurz kommen: Johann Karl August Musäus aus Eisenach, der sich einen Namen gemacht hatte durch eine gescheite Parodie des hochberühmten Romans *Sir Charles Grandison* von Samuel Richardson (*Grandison der Zweite*, 1760–62), erhielt 1763 einen Ruf als Pagenerzieher und gehörte bald zum engsten Kreis der um die Herzogin versammelten Künstler und Hofleute. (1769 wurde er Professor am Wilhelm-Ernst-Gymnasium.) Musäus hat sich mit seiner Sammlung *Volksmährchen der Deutschen* (1782–86) seinen Platz in der deutschen Literaturgeschichte redlich verdient.

Zu den großen kulturellen Leistungen, die Anna Amalia zu danken sind, gehört die systematische Erweiterung der Weimarer Bibliothek, die deshalb heute zu Recht »Herzogin Anna Amalia Bibliothek« heißt. Nach dreijährigem Umbau des ›Grünen Schlosses‹ kamen 1766 die Bücherbestände aus dem Schloß dorthin und wurden in kurzer Zeit so vermehrt, daß »den Durchreisenden [...] diese Bibliothek als eine Sehenswürdigkeit gezeigt« wurde. »Mancher verweilte auch länger im Städtchen, weil er hier Bücher und Handschriften fand, die ihm sonst nicht erreichbar waren.«[21]

Die Hoftheater-Zeit sollte nicht nur Erinnerung bleiben. In den Jahren 1767/68 gastierten mit Unterbrechungen Karl Christian Starck und seine Schauspielergesellschaft in Weimar (auf einer Bühne im Reithaus). Zum Geburtstag der Herzogin führte er am 24. Oktober 1768 Lessings *Minna von Barnhelm* auf. Starck war noch nicht endgültig davongezogen, da verpflichtete die Herzogin eine Leipziger Truppe mit dem Prinzipal Heinrich Gottfried Koch, der die Erlaubnis erhielt, im Schloß zu spielen, und sich mit Johann Elias Schlegels Trauerspiel *Hermann* einführte. Die besondere Neigung Anna Amalias gehörte den Singspielen, von denen Koch einige (wie *Die Jagd* und *Das Rosenfest*) zum Entzücken eines ausgesuchten höfischen Publikums darbot. 1771 erhielt Koch einen Ruf nach Berlin, dem er folgte. Doch dauerte es nur wenige Monate, bis die schauspiellose Zeit in Weimar vorüber war: Am 7. Oktober 1771 gab die Schauspielertruppe unter dem vielgerühmten Leiter Abel Seyler, der 1767 als Unternehmer dem Hamburger Nationaltheater zur Gründung verholfen hatte, im Weimarer Schloß die erste Vorstellung – mit Konrad Ekhof, dem neben Friedrich Ludwig Schröder anerkanntesten deutschen Schauspieler seiner Zeit, der im Juni 1771 Prinzipal der Seylerschen Gesellschaft geworden war und 1774 zum Mitdirektor des Gothaer Nationaltheaters avancierte. Ekhof und Seyler boten neben leichten Singspielen und Balletten auch ernsthafte Dramen, des Gothaer Legationssekretärs Friedrich Wilhelm Gotter *Orest und Elektra* (1772) zum Beispiel oder Friedrich Hildebrand von Einsiedels, des einheimischen Feierabenddichters, *Der wohlthätige Murrkopf* (nach Goldoni, 1772). In den Annalen der Theatergeschichte ist als wichtiges Datum der 28. Mai 1773 vermerkt. An diesem Tag kam es in Weimar zur Uraufführung der ›deutschen Oper‹ *Alceste* mit der Musik von Anton Schweitzer und dem Libretto von Christoph Martin Wieland; es gab 24 Wiederholungen. Ferner ist daran zu erinnern, daß am Neujahrstag 1774 Lessings Trauerspiel *Emilia Galotti* in Weimar zu sehen war. Ein paar Monate später war das Theater Anna Amalias wieder verwaist.

Im Märzheft 1773 von Wielands gerade begründetem »Teutschen Merkur« findet sich ein Bericht über die Theaterverhältnisse in Weimar, in dem es heißt:

Die dramatische Dichtkunst und die Schauspielkunst, welche in dem alten Griechenlande ein Politisches Institut waren, sind in unsern neuern Zeiten, durch die wetteifernden Bemühungen der besten Köpfe in dem aufgeklärten Teile von Europa, ein moralisches Institut geworden, welches auf die Sinnesart und die Sitten eines Volkes heilsame Würkungen verbreitet, und in den Händen einer weisen Regierung eines der würksamsten Mittel wird, den Verstand und das Herz ihrer Untergebenen zu bilden.

Zu den stärksten Stützen (wenn nicht gar zu den Begründern) des ›Weimarischen Musenhofs‹ gehört zweifellos jener Dichter, der um 1770 zusammen mit Klopstock und Lessing zum hellstrahlenden Dreigestirn am deutschen Poetenhimmel gehörte: Christoph Martin Wieland. Im November 1771 war er für ein paar Tage in Weimar gewesen und mit der Herzogin zusammengetroffen; im März des folgenden Jahres hatte sich die Begegnung wiederholt. Anna Amalia stellte sich vor, Wieland könne ihren Söhnen ein wenig Unterricht in Philosophie erteilen. Das war nun freilich nicht sehr verlockend. Etwas fürstlicher sollten Nachfrage und Angebot wohl sein.

Am 20. September 1772 hielt Wieland seinen Einzug in Weimar, nachdem Anna Amalia ihre Bitte interessanter gemacht hatte: Nun sollte er nicht mehr darauf beschränkt werden, die jugendlichen Prinzen in die Anfangsgründe der Philosophie einzuführen, sondern er sollte vor allem sein Augenmerk auf Karl August, den Erbprinzen, richten und ihm eine Rundum-Erziehung (im Sinne des *Goldnen Spiegels*?) angedeihen lassen.

Wieland hatte Erfahrung als Erzieher: In den fünfziger Jahren war er für fast ein Lustrum Hauslehrer in der Schweiz gewesen, und in Erfurt hatte er als Professor der Philosophie (1769–72) der ihm anvertrauten Jugend nicht nur Wissen, sondern auch schickliches Betragen beizubringen versucht. Über die pädagogischen Qualitäten Wielands hatte sich die Herzogin nicht so sehr durch Urteile anderer ins Bild setzen lassen als vielmehr durch eigene Erfahrungen, die sich an ein Bildungserlebnis besonderer Art knüpften: Sie hatte Wielands zur Ostermesse 1772 erschienenen Roman *Der goldne Spiegel, oder die Könige von Scheschian* gelesen, jenen philosophischen Staatsroman, der als Fürstenspiegel am Beispiel des indischen Königshauses Scheschian über die durch Natur und Kultur vorgegebenen Bedingungen reflektierte, unter denen sich ein ›idealer Staat‹ (bei Wieland ist das eine aufgeklärte Monarchie, wie sie der Tendenz nach durch Kaiser Joseph II. repräsentiert war) realisieren ließe. Wielands Forderungen nach Vernünftigkeit, Rechtlichkeit und Humanität der Herrschenden leuchteten Anna Amalia offenbar so sehr ein, daß sie glaubte, er könne das Herzogtum Sachsen-Weimar auf den Weg eines idealen Staates bringen. Daß ihre Hoffnungen (und die viel bescheideneren Erwartungen Wielands) angesichts der persönlichen Verhältnisse im herzoglichen Hause wie auch angesichts der politischen und gesellschaftlichen Realitäten im Lande enttäuscht werden mußten, haben Fürstin und Fürstendiener nach einiger Zeit erfahren. Wieland hat der Enttäuschung in einem »Anhang« zum *Goldnen Spiegel*, in der *Geschichte des weisen Danischmend*, schon 1775 Ausdruck verliehen.

Er war also da, der nicht nur viel gerühmte, sondern auch – ob seiner Galanterie, ›Wollustapologie‹ und Frivolität – oft geschmähte Dichter der wegen ihrer Indezenz und Freizügigkeit besonders inkriminierten *Comischen Erzählungen* (1765), der schon (trotz aller Kritik) klassisch gewordenen Romane *Der Sieg der Natur über die Schwärmerey oder die Abentheuer des Don Sylvio von Rosalva* (1764) und *Geschichte des Agathon* (1766/67), der heiteren Verserzählung *Musarion oder die Philosophie der Grazien* (1768) und anderer Dichtungen, in denen Empfindsames bewahrt und gleichzeitig parodiert erscheint, in denen Ideen der Aufklärung durch klassische Formen ihre besondere Leichtigkeit und ihr – oft erst von der Nachwelt erkanntes – nicht zu leugnendes Gewicht gewonnen haben.

Am 4. Dezember 1772 schrieb Wieland an Friedrich Heinrich Jacobi, nachdem er zehn Tage lang »Tag und Nacht« mit dem 15jährigen Karl August zusammengewesen war: »Ich habe das Vergnügen gehabt, in der Hoffnung bestätigt zu werden, welche ich mir von unserem jungen Fürsten mache. Wenn der Himmel ihn und ein paar gute Freunde, die er hat, leben läßt, so sollen Sie in sechs Jahren a dato einen kleinen Hof sehen, der verdienen soll, daß man von den Enden der Welt komme, ihn zu sehen.«[22] Der Erzieher wollte nach Kräften tätig sein, daß dieses Ziel erreicht werde.

Schon vor seiner Übersiedlung nach Weimar hatte sich Wieland mit dem Gedanken getragen, eine seriöse literarische Zeitschrift zu be-

Wieland im Kreise seiner Familie
Ölgemälde von Georg Melchior Kraus, 1775

gründen, in die er eigene Dichtungen und Abhandlungen aufnehmen
wollte, die sich aber darüber hinaus durch die Mitarbeit vieler angesehener Schriftsteller auszeichnen sollte. Der Plan wurde schnell in die
Tat umgesetzt: Der Weimarer Schriftsteller und Unternehmer Friedrich Justin Bertuch (später als »der Kaufmann der Goethezeit« charak-
terisiert) verband sich mit Wieland zur Herausgabe der bis 1775 vier-
teljährlich, dann monatlich erscheinenden Zeitschrift »Der Teutsche
Merkur«, und schon Anfang 1773 war das Periodikum auf dem Markt
(zunächst als »Der Deutsche Merkur«). Es war eines der erfolgreich-
sten Unternehmungen dieser Art im Deutschland jener Zeit; erst 1810
fand die Zeitschrift (seit 1790 erschien sie unter dem Titel »Der neue
teutsche Merkur«) ihr Ende.

Nach Wielands Tod hat Goethe in seiner Rede »Zu brüderlichem
Andenken Wielands« auch des »Teutschen Merkurs« auf angemessene
Art gedacht:

> Dieses Unternehmen war nicht das erste in seiner Art, aber doch zu
> jener Zeit neu und bedeutend. Ihm verschaffte sogleich der Name
> des Herausgebers ein großes Zutrauen: denn daß ein Mann, der
> selbst dichtete, auch die Gedichte anderer in die Welt einzuführen
> versprach, daß ein Schriftsteller, dem man so herrliche Werke ver-
> dankte, selbst urteilen, seine Meinung öffentlich bekennen wollte,
> dies erregte die größten Hoffnungen. Auch versammelten sich wert-
> volle Männer bald um ihn her, und dieser Verein vorzüglicher Litera-
> toren wirkte so viel, daß man durch mehrere Jahre hin sich des Mer-
> kurs als Leitfadens in unserer Literargeschichte bedienen kann. Auf
> das Publikum überhaupt war die Wirkung groß und bedeutend;
> denn wenn auf der einen Seite das Lesen und Urteilen über eine grö-
> ßere Masse sich verbreitete, so ward auch die Lust, sich augenblick-
> lich mitzuteilen, bei einem jeden rege, der irgend etwas zu geben
> hatte.[23]

Da sich in den Jahren nach 1772 viele Augen auf das Weimar Wielands richteten, kamen auch mehr und mehr diejenigen Schriftsteller
und Künstler in den Blick, die keinen geringen Teil an der Herausbil-
dung der Residenzstadt zu einer von der Herzogin nach Kräften ge-
förderten kulturellen Hochburg hatten: von der schreibenden Zunft
Musäus, von Einsiedel und Bertuch, Gottlob Ephraim Heermann und
Johann Christian Brandes; die Musiker Wolf und Schweitzer, die Maler Johann Ehrenfried Schumann und Johann Ernst Heinsius. 1774 gelang es der Herzogin, Karl Ludwig von Knebel, Schriftsteller und

schon mit 30 Jahren im Ruhestand lebender Gardeleutnant in preußischen Diensten, nach Weimar zu ziehen; er sollte den jüngeren Prinzen Konstantin auf die für diesen vorgesehene militärische Karriere vorbereiten.

Im Dezember 1774 kam es in Frankfurt zu einer Begegnung Knebels mit Goethe. Dabei wurde die Frage erörtert, ob Goethe sich denken könne, in weimarischen Staatsdienst zu treten.

Am 6. Mai 1774 war in Weimar wieder einmal ein großer Brand ausgebrochen, der das Weimarer Schloß fast gänzlich vernichtet hatte. Bei den Bergungs- und Rettungsarbeiten hatte sich Karl August besonders hervorgetan und dadurch die Zuneigung seiner künftigen Untertanen gewonnen.

In der Stadt lebten damals etwa 6000 Menschen.

ZWEITES KAPITEL

Wieland, Goethe, Herder:
Auf dem Weg zum Ilm-Athen

1775–1786

Als im Dezember 1774 Karl Ludwig von Knebel bei Goethe in Frankfurt vorgesprochen hatte, war er mit dem siebzehnjährigen Erbprinzen Karl August und dessen jüngerem Bruder Konstantin auf der Reise nach Paris gewesen. Diese Bildungsreise, in Adelskreisen der übliche Abschluß der Erziehungsjahre, hatte auch dazu gedient, die Verlobung des Erbprinzen mit der Prinzessin Luise von Hessen-Darmstadt in die Wege zu leiten. Ob aus Neugierde, dem berühmten Autor des *Götz von Berlichingen* und des *Werther* persönlich zu begegnen, ob in der Absicht, sich nach geeigneten Mitgliedern für Hofstaat und Verwaltung umzusehen (auch das war eine Funktion solcher Kavalierstouren) – Karl August hatte jedenfalls den Wunsch, den Dr. Goethe aus Frankfurt kennenzulernen, und schickte den Kammerherrn Knebel vor. Er habe den in sein Zimmer eintretenden jungen Mann zuerst für Friedrich Jacobi, den Düsseldorfer Freund, gehalten, erinnert sich Goethe im 15. Buch von *Dichtung und Wahrheit* an den ersten Besuch des ›Ur-Freundes‹ Knebel. Schnell seien sie ins Gespräch gekommen und hätten sich über den Hof, in dessen Diensten Knebel stand, und die dortigen Verhältnisse, die Herzogin, Wieland, das Theater unterhalten.

Wie ich mich nun, gleichsam als ein alter Bekannter, nach diesen Personen und Gegenständen erkundigte und den Wunsch äußerte, mit den dortigen Verhältnissen näher bekannt zu sein, so versetzte der Ankömmling gar freundlich: es sei nichts leichter als dieses, denn so eben lange der Erbprinz mit seinem Herrn Bruder, dem Prinzen Constantin, in Frankfurt an, welche mich zu sprechen und zu kennen wünschten. Ich zeigte sogleich die größte Bereitwilligkeit ihnen aufzuwarten, und der neue Freund versetzte, daß ich damit nicht säumen solle, weil der Aufenthalt nicht lange dauern werde.[1]

Am selben Abend noch, dem 11. Dezember 1774, stellte Knebel den beiden Weimarer Prinzen Goethe vor, das Gespräch drehte sich um Politik einerseits, Literatur andererseits, und Karl August lud Goethe ein, ihm in den nächsten Tagen nach Mainz zu folgen und dort einige Tage mit ihm zuzubringen.

Karl Ludwig von Knebel
Nach einer Rötelzeichnung
von Goethe, 1776/77

Drei Tage verbrachte Goethe mit den Prinzen, Knebel und Graf Görtz, dem Erzieher Karl Augusts, in Mainz. Man plauderte über dies und das, fuhr Schlittschuh, zeichnete und vergnügte sich. Auch auf sein Verhältnis zu Karl Augusts Lehrer Wieland, den Goethe 1774 in seiner Farce *Götter, Helden und Wieland* verspottet hatte, kam das Gespräch, und der Dichter erbot sich, sogleich ein versöhnliches

Schreiben an Wieland aufzusetzen (der seinerseits im »Teutschen Merkur« Goethes Farce als Muster ihrer Gattung gelobt und damit über-
legene Souveränität gezeigt hatte). »Goethe schrieb da ein launiges
Billet an Wieland, welches Goerz an leztern schickte, in der Meinung,
sie zu reconcilieren«, notierte am 14. Oktober 1809 Karl Bertuch, nach
Erinnerungen seines Vaters, in sein Tagebuch. »Es enthielt aber nur
die Versicherung, daß Go[ethe] die Brattwürste mit den Prinzchen
vortrefflich schmeckten u[nd] daß es wünschten beide, Wieland wäre
dabei.«[2]

Noch drei weitere Male begegnete Goethe 1775 dem Weimarer
Erbprinzen – auf dem Weg in die Schweiz im Mai des Jahres am Hofe
des Markgrafen Karl Friedrich von Baden-Durlach in Karlsruhe, wo
sich Karl August bei seiner Verlobten Luise aufhielt; im September, als
Goethe wieder zurück in Frankfurt und Karl August auf der Reise
nach Darmstadt war, wo die Vermählung mit der Prinzessin Luise
stattfinden sollte; und schließlich am 12. Oktober, als die Neuver-
mählten auf der Durchreise noch einmal in Frankfurt Station machten.
Die schon auf der Hinreise ausgesprochene Einladung nach Weimar
wurde noch einmal nachdrücklich wiederholt, und Goethe versprach
zu kommen.

Die Eltern, als selbstbewußte Bürger einer freien Reichsstadt dem
Hofleben gegenüber kritisch, waren skeptisch, Goethe selbst in doppelter Hinsicht froh, Frankfurt den Rücken kehren zu können: Die
nicht einmal halbherzig betriebene Anwaltskanzlei langweilte ihn,
und es drängte ihn, für eine Weile Abstand zu Lilli Schönemann zu
bekommen, der Frankfurter Bankierstochter, mit der er sich im Frühjahr verlobt, die von beiden Familien nicht recht gewünschte Verbindung im Oktober aber schon wieder, nicht ohne Schmerzen und Verwirrung, gelöst hatte. »Ich entschloß mich daher abermals zur Flucht,
und es konnte mir deshalb nichts erwünschter sein«, heißt es in *Dichtung und Wahrheit*, »als daß das junge herzoglich Weimarische Paar
von Karlsruhe nach Frankfurt kommen und ich [...] ihnen nach Weimar folgen sollte.«[3] Es wurde vereinbart, daß Goethe auf Karl Augusts Kammerjunker August von Kalb warten solle, der in den nächsten Tagen mit einer in Straßburg neu erworbenen Kutsche durchreise
und Goethe nach Weimar mitnehmen könne. Doch Kalb blieb aus.
Goethe, der nur weg wollte aus Frankfurt, wurde ungeduldig und ließ
sich von seinem Vater bereden, man habe ihn bestimmt zum besten
halten wollen und er solle nun, statt weiter zu warten, doch lieber die
langgeplante Reise nach Italien antreten.

Goethe

Bleistiftzeichnung
von Georg Friedrich Schmoll,
1775

Am 30. Oktober 1775 machte Goethe sich auf die Reise, zunächst
nach Heidelberg, wo er einige Tage bei einer Bekannten Quartier
nahm. Dort erreichte ihn am 3. November ein reitender Bote mit einem Brief Kalbs:

> Die Stafette kam von Frankfurt, ich kannte Siegel und Hand; der
> Freund war also dort angekommen; er lud mich ein, und der Un-
> glaube und Ungewißheit hatten uns übereilt. [...] Nun eröffnete ich
> den Brief, und alles war ganz natürlich zugegangen. Mein ausgeblie-
> bener Geleitsmann hatte auf den neuen Wagen, der von Straßburg
> kommen sollte, Tag für Tag, Stunde für Stunde, wie wir auf ihn ge-
> harrt; war alsdann Geschäfts wegen über Mannheim nach Frankfurt
> gegangen, und hatte dort zu seinem Schreck mich nicht gefunden.[4]

Nach kurzem Überlegen gab Goethe die vom Vater vorbereitete
Italienreise auf und kehrte nach Frankfurt zurück, um von dort mit
August von Kalb nach Weimar aufzubrechen. Der letzte, erst post-
hum erschienene Teil von *Dichtung und Wahrheit* endet mit dieser

Schilderung vom Abbruch der Italienreise. Goethes Zeit in Weimar
begann, der Stadt, die er in den sechsundfünfzig Jahren bis zu seinem
Tod außer für den jetzt aufgeschobenen Italienaufenthalt und zahlreiche kürzere und längere Reisen nicht mehr verlassen sollte.

Am 7. November 1775 traf Goethe, morgens um fünf Uhr, in Weimar ein. Bis er eine geeignete Wohnung gefunden haben würde, nahm
August von Kalb ihn mit in das Haus seines Vaters, des Kammerpräsidenten Karl Alexander von Kalb. Für fast ein halbes Jahr blieb Goethe
in dessen Haus hinter der Stadtkirche zu Gast.

In Weimar wurde Goethe schon erwartet; so schrieb Wieland, bis
jetzt der bekannteste und wichtigste der in der Residenzstadt ansässigen Dichter und Gelehrten, am 27. Oktober 1775 an den Schweizer
Theologen und Physiognomen Johann Caspar Lavater:

> Auf Göthen warten wir hier sehnlich seit 8–10 Tagen von Tag zu
> Tag, von Stunde zu Stunde. Noch ist er nicht angelangt, und wir be-
> sorgen nun, er komme gar nicht.
> [...] Unterdessen verlangt mich, zu sehen, ob ich durch persönliche
> Bekanntschaft soweit kommen werde, besser als itzt zu wissen, was
> ich von dem Manne denken soll, der, als Shakespeares Nebenbuhler
> so groß ist, und doch fähig war, *ohne durch einen Gedanken von mir
> beleidigt zu sein*, in so bösartigen Pasquinaden als *Götter, Helden
> und Wieland* [...] alles anzuwenden, um mich meinen Zeitgenossen
> verächtlich zu machen.[5]

An *Götter, Helden und Wieland* hatte der Verspottete ja schon im
»Teutschen Merkur« souverän die literarische Qualität herausgestellt,
und auch von seinem Verfasser zeigte sich Wieland, als er ihn nun
endlich kennenlernte, hellauf begeistert und war ohne Umschweife
bereit, ihm den ersten Rang auf dem Weimarer Parnaß zuzugestehen
– was vermutlich auch klüger war, als sich auf einen Machtkampf mit
dem Favoriten des jungen Herzogs einzulassen. Seiner überschwenglichen Verehrung für den jüngeren Dichterkollegen gab Wieland sogleich in einer Reihe von Briefen Ausdruck. »O Mein bestes Brüder-
chen, was soll ich dir sagen?« schrieb er am 10. November an Friedrich
Jacobi. »Wie ganz der Mensch beim ersten Anblick nach meinem Herzen war! [...] Seit dem *heutigen Morgen* ist meine Seele so voll von
Göthen wie ein Tautropfe von der Morgensonne.«[6] Und an Lavater
am gleichen Tag: »Vernichten Sie doch meinen letzten Brief, worin,
glaube ich, albernes Zeug von Göthen steht.« Er habe diesen »herrli-

chen Menschen binnen dieser 3 Tage [seit Goethes Ankunft] so herzlich liebgewonnen« und bedauere nur, ihn »noch wenig *allein*« gesehen und gesprochen zu haben.[7] In einem Brief an Johann Georg Meu-
sel heißt es eine Woche später: »*Göthe*, den wir seit neun Tagen hier
besitzen, ist das größte Genie, und der beste liebenswerteste Mensch,
den ich kenne.«[8] Wieland hatte Goethe am Tage seiner Ankunft im
Hause des Kammerpräsidenten von Kalb kennengelernt, sah ihn bei
Hofe und lud ihn bald zu sich und seiner Familie nach Hause ein.

In der ersten Zeit hätte Wieland also gerne noch mehr Umgang mit
dem jungen Dichterkollegen gehabt, doch Goethe war, vor allem anderen, Gast des jungen Herzogs. Am Tage seines achtzehnten Geburtstags, dem 3. September 1775, hatte Karl August die Regentschaft
angetreten, und nicht als Erbprinz, sondern als regierender Herzog
war er kurz darauf nach Karlsruhe aufgebrochen, um sich mit der
gleichaltrigen Luise von Hessen-Darmstadt zu verheiraten. Kaum
mehr als zwei Monate regierte er also, als sein Gast aus Frankfurt endlich eintraf. Und nicht nur das Herzogspaar war jung: Prinz Konstantin war siebzehn, sein Erzieher Knebel einunddreißig; Hildebrand
von Einsiedel und Friedrich Bertuch, die zum Kreis der Herzoginmutter Anna Amalia gehörten, waren fünfundzwanzig und sieben-
undzwanzig Jahre alt. Selbst Anna Amalia, nach sechzehnjähriger Regentschaft nun gewissermaßen auf das Altenteil gesetzt, war im Oktober 1775 gerade sechsunddreißig geworden und auch im Rahmen der
geringeren Lebenserwartung des 18. Jahrhunderts alles andere als eine
alte Frau. Die Lebendigkeit und das Bedürfnis nach Abwechslung und
Amusement am Weimarer Hofe mögen auch in diesen Altersverhält-
nissen einen ihrer Gründe haben.

Der junge Herzog wird es genossen haben, mit der Übernahme der
Regentschaft auch der Aufsicht der Mutter und seiner Erzieher entronnen zu sein. Mehr als die Last der neuen Verantwortung und der
Amtsgeschäfte ihn drückten, genoß er die Freiheit, gab sich seiner
Jagdleidenschaft hin und ließ bei Hofe eine Festlichkeit auf die andere
folgen. Weimar feierte den Regierungswechsel, das junge Herzogspaar
und den Beginn einer neuen Zeit. In diese Stimmung hinein traf Goethe in Weimar ein, als gerühmter Dichter neugierig aufgenommen in
die Hofkreise, als Gesprächspartner und Gesellschafter bald begehrt.
So ganz schien Goethe anfangs selbst nicht zu wissen, wo ihm der
Kopf stehen sollte in der ungewohnten Umgebung. In einem Brief an
Johanna Fahlmer, eine Freundin der Familie Goethe, heißt es am
22. November 1775:

Lieb Täntgen! Wie eine Schlittenfahrt geht mein Leben, rasch weg und klingelnd und promenierend auf und ab. Gott weiß wozu ich noch bestimmt bin, daß ich solche Schulen durchgeführt werde. Diese gibt meinem Leben neuen Schwung, und es wird alles gut werden. Ich kann nichts von meiner Wirtschaft sagen, sie ist zu verwickelt, aber alles geht erwünscht, wunderlich Aufsehn machts hier, wie natürlich. Schreiben Sie mir ein Wort. Wieland ist gar lieb, wir stecken immer zusammen, und gar zu gerne bin ich unter seinen Kindern. Sein Weib ist herzebrav, und gleicht der la Roche.⁹

Etwas abgeklärter fällt der erste Eindruck von Weimar aus, den Goethes Diener und Vertrauter Philipp Seidel, später Beamter in der Weimarer Finanzverwaltung, in einem Brief an einen Frankfurter Freund wiedergibt:

Luise Auguste
Herzogin von Sachsen-Weimar-Eisenach
Ölgemälde von Johann Ernst Heinsius, um 1781

Ich hab alles: Arbeit genug, Essen, Trinken und Geld, und – nur keine Liebe, keine Seele, der ich mich mitteilen könnte. Es ist ein müßiges, steifes, üppiges Volk, das einem oft unleidlich wird. Ihr ganzes Verdienst ist, daß sie Bücher lesen und dadurch noch unerträglicher werden. Ich soll Dir was übern Hof sagen? Viel kann ich nicht, weil ich nicht viel dran zu tun habe und mich eigentlich nichts da interessiert. Aber das muß ich Dir sagen, daß meine Seelenlust ist, die fürstliche Familie zu sehen. Man kann die große fürstliche Aise an der verwitweten Herzogin und den gütigen jugendlichen Blick des Herzogs nicht genug bewundern. Wenn aber auch das Volk von ihnen redet, solltest Du auch das Rühmen hören und das »Gott sei Dank!« mit tränenden Augen und »Gott erhalte sie uns!« Es ist rührend.[10]

Karl August
Herzog von Sachsen-Weimar-Eisenach
Ölgemälde von Johann Ernst Heinsius, um 1781

Goethe war kaum drei Wochen in Weimar, als auch schon die nächsten illustren Gäste eintrafen, die Brüder Friedrich und Christian zu
Stolberg, aus altem Grafengeschlecht und als Mitglieder des »Göttin-
ger Hains« und Schüler Klopstocks nicht unbekannte Dichter. Schnell
in das Treiben am Hof integriert, schrieben sie begeisterte Briefe an
Freunde und Verwandte. In einem Brief von Christian zu Stolberg an
seine Schwester Katharina vom 6. Dezember 1775 werden die ausge-
lassenen Geselligkeiten geschildert: »Man geht mit ihnen allen um,
ganz als wären's Menschen wie Unsereiner«, wundert sich der Brief-
schreiber über die herzogliche Familie und berichtet zum Beweis von
den abendlichen Vergnügungen:

> Einen Abend soupierten wir beim Prinzen, des Herzogs Bruder.
> Miteins ging die Tür auf, und siehe: die alte Herzogin kam herein
> mit der Oberstallmeisterin, einer trefflichen, guten schönen Frau v.
> Stein. Beide trugen zwei alte Schwerter aus dem Zeughause, eine Elle
> höher als ich, und schlugen uns zu Rittern. Wir blieben bei Tische
> sitzen, und die Damen gingen um uns herum und schenkten uns
> Champagner ein. Nach Tische ward Blinde Kuh gespielt; da küßten
> wir die Oberstallmeisterin, die neben der Herzogin stand. Wo läßt
> sich Das sonst bei Hofe tun?[11]

Ihre Zeit verbrachten die Brüder teils bei Hofe, teils bei Goethe
oder Wieland. Abends wurde getanzt, bei Tisch über Literatur gere-
det, und an einem Nachmittag las Goethe aus dem noch unfertigen
Faust vor, wie die Stolbergs sofort in Briefen vermeldeten und damit
mithalfen, den Ruhm des noch lange nicht veröffentlichten Stückes
schon im vorhinein unter den Literaturinteressierten zu verbreiten.
Als Friedrich und Christian zu Stolberg nach einigen Tagen nach Berlin weiterreisten, machte Karl August dem jüngeren, Friedrich, das
Angebot, als Kammerherr in seine Dienste zu treten. Dieser war über
das Angebot wohl erfreut, wollte jedoch nicht sofort zusagen.
    Das muntere Treiben bei Hofe ging weiter. Eine lange Reihe von
mehr oder weniger gut bezeugten Anekdoten über das, was Goethe,
der junge Herzog, Knebel, Einsiedel, Bertuch und der Oberforstmeister von Wedel in Weimar und Umgebung anstellten, ließe sich hier
einfügen: von der Katze, die man einer Bäuerin heimlich ins Butterfaß
gesteckt habe; den Bauernmädchen, mit denen man sich auf Dorffe-
sten vergnügte; vom Porträt eines Gastgebers, durch dessen herausge-
schnittene Kopfpartie Goethe den Eigentümer des Bildes angrinste,
und dergleichen mehr. Ob Karl August und seine wilde Jagd dabei

wirklich so inkognito unterwegs waren, wie sie sich einbildeten, oder
ob die Landbevölkerung nicht einfach zähneknirschend gute Miene
zum bösen Spiel ihres Landesherrn machte, sei dahingestellt. Jedenfalls hatten die vielen zu Pferde unternommenen Ausflüge über Land
den positiven Nebeneffekt, daß der Herzog und seine Begleiter einen
Eindruck von Land und Leuten im Herzogtum bekamen.

Goethe war sich anfangs nicht recht darüber im klaren, wie lange
seines Bleibens in Weimar sein würde. »[...] schon ein Vierteljahr ist
er in Weimar beim Herzog, und Gott weiß, wenn er wiederkömmt«,
schrieb seine Mutter am 2. Februar 1776 an Hans Buff, der an den in
Frankfurt geglaubten Goethe einen Brief gesandt hatte.[12] Bereits im
Januar 1776 schien sich immer mehr abzuzeichnen, daß Goethe wohl
fürs erste in der Residenzstadt bleiben würde. In einem Brief an den
Darmstädter Freund Johann Heinrich Merck heißt es:

Ich bin nun ganz in alle Hof- und politische Händel verwickelt und
werde fast nicht wieder weg können. Meine Lage ist vorteilhaft genug, und die Herzogtümer Weimar und Eisenach immer ein Schauplatz, um zu versuchen, wie einem die Weltrolle zu Gesichte stünde.
Ich übereile mich drum nicht, und Freiheit und Gnüge werden die
Hauptkonditionen der neuen Einrichtung sein, ob ich gleich mehr als
jemals am Platz bin, das durchaus Scheißige dieser zeitlichen Herrlichkeit zu erkennen. Eben drum Adieu! – Ich hab einen Streich gemacht, der hoffentlich durchgeht und Dir hoher Spaß sein wird.[13]

Daß Weimar Goethes Wirkungsstätte für den Rest seines Lebens
werden sollte, läßt sich seinem Brief noch nicht ablesen. Auch fallen
die Hellsichtigkeit und die skeptische Distanz auf, die Goethe der ungewohnten höfischen Umgebung und, bei aller persönlichen Zuneigung, der Lebensweise Karl Augusts entgegenbrachte. Dennoch: »Ich
werd auch wohl dableiben und meine Rolle so gut spielen als ich kann
und so lang als mir's und dem Schicksal beliebt«, schreibt Goethe am
14. Februar 1776 an Johanna Fahlmer und fährt fort:

Wär's auch nur auf ein paar Jahre, ist doch immer besser als das untä-
tige Leben zu Hause wo ich mit der größten Lust nichts tun kann.
Hier hab ich doch ein paar Herzogtümer vor mir. Jetzt bin ich dran,
das Land nur kennen zu lernen, das macht mir viel Spaß. Und der
Herzog kriegt auch dadurch Liebe zur Arbeit, und weil ich ihn ganz
kenne bin ich über viel Sachen ganz und gar ruhig.[14]

Wie schon in dem Brief an Merck wird auch hier deutlich, daß Goethe wohl nicht nur darauf aus war, sich an der Seite seines fürstlichen Gönners eine vergnügliche Zeit zu machen, sondern tatsächlich Lust verspürte, tätig zu werden und seine Fähigkeiten nicht mehr allein in der Literatur, sondern auch im praktischen Leben zu erproben. Der junge, von Goethe begeisterte Herzog schien dafür der geeignete Partner zu sein. Umgekehrt war es Karl August darum zu tun, den neugewonnenen Freund auch zu seinem politischen Berater zu machen und langfristig an sich und das Herzogtum zu binden. Schon bald wurde Goethe in Fragen der Staatsgeschäfte zu Rate gezogen. So machte er sich bereits Ende 1775 für den ursprünglich auf Wieland zurückgehenden Vorschlag stark, Johann Gottfried Herder, zur Zeit Hofprediger in Bückeburg und Goethe aus der Straßburger Zeit bekannt, auf den seit Jahren vakanten Posten des Oberhofpredigers und Generalsuperintendenten des Herzogtums zu berufen, um so dem seit der ersten Begegnung 1770 geschätzten Freund zu einer auskömmlichen Stelle zu verhelfen. »Lieber Bruder der Herzog bedarf eines General Superintendenten, hättest du die Zeit deinen Plan auf Göttingen geändert, wäre hier wohl was zu tun. Schreib mir ein Wort«, hatte Goethe Herder, der gerade im Begriff war, sich nach einer neuen Stelle umzusehen, am 12. Dezember 1775 geschrieben[15] und sich in den folgenden Wochen bemüht, seinen Wunschkandidaten gegen die Widerstände der orthodoxen Kirchenbehörde und Geistlichkeit Weimars zu unterstützen. Anfang Januar meldete Goethe dem Freund, Karl August wünsche »absolut keine Pfaffen Trakasserien über Orthodoxie und den Teufel«[16], gleichwohl galt es, Herder gegen die orthodoxe Partei im Weimarer Oberkonsistorium, der er aufgrund seiner Schriften als zu liberal und aufklärerisch verdächtig war, durchzusetzen. Goethe machte Herder Vorschläge, wie er sich Zeugnisse unverdächtiger Theologen verschaffen könne; schließlich setzte der Herzog aber seinen Willen gegen alle Einwände durch. »Bruder sei ruhig, ich brauch der *Zeugnisse* nicht, habe mit trefflichen Hetzpeitschen die Kerls zusammengetrieben, und es kann nicht lang mehr stocken so hast du den Ruf«, schrieb Goethe am 24. Januar 1776[17], und am 1. Februar erhielt Herder tatsächlich vom Präsidenten des Weimarer Oberkonsistoriums Karl Friedrich Ernst von Lyncker die förmliche Anfrage, ob er die Stelle antreten wolle. Am 14. Februar 1776 sagte er zu.

Allmählich reifte Goethes Entscheidung, für länger in Weimar zu bleiben und dort nicht mehr nur mit dem Herzog über Land zu reiten, in kalten Flüssen zu baden und auf Dorfhochzeiten zu feiern. Im

März bezog er, bis dahin Gast im Hause des Kammerpräsidenten von Kalb, eine eigene Wohnung gegenüber dem Gelben Schloß und traf Anstalten, seine Lebensumstände in Weimar in geordnetere Bahnen zu lenken. Das betraf nicht zuletzt seine Finanzen:

> Soviel ists: Ich bleibe hier, hab ein schönes Logis gemiet, aber der Vater ist mir *Ausstattung* und *Mitgift schuldig* das mag die Mutter nach ihrer Art einleiten, sie soll nur kein *Kind* sein, da ich *Bruder* und *alles* einem Fürsten bin. Der Herzog hat mir wieder 100 Dukaten geschenkt. *Gegeben* Wie ihr wollt – ich bin ihm was ich ihm sein kann, er mir was er sein kann – das mag nun fortgehn wie und so lang das kann. Ich bin noch allerlei Leuten schuldig das tut mir nichts – Aber die Mutter soll nur ihre Schuldigkeit tun, und sehn was auf den Vater *möglich* ist ohne sie zu plagen![18]

Im April 1776 erwarb Karl August das Gartenhaus an der Ilm und schenkte es Goethe, der im Mai die neue Wohnung vor der Stadt bezog. »Hab ein liebes Gärtgen vorm Tore an der Ilm schönen Wiesen in einem Tale. ist ein altes Häusgen drinne, das ich mir reparieren lasse«, schrieb Goethe am 17. Mai an Auguste zu Stolberg, die Schwester der Grafen, und am 18. und 19. in demselben Brief:

> Ich habe meinen Philipp nach Hause geschickt und will allein hier zum erstenmal schlafen. [...] Die Maurer haben gearbeit bis Nacht ich wollt sie aus dem Haus haben [...]. Alles ist so still. Ich höre nur meine Uhr tacken, und den Wind und das Wehr von ferne. gute Nacht. – Sonntag früh d. 19. Guten Morgen! ein trüber aber herrlicher Tag. Ich habe lang geschlafen, wachte aber gegen vier auf, wie schön war das grün dem Auge das sich halbtrunken auftat. Da schlief ich wieder ein.[19]

Schon im März hatte Karl August seinem Freund das üppige Gehalt von 1200 Talern jährlich ausgesetzt und ihm im April das Weimarer Bürgerrecht verschafft. Nun versuchte er, gegen den Widerstand einer Fraktion bei Hofe, die in Goethe einen Schmarotzer und die Triebfeder für das ungebührlich wilde Treiben des Herzogs sah, den Frankfurter Patriziersohn auch durch ein Amt an entscheidender Stelle in die Regierung des Herzogtums einzubinden. Als Karl August die Regentschaft antrat, gehörten dem Geheimen Consilium, dem höchsten Beratungsorgan des Herzogs, der Wirkliche Geheime Rat Friedrich von Fritsch, der Geheime Rat Achatius Ludwig Karl Schmid und der

Geheime Assistenzrat Christian Friedrich Schnauß an, alle drei alt-
gediente, erfahrene Verwaltungsbeamte. Schmid schied im Frühjahr
1776 aus, um den Posten eines Präsidenten der Regierung zu übernehmen, für den Herzog die Gelegenheit, den Kreis seiner unmittelbaren
Berater zu verjüngen. Fritsch trug er seinen Vorschlag vor, Goethe in
das Conseil aufzunehmen und den jungen August von Kalb zum
Kammerpräsidenten (mit der Verantwortung für die gesamte Finanzverwaltung) zu ernennen. In einem Schreiben an den Herzog versuchte Fritsch, diesen von seinem Vorhaben, Goethe in die Regie-
rungsverantwortung zu nehmen, abzubringen:

> Da solches vermutlich aber nicht zu bewerkstelligen ist, so bleibt mir
> nichts mehr übrig, als gegen Ihro mit aller Ihnen schuldigen Ehrer-
> bietung zugleich aber auch mit aller Entschlossenheit eines von dem,
> was er Eurer Hochfürstlichen Durchlaucht, Anderen und sich selbst
> schuldig ist, tief durchdrungenen Mannes zu deklarieren, daß ich in
> einem Kollegio, dessen Mitglied gedachter Dr. Goethe anjetzt wer-
> den soll, länger nicht sitzen kann; daß ich [...] um die gnädigste Ent-
> lassung aus Ihro Diensten untertänigst anzugehen mich bemüßigt
> sehe.[20]

Am 10. Mai 1776 wurde Fritsch die handschriftliche Entgegnung
des Herzogs, fünf Quartseiten umfassend, ausgehändigt. Karl August
verteidigte seine Entscheidung für Goethe vehement: »Wäre der
Dr. Goethe ein Mann eines zweideutigen Charakters«, heißt es in
dem Antwortschreiben, »würde ein jeder Ihren Entschluß billigen,
Goethe aber ist rechtschaffen, von einem außerordentlich guten und
fühlbaren Herzen; nicht alleine ich, sondern einsichtsvolle Männer
wünschen mir Glück, diesen Mann zu besitzen.« Und weiter:

> Sein Kopf und Genie ist bekannt. Sie werden selbst einsehen, daß ein
> Mann wie dieser nicht würde die langweilige und mechanische Ar-
> beit, in einem Landes Collegio von unten auf zu dienen, aushalten.
> Einen Mann von Genie, nicht an dem Ort gebrauchen, wo er seine
> außerordentlichen Talente nicht gebrauchen kann, heißt denselben
> mißbrauchen, ich hoffe Sie sind von dieser Wahrheit so überzeugt
> wie ich.[21]

Fritsch beharrte weiter auf seinem Rücktrittsgesuch, erst die Herzoginmutter Anna Amalia vermochte es, ihren langjährigen Berater um-
zustimmen, indem sie einerseits an seine Verantwortung gegenüber

dem Staat appellierte, andererseits ihn aufforderte, sich Goethe erst einmal unvoreingenommen zuzuwenden. »Noch einmal, gehen Sie in sich, ich kenne Sie als dankbar und ich bitte Sie aus Liebe für mich, verlassen Sie meinen Sohn nicht unter diesen Umständen«, heißt es am Ende von Anna Amalias eindringlichem Schreiben, in dem sie zuvor geschrieben hatte:

> Gehen Sie in sich, mein Freund; Sie, der Sie so religiös, so gewissenhaft sind, können Sie einen jungen Regenten verlassen, der in Ihre Talente und Ihr gutes Herz Vertrauen zeigt, noch dazu in einem Augenblick, wo Sie ihm so notwendig sind und das – erlauben Sie, daß ich es Ihnen sage – nur einer falschen Idee wegen, die Sie sich in den Kopf gesetzt haben. [...] Machen Sie Goethes Bekanntschaft, suchen Sie ihn kennen zu lernen [...].[22]

Aus Verbundenheit der Herzoginmutter gegenüber zog Fritsch seine Demission zurück, und am 11. Juni 1776 wurde Goethe, mit dem Titel eines Geheimen Legationsrates, in das Geheime Consilium aufgenommen. Kalbs Ernennung zum Kammerpräsidenten erfolgte im selben Monat. Fritsch blieb dem jungen Kollegen Goethe gegenüber skeptisch, mußte aber bald anerkennen, daß der vermeintliche Karrierist es keineswegs auf einen Machtkampf mit ihm abgesehen hatte, sondern vielmehr seine Autorität und Erfahrung respektierte und sich unter großem Einsatz daran machte, in die vielen verschiedenen Vorgänge Einblick zu erhalten, die im Conseil ohne Ressortverteilung und mit dem Ziel einvernehmlicher Voten jeweils von allen Mitgliedern verhandelt wurden. Fritsch blieb im Amt, bis er im Jahre 1800 in den Ruhestand trat. Im Gespräch mit Friedrich von Müller rühmte Goethe am 31. März 1824 an seinem Amtskollegen, »daß er stets redlich gegen ihn gewesen, obgleich sein, Göthes, Treiben und Wesen ihm nicht habe zusagen können. Aber er habe doch Göthes reinen Willen, uneigennütziges Streben und tüchtige Leistungen anerkannt.«[23]

Doch nicht nur die Freundschaft zu Karl August und der Wunsch, sich auf der politischen Bühne zu erproben, hielten Goethe in Weimar. Was ihn mindestens ebenso stark an die kleine Residenzstadt fesselte, war die Beziehung zu Charlotte von Stein, der wohl wichtigsten Freundin seines ersten Weimarer Jahrzehnts. Rund 1600 Briefe und kleine Billette, die Goethe in diesem Zeitraum an Charlotte geschrieben hat, sind überliefert; die ihren forderte sie 1789, gekränkt über Goethes Distanz nach seiner Rückkehr aus Italien und über

seine Verbindung mit Christiane Vulpius, zurück und vernichtete sie.
Bereits in den ersten Tagen seines Aufenthalts in Weimar hatte Goethe
die fast sieben Jahre ältere, mit dem herzoglichen Oberstallmeister
Josias von Stein verheiratete Mutter dreier Söhne (vier Töchter waren
kurz nach der Geburt gestorben) kennengelernt, Anfang Dezember
1775 hatte er sie zum erstenmal auf Groß-Kochberg, dem Sitz ihrer
Familie, besucht. Schnell fanden die beiden Gefallen aneinander, wurden vertraut, und schon bald war in Goethes Briefen von Liebe die
Rede, wenn auch eine sexuelle Beziehung vermutlich stets ausgeschlossen war.

Josias von Stein, an Karl Augusts Hof für den Wagenpark und Marstall und für das herzogliche Gestüt in Allstedt verantwortlich, dabei
als vollendeter Hofmann und Kavalier bekannt, hatte gegen das
freundschaftliche Verhältnis zwischen Goethe und seiner Frau nichts
einzuwenden, und Goethe seinerseits stand nicht an, in vielen seiner
Briefe an Charlotte dem Ehemann seine Grüße zu bestellen (sofern
das Ehepaar in der Weimarer Dienstwohnung über den Pferdeställen
der Kammerhusaren oder auf dem Kochberger Familienbesitz zusammen war). Charlotte war eine geborene von Schardt, entstammte also
einer seit Generationen in Weimarer Diensten stehenden, unvermö-
genden Adelsfamilie, ihr Vater war Hofmarschall des Herzogs Ernst
August gewesen. 1764 hatte sie sich, einundzwanzigjährig, mit Josias
von Stein vermählt. Als Goethe sie im November 1775 kennenlernte,
war sie zweiunddreißig Jahre alt, litt aber, Folge der zahlreichen
Schwangerschaften, unter verschiedenen körperlichen (und auch seelischen) Gebrechen.

In der ersten Zeit der Bekanntschaft scheint Goethe mehr oder weniger ernsthaft um die verheiratete, ältere Frau geworben zu haben.
»Liebe Frau, leide daß ich dich so lieb habe. Wenn ich jemand lieber
haben kann, will ich dir's sagen«, schreibt Goethe, dem jedoch schon
bewußt gewesen sein muß, daß an eine Verbindung nicht zu denken
sei, am 28. Januar 1776[24]: »Und mich verdrießts doch auch daß ich dich
so lieb habe und just dich!«, endet bald darauf ein anderer Brief.[25] Die
Hofdame hatte dem ungestüm Werbenden offenbar recht deutlich zu
verstehen gegeben, in welchen Bahnen sich die Freundschaft zu bewegen habe und welche Grenzen ihr gezogen seien. Vielleicht lag gerade
in dieser (nicht belegbaren, aber anzunehmenden) Verweigerung einer
Liebesbeziehung ein besonderer Reiz für Goethe – die unerreichbare
Geliebte konnte um so ungefährdeter angebetet und idealisiert werden. Auffällig ist, daß sich unter Goethes briefliche Liebesbekundun-

gen schon bald die Anrede »Schwester« mengt, die für Goethe, zumindest im Hinblick auf seinen 1776 entstandenen Einakter *Die Geschwister*, in dem Bruder und Schwester sich am Ende doch als nicht verwandt erweisen und sich ihrer Liebe zueinander hingeben können, ganz eigentümlich die Schnittstelle zwischen erotischer und idealisierter Liebe markiert. Am 24. Februar 1776 schreibt Goethe an Charlotte:

> Ich mußte fort aber du sollst doch noch eine gute Nacht haben. Du Einzige die ich so lieben kann ohne daß mich's plagt – Und doch leb ich immer halb in Furcht – Nun mag's. All mein Vertrauen hast du, und sollst so Gott will auch nach und nach all meine Vertraulichkeit haben. O hätte meine Schwester einen Bruder irgend wie ich an dir eine Schwester habe. Denk an mich und drück deine Hand an die Lippen, denn du wirst Gusteln seine Ungezogenheiten nicht abgewöhnen, die werden nur mit seiner Unruhe und Liebe im Grab enden. Gute Nacht. Ich habe nun wieder auf der ganzen Redoute nur deine Augen gesehen – Und da ist mir die Mücke um's Licht eingefallen. Ade! Wunderbar gehts in mir seit dem gestrigen lesen. Morgen zu Pferd.[26]

Als Freundin und Gesprächspartnerin wurde Charlotte von Stein für Goethe immer bedeutsamer. Sie half ihm, sich in den ungewohnten Hofkreisen zurechtzufinden, sich über sich selbst und seine Ziele klarer zu werden und sich ein dem neuen Lebensabschnitt und Wirkungskreis gemäßes Konzept seiner selbst zuzulegen. Bei der Wandlung des Stürmers und Drängers, des genialischen jungen Schriftstellers Dr. Goethe aus Frankfurt in das verantwortungsvolle Mitglied des Weimarer Geheimen

Charlotte von Stein

Stahlstich von G. Wolf
nach einem undatierten Selbstbildnis

Consiliums, das tätig in die wirtschaftlichen und politischen Ge-
schicke des Landes eingriff und sich in seinen Mußestunden neben der
Literatur auch immer mehr den Naturwissenschaften zuwandte,
spielte sie eine nicht zu unterschätzende Rolle. Zeugnis der tiefen Verbundenheit, die Goethe seiner Freundin gegenüber empfand, ist ein
Gedicht, das er ihr am 14. April 1776 zusandte. Darin heißt es:

> Sag was will das Schicksal uns bereiten?
> Sag wie band es uns so rein genau?
> Ach du warst in abgelebten Zeiten
> Meine Schwester oder meine Frau.
>
> Kanntest jeden Zug in meinem Wesen,
> Spähtest, wie die reinste Nerve klingt,
> Konntest mich mit Einem Blicke lesen
> Den so schwer ein sterblich Aug’ durchdringt.
> Tropftest Mäßigung dem heißen Blute,
> Richtetest den wilden irren Lauf,
> Und in deinen Engelsarmen ruhte
> Die zerstörte Brust sich wieder auf [...].[27]

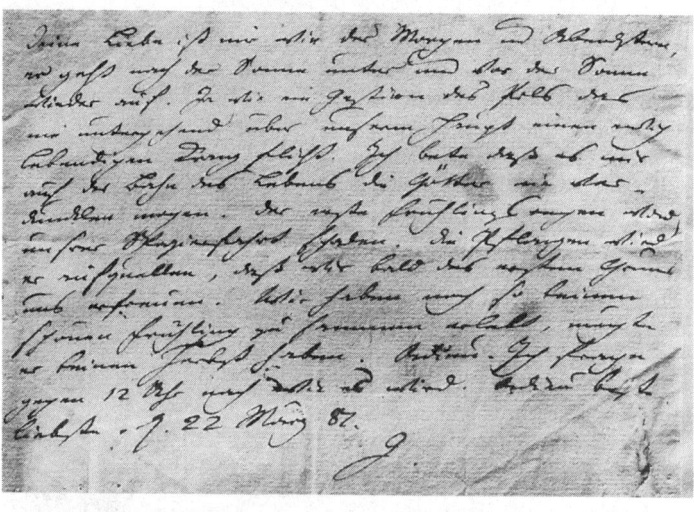

Brief Goethes an Charlotte von Stein
Weimar, 22. März 1781

Das enge und innige Verhältnis der beiden bleibt schwer nachvoll-
ziehbar. Vermutlich ohne sexuell zueinander zu kommen, fühlten sich
die beiden Liebenden (wenn man sie denn so kennen kann) vertraut
wie Eheleute: »Wir sind wohl verheuratet, das heißt: durch ein Band
verbunden wovon der Zettel aus Liebe und Freude, der Eintrag aus
Kreuz Kummer und Elend besteht. Adieu grüße Steinen. Hilf mir
glauben und hoffen«, endet ein Brief Goethes vom 8. Juli 1781, wie
selbstverständlich Grüße an Charlottes Mann in die Beschwörung der
Verbundenheit einflechtend.[28]

Gerüchte über das genialische Treiben am Weimarer Hof machten
seit Goethes Ankunft in Deutschland die Runde und sorgten für Aufregung in der Gelehrtenrepublik. Vor allem in den rege geführten
Briefwechseln, aber auch durch die Berichte Reisender scheinen
Klatschgeschichten aus Weimar gerne kolportiert worden zu sein.
Friedrich Gottlieb Klopstock, der angesehenste Dichter seiner Zeit
und Goethe seit einem Besuch in Frankfurt im September 1774 persönlich bekannt, glaubte am 8. Mai 1776 mit väterlichem Ton den
fünfundzwanzig Jahre Jüngeren ermahnen zu müssen. An Goethes
Verantwortungsgefühl der gewiß gefährdeten Gesundheit des Herzogs gegenüber appellierte der Dichter des *Messias* – und versuchte
zugleich zu verhindern, daß Fritz von Stolberg dem Ruf, als Kammerherr nach Weimar zu gehen, folgte. »Hier einen Beweis meiner
Freundschaft, liebster *Goethe*! Er wird zwar ein wenig schwer, aber er
muß gegeben werden«, begann Klopstocks Brief. Goethe solle es un-
terlassen, lautete der freundschaftliche Rat, zum eigenen Vergnügen
das Leben Karl Augusts aufs Spiel zu setzen, denn:

[...] was wird denn der unfehlbare Erfolg sein, wenn es fortwährt;
der *Herzog* wird, wenn er sich ferner bis zum Kranksein betrinkt,
anstatt, wie er sagt, seinen Körper dadurch zu stärken, erliegen, und
nicht lange leben. Es haben sich wohl starkgeborne Jünglinge, und
das ist denn doch der Herzog gewiß nicht, auf diese Art früh hinge-
opfert. Die Deutschen haben sich bisher mit Recht über ihre Fürsten
beschwert, daß diese mit ihren Gelehrten nichts zu schaffen haben
wollen. Sie nehmen jetzo den Herzog von Weimar mit Vergnügen
aus. [...] Wenn es nun wird geschehen sein, was ich fühle, daß geschehen wird! [...]
Ich muß noch ein Wort von meinem *Stolberg* sagen. Er kommt aus
Freundschaft zum Herzog. Er soll also doch wohl mit ihm leben?
Wie aber das? Auf seine Weise? Nein! er geht, wenn er sich nicht ändert, wieder weg.[29]

Goethe antwortete bald darauf mit einem wenig freundlichen Brief, in dem er sich derlei Einmischung verbat und die Vorwürfe von sich wies. »Verschonen Sie uns ins Künftige mit solchen Briefen, lieber Klopstock! Sie helfen nichts, und machen uns immer ein paar böse Stunden«, heißt es zu Beginn des Schreibens vom 21. Mai 1776.

> Also kein Wort mehr zwischen uns über diese Sache! [...] Dem Herzog tats einen Augen Blick weh, daß es von Klopstock wäre. Er liebt und ehrt Sie. Von mir wissen und fühlen Sie eben das. – Graf Stolberg soll immer kommen. Wir sind nicht schlimmer, und wills Gott, besser, als er uns selbst gesehen hat.[30]

Sein ehrliches, aus dem lebenslangen Bemühen um einen Ausgleich zwischen Fürsten und bürgerlichen Schriftstellern gespeistes Anliegen sah Klopstock von Goethe mißdeutet. »Sie haben den Beweis meiner Freundschaft so sehr verkannt, als er groß war«, antwortete er am 29. Mai, »besonders deswegen, weil ich unaufgefordert mich höchst ungerne in das mische, was andere tun.« Beleidigt erklärte er dem Empfänger seines Freundschaftsbeweises, »daß Sie nicht wert sind, daß ich ihn gegeben habe.«[31] Fritz zu Stolberg jedenfalls rate er, nicht an den Weimarer Hof zu gehen, und wenn Stolberg vernünftig sei, werde er auch nicht kommen.

Der persönliche Kontakt zwischen Goethe und Klopstock war nach diesem Schlagabtausch für immer beendet; auf eine Nachricht Stolbergs, dem mittlerweile eine vorteilhaftere Anstellung in Kopenhagen angeboten worden war, wartete man in Weimar vergeblich.

Und wie die Gerüchte aus Weimar, so zog auch die Kunde von der Auseinandersetzung zwischen Klopstock und Goethe ihre Kreise. Am 11. Oktober 1776 schrieb der Kieler Orientalist Karl Friedrich Cramer an Goethe:

> Übermütigster aller Übermütigen! wir kennen die ganze Korrespondenz, Klopstocks erster Brief an Sie war edel, freundschaftlich, offen, war alles – war Klopstocks würdig, aber nicht Ihrer! [...] Klopstock wandte sich um als Ihrer gelesen war sagte so gelassen und kalt wie möglich: »Itzt verachte ich Goethen!«[32]

Anfang April 1776 tauchte überraschend Jakob Michael Reinhold Lenz, mit Goethe bekannt aus der Straßburger Zeit, in Weimar auf. Lenz war 1775 von Karl August auf der Durchreise in Straßburg be-

sucht worden, den Freund Goethe wußte er seit einigen Monaten in
der thüringischen Residenzstadt zu Gast – so faßte er, der mehr
schlecht als recht versuchte, von schriftstellerischen Einkünften zu leben, den Entschluß, ebenfalls in Weimar sein Glück zu erproben und
den jungen Herzog um seine Unterstützung zu bitten. Fritz Stolberg
hatte ihm Weimar verheißungsvoll beschrieben:

> In Deutschland ist mir in Weimar vorzüglich wohl worden. Der
> Herzog ist ein herrlicher Junge, beide Herzoginnen, Mutter und
> Frau, sind zween Engel. Unser lieber Wolf lebt dort herrlich u. in
> Freuden, weil von allen geliebt, ist sogar ein Herzens-Freund von
> Wieland. [...]
> Ich muß Ihnen doch sagen, daß Wieland weit besser ist als ich dachte,
> sein Herz ist würklich gut.[33]

Stolberg hatte zu diesem Zeitpunkt noch vor, als Kammerherr nach
Weimar zurückzukehren, auch Goethe schien, wie Merck Lenz im
März brieflich mitteilte, dauerhaft in Weimar bleiben zu wollen. Auch
daß Herder auf Goethes Vermittlung als Superintendent nach Weimar
berufen würde, wurde bekannt. Lenz konnte sich also durchaus Hoffnungen machen, im Kreise seiner Freunde ebenfalls ein Auskommen
oder wenigstens Unterstützung an diesem der jungen Literatur so zu-
gewandten Hofe finden zu können. Mit Briefen an Knebel und Wieland bereitete Lenz seine Ankunft vor, Schwierigkeiten machten ihm
noch die Reisekosten, doch am Abend des 2. April 1776 langte er in
Weimar an, nahm im »Erbprinzen« Quartier und kündigte dem Herzog mit einigen Versen, Goethe in einem Billett seine Ankunft an.
Goethe kehrte am 4. April aus Leipzig zurück, fand die Nachricht und
lud den Freund sogleich in seine Wohnung ein. Am nächsten Tag
wurde Lenz dem Herzog vorgestellt und machte nach und nach die
Bekanntschaft der Mitglieder des Hofes. Selbst Wieland, von Lenz
zuvor des öfteren scharf attackiert, zeigte sich angetan von ihm. »Ich
habe den Jungen lieb gewonnen«, schreibt er am 12. April.[34] Lenz,
dem sein Ruf als Dramatiker vorausging, wurde freundlich aufgenommen, vor allem die Herzoginmutter Anna Amalia nahm sich seiner
an. »Ich bin hier unendlich wohl. Die vorzüglichste Gnade des Hofes und die Freundschaft so vieler herrlichen Geschöpfe Gottes beisammen machen mich in einem gewissen Grade selig den nur mein
eigen Herz mir verderben kann«, heißt es Ende April in einem Brief
an Heinrich Christian Boie.[35] Nicht jeder in Weimar schien jedoch
darüber erfreut zu sein, daß die Stadt sich zum Sammelplatz mittel-

loser Schriftsteller entwickelte. Johannes Falk berichtet rückblickend
von Weimars Sturm-und-Drang-Periode:

> Die angehende Regierung des Herzogs von Weimar war eine herrli-
> che Zeit für Weimar und Deutschland. Alle Genies aus Osten und
> Westen strömten zu dem neuen Musensitze herbei und glaubten
> sämtlich, dort gleich Goethe, Herder und Wieland eine Freistatt zu
> finden. Bertuch, der Vater, der damals Schatzmeister beim Herzoge
> war, sprach später mit Vergnügen von einer eigenen Rubrik in seinen
> Rechnungen, die er damals besonders anlegen mußte, und die fast
> nichts als Hosen, Westen, Strümpfe und Schuhe für deutsche Genies
> enthielt, welche, schlecht mit diesen Artikeln versehen, zu Weimars
> Toren einwanderten.[36]

Am 10. Juni traf mit Maximilian Klinger, ebenfalls auf der Suche
nach Gönnern oder Anstellung, das nächste »Genie« in Weimar ein.
Die Anekdoten und brieflich kolportierten Schauergeschichten (auf
die Klopstock reagiert hatte) häuften sich, und schon bald wäre es
Goethe recht lieb gewesen, die ungestümen Freunde und Dichterkollegen wieder loszuwerden. Klinger, mit dem Goethe sich bald über-
worfen hatte (erst Jahre später, als Klinger längst eine steile Karriere
in russischen Militärdiensten gemacht hatte, nahmen die beiden ihren
Kontakt wieder auf), verließ im Herbst Weimar, um als Theaterdichter
für die Seylersche Schauspieltruppe zu arbeiten; Lenz dagegen blieb
und stellte durch sein mitunter sehr wunderliches Betragen das Wohlwollen seiner Gastgeber immer wieder auf die Probe. Im November
1776 brachte er das Faß zum Überlaufen: »Lenzens Eselei«, meldet
Goethes Tagebuch lapidar unter dem 26. des Monats.[37] Worin diese
»Eselei« genau bestand, hat sich nie ermitteln lassen. Jedenfalls war
Goethe so erbost, daß er seinen ganzen Einfluß daran setzte, Lenz aus
Weimar fortzuschaffen. Man hat vermutet, Lenz habe in dem emp-
findlichen Beziehungsgeflecht zwischen Anna Amalia, der Herzogin
Luise, Charlotte von Stein und Goethe für eine Störung gesorgt; mit
einiger Sicherheit läßt sich indes nur vermuten, daß Lenz mit einem
Spottgedicht, das er bei Hofe vortrug oder kursieren ließ, Goethe
schwer gekränkt hat. Möglicherweise handelte es sich um eine Parodie
auf die Gelegenheitsdichtungen, die Goethe für den Hof verfertigte,
wodurch sich jener in seiner literarischen Ehre und überhaupt in seiner Reputation bei Hofe getroffen sah. Von einem solchen Spottgedicht, einem Pasquill, ist zumindest in dem Brief die Rede, in
dem Lenz vor seiner Abreise Herder für seinen Vermittlungsversuch

dankte. Wie auch immer, Goethe setzte durch, daß Lenz des Landes verwiesen wurde, Reisegeld ausgehändigt bekam und Weimar am 1. Dezember 1776 verlassen mußte.

Daß Goethe bis auf weiteres in Weimar bleiben würde, wurde im Laufe des Jahres 1776 immer offensichtlicher. Das freundschaftliche Verhältnis zum Herzog blieb eng, selbst des Nachts wollten sich die beiden Freunde oft nicht trennen. Immer wieder, wie unter dem 11. März des Jahres, findet sich in Goethes Tagebuch der Eintrag: »Beim Herzog geschlafen.«[38] Seit seiner Amtseinführung und Vereidigung als Geheimer Legationsrat am 25. Juni nahmen nach und nach auch die Belange des kleinen Weimarer Staates seine Aufmerksamkeit in Anspruch. Im Juli schrieb Goethe an das befreundete Ehepaar Kestner:

Liebe Kinder. Ich hab so vielerlei von Stund zu Stund das mich herumwirft, ehmals warens meine eigne Gefühle, jetzt sind neben denen, noch die Verworrenheiten andrer Menschen die ich tragen und zurecht legen muß. So viel nur: ich bleibe hier, und kann da wo ich,

Stadtkirche St. Peter und Paul in Weimar
Lithographie, um 1835

und wie ich bin meines Lebens genießen, und einem der edelsten
Menschen, in mancherlei Zuständen förderlich und dienstlich sein.
Der Herzog mit dem ich nun schon an die 9 Monate in der wahrsten
und innigsten Seelen Verbindung stehe, hat mich endlich auch an
seine Geschäfte gebunden, aus unsrer Liebschaft ist eine Ehe entstanden, die Gott segne.[39]

Goethe kümmerte sich um die Herrichtung der für den erwarteten
neuen Superintendenten Herder vorgesehenen Wohnung, sorgte für
die Renovierung und schickte Skizzen mit der geplanten Raumauftei-
lung im Haus hinter der Jakobskirche an Herder nach Bückeburg.
»Lieber Bruder heut war ich in der Superintendentur, wo Hr. Konsi-
storial Rat Seidler mit einem Schwanz von 10 Kindern nach und nach
ausmistet«, beginnt sein Brief an Herder vom 5. Juli 1776.

Ich hab gleich veranstaltet daß wenigstens das obre Stock repariert
werde, und so eingerichtet daß ihr einziehen, und deine Frau Wochen halten könne. Ihr müßt euch indes gefallen lassen wie ich euch
die Zimmer anlege.[40]

Die Geburt des zweiten Sohnes am 18. August wartete die Familie
Herder noch in Bückeburg ab, erst am 1. Oktober 1776 traf sie in Weimar ein. Herder wurde herzlich begrüßt, huldvoll bei Hofe aufgenommen, und auch das Zusammentreffen mit den Dichtergrößen war
freudiger, als Herder selbst es erwartet hatte. »Göthe«, schreibt Herder an Lavater, »habe ich hier weit besser, tiefer und edler gefunden,
als ich ihn selbst dachte. Wieland ist ein bon-homme, dem man weiter
nichts übel nimmt, wenn man ihn kennet.«[41] Wieland seinerseits teilt
am 17. Oktober Merck mit:

Zwischen *Herdern* und mir, seinem Weib und meinem Weib, seinem
Bübchen und meinen Mädchen, hat sich allbereits eine gute hausge-
sponnene Art von Familienfreundschaft erwürkt, die, wie ich hoffe,
derb und dauerhaft sein soll. [...] Bis itzt bin ich trefflich mit ihm
d'accord: und warum nicht immer, da ich immer bereit bin und bereit bleiben werde, ihm den Primat inter pares, so gut als jeder Katholische Bischof dem Papst, einzugestehen.[42]

Nicht überall wurde Herder so gut aufgenommen. Bei seiner Vereidigung im Oberkonsistorium wurde ihm ein Reskript vorgelesen,
nach dem es den Hofleuten freigestellt sei, bei ihren alten Beichtvätern
(die aus Furcht vor Einkommenseinbußen diese Regelung erwirkt

hatten) zu bleiben oder zum neuen Oberhofprediger zu wechseln. Herder erhob sofort Einspruch gegen diesen Bruch seiner Amtsinstruktionen, fühlte sich gekränkt und drohte, seine Stelle nicht anzutreten, wenn ihm nicht der gesamte Hof als Gemeinde anvertraut würde. Seiner Beschwerde wurde nachgegeben. Am 20. Oktober hielt Herder in der Jakobskirche seine Antrittspredigt. Mit seinem beherzten Auftreten hatte er sich in Weimar Respekt verschafft, vor dem die meisten Einwände gegen den schriftstellernden und allzu liberalen Theologen verstummten, und anfangs machte Herder sich mit Elan an die neue Aufgabe, bereit, seine ganze Zeit und Arbeitskraft in das geistliche Amt, mit dem auch weitreichende Verwaltungsaufgaben und die Aufsicht über das Schulwesen verbunden waren, zu investieren. Er hoffe, sich »mit der Zeit recht gut zu stehn u. zu finden, der Autorschaft wills Gott abzusterben u. dem Herrn in lebenden Menschen zu leben, brav zu schaffen u. in sieben Fächern umher zu wühlen«, schreibt er an Lavater.[43] Karl von Lyncker, Sohn des Konsistoriumspräsidenten und von 1780 bis 1784 Page am Weimarer Hof, berichtet in seinen Erinnerungen von dem neuen Superintendenten:

> Die Anstellung dieses Mannes schien vielen der älteren Herren sehr bedenklich, weil seine Bücher, sehr dunkel geschrieben, manche Religionslehre aufstellten, die den absoluten Orthodoxen nicht einleuchtete. Doch hatte ihm sein würdiges Benehmen gleich nach seiner Ankunft auch bei seinen Gegnern viel Beifall erworben. Er hielt seine Predigten ohne irgend eine Bewegung der Hände. Allein seine wohltönende Aussprache und seine große Kunst der Betonung gaben ihnen volles Leben und Wirksamkeit. Er hielt dabei auf die größte Stille bei kirchlichen Versammlungen, und wenn irgend ein Geräusch, ja wenn sich irgend wo ein anhaltender Husten hören ließ, hielt er mitten in der Rede inne, bis wieder vollkommene Ruhe eintrat.[44]

Als Goethe im November 1775 in Weimar eingetroffen war, hatte er zwei Zirkel vorgefunden, die zu ihrer eigenen und eines kleinen Publikums Unterhaltung Theateraufführungen mehr improvisierten als einstudierten. Der eine Kreis hatte sich um Anna Amalias Oberhofmarschall, den Grafen Moritz Ulrich von Putbus, gebildet, bestand aus Angehörigen des Hofes und gab hauptsächlich französische Stücke und Singspiele; der andere, von Friedrich Bertuch initiiert, vereinte vor allem bürgerliche Mitspieler, darunter Musäus und Georg Melchior Kraus, und war auf deutschsprachige Lustspiele speziali-

Johann Gottfried Herder
Gemälde von
Anton Graff, 1785

siert. Seine erste Rolle gab Goethe im Februar 1776 in einem kleinen
Stück *Die Versuchung des Heiligen Antonius*, eine Woche später
spielte er zusammen mit dem Herzog Karl August, Prinz Konstantin,
Knebel, Einsiedel, Luise von Göchhausen und dem Ehepaar von Stein
in Richard Cumberlands Komödie *Der Westindier*. Begeisterung für
das Theater brachte Goethe mit, nun hatte er die Gelegenheit, sich auf
der kleinen Bühne im Haus des Hofjägers Hauptmann selbst als
Schauspieler und Regisseur zu versuchen. Schon bald wurde er bei der
Probenarbeit und Vorbereitung zu Rate gezogen, und bei seinem Aufenthalt in Leipzig im Frühjahr 1776 gelang es ihm, die Schauspielerin
und Sängerin Corona Schröter, die er aus seiner dortigen Studienzeit
kannte, für Weimar zu gewinnen. Ab November 1776 stand sie als
Hofsängerin im Dienst des Weimarer Herzogs, war aber daneben eine
professionelle Stütze des Liebhabertheaters, das unter Goethes Einfluß immer mehr Sorgfalt auf Auswahl und Aufführungsqualität der

Stücke legte. Am 24. Mai 1776 wurde mit seinem Singspiel *Erwin und Elmire*, in Musik gesetzt von der Herzoginmutter Anna Amalia, zum erstenmal ein Stück von Goethe in Weimar gegeben; andere, die zum größten Teil für diesen Zweck entstanden, folgten. Karl von Lyncker berichtet von den Aufführungen der Liebhaberbühne:

> Die geist- und phantasiereichen Goetheschen Theater-Vorstellungen vom Jahre 1776 an will ich, da sie größtenteils gedruckt sind, hier im einzelnen nicht aufzählen. Nur erwähnen muß ich, daß das Lustspiel »Die Mitschuldigen«, worin Goethe den Alcest, die Korona Schröter die Sophie, Bertuch den Söller und der Professor Musäus den Wirt zum Bären vortrefflich gaben, als ganz unmoralisch angesprochen wurde. Gegen die »Geschwister« und seine übrigen Stücke hatte man einzuwenden, daß sie zur Empfindelei führten und die Phantasie der jungen Leute nur allzusehr aufregten.[45]

Auf Vorschlag Karl Augusts übernahm Goethe im November 1778 die Leitung über die Schauspielbemühungen und versuchte durch verbesserte Probenarbeit, erhöhten Aufwand an Dekorationen und Kulissen und die Einbindung der Hofmusiker und einzelner Berufsschauspieler das Niveau der Aufführungen zu heben. Die Uraufführung der *Iphigenie* am 6. April 1779, mit Corona Schröter in der Titelrolle und Goethe in der des Orest, kann vermutlich als ein Höhepunkt der Weimarer Liebhaberinszenierungen angesehen werden. Im Sommer 1779 ließ Karl August gegenüber dem Wittumspalais ein neues Komödien- und Redoutenhaus errichten, das im Januar 1780 eröffnet wurde. Der Eifer der Laienschauspieler hatte jedoch nachgelassen, und erst mit der Verpflichtung einer professionellen Truppe Anfang 1784 lebte das Weimarer Theater erneut auf.

Nicht nur im Haus des Hofjägers Hauptmann und im neuen Komödienhaus wurde Theater gespielt, auch in einem Saal im Wittumspalais und, dann jedoch nur für Angehörige des Hofes und geladene Gäste, unter freiem Himmel in der Umgebung der herzoglichen Sommersitze Schloß Ettersberg und Tiefurt. Auch die Wiesenlandschaft an der Ilm wurde Schauplatz kleiner Inszenierungen zur Unterhaltung des Hofes. Einen dieser Anlässe, ein kleines szenisches Spiel zum Namenstag der Herzogin Luise am 9. Juli 1778, betrachtete Goethe später als den Ausgangspunkt für die Gestaltung des Parks an der Ilm:

Corona Schröter und Goethe in der *Iphigenie*
Ölgemälde von Georg Melchior Kraus, 1779

Das genannte, hiernächst umständlich zu beschreibende Fest gilt vor
allen Dingen als Zeugnis, wie man damals den jungen fürstlichen
Herrschaften und ihrer Umgebung etwas Heiteres und Reizendes zu
veranstalten und zu erweisen gedachte. Sodann bleibt es auch für uns
noch merkwürdig, als von dieser Epoche sich die sämtlichen Anlagen
auf dem linken Ufer der Ilm, wie sie auch heißen mögen, datieren
und herschreiben.[46]

Eigentlich hatte der Namenstag mit einem Maskenspiel im Stern,
der alten herzoglichen Gartenanlage jenseits der Ilm in der Nähe des
Schlosses, gefeiert werden sollen, doch zwang eine Überschwemmung
des Platzes Goethe, auf das Steilufer gegenüber seinem Gartenhaus
auszuweichen. An einem alten Pulverturm ließ Goethe eine Moos-
hütte als »Einsiedelei« errichten. Der Hofgesellschaft gefiel der Platz,
man kehrte gelegentlich zu ihm zurück, und angeregt durch den Park
des Prinzen von Anhalt-Dessau in Wörlitz nahmen Goethe und Karl
August die Umgestaltung der Wiesen- und Gartenlandschaft an der
Ilm in jene Parkanlage vor, die sich bis heute entlang der Ilm nach
Oberweimar hin erstreckt.

Nicht nur in Theaterangelegenheiten und bei der Gestaltung des
Parks unterstützte Goethe seinen Herzog. Als ordentliches Mitglied
des Geheimen Consiliums hatte er an den politischen Alltagsgeschäf-
ten teil, übernahm aber auch nach und nach eine Reihe von besonderen Aufgabenbereichen, was dazu führte, daß er für einige Jahre den
größeren Teil seiner Zeit und Arbeitskraft in Verwaltungs- und Regie-
rungsangelegenheiten steckte. Amtsgeschäfte und eigene literarische
Projekte zu vereinbaren war oft schwierig genug. Als er 1779 in
Apolda die Aushebung von Rekruten für die preußische Armee kon-
trollierte und dabei zugleich einen Einblick in die wirtschaftlichen
Probleme des Städtchens bekam, schrieb er Charlotte von Stein, daß
er mit der *Iphigenie*, an der er gerade arbeitete, nur schwer weiter-
komme: »Hier will das Drama gar nicht fort, es ist verflucht, der König von Tauris soll reden als wenn kein Strumpfwürker in Apolde
hungerte.«[47]

Die Liste der Tätigkeitsbereiche, die Goethe übertragen wurden, ist
lang: 1777 übernahm er die Verantwortung für das Vorhaben, das
Ilmenauer Bergwerk wieder in Betrieb zu nehmen, 1779 wurde er
Direktor der Kriegskommission und hatte die heikle Aufgabe, die
Kosten für das unnötige, aber vom Herzog geliebte Weimarer Militär
möglichst niedrig zu halten. Im gleichen Jahr trug der Herzog ihm die
Wegebaudirektion an, einschließlich der Verantwortung für die Stra-

ßen und Promenaden in und um die Residenzstadt. 1782 kam die Verantwortung für die Finanzverwaltung hinzu, ab 1784 zusätzlich die
Zuständigkeit für die Steuerrevision in Ilmenau. Auch in die Außen-
politik des Herzogtums wurde Goethe involviert und begleitete Karl
August auf diplomatischen Missionen, die ihn unter anderem 1778 an
den Hof Friedrichs des Großen führten, wo es galt, den Herzog und
seine Untertanen möglichst aus dem Bayerischen Erbfolgekrieg herauszuhalten, der um das politische Gleichgewicht im Deutschen Reich
zwischen Preußen und Österreich geführt wurde. 1779 mußte Karl
August zulassen, daß preußische Werber auf seinem Territorium Rekruten warben; um so erleichterter reagierte man in Weimar auf den
Friedensschluß zwischen den mächtigen Gegnern im Mai des Jahres.
    Im Herbst 1779 trat Goethe zusammen mit Karl August und dem
Oberforstmeister von Wedel eine Reise in die Schweiz an, die nicht allein dem Vergnügen und der Erholung der Reisenden dienen sollte,

Goethe
Ölgemälde von
Oswald May, 1779

sondern zugleich dazu genutzt wurde, bei Berner Finanziers ein Darlehen zur Stabilisierung der Staatsfinanzen aufzunehmen. Nach Zwischenstationen an verschiedenen süddeutschen Fürstenhöfen kehrten die Reisenden im Januar 1780 nach Weimar zurück.

Nicht lange nach seiner Rückkehr aus der Schweiz, wo er möglicherweise über Johann Caspar Lavaters Bruder Diethelm, den »Meister vom Stuhl« der Zürcher Loge »Modestia cum Libertate«, Interesse an der Freimaurerei gefunden haben könnte, richtete Goethe an den Freiherrn von Fritsch das Gesuch, der Weimarer Loge »Anna Amalia« beitreten zu dürfen:

Schon lange hatte ich einige Veranlassung zu wünschen, daß ich mit zur Gesellschaft der Freimaurer gehören möchte; dieses Verlangen ist auf unserer letzten Reise viel lebhafter geworden. Es hat mir nur an diesem Titel gefehlt, um mit Personen, die ich schätzen lernte, in nähere Verbindung zu treten – und dieses gesellige Gefühl ist es allein, was mich um die Aufnahme nachsuchen läßt.[48]

Die Loge »Anna Amalia« war am 24. Oktober 1764 anläßlich des fünfundzwanzigsten Geburtstags der Herzogin Anna Amalia gegründet worden, Fritsch stand ihr als »Meister vom Stuhl« vor. Welche Motive Goethe bewogen, um Aufnahme unter die Weimarer Freimaurer zu bitten, ist nicht ganz klar; mehr als das »gesellige Gefühl«, von dem er in seinem Beitrittsgesuch spricht, wird es wohl gewesen sein. In der Freimaurerbewegung trafen zwei gegensätzliche Tendenzen der Aufklärung aufeinander: zum einen der Wunsch nach Errichtung einer bürgerlichen, von der alten Feudalordnung sich abhebenden Öffentlichkeit, zum anderen der Hang, in geheimen und geschlossenen Zirkeln Alternativen zum ständischen Gesellschaftssystem exemplarisch zu erproben. Gerade die Führungsschicht der kleinen Residenzstadt Weimar, für die die Standesgrenzen ohnehin relativ durchlässig waren (es sei denn, Fragen des Hofprotokolls kamen ins Spiel, die dann selbst Goethe von der herzoglichen an die »Marschallstafel« verbannten), fühlte sich von den Ideen der Freimaurerei angesprochen – wie denn Ende des 18. Jahrhunderts in ganz Deutschland weite Teile der geistigen und politischen Elite Logenmitglieder waren.

Das politische Programm der Freimaurer bildete der aufgeklärte Absolutismus, das Bestreben, durch aufklärerischen Einfluß auf die Regierenden und durch Reformen von oben gesellschaftliche Wandlungen herbeizuführen, ohne die bestehende Ordnung grundsätzlich in Frage zu stellen. Das waren Ziele, denen sich durchaus auch Goethe verschreiben konnte, wie seine praktische Tätigkeit in der Verwaltung des Herzogtums zeigt. In jüngster Zeit wird die These vertreten, Goethe habe mit seinem Beitritt zur Loge zugleich ein wachsames Auge auf die politischen Bestrebungen der Freimaurer haben wollen. Briefliche Äußerungen weisen darauf hin, besonders nachdem der Fall des Hochstaplers Cagliostro, dessen Erfolg im wesentlichen auf geschickter Ausnutzung der bestehenden Freimaurerstrukturen beruht hatte, in ganz Europa für Aufsehen sorgte. An Lavater schrieb Goethe am 22. Juni 1781:

> Ich habe Spuren, um nicht zu sagen Nachrichten, von einer großen Masse Lügen, die im Finstern schleicht, von der du noch keine Ahndung zu haben scheinst. Glaube mir, unsere moralische und politische Welt ist mit unterirdischen Gängen, Kellern und Kloaken minieret, wie eine große Stadt zu sein pflegt, an deren Zusammenhang, und ihrer Bewohnenden Verhältnisse wohl niemand denkt und sinnt; nur wird es dem, der davon einige Kundschaft hat, viel begreiflicher, wenn da einmal der Erdboden einstürzt [...].«[49]

Durch Johann Joachim Christoph Bode wurde Goethe am 23. Juni in die Weimarer Loge aufgenommen, ein Jahr später in den Gesellengrad eingeführt und im März 1782, zusammen mit Karl August, der der Loge mittlerweile auch beigetreten war, in den Meistergrad erhoben, der Zugang zu allen Informationen über die Politik der Bewegung ermöglichte. Bode, der vor allem als Übersetzer Montaignes und der Romane Lawrence Sternes literarischen Ruhm erworben und in seinem Hamburger Verlag unter anderem Lessings *Hamburgische Dramaturgie*, aber auch Werke von Herder, Klopstock und Matthias Claudius herausgegeben hatte, war Anfang 1779 als Sekretär der Gräfin von Bernstorff nach Weimar gekommen. »Dieser Mann«, heißt es im Tagebuch Sophie Beckers, die 1784 Weimar besuchte, »verbindet mit seinem starken, fast kolossalen Körper einen feinen Geist, viele praktische Weltkenntnis, lachende Laune und ein redliches, biederes Herz.«[50] Seit 1761 Mitglied der Hamburger Loge »Absalon«, gehörte Bode zu den Schlüsselfiguren der deutschen Freimaurerbewegung. Als die Bewegung nach internen Querelen Anfang der achtziger Jahre in eine Krise geriet, wechselte Bode im Sommer 1782 zum Illuminatenorden über, dem im Februar 1783 auch Goethe und Karl August beitraten.

Während unter den Freimaurern zunehmend eher mystisch ausgerichtete Kräfte dominierten, verfolgten die 1776 von dem Ingol-

städter Kirchenrechtsprofessor Adam Weishaupt gegründeten Illuminaten weiterhin aufklärerisch-politische Ziele, gerieten aber bald
in den (wohl unbegründeten) Verdacht, umstürzlerische Absichten
zu hegen; selbst die Französische Revolution sollten sie angeblich
angestiftet haben. Bald unterdrückt und Gegenstand abenteuerlicher
Verschwörungstheorien, blieben die Illuminaten lange geheimnisum-
woben, und auch das erhaltene Material, darunter Akten Bodes, war
lange nicht der Öffentlichkeit zugänglich. Erst seit kurzem ist Goethes Verschwiegenheitserklärung vom 11. Februar 1782 bekannt, die
einen Eindruck von der im Orden praktizierten Geheimniskrämerei
gibt:

> Ich endes unterschriebner, verpflichte mich bei meiner Ehre und gu-
> tem Namen, mit Verzicht auf allen geheimen Vorbehalt, von denen,
> mir durch den H. Hof- und Legationsrat Bode anvertrauten Sachen,
> meine Aufnahme in eine geheime Gesellschaft betr. gegen niemanden
> [...] das geringste zu offenbaren, es mag nun diese meine Aufnahme
> zu Stande kommen oder nicht. Dies um so mehr, da man mich versi-
> chert, daß in dieser Gesellschaft nichts gegen den Staat, Religion und
> gute Sitten unternommen werde. Auch verspreche ich [daß ich] wenn
> ich künftig Ordens Schriften in meine Gewahrsam bekommen sollte,
> dieselben besonders verschließen und mit einer Adresse an ein be-
> lehrtes rech[t]schaffnes Ordensglied versehen will, damit dieselben
> auf meinen unvorhergesehenen Todesfall auf keine Weise, Art und
> Wege in fremde Hände geraten können. Dies alles verspreche ich [...]
> so wahr ich ein ehrlicher Mann bin und sein will.
>
> Weimar d. 11. Febr. 1783   Goethe.[51]

Als am 12. Februar 1784 Adolph von Knigge – etwas ungerecht
heute nur noch als Verfasser der, fälschlicherweise zumeist für ein Be-
nimmbuch gehaltenen, Tugendlehre *Ueber den Umgang mit Menschen* (1788) bekannt – zu einer Unterredung mit den Thüringischen
Illuminatenführern (neben Bode vor allem Herzog Ernst II. von Sach-
sen-Gotha) nach Weimar kam, die schlichtend in Knigges Auseinandersetzung mit dem Ordensgründer Weishaupt eingreifen sollten, be-
schwerte sich Goethe zwei Tage später, daß man ihn nicht zu dieser
Versammlung eingeladen habe. »Ich begreife nicht«, schreibt er unter
seinem Ordensnamen Abaris an Bode alias Aemilius, »warum Sie mir
nicht einen Wink gegeben daß ich mich auch hätte einfinden können.«[52]Welche Vorbehalte Bode gegen seine Ordensbrüder Goethe
und Karl August gehabt haben mochte, bleibt im dunkeln; jedenfalls

scheint aber 1785 an diesen beiden die Berufung des in Ingolstadt ent-
lassenen Weishaupt an die Universität Jena gescheitert zu sein.
Der Illuminatenorden wurde 1784 aufgehoben, und nachdem 1808
die Loge »Anna Amalia« auf Vorschlag Karl Augusts wiederbelebt
wurde, erfüllte sie vor allem gesellige Funktionen. Literarischen Niederschlag fanden Goethes Kontakte zu diesen geheimen Gesellschaften unter anderem in der Darstellung der »Turmgesellschaft« im Roman *Wilhelm Meisters Lehrjahre* (1795/96).

Einen Eindruck, wie die literarischen Größen Weimars, Goethe,
Wieland und Herder, lebten und wie sie auf auswärtige Besucher
wirkten, geben die Aufzeichnungen Johann Georg Müllers, des
schweizerischen Theologen, Pädagogen und Staatsmannes (und Mit-
herausgebers der ersten Herder-Gesamtausgabe von 1805–1820), der
im Oktober 1780 als einundzwanzigjähriger Student in die thüringische Kleinstadt kam, um die Bekanntschaft des verehrten Herder
zu machen. »Eine stattliche Stadt, mit schönen Plätzen untermischt.
Ja, da könnt' ich wohnen!« lautet Müllers erster Eindruck, als er am
6. Oktober eintrifft und im Gasthof »Zum Elephanten« Quartier
nimmt:

> Mein Herr Wirt war ein ziemlich fetter, roter, nicht allzulanger
> Mann; schien mir nicht unfein, aber ein Bißgen stolz zu sein und
> machte mit meiner, in seinen Augen unseligen Gestalt eben keine
> Komplimente. Man sprach in *tertia singulari* mit mir, welche Person
> sich erst nach einer Stunde in die dritte *pluralium* verwandelte, da ich
> etwas von Herdern fallen ließ.
> Alsbald ich ankam, foderte ein Soldat meinen Paß und las oder besah
> ihn sehr bedächtlich, denn er ist Latein. Ich zeichnete etwas in meine
> Tabletten [Notizblock] auf, aß Eierkuchen und Gurken zur Nacht,
> hatte Langeweile und ging bald in einer ziemlich schlechten Kammer
> zu Bette.[53]

Die Skepsis der Weimarer Wirte gegenüber unvermögend wirken-
den Gästen begegnet ständig in Berichten der Besucher. Immerhin
hatte der Student Müller sich ja in einen der vornehmsten und teuer-
sten Gasthöfe der Stadt gewagt, trotzdem brachte erst die Erwähnung
des Oberkonsistorialrats Herder die Wende vom »Er« zum höfliche-
ren »Sie«. Am nächsten Tag, bevor Müller sich zum Antrittsbesuch bei
Herder aufmachte, trieb der noch immer mißtrauische Wirt erst einmal die Rechnung für die vergangene Nacht ein: »Morgens um 7 stand

ich auf. Kaffee mit Semmel. Der Wirt foderte die Zeche für gestern, 9 Gg. [Groschen] (weil das so der Brauch seie; wahrscheinlich traute er dem Monsieur nicht!).«[54] Bei Herder wurde der junge Theologiestudent freundlich aufgenommen, denn Gesprächspartner, die auf dem Gebiet der Gottesgelahrtheit Herder das Wasser reichen konnten, waren sowohl unter den eher kirchenfernen Literaten- und Hofkreisen als auch unter der konservativen Weimarer Geistlichkeit rar. Müller wurde nach angeregtem Gespräch gebeten, zum Mittagessen mit Herder, seiner Frau Caroline und den (damals) vier Kindern zu bleiben. Gottfried und August, die beiden ältesten Söhne, saßen zwar schon auf herkömmlichen Erwachsenenstühlen, bedurften aber noch der Erhöhung der Sitzflächen – durch dicke Bücher aus Herders Bibliothek, die der gelehrte Gast sogleich erkannte: »Der eine saß auf *Semleri Antiquitatibus Graecis*, der andere auf *Erasmi Francisci* amerikanischem Krautgarten, oder wie das Ding heißt.«[55] Am selben Tag führte Herder seinen Gast in die Hofbibliothek im Grünen Schloß, für Besucher von Bildung ein fast ebenso attraktives Ziel in Weimar wie die illustren Schriftsteller:

Der Herr Bibliothekar, ein Kandidat von 40 Jahren ungefähr, wies mir mit vieler Höflichkeit alle Vorzüge dieser sehr schönen Bibliothek. Sie ist im Oval, ganz nach dem Geschmack der Wolfenbüttler eingerichtet. Ordnung scheint zu herrschen und sie hat verschiedene sehr kostbare Werke. Sie ist freilich nicht groß, doch immer groß genug für Weimar.[56]

In den nächsten Tagen vermittelte Herder seinem Gast, der ihm so ans Herz wuchs, daß er ihn einlud, in seinem Haus Quartier zu nehmen, die Bekanntschaft der anderen Weimarer Berühmtheiten. »Ging zu Herrn *von Knebeln*«, notierte Müller am 13. Oktober 1780. »Er wohnt vor der Stadt im Jägerhaus, das schön gelegen und gebaut ist; Gesellschafter von Prinz Konstantin. Herder sagte: er habe eine blühende Phantasie, sie sei ihm alles.«[57] Von dort ging es, durch die Parkanlagen an der Ilm, zu Goethe:

Von Knebels Haus gegen das Schloß beim Marstall vorbei; über den Exerzierplatz, hinunter in die Alleen an der Ilm zu dem Kloster, einer netten simplen Einsiedelei; über den Stern, einen Lustwald auf einer Insel, wo für alle Ergötzlichkeiten gesorgt ist. Es war das schönste Wetter; alles im Tau der Morgensonne schimmernd; über die Ilmbrücke; vor mir ein weites Wiesental; an der einen Seite das

Wasser und der Lustwald, an der andern Landgüter, oben der Webicht und unten – *Goethes* Haus, ganz romantisch. Ein kleines, ganz
simples Haus, wie bei uns die Gartenhäusli; ein zugespitztes Dach,
große Altane, kleiner Garten, und hinten wilde Bäume; vor ihm die
große Wiese. Ich ging hinauf; auf der Laube lagen einige Büsten auf
dem Boden. Ich mußte in ein klein Zimmer treten, das deutliche Spuren eines vor Kurzem Angekommenen hatte; Bücher, Atlasse, Kleider u.s.w. lagen umher. Er trat hervor, hatte ein blaues Kleid mit
Gold, sah ziemlich ernsthaft, und führte mich sogleich auf die Altane. So schön sah ich ihn noch nie – alle Porträte, auch das letzte in
Zürich, erreichen seine Größe nicht.[58]

Der Besuch bei Goethe währte nur kurz, da dieser bald durch einen
Bedienten an den Hof gerufen wurde. Man redete »für dies erstemal
wenig Intressantes, aber er nahm mich ganz ein.«[59] Müllers Urteil
über Wieland, dem er am nächsten Tag seine Aufwartung machte,
fällt, eigenen Eindruck und Weimarer (Herdersche?) Klatschgeschichten vermengend, erheblich weniger freundlich aus:

Wahrhaftig, ein häßlicher Mann! Seine Augen sind verlöscht, sein
Körper mager, seine Farbe bleichgelb; eine Gestalt ohne alles Leben,
Schwung und Kraft; (seine Sprache geht durch die Nase, er »nislet«
etwas häßlich). Er kriecht, wie seine Schreibart. Die Form des Gesichts kommt etwas mit Bodmers überein, doch nur wie ein unausge-
arbeiteter Nachguß. Er hat großes Einkommen: sein Merkur trug
ihm in den ersten Jahren 5000, itzt 3000 Thlr. jährlich ein; auch hat
er viel vom Herzog. Bisweilen macht er viel Geschenke an die Armen; bisweilen, wo's am nötigsten wäre, nicht. Auf prächtige Kleider
wendet er das meiste. Seine Eitelkeit ist unausstehlich, besonders
sichtbar, wenn er der Herderin etwa ein neu Gedichtgen vorlieset.
(Er lacht immer zuerst.)
Ich fühlte nichts Anzügliches; redten erst von meinem Bruder [dem
Historiker Johannes Müller], dann von Kästner und seinen Händeln
mit Bekmann, wo er einige Remarques sagte, die ich aber vergaß, eh'
ich aus seiner Stube ging. Sein Zimmer ist ziemlich überladen mit
Schriften, Büchern u. dgl. Auf'm Kasten steht ein alter Homerskopf;
er sieht mir aber drein, als wenn's ihm da nicht recht wohl wäre.
»Er dünke mir ein ganz guter Mann zu sein,« sagte ich über dem Es-
sen. Antwortete Herder: »Niemand ist gut als der einige Gott.[«][60]

In Weimar war anscheinend beinahe jeder ein Schriftsteller: Kurz
vor seiner Abreise lernte Müller auch noch den Superintendenten

Schneider kennen, »Herausgeber der *Acta nova ecclesiast. Vimar.* und des neuen kirchenhistorischen Journals, die aber beide von wenig Bedeutung sind, bloße Kompilationen und unerheblich«.[61] Der Abschied von Herder fiel herzlich aus:

> »Nun, mein lieber Müller« – er breitete seine Arme und umfing mich – »nun wollen wir Abschied nehmen!« Ich umfing ihn auch, mein Herz schmelzte, ich weinte häufige Tränen auf seine Wangen. Er segnete mich; ich dankte ihm aus vollem Herzen und ließ lange nicht von seinem Halse.[62]

Man versprach einander, in Verbindung zu bleiben; im Winter 1781/82 verbrachte Müller ein halbes Jahr in Weimar und im Hause Herders.

1781 bezog die »Fürstliche freie Zeichenschule«, die Karl August 1776 gegründet hatte, ihre neuen Räume im Ostflügel des Roten Schlosses. Das Institut stand allen Interessierten beiderlei Geschlechts ab dem zwölften Lebensjahr offen. Der Hofrat Georg Melchior Kraus, wie Goethe aus Frankfurt stammend und am 1. Oktober 1775 als Zeichenlehrer nach Weimar berufen, leitete die Einrichtung und gab selbst Kurse; daneben unterrichtete unter anderem der Hofbildhauer Gottlieb Martin Klauer. Von Mitgliedern des Hofstaates bis hin zu Handwerkern und Schulkindern nahmen Weimarer Bürgerinnen und Bürger aller gesellschaftlichen Schichten das aus der herzoglichen Schatulle finanzierte Angebot wahr, und manch einer der begabteren, aber mittellosen Eleven fand als Kupferstecher oder Kolorist in Bertuchs Verlag und Landkartenfabrik oder in der Werkstatt Klauers ein Auskommen. Im Juni-Heft 1781 des »Teutschen Merkur« konnte Klauer, der sich später auf die Massenproduktion von Plastiken aus Stein oder Terrakotta verlegte, Kopien seiner Köpfe der Weimarer Größen anbieten:

> Bei dem Fürstl. Hofbildhauer, Hr. Klauer, in Weimar, sind Gipsabgüsse der Abbildungen zu haben, welche derselbe von Herder, Göthe, und Wieland, sowohl en Buste als en Medaillon vor kurzem nach dem Leben verfertigt hat.[63]

Für ein kleineres Publikum als jenes der »Freien Zeichenschule« und der Gipsabgüsse Klauers war ein Zeitschriftenprojekt bestimmt, das im Sommer 1781 zur Unterhaltung des Kreises um die Herzoginmutter Anna Amalia entstand, das »Journal von Tiefurt«. Anna Ama-

lia hatte in diesem Jahr zum erstenmal das Rittergut in Tiefurt zu ihrer
Sommerresidenz gewählt, und in einer vergnügten Runde schlug jemand vor, das berühmte »Journal de Paris« zu parodieren. »Es ist eine
Gesellschaft von Gelehrten, Künstlern, Poeten und Staatsleuten beiderlei Geschlechter zusammengetreten«, hieß es im »Avertissement«
des Journals vom 15. August 1781, »und hat sich vorgenommen, Alles,
was Politik, Witz, Talente und Verstand in unsern dermalen so merkwürdigen Zeiten hervorbringen, in einer periodischen Schrift den Augen eines selbst gewählten Publikums vorzulegen.«[64] In elf hand-
schriftlichen Exemplaren wurde das Tiefurter Journal verbreitet; zu
den (anonymen) Mitarbeitern gehörten, neben Anna Amalia und Karl
August, auch Wieland, Herder, Goethe, Knebel, Einsiedel, Merck und
die Hofdame Luise von Göchhausen. Etliche Stücke aus Herders
Volksliedersammlung, aber auch mehrere Gedichte Goethes wurden
hier zum erstenmal veröffentlicht.

Als im Januar 1782 der Tischler Johann Martin Mieding starb, der
dem Weimarer Liebhabertheater als Bühnenbildner gute Dienste geleistet hatte, schrieb Goethe für das »Journal von Tiefurt« sein Gedicht *Auf Miedings Tod*, einen Nachruf auf den Handwerker, der 1776
auch das Mobiliar für Goethes Gartenhaus gefertigt hatte. Die gern
zitierten, wohl auf ein Bonmot Wielands (»*Weimar* [. . .], welches wie
ehemals *Bethlehem Juda* jetzt nicht die kleinste unter den Töchtern
Deutschlands scheint«, hatte er 1776 in einem Brief geschrieben[65]) zurückgehenden Verse: »O Weimar! Dir fiel ein besonder Los! / Wie
Bethlehem in Juda, klein und groß«[66] sind darin enthalten. Als Goethe
das Gedicht 1789 in seine erste Werkausgabe übernahm, hatte das
»Journal von Tiefurt«, mit der Nummer 49 im Juni 1784, schon lange
sein Erscheinen eingestellt.

Goethe verbrachte das Jahr 1782 nicht nur mit Reimereien zur Unterhaltung der Hofgesellschaft. Im Mai reiste er in diplomatischer
Mission an die Höfe der Umgebung, am 2. Juni des Jahres bezog er,
vorerst zur Miete, das Haus am Frauenplan. »2. in die Stadt gezogen
zum erstenmal, hinne geschlafen«, meldet das Tagebuch.[67] Am Tag
darauf erhielt er das auf den 10. April 1782 ausgestellte Adelsdiplom,
das Karl August am kaiserlichen Hof für ihn erwirkt hatte – nicht zuletzt deshalb, um seinem Regierungsmitglied die Peinlichkeit zu er-
sparen, bei auswärtigen Missionen vom Hofprotokoll an den Rand
geschoben zu werden. Selbst die Herzogin Luise hatte ja anfangs
darauf bestanden, daß die bürgerlichen Gäste nur an der »Marschallstafel« Platz nehmen sollten.

Am 7. Juni 1782 entließ Karl August seinen Kammerpräsidenten August von Kalb. Gleichzeitig mit Goethes Aufnahme in das Geheime Consilium hatte er 1776 Kalb zum Leiter seiner Finanzverwaltung gemacht, mußte jetzt jedoch erkennen, daß dieser nicht in der Lage gewesen war, die prekären Staatsfinanzen zu stabilisieren, vielmehr mit leichtfertigem Gebaren die Finanzlage noch verschlechtert hatte. Kommissarisch und ohne die Ernennung zum Kammerpräsidenten wurde Kalbs Ressort nun auch noch Goethe aufgebürdet. »Daß Kalb weg ist, und daß auch diese Last auf mich fällt, hast du gehört«, schrieb Goethe an Knebel. Und:

> Jeden Tag, je tiefer ich in die Sachen eindringe seh ich wie notwendig dieser Schritt war.
> Als Geschäftsmann hat er sich mittelmäßig, als politischer Mensch schlecht, und als Mensch abscheulich aufgeführt. [...] Nun hab' ich von Johanni an zwei volle Jahre aufzuopfern, bis die Fäden nur so gesammelt sind daß ich mit Ehren bleiben oder abdanken kann.[68]

Da die Einzelheiten der Kalbschen Amtsführung nicht öffentlich wurden, gingen in Weimar Gerüchte um, man habe den Kammerpräsidenten nur entfernt, um Goethe ein weiteres bedeutendes Amt verleihen zu können. Hamann gegenüber betont Herder sein Vertrauen auf Kalbs Korrektheit und gibt ein boshaftes, aber in der Sache zutreffendes Bild von Goethes Funktionen im Herzogtum:

> Er ist also jetzt Wirkl. geh. Rat, Kammerpräs., Präsident des Kriegscollegii, Aufseher des Bauwesens bis zum Wegbau hinunter, Direktor des Bergwerks dabei auch directeur des plaisirs, Hofpoet, Verfasser von schönen Festivitäten, Hofopern, Ballets, Redoutenaufzügen, Inscriptionen, Kunstwerken etc. [...] kurz das fac totum des Weimarschen u. so Gott will, bald der maior domus sämtl. Ernestinischer Häuser, bei denen er zur Anbetung umherzieht. Er ist baronisiert [...]. Er ist aus seinem Garten in die Stadt gezogen u. macht ein adlich Haus, hält Lesegesellschaften, die sich bald in Assembleen verwandeln werden etc. etc.[69]

In der von Johann Bernoulli herausgegebenen *Sammlung kurzer Reisebeschreibungen* erschien 1783 unter dem Titel *Kleine Reise in's Thüringische. 1782* der Bericht eines Ungenannten (gemäß der Einleitung des Herausgebers ein »sehr rühmlich bekannter Gelehrter«[70]), in dem auch ein Besuch in Weimar im Juni 1782 geschildert wird. Des

Reisenden Weg führte ihn natürlich zuerst zu dem berühmten, von
Herder so ironisierten Goethe:

> Weimar liegt tief, aber sehr angenehm, und hat schöne Promenaden
> mit Fontainen. Das vor einigen Jahren abgebrannte Schloß ist noch
> nicht wieder aufgebauet, und der Hof hält sich in einem andern Ge-
> bäude auf. Ich kam gegen 10 Uhr an, und logierte auf dem schönen
> Markte im Elephanten. Es war Sonnabend, und ich habe hier ein
> eben so lebhaftes Gewühle von Menschen, Landleuten, Wagen, Kar-
> ren, insonderheit eine unbeschreibliche Menge von Gärtnerwaren,
> als in Gotha gesehen. Der Markt ist ein reguläres Quadrat, und es
> wimmelte von wenigstens 4000 Menschen, daß man des Gedränges
> wegen nicht durchkommen konnte.
> Ich nahm mir gleich einen Mietlaquay, der mich von 10 Uhr bis
> Abends um 9 Uhr alle Wege führen, bleiben und wieder abholen
> mußte, dem ich für den ganzen Tag 12 Gr. zahlte. Eine überaus be-
> queme Sache!
> Der erste, den ich besuchte, war der erste Kammerpräsident, und
> kürzlich nobilitierte Herr von Göthe. Hab' ich je eine respektable
> Menschenperson gesehen, so war es diese. Es herrscht in seiner
> Miene, und in seinem ganzen Betragen ein frappanter Ernst, der an
> einen edlen Stolz zu grenzen scheint, aber kein Stolz ist. Von da ging
> ich zu meinem lieben sanften Wieland in seinen ländlicheingerichte-
> ten Garten, der mich offenherzig und freundlich empfing, und den
> ich nicht glücklich genug preisen kann, da er nichts mit dem Hofe
> mehr zu tun hat, und in einer wahren arkadischen Freiheit, sich, den
> Musen, und seiner Familie lebt.[71]

Goethe und Wieland werden relativ knapp vom Verfasser abgehan-
delt, viel mehr Platz räumt er in seiner Darstellung dagegen einem
Mann ein, der in Schilderungen Weimars zumeist eher am Rande auf-
taucht, obwohl er (neben seinen Verdiensten als Übersetzer des *Don
Quijote*) als Unternehmer, Verleger und Zeitschriftenherausgeber eine
bedeutende Rolle im kulturellen und wirtschaftlichen Leben der Stadt
spielte: Friedrich Justin Bertuch. Seit 1782 war er Teilhaber an Wielands »Teutschem Merkur«, verlegte ab 1785 die »Allgemeine Literatur-Zeitung« und ab 1786 das »Journal des Luxus und der Moden«,
Deutschlands erste Modezeitschrift, und unterhielt, neben anderen
Projekten, eine Fabrik für Papier- und Seidenblumen, in der Goethes
spätere Lebensgefährtin und Frau Christiane Vulpius arbeitete, um
den verarmten Vater und ihre Geschwister zu unterstützen. Sophie
Becker notierte nach dem Besuch in der Papierblumenfabrik in ihrem

Reisetagebuch: »Hier sind zwanzig arme Mädchen unter der Aufsicht und Anweisung von Bertuchs Schwägerin beschäftigt, sich durch Blumenmachen ihren Unterhalt zu verdienen. Sie handeln schon aus dieser Fabrik bis Rußland hin.«[72] Daneben verwaltete Bertuch, seit 1785 im Range eines Legationsrats, die herzogliche Privatschatulle, agierte auf dem Liebhabertheater und hatte auch sonst teil an den höfischen Vergnügungen der ersten Regierungsjahre Karl Augusts. Johannes Falk berichtet über Bertuchs Rolle im Treiben der Hofgesellschaft:

Friedrich Johann Justin Bertuch
Kupferstich, vermutlich von
Karl August Schwerdgeburth

Oftmals bekam Bertuch, als *maître de plaisir*, noch ganz spät den Befehl, daß der Küchenwagen gerüstet werden mußte, weil man mit dem Frühesten in den Wald wollte. War es in der Nähe, so genügten ein paar Küchenesel. [...] In der herrschaftlichen Küche ging es nun an ein Kochen, ein Sieden, ein Braten, ein Halsabschneiden von Kapaunen, Truthähnen, Tauben und anderm Geflügel. [...] Eine Gesellschaft von Herren und Damen, oft fröhlich untereinandergemischt, machte sich sodann gleich am frühen Morgen auf den Weg. Die Bäume in der tiefsten Einsamkeit, die sonst nur gleichgültige Geier an sich vorüberziehen sahen, [...] wunderten sich über den singenden fröhlichen Zug; man konnte sagen, daß ihnen nun erst ihr Recht geschah, da sie eine heitere, dichterisch gestimmte Jugend unter ihren Schatten beherbergten und den Rausch einer allgemeinen Lust durch das Rauschen ihres grünen Obdachs vermehren halfen.[73]

Der Verfasser der *Kleinen Reise in's Thüringische* jedenfalls schildert seinen Besuch bei Bertuch, ganz untypisch für einen Bericht aus Weimar, viel ausführlicher als den bei Goethe und Wieland, von dem aus er sich zu Bertuch führen ließ. »Dem Äußern nach lebt sein Freund, der Rat Bertuch vorzüglich bequem, und bis zum Beneiden angenehm«, beginnt er seine Schilderung. »Gerne hätte ich hier den übrigen Teil des Sommers bis zum spätesten Herbst zugebracht: wär' es nach meinen Wünschen gegangen.« Bertuchs neuerbautes Haus am Schweinemarkt und dessen kunstreicher Garten waren es, die die Aufmerksamkeit des Gastes erweckten:

Sein Haus liegt vor dem Tore an einer breiten offenen Straße, mit der Face nach der Stadt zu. Es soll eigentlich nur ein Gartenhaus sein, aber es ist ein Palast der Natur, im modernsten Geschmack von Ihm selbst erbauet, und der unermeßlich große Garten gleich hinter demselben ebenfalls nach seinem Plane angelegt. [...] Erst ein großer geräumiger Graseplatz, zwischen welchen die Wege durchlaufen. Keine geraden Wege, sondern lauter Zirkelschnitte, welches sich wohl ausnimmt. In der Mitte ein ungemein großer Teich, auf welchen die wilden Enten hausen und in der Mitte für sie ein Häuschen erbauet ist. Einige Leute auf Kähnen beschäftiget, das sich so ungeheur vermehrende Wassergras mit Harken auszuziehen, welches den ganzen Teich bewachsen, und viele Fische erstickt hatte.

Noch manches weiß der Verfasser über den Teich und den Garten mit seinen Ruheplätzen, Grotten, Aussichtspunkten zu berichten, doch selbst seine breite Schilderung scheint nicht alles zu umfassen, was Bertuch dort, im kleinen vollziehend, was unter Goethes Anleitung im großen im Park an der Ilm unternommen wurde, angelegt hatte:

Noch viel mehrere Schönheiten dieses Gartens müßte ich beschreiben, wenn ich mich länger hätte aufhalten können. Alles was die Natur schönes hat, wenn sie von der geschmackvollen Kunst verschönert wird, war hier vereinigt. Ich segnete den Besitzer mit Tränen im Auge, seinen glücklichen Aufenthalt, und nahm ungern Abschied.[74]

Ebenfalls eher als Randfigur der Blütezeit Weimars wird zumeist Johann Karl August Musäus wahrgenommen, den Anna Amalia früh an ihren Hof zog und der, seit 1769 Professor am Gymnasium und eine Stütze des Liebhabertheaters, bis zu seinem Tod 1787 eine feste Größe im kulturellen Leben der Stadt war – und zugleich, wenn die Berichte der Zeitgenossen stimmen, bis zur Grenze der Verschrobenheit eigenwillig. Der Pädagoge und Meteorologe Siegmund Gottfried Dietmar berichtet über Musäus, den er bei einem Besuch in Weimar im Sommer 1786 kennenlernte:

Dieser gelehrte Schulmann besaß eine liebenswürdige Laune und eine echt deutsche Biederkeit. [...] Winter und Sommer hielt er sich in seinem Garten auf. Auf dem Wege dahin trafen wir ihn schon auf dem Markte zu Weimar, mit einem Krug Wasser in der rechten Hand, und unter dem linken Arm ein Bündel Reisholz nebst einem Regenschirm.

»Sie werden sich wundern«, sagte er mit lächelnder Miene, »einen Weimarschen Professor so belastet zu sehen, aber meinen guten Stadt- und Landgenossen fällt es gar nicht auf – weil sie mich kennen und wissen, daß ich mich nicht gern bedienen lasse. Ich will in meinen Garten vor der Stadt gehen, wo ich Kaffeegäste erwarte und dazu brauch ich außer den indischen Produkten noch Wasser und Holz. Beides trage ich, wie Sie sehen, selbst hinaus. [...]«

Im Gartenhaus angekommen, befragte Dietmar seinen Gastgeber nach den Quellen seiner *Volksmährchen der Deutschen*, die ab 1782 in mehreren Teilen erschienen waren. Er sei gerne in Gesellschaft junger Frauen, erklärte ihm Musäus, wo er oft gebeten worden sei, etwas zu erzählen, bis ihm eines Tages der Stoff ausgegangen sei:

Ich habe eine alte Kindermuhme und einen bejahrten invaliden Soldaten im Hause. Diesen erzählte ich die Märchen, welche ich – aus der Jungferngesellschaft – mitbrachte – und da ich mich dabei dem Zusetzen und Emballieren überließ, so zogen sie meiner beiden alten Zuhörer Aufmerksamkeit so an, daß sie mir mit abwechselnden Empfindungen, die ich in ihren Gesichtern las, teilnehmend folgten. [...] Ich blieb nicht unbelohnt – denn nun brachten mir meine ehrwürdigen Antiquitäten – aus ihrem Schatzkästlein – alte rohe Diamanten, die ich auf meiner Schleifmaschine brillantierte, und siehe da

– sie gefielen meinen lieblichen Jungfrauen samt und sonders, wenn ich sie ihnen an einem Winterabend nach meiner Art auftischte. [...] Ich schrieb dies Alles auf, und so entstanden die Volksmärchen.[75]

Der aus Weimar gebürtige Schauspieler Heinrich Schmidt berichtet in seinen Erinnerungen, bei dem alten Soldaten habe es sich um einen Tambour namens Rüppler gehandelt, den Musäus »bei einer Pfeife Taback und einem Glas Schnaps [...] in die geeignete Stimmung und die rechte Begeisterung« zum Erzählen versetzt habe.[76] Unter den Schülern, die Musäus am Weimarer Gymnasium unterrichtete, war auch sein Neffe August Kotzebue, später der erfolgreichste Schriftsteller seiner Zeit und 1785, als ranghoher Verwaltungsbeamter in russischen Diensten, geadelt. Die alten Sprachen habe Musäus nur ungern unterrichtet, teilt Kotzebue in seiner Schrift *Mein literarischer Lebenslauf* mit, jeden Sonnabend aber habe er der Klasse eine »poetische Stunde« erteilt:

Johann Carl August Musäus

Stich nach einem Gemälde von Johann Ernst Heinsius

Sobald er in die Klasse trat, erkundigte er sich, ob etwa einer der Schüler selbst einen poetischen Aufsatz verfertigt habe? denn gezwungen wurde, wie billig, niemand dazu. Gewöhnlich fanden sich einige schüchterne Musenjünger, welche aufstanden, und mit niedergeschlagenen Blicken anzeigten, daß ihr Pegasus gesattelt sei. Sogleich räumte ihnen Musäus den Katheder ein, sie traten auf, und durften von der Ceder bis zum Ysop reden, indessen Musäus, die Hände auf den Rücken geschlagen, schweigend auf und nieder ging. Hatte der Dichter geendigt, so wurde sein Machwerk vom Lehrer kritisiert, doch nie so abschreckend, als seine Herren Kollegen in der großen Schule der Welt zu tun pflegen. Wenn keiner mehr da war, der das Schulpublikum mit eigenen Gedichten zu unterhalten sich erbot, so traten diejenigen auf, die fremde Gedichte auswendig gelernt hatten [...]. Musäus billigte oder tadelte die deklamierten Stücke, und gab seinen Schülern Gründe für beides. Wir waren glücklicher als das Publikum, das sich oft ohne Gründe behelfen muß.[77]

Nicht allein über diese sehr persönliche Form der Literaturförderung in Deutschlands kultureller Hauptstadt berichtet Kotzebue in seinen Erinnerungen, sondern auch über das Wohlwollen, das Goethe ihm gegenüber bewiesen habe. Später hat Goethe, der als Theaterdirektor die publikumswirksamen und kassenfüllenden Trivialstücke Kotzebues sehr wohl zu schätzen wußte (unter seiner Direktion war Kotzebue der mit Abstand meistgespielte Autor auf der Weimarer Bühne), mit dafür gesorgt, daß der intrigante junge Advokat, der es in seinen Stücken auch an Spitzen gegen die Weimarer Gesellschaft nicht fehlen ließ, 1781 nicht in die Weimarer Verwaltung übernommen wurde und in St. Petersburg Dienst nahm. Gegen den Knaben jedoch erwies sich Goethe als freundlich:

Er erlaubte mir, in seinem Garten Vögel in Schlingen zu fangen, denn ich war damals schon ein leidenschaftlicher Jäger. Wenn ich nun des Morgens um sechs Uhr, auch wohl noch früher hinauswanderte, um zu sehen, ob ich einen Krammsvogel, oder ein Rotkehlchen erbeutet hätte, so kam er oft zu mir herab, unterhielt sich freundlich mit mir, und munterte mich auf zum Fleiße. Er hat das vermutlich schon längst vergessen, ich aber werde es nie vergessen; denn jedes seiner Worte war mir höchst merkwürdig, und machte einen tiefern Eindruck auf mich, als die schulgerechten Ermahnungen meines Conrectors.[78]

Der 1779 geborene Schauspieler und Theaterdirektor Heinrich
Schmidt berichtet aus seiner in Weimar verbrachten Kindheit:

> Mein täglicher Umgang waren Herder's und Wieland's Kinder – der
> erstern waren sieben, der zweiten neun; – und außerdem belebte und
> verschönerte eine Reihe von reizenden, interessanten Mädchen die
> wöchentlich hier wechselnden Kränzchen.
> Bei Frau von Imhof, Mutter der als sinnigen, ausgezeichneten Dich-
> terin bekannten Amalie von Imhof, nachherigen Frau von Helwig,
> war ein ganzes Arsenal von echt indischen Waffen und Kleidungen,
> die der eben verstorbene Herr von Imhof selbst aus Indien mitge-
> bracht hatte. Mit Hülfe des ältesten Sohnes Karl benutzten wir Alles
> zu unsern Spielen, legten die Kleider an und die Waffen, bei welchen
> letztern uns jedoch immer große Vorsicht anempfohlen wurde, da
> die Pfeile meist vergiftet sein sollten.[79]

Die »echt indischen Waffen und Kleidungen« sind für das provinzi-
elle Weimar recht exotisch und verweisen auf eine schillernde Randfigur des dortigen Hoflebens, den ehemaligen württembergischen Offizier Christoph Adam Karl von Imhoff, seit 1775 verheiratet mit
Charlotte von Steins jüngerer Schwester Luise. Mit seiner ersten Frau
Marianne war Imhoff 1769 im Dienste der Ostindischen Kompanie
nach Indien aufgebrochen. Schon auf der Überfahrt hatten sie den
Gouverneur von Bengalen, Warren Hastings, kennengelernt, der, be-
zaubert von Marianne von Imhoffs Schönheit, ihrem Mann den Vorschlag machte, ihm seine Frau abzutreten. Bis 1772 dauerte es, bis die
Scheidungspapiere aus Deutschland eintrafen, Marianne wurde die
Ehefrau des Gouverneurs, und Karl von Imhoff, mit einer reichen
Abfindung versehen und mit Mohrenknaben im Gefolge, kehrte in
seine Heimat zurück, wo sein luxuriöser und exzentrischer Lebensstil
sein Vermögen schnell dahinschmelzen ließ. Luise von Imhoff kehrte
schon bald nach der Heirat nach Weimar zurück, und als Karl von Imhoff 1785 sein fränkisches Gut aufgeben mußte, versuchte auch er, in
der kleinen Residenzstadt heimisch zu werden, ging aber bald wieder
auf Reisen und starb, seine Frau und vier Kinder in Weimar zurücklassend, 1788 in München.
Ähnlich aufregend und der Weimarer Gesellschaft Stoff zu Klatsch
und Unterhaltung gebend war die Geschichte von Hildebrand von
Einsiedels jüngerem Bruder August. Dieser, ein vielseitig gebildeter,
aber unsteter Mensch, hatte es sich in den Kopf gesetzt, in Afrika sein
Glück, Gold und Rousseausche, unverderbte Menschen zu finden. Im

Herbst 1784 brach er das erste Mal nach Afrika auf, war aber im November schon wieder in Weimar. Im Mai 1785 trat er seine zweite Expedition an, wurde aber schon bald in Tunis von der Pest zur Umkehr gezwungen. Spektakulär und skandalös waren die Umstände seines Aufbruchs:

Seine Geliebte, Emilia von Werthern-Beichlingen, hatte, mittels einer im Sarg statt ihrer begrabenen Puppe, ihrem Ehemann und ihrer Familie den eigenen Tod vorgegaukelt, um unerkannt August von Einsiedel nach Afrika folgen zu können. Nach der Rückkehr flog der Betrug auf, Einsiedel wußte sich aber mit der Familie Emilias zu arrangieren, so daß beide sich, nach Emilias Scheidung, 1788 offiziell verbinden konnten. In einem Brief an Charlotte von Stein kommentierte Goethe den abenteuerlichen Vorfall und sein banales Ende am 9. Juli 1786:

Nun aber unsre Flüchtlinge! Wie abscheulich! – Zu sterben! nach Afrika zu gehen, den sonderbarsten Roman zu beginnen, um sich am Ende auf die gemeinste Weise scheiden und kopulieren zu lassen! Ich hab es höchst lustig gefunden. Es läßt sich in dieser Werkeltags Welt nichts außerordentliches zu Stande bringen.[80]

Dem Herzogspaar, dessen Ehe aufgrund der Verschiedenheit beider Partner nicht die beste war, wurde am 3. Februar 1783, nachdem die Herzogin Luise bereits zwei Töchter, die beide nicht am Leben geblieben waren, zur Welt gebracht hatte, endlich ein Sohn und Erbprinz geboren. Das Ereignis wurde in Weimar ausgiebig gefeiert, Wieland steuerte ein »Singgedicht« zu diesem Anlaß bei, dessen literarische Qualität sich in den üblichen Grenzen solcher Gelegenheitslyrik hält, das er aber immerhin für würdig hielt, in seine »Gesammelten Werke« Aufnahme zu finden. Eine Kostprobe aus der Festdichtung auf den Erbprinzen Karl Friedrich:

Er schlummert auf *Luisens* Schoß.
Ihr Mutterauge ruht mit innigem Vergnügen
Auf Ihrem Sohn, und sucht und ahnet wonnevoll
In seinen kindlich edlen Zügen
Den Helden, der einst werden soll.
Mit Lieb' ergießenden Blicken
Bückt Sie Sich über Ihn, und drückt mit Einem Kuß
Die Tugenden Ihm ein, die einst Ihr Volk beglücken.[81]

Goethe lobte wenigstens die Musik, die der Hofkapellmeister Ernst
Wilhelm Wolf zu Wielands Gedicht komponiert hatte, und wie das
Wielandsche Gedicht bei Hofe wurde ein Hersches zum selben
Anlaß in der Jakobskirche vorgetragen. Herder, ein nicht immer leicht
zu nehmender und zur Hypochondrie neigender Mensch, hatte schon
bald die anfangs noch vorhandene Freude an dem in Weimar über-
nommenen Amt und dem Leben in der Stadt verloren. »Herder fährt
fort sich und andern das Leben sauer zu machen«, schrieb Goethe im
September 1780 an Lavater.[82] Das freundschaftliche Verhältnis zu
Goethe kühlte sich ab, auch mit Wieland verkehrte er seltener. Herders Amtsgeschäfte gestalteten sich schwierig, da seine Stelle jahrelang
unbesetzt gewesen war und allerlei Nachlässigkeiten und Eigenmäch-
tigkeiten sich bei den Pfarrern seines Sprengels eingeschlichen hatten.
Mühsam mußte sich Herder nach und nach einen Überblick über die
Kirchenverwaltung verschaffen und seine Rechte als Vorgesetzter ein-
fordern. Was ihn zusätzlich in einem Maße belastete, daß er oft darüber klagte, kaum noch seinen schriftstellerischen Ambitionen nachgehen zu können, war die mit dem Oberkonsistorium verbundene
Aufsicht über das Schulwesen im Herzogtum, dem er sich mit großer
Aufmerksamkeit widmete. Auf dem Lande schien zudem aller Einsatz
für die Ideen der Aufklärung und für Verbesserungen in Bildungs-
und Religionssachen ein Kampf gegen Windmühlen zu sein, zumindest wenn man dem Bericht Friedrich Christian Laukhards glauben
darf, der 1787 durch das Herzogtum wanderte und sich darüber
wunderte, daß »die dickste Finsternis auf den weimarischen Dörfern
herrschte!« Weiter heißt es dort:

> Man sollte gar nicht glauben, daß diese einem Landesherrn angehör-
> ten, dessen Residenzstadt mit den hellsten Köpfen Deutschlands ge-
> schmückt ist! Hier sieht man recht augenscheinlich, daß auch die be-
> sten Schriftsteller nicht einmal in ihrem nächsten Umkreise auf die
> Volksklasse wirken, wenn Kirchen- und Schullehrer nicht die ver-
> dolmetschenden Vehikel ihrer Belehrung werden. [...] Herder, der
> göttliche Herder, hat gewiß Verbesserungen vorgeschlagen; aber die
> übrige Geistlichkeit hat vielleicht die Delikatesse ihrer orthodoxen
> Denkungsart so weit getrieben, daß sie lieber alles aufopfern, als
> Herdern folgen wollte [...]. Und so hätte auch Weimar seine Gelehr-
> ten mehr fürs Ausland, als für sich![83]

Weimars Geistliche konnten mit ihrem fortschrittlichen Superintendenten und seiner nicht übermäßig klerikalen Lebensweise wohl in

der Tat nur wenig anfangen. Er hatte, berichtet Karl von Lyncker in seinen Erinnerungen, »mancherlei dadurch zu reden gegeben, daß er der Erste seines Standes war, welcher gewöhnlich keine schwarzen, sondern dunkelfarbige Kleider, auch keine Perücke trug, zuweilen in das Theater ging, auf dem Eise erschien und nicht selten scharf ritt.«[84] In den Briefen Herders häuften sich mit den Jahren die Klagen über Kälte, Steifheit und Widerstände, die ihm das Leben in Weimar zur Qual machten. An Hamann schreibt er 1783: »Hier blühet keine Freude u. Wonne für mich mehr. Das letzte Zutrauen habe ich zu meinem Fürsten verloren u. die um ihn, die in Geschäften vor- u. mit mir sind, sind Rohrstäbe u. Dornen u. vergiftender Taxus.«[85] Gut ein Jahr später, am 10. Mai 1784, äußerte sich Herder noch einmal ganz ähnlich gegenüber Hamann. Ausdrücklich wurde nun aber Goethe, an den sich Herder wieder stärker angeschlossen hatte, als Leidensgenosse genannt:

Ich bin mir selbst ganz unkenntlich worden, meine Flügel sind gelähmt, ihre Schwingen ausgerupft u. ich stehe wie Kleists lahmer Kranich am dürren Meeresufer oder vielmehr ich liege wie Lazarus unter den Toten. Meine Bande mit Menschen sind ziemlich abgeschnitten oder durch den Fraß der Zeit verzehrt. Den Winter über hat sich Göthe, der auch in seiner Seele, aber großmütiger als ich, leidet, sehr freundlich u. mit seiner alten Biedertreue zu uns getan: wir sind meistens alle Woche einmal bei ihm; aber doch alles ohne mich zu erquicken u. zu erwärmen.[86]

Daß es nicht nur Herdersche Hypochondrie war, die ihm das Leben in der Enge Weimars so unangenehm machte, belegen andere Zeugnisse, die von der Steifheit des geselligen Lebens der Residenz sprechen, in der auch die Standesgrenzen nicht für alle so leicht zu übersteigen waren, wie es manchmal den Anschein haben konnte. Sophie Becker berichtet von ihrem ersten Besuch in Weimar im Dezember 1784, daß Bode ihrer Begleiterin, der Schriftstellerin Elise von der Recke, halb im Scherz, halb ernsthaft gesagt habe, sie hätte sich mit ihren kritischen Äußerungen über den Adel in Weimar viele Feinde gemacht. Wie es möglich sei, daß man »in einem so aufgeklärten Orte noch so eingeschränkte Begriffe über den Adel des Menschen haben könnte«, fragt Sophie Becker und muß sich von dem Zugezogenen über die materielle und geistige Beschränktheit in Weimar aufklären lassen:

Bode erklärte es mir ungefähr auf die folgende Art. Der Privatmann
in Weimar ist mehrenteils arm. Die Offizianten des Fürsten werden
noch nach der alten Weise besoldet, da der Luxus kleiner und die Be-
dürfnisse wohlfeiler waren. Nun müssen sich alle diese Familien äußerst einschränken, um nur nicht in Schulden zu geraten. Gesellige
Zusammenkünfte, Diners, Soupers sind ganz ungewöhnliche Dinge;
daher bleiben sich die Menschen fremd, lassen auch mit Fleiß nichts
von der Etikette gegeneinander ab, um nur nicht näher zu kommen.
Findet dieses unter den Gliedern eines Standes statt, wie weit muß
also die Entfernung vom Adel sein! Hierzu kommt nun auch, daß
die berühmtesten Männer, statt gemeinschaftlich an die Herabstim-
mung des steifen Umganges ihrer Mitbürger zu arbeiten, sich einander selbst sorgfältig aus dem Wege gehen. Wieland sieht nur sich,
Goethe sich, und Herder desgleichen. Werden sie alle drei zugleich
wohin gebeten, wie Bode es bisweilen in der Gräfin Bernstorff
Hause angestellt hat, so hat keiner Geist und Leben.[87]

Daß sich Goethe und Herder seit etwa Oktober 1783 wieder enger
aneinander anschlossen (»Eine der vorzüglichsten Glückseligkeiten
meines Lebens ist daß ich und Herder nichts mehr zwischen uns haben das uns trennte«, schreibt Goethe Ende des Jahres an Lavater,
und: »eines edlern Herzens und weitern Geistes ist nicht wohl ein
Mensch«[88]), hatte seinen Grund wohl nicht zuletzt darin, daß Herder
mit seinen *Ideen zur Philosophie der Geschichte der Menschheit*, aus
deren Manuskript er Goethe im Dezember 1783 vorlas und deren erster Teil 1784 im Druck erschien, geschichtsphilosophische und natur-
geschichtliche Thesen vortrug, an die Goethe mit seinen eigenen
naturwissenschaftlichen Anschauungen und Forschungen anknüpfen
konnte. Charlotte von Stein, auch auf diesem Gebiet Goethes Vertraute und oftmals erste Leserin, schreibt am 1. Mai 1784 an Knebel:

> Herders neue Schrift macht wahrscheinlich, daß wir erst Pflanzen
> und Tiere waren; was nun die Natur weiter aus uns stampfen wird,
> wird uns wohl unbekannt bleiben. Goethe grübelt jetzt gar denk-
> reich in diesen Dingen, und jedes, was erst durch seine Vorstellung
> gegangen ist, wird äußerst interessant. So sind mir's durch ihn die ge-
> hässigen Knochen geworden und das öde Steinreich.[89]

Schon seit Herbst 1781 hatte sich Goethe von dem Jenaer Professor
Justus Christian Loder in die Anatomie und Osteologie einführen lassen und seine frischgewonnenen Kenntnisse über den Knochenbau
des Menschen im Winter 1781/82 in Vorträgen an die Schüler des Wei-

marer »Freien Zeichen-Instituts« weitergegeben. Sein Darmstädter
Freund Merck befaßte sich seit 1780, angeregt durch eine Sammlung
fossiler Knochen, die er in St. Petersburg gesehen hatte, mit Paläontologie. »Deine Knochenuntersuchungen haben mir viel Vergnügen gemacht«, heißt es 1782 in einem Brief an Merck, in dem Goethe die
eigenen Kenntnisse herausstreicht und Thesen zur Paläontologie formuliert: »Ich weiß meine Osteologie auf den Fingern auswendig her-
zusagen und bei jedem Tierskelett die Teile nach den Namen, welche
man den menschlichen beigelegt hat, sogleich zu finden und zu vergleichen.«[90] An Herder konnte Goethe schließlich am 27. März 1784,
mit einer Anspielung auf Lukas 15,6: »Freut euch mit mir«, eine Entdeckung melden, die Herders These von der Einheit in der Vielfalt alles Lebendigen zu stützen schien, indem sie am Menschen nachwies,
was bisher nur an anderen Säugetieren bis hinauf zum Affen beobachtet worden war, den Zwischenkieferknochen:

> Nach Anleitung des Evangelii muß ich dich auf das eiligste mit einem
> Glücke bekannt machen, das mir zugestoßen ist. Ich habe gefunden
> – weder Gold noch Silber, aber was mir eine unsägliche Freude
> macht –
>
> das *os intermaxillare* am Menschen!
>
> Ich verglich mit Lodern Menschen- und Tierschädel, kam auf die
> Spur und siehe da ist es. Nur bitt' ich dich, laß dich nichts merken,
> denn es muß geheim behandelt werden. Es soll dich auch recht herz-
> lich freuen, denn es ist wie der Schlußstein zum Menschen, fehlt
> nicht, ist auch da! Aber wie! Ich habe mirs auch in Verbindung mit
> deinem Ganzen gedacht, wie es da wird.[91]

Anders als bei den übrigen Säugetieren ist der menschliche Zwischenkieferknochen so mit den angrenzenden Knochen verwachsen,
daß sich eine Verwachsungsnaht nur noch erahnen läßt, gleichwohl
aber vorhanden ist, wie Goethe richtig beobachtet hatte. Über Merck
versuchte er, seinen Fund, den er in seiner Abhandlung *Versuch aus
der vergleichenden Knochenlehre daß der Zwischenkieferknochen der
obern Kinnlade dem Menschen mit den übrigen Thieren gemein sei*
darstellte, der Fachwelt nahezubringen, stieß jedoch vornehmlich auf
Ablehnung, da die Koryphäen der Osteologie weiterhin auf einem im
Knochenbau sich niederschlagenden Unterschied zwischen Affe und
Mensch beharrten – nicht zuletzt wegen der anthropologischen und
theologischen Konsequenzen, die eine solche Aufhebung der Sonder-
stellung des Menschen gehabt hätte. Erst nach und nach setzte sich die

Einsicht in das tatsächliche Vorhandensein des Zwischenkieferknochens beim Menschen durch, jedoch ging das Verdienst seiner Entdeckung nicht an Goethe, der lediglich, abseits des Wissenschaftsbetriebs, entdeckt hatte, was in vielen anatomischen Handbüchern der Zeit behauptet und von dem französischen Anatom Felix Vicq d'Azyr schon 1780 nachgewiesen und publiziert worden war.

Trotz der ausbleibenden Anerkennung durch die Fachgelehrten, denen er über Merck seine Abhandlung zukommen ließ, beschäftigte sich Goethe weiter mit osteologischen Studien. »Schreibe mir doch, wie sitzt eigentlich das Horn des Rhinoceros auf dem Nasenknochen?« fragt er 1784 in einem Brief an Merck[92], und dankt demselben in einem anderen Schreiben aus dem folgenden Jahr für die Übersendung einer anatomischen Zeichnung von einem Giraffenskelett. Aus Eisenach, wo er sich zu Verhandlungen mit den dortigen Landständen aufhielt, schreibt Goethe am 7. Juni 1784 an Charlotte von Stein, daß eine Leihgabe des Anatomen Samuel Thomas Sömmering bei ihm eingetroffen sei:

> Zu meiner großen Freude ist der Elephanten Schädel von Cassel hier angekommen und was ich suche ist über meine Erwartung daran sichtbar. Ich halte ihn im innersten Zimmergen versteckt damit man mich nicht für toll halte. Meine Hauswirtin glaubt es sei Porzellan in der ungeheuren Kiste.[93]

Doch Anatomie und Osteologie waren nicht die einzigen Felder der Naturwissenschaft, auf denen sich Goethe in den ersten Weimarer Jahren umzutun begann und die in den folgenden Jahrzehnten mehr und mehr seine Aufmerksamkeit beanspruchten und bald gleichberechtigt neben seine literarischen Interessen traten. Der Wechsel nach Weimar und der Umgang mit dem jagd- und naturliebenden Karl August hatten Goethes Interesse an der ihn umgebenden Natur von Anfang an erweckt; dazu kam das politische Interesse des Consiliumsmitglieds Goethe an den Bedingungen der Land- und Forstwirtschaft im Herzogtum; und schließlich der Einzug in das Gartenhaus an der Ilm. Den zugehörigen Garten gestaltete Goethe nach eigenen Vorstellungen und erwarb die dafür förderlichen Kenntnisse in Botanik und Pflanzenbau. Rückblickend schreibt Goethe über diese erste Zeit seiner naturkundlichen Studien:

> In das tätige Leben jedoch sowohl als in die Sphäre der Wissenschaft trat ich eigentlich zuerst, als der edle Weimarische Kreis mich günstig aufnahm; wo außer andern unschätzbaren Vorteilen mich der Ge-

winn beglückte, Stuben- und Stadtluft mit Land-, Wald- und Gar-
ten-Atmosphäre zu vertauschen.

Schon der erste Winter gewährte die raschen geselligen Freuden der
Jagd, von welchen ausruhend man die langen Abende nicht nur mit
allerlei merkwürdigen Abenteuern der Wildbahn, sondern auch vorzüglich mit Unterhaltung über die nötige Holzkultur zubrachte. [...]
Ununterbrochen jedoch mußt' ich meinen übrigen Lebensgang ver-
folgen, dessen Pflichten und Erholungen glücklicherweise meist in
der freien Natur angewiesen waren. Hier drang sich nun dem unmittelbaren Anschauen gewaltig auf: wie jede Pflanze ihre Gelegenheit
sucht, wie sie eine Lage fordert, wo sie in Fülle und Freiheit erscheinen könne. [...] Ahnungen hievon berührten mich in der freien Welt,
und neue Klarheit schien mir aufzugehen über Gärten und Bücher.[94]

Neben der Osteologie und der Botanik waren es vor allem die Mineralogie und die Geologie, mit denen Goethe sich beschäftigte. Prä-
gend für sein Interesse an Gesteinen und Theorien über die Gesteins-
bildung und Erdalter waren zum einen das Erlebnis der alpinen Berg-
welt auf den Reisen in die Schweiz 1775 und 1779/80, zum anderen
die langjährigen und letztlich erfolglosen Versuche, das Ilmenauer
Bergwerk wieder in Betrieb zu nehmen. Alle Hoffnungen auf einen
rentablen Grubenbetrieb im Ilmenauer Kupfer- und Silberbergwerk
schlugen fehl. Im Laufe der Jahre setzte der Geheime Rat Goethe
nicht unerhebliche Summen aus der Staatskasse ein, um Fachleute her-
anzuziehen und den Bergwerksbetrieb wieder aufzunehmen. Ein
Wassereinbruch in den 1784 feierlich eröffneten Stollen machte im
Herbst 1796 dem ohnehin nicht rentablen Unternehmen fürs erste ein
Ende, und nachdem man sich lange weiter bemüht hatte, Investoren
zu finden und den Erzabbau in Gang zu bringen, wurde das Unternehmen 1813 endgültig liquidiert. Immerhin wurde Goethes Wissens-
durst geweckt, und er bat Freunde und Bekannte, wie am 1. September 1780 Sophie von La Roche, ihm Gesteinsproben für sein entste-
hendes Mineralienkabinett zuzusenden:

Ich gebe, seit ich mit Bergwerks Sachen zu tun habe, mit ganzer Seele
in die Mineralogie. Wenn Sie mir durch irgend einen dienstbaren
Geist, deren auf Ihren Wink eine Legion wimmelt, etwas aus Ihrer
Gegend, oder sonst zusammen tragen ließen, würden Sie mir ein
Fest machen. Da ich kein Brot verlange sondern nur Erz und Steine
so geht das ja wohl.[95]

Im Briefwechsel mit Merck diskutierte Goethe immer wieder auch geologische Probleme, und er suchte den Kontakt zu Fachgelehrten wie dem Mineralogen Johann Karl Wilhelm Voigt, dem Bruder des späteren Weimarer Staatsministers (und seit 1783 Mitarbeiters in der Bergwerkskommission) Christian Gottlob Voigt, oder dem Professor an der Freiberger Bergakademie Abraham Gottlob Werner. Daß Goethes Interesse für die Natur sich nicht auf Beobachtung und Naturwissenschaft im engeren Sinne beschränkte, sondern vielmehr in einen philosophischen Gesamtzusammenhang eingebunden war, in dem Goethe sich bemühte, in letztlich dichterischer Sprache Aussagen über den Zusammenhang der Dinge und des Menschen mit der Welt zu treffen, offenbart der Duktus, in dem einige seiner naturwissenschaftlichen Schriften gehalten sind (wobei Goethe durchaus auch die nüchterne Wissenschaftsprosa beherrschte und etwa seine Abhandlung über den Zwischenkieferknochen ins Lateinische übertragen ließ, um sie so dem holländischen Anatomen Petrus Camper zusenden zu lassen). In dem 1784 entstandenen Fragment »Über den Granit« heißt es in gehobenem Ton:

> Jeder Weg in unbekannte Gebirge bestätigte die alte Erfahrung [. . .], daß diese Steinart, die man nun näher kennen und von andern unterscheiden lernte, die Grundveste unserer Erde sei, worauf sich alle übrigen mannichfaltigen Gebirge hinauf gebildet. [. . .]
> Auf einem hohen nackten Gipfel sitzend und eine weite Gegend überschauend kann ich mir sagen: Hier ruhst du unmittelbar auf einem Grunde, der bis zu den tiefsten Orten der Erde hinreicht, keine neuere Schicht, keine aufgehäufte zusammengeschwemmte Trümmer haben sich zwischen dich und den festen Boden der Urwelt gelegt, du gehst nicht wie in jenen fruchtbaren schönen Tälern über ein anhaltendes Grab, diese Gipfel haben nichts Lebendiges erzeugt und nichts Lebendiges verschlungen, sie sind vor allem Leben und über alles Leben.[96]

»An dir ist überhaupt vieles zu beneiden! Haus, Hof und Pempelfort, Reichtum und Kinder«, schreibt Goethe am 5. Mai 1786 an Friedrich Jacobi. »Dagegen hat dich aber auch Gott mit der Metaphysik gestraft [. . .], mich dagegen mit der Physik gesegnet, damit mir es im Anschauen seiner Werke wohl werde, deren er mir nur wenige zu eigen hat geben wollen.« Nicht auf den Glauben an Gott wolle Goethe setzen, wie es Jacobi in seiner gerade erschienenen Schrift über Spinoza gefordert habe, sondern aufs Schauen, um »mein ganzes Leben der Betrachtung der Dinge zu widmen die ich reichen und von deren *essentia formali* ich mir eine adäquate Idee zu bilden hoffen kann, ohne mich im mindsten zu bekümmern, wie weit ich kommen werde und was mir zugeschnitten ist.«[97] Goethes umfangreiche Schriften zur Mineralogie, zu Botanik, Meteorologie und Farbenlehre legen Zeugnis ab, wie weit bei ihm die »Betrachtung der Dinge« in den folgenden Jahrzehnten noch gedieh.

Mit dem 1. Januar 1784 begann für das Theater in Weimar eine neue Ära: Von diesem Zeitpunkt an verpflichtete Karl August die Schauspieltruppe Joseph Bellomos, die im Dezember 1783 für ein Gastspiel nach Weimar gekommen war. Bis 1791 blieb das etwa zwanzigköpfige Ensemble in der Stadt, wo es im Komödienhaus gegenüber dem Wittumspalais jeden Dienstag, Donnerstag und Samstag eine Vorstellung gab. Angehörige des Hofes hatten freien Eintritt, dafür gewährte Karl August eine monatliche Subvention von 320 Talern. Die Spielzeit dauerte von November bis März, in den Sommermonaten gab Bellomo Gastspiele in Bad Lauchstädt, Erfurt, Gotha und Eisenach. Bellomos Truppe habe »angenehme Unterhaltung gegeben«, berichtet Goethe später. »Sie war aus Ober-Deutschland gekommen, und man hatte sich mit jenem Dialekt im Dialog, um des guten Gesangs willen, befreundet.«[98] Da man aber auf die Dauer doch nicht recht zufrieden mit der Qualität der Inszenierungen war, wurde Bellomo zum April 1791 gekündigt, nur einige Ensemblemitglieder wurden in das neue Hoftheater unter Goethes Direktion übernommen.

Im selben Jahr, in dem er das Bellomosche Ensemble für Weimar verpflichtete, trieben Karl August weitreichende politische Pläne um. Er engagierte sich, unter anderem durch Verhandlungen mit anderen Höfen, an denen auch Goethe zeitweilig teilnahm, für einen Fürstenbund, in dem sich die kleineren deutschen Reichsfürsten zusammenschließen sollten, um so ein politisches Gegengewicht gegen die konkurrierenden Großmächte Österreich und Preußen zu bilden und auf dieser Grundlage auch eine Reform des politisch immer handlungsunfähiger werdenden Deutschen Reiches zu bewerkstelligen. Als 1785 der Fürstenbund tatsächlich geschlossen wurde, hatten sich die politischen Gewichte jedoch gründlich verschoben: Friedrich der Große hatte den Bundesgedanken aufgenommen und die Fürstenunion zu einem anti-österreichischen Dreierbund von Preußen, Hannover und Kursachsen instrumentalisiert, dem sich die kleineren Fürstentümer, im August des Jahres auch das Herzogtum Sachsen-Weimar-Eisenach,

nur noch anschließen konnten. Goethe hatte offenbar schon im Verlauf der Verhandlungen im Jahre 1784 eingesehen, daß Karl August
nur seine Kraft an die illusorischen Pläne eines Bundes der Kleinstaa-
ten vergeude, und entzog sich, gegen Karl Augusts ausdrücklichen
Wunsch, der weiteren Zuarbeit.

Von dem, was in Weimar in den Jahren von 1775 bis 1786 an literarischen Texten geschaffen worden ist, war bislang nur am Rande die
Rede. Goethe veröffentlichte in diesem Zeitraum so gut wie nichts
und war als noch aktiver Autor aus dem Bewußtsein der Öffentlichkeit weithin verschwunden. Er wäre nicht der erste gewesen, bei dem
die Schriftstellerei eine Laune der Jugend war, für die mit der Übernahme eines Amtes kein Platz mehr im Lebensplan blieb. Goethe
produzierte zwar kontinuierlich, bekannt wurden aber fast nur die oft
leichtgewichtigen Gelegenheitsdichtungen, die er für das Weimarer
Liebhabertheater oder für andere höfische Anlässe verfaßte. Anderes
kursierte im Manuskript in Goethes Freundeskreis, in Weimar und
darüber hinaus, wurde gelesen, diskutiert, weitergereicht und irgendwann an den Verfasser zurückgesandt. Manchmal entstanden auch
Abschriften, ob mit oder ohne Goethes Einwilligung; und fleißigen
Schreiberinnen ist es zu verdanken, daß zwei Werke Goethes, die damals bereits in frühen Fassungen vorlagen, in dieser Gestalt auf die
Nachwelt gekommen sind.

Anna Amalias Hofdame Luise von Göchhausen bat sich von Goethe, der bald nach seiner Ankunft in Weimar bei Hofe aus seinem unfertigen Faust-Drama vorgelesen hatte, das Manuskript aus und fer-
tigte eine Abschrift an, die erst ein gutes Jahrhundert später in ihrem
Nachlaß aufgefunden und 1887 als *Urfaust* zum erstenmal veröffentlicht wurde. Während sich unter Goethes Papieren keine zusammen-
hängende Fassung des *Faust* aus dieser frühen Zeit erhalten hatte,
wurde so das Drama in seiner Rohform bewahrt. Ähnlich verhält es
sich mit der ersten Fassung des Wilhelm-Meister-Romans, an der
Goethe seit 1777 gearbeitet hatte und von der bis 1910 nur der Titel,
Wilhelm Meisters theatralische Sendung, bekannt war – bis sich in der
Schweiz eine Abschrift fand, die Barbara Schultheß, mit Goethe seit
seiner ersten Schweizer Reise von 1775 persönlich bekannt, und ihre
Tochter von einem Manuskript angefertigt hatten, das Goethe und
seine Mutter in einzelnen Lieferungen an die Schweizer Bekannten
geschickt hatten.

Entstanden sind im ersten Weimarer Jahrzehnt der Einakter *Die
Geschwister*, den Goethe im Herbst 1776 in drei Tagen niederschrieb;

das Singspiel *Lila*, eine Arbeit für den Geburtstag der Herzogin Luise 1777, *Der Triumph der Empfindsamkeit*, 1778 zum gleichen Anlaß gegeben; *Jery und Bätely* und *Die Fischerin*, am 12. Juli 1780 bzw. am 22. Juli 1782 aufgeführt. Bedeutender als diese für das Liebhabertheater entstandenen Stücke und »kleine[n] Ernst-, Scherz- und Spottgedichte, bei größeren und kleineren Festen, mit unmittelbarem Bezug auf Persönlichkeiten und das nächste Verhältnis, [...] von mir und anderen, oft gemeinschaftlich, hervorgebracht«[99], waren jene Werke, die begonnen oder bereits nach Weimar mitgebracht, aber nicht vollendet wurden oder in ersten Fassungen vorlagen. Dazu gehören, neben dem schon erwähnten Wilhelm-Meister-Roman, die Prosafassung der *Iphigenie in Tauris* und, noch nicht abgeschlossen, die Dramen *Egmont*, *Torquato Tasso* und *Elpenor*.

Im Sommer 1786 wurde Goethe, unter Vermittlung Bertuchs, mit dem Leipziger Verleger Georg Joachim Göschen über die Herausgabe einer achtbändigen Werkausgabe einig, der ersten rechtmäßigen Sammelausgabe seiner Schriften, deren erste Bände Goethe noch vor dem Aufbruch nach Italien zusammenstellte. Der Dichter Goethe meldete sich damit auf der literarischen Bühne zurück, dem Publikum wurden neben den bekannten Werken wie *Götz* und dem überarbeiteten *Werther* auch etliche noch ungedruckte (und zum Zeitpunkt des Vertragsabschlusses auch noch unvollendete) Werke präsentiert. In einer Verlagsanzeige, die Göschen im Juli 1786 in das »Journal von und über Deutschland« einrücken ließ, heißt es:

Ohnstreitig wird dem Publiko die Nachricht sehr angenehm sein, daß der Geheime Rat von Göthe zu Weimar sich entschlossen hat, eine vollständige Ausgabe seiner sämtlichen Werke zu besorgen und in meinem Verlage herauszugeben. Lange schon wünschten seine Freunde und die Verehrer seiner Muse in und außer Teutschland diesen Entschluß, und das Publikum sehnte sich nach mehrern Werken von dem Schriftsteller, den es schon von Anfange her unter seine Lieblingsdichter gestellt hatte [...].[100]

In Göschens erst im Vorjahr gegründeten Verlag erschien im Februar 1786 das zweite Heft von Schillers Zeitschrift »Thalia«, später wurde Göschen zum Verleger Wielands. Dieser hatte seit 1775, neben anderen Beiträgen und redaktioneller Arbeit für die monatlichen Hefte des »Teutschen Merkur«, unter anderem den zweiten Teil des antikisierenden Schildbürger-Romans *Die Abderiten, eine sehr wahrscheinliche Geschichte* veröffentlicht (1779/80) und das Versepos

Oberon (1780), beides in Fortsetzungen im »Teutschen Merkur«.
Herder legte seit seiner Ankunft in Weimar unter anderem 1778 und
1779 die beiden Teile seiner Sammlung *Volkslieder* vor (später unter
dem Titel *Stimmen der Völker in Liedern* neu aufgelegt) und 1780/81
in vier Teilen die *Briefe, das Studium der Theologie betreffend*. 1784
und 1785 erschienen die ersten beiden Bände seines geschichtsphilo-
sophischen Hauptwerks, der *Ideen zur Philosophie der Geschichte der
Menschheit*, denen bis 1791 zwei weitere folgen sollten.

Mehr und mehr hatte Goethe darunter gelitten, seine Existenz als
Mitglied der herzoglichen Regierung einerseits und als Schriftsteller
andererseits nicht recht miteinander vereinbaren zu können. Nachdem sich in den ersten Weimarer Jahren die politische Tätigkeit ganz
in den Vordergrund geschoben hatte, erwachte bald auch wieder die
Lust an literarischer Produktion. Anfangs schien er eine erträgliche
Balance zwischen beidem gefunden zu haben:»Meine Schriftstellerei
subordiniert sich dem Leben, doch erlaub ich mir, nach dem Beispiel
des großen Königs der täglich einige Stunden auf die Flöte wandte,
auch manchmal eine Übung in dem Talente das mir eigen ist«, heißt
es am 14. Mai 1780 in einem Brief an Johann Christian Kestner.[101]
Während das politische Geschäft ihn mehr und mehr unzufrieden
machte, erkannte er die Schriftstellerei wieder als sein eigentliches
Metier. »Eigentlich bin ich zum Schriftsteller geboren. Es gewährt mir
eine reinere Freude als jemals wenn ich etwas nach meinen Gedanken
gut geschrieben habe«, schreibt er am 10. August 1782 an Charlotte
von Stein[102], und in einem Brief an Knebel berichtet Goethe am
21. November des Jahres, daß er »sehr glücklich« sei, da er sich jetzt
wieder »die Mährgen« aufschreibe, »die ich mir selbst zu erzählen
von jeher gewohnt bin«.[103] Doch konnte der gelegentliche Rückzug in
die Literatur Goethe nicht aus dem grundsätzlichen Widerspruch
zwischen politischem Amt und dichterischer Tätigkeit befreien. Wieland, der sich selbst, seit er nicht mehr für den Unterricht der Prinzen
zuständig war, vom Hofgeschehen zurückgezogen und auch nie nach
politischem Einfluß gestrebt hatte, teilte sein scharfsichtiges Urteil
über Goethes Zustand am 5. Januar 1784 dem gemeinsamen Freund
Merck mit:

Er schickt sich überaus gut in das was er vorzustellen hat, ist im
eigentlichen Verstande l'honnet-homme à la Cour, leidet aber nur
allzusichtlich an Seel und Leib unter der drückenden Last, die er

sich zu unserm Besten aufgeladen hat. Mir tuts zuweilen im Herzen weh, zu sehen wie er bei dem Allen Contenance hält, und den Gram gleich einem verborgnen Wurm an seinem Inwendigen nagen läßt. Seine Gesundheit schont er itzt soviel möglich, auch hat sie es sehr vonnöten.[104]

An den Möglichkeiten und dem Nutzen seiner politischen Tätigkeit hegte Goethe zunehmend Zweifel, nicht zuletzt, weil auch Karl Augusts Interesse an Reformen im Staatswesen erlahmte. Die resignative Einsicht, daß sich im Rahmen der bestehenden Gesellschaftsordnung kaum grundlegende Veränderungen durchsetzen ließen, formulierte Goethe schon in einem Brief an Knebel vom 17. April 1782:

So steig ich durch alle Stände aufwärts, sehe den Bauersmann der Erde das Notdürftige abfordern, das doch auch ein behäglich Auskommen wäre, wenn er nur für sich schwitzte. Du weißt aber wenn die Blattläuse auf den Rosenzweigen sitzen und sich hübsch dick und grün gesogen haben, dann kommen die Ameisen und saugen ihnen den filtrierten Saft aus den Leibern. Und so geht's weiter, und wir habens so weit gebracht, daß oben immer in einem Tage mehr verzehrt wird, als unten in einem organisiert/beigebracht werden kann.[105]

Wann genau Goethes Plan reifte, sich der Belastung einer ihm nicht mehr recht sinnvoll erscheinenden Regierungstätigkeit zu entziehen, um Zeit zu gewinnen, sich über seinen weiteren Lebensweg klar zu werden, ist nicht bekannt. Wie schon im Jahr zuvor, plante er auch im Sommer 1786, zur Kur nach Karlsbad zu reisen (»ins Karlsbad«, sagte und schrieb man damals). »Ich bin nun fast so überreif wie die fürstliche Frucht«, schrieb er im Juli 1786 an Charlotte von Stein, »meine Geschäfte sind geschlossen und wenn ich nicht wieder von vorn anfangen will muß ich gehen [...].«[106] Ob Goethe hier schon auf die Reise nach Italien anspielt oder nur auf den Bäderaufenthalt, ist ungewiß; zwei Tage später spricht er in einem Brief an Jacobi immerhin davon, er werde bald »nach einer andern Weltseite geruckt sein«.[107] Bevor er jedoch am 25. Juli nach Karlsbad aufbrach, muß sein Entschluß festgestanden haben; jedenfalls klingen die Instruktionen, die der Vertraute Philipp Seidel für die Zeit der Abwesenheit erhielt, so, als sei eine langfristige Abwesenheit geplant. Auf den Decknamen Johann Philipp Möller, unter dem Goethe von Karlsbad weiterreisen wollte, ließ er sich von Seidel Geld anweisen.

DRITTES KAPITEL

Risse im Musenhof:
Das Licht Italiens, die Schatten Frankreichs

1786–1794

Am 24. Juli 1786 hatte er seine Reise nach Karlsbad angetreten, für
fünf oder sechs Wochen, wie jedermann dachte. Dann hatte er sich
in aller Heimlichkeit aus Böhmen davongemacht: »Früh drei Uhr
stahl ich mich aus Karlsbad, weil man mich sonst nicht fortgelassen
hätte.« So beginnt Goethes *Italienische Reise*. »Ich warf mich«, heißt
es dann weiter, »ganz allein, nur einen Mantelsack und Dachsranzen
aufpackend, in eine Post-Chaise und gelangte halb acht Uhr nach
Zwota¹, an einem schönen stillen Nebelmorgen.« Am 6. September
war er in München, am 16. in Verona, am 28. in Venedig. Und so
ging's weiter, bis am 29. Oktober Rom erreicht war. Von den Fortsetzungen der Reise ist in diesem Zusammenhang nur das Ende anzuzei-
gen: Am 18. Juni 1788 kehrte Goethe nach Weimar zurück.

Er hatte vor der Abreise aus Karlsbad an diejenigen in Weimar, die
es wissen mußten, gemeldet, daß er ausbleiben werde: an Charlotte
von Stein, an den Herzog, an den Diener Seidel. Und dem Ehepaar
Herder, das mit in Karlsbad war, hatte er einen Brief zurückgelassen,
den die Empfänger wohl mit einiger Überraschung zur Kenntnis
genommen haben dürften: »Ich lasse Euch meinen besten Dank,
Wunsch und Segen zurück indem ich im stillen scheide. Ich muß enden und eilen um der Witterung und anderer Umstände willen. Wohin ich auch gehe werdet Ihr mich begleiten und das Andenken Eurer
Liebe und Treue. Lebet recht wohl! ich freue mich Euch wieder zu
sehn.«²

Wer vermißte Goethe in Weimar? Der Herzog? Der mußte einen
tüchtigen Beamten und anregenden Gesprächspartner für einige Zeit

entbehren, aber das brachte weder seine persönlichen Verhältnisse noch seine Regierungsgeschäfte in Unordnung. Auch durch Goethes Anwesenheit hätte er sich weder von seinen Liebschaften noch von seinen – im September 1787 von Erfolg gekrönten – Bemühungen, zum preußischen Generalmajor ernannt zu werden, abhalten lassen. Am 14. Dezember schrieb er an seine Mutter, Anna Amalia: »Göthens Aufenthalt wissen Sie nun endlich. Die guten Götter mögen ihn begleiten; ich habe ihm gestern geschrieben und ihn gebeten, so lange wegzubleiben, als er es selbst möchte.«³ Die Kollegen im Geheimen Consilium wie Christian Friedrich Schnauß, Jakob Friedrich von Fritsch und Johann Christoph Schmidt werden bedauert haben, daß es für sie mehr Arbeit gab; vielleicht gefiel es ihnen aber auch, mehr Entscheidungskompetenzen zu haben; diese wurden Anfang 1788 dadurch erheblich vermehrt, daß Karl August zur Straffung des Geschäftsgangs verfügte, die Geheimen Räte hätten vor Entscheidungen, die dem Herzog vorbehalten blieben, kollegiale Beschlüsse zu fassen, zu deren Annahme oder Ablehnung es keiner weiteren umständlichen Beratungen bedurfte.

Abendgesellschaft bei der Herzoginmutter Anna Amalia
Aquarell von Georg Melchior Kraus, um 1795

Der Schmerz Charlotte von Steins drückte sich vermutlich am un-
vermitteltsten in den Briefen an den Geliebten aus, die sie zurückver-
langte, um sie zu vernichten. Er äußerte sich auch in Versen, die sie für
die Nachwelt aufbewahrte:

> Ihr Gedanken, fliehet mich,
> Wie mein Freund von mir entwich!
> Ihr erinnert mich der Stunden,
> Mit ihm liebevoll verschwunden.
> O wie bin ich nun allein!
> Ewig werd' ich einsam sein!
> [...]
> Was mir seine Liebe gab,
> Hüll' ich wie in's tiefste Grab.
> Ach, es sind Erinnrungsleiden
> Süßer abgeschiedener Freuden,
> Was mich sonst so oft entzückt
> Und ich an mein Herz gedrückt.[4]

Charlotte gab Goethe auf, bevor sie erfuhr, daß er für sie Tagebuch
führte. Die zweijährige Trennung wäre allerdings kaum erträglicher
geworden, wenn die Hoffnung auf ein fortdauerndes Liebesverhältnis
noch eine Zeitlang genährt worden wäre. Charlotte von Stein verhielt
sich, aus geordneter Selbstliebe, wie es angebracht war: sie arrangierte
sich in (und mit) der Weimarer Gesellschaft als Zurückgelassene und
Wiederzufindende und konnte so als ›Platzhalterin‹ Goethes erscheinen, solange nicht zum Stadtgespräch wurde, daß sie im wahrsten
Sinne sitzengelassen worden war. Was wußte ihr der in die Ferne Ent-
schwundene noch zu sagen? Am 19. Januar 1788 (aus Rom) etwa dies:
»Wenn ich von deinen Übeln, von deinem Zahnweh höre, wird mir's
im Gemüte wie ich dirs nicht ausdrucken kann, daß dir unter dem unglücklichen Himmel das Leben unter Schmerzen hingehn soll. Ich
habe doch diese ganze Zeit keine Empfindung aller der Übel gehabt
die mich in Norden peinigten und lebe mit eben derselben Konstitu-
tion hier wohl und munter, so sehr als ich dort litt.«[5] So konnte er
schreiben, weil er nicht befürchten mußte, daß Charlotte zu ihm nach
Italien flöge. Und so ließ sich, leicht und gequält zugleich, weiter-
schreiben: »Wenn du nur einen Abend bei uns sein solltest unter den
vielen Gypssachen, wenn man die besten Sachen neben einander setzen kann und sich dann das fürtreffliche vom Guten so sehr, ja unendlich absondert.«[6]

Herders Kommentare zu Goethes Entweichung fielen zunächst spärlich aus: Am 8. September 1786 schrieb er dem Herzog aus Karlsbad von einer Feier, die aus Anlaß des Geburtstags seiner Durchlaucht veranstaltet worden war und in deren Verlauf es zur Aufführung eines »Stücks« gekommen sei, das eine der Beteiligten zur Bemerkung genutzt habe: »Der H. Geheime Rat von Goethe ist ein deserteur dem [!] ich gern nach aller Strenge des KriegesRechts behandeln möchte. Er hat sich saisiert ohne von uns Abschied zu nehmen, ohne im geringsten seinen Entschluß vermuten zu lassen: Das war wirklich recht häßlich!«[7] Daß Herder Goethe in Weimar vermißte, macht erst ein Satz im Brief an Hamann von Ende Januar 1787 deutlich: »Meine einzige Gesellschaft, Göthe, ist seit dem Oktober in Rom u. ich sitze jetzt unus solus totus allein hinter der Kirche.«[8] Das Bedauern über die Abwesenheit des Freundes war allerdings begleitet vom Verständnis über dessen Entscheidung, Weimar den Rücken gekehrt zu haben. »Von Goethe wissen Sie also noch nicht«, schrieb Caroline Herder am 27. Februar 1787 an Gleim, »daß er seit Oktober v. J. in *Rom* ist? er lebt dort sehr glücklich. Sein Geist hatte hier keine bleibende Stäte mehr u. er eilte im Stillen, ohne es den vertrautesten Freunden zu sagen, fort. Ihm ist diese Erholung äußerst nötig gewesen u. wir sehen schon daß er vielleicht in einem halben Jahr vergnügt wieder zu uns kehrt. Wir genießen sein Glück ganz mit ihm; Wir haben in den letzten 3 Jahren nur mit ihm gelebt an Geist u. Herz verbunden.«[9] Daß Goethe im Sommer 1787 nach Weimar zurückkehren werde, war bis in den Sommer hinein die verbreitete Meinung in Weimar.

Herder ertrug es mit Fassung und Geduld, daß der Freund länger ausblieb, als es zunächst irgendwer (Goethe eingeschlossen) hatte annehmen können. Die fortbestehende literarische Arbeitsgemeinschaft, die Goethe seine in Italien geschriebenen Werke zunächst zur Prüfung und ›weiterer Veranlassung‹ in Herders Haus schicken ließ, mag dazu beigetragen haben, die Trennung erträglich zu machen. Ein Brief Herders an seinen Dresdner Freund Joseph Friedrich von Racknitz vom 29. November 1787 macht dies recht deutlich:

Unser Göthe befindet sich in Italien vortrefflich. Er entfloh aus Karlsbad, ohne ein Wort zu sagen u. ließ mir bloß einen Zettel nach: aus Rom meldete er sich, u. das war nicht übel. Ich habe sehr oft Briefe von ihm; und mit jedem jüngern Briefe fühlt man, ihm gehe immer mehr das Herz auf. Er siehet Italien, wie es wenige sehen: sein großer Sinn für die gesamte Natur und ihre schöne Schülerin, die

Kunst, ist ganz aufgetan u. in Wirkung. Er zeichnet selbst, und eben
gestern sollen neue Zeichnungen von ihm angekommen sein, die ich
noch nicht gesehen habe. An seinen Werken arbeitet er fleißig: eben
habe ich ein vortreffliches Stück, seinen *Egmont*, vor mir, der in den
5.ten Teil seiner Schriften kommen wird und von dem Sie, liebster
R., im Karlsbade noch kein Wörtchen gehört haben. Auch seine
Iphigenie ist, wie sie gedruckt ist, ein ganz andres Stück geworden,
als wie er sie uns vom M[anuskript] aus vorlas. Nun liegen noch
Faust und Tasso vor ihm, u. er wird sich auch dieser Bürde rühmlich
entladen. Es ist ein so vortrefflicher Mensch, daß ich ihn von Jahr zu
Jahr immer lieber bekomme: man kann weiter nichts über ihn sagen,
als was Shakespear irgend Jemand [Antonius] von einem seiner
Helden [Brutus] sagen läßt: »rühme ihn nicht; sage nur: es ist ein
Mann.«[10]

Kommt er Ostern? Kommt er Pfingsten? Herder hoffte von Monat
zu Monat, von Woche zu Woche. Seine eigenen literarischen Unternehmungen stockten: Die *Ideen zur Philosophie der Geschichte der
Menschheit*, von denen der dritte Teil (ebenso wie die philosophisch-
theologischen Gespräche *Gott*) 1787 erschienen waren, wollten nicht
weiterrücken (der letzte Teil kam erst 1791 ans Licht); die physischen
Beschwernisse nahmen zu, und die große Familie, die noch immer
weiterwuchs, sorgte von Zeit zu Zeit auch für Probleme, die das Gemüt verdüsterten.

Fünfeinhalb Wochen nach Pfingsten wurde es wahr: Goethe kehrte zurück. »Er ist seit dem 18. [Juni] Abends um 10. Uhr mit dem
Vollmonde hier, ist gesund und wohl, u. hat uns schon 1000. Dinge er-
zählet.«[11]

Während sich Herder (natürlich anders als Charlotte von Stein) in
den zwei Jahren der Goethe-Ferne verwaist vorkam, war sich Wieland
selbst genug, so daß er haushälterisch mit seinen Kommentaren zum
Thema ›Goethe in Italien‹ verfahren konnte. Es ging ihm, so scheint
es, nicht sonderlich zu Herzen, daß er den Umgang des heimlich Fort-
gegangenen für lange Zeit missen mußte. Die Distanz hatte sich in den
letzten Jahren vergrößert; die eingeschlafene Korrespondenz wurde
nun nicht wiederbelebt: Einmal schrieb Goethe (am 17. November
1786 aus Rom) einen fast dienstlichen Brief: Wieland solle den in Rom
lebenden Kunsthistoriker Alois Hirt als Mitarbeiter des »Teutschen
Merkurs« stärker an sich binden; darauf bekam er eine höflich able-
nende Antwort: Hirt (von dem 1785 und 1786 Beiträge im »Merkur«
erschienen waren) möge eine eigene Zeitschrift begründen.

Wieland bestellte 1787 bei seinem und Goethes Verleger Göschen die bei diesem erscheinende Ausgabe *Goethe's Schriften* (8 Bände, 1787–90). Daß er Goethes Rückkehr mit Spannung (oder gar Sehnsucht) erwartet hätte, wird aus den überlieferten Briefen mit keinem Wort auch nur angedeutet. Ein Postskriptum unter einem Brief an Göschen vom 19. Juni 1788 lautet:»Göthe ist gestern, zu unsrer allgemeinen Freude, glücklich u wohl aus Italien zurückgekommen.«[12] Im nächsten überlieferten Brief Wielands (an seinen Schwiegersohn Reinhold vom 6. Juli) fällt Goethes Name nicht.

Wieland war, wie in früheren und späteren Jahren, auch 1786–88 sehr damit beschäftigt, seinen»Teutschen Merkur« Monat für Monat zu füllen; wenn Quantität und Qualität der ihm eingeschickten Beiträge nicht ausreichten, komplettierte er die Hefte mit eigenen Aufsätzen, Anmerkungen und Anzeigen. Von der deutschen Rechtschreibung etwa handelt ein Beitrag im Februar-Heft 1787. Zu Wielands weiteren literarischen Unternehmungen in dieser Zeit gehörten die verbesserte Horaz- und die neue Lukian-Übersetzung; an eine große Ausgabe der sämtlichen Werke wurde zuweilen schon gedacht.

Das gesellige (und gesellschaftliche) Leben ließ Wieland so wenig zu kurz kommen wie das familiär-häusliche. Mit Passion spielte er Karten, und zwar nicht nur um die Ehre.»Seltsam« schien es Knebel im November 1787,»daß ein Mann wie Wieland seit einiger Zeit her dem Spiel so ergeben ist. Ich will die Ursachen davon nicht untersuchen, aber man sagt, er habe bisher mehr Glück als Unglück gehabt. Dies ist nun freilich ein Reiz und eine Art von Entschuldigung – zumalen von einem Mann von zahlreicher Familie. Daß aber sein Moralisches dadurch nicht gewinnt, dies scheint sich mir, besonders eine Zeit her, sehr zu bemerken.«[13] Daß Wieland nach wie vor viel am Hofe verkehrte und mit Vergnügen an der ›Fürstlichen Tafel‹ teilnahm, zu der sich mehrmals im Monat zehn bis vierzig geladene Gäste einfanden, sollte, mit Blick auf die Geschichte des ›Musenhofs‹, nicht unerwähnt bleiben. Wichtiger ist freilich dies: Wieland pflegte seit Juli 1787 recht häufig Umgang mit einem Weimarer Neubürger, der gekommen war, um Goethe zu sehen: mit Schiller. Der hatte in den knapp zwei Jahren, die er (zunächst) in Weimar lebte, viel zu bemerken und – meist in Briefen an Freund Körner in Dresden – zu berichten.

Am 21. Juli 1787 traf Schiller in Weimar ein. Unwillig vernahm er, daß seine Hoffnung, sich schnurstracks Goethe vorstellen zu können, nicht zu erfüllen war.»Göthe ist noch in Italien«, schrieb er an Körner[14], dem dieses Faktum offenbar auch nicht bekannt war. Den abwe-

senden Dichter, dessen Bild er sich bisher aus seinen poetischen Werken hatte bilden müssen, lernte Schiller bald durch Menschen kennen,
die ihm nicht die günstigsten Vorurteile nahelegten. Am 12. August
war schon ein neues Goethe-Bild, in Umrissen wenigstens, fertig:

> Diese Tage bin ich auch in Göthens Garten gewesen beim Major v.
> Knebel seinem intimen Freund. Göthens Geist hat alle Menschen,
> die sich zu seinem Zirkel zählen, gemodelt. Eine stolze philosophi-
> sche Verachtung aller Spekulation und Untersuchung, mit einem bis
> zur Affektation getriebenen Attachement an die Natur und einer Re-
> signation in seine fünf Sinne, kurz eine gewisse kindliche Einfalt der
> Vernunft bezeichnet ihn und seine ganze hiesige Sekte. Da sucht man
> lieber Kräuter oder treibt Mineralogie als daß man sich in leeren De-
> monstrationen verfinge. Die Idee kann ganz gesund und gut sein,
> aber man kann auch viel übertreiben.[15]

Es scheint, als habe sich Schiller schon gegen die Gefahr wappnen
wollen, einmal ein ›Goethediener‹ zu werden, um nicht in den Verdacht zu kommen, ein Götzendiener zu sein. Es hatte ihn ja Mühe ge-
kostet, sich von seinen drei Vätern (dem leiblichen Vater, dem Landes-
vater Karl Eugen und dem himmlischen Vater) zu emanzipieren; nun
wollte er vor niemandem mehr in Ehrfurcht klein sein. Als habe sich
Schiller selbst vor unzeitiger Überhebung warnen wollen, entwarf er
im selben Brief an Körner ein zweites Goethe-Bild, das ihm Herder
vermittelt hatte:

> Göthe [. . .] wird von sehr vielen Menschen (auch außer Herdern) mit
> einer Art von Anbetung genannt, und mehr noch als Mensch denn
> als Schriftsteller geliebt und bewundert. Herder gibt ihm einen *kla-
> ren* universalen Verstand, das wahrste und innigste Gefühl, die
> größte Reinheit des Herzens! Alles was er ist ist er ganz, und er
> kann, wie Julius Cesar, vieles zugleich sein. Nach Herders Behaup-
> tung ist er rein von allem Intriguegeist, er hat wissentlich noch nie-
> mand verfolgt, noch keines anderen Glück untergraben.[16]

Schöne Aussichten dies. Wenn er nur zurückkäme. Aber er blieb.
Abwesend wurde er am 28. August gefeiert, und Schiller war dabei.
»Wir fraßen herzhaft und Göthens Gesundheit wurde von mir in
Rheinwein getrunken. Schwerlich vermutete er in Italien, daß er mich
unter seinen Hausgästen habe, aber das Schicksal fügt die Dinge gar
wunderbar.«[17] Nicht wunderbar fügte das Schicksal Goethes von

Schiller so dringend gewünschte, ja geforderte Rückkehr. Je länger er
warten mußte, um so düsterer wurde Schillers Vorstellung von den
moralischen Qualitäten des Erwarteten. Am 19. Dezember ließ er seinem Unwillen freien Lauf: »Armes Weimar! Göthes Zurückkunft ist
ungewiß und seine ewige Trennung von Staatsgeschäften bei vielen
schon wie entschieden. Während er in Italien mahlt, müssen die Vogts
und Schmidts für ihn wie die Lasttiere schwitzen. Er verzehrt in Italien für nichtstun eine Besoldung von 18000 tal. und sie müssen für
die Hälfte des Gelds doppelte Lasten tragen.«[18] Nicht nur vom Mitleid mit den Lasttieren, sondern auch vom Sozialneid auf den begüterten Nichtstuer sind diese Zeilen diktiert. So läßt sich das Versehen,
daß mit einer der drei Nullen das tatsächliche Jahresgehalt Goethes
auf das Zehnfache gesteigert wurde, als nicht bloß zufällig verstehen.

Die Erwartung, daß Goethe zur Osterzeit wieder in Weimar eintreffen werde, teilte auch Schiller. Es sei »jeden Tag« mit seinem Erscheinen zu rechnen, schrieb er am 31. März, acht Tage nach Ostern,
an Körner: »der Herzog hat ihn verlangt, und ihm, wie man mir
gesagt hat, eine prolongation seines Urlaubs verweigert.«[19] In der
Tat hatte der Herzog (in einem nicht überlieferten Brief) Goethe
gedrängt, sich auf die Heimreise zu machen; dessen Antwort vom
15. März enthält das Versprechen: »Sobald uns der dritte Feiertag
[25. März] erschienen ist mache ich ernstliche Anstalt zur Abreise.«[20]
Die Anstalt nahm dann noch einen Monat in Anspruch, die Reise, am
23. April angetreten, dauerte acht Wochen.

Goethe hatte kein Interesse, Schiller kennenzulernen, und dieser
vermied es, sich unmittelbar aufzudrängen. Er lebte seit vier Wochen
in Volkstädt und Rudolstadt, wo ihn Charlotte von Lengefeld und
ihre Schwester Caroline von Beulwitz umsorgten und für fast ein halbes Jahr in ihrer Nähe hielten. An einem Versuch, auf sich aufmerksam zu machen, ließ es Schiller freilich nicht fehlen. Am 7. Juli fand
sich die Gelegenheit, dem weimarischen Kammerrat Ridel einen Brief
zu schreiben, der in erster Linie für Goethe bestimmt war. »Göthe ist
jetzt bei Ihnen«, heißt es darin. »Ich bin ungeduldig, ihn zu sehen.
Wenige Sterbliche haben mich noch so interessiert. Wenn Sie mir wieder schreiben, liebster Freund, so bitte ich Sie, mir von Göthen viel zu
schreiben. Sprechen Sie ihn, so sagen Sie ihm alles schöne von meinet-
wegen, was sich sagen läßt.«[21] Ridel ließ sich mit seiner Antwort Zeit.
»Göthe besuchte mich eben«, schrieb er am 4. August, »wie ich Ihren
Brief erhielt, mein lieber Schiller, ich hatte also gleich Gelegenheit,
Ihre freundschaftlichen Grüße zu bestellen. Er bedauerte, daß er nicht

gewußt, daß Sie in Rudolstadt waren, sein Weg ging nah vorbei.«²²
Am 7. September kam Goethe nach Rudolstadt, endlich.

In den zehn Monaten seines ersten Weimarer Aufenthalts, von Juli
1787 bis Mai 1788, hat Schiller die literarischen und gesellschaftlichen
Verhältnisse der Stadt so genau beschrieben wie kein anderer der dort
Lebenden und wie keiner der vielen Reisenden, die der Musenstadt an
der Ilm einen Besuch abstatteten. Als er ankam, fehlte ihm Goethe,
und der Herzog befand sich in Berlin, von wo er wenig später auf-
brach, um als preußischer Generalmajor am Feldzug Preußens gegen
Holland teilzunehmen. Schillers Interesse konzentrierte sich auf die
Zelebritäten, die zu besuchen waren und von denen er wie selbstverständlich annahm, daß sie ihm, dem Verfasser des gerade erschienenen
Don Karlos, einen freundlichen Empfang bereiteten. Er irrte nicht.
Schon zwei Tage nach seiner Ankunft traf er mit Wieland zusammen,
der ihm mit Wohlwollen begegnete und Pläne für die Zukunft machte.
»Er zeichnete mir gleich bei dieser ersten Zusammenkunft«, so meldete es Schiller einen Tag später den Dresdner Freunden, »den Gang
unsers künftigen Verhältnisses vor [...]. Unsere Unterhaltung verbreitete sich über sehr mancherlei Dinge, wobei er viel Geist zeigte und
auch mir dazu Gelegenheit gab. [...] was unser Verhältnis betrifft
kann ich sehr mit ihm zufrieden sein.«²³ Daß Wieland in Weimar
»ziemlich isoliert« sei und »fast nur seinen Schriften und seiner Familie« lebe, wußte Schiller noch zu berichten; es klang, als sei damit ge-
währleistet, daß sich Wieland ihm, Schiller, freudig attachieren werde.
Auch in diesem Punkt irrte er nicht. Der 54jährige Wieland wurde
dem noch nicht 28jährigen Schiller bald ein väterlicher Freund, veröffentlichte, etwas gegen seine Überzeugung, freundliche Sätze über
Don Karlos, drängte zur Mitarbeit am »Teutschen Merkur« und faßte
gar eine verwandtschaftliche Beziehung ins Auge; die zweite Tochter,
Maria Caroline Friederike (geboren 1770), war nämlich ins heiratsfä-
hige Alter gekommen. Ohne das Drängen Wielands hätte Schiller im
März 1788 nicht sein Gedicht *Die Götter Griechenlandes* geschrieben,
ohne seine Hilfe wären nicht in monatelanger Arbeit *Die Künstler* zu
einem wahrhaft klassischen Gedicht geworden; und das zweite große
Geschichtswerk Schillers, die *Geschichte des Dreyßigjährigen Kriegs*,
profitierte von Wielands sanftem Zureden, dem von ihm 1790–1792
herausgegebenen »Historischen Calender für Damen« (für die Jahre
1791–1793) Gewicht und Ansehen zu geben.

Einen Tag nach seinem Besuch bei Wieland eilte Schiller zu Herder
und wurde freundlich aufgenommen. »Er hat mir sehr behagt«, erfuhr

Körner. »Seine Unterhaltung ist voll Geist, voll Stärke und Feuer, aber seine Empfindungen bestehen in Haß oder Liebe. [...] Ich muß ihm erstaunlich fremd sein, denn er fragte mich ob ich verheuratet wäre. Überhaupt ging er mit mir um, wie mit einem Menschen, von dem er nichts weiter weiß, als daß er für etwas gehalten wird. Ich glaube, er hat selbst nichts von mir gelesen.«[24] In den folgenden Wochen suchte Schiller immer wieder die Gesellschaft Herders, am 5. August hörte er sich eine Predigt von ihm an: »Der Text war der ungerechte Hausvater den er mit sehr viel Verstand und Feinheit auseinander setzte [...]. Die ganze Predigt glich einem Discours, den ein Mensch allein führt, äußerst plan, volksmäßig, natürlich. Es war weniger eine Rede als ein vernünftiges Gespräch.«[25] Als Herder im August erkrankte und Wieland für einige Zeit verreiste, seufzte Schiller auf: »Wie wenig ist Weimar, da der Herzog, Göthe, Wieland und Herder ihm fehlen!«[26] Er fühlte sich allein; Charlotte von Kalb, mit der er freundschaftlich zusammenlebte, konnte ihm die Fehlenden, die für seine Karriere so

Friedrich Schiller

Pastell von
Ludovike Simanowiz,
1793

wichtig waren, nicht ersetzen. Und zu Herder ergab sich auch, als er
wieder gesund war, kein herzliches Verhältnis. Um über ihn etwas berichten zu können, mußte er zuweilen Gehörtes weitergeben. »Von
den hiesigen großen Geistern [...] kommen einem immer närrische
Dinge zu Ohren. Herder und seine Frau leben in einer egoischen Einsamkeit und bilden zusammen eine Art von heiliger ZweiEinigkeit,
von der sie jeden Erdensohn ausschließen. Aber weil beide stolz beide
heftig sind, so stößt diese Gottheit zuweilen unter sich selbst aneinander.«[27] Wenig später heißt es bedauernd, Herder könne nicht »aus sich
heraustreten [...] um der Freund eines Freunds zu sein.«[28]

Schiller brauchte auch nicht lange auf den Zutritt zur feinen Hofgesellschaft zu warten. Bereits am 27. Juli lud Anna Amalia ihn, zusammen mit Wieland, nach Tiefurt ein, am folgenden Tag war er, dieses
Mal in Begleitung Charlotte von Kalbs, wieder dort. Daß sein *Don
Karlos* nicht genügend gelobt wurde, hat ihn vermutlich so unfreundlich werden lassen, daß Anna Amalia es für richtig hielt, ihn nicht
noch einmal einzuladen.

Eine kuriose Idee kam Schiller Mitte Oktober 1787: Körner (dem
der Hofrat-Titel besorgt werden müsse) solle mit seiner Frau in die
thüringische Residenzstadt ziehen, dann könnten sie zusammen »den
Ton der Geselligkeit in Weimar verändern«; als »Hintergrund zu
unserer Freundschaft« würden die vielen Menschen von Geist, Charakter, Ansehen und Einfluß dienen, »die man in *einem* Ort nie beisammen findet« – mit nicht weniger als 20 vermochte Schiller sofort
aufzuwarten.[29] Frau von Stein und Luise von Imhoff, die Schauspielerin Corona Schröter (zu der sich vielleicht ein Liebesverhältnis entwickeln ließe) und die Assistenzratstochter Caroline Schmidt (mit der
ein Zusammenleben auch denkbar erschien) waren dabei, aber auch
Bertuch und der Hofmedikus Christoph Wilhelm Hufeland, der
Regierungsrat Christian Gottlob Voigt und der Schriftsteller Johann
Joachim Christoph Bode; wahrlich ein ansehnlicher »Hintergrund«
für den umtriebigen und mit sich selbst gar nicht einigen Schiller, der
Charlotte von Kalb mehr und mehr aus dem Kreis der ihm wichtigen
Personen wegdrängte. Mitte November verließ sie Weimar für eine
kleine Weile und ging nach Kalbsrieth, weil ihr Mann das so wollte.
Schiller hatte Zeit, über sein Verhältnis zum anderen Geschlecht nach-
zudenken, und bat Körner, ihm beim Nachdenken zu helfen:

Es ist sonderbar, ich verehre ich liebe die herzliche empfindende Natur und eine Kokette, jede Kokette, kann mich fesseln. Jede hat eine

unfehlbare Macht auf mich durch meine Eitelkeit und Sinnlichkeit, entzünden kann mich keine, aber beunruhigen genug. Ich habe hohe Begriffe von häuslicher Freude und doch nicht einmal soviel Sinn dafür, um *mir* sie zu wünschen. Ich werde ewig isoliert bleiben in der Welt, ich werde von allen Glückseligkeiten naschen ohne sie zu genießen. [...] Charlotte [von Kalb] weiß von diesem Monologe meiner Vernunft nichts.[30]

Als Charlotte von Kalb wenig später mit ihrem Mann nach Weimar zurückkehrte, vertraute Schiller dem Freund an: »Ich weiß nicht ob die Gegenwart des Mannes mich lassen wird wie ich bin. Ich fühle in mir schon einige Veränderung die weiter gehn kann.«[31] Die Veränderung betraf das von Schiller zunächst so sehr geschätzte gesellige Leben in Weimar überhaupt; er gab es auf, dessen Mittelpunkt sein zu wollen, weil ihm die Anerkennung, die er gefunden hatte, genügte. Wenn die Schulden, mit denen er seit seiner Stuttgarter Zeit zu leben gewohnt war, nicht weiter anwachsen sollten, mußten Geldquellen erschlossen werden. Ein Amt im Staatsdienst wurde ihm nicht angetragen, also mußte er sich mit der Feder sein Brot verdienen. Nach der Fertigstellung des *Don Karlos* hatte er schon in Dresden mit den Vorarbeiten zu einem großen historischen Werk, der *Geschichte des Abfalls der vereinigten Niederlande von der Spanischen Regierung*, begonnen; daran wurde nun intensiv fortgeschrieben; Göschen, der Leipziger Verleger, bekam das Manuskript im Frühjahr 1788, anschließend ging's an die Fortsetzung des Romans *Der Geisterseher*, gleichzeitig wurden ein paar Bücher für die seit 1785 in Jena erscheinende hochangesehene »Allgemeine Literatur-Zeitung« rezensiert. Dann mietete Charlotte von Lengefeld für Schiller eine Wohnung in Volkstädt.

In den zwei Jahren der Abwesenheit Goethes von Weimar ereignete sich im Herzogtum weder politisch noch kulturell Außerordentliches. Das zehnmonatige Gastspiel Schillers kann als wichtigste Novität gelten. Daß Musäus im Oktober 1787 starb, Bertuch mit seinem »Journal des Luxus und der Moden« Erfolg hatte, Joseph Bellomo mit seiner Truppe weiterhin, mal recht, mal schlecht, Theaterkost bot (am 30. November 1786 zum erstenmal Schillers *Fiesko*) und daß Anna Amalia nach wie vor einmal in der Woche ihre ›Tafelrunde‹ versammelte, um Literatur und Musik zu hören und darüber zu diskutieren – daran mag erinnert werden. Auch dies vielleicht noch: Im Frühjahr 1787 weihte der Herzog persönlich zu Ehren Goethes den ›Schlan-

Übermüthig siehts nicht aus   Allen die darin verzehrt
Dieses stille Gartenhaus   Ward ein guter Muth beschert
Goethe 1828

Goethes Gartenhaus im Park
Nach einer Zeichnung von Otto Wagner, 1827

genstein‹ (»GENIO HUIUS LOCI«) im nun zum erstenmal so genannten Park ein, dessen Umgestaltung zu einem Landschaftsgarten im
englischen Stil in den folgenden Jahren systematisch weitergeführt
wurde; und die seit 1776 bestehende »Freie Zeichenschule«, die unter
der Leitung des aus Frankfurt stammenden Malers Georg Melchior
Kraus etwa 150 Studierende beiderlei Geschlechts ausbildete, dehnte
1788 ihren Wirkungskreis auf Eisenach und Jena aus.

Zu wem kam Goethe am 18. Juni 1788 zurück? Zum Herzog, der
von seinen militärischen Unternehmungen in seine Residenzstadt
heimgekehrt war und des Freundes und Ratgebers dringend bedurfte?
Zu Herder, der seine längst geplante Italienreise auf August verschoben hatte? Zu Charlotte von Stein? Er nahm die Freude wahr, mit der
er hier und da empfangen wurde, aber sie teilte sich ihm nicht so lebhaft mit, daß auch er sich übermäßig gefreut hätte. Er verhielt sich wie
nach schweren Verlusten: Er zog sich in sich selbst zurück, versuchte,

sich das Fremdgewordene anzuverwandeln. Das Tagebuch blieb leer, nur wenige Briefe wurden geschrieben. Diejenigen, die ihn bedrängten, von seinen Erlebnissen zu berichten, versicherten zwar, auf ihre Kosten gekommen zu sein[32], aber sie hatten Augen und Ohren nur für Vordergründiges. Goethe selbst erinnerte sich, in einem erst 1817 veröffentlichten Nachtrag zur *Metamorphose der Pflanzen*, wie schwer es ihm geworden war, wieder in Weimar zu leben:

> Aus Italien dem formreichen war ich in das gestaltlose Deutschland zurückgewiesen, heiteren Himmel mit einem düsteren zu vertauschen; die Freunde, statt mich zu trösten und wieder an sich zu ziehen, brachten mich zur Verzweiflung. Mein Entzücken über entfernteste, kaum bekannte Gegenstände, mein Leiden, meine Klagen über das Verlorne schien sie zu beleidigen, ich vermißte jede Teilnahme, niemand verstand meine Sprache. In diesen peinlichen Zustand wußt' ich mich nicht zu finden, die Entbehrung war zu groß an welche sich der äußere Sinn gewöhnen sollte, der Geist erwachte sonach, und, suchte sich schadlos zu halten.[33]

Diese Erinnerung ans Vergangene ist düsterer noch als die Beschreibung des Gegenwärtigen, wie sie sich im Brief an Friedrich Heinrich Jacobi vom 21. Juli 1788 findet:

> Ja mein Lieber ich bin wieder zurück und sitze in meinem Garten, hinter der Rosen Wand, unter den Aschenzweigen und komme nach und nach zu mir selbst. Ich war in Italien sehr glücklich, es hat sich so mancherlei in mir entwickelt, das nur zulange stockte, Freude und Hoffnung ist wieder ganz in mir lebendig geworden. Mein hiesiger Aufenthalt wird mir sehr nützlich sein. Denn da ich ganz mir selbst wiedergegeben bin; so kann mein Gemüt, das die größten Gegenstände der Kunst und Natur fast zwei Jahre auf sich würken ließ, nun wieder von innen heraus würken, sich weiter kennen lernen und ausbilden.[34]

Am 19. Juni, einen Tag nach seiner Ankunft, besuchte Goethe die ›Fürstliche Tafel‹; Herzog und Herzogin waren anwesend, außerdem Prinz August von Gotha, unter den anderen Gästen auch Herder. Am folgenden Tag kam dieselbe Gesellschaft am selben Ort wieder zusammen; am 22. stellte sich auch Anna Amalia ein, am 23. fehlte sie. So ging's fort, Tag für Tag (mit wenigen Ausnahmen), Woche für Woche: Goethe bei Hofe, im Fourierbuch verzeichnet.[35] Am 28. Juni war Wieland dabei, dann einige Male im Juli. Bei den Gesprächen wird

Alltägliches den Vorrang gehabt haben vor grundsätzlichen Erörterungen über Kunst und Wissenschaft oder über die politische Lage in Europa. Wenigstens wußten die Gesprächsteilnehmer der Nachwelt nichts ›Bedeutendes‹ zu überliefern.

Sie hatten sich wohl schon einige Male gesehen, aber noch nicht ›ausgesprochen‹ – Charlotte von Stein, die tief gekränkt war, und Goethe, der noch darum bemüht war, Stand und Halt zu finden. Mit einem Briefchen, das nichts Gutes verhieß, kündigte er Mitte Juli seinen Besuch an:

> Heute früh komm ich auch noch einen Augenblick. Gerne will ich alles hören was du mir zu sagen hast, ich muß nur bitten daß du es nicht zu genau mit meinem jetzt so zerstreuten, ich will nicht sagen zerrißnen Wesen nehmest. Dir darf ich wohl sagen daß mein innres nicht ist wie mein äußres.[36]

Der nächste Brief (vom 22. Juli) schließt: »so lebe tausendmal wohl«; der vom 31. August beginnt: »Vergib mir meine Liebe, wenn mein letzter Brief [vom 24. August] ein wenig konfus war, es wird sich alles geben und auflösen, man muß nur sich und den Verhältnissen Zeit lassen.«[37] Auf diese Weise ging es noch ein paar Monate weiter; die Auflösung des Verhältnisses vollzog sich in Raten.

Bei einem Spaziergang im Park trat am 10. oder 11. Juli 1788 die dreiundzwanzigjährige Christiane Vulpius auf Goethe zu und gab ihm ein Bittschreiben für ihren Bruder, den Weimarer Schriftsteller Christian August Vulpius. Christiane, die Tochter eines Amtskopisten, lebte in ärmlichen Verhältnissen und verdiente ihr Brot als Arbeiterin in einer von Friedrich Justin Bertuch geführten Werkstatt für künstliche Blumen. Was Goethe an ihr gefiel, kann durch das Bild, das die Schauspielerin Caroline Jagemann von ihrer Nachbarin aus Jugendtagen entworfen hat, angedeutet werden:

> In meiner Kindheit wohnte sie neben uns und war ein sehr hübsches, freundliches, fleißiges Mädchen; aus ihrem apfelrunden, frischen Gesicht blickten ein paar brennend schwarze Augen, ihr etwas aufgeworfener kirschroter Mund zeigte, da sie gern lachte, eine Reihe schöner weißer Zähne, und dunkelbraune volle Locken fielen ihr um Stirn und Nacken. Sie ernährte ihren pensionierten Vater und eine alte Tante durch ihre Geschicklichkeit im Verfertigen künstlicher Blumen [...].[38]

Christiane Vulpius

Zeichnung Goethes,
Bleistift und
schwarze Kreide
auf weißem Papier,
um 1788/89

Am 13. Juli 1796 schrieb Goethe an Schiller: »Heute erlebe ich auch
eine eigne Epoche, mein Ehstand ist eben 8 Jahre und die franz. Revolution 7 Jahre alt.«[39] Acht Jahre mit Christiane bedeuteten acht Jahre
Häme und Spott, Entrüstung und Schadenfreude einer Gesellschaft,
die froh war, sich öffentlich erregen zu können, ohne deshalb Sanktio-
nen fürchten zu müssen. Aus den acht Jahren wurden achtzehn. 1806
ließen sich Goethe und Christiane trauen. Damit war der Makel nicht
getilgt, der Herder 1803, im Jahr seines Todes, noch zu schaffen
machte. Goethe hat in einer Skizze über sein Verhältnis andeutend bestätigt, was ein Dritter berichtet hat: In einem Gespräch über Goethes
Die natürliche Tochter habe Herder auf die Frage des Dichters, ob
ihm das Trauerspiel nicht gefalle, geantwortet: »O doch! [...] Deine
›Natürliche Tochter‹ gefällt mir viel besser, als Dein natürlicher
Sohn!«[40] Goethes und Christianes »natürlicher Sohn« August wurde
am 25. Dezember 1789 geboren.

Von den Schwierigkeiten, die Goethe wegen seiner Verbindung
mit Christiane hatte, ist auch in einem Brief Schillers aus dem Jahre
1800 die Rede. Charlotte von Schimmelmann hatte aus dem fernen
Dänemark bei Charlotte Schiller um Auskünfte darüber gebeten,
wie es mit Goethe stehe. Die Beantwortung des Briefes überließ
Schiller nicht seiner Frau, sondern besorgte sie selbst. Nachdem er
das hohe Lied seines Freundes, des Dichters, Naturwissenschaftlers
und Ministerialbeamten, gesungen und dessen menschliche Qualitäten gepriesen hatte, widmete er auch seinen »häuslichen Verhältnissen« einige Sätze:

> [...] leider ist er durch einige falsche Begriffe über das Häusliche
> Glück und durch eine unglückliche Ehescheue in ein Verhältnis gera-
> ten, welches ihn in seinem eigenen häuslichen Kreise drückt und un-
> glücklich macht, und welches abzuschütteln er leider zu schwach und
> zu weichherzig ist. Dies ist seine einzige Blöße, die aber niemand
> verletzt als ihn selbst, und auch diese hängt mit einem sehr edeln Teil
> seines Charakters zusammen.[41]

August von Goethe
mit junger Katze
am Fenster

Bleistift- und
Tuschzeichnung von
Johann Heinrich Meyer,
1791

Das war sechs Jahre nach der Verbindung der beiden Klassiker so gesagt. Bis es zu dieser Verbindung kommen konnte, waren sechs Jahre nach Goethes Rückkehr aus Italien ins Land gegangen. Denn Goethe interessierte sich nicht für Schiller, obwohl dieser durch die Wahl seiner Wohnung in Weimar (am Frauenplan, nur drei Häuser von Goethe entfernt) deutlich auf sich aufmerksam machte. Rückblickend hat Goethe Erklärungen dafür geliefert, warum er mit Schiller nichts zu schaffen haben wollte:

Nach meiner Rückkunft aus Italien, wo ich mich zu größerer Bestimmtheit und Reinheit in allen Kunstfächern auszubilden gesucht hatte [...], fand ich neuere und ältere Dichterwerke in großem Ansehen, von ausgebreiteter Wirkung, leider solche die mich äußerst anwiderten, ich nenne nur *Heinse's Ardinghello* und *Schillers Räuber.* Jener war mir verhaßt, weil er Sinnlichkeit und abstruse Denkweisen durch bildende Kunst zu veredeln und aufzustutzen unternahm, dieser, weil ein kraftvolles, aber unreifes Talent gerade die ethischen und theatralischen Paradoxen von denen ich mich zu reinigen gestrebt, recht im vollen hinreißenden Strome über das Vaterland ausgegossen hatte. [...] meine Gründe, die ich jeder Vereinigung entgegen setzte, waren schwer zu widerlegen. Niemand konnte leugnen, daß zwischen zwei Geistesantipoden mehr als Ein Erddiameter die Scheidung mache, da sie denn beiderseits als Pole gelten mögen, aber eben deswegen in eins nicht zusammenfallen können.[42]

Am 7. September 1788 kam es in Rudolstadt zu einem längeren Zusammensein Goethes mit Schiller. Die große Gesellschaft, die Luise von Lengefeld geladen hatte, erlaubte es Goethe, Schiller nicht besonders zu beachten. Dessen Enttäuschung machte sich in einem Bericht an Körner Luft:

Sein erster Anblick stimmte die hohe Meinung ziemlich tief herunter, die man mir von dieser anziehenden und schönen Figur beigebracht hatte. Er ist von mittlerer Größe, trägt sich steif und geht auch so, sein Gesicht ist verschlossen, aber sein Auge sehr ausdrucksvoll, lebhaft und man hängt mit Vergnügen an seinem Blick. [...] freilich war die Gesellschaft zu groß und alles auf seinen Umgang zu eifersüchtig, als daß ich viel allein mit ihm hätte sein oder etwas anders als allgemeine Dinge mit ihm sprechen können. [...] Im ganzen genommen ist meine in der Tat große Idee von ihm nach dieser persönlichen Bekanntschaft nicht vermindert worden, aber ich zweifle, ob wir einander je sehr nahe rücken werden.[43]

Im November 1788 kehrte Schiller von Rudolstadt, wo er die wach-
sende Zuneigung der Schwestern Caroline von Beulwitz und Charlotte von Lengefeld genossen hatte, nach Weimar zurück. Seine Bemühungen, mit Goethe in ein näheres Verhältnis zu kommen, scheiter-
ten, so daß er immer unwilliger und im Ton schärfer wurde, wenn er
über ihn sprach. Es ist nicht bekannt, ob er die – sicher nicht fal-
sche – Vermutung hegte, daß Goethes eifriges (und bald schon erfolg-
reiches) Bemühen, dem Verfasser der gerade erschienenen *Geschichte
des Abfalls der vereinigten Niederlande von der Spanischen Regierung*
eine Professur für Geschichte an der Universität Jena zu verschaffen,
mit dem Wunsch des Geheimen Rats zu tun hatte, sich den Nachbarn
aus den Augen zu rücken. Bekannt ist aber dies: Schiller, der dringend
darauf angewiesen war, durch Brotarbeit seine finanzielle Lage zu verbessern, blieb Goethe die Dankbarkeit für dessen Bemühen schuldig.
   Am 21. Januar 1789 erhielt Schiller vom Weimarer Hof das Reskript, das ihn zum Professor machte. Zwölf Tage später ließ er sich
zu heftigen Ausfällen gegen Goethe hinreißen; vor seiner nun notwendig gewordenen Übersiedlung nach Jena zog er die Bilanz seines
vergeblichen Werbens um die Gunst des anderen, mit dem er sich so
gern in eine Reihe gestellt hätte:

> Öfters um Goethe zu sein, würde mich unglücklich machen: er hat
> auch gegen seine nächsten Freunde kein Moment der Ergießung, er
> ist an nichts zu fassen; ich glaube in der Tat, er ist ein Egoist in unge-
> wöhnlichem Grade. [...] Ein solches Wesen sollten die Menschen
> nicht um sich herum aufkommen lassen. Mir ist er dadurch verhaßt,
> ob ich gleich seinen Geist von ganzem Herzen liebe und groß von
> ihm denke. Ich betrachte ihn wie eine stolze Prude, der man ein Kind
> machen muß, um sie vor der Welt zu demütigen, und an meinem gu-
> ten Willen liegt es nicht, wenn ich nicht einmal mit der ganzen Kraft,
> die ich in mir aufbieten kann, einen Streich auf ihn führe, und in ei-
> ner Stelle, die ich bei ihm für die tödlichste halte. Eine ganz sonder-
> bare Mischung von Haß und Liebe ist es, die er in mir erweckt hat,
> eine Empfindung, die derjenigen nicht ganz unähnlich ist, die Brutus
> und Cassius gegen Caesar gehabt haben müssen [...].[44]

Am 9. März schloß sich der Epilog an: »Dieser Mensch, dieser Göthe ist mir einmal im Wege, und er erinnert mich so oft, daß das
Schicksal mich hart behandelt hat. Wie leicht ward *sein* Genie von seinem Schicksal getragen, und wie muß *ich* bis auf diese Minute noch
kämpfen!«[45]

Im Mai 1789 zog Schiller nach Jena um. Am 26. desselben Monats hielt er vor einem großen Publikum seine Antrittsvorlesung über den Historiker als Brotgelehrten und den Historiker als philosophischen Kopf: *Was heißt und zu welchem Ende studiert man Universalgeschichte?* In den kommenden fünf Jahren beschäftigte er sich fast ausschließlich mit historischen und philosophischen Arbeiten. Das letzte poetische Werk, das ihm gelungen war, das Gedicht *Die Künstler*, hatte Wieland im Märzheft seines »Teutschen Merkurs« veröffentlicht; zur Fortsetzung des *Geisterseher*-Romans fehlten Zeit und Lust. Zehn Jahre lebte Schiller in Jena, die erste Hälfte dieser Zeit von Weimar nicht nur räumlich getrennt, fern auf jeden Fall von Goethe.

Herder, mit dem Goethe vor seiner Italienreise ein Jahrzehnt freundschaftlich zusammengelebt hatte, entschwand Anfang August 1788 nach Süden und kehrte erst nach elf Monaten zurück. Anna Amalia verließ, in Begleitung ihrer Hofdame Luise von Göchhausen und des Kammerherrn von Einsiedel, wenig später (Mitte August)

Herders Wohnhaus in Weimar
Steindruck von Eduard Lobe

ihren Musenhof, ebenfalls in Richtung Italien, und blieb bis Juni 1790 fern. Karl August ließ sich wochenlang in seiner Residenz nicht sehen, weil er sich – beispielsweise – bei seinem Regiment in Aschersleben aufzuhalten beliebte; der vormals intensive Umgang mit Goethe erfuhr dadurch naturgemäß eine erhebliche Einschränkung. Die Amtsgeschäfte waren, so scheint es, für einige Zeit das wichtigste Bindungsmittel von Herr und Diener; dabei ging es vor allem um die Hebung der Universität Jena, die durch die Konkurrenz der neugegründeten Universitäten Göttingen und Erlangen in Schwierigkeiten gekommen war, Schwierigkeiten, die in einem dramatischen Rückgang der Studentenzahlen ihren Niederschlag gefunden hatten: Innerhalb von zwei Jahrzehnten (1760–1780) hatten sie sich auf etwa 500 halbiert. Das bedeutete auch für die Professoren, die zum Teil von den Kolleggeldern lebten, erhebliche Einbußen ihrer Einnahmen. Ihre Bitte um Erhöhung des ›Grundgehalts‹ leitete Goethe an den Herzog weiter; und bei anstehenden Berufungen kam ihm, wie im Falle Schillers, nicht selten das Vorschlagsrecht zu. Die Amtsgeschäfte, zu denen man auch die Hofgänge zählen mag – etwa zweimal wöchentlich –, beanspruchten vielleicht ein Viertel der Arbeitszeit und -kraft Goethes.

Mit wem pflegte Goethe, bevor er im März 1790 zu seiner zweiten Italienreise aufbrach, außerdienstlichen Umgang? Die Distanz zu Wieland wurde immer größer, die zum Ministerialkollegen Christian Gottlob Voigt geringer; in Jena lebte Knebel, der ›Urfreund‹, zu dem es Goethe gelegentlich zog und den er nicht selten in Weimar sah. Ansonsten empfing er Gäste, die oft seinetwegen von weither angereist kamen und später mitteilten, was ihnen widerfahren war: Johannes von Müller, der Schweizer Historiker (und 1788 Geheimer Legationsrat in Mainz), Paul Usteri, Kaufmann aus Zürich, Gottfried August Bürger, Dichter aus Göttingen, Johann Friedrich Reichardt, Komponist aus Berlin, und viele andere.

Im Juli 1789 besuchte der russische Schriftsteller Nikolaj Karamsin auf einer Europa-Tournee auch Weimar. Seine Erlebnisse schilderte er in höchst amüsanten Briefen, die beginnen:

> Die Lage Weimars ist artig. Die umliegenden Dörfer mit ihren Feldern und Gehölzen gewähren eine anmutige Aussicht. Die Stadt ist nur klein, und außer dem herzoglichen Palaste gibt es hier weiter keine großen Gebäude. [...]
> Der Lohnlakai wurde [...] abgefertigt, um sich zu erkundigen, ob Wieland zu Hause sei. »Nein«, war die Antwort, »er ist bei Hofe.«

– Ob Herder zu Hause sei? »Nein, er ist bei Hofe.« – Ob Goethe zu Hause sei? »Nein, er ist bei Hofe.« – »Bei Hofe, bei Hofe«, spottete ich halbbürgerlich dem Bedienten nach [...].

Schließlich gelangte Karamsin zu Herder und unterhielt sich mit ihm über Klopstock. Auch Wieland empfing den Besucher, sogar mehrmals; er sprach über sich selbst und über das problematische Geschäft des Übersetzens. Der Abschied: »Er drückte mir die Hand und wünschte mir recht herzlich Glück und Zufriedenheit.« Ein Besuch bei Goethe gelang nicht.

Goethe hab ich nur gestern im Vorbeigehen am Fenster gesehen; ich blieb stehen und betrachtete ihn einige Minuten. Ein wahres griechisches Gesicht! Heute morgen, da ich ihn besuchen wollte, fand ich ihn nicht. Er war ganz früh nach Jena gefahren. – In Weimar leben auch noch andere berühmte Schriftsteller, wie zum Beispiel Bertuch, Bode und andere.[46]

Im Dezember 1788 bekam Goethe Besuch von einem ihm werten Freund aus römischen Tagen: Karl Philipp Moritz hatte Anfang November seinen zweijährigen Italienaufenthalt abgebrochen und beeilte sich, in Weimar den Anschluß an die deutschen Verhältnisse zu finden. Er traf am 4. Dezember dort ein und besuchte, da Goethe erst später am Tag aus Gotha zurückkam, zunächst Caroline Herder, der er von ihrem Mann berichtete und was er mit ihm in Rom unternommen hatte. Herder erfuhr in einem langen Brief seiner Frau, was an diesem Nachmittag und am folgenden Mittag gesprochen worden war, und in den kommenden Wochen häuften sich die Nachrichten, die sich dann zunehmend auf eine Beschreibung der Beziehung Goethes zu Moritz konzentrierten.[47]

Bis zum 1. Februar 1789 blieb Moritz als Gast Goethes in Weimar. Der fast tägliche Umgang war beiden eine Wohltat, Italien wurde lebendig, die Kunstgespräche vergangener Zeiten fanden ihre Fortsetzung, und über das noch immer nicht fertige Schauspiel *Torquato Tasso* wurde des langen und breiten deliberiert. Den halb außenstehenden Beobachtern dieses Verhältnisses (von denen außer Caroline Herder besonders Schiller und Knebel zu nennen sind), kam soviel Gemeinsamkeit sonderbar und nicht unbedenklich vor. »Von Göthen spricht er mir zu panegyrisch«, murrte Schiller. »Das schadet Göthen nichts aber ihm.«[48] Und Knebel unterrichtete Herder über Eigenwilligkeiten der Freunde, von denen er, Knebel, durchaus betroffen war:

Um Ihnen von unserm philosophischen Wesen, wie Sie wollen, etwas zu sagen, so ist die Sache sogar unter uns zum Kriege gekommen. Göthe hat nämlich aus Italien eine Menge eingeschränkte Begriffe mitgebracht; so, daß wir von dem Allen nichts wissen, daß unser Wesen zu eingeschränkt sei, um von der Dinge Dasein u. Wesen nur einigen Begriff zu fassen [...].
Diese Sätze wurden mehr u. mehr in Gesellschaft des guten Moritz, der ein sehr mikroskopisches Seelenauge hat, zubereitet, und da ich nicht ganz derselben Meinung war, [...] nach u. nach auf mich zugemünzt.[49]

Moritz ging, in Begleitung des Herzogs, nach Berlin zurück, und Goethe war wieder allein. Neben der im August 1789 zum Abschluß kommenden Arbeit an *Torquato Tasso* beschäftigte ihn *Die Metamorphose der Pflanzen*, die ebenso wie das Tasso-Drama und das *Faust*-Fragment 1790 erscheinen konnte; an den *Beiträgen zur Optik* wurde 1789/90 gelegentlich gearbeitet, und für die römischen ›Erotica‹ mag in derselben Zeit mancherlei getan worden sein.
Ein wichtiges Amtsgeschäft kam Goethe im März 1789 zu: Er wurde zum Mitglied der Schloßbaukommission gewählt, die den Neuaufbau des 1774 durch Brand vernichteten Schlosses vorbereiten sollte. Die Arbeiten wurden erst 1803 abgeschlossen. Der »Freien Zeichenschule« (und damit dem Kunstleben in Weimar überhaupt) erwies Goethe 1789 einen großen Dienst, da es ihm gelang, den angesehenen Schweizer Maler und Kupferstecher Johann Heinrich Lips, dessen Bekanntschaft er in Italien gemacht hatte, als Lehrer zu verpflichten. Lips blieb fünf Jahre in Weimar.
Was sich in dem Jahr, in dem Goethe vierzig wurde, noch mit ihm und um ihn ereignete, ist summarisch anzudeuten: Reisen (von Jena-Besuchen abgesehen) nach Wilhelmstal, Aschersleben, in den Harz wurden unternommen, der Aufbau einer »Botanischen Anstalt« in Jena nahm seinen Anfang, im November erfolgte (für zweieinhalb Jahre) der Umzug aus dem Haus am Frauenplan in das sogenannte »Jägerhaus« in der Marienstraße; im folgenden Monat kam es zur ersten Begegnung mit Wilhelm von Humboldt, die allerdings noch nicht zu einer näheren Verbindung führte. »Humbold wird Dir erzählt haben«, schrieb Charlotte von Lengefeld am 29. Dezember ihrem Bräutigam Schiller, »was wir gestern bei G. gemacht haben, er war recht freundlich, und zutraulich mit mir. Er ist aber doch anders geworden, ehe er nach Italien ging, war er mir doch lieber, schon der

Ausdruck in seinen [!] Gesicht, er hat an Feinheit verloren.«[50] Es wurde wohl Zeit, daß Goethe wieder einmal für längere Zeit Weimar verließ; Stadt und Gesellschaft drückten ihn. Aber war es sonstwo in Deutschland leichter und besser? »Die Deutschen sind im Durchschnitt rechtliche, biedere Menschen aber von Originalität, Erfindung, Charakter, Einheit, und Ausführung eines Kunstwerks haben sie nicht den mindesten Begriff. Das heißt mit Einem Worte sie haben keinen Geschmack. [...] Ich gehe wahrscheinlich der Herzogin Mutter entgegen [...].«[51] Er ging: Am 13. März 1790 trat er seine zweite Italienreise an; am 18. Juni traf er zusammen mit Anna Amalia wieder in Weimar ein.

Goethe
Porträt von Johann Heinrich Lips, 1791

Fast ein Jahr war Herder nicht in Weimar gewesen; als er am 9. Juli 1789 zurückkehrte, wurde er nur von seiner Familie mit offenen Armen empfangen. Er hatte von unterwegs, kränkelnd und hypochondrisch dazu, sein Schicksal beklagt, daß ihm Weimar nicht die gehörigen Entfaltungsmöglichkeiten bot und er nur durch einen herzoglichen Gnadenakt die Chance bekam, seine inzwischen angehäuften Schulden (die etwa einem Jahresgehalt entsprachen) zu begleichen. Er hatte erwogen, sich nach Göttingen berufen zu lassen; es war ihm klar geworden, daß die Freundschaft mit Goethe nicht länger bestehen könne, wenn dieser sich nicht energischer für ihn am Hofe verwenden werde. Am 4. April schrieb er aus Rom an seine Frau: »[...] wie müde ich des Zusammenhanges mit Fürsten und Fürstinnen geworden bin, die immer unverständige Kinder bleiben, deren unser Eines nicht lenken kann, mag ich Dir nicht sagen. Daß Goethe für uns wenig mehr sein kann, wird mir beinah einleuchtend; er ists im öffentlichen Bezuge nie gewesen. [...] Wir sind einsam und werden es mit jedem Jahr mehr werden.«[52] Die Prognose war richtig.

Herder bekam Ende August ein Amt, das er angestrebt hatte: Er wurde zum Vizepräsidenten des Oberkonsistoriums ernannt, besser bezahlt als zuvor und, wie es zunächst den Anschein hatte, von mancherlei bürokratischen Arbeiten befreit; doch bald verkleinerte der Herzog aus ökonomischen Erwägungen das Konsistorium, und Herder, der auch die Geschäfte des Oberkonsistorialpräsidenten Karl Friedrich Ernst von Lyncker wegen dessen angegriffener Gesundheit fast ganz übernehmen mußte, bekam mehr Arbeit, als ihm zuträglich war. Er wurde bitter. »O es ist eine trockne Sache ums menschliche Leben, wenn allmählich die sanftern Gefühle vom täglichen Sandhaufen der Geschäfte etc. erdrückt werden: man findet sich in kurzer Zeit so alt! so alt! wie dies jetzt beinahe mein Fall ist.«[53] Literarisch war Herder in den Jahren um 1790 nur noch sporadisch tätig; die vierte Sammlung seiner *Zerstreuten Blätter*, in der er zum erstenmal andeutete, daß er die Kunst als Magd der Moral ansehe, erschien 1792. Die Kluft zwischen ihm und Goethe wurde größer; mit Wieland verband ihn ohnehin kaum etwas.

Wieland? Er gefiel sich als Patriarch seiner Großfamilie, spielte nach wie vor gern Karten, sorgte für den Fortgang seines »Teutschen Merkurs«, stattete den »Historischen Calender für Damen« mit Schillers *Geschichte des Dreyßigjährigen Kriegs* aus und brachte in freien Stunden seinen Roman *Geheime Geschichte des Philosophen Peregrinus Proteus* voran, von dem er 1788/89 Proben in seiner Zeitschrift präsentiert hatte.

Eigentlich war nicht sehr viel los im Weimar jener Jahre. Für etwas Bewegung sorgte freilich das politische Geschehen in Frankreich, dessen Auswirkungen zunehmend auch in Deutschland bemerkbar wurden und die Großen des Herzogtums beschäftigten.

Der Zeitschriften-Macher Wieland, ein eifriger Leser des »Moniteur« und des »Journal de Paris«, zeigte schon 1789 große Sympathie mit den revolutionären Ereignissen, auch wenn er den sogenannten ›Demokraten‹ und ihrer Gleichheits-Parole mit großer Skepsis gegenüberstand und wenig von dem proklamierten ›Naturrecht‹ jedes Individuums hielt. Die Abschaffung des Ancien Régime war ihm eine Herzensangelegenheit, die Beseitigung der Privilegien des Adels schien ihm längst dringend geboten; auch nahm er mit Staunen die Kraft der Erhebung wahr, und das Verbot der geistlichen Orden veranlaßte ihn zu jubeln; für beschränkte (nämlich im Sinne der Aufklärung gelenkte) Freiheit und allgemeine Brüderlichkeit war er immer schon gewesen. Diese wie jene sollte es auch in einer Monarchie, der für Wieland besten Staatsform, geben können. Noch lebte ja Ludwig XVI. Die sich nach dessen Hinrichtung etablierende Schreckensherrschaft sah er (nicht anders als die ursprünglichen Revolutionsfreunde Klopstock und Schiller) als fatale Verirrung an.

Wieland wollte beileibe keine deutsche Revolution; aber er hoffte, daß der gewaltsame Umsturz in Frankreich gewaltlose Reformen in Deutschland befördern könne. Diese Hoffnung war allerdings nicht sonderlich solide, wie sich aus einem Brief von Ende November 1790 an den Oldenburger Schriftsteller Gerhard Anton von Halem, einen begeisterten Augenzeugen des französischen Umsturzes, ergibt. In diesem Brief steht auch der oft zitierte Satz: »Ich halte es für eine Glückseligkeit, um welche uns die Nachwelt beneiden wird, daß wir Zeitgenossen und Zuschauer dieses größten und interessantesten aller Dramen, die jemals auf dem Weltschauplatze gespielt wurden, gewesen sind [...].«[54]

Für Herder glich die Französische Revolution einer Morgenröte nach langer, dunkler Nacht. Er haßte die Fürstendienerei, wünschte die Macht der (katholischen) Kirche zum Teufel, propagierte die Rechte des Volkes und predigte über eine bessere Zukunft, die nicht geschenkt werde, sondern erkämpft werden müsse. Auch vor allerhöchsten Ohren unterdrückte er seine Meinung nicht. Das war selbst Schiller, der offene Worte nicht scheute (aber dabei wohl bedachte, ob sie ihm schaden könnten), ziemlich unverständlich. Am 29. September 1789 meldete er Körner das Neueste über Herder:

Herder hat vor einiger Zeit einen unverzeihlich dummen Streich gemacht. Seit seiner Zurückkunft aus Italien hatte er nicht gepredigt, weil er erst abwarten wollte, ob er bleiben würde. Wie nun seine

Sache entschieden war, so bestieg er zum erstenmal die Kanzel wieder, alles kam in die Kirche [...] – er predigte über sich selbst, und in Ausdrücken, die seinen Feinden gewonnen Spiel über ihn geben, und alle seine Freunde zum Schweigen brachten. [...] Noch ein Beispiel von seinem Savoir vivre – Bei der Tafel der Herzogin sprach er vom Hof und von Hofleuten, und nannte den Hof einen *Grindkopf* und die Hofleute die *Läuse*, die sich darauf herum tummeln. Dies geschah an Tafel, und so, daß es mehrere hörten. Man muß sich dabei erinnern, daß er und seine Frau den Hof suchen, und auch vorzüglich durch den Hof soutentiert werden.[55]

Herder blieb, anders als Wieland, ohne Wenn und Aber ein fast bedingungsloser Freund der Französischen Revolution – bis am 21. Januar 1793 der Kopf des Königs fiel. Aber auch danach änderte er seine Überzeugung nicht, daß es an der Zeit sei, den Feudalabsolutismus (auch und vor allem in Deutschland) zu beseitigen und das Volk in seine natürlichen (gottgewollten) Rechte einzusetzen. Die ersten beiden Sammlungen seiner *Briefe zu Beförderung der Humanität* (1793), mit deren Druck schon Anfang 1793 begonnen wurde, wären später vielleicht im einzelnen anders formuliert, aber nicht grundsätzlich revidiert worden.[56] Herder blieb einer der wenigen Intellektuellen in Deutschland, die als entschiedene Befürworter der Französischen Revolution bis zur Jakobinerherrschaft ›durchhielten‹. Daß er den Terror entsetzlich fand und daß ihm die spätere militärische Expansion Frankreichs als eine unheilvolle Bedrohung Deutschlands erschien, hat mit dieser Einstellung nichts zu tun.

Herders Parteinahme für den französischen Umsturz belastete sein Verhältnis zu den Großen Weimars, vor allem zum Herzog und zu Goethe, schwer.

Goethe war zu keiner Zeit ein Freund der Revolution. 1789 hielt er sich mit Kommentaren zurück. 1790, in Venedig, brachte er seine Ansichten in Verse:

> Alle Freiheits-Apostel, sie waren mir immer zuwider;
>   Willkür suchte doch nur jeder am Ende für sich.
> Willst du Viele befrein, so wag' es Vielen zu dienen.
>   Wie gefährlich das sei, willst du es wissen? Versuch's!

> Frankreichs traurig Geschick, die Großen mögen's bedenken;
>   Aber bedenken fürwahr sollen es Kleine noch mehr.
> Große gingen zu Grunde: doch wer beschützte die Menge
>   Gegen die Menge? Da war Menge der Menge Tyrann.

Sage, tun wir nicht recht? Wir müssen den Pöbel betriegen.
Sieh nur, wie ungeschickt, sieh nur, wie wild er sich zeigt!
Ungeschickt und wild sind alle rohe Betrognen;
Seid nur redlich, und so führt ihn zum Menschlichen an.[57]

Dabei blieb's im wesentlichen auch fürderhin: in Goethes sogenannten Revolutionsstücken der Jahre 1791 bis 1793 (*Der Groß-Cophta*, *Die Aufgeregten*, *Der Bürgergeneral*) und erst recht in seinem Epos *Herrmann und Dorothea* (1797).

Nicht lange hielt sich Goethe nach seiner Rückkehr aus Venedig in Weimar auf. Ende Juli 1790 trat er eine Reise nach Breslau an, wo sich auch der preußische König und der weimarische Herzog aufhielten, um in Schlesien stattfindende Manöver zu beobachten; von dort ging es noch ein wenig ostwärts (u. a. nach Krakau, Tschenstochau und ins Riesengebirge), am 6. Oktober erfolgte die Rückkehr nach Weimar. Amtsgeschäfte, die zum Teil in Jena, zum Teil in Erfurt besorgt wurden – Goethe war inzwischen auch Leiter der Wasserbaukommission geworden –, ließen nur wenig Zeit für poetische und naturwissenschaftliche Arbeiten. In der ersten Dezemberhälfte wurde an elf Tagen die ›Fürstliche Tafel‹ aufgesucht, Wieland war einmal dabei, Herder dreimal. Am 17. Januar 1791 wurde Goethe zum Leiter des neu zu errichtenden Hoftheaters bestimmt, das am 7. Mai mit einem Prolog Goethes und der Aufführung des Ifflandschen ›Sittengemäldes‹ *Die Jäger* eröffnet wurde. Der Theaterdirektor blieb 26 Jahre im Amt. Als sei das alles nicht genug: Im Sommer 1791 gründete Goethe die »Freitagsgesellschaft«, die bis zum Winter 1796/97 in unregelmäßigen Abständen freitags in Goethes Wohnung oder in Anna Amalias Wittumspalais zu Geselligkeit, Lesungen und gelehrten Gesprächen zusammenkam. Zu denen, die häufig teilnahmen, gehörten Herder und Wieland, Bertuch und Bode, der Arzt Hufeland und der Maler Georg Melchior Kraus.

Am 6. Februar 1791 erhielt Goethe Besuch von dem livländischen Schriftsteller und Maler Karl Gotthard Graß, der anschließend in sein Tagebuch notierte:

Das Gesicht Goethes ist voll Feuer und doch Weichheit, nicht wie bei Herder – Marmor. Sein Auge ist rund und frei, braun, ein dunkler Spiegel, der desto reiner und heller auffaßt.
[...]
Dieser Mann ist in Weimar wie ein Gott, aber es ist auch wie ein Gott, nur ein Goethe.[58]

Das sah nicht jeder so. Friedrich Christian Karl Heinrich Münter, Professor der Theologie in Kopenhagen, der in Italien Goethes Bekanntschaft gemacht hatte, vertraute im Juli desselben Jahres seinem Tagebuch an:

> Bei Göthe war ich auch und fand ihn sehr viel freundschaftlicher als sonst, obgleich immer noch kalt, wie er es gegen jeden ist. Er ist ein sehr unglücklicher Mensch. Muß beständig mit sich selbst in Unfrieden leben.[59]

Das Jahr 1791 führte einen neuen Goethe-Freund dauerhaft nach Weimar: Johann Heinrich Meyer, Maler und Kunstsachverständiger aus Zürich, auch ein Bekannter aus römischen Tagen, nahm eine schon 1788 ausgesprochene Einladung Goethes an und wurde für über ein Jahrzehnt dessen Hausgenosse. 1792 heißt es in einem Brief Goethes an den Herzog: »Meyer ist fleißig, er hat meine kleine Familie (welches nicht eben eine heilige Familie ist) porträtiert um sich auch hierin zu prüfen. Die jungen Leute fassen nach und nach Zutrauen zu

Johann Heinrich Meyer

Kreidezeichnung
von Johann Joseph Schmeller,
1824

ihm, welches in dieser dünkelvollen Welt nicht sogleich zu erwarten ist.«[60]

Im Juni zog Goethe wieder in das umgebaute Haus am Frauenplan, im August zog er in den Krieg.

Wieland redigierte weiter sorgfältig seinen »Teutschen Merkur«, vollendete seine *Neuen Göttergespräche* (1791), kränkelte häufiger als sonst und freute sich über gelegentliche Besuche: Der dänische Dichter Jens Baggesen kam im Juli 1790, Johann Arnold Ebert aus Braunschweig im August des folgenden Jahres, Konrad Geßner aus Zürich im Februar 1792. Letzterer lieferte eine kurze Charakteristik seines Gastgebers: »ich fand an ihm den launigten Gesellschafter – offen u. heiter ohne druckende Anmaßung im Circul seiner Freunde, in seiner Familie den zärtlichen Gatten u. Vater [. . .]. Es ist, beinahe möchte ich sagen etwas göttliches – einen Mann von solchem Genie auch zugleich von Herz zu sehen.«[61]

Von weitreichenden Folgen für das ›klassische Weimar‹ war die von Herder betriebene Berufung Karl August Böttigers zum Weimarer Gymnasialdirektor (und Oberkonsistorialrat für Schulangelegenhei-

Karl August Böttiger

Stich nach einem
Gemälde von
Johann Friedrich
August Tischbein

ten) im Oktober 1791. Bereits am 22. Dezember 1790 hatte er den
Dreißigjährigen dem Herzog als »wohl unterrichtet, verständig und
gebildet« empfohlen⁶², und nach seinem Amtsantritt charakterisierte
er ihn und die Situation so: »Er ist ein junger, munterer, rüstiger
Mann, hat viel Methode und ein äußerst gutes Benehmen mit jungen
Leuten, eine seltene Lateinische Fertigkeit in Poesie und Prosa, und
da er ein Obersachse ist, hat er die Gunst des ersten Ministers [das
war Jakob Friedrich von Fritsch, Vorsitzender des Geheimen Con-
seils, aus Dresden stammend] in einem Grade, der dem Gymnasium
nicht anders als vorteilhaft sein kann.«⁶³

Böttiger, aus Reichenberg im Vogtland stammend, war ein gründlich ausgebildeter Altphilologe und Archäologe, ein vielschreibender
Polyhistor, ein wendiger Gesellschafter, ungemein anpassungsfähig,
publizitätssüchtig und ein wenig intrigant. Seine rastlose Geschäftig-
keit, die sich auch in der Vielzahl seiner Beziehungen zu auswärtigen
Schriftstellern und Gelehrten bekundete, machte ihn zum »Freund
Ubique«, wie er in späteren Jahren von Goethe und Schiller genannt
wurde. Er war eine Institution – Chronist und Orakel seiner Zeit.

Als sich um 1800 die Weimar-Besucher mehrten, die sich von der
Veröffentlichung des Gesehenen ein Geschäft versprechen konnten,
durfte in ihren Beschreibungen Böttiger nicht fehlen. Joseph Rückert,
ein aus dem Würzburgischen stammender, dem Zisterzienserkloster
Schönfelden entlaufener Mönch, wartete in seiner anonym erschienenen Schrift *Bemerkungen über Weimar 1799* mit diesem lebendigen
Böttiger-Bild auf:

> Dieser große und berühmte Gelehrte besitzet die seltene Gabe, eine
> Menge von Geschäften in kurzer Zeit zu verrichten. Er besorget an
> einem Tage seine Schularbeiten, das Modejournal, den Deutschen
> Merkur, die Zeitschrift von London und Paris, seine weitläufigen
> Korrespondenzen, arbeitet an den Noten zu den Vasengemälden,
> an der Herausgabe der alten Klassiker u.s.w. und besucht nebenbei
> zur rechten Zeit die Komödie und den Zirkel seiner Freunde mit
> aller Munterkeit des Geistes [...]. Kömmt noch ein bekannter frem-
> der Gelehrte in Weimar an, so bleibt ihm noch immer so viele Zeit
> übrig, diesem vor Untergang der Sonne alle großen und kleinen
> Merkwürdigkeiten der Stadt, so wie uns allen jene in Griechenland,
> zu zeigen.⁶⁴

Dieses Bild des ungemein geschäftigen Böttiger bestätigte und er-
gänzte ein Kenner der Weimarer Szene, der 1796 als Regierungsasses-
sor wegen angeblicher Unfähigkeit entlassene Christian Ludwig von

Oertel, in seiner 1800 – ebenfalls anonym – veröffentlichten Schrift
Briefe eines ehrlichen Mannes bey einem wiederholten Aufenthalt in
Weimar auf anschauliche Weise:

> Er sagte mir sogleich bei der ersten Unterhaltung, daß er den Tag, an
> dem er meine Bekanntschaft zu machen die Ehre gehabt hätte, unter
> die glücklichsten seines Lebens zähle. Welch Kompliment! So soll er
> sich aber überall benehmen, jedem Artigkeiten und Süßigkeiten sa-
> gen, und sich unentbehrlich zu machen suchen. Ich weiß nicht, ob ein
> solches Verhältnis, aller Welt Freund zu sein, im bürgerlichen Leben
> statt haben kann, ohne bald den Einen bald den Andern zu kompro-
> mittieren. [...] Was seine Gelehrsamkeit – besonders Philologie be-
> trifft – so habe ich nicht leicht einen Mann gesehn, der sie in einem
> so hohen Grade besitzt. [...] ich glaube, daß er unter den jetztleben-
> den Philologen Deutschlands der vielwissendste ist.[65]

Zu denen, die Böttiger in Weimar mit offenen Armen empfingen,
gehörte auch Wieland, dem er schon am 8. Oktober einen Antrittsbesuch machte. Sorgfältig und weitschweifig notierte er anschließend,
was er gehört, gesagt und gesehen hatte; er war mit dem Eindruck,
den er hinterlassen hatte, höchlich zufrieden. Am 4. November 1791
besuchte Böttiger zum erstenmal im Wittumpalais die »Freitagsgesellschaft«. Ob er Goethe gefiel, ist nicht bekannt; das läßt sich nach Be-
lieben deuten. Auch aus Böttigers Protokoll der Sitzung ist nicht zu
erkennen, wie er sich aufgenommen fühlte. Wahrscheinlich benahm er
sich sehr bescheiden. Was in den vier Stunden geschah, hat er im Detail überliefert:

> Die Ordnung der *heutigen* Sitzung war folgende. Der Präsident der
> Gesellschaft, der Geheimerat von *Goethe*, eröffnete sie mit fortge-
> setzten Betrachtungen über das Farbenprisma. Er wiederholte erst
> ganz kurz die Resultate dessen, was er im ersten Hefte seiner Bei-
> träge zur Optik weitläuftiger und durch 24 kleine illuminierte Kup-
> fertäfelchen, die dazu ausgegeben werden, veranschaulicht hat.
> [...]
> Hierauf las *Herder* einen trefflichen Aufsatz über die *wahre Un-*
> *sterblichkeit für die Nachwelt* vor [...].
> Auf Herdern folgte der Geheimerat und Archivarius *Voigt*, der uns
> aus dem hiesigen an den ehrwürdigsten Dokumenten so reichen Ar-
> chive ein sehr merkwürdiges Diplom vorlegte und erläuterte, das der
> Kaiser Friedrich der Rotbart 1167 dem Abte Eckard im St. Georgen-
> stifte zu Naumburg erteilte. [...]

Hierauf las der Professor der Botanik Dr. *Bartsch* [!], als Ehrenmit-
glied, eine sehr sachreiche Abhandlung vom Schiffsbote oder *Nauti-
lus*, und einer kleinen Schnecke [...] vor [...].
Nun zeigte *Lenz*, der jetzige Inspektor der Kunstkammer und des
Naturalienkabinetts in Jena, eine Reihe Intestinalwürmer in Spiritus,
die er selbst aus den Eingeweiden vieler Tiere hervorgesucht und
präpariert hatte. [...]
Am Ende wurde noch eine artige Entdeckung mitgeteilt, die der
Hofmedikus *Hufeland* von der Wirkung des Lichtes an einem im
Rahmen gefaßten Schattenriß des Herzogs gemacht hatte.
Es war indessen schon spät geworden, und da es stark auf 9 Uhr
ging, mußten einige Vorlesungen, z. B. die des Legationsrats *Bertuch*,
der uns über die Farbentinten der Japaner und Chinesen unterhalten
wollte, auf die künftige Sitzung verschoben bleiben.[66]

Wieland sah es nicht ungern, daß sich Böttiger als Berater in literarischen Fragen (auch bei Übersetzungsproblemen) anbot und immer
zur Stelle war, wenn Hilfe gebraucht wurde. Das war bei der Redaktion des »Teutschen Merkurs« (der seit 1790 unter dem erweiterten
Titel »Der neue teutsche Merkur« erschien) immer häufiger der Fall.
1796 wurde Böttiger mit der redaktionellen Leitung der Zeitschrift
beauftragt. Ein Jahr zuvor schon hatte ihn Bertuch zum – im Titel
nicht genannten – Mitherausgeber seines »Journals des Luxus und der
Moden« gemacht, dessen literarischem und antiquarischem Teil Böttiger bis zu seinem Weggang aus Weimar (1804) seinen Stempel auf-
drückte. Und 1798 bürdete er sich ein weiteres Zeitschriften-Unter-
nehmen auf: »London und Paris«, ein Blatt, das vor allem Übersichten
der englischen und französischen Literatur lieferte, wurde von ihm
allein herausgegeben und fast nur mit eigenen Beiträgen gefüllt. Das
alles war einträglich. Wie sich die Geldtruhe Böttigers füllte, so
mehrte sich sein Ansehen außerhalb Weimars. Im selben Maße stiegen
in seiner näheren Umgebung Mißtrauen, Kritik und Ablehnung.

Im Juni und Juli 1792 war Goethe mit dem Umzug ins Haus am
Frauenplan (das ihm der Herzog 1794 zum Geschenk machte) beschäftigt. Aber weit mehr hatte er damit zu tun, Unruhen an der Universität Jena mit Hilfe der Polizei entgegenzutreten: Die Studenten
waren wegen akademischer und sozialer Mißstände, vor allem wegen
starker Militärpräsenz, die zur Erhaltung von Ruhe und Ordnung verfügt worden war, in Scharen auf die Straße gegangen und hatten sich
(am 19. Juli) zu einem Protestmarsch nach Weimar formiert. Nachdem

sie durch die Stadt gezogen waren, erstattete Goethe seinem allergnä-
digsten Herrn Bericht:

Sie [die Studenten] waren meistenteils sauber gekleidet, teils in sehr
kurzen Jäckchen, teils in sehr langen Überröcken. Meist hatten sie
Hirschfänger und Säbel überhängen und ein Teil trug Stöcke. Wenige
hatten Pistolen im Gürtel. Sie gingen alle still und man dürfte wohl
sagen verdrüßlich, keinen Ausdruck von Frechheit oder Wildheit bemerkte ich. Man schätzt den Zug gegen 300, ob ich gleich niemand
gesprochen habe der sie gezählt hätte.
Es folgten einige offene Fuhrwerke zu zwei bis drei Studenten.
Sodann etwa zehn Leiterwägen mit Koffern, jedoch nicht schwer be-
laden.
So ging der Zug, wie ich höre, ruhig den angewiesenen Weg bis zum
Erfurter-Tor hinaus.[67]

Es kam, nicht zuletzt durch Goethes Vermittlung, in wenigen Tagen zur Beruhigung der Gemüter.

Am 8. August 1792 trat Goethe den Weg ins Kriegsgebiet an. Der
Erste Koalitionskrieg, durch den Österreich und Preußen das König-
tum in Frankreich retten wollten, war ausgebrochen. (Herder erklärte
sich öffentlich gegen dieses, wie er glaubte, bellum iniustum.) Nach
längeren Aufenthalten in Frankfurt, Mainz und Trier traf Goethe am
27. August im Feldlager bei Praucourt ein, war dabei, als wenige Tage
später Verdun eingenommen wurde, und erlebte in der letzten Sep-
tember-Dekade die von den Franzosen siegreich beendete Kanonade
von Valmy mit. (»Göthe hält das ungemach des Krieges u. die Kanonen Kugeln vortreffl. aus«, meldete der Herzog seinem Minister Voigt
nach Weimar.[68]) Das militärische Ereignis kommentierte Goethe, da es
gerade einsetzte, mit dem zu seinen ›Kameraden‹ gesprochenen Satz,
der in den Rang eines geflügelten Worts erhoben wurde: »Von hier
und heute geht eine neue Epoche der Weltgeschichte aus, und ihr
könnt sagen, ihr seid dabei gewesen.«[69]

Goethe blieb lange in der Ferne (was damals »Ferne« war): Im Oktober war er in Luxemburg und Trier, im November in Koblenz und
Düsseldorf, im Dezember in Münster; am 12. Dezember kehrte er
nach Weimar zurück, für genau fünf Monate. Neben seinen Amtsgeschäften (vor allem als Mitglied der Schloßbaukommission) nahm ihn
›sein‹ Hoftheater in Anspruch, für das er neue Schauspielerinnen und
Schauspieler engagierte und mit dem er neben viel Alltagsware auch
Anspruchsvolles (in Erstaufführungen) bot: am 1. April 1793 Lessings

Emilia Galotti, einen Tag später Georg Bendas *Ariadne auf Naxos* und dann, am 2. Mai, das Lustspiel *Der Bürgergeneral*, das Goethe gerade vollendet hatte und anonym aufführen ließ, bevor es – auch anonym – wenige Monate später gedruckt erschien.

Am 2. Mai 1793 wurde zum erstenmal »Der Bürgergeneral« gegeben; Goethe war auf dem Theaterzettel nicht als Verfasser genannt. Das Stück gefiel ungemein; diese Persiflage betrachtete man als eine kleine Schlacht, die Weimar Frankreich lieferte, und sie wurde bis zum Jahr 1805 oft wiederholt [nämlich 15 Mal]; von da ab verstummte dieses Wortgefecht wohlweislich, denn das Urbild rückte uns mit anderen Waffen auf den Leib, und solange es die eiserne Rute über Deutschland schwang, kam das Stück nicht wieder auf das Repertoire.[70]

Bevor Goethe am 12. Mai 1793 wieder verschwand, brachte er sein Epos *Reineke Fuchs* noch so ordentlich voran, daß es sich am Ende des Jahres »der Druckerpresse« nahen konnte.[71] Herder, der mit Goethe nicht mehr auf freundschaftlichem Fuße stand, aber doch im Bilde war, was Goethe so trieb, teilte am 5. April 1793 Friedrich Heinrich Jacobi (dessen ebenfalls verqueres Verhältnis zu Goethe ihm natürlich bekannt war) lakonisch mit: »Goethe wird [...] jung, korpulent u. rund von Stunde; seine Epopee, die älteste u. ewige, ist bald, bald fertig.« Und mit aller ihm zur Verfügung stehenden Ironie fügte er hinzu: »Verstehe mich wohl die ewige auf unsrer Erde, nicht im Saturn, der Sonne oder der jetzt so hellleuchtenden Venus.«[72] Die Brücken waren abgerissen, Herder verzieh Goethe vor allem nicht, daß er mit Christiane Vulpius weiter zusammenlebte.

Am 12. Mai 1793 also verließ Goethe die Stadt, der er längst seinen Stempel aufgedrückt hatte, der er aber oft genug den Rücken kehrte, weil sie ihm zu klein und spießig war und weil die mannigfachen Geschäfte, die auf ihm lasteten, nur durch häufigen Abstand von ihnen erträglich waren. Er machte sich auf den Weg nach Mainz, um sich die Belagerung der Stadt aus unmittelbarer Nähe anzusehen. Bevor er am 27. Mai das Hauptquartier in Marienborn erreichte, gönnte er sich einen zehntägigen Aufenthalt in seiner Heimatstadt Frankfurt. Kurz nach der Übergabe von Mainz an die Franzosen (am 23. Mai), inspizierte er die Stadt, reiste dann aber schnell weiter und näherte sich langsam seinem Ziel Weimar, das er, nach Besuchen in Wiesbaden, Mannheim, Heidelberg und Frankfurt, am 23. August erreichte. »Goethe ist seit Freitag zurück und ist schrecklich dick«, informierte die Herzogin Luise ihre Freundin Charlotte von Stein am 26. August.[73]

Wenig später oblag es Goethe, da der Herzog noch am Kriegsgeschehen beteiligt war, Anna Amalia die Nachricht zu überbringen, daß ihr zweiter Sohn, Konstantin, das Sorgenkind, mit dessen Erziehung Knebel nicht zurechtgekommen war, am 6. September im Feldlager Wiebelskirchen (Saar) gestorben war. Im Park von Tiefurt ließ die Mutter bald darauf ein Denkmal aufstellen und mit der Inschrift versehen: »Im zweiten Jahr des unseligen Krieges, der auch ihn hinwegnahm, / Ihrem zweiten und letzten, zu früh geschiedenen Sohn Konstantin, trauernd Amalie. / Den geliebten Jüngling, den werdenden Mann entriß die Parze.« Im September und Oktober nahm Goethe an zahlreichen geselligen Veranstaltungen, vor allem Konzerten, teil, die Anna Amalia brauchte, um sich von ihrem Schmerz abzulenken. »Ich habe, als alter Nothelfer«, schrieb Goethe am 11. Oktober an Jacobi, »diese Zeit her der Herzogin Mutter mancherlei Zerstreuungen bereiten helfen und bin dadurch selbst zerstreut worden.«[74]

Goethe brauchte die Zerstreuungen, zu denen auch seine häufige Teilnahme an der ›Fürstlichen Tafel‹ gehörte, im Dezember auch um seiner selbst willen: Die am 21. November geborene Tochter Caroline war bereits am 3. Dezember gestorben. Nach dem am 14. Oktober 1791 totgeborenen Sohn war dies der zweite Kindesverlust Goethes und seiner Lebensgefährtin. In späteren Jahren wiederholte sich das Schicksal (das offenbar mit einer Unverträglichkeit der Rhesusfaktoren von Mutter und Kind zu tun hatte) noch zweimal: Der am 30. Oktober 1795 geborene Sohn Karl starb nach 17 Tagen, die am 16. Dezember 1802 zur Welt gekommene Tochter Kathinka schon nach drei Tagen.

Im ersten Halbjahr 1794 war Goethe zunächst mit dem Abschluß des Versepos *Reineke Fuchs* beschäftigt, das Anfang Juni erscheinen konnte. Danach nahm er sich *Wilhelm Meisters Lehrjahre* vor; die Arbeit an dem Roman wurde für die nächsten zwei Jahre das poetische Hauptgeschäft Goethes, das er Mitte 1794 schon sehr gefördert sah: »Der erste Band meines Romans wird auf Michael [zur Herbstmesse] fertig sein und so geschieht doch immer etwas.«[75] Die naturwissenschaftlichen (vor allem optischen) Experimente und Beobachtungen kamen nicht zu kurz; die dabei gesammelten Ergebnisse fanden zum Teil Eingang in das erst 1808 erschienene Werk *Zur Farbenlehre*.

Was weiter? Im Februar wurde Goethe zusammen mit Christian Gottlob Voigt mit der Leitung des neugegründeten Botanischen Gar-

Warum stehen sie davor?　　Kämen sie getrost herein
Ist nicht Thüre da und Thor?　Würden wohl empfangen seyn
　　　　　　　　　　　　　　　　　　Goethe 1828

Goethes Haus am Frauenplan

Stich von Ludwig Schütze nach einer Zeichnung
von Otto Wagner, 1827

tens in Jena betraut; zum Sommersemester 1794 konnte die von Goethe energisch betriebene Berufung Fichtes auf den Lehrstuhl für Philosophie erfolgen.

Herder schloß 1793 die fünfte Sammlung seiner *Zerstreuten Blätter*
ab, in die er Altes und Neues hineinbrachte: Übersetzungen von *Para-
beln* und *Vaterländischen Gesprächen* Johann Valentin Andreäs, *Andenken an einige ältere deutsche Dichter*, ein *Denkmal* auf Hutten
und anderes. Danach setzte er die *Briefe zu Beförderung der Humanität* fort, deren dritter Teil im Frühjahr 1794 erschien. Der geistliche
Herr wurde immer grämlicher und unzufriedener mit dem, was sich
in der großen und kleinen Welt tat: »o wie verändert bin ich, u. wie
hat sich die Lage der Dinge um mich verändert [...]. Fast keine Gestalt ist mehr dieselbe, fast kein Verhältnis! Und ich selbst kenne mich
in vielem selbst nicht mehr. Ich bin erschöpft, angestrengt, leer, voll
Sorge, ohne inneren Trieb [...]. Gott wende u. kehre alles zum Besten.

Er wirds meiner Kinder wegen tun; er wird sie nicht verlassen, noch versäumen. Vielleicht hilft er auch mir noch auf.«[76] Ein einwöchiger Besuch beim alten – 25 Jahre älteren – Freund Gleim in Halberstadt tat im Juni 1794 wohl: »[...] muß ich [...] Ihnen [...] für die liebreiche Aufnahme u. Bewirtung [...] u. für die Herzensstärkung danken, die wir von Ihnen mit uns genommen haben. Wir waren deren bedürftig, u. Sie haben sie uns in reichem Maß erteilet. [...] Ich fühle, daß ich 1744. in einer späteren Zeit geboren, u. gegen Sie 99 Jahr alt bin [...].«[77] Da hatte Herder noch ein knappes Jahrzehnt zu leben – wie Gleim.

Mit dem sechzigjährigen Wieland war es so bestellt: Er bereitete die Edition seiner *Sämmtlichen Werke* vor, deren erste Bände (mit dem noch einmal überarbeiteten *Agathon*) 1794 bei Göschen in Leipzig herauskamen und die am Ende (1801) 36 Bände und sechs Supplementbände umfaßte und in mehreren Ausgaben lieferbar war: als ›normale‹ Ausgabe in zwei verschiedenen Formaten (Klein- und Großoktav) sowie als ›Prachtausgabe‹ in ebenfalls zwei Formaten (Oktav und Quart). Auch wurde Aristophanes übersetzt, der Hof und das Theater regelmäßig besucht und, wie eh und je, Karten gespielt. Krankheiten verschiedener Schwere kamen und gingen; am 13. Januar 1794 starb der 14jährige Sohn Philipp. Für die Arbeit am »Merkur« stellte Wieland einen jungen Theologen namens Samuel Christian Abraham Lütkemüller (der eifrig notierte, was ihm mit seinem Dienstherrn widerfuhr) als redaktionellen Mitarbeiter an; dieser las auch Korrekturen der Werkausgabe und hielt Ordnung in Wielands Briefschaften. Am 30. Juli 1794 unternahm Wieland mit seiner Frau eine Reise nach Leipzig und Dresden, von der er am 20. August zurückkehrte. Da war das Zeitalter der Freundschaft zwischen Goethe und Schiller gerade eingeleitet worden.

Unter den zahlreichen Berichten von Begegnungen mit Wieland in den Jahren 1793/94 ist der des in Jena Medizin studierenden, aus Berlin stammenden David Veit besonders anschaulich. Am 20. März 1793 schrieb er an seine Jugendfreundin Rahel Levin:

Von Wieland kann ich Ihnen [...] etwas sagen. Wir [außer David Veit noch dessen Onkel Simon Veit] waren mehr als eine halbe Stunde da; Revolutionsgeschichte, Merkur usw. Er hat uns versprochen, nichts mehr über Revolution zu schreiben; das Gespräch war ganz so, wie Sie es vermuten; ich dachte mir's auch nicht anders. Gesichtsfarbe ganz schneeweiß, ingleichen die Lippen; hohe Stirn, mit einer Platte, wenig Augbrauen, kleine bläuliche, ein wenig inflammierte, doch noch funkelnde Augen, der Mund hübsch geformt; das Profil ist überhaupt recht interessant; *en face* kann man ihn höchstens für ein gleichgültiges Alltagsgesicht passieren lassen. Figur mittlerer Höhe, auffallend mager. Kleidung, braungestreifter tuchener Rock mit durchbrochenen Stahlknöpfen, samtene moderne Weste, graugestreifte manchesterne Beinkleider, Escarpins, keine üblen Schnallen, schrecklich weiß gepudert, die Locken hoch und gebrannt, Haarbeutel. Er war zur Komödie angezogen; völlige Hofratsmiene und Aussehen; sprach viel von gelehrten Sachen [...].[78]

Wenn er sich nicht zum Ausgehen herausputzte, erschien Wieland manchem seiner Besucher ganz anders: »im Haus- und Schlafrock, im Kreise der Seinigen, seiner still horchenden, demütigen Frau, seiner kindlichen Kinder so großväterlich und so jugendlich zugleich, so gesprächig und offen, so mitteilsam und weise-unklug.«[79]

Seitdem Schiller 1789 nach Jena gezogen war, hatte er mit dem Leben (dem geistigen und geselligen) in Weimar nicht mehr viel zu tun. Goethe blieb abweisend, Herder hielt Distanz, und die Beziehung zu Wieland lockerte sich mehr und mehr. Am Hof hatte Schiller nichts zu suchen. Schöne und schwere Jahre: Brotarbeit an der Jenaer Universität (ohne Aussicht, dort den Grund für ein sorgenfreies Leben legen zu können), Vermählung mit Charlotte von Lengefeld (Februar 1790), schwere Lungenerkrankung (Anfang 1791), Kant-Studium, philosophische Arbeiten, kleine und große Liebes-Leidenschaften, wechselnde Lebenspläne, erste Vaterschaft. Eine Reise in die schwäbische Heimat (immerhin von August 1793 bis Mai 1794) bereitete entscheidende Veränderungen vor: Die Bekanntschaft mit dem Tübinger Verleger Cotta hatte zu einem Kontrakt mit diesem über die Herausgabe einer literarischen Zeitschrift geführt. Nach Jena zurückgekehrt, machte sich Schiller sofort auf die Suche nach möglichen Mitherausgebern (die er in Wilhelm von Humboldt, Fichte und dem Historiker Karl Ludwig Woltmann schnell gefunden zu haben glaubte), vor allem aber nach Mitarbeitern, die den Erfolg des Unternehmens, wie er hochgemut annahm, garantieren müßten. Am 13. Juni bat er Goethe mitzumachen. »Der Entschluß Euer Hochwohlgeboren, diese Unternehmung durch Ihren Beitritt zu unterstützen, wird für den glücklichen Erfolg derselben entscheidend sein, und mit größter Bereitwilligkeit unterwerfen wir uns allen Bedingungen unter welchen Sie uns denselben zusagen wollen.«[80] Am 24. Juni antwortete Goethe: »Ich werde mit Freuden und von ganzem Herzen von der Gesellschaft sein.«[81] Knapp vier Wochen später kam es in Jena zu jener bemerkenswerten Begegnung der beiden, über die Goethe nach vielen Jahren unter der Überschrift »Glückliches Ereigniß« berichtet hat.

VIERTES KAPITEL

Goethe und Schiller:
Zwei Freunde und andere Zeitgenossen

1794–1805

Am Sonntag, dem 20. Juli 1794, kam es in Jena zu jener Begegnung, von der die Literaturhistoriker so gern sagen, sie bezeichne die ›Geburtsstunde der deutschen Klassik‹. So falsch ist diese Ansicht nicht, wenn die Voraussetzung gilt: Mit Weimarer Klassik, im engeren Sinne, ist (in erster Linie) die Zeit gemeint, in der die Fülle der poetischen Werke Goethes und Schillers entstand, die es ohne das freundschaftliche Zusammenwirken der beiden Dichter nicht hätte geben können. *Iphigenie* und *Tasso* wären dann, ebenso wie *Don Karlos*, ›vorklassische‹ Werke? Auf jeden Fall sind sie nur zum Teil ›Weimarer Werke‹: Goethes Schauspiele bedurften zu ihrer Vollendung der Italien-Erfahrungen, Schillers Trauerspiel entstand in Mannheim und Dresden – keine Weimarer Klassik also.

Nun läßt sich argumentieren, die auf Goethe und Schiller konzentrierte ›Weimarer Klassik‹ habe es strenggenommen erst nach des letzteren Übersiedlung von Jena nach Weimar im Jahre 1799 gegeben. Dagegen ist zu sagen: Schiller wurde schon am Anfang seiner Freundschaft mit Goethe mehr als nur ein halber ›Weimaraner‹: Er schrieb gleichsam auf ›den da am Frauenplan‹ hin, verkehrte in dessen Haus, als sei es sein eigenes, und auch die häufigen Begegnungen in Jena waren ›weimarisch‹, besser: sie waren nicht geprägt von dem Geist einer anderen Stadt (eben Jenas), die sich als geschlossene Kulturgemeinschaft hätte verstehen und behaupten können; eine solche Art der Identitätsstiftung lag selbst nicht in den Möglichkeiten der Universität. (Damit ist natürlich nicht gesagt, daß Jena in Weimar aufgegangen oder nur ein Anhängsel der Residenzstadt gewesen wäre. Vice versa ist aus der Jenaer Romantik keine Weimarer Romantik zu machen.)

Der 20. Juli 1794 also: Goethe war nach Jena gekommen, um an einer am späten Nachmittag beginnenden Sitzung der »Naturforschenden Gesellschaft«, deren Ehrenmitglied er war, teilzunehmen. Schiller, ebenfalls als Ehrenmitglied geladen, gesellte sich der Gesellschaft hinzu. Am Ende der Sitzung trafen beide aufeinander, sprachen ein wenig miteinander, Goethe schloß sich Schiller an, der nach Hause strebte; dort angekommen, schlug Schiller vor, das begonnene Gespräch in der Wohnung fortzusetzen. Goethe folgte. Was er in der nächsten Stunde erlebte, machte einen bleibenden Eindruck auf ihn. Nach 23 Jahren hat er seine Erinnerungen in einem Aufsatz, den er »Glückliches Ereigniß« überschrieb, veröffentlicht:

> Wir gelangten zu seinem Hause, das Gespräch lockte mich hinein; da trug ich die Metamorphose der Pflanzen lebhaft vor, und ließ, mit manchen charakteristischen Federstrichen, eine symbolische Pflanze vor seinen Augen entstehen. Er vernahm und schaute das alles mit großer Teilnahme, mit entschiedener Fassungskraft; als ich aber geendet, schüttelte er den Kopf und sagte: das ist keine Erfahrung, das ist eine Idee. Ich stutzte, verdrießlich einigermaßen: denn der Punkt der uns trennte, war dadurch aufs strengste bezeichnet. [...] ich [...] versetzte: das kann mir sehr lieb sein daß ich Ideen habe ohne es zu wissen, und sie sogar mit Augen sehe.
> Schiller, der viel mehr Lebensklugheit und Lebensart hatte als ich, und mich auch wegen der Horen, die er herauszugeben im Begriff stand, mehr anzuziehen als abzustoßen gedachte, erwiderte darauf, als ein gebildeter Kantianer, und als aus meinem hartnäckigen Realismus mancher Anlaß zu lebhaftem Widerspruch entstand, so ward viel gekämpft und dann Stillstand gemacht [...]. Der erste Schritt war jedoch getan, Schillers Anziehungskraft war groß, er hielt alle fest, die sich ihm näherten, ich nahm teil an seinen Absichten und versprach zu den Horen manches, was bei mir verborgen lag, herzugeben [...].[1]

Schiller konnte zufrieden sein, und er wurde es bald noch mehr. Er schlug Wilhelm von Humboldt vor, dieser möge ihn am 22. Juli mit Goethe zum Abendessen einladen. So konnte das noch warme Eisen geschmiedet werden. Das Gespräch, das sich bei der erneuten Begegnung ergab, war für Schiller offenbar wichtiger als das über die Metamorphose der Pflanzen, das ihn in seiner Überzeugung, eine symboli-

Brief Schillers an Goethe
13. Juni 1794

sche Pflanze könne nicht ›erfahren‹ werden, keineswegs erschüttert hatte. Nun ging es über ein Thema, das ihn brennend interessierte, wie durch einen Brief an Körner vom 1. September bestätigt wird:

> Wir hatten vor sechs Wochen über Kunst und Kunsttheorie ein langes und breites gesprochen, und uns die Hauptideen mitgeteilt, zu denen wir auf ganz verschiedenen Wegen gekommen waren. Zwischen diesen Ideen fand sich eine unerwartete Übereinstimmung [...]. Seit dieser Zeit haben diese ausgestreuten Ideen bei Goethe Wurzel gefaßt, und er fühlt jetzt ein Bedürfnis, sich an mich anzuschließen, und den Weg, den er bisher allein und ohne Aufmunterung betrat, in Gemeinschaft mit mir fortzusetzen.[2]

Schiller konnte so selbstbewußt auftrumpfen, weil er inzwischen ein weiteres Zeugnis in der Hand hatte, das ihn von der Zuneigung Goethes überzeugt sein ließ. Dieser hatte ihm am 27. August für einen Brief gedankt, in dem Schiller am 23. August »mit freundschaftlicher Hand«, wie Goethe bemerkte, »die Summe meiner Existenz« gezogen hatte. Mit Befriedigung (vielleicht auch mit Stolz) konnte Schiller die vielen Sätze lesen, die alle herzlich und deren einige werbend klangen:

> Wie groß der Vorteil Ihrer Teilnehmung für mich sein wird werden Sie bald selbst sehen, wenn Sie, bei näherer Bekanntschaft, eine Art Dunkelheit und Zaudern bei mir entdecken werden, über die ich nicht Herr werden kann, wenn ich mich ihrer gleich sehr deutlich bewußt bin. [...]
> Ich hoffe bald einige Zeit bei Ihnen zuzubringen und dann wollen wir manches durchsprechen.[3]

Wie ernst es Goethe mit seinem Wunsch war, Schillers »Teilnehmung« zu gewinnen, läßt ein Brief erkennen, den er am folgenden Tag (seinem Geburtstag) an Fritz von Stein schrieb: »Eine angenehme Aussicht«, heißt es da, »bietet sich mir dar, daß ich mit Schillern in ein angenehmes Verhältnis komme, und hoffen kann, in manchen Fächern mit ihm gemeinschaftlich zu arbeiten, zu einer Zeit, wo die leidige Politik und der unselige körperlose Parteigeist alle freundschaftliche Verhältnisse aufzuheben, und alle wissenschaftliche Verbindungen zu zerstören droht.«[4] Die Formulierung lehnt sich an die »Horen«-Ankündigung an, die Schiller im Juni mit seinen Werbungsbriefen den prospektiven Mitarbeitern seiner Zeitschrift hatte zukommen lassen:

Sie [die Zeitschrift] wird sich über alles verbreiten, was mit Geschmack und philosophischem Geiste behandelt werden kann, und
also sowohl philosophischen Untersuchungen als historischen und
poetischen Darstellungen offenstehen. Alles, was entweder bloß den
gelehrten Leser interessieren oder was bloß den nichtgelehrten befriedigen kann, wird davon ausgeschlossen sein; vorzüglich aber und
unbedingt wird sie sich alles verbieten, was sich auf Staatsreligion
und politische Verfassung bezieht.[5]

In der wenig später im Druck erschienenen Ankündigung wird
Schiller, der 1792 wegen seiner vermuteten prorevolutionären Gesinnung vom französischen Nationalkonvent zum Bürger Frankreichs
ernannt worden war, noch deutlicher:

Zu einer Zeit, wo das nahe Geräusch des Kriegs das Vaterland ängsti-
get, wo der Kampf politischer Meinungen und Interessen diesen
Krieg beinahe in jedem Zirkel erneuert und nur allzuoft Musen und
Grazien daraus verscheucht, wo weder in den Gesprächen noch in
den Schriften des Tages vor diesem allverfolgenden Dämon der
Staatskritik Rettung ist, möchte es ebenso gewagt als verdienstlich
sein, den so sehr zerstreuten Leser zu einer Unterhaltung von ganz
entgegengesetzter Art einzuladen. [...]
[...] Mitten in diesem politischen Tumult soll sie [die Zeitschrift] für
Musen und Charitinnen einen engen vertraulichen Zirkel schließen,
aus welchem alles verbannt sein wird, was mit einem unreinen Parteigeist gestempelt ist. Aber indem sie alle Beziehungen auf den
jetzigen Weltlauf und auf die *nächsten* Erwartungen der Menschheit
verbietet, wird sie über die vergangene Welt die Geschichte und über
die kommende die Philosophie befragen, wird sie zu dem Ideale veredelter Menschheit, welches durch die Vernunft aufgegeben, in der
Erfahrung aber so leicht aus den Augen gerückt wird, einzelne Züge
sammeln und an dem stillen Bau besserer Begriffe, reinerer Grundsätze und edlerer Sitten, von dem zuletzt alle wahre Verbesserung
des gesellschaftlichen Zustandes abhängt, nach Vermögen geschäftig
sein.[6]

Diese Sätze, die Goethe aus dem Herzen gesprochen waren, können als Magna Charta der deutschen Klassik angesehen werden; sie
zielen nicht zuletzt auf eine ästhetische Erziehung des Menschen
durch eine autonom gedachte Poesie. Mochte auch die so entschieden
proklamierte Abkehr vom »Lieblingsthema des Tages« – gemeint ist
die Französische Revolution – in der Praxis nicht durchgehalten wer-

den können, so ist doch unzweideutig, daß sich besonders Schiller im letzten Jahrzehnt seines Lebens immer wieder der Selbstverpflichtung stellte, »zu dem Ideale veredelter Menschheit« durch ›reine‹ Poesie, die strikte politische Abstinenz verlangte, beizutragen. Daß Dramen wie *Wallenstein* und *Wilhelm Tell* alles andere als unpolitisch sind, widerspricht nur scheinbar der Forderung nach Autonomie der Kunst: Die Dramen sollen nicht durch ihre Inhalte als (politische) Handlungsanleitung aufgefaßt werden, sondern durch ihre poetische Form die Idee des ›ästhetischen Menschen‹ zum Signum einer vom Unrat des Politischen gereinigten Wirklichkeit machen. Das problematische Verhältnis zwischen Stoff und Form hat Schiller in seinen *Briefen über die ästhetische Erziehung des Menschen* bündig so bestimmt: »Darin also besteht das eigentliche Kunstgeheimnis des Meisters, *daß er den Stoff durch die Form vertilgt*; und je imposanter, anmaßender, verführerischer der Stoff an sich selbst ist, je eigenmächtiger derselbe mit *seiner* Wirkung sich vordrängt, oder je mehr der Betrachter geneigt ist, sich unmittelbar mit dem Stoff einzulassen, desto triumphierender ist die Kunst, welche jenen zurückzwingt und über diesen die Herrschaft behauptet.«[7]

Wie sehr sich Schiller, der natürlich die französische Umwälzung auch weiterhin aufmerksam verfolgte, auf sein poetisches Geschäft als ein prinzipiell unpolitisches kaprizierte, wird durch die wenigen Zeilen klar, die er am 3. August 1795 Johann Friedrich Reichardt, dem revolutionsbegeisterten Berliner Komponisten, schrieb: »[...] es ist im buchstäblichsten Sinne wahr, daß ich gar nicht in meinem Jahrhundert lebe; und ob ich gleich mir habe sagen lassen, daß in Frankreich eine Revolution vorgefallen, so ist dies ohngefähr, das wichtigste, was ich davon weiß.«[8]

Daß sich das Verhältnis zwischen Goethe und Schiller geradezu rasant, nämlich in wenigen Wochen, aus dem Stadium der Arbeitsgemeinschaft in das einer engen freundschaftlichen Beziehung entwickelte, hat sicher viel mit Schillers Entschluß zu tun, Goethe dadurch an sich zu binden, daß er ihn seiner Großartigkeit versicherte. Der Brief vom 23. August 1794 ist ein einzigartiges Dokument der Scharfsinnigkeit, Klugheit, Zuneigung und – diplomatisch geschickt verdeckter – Schmeichelei. Der Brief ist auch ein Bekenntnis zur ›wahren‹ Kunst. Er sei, so beginnt Schiller, Goethe zu Dank verpflichtet, weil er ihm zu »mehreren spekulativischen Ideen« das notwendige »Objekt« gezeigt habe. »Ihr beobachtender Blick, der so still und rein auf den Dingen ruht, setzt Sie nie in Gefahr, auf den Abweg zu geraten,

in den sowohl die Spekulation als die willkürliche und bloß sich selbst
gehorchende Einbildungskraft sich so leicht verirrt.« Und dann holt er
ein wenig aus, um den folgenden Feststellungen den Anschein eines
gesicherten Grundes zu geben:

> Lange schon habe ich, obgleich aus ziemlicher Ferne, dem Gang Ih-
> res Geistes zugesehen, und den Weg, den Sie Sich vorgezeichnet ha-
> ben, mit immer erneuerter Bewunderung bemerkt. Sie suchen das
> Notwendige der Natur, aber Sie suchen es auf dem schwersten
> Wege, vor welchem jede schwächere Kraft sich wohl hüten wird. Sie
> nehmen die ganze Natur zusammen, um über das Einzelne Licht zu
> bekommen, in der Allheit ihrer Erscheinungsarten suchen Sie den
> Erklärungsgrund für das Individuum auf. [...] Wären Sie als ein
> Grieche, ja nur als ein Italiener geboren worden, und hätte schon von
> der Wiege an eine auserlesene Natur und eine idealisierende Kunst
> Sie umgeben, so wäre Ihr Weg unendlich verkürzt, vielleicht ganz
> überflüssig gemacht worden. [...] Nun da Sie ein Deutscher geboren
> sind, da Ihr griechischer Geist in diese nordische Schöpfung gewor-
> fen wurde, so blieb Ihnen keine andere Wahl, als entweder selbst
> zum nordischen Künstler zu werden, oder Ihrer Imagination das,
> was ihr die Wirklichkeit vorenthielt, durch Nachhülfe der Denkkraft
> zu ersetzen, und so gleichsam von *innen* heraus und auf einem *ratio-
> nalen* Wege ein Griechenland zu gebären.[9]

Das gefiel Goethe, so daß sich Schiller in seinem nächsten Brief vom
31. August bemüßigt fühlte, Goethe zu informieren, wie er sich ihn,
Schiller, mit dem er sich ja nun einmal eingelassen hatte, vorstellen
solle. Er habe, führte er aus, »keinen großen materialen Reichtum von
Ideen«, er bestrebe sich, »aus Wenigem Viel zu machen«, was gelegentlich wohl auch gelinge.

> Weil mein Gedankenkreis kleiner ist, so durchlaufe ich ihn eben
> darum schneller und öfter, und kann eben darum meine kleine Bar-
> schaft besser nutzen, und eine Mannigfaltigkeit, die dem Inhalte
> fehlt, durch die Form erzeugen. Sie bestreben Sich, Ihre große Ideen-
> welt zu simplifizieren, ich suche Varietæt für meine kleine Besitzun-
> gen. Sie haben ein Königreich zu regieren, ich nur eine etwas zahlrei-
> che Familie von Begriffen, die ich herzlich gern zu einer kleinen Welt
> erweitern möchte.

Er sehe sich auf dem rechten Weg, heißt es dann weiter, aber seine
Krankheit werde ihn wohl darin hindern, das gesteckte Ziel zu errei-

chen. Immerhin: »ich werde tun was ich kann, und wenn endlich das Gebäude zusammenfällt, so habe ich doch vielleicht das Erhaltungswerte aus dem Brande geflüchtet.«[10] Schiller hatte noch etwas mehr als ein Jahrzehnt Zeit, um, mit Goethes Hilfe, vielerlei für die Nachwelt in Sicherheit zu bringen.

Es läßt sich denken: Goethe sah mit ungläubigem Staunen auf diese Konfessionen eines Menschen, dem er jahrelang aus dem Weg gegangen war, den er, ohne sich je genauer mit ihm beschäftigt zu haben, für ungebärdig und präpotent gehalten hatte, der aber nun als einfühlsam und zugewandt, außerdem als äußerst präzise (wenn nicht gar luzide) in Gedankenführung und Diktion erschien. Und was hatte es mit der Kunstauffassung aus dem Geiste der Alten auf sich, von der in den Briefen andeutend die Rede war? Nun begann Goethe seinerseits, das Eisen zu schmieden: Er lud Schiller zu sich ein. »Sie würden jede Art von Arbeit ruhig vornehmen können. Wir besprächen uns in bequemen Stunden, sähen Freunde die uns am ähnlichsten gesinnt wären und würden nicht ohne Nutzen scheiden. Sie sollten ganz nach Ihrer Art und Weise leben und Sich wie zu Hause möglichst einrichten.«[11] Vom 14. bis zum 27. September lebte Schiller, der viel von Brustkrämpfen und Kopfschmerzen zu leiden hatte, bei Goethe. Wilhelm von Humboldt, der sich Schiller seit dessen Rückkehr aus Schwaben immer enger angeschlossen hatte, kam gelegentlich aus Jena zu Besuch, und einmal machte auch Herder seine Aufwartung. Über die Zusammenkunft, bei der vermutlich auch von Herders Mitarbeit an den »Horen« und dem von Schiller vorbereiteten Musenalmanach die Rede war, gibt es keinen Bericht. Herder hat zwei Tage später in einem Brief an Gleim nur lakonisch bemerkt: »Schiller ist seit eingen Tagen bei Göthe.«[12]

Von Wieland war nichts zu sehen. Er war mit der Überarbeitung seiner *Geschichte des weisen Danischmend* (für den achten Band seiner *Sämmtlichen Werke*) beschäftigt, in der er die Lehren des *Goldnen Spiegels* modifizierte und korrigierte – eine Streitschrift gegen »das unermeßliche Heer der Narren, der Schafköpfe, der Gecken, der Betrüger, und der Bösewichte, deren ewiges Dichten und Trachten ist, alles zu verhindern, zu untergraben, zu ersticken, und, wo möglich, gänzlich zu vernichten und auszulöschen, was die Weisen und Guten von jeher unternommen haben«[13]. Auch las Wieland in diesen Tagen mit gemischtem Vergnügen in Thümmels Roman *Reise in die mittäglichen Provinzen von Frankreich*. Wenig schmeichelhaft äußerte sich ein Besucher, der Jurist und Kunstschriftsteller Friedrich Wilhelm

Basilius von Ramdohr aus Celle, über seinen Gastgeber: »In Weimar
habe ich in Wielanden den gutmütigen Schwätzer wiedergefunden, der
täglich mehr in seine Bücherwelt und seine Familie einschrumpft.«[14]
Richtig ist: Wieland hatte nicht das Bedürfnis, geselligen Umgang außerhalb seines Hauses zu pflegen. Zuweilen begab er sich an den Hof;
den seltenen Einladungen Goethes folgte er nicht immer. Seine Gesundheit machte ihm auch – wie auf andere Weise Herder – zunehmend Probleme. Besonders beschwerlich war ihm Ende 1794 ein
Augenleiden. Am 24. November 1794 notierte Böttiger nach einem
Besuch bei Wieland:

> Auch im Schlaf äußert sich die Reizbarkeit von W. Nervensystem.
> Ich darf, sagte er heute, nur etwa mit einiger Ungeduld einen
> Brief erwarten, so kann ich schon die halbe Nacht nicht schlafen.
> Nachdem er bemerkt hatte, daß er jetzt im Winter vor 8 Uhr
> früh nicht aufstehe, setzte er hinzu: und ich habe wohl die Erlaubnis,
> so lange zu schlafen, als mirs beliebt. Allenfalls dürfte ich wohl
> 24 Stunden schlafen. Ich habe mirs sauer werden lassen, bei meiner
> Schriftstellerei, und keinen meiner Verse aus dem Ärmel geschüt-
> telt. Komische Schilderung seiner Schlafkammer; wo er auf der ei-
> nen Seite das Hungergeschrei von 6 Schweinen, die nur höchstkärg-
> lich gefüttert werden, und auf der andern das Stampfen der Pfer-
> de im Stalle des benachbarten Gasthofes die ganze Nacht durch
> hört.[15]

Das also war 1794 die wichtigste Novität für Weimar: daß sich Goethe und Schiller ›verbündet‹ hatten. Nach Jena zurückgekehrt, schrieb
Schiller an Körner: »Jeden Augenblick, wo ich zu irgend etwas aufgelegt war, habe ich mit Göthen zugebracht, und es war meine Absicht,
die Zeit, die ich bei ihm zubrachte, so gut als möglich zu Erweiterung
meines Wissens zu benutzen.«[16] Zwei Tage später traf ein Briefchen
von Goethe ein, das beginnt: »Wir wissen nun, mein wertester, aus
unsrer vierzehntägigen Konferenz: daß wir in Prinzipien einig sind
und daß die Kreise unsers Empfindens, Denkens und Wirkens teils
koinzidieren, teils sich berühren, daraus wird sich für beide gar mancherlei Gutes ergeben.«[17] In den folgenden Monaten wurde der Briefwechsel intensiviert. Goethe mahnte Schiller, er solle das vor Jahren
begonnene Drama *Die Malteser* fortsetzen, dieser mahnte jenen, er
solle sich wieder an den *Faust* machen, aber der *Wilhelm Meister* hatte
hier Vorrang und die Abhandlung *Ueber die ästhetische Erziehung
des Menschen* dort.

Anfang November 1794 kam Friedrich Hölderlin für ein paar Tage nach Jena, wo sich zur selben Zeit auch Goethe aufhielt. Beide trafen sich bei Schiller. Die merkwürdige Begegnung hat Hölderlin seinem Freund Neuffer so geschildert:

> Auch bei Schiller war ich schon einigemale, das erstemal eben nicht mit Glück. Ich trat hinein, wurde freundlich begrüßt, und bemerkte kaum im Hintergrunde einen Fremden, bei dem keine Miene, auch nachher lange kein Laut etwas besonders ahnden ließ. Schiller nannte mich ihm, nannt' ihn auch mir, aber ich verstand seinen Namen nicht. [...] der Fremde sprach lange kein Wort. [...] Schiller [der sich kurz entfernt hatte] kam wieder, wir sprachen über das Theater in Weimar, der Fremde ließ ein paar Worte fallen, die gewichtig genug waren, um mich etwas ahnden zu lassen. Aber ich ahndete nichts. Der Maler Majer aus Weimar kam auch noch. Der Fremde unterhielt sich über manches mit ihm. Aber ich ahndete nichts. Ich ging, u. erfuhr an demselben Tage im Klub der Professoren, was meinst Du? daß *Goethe* diesen Mittag bei Schiller gewesen sei.[18]

Hölderlin war von Waltershausen (Franken) nach Jena gekommen, mit Erlaubnis seiner ›Herrin‹, Charlotte von Kalbs nämlich, die ihn auf Empfehlung Schillers (der den jungen Dichter Ende September 1793 in Ludwigsburg kennengelernt hatte) seit Anfang 1794 als Erzieher ihres neunjährigen Sohnes Fritz beschäftigte. Als er, zusammen mit seinem Zögling, Ende Oktober in Jena eintraf, wußte er noch nicht, daß Charlotte von Kalb bereits ernsthaft daran dachte, seine einjährige Probezeit nicht zu verlängern. Einstweilen war er's zufrieden: Der von ihm verehrte Schiller, der ein Fragment des *Hyperion* für seine »Thalia« angenommen hatte, begegnete ihm mit Freundlichkeit, die Vorlesungen Fichtes begeisterten ihn, mit dem Philosophen Niethammer kam er in ein nahes Verhältnis, und im sonntags zusammenkommenden Klub der Professoren, zu dem er Zutritt hatte, fühlte er sich anerkannt. Ende des Jahres, zwei Wochen vor seiner Kündigung, verfügte Charlotte von Kalb die Übersiedlung nach Weimar; dort blieb er fünf Monate.

Am 19. Januar 1795 berichtete Hölderlin in einem Brief an Neuffer das Neueste, zunächst von seiner Entlassung, von dem unbefriedigenden »Erziehersgeschäft«, den Anstrengungen, »das Äußerste an meinem Zöglinge zu versuchen« und von seiner miserablen Gesundheit; dann:

Schillers Umgang hielt mich [...] noch empor. [...] Wir reisten nach
Weimar ab, und ich hätte da manche goldne Stunde besser genossen,
wenn nicht meine Gesundheit und mein Gemüt so hart angegriffen
gewesen wäre.
Ich kam zu Herdern, und die Herzlichkeit, womit mir der edle
Mann begegnete, machte auf mich einen unvergeßlichen Eindruck.
Seine Darstellungsart verleugnet sich auch in seinem Gespräche
nicht. [...] Ich werde wohl noch öfter zu ihm kommen. Auch mit
Göthen wurd' ich bekannt. Mit Herzpochen ging ich über seine
Schwelle. Das kannst Du Dir denken. Ich traf ihn zwar nicht zu
Hause; aber nachher bei der Majorin [Charlotte von Kalb]. Ruhig,
viel Majestät im Blicke, u. auch Liebe, äußerst einfach im Gespräche,
das aber doch hie und da mit einem bittern Hiebe auf die Torheit um
ihn, und eben so bittern Zuge im Gesichte – und dann wieder von einem Funken seines noch lange nicht erloschnen Genies gewürzt
wird – so fand ich ihn. Man sagte sonst, er sei stolz; wenn man aber
darunter das Niederdrückende, u. Zurückstoßende im Benehmen gegen unser Einen verstand, so log man. Man glaubt oft einen recht
herzguten Vater vor sich zu haben. Noch gestern sprach ich ihn hier
im Klub.[19]

Eine Woche später hat sich die Begeisterung noch gesteigert, wie ein
Brief an Hegel belegt:

Göthen hab' ich gesprochen, Bruder! Es ist der schönste Genuß
unsers Lebens, so viel Menschlichkeit zu finden bei so viel Größe.
Er unterhielt mich so sanft und freundlich, daß mir recht eigentlich
das Herz lachte, u. noch lacht, wenn ich daran denke. Herder war
auch herzlich, ergriff die Hand, zeigte aber schon mehr den Welt-
mann [...].[20]

Goethe hat die Begegnungen mit Hölderlin nicht direkt erwähnt.
Im August 1797 freilich bemerkte er nach einem Zusammentreffen
mit dem Schriftsteller Siegfried Schmid, einem Freund Hölderlins:
»Der zurückgezognen Art nach erinnert er [Schmid] mich an Hölder-
lin, ob er gleich größer und besser gebildet ist [...].«[21]
Ende 1795 hat Goethe vielleicht Hölderlins Gedicht *Der Gott der
Jugend*, das Schiller in seinen »Musen-Almanach für das Jahr 1796«
aufgenommen hatte, gelesen. Ob's gefiel, ist nicht bekannt. Zur
Hymne *An den Aether* und zur Elegie *Der Wanderer* gab er 1797
auf Schillers Bitte hin, ohne Kenntnis des Verfassers, ein huldvolles
Urteil ab:

Denen beiden mir überschickten Gedichten [...] bin ich nicht ganz
ungünstig und sie werden im Publiko gewiß Freunde finden. [...]
Beide Gedichte drücken ein sanftes, in Genügsamkeit sich auflösen-
des Streben aus. [...]
Ehe man mehreres von dem Verfasser gesehen hätte, daß man wüßte,
ob er noch andere Moyens und Talent in andern Versarten hat,
wüßte ich nicht was ihm zu raten wäre. Ich möchte sagen in beiden
Gedichten sind gute Ingredienzien zu einem Dichter, die aber allein
keinen Dichter machen. Vielleicht täte er am besten wenn er einmal
ein ganz einfaches Idyllisches Faktum wählte und es darstellte, so
könnte man eher sehen wie es ihm mit der Menschenmalerei gelänge,
worauf doch am Ende alles ankommt. Ich sollte denken der *Äther*
würde nicht übel im Almanach und der *Wanderer* gelegentlich ganz
gut in den Horen stehen.²²

Damit war Schiller (wie mit den meisten Ansichten Goethes)
durchaus einverstanden. Er begann seinen nächsten Brief mit diesem
Kommentar:

Es freut mich, daß Sie meinem Freunde und Schutzbefohlenen nicht
ganz ungünstig sind. Das Tadelnswürdige an seiner Arbeit ist mir
sehr lebhaft aufgefallen, aber ich wußte nicht recht, ob das Gute auch
Stich halten würde, das ich darin zu bemerken glaubte. Aufrichtig,
ich fand in diesen Gedichten viel von meiner eigenen sonstigen Gestalt, und es ist nicht das erstemal, daß mich der Verfasser an mich
mahnte. Er hat eine heftige Subjektivität, und verbindet damit einen
gewissen philosophischen Geist und Tiefsinn. Sein Zustand ist gefährlich, da solchen Naturen so gar schwer beizukommen ist. [...] es
ist Hölderlin, den Sie vor etlichen Jahren bei mir gesehen haben.²³

Schiller folgte Goethes Vorschlag: *Der Wanderer* kam in die »Horen«, *An den Aether* in den »Musen-Almanach für das Jahr 1798«. In
seinem nicht überlieferten Brief, auf den Hölderlin Mitte August antwortete, teilte Schiller seinem »Schutzbefohlenen« mit, was Goethe
geraten hatte. Dieser traf mit Hölderlin am 23. August in Frankfurt
zusammen und meldete seinem Jenaer Freund:

Gestern ist auch Hölterlein [!] bei mir gewesen, er sieht etwas gedrückt und kränklich aus, aber er ist wirklich liebenswürdig und mit
Bescheidenheit, ja mit Ängstlichkeit offen. Er ging auf verschiedene
Materien, auf eine Weise ein die Ihre Schule verriet, manche Haupt-
ideen hatte er sich recht gut zu eigen gemacht, so daß er manches

auch wieder leicht aufnehmen konnte. Ich habe ihm besonders geraten kleine Gedichte zu machen und sich zu jedem einen menschlich interessanten Gegenstand zu wählen.[24]

Hölderlin schrieb auch in Zukunft mehr große als kleine Gedichte. Zwei seiner kleinen Gedichte – *Sokrates und Alcibiades* und *An unsre Dichter* – fanden Eingang in Schillers »Musen-Almanach für das Jahr 1799«. Vielleicht gefielen sie Goethe.

Am 20. Juni 1797 bekannte Hölderlin gegenüber Schiller: »von Ihnen dependier' ich unüberwindlich [...].«[25] Der Briefwechsel der beiden dauerte noch über zwei Jahre. Am Ende waren sechs Jahre einer keineswegs einseitigen Beziehung zusammengekommen.

Mit der Gründung der »Horen« und der Zusage Goethes, die Zeitschrift nach Kräften zu fördern, war die förmliche Beziehung zwischen Schiller und Goethe auf festen Grund gestellt worden. Beide Dichter waren in den letzten Monaten des Jahres 1794 eifrig bestrebt, das Unternehmen mit Glanz zu starten. Goethe lieferte für das erste, Mitte Januar 1795 erscheinende Stück den ersten poetischen Beitrag, die programmatisch gedachte *Erste Epistel* (der eine zweite im nächsten Stück folgte); anhebend:

> Jetzt da jeglicher liest und viele Leser das Buch nur
> Ungedultig durchblättern und, selbst die Feder ergreifend,
> Auf das Büchlein ein Buch mit seltner Fertigkeit propfen,
> Soll auch ich, du willst es mein Freund, dir über das Schreiben
> Schreibend, die Menge vermehren und meine Meinung verkünden,
> Daß auch andre wieder darüber meinen und immer
> So ins Unendliche fort die schwankende Woge sich wälze.[26]

Erzählt wird dann, in mehr oder weniger geglückten Hexametern, ein »Märchen«, das einem »zerlumpten Rhapsoden« in den Mund gelegt wird: Ein Wirt prügelte den Arbeitslosen, weil dieser seine Zeche nicht bezahlen konnte; ein herbeigeholter Richter erhöht den Erniedrigten unter der Bedingung, »daß nicht ein schändlicher Rückfall / Dich zur Arbeit verleite«; denn dann sei er »auf immer verloren«.

> Aber auf dem Markte zu sitzen, die Arme geschlungen
> Über dem schwellenden Bauche, zu hören lustige Lieder
> Unsrer Sänger, zu sehn die Tänze der Mädchen, der Knaben
> Spiele, das werde dir Pflicht, die du gelobest und schwörest.

Dem schlossen sich die ersten neun Briefe von Schillers Abhandlung *Ueber die ästhetische Erziehung des Menschen* an. Darin legte sich Schiller keineswegs, wie er in der Ankündigung der Zeitschrift gesagt hatte, »über das Lieblingsthema des Tages«, nämlich die politischen Ereignisse und Verhältnisse in Frankreich und Europa, »ein strenges Stillschweigen« auf, sondern machte gleich anfangs deutlich, daß er mit den Briefen die ihm dringend erscheinende Antwort auf eben diese Verhältnisse geben wolle:

> In seinen Taten malt sich der Mensch, und welche Gestalt ist es, die sich in dem Drama der jetzigen Zeit abbildet! Hier Verwilderung, dort Erschlaffung: die zwei Äußersten des menschlichen Verfalls, und beide in Einem Zeitraum vereinigt![27]

Von diesem Befund ausgehend, nach dem es Schiller für erwiesen ansah, daß Verstand und Wille nicht ausreichen, um das Ideal der politischen Freiheit zu verwirklichen, entwickelte er die These, daß es für das Menschengeschlecht unerläßlich sei, sich ästhetisch zu bilden, bevor eine menschenwürdige Gesetzgebung eine Gesellschaft von Freien konstituieren könne. Ins Zentrum seiner Untersuchung werden dann (im zweiten »Horen«-Stück) die so oft zitierten Sätze gerückt:

> [...] um es endlich auf einmal herauszusagen, der Mensch spielt nur, wo er in voller Bedeutung des Worts Mensch ist, und *er ist nur da ganz Mensch, wo er spielt*. Dieser Satz, der in diesem Augenblicke vielleicht paradox erscheint, wird eine große und tiefe Bedeutung erhalten, wenn wir erst dahin gekommen sein werden, ihn auf den doppelten Ernst der Pflicht und des Schicksals anzuwenden; er wird, ich verspreche es Ihnen, das ganze Gebäude der ästhetischen Kunst und der noch schwürigern Lebenskunst tragen.[28]

Ins erste »Horen«-Stück kam auch der Anfang von Goethes *Unterhaltungen deutscher Ausgewanderten*, ein Zyklus von Novellen nach dem Muster von Boccaccios *Decamerone* – erzählt von vor den andrängenden Franzosen Geflüchteten, um sich im ›Exil‹ die Zeit zu vertreiben: »In jenen unglücklichen Tagen, welche für Deutschland, für Europa, ja für die übrige Welt die traurigsten Folgen hatten, als das Heer der Franken durch eine übelverwahrte Lücke in unser Vaterland einbrach, verließ eine edle Familie ihre Besitzungen in jenen Gegenden und entfloh über den Rhein [...].«[29] Auch für Goethes Dichtung

war also der Ausgangspunkt »das Lieblingsthema des Tages«, das, wie
bei Schiller, durch die Zaubermacht des ästhetischen Scheins (und
Seins) ›aufgehoben‹ werden sollte. Die sich in den »Horen« programmatisch manifestierende ›Weimarer Klassik‹ ist ja dadurch ausgezeichnet, daß sie zur Flucht rät, freilich nicht ›ohne weiteres‹, sondern mit
genauen Begründungen, die sich auf die Überzeugung vom politischen und moralischen Tiefstand der Zeit stützen. »Göttlich unter
Göttern« zu sein, sei das Ziel des Menschen, dichtet Schiller im Sommer 1795, und er sagt, wie es erreicht werden könne: »Wollt ihr hoch
auf ihren Flügeln schweben, / Werft die Angst des Irdischen von
euch, / Fliehet aus dem engen dumpfen Leben / In der Schönheit
Schattenreich!«[30]

Sein volles Gewicht bekam das erste »Horen«-Stück durch die Abhandlung Fichtes *Ueber Belebung und Erhöhung des reinen Interesse* [!] *für Wahrheit*. Auch hier wird angespielt auf menschliche Verhältnisse, die unter dem Aspekt einer sich notwendig entwickelnden
Moral mit Hilfe der (idealistischen) Philosophie zu ändern seien:

> Dadurch, daß man alle seine Neigungen, Lieblingsmeinungen, Rück-
> sichten, alles, was außer uns ist, den Gesetzen des Denkens frei
> unterwirft, wird man gewöhnt vor der Idee des Gesetzes überhaupt
> sich niederzubeugen und zu verstummen; und diese freie Unterwer-
> fung ist selbst eine moralische Handlung.[31]

Von Fichte erschien kein weiterer Beitrag in den »Horen«, weil
er mit seinem im Sommer 1795 eingereichten Aufsatz *Ueber Geist
und Buchstab in der Philosophie* Schiller in die Quere kam, der sich
das Feld der ästhetisch-philosophischen Untersuchungen für seine
Abhandlung *Ueber naive und sentimentalische Dichtung* offenhal-
ten wollte.

Das Blatt, dessen Niveau wenigstens im ersten Jahr seines Bestehens unter den zeitgenössischen Periodika konkurrenzlos war, wurde
zunächst von einem größeren Publikum akzeptiert. Allein die Namen
der Mitarbeiter, dann aber auch die behandelten Themen sorgten für
das gehörige Interesse und eine von Monat zu Monat anhaltende
Spannung. Goethe lieferte für den ersten Jahrgang neben seinen *Epi-
steln* und den *Unterhaltungen deutscher Ausgewanderten* (die im
Oktober 1795 mit dem *Mährchen* abgeschlossen wurden) vor allem
seine *Römischen Elegien*, mit denen er sich heftige Kritik mancher
Moraltrompeter einhandelte, den kulturkritischen Aufsatz *Litterari-
scher Sansculottismus* und das Hexameter-Gedicht *Auf die Geburt des*

Apollo. Johann Heinrich Meyer und Wilhelm von Humboldt standen im zweiten Stück neben Goethe und Schiller; Herder und August Wilhelm Schlegel folgten, später Johann Heinrich Voß, die Historiker Karl Ludwig Woltmann, Johann Wilhelm Archenholtz und andere. Schiller sorgte für eine ausgewogene Mischung aus poetischen, philosophischen, kunstwissenschaftlichen und historischen Beiträgen, und so hätte am Ende des Jahres vom Herausgeber eine positive Bilanz gezogen werden können – wenn nicht die Mühsal, die Zeitschrift in Schwung zu halten, allzu groß gewesen wäre. Erste Gedanken, das Unternehmen aufzugeben, äußerte Schiller gegenüber Cotta, dem Verleger, und gegenüber den Freunden Humboldt und Körner. Aber es ging dann doch noch zwei Jahre weiter.

Der wichtigste Beitrag der »Horen« stammt von Schiller: *Ueber naive und sentimentalische Dichtung*, erschienen in den beiden letzten Stücken 1795 und im ersten Stück 1796. Die Abhandlung gehört zu den originellsten und fruchtbarsten ästhetischen Werken der deutschen Literatur. Sie beschreibt im wesentlichen, distinkt und präzise, Typen von Dichtungen und Typen von Dichtern. Schillers durch Kant vermittelte Anschauung von der Welt als einer in Erscheinungen und deren Wesen strikt geteilten und seine Überzeugung, daß auch durch die Geschichte ein Riß gehe (alte Welt, moderne Welt), legten es nahe, auch im Reich der Kunst eine grundsätzliche Zweiteilung der Werke und ihrer Schöpfer anzunehmen. Dabei knüpfte die Arbeit auch an ein persönliches Motiv: Schiller wollte fixieren, was ihn, den ›sentimentalischen‹ Dichter, von Goethe, dem ›naiven‹ Dichter, von Natur aus und damit also für immer trennte. In dem Bewußtsein, daß sich die Kluft nicht werde schließen lassen, war Schiller in den folgenden Jahren mehr und mehr darum bemüht, sie wenigstens kleiner werden zu lassen. Seine Hoffnung, dies sei möglich, wurde von Goethe nach Kräften genährt, etwa wenn er 1797 kurz vor seiner Reise in die Schweiz schrieb: »Lassen Sie uns, so lange wir beisammen bleiben, auch unsere Zweiheit immer mehr in Einklang bringen, damit selbst eine längere Entfernung unserm Verhältnis nichts anhaben könne.«³²

Die Herausgabe der »Horen« betrachtete Schiller in den Jahren 1796 und 1797 nur noch als ein Nebengeschäft, das er mit zunehmender Unlust betrieb. Er selbst lieferte außer der Skizze *Ueber den moralischen Nutzen ästhetischer Sitten* noch ein paar Gedichte, Goethe verlegte sich im wesentlichen auf die Übersetzung der Autobiographie Benvenuto Cellinis, Herder, Voß und August Wilhelm Schlegel machten noch ein wenig mit, Caroline von Wolzogen, die Schwägerin,

füllte viele Seiten mit ihrem Roman *Agnes von Lilien*, daneben gab's
noch Trivialeres. Als der Verleger mit der Zeitschrift tief in die roten
Zahlen kam, war Schiller schnell zur Aufgabe bereit. »Eben habe ich«,
schrieb er am 26. Januar 1798 an Goethe, »das Todesurteil der drei Göttinnen Eunomia, Dice und Irene [das sind die Horen der griechischen
Mythologie: Ordnung, Gerechtigkeit, Friede] förmlich unterschrieben.
Weihen Sie diesen edeln Toten eine fromme christliche Träne, die Kondolenz aber wird verbeten.«[33] Längst waren Goethe und Schiller mit
wichtigen poetischen Arbeiten, die in keine Zeitschrift paßten, beschäftigt: mit *Herrmann und Dorothea* jener, mit *Wallenstein* dieser.

Zwei Jahre länger als »Die Horen« gab Schiller ein anderes, weniger
Kräfte beanspruchendes Periodikum heraus, mit dem er bei Vertrags-
abschluß nicht nur auf finanzielle Vorteile, sondern auch auf Anerkennung in der literarischen Welt spekuliert hatte: den jährlich (in der Regel zur Herbstmesse) erscheinenden Musenalmanach, eine Anthologie
mit Gedichten anerkannter lebender Poeten. Auch dieser Almanach
hat im Jahrzehnt der Weimarer Klassik für Mit- und Nachwelt tiefe
Spuren hinterlassen.

Im August 1794 schloß Schiller mit dem Buchhändler und Verleger
Salomo Michaelis aus Neustrelitz einen Vertrag, der ihn verpflichtete,
»vom Jahre 1795 an jährlich einen MusenAlmanach oder poetische
Blumenlese zwischen 10 bis 12 Bogen in groß Duodez enthaltend,
herauszugeben«[34]. Der Almanach, für dessen ersten Jahrgang Schiller
sogleich Beiträge einwarb (nicht zuletzt bei Goethe), erschien fünfmal
(für die Jahre 1796 bis 1800), aber nur 1795 bei Michaelis, danach bei
Cotta in Tübingen. Unter den zahlreichen zeitgenössischen Almana-
chen ist Schillers Unternehmen, mit Ausnahme des letzten Jahrgangs,
zweifellos der vorzüglichste. Der größte Teil der lyrischen Produktion
Schillers und Goethes aus den Jahren 1795–98 ist hier versammelt, außerdem finden sich Gedichte Herders, Hölderlins, A. W. Schlegels,
Ludwig Tiecks, Friedrich Matthissons und vieler anderer Dichter und
Dichterinnen, die sich beim zeitgenössischen Publikum hoher Wert-
schätzung erfreuten. 1799 gab Schiller den Almanach aus denselben
Gründen auf, die auch zum Ende der »Horen« geführt hatten: Er war
es leid, um Beiträge zu betteln, und wollte sich auf seine dramatischen
Arbeiten konzentrieren.

Der erste Jahrgang ist geprägt durch die Vielzahl der ›philosophischen‹ Gedichte Schillers (darunter *Die Macht des Gesanges*, *Der
Tanz*, *Spruch des Confucius*, *Die Ideale* und *Würde der Frauen*) sowie durch den ›Anhang‹: 103 *Epigramme. Venedig 1790* von Goethe

(der sich als Verfasser nicht nannte). Der Zyklus erregte nicht weniger öffentliches Mißfallen, als er heimliche Freuden bereitet haben mochte; denn allzu ›frei‹ hatte sich der Verfasser dem Thema Liebe gewidmet, und allzu blasphemisch war er mit Dingen der Religion umgegangen, etwa im 66. Epigramm:

> Vieles kann ich ertragen! die meisten beschwerlichen Dinge
> Duld ich mit ruhigem Mut, wie es ein Gott mir gebeut;
> Wenige sind mir jedoch wie Gift und Schlange zuwider,
> Viere, Rauch des Tobaks, Wanzen und Knoblauch und †[35]

Der »Musen-Almanach für das Jahr 1797« brachte es auf drei Auflagen, weil er viele Literaten unmittelbar betraf. Schiller und Goethe hatten in intensiver, über ein halbes Jahr sich hinziehender Zusammenarbeit über 600 »Xenien« (›Gastgeschenke‹) in Distichenform produziert, von denen sie 414 im Almanach veröffentlichten (im Inhaltsverzeichnis als »G und S.« firmierend): Spottverse auf fast alles, das im literarischen Leben der Zeit, und auf manches, das in Politik und Gesellschaft für wichtig gehalten wurde – schneidende, oft witzige, gelegentlich ungerechte Abrechnungen nicht nur mit den unbequemen Gegnern, sondern auch mit einzelnen Werken (besonders periodischen Schriften) und mit dem, was als dominierender Zeitgeschmack angesehen wurde. Personen und Verhältnisse in Weimar waren dabei zwar nicht geschont, aber doch mit bemerkenswerter Zurückhaltung behandelt worden. Bertuchs »Journal des Luxus und der Moden« bekam einen harmlosen Streifschuß (von Goethe): »Du bestrafest die Mode, bestrafest den Luxus, und beide / Weißt du zu fördern, du bist ewig des Beifalls gewiß.«[36] Dem publizitätssüchtigen Böttiger gilt das von Schiller stammende Distichon: »Nein! Du erbittest mich nicht. Du hörtest dich gerne verspottet, / Hörtest du dich nur genannt, darum verschon ich dich, Freund.« Wieland, am 5. September im Zeichen der Jungfrau geboren, las über sich, was ebenfalls Schiller ausgedacht hatte: »Bücket euch, wie sichs geziemt, vor der zierlichen Jungfrau zu *Weimar*, /Schmollt sie auch oft – wer verzeiht Launen der Grazie nicht?« Auch das Verspaar zum »Neuen Teutschen Merkur«, das Goethe zuzuschreiben ist, wird den namentlich genannten Herausgeber nicht erzürnt haben: »Wieland zeigt sich nur selten, doch sucht man gern die Gesellschaft, / Wo sich Wieland auch nur selten, der Seltene, zeigt.« Zum Thema »Ilm« (und damit zu Weimar) war Schiller eingefallen: »Meine Ufer sind arm, doch höret die leisere Welle, / Führt der Strom sie vorbei, manches unsterbliche Lied.«

Dem ›Xenien-Almanach‹ folgte der ›Balladen-Almanach‹. Schon
am 15. November 1796 schrieb Goethe an Schiller: »nach dem tollen
Wagestück mit den Xenien müssen wir uns bloß großer und würdi-
ger Kunstwerke befleißigen und unsere proteische Natur, zu Beschämung aller Gegner, in die Gestalten des Edlen und Guten umwandeln.«[37] Mitte 1797 entstanden dann, wieder in enger Kooperation,
die meisten der dann in den »Musen-Almanach für das Jahr 1798«
gegebenen Balladen: *Der Zauberlehrling, Der Schatzgräber, Die
Braut von Corinth* und *Der Gott und die Bajadere* von Goethe, *Der
Ring des Polykrates, Der Handschuh, Ritter Toggenburg, Der Tau-
cher, Die Kraniche des Ibycus* und *Der Gang nach dem Eisenhammer*
von Schiller.

Danach war das Pulver noch nicht ganz verschossen. Der nächste
(vorletzte) Jahrgang ist noch einmal reich an Beiträgen Goethes und
Schillers, mit des ersteren Elegien *Euphrosyne* und *Amyntas* sowie
den *Müllerin*-Gedichten, mit des letzteren *Der Kampf mit dem Dra-
chen, Die Bürgschaft, Bürgerlied, Des Mädchens Klage* und *Poesie des
Lebens.* Doch dann war's (fast) vorbei. Schiller dachte sich zunächst,
das Hexameter-Epos *Die Schwestern von Lesbos* der jungen Weimarer
Dichterin Amalie von Imhoff, einer Nichte Charlotte von Steins, genüge, einen ganzen Almanach zu füllen. Als es aber auch bei groß-
zügigstem Druck nur zu 182 Seiten reichte (das sind weniger als acht
Bogen im Duodezformat), mußte noch für Nachschub gesorgt werden. Goethe blieb unbeteiligt, Schiller verfertigte in der ihm gewohnten Eile *Das Lied von der Glocke*; das ergab 22 Seiten im Druck. Der
letzte Vers im letzten Schillerschen Musenalmanach lautet: »*Friede
sei ihr erst Geläute.*« Wenige Tage nach Erscheinen des Almanachs
schrieb Caroline Schlegel ihrer Tochter Auguste Böhmer: »Schillers
Musenkalender ist auch da, [...] über ein Gedicht von Schiller, das
Lied von der Glocke, sind wir gestern Mittag fast von den Stühlen gefallen vor Lachen, es ist a la Voss, a la Tiek, à la Teufel, wenigstens um
des Teufels zu werden.«[38] Das geschah, als Schiller im Begriff war, von
Jena nach Weimar umzuziehen (genau zur Halbzeit des Freund-
schaftsbundes mit Goethe), als seine Frau nach der Geburt des dritten
Kindes lebensbedrohlich erkrankte und als sein vielleicht schönstes
Gedicht, *Nänie*, entstand:

Auch das Schöne muß sterben! Das Menschen und Götter bezwinget,
    Nicht die eherne Brust rührt es des stygischen Zeus.
Einmal nur erweichte die Liebe den Schattenbeherrscher,
    Und an der Schwelle noch, streng, rief er zurück sein Geschenk.

Nicht stillt Afrodite dem schönen Knaben die Wunde,
Die in den zierlichen Leib grausam der Eber geritzt.
Nicht errettet den göttlichen Held die unsterbliche Mutter,
Wann er, am skäischen Tor fallend, sein Schicksal erfüllt.
Aber sie steigt aus dem Meer mit allen Töchtern des Nereus,
Und die Klage hebt an um den verherrlichten Sohn.
Siehe! Da weinen die Götter, es weinen die Göttinnen alle,
Daß das Schöne vergeht, daß das Vollkommene stirbt.
Auch ein Klaglied zu sein im Mund der Geliebten ist herrlich,
Denn das Gemeine geht klanglos zum Orkus hinab.[39]

Von denen, die der durch Goethe und Schiller repräsentierten
Weimarer Klassik nachhaltige Impulse verliehen haben, kommt Wilhelm von Humboldt sicher das größte Verdienst zu. Er lebte bis Anfang Juli 1795 in Jena, Schiller herzlich und Goethe freundschaftlich
verbunden, beiden imponierend durch die Fülle seiner Kenntnisse,
durch seine Bildung, seine enorme Denkkraft und sein Einsichtsvermögen sowie, nicht zuletzt, durch sein Verständnis für Poesie in all

Wilhelm von Humboldt
Relief von
Martin Klauer, 1796
(aus Schillers Besitz)

ihren Formen. Während sich die Begegnungen Goethes mit Humboldt auf gelegentliche Besuche des einen in Jena und des anderen in
Weimar beschränkten, kamen Schiller und Humboldt eine Zeitlang
fast täglich zusammen[40]; dabei spielten im Gespräch die aus wirtschaftlichen Gründen stets drängenden Arbeiten Schillers sicher eine
besondere Rolle. »Was jedem Beobachter an Schiller am meisten, als
charakteristisch bezeichnend, auffallen mußte«, hat Humboldt später
gesagt, »war, daß in einem höheren und prägnanteren Sinn, als vielleicht je bei einem Anderen, der Gedanke das Element seines Lebens
war. Anhaltend selbsttätige Beschäftigung des Geistes verließ ihn
fast nie, und wich nur den heftigeren Anfällen seines körperlichen
Übels. Sie schien ihm Erholung, nicht Anstrengung. Das zeigte sich
am meisten im Gespräch, für das Schiller ganz eigentlich geboren
schien.«[41]
    Die Tage der Zusammenkünfte Humboldts mit Goethe lassen sich
feststellen; der Briefwechsel der beiden gibt Auskunft über ihr ver-
trauensvolles Verhältnis (gerne nennt Humboldt den Älteren »liebster
Freund«), in Briefen Humboldts an Dritte erscheint er nicht immer
frei von Eitelkeit. »Göthe hat Wort gehalten«, schrieb er am 19. Dezember an Reinhard von Haeften, einen Freund, »und kam um
meinethalben herüber [nach Jena]. Er war 3 Tage bei uns, unendlich
freundlich gegen mich. Er wollte mich mit Gewalt mit nach Weimar
nehmen, weil es ihm der Herzog eingeprägt hatte, mich mitzubringen.
Aber so gern ich mit Göthe bin (er ist mir hier eigentlich der liebste),
so wären denn doch leicht die Feiertage darauf gegangen.«[42]
    Am 1. Juli 1795 verließ Humboldt Jena. Am 2. Juli brach Goethe, der
in den vorangegangenen Monaten oft und einmal sehr lange (vom
29. März bis zum 2. Mai) in Jena gewesen war, nach Karlsbad auf, von
wo er am 11. August zurückkehrte. Schiller schrieb, wenn es seine
Krämpfe erlaubten, Gedichte für seinen Almanach oder redigierte Beiträge für die »Horen«. Mit Weimar verband ihn erst wieder der zu-
rückgekehrte Goethe. Was sich in der Residenzstadt tat, interessierte
ihn, wenn er allein in Jena war, nicht.
    In Weimar wurde der Schwanseeteich trockengelegt, Karl August
bemühte sich, Anschluß an den Basler Separatfrieden zwischen Preußen und Frankreich zu finden (um sich aus dem Koalitionskrieg zurückziehen zu können); am Hof ging's zu wie eh und je, die Stellung
des Prorektors der Jenaer Universität wurde gestärkt. Wieland bewir-
tete viele Gäste (darunter Isaac von Gerning, das Ehepaar Baggesen
und Friedrich August Wolf) und förderte die Herausgabe seiner

Schriften. Herder war mit sich und der Welt nicht zufrieden, besonders verdrießlich waren ihm die ersten Bücher von Goethes *Wilhelm Meisters Lehrjahre*, die im Frühjahr 1795 das Licht der Welt erblickt hatten. Seinem Unmut gab er lebhaften Ausdruck, etwa so:

> Ich kann es weder in der Kunst noch im Leben ertragen, daß dem, was man Talent nennt, wirkliche insonderheit moralische Existenz aufgeopfert wird, u. Jenes alles sein soll. Die Mariannen u. Philinen, diese ganze Wirtschaft ist mir verhaßt; ich glaube der Dichter habe sie auch verächtlich machen wollen, wie vielleicht die Folge zeigen wird. Es ist aber schlimm, daß er diese Folge nicht mitgab, u. den Ersten Teil allein hinstellte. Aber auch hierin handelte Göthe nach seinem Willen.[43]

Goethe hat in seinen *Tag- und Jahresheften* 1795 auch seines Verhältnisses zu Herder gedacht:

> *Herder* fühlt sich von einiger Entfernung, die sich nach und nach hervortut, betroffen, ohne daß dem daraus entstehenden Mißgefühl wäre zu helfen gewesen. Seine Abneigung gegen die Kantische Philosophie und daher auch gegen die Akademie Jena, hatte sich immer gesteigert, während ich mit beiden durch das Verhältnis zu Schiller immer mehr zusammenwuchs. Daher war jeder Versuch das alte Verhältnis herzustellen fruchtlos [...].[44]

Das alte Verhältnis nahm immer mehr Schaden. Caroline Herder warf in einem bitterbösen Brief vom 29. Oktober 1795 Goethe vor, er kümmere sich zu wenig um die Bewilligung des Antrags an den Herzog, die Herderschen Kinder kostenlos studieren zu lassen. Dies Entgegenkommen sei zu erwarten gewesen; andernfalls hätte Herder den an ihn ergangenen Ruf nach Göttingen nicht abgelehnt. In immer größerer Erregung nähert sich die Schreiberin dem Schluß des Briefes:

> Ach lassen Sie mich doch nicht so ganz ins Detail gehn. Es hat ja meinem Mann fast das Leben gekostet, daß er sich hat bereden lassen, zu bleiben. Ich kann Ihnen nur nicht alles sagen. Es kann nicht mehr aufgeschoben werden, etwas Wesentliches für die Gesundheit u. Erheiterung meines Mannes anzuwenden; Sie wissen u. ahnden die Folgen nicht.
> O hören Sie die Stimme Ihres Gewissens. Was Sie jetzt für die rechtmäßige Forderung einer Familie von sieben Kindern tun, das wird

die Vorsehung Ihnen zu einer Zeit, wo Sie es nicht glauben oder denken, an den Ihrigen wieder vergelten.[45]

Goethe antwortete am folgenden Tag: »Mit Ihnen zu sprechen möchte in diesen leidenschaftlichen Augenblicken nicht rätlich sein«; und dann legte er in aller Genauigkeit, Punkt für Punkt, dar, wie er die Angelegenheit sah und beurteilte, und wurde am Ende auch einigermaßen heftig:

Wie ich hiernach Ihre heftigen leidenschaftlichen Ausfälle, Ihren Wahn als wenn Sie im vollkommensten Rechte stünden, Ihre Einbildung als wenn niemand außer Ihnen Begriff von Ehre, Gefühl von Gewissen habe ansehen muß, das können Sie Sich vielleicht einen Augenblick vorstellen. Ich erlaube Ihnen mich, wie einen andern Theaterbösewicht zu hassen, nur bitte ich mich klar zu deuten und nicht zu glauben, daß ich mich im fünften Akte bekehren werde.[46]

Die Kinder Herders bekamen ihr Stipendium. Die Spannungen zwischen ihm und dem Hof verlagerten sich später auf andere Felder. Der Weimarer Herzog wollte zum Beispiel Herders Adelstitel, den ihm der Herzog von Bayern 1801 verliehen hatte, nicht anerkennen.

Nach seiner Rückkehr aus Karlsbad plante Goethe, zusammen mit Heinrich Meyer nach Italien zu reisen. Doch reiste Meyer Anfang Oktober allein. (Erst im November 1797 kehrte er nach Weimar zurück.) Nachdem sich Goethe in seiner Eigenschaft als Leiter der Bergwerkskommission Ende August / Anfang September in Ilmenau aufgehalten hatte, um sich über Ursachen und mögliche Folgen eines Stollenbruchs zu informieren, bat ihn der Herzog, als Kriegsberichterstatter nach Frankfurt zu gehen. Er reiste am 11. Oktober ab, zunächst bis Eisenach. Dort blieb er, bis ihm, am 20. Oktober, gestattet wurde, wieder kehrtzumachen. »Einen Auftrag, der mich dem Kampfplatze genähert hätte, wußte ich abzulehnen; ich kannte das Kriegsunheil zu sehr, als daß ich es hätte aufsuchen sollen.«[47]
Häusliche, amtliche und poetische Geschäfte bestimmten, wie üblich, auch das Leben der folgenden Monate. Wann immer es möglich war, verließ Goethe Haus und Hof und nahm im Jenaer Schloß Quartier, um sich die Weimarer Querelen vom Leib zu halten und von dem häufigen Zusammensein mit Schiller zu profitieren. Daß der am 1. November 1795 geborene Sohn Karl recht schwächlich war, hin-

derte den Vater nicht, sich vom 5. bis zum 11. in Jena aufzuhalten. Am 16. November starb das Kind.

Im ersten Halbjahr 1796 weilte Goethe vom 3. bis zum 17. Januar, vom 16. Februar bis zum 16. März und vom 28. April bis zum 8. Juni in Jena. Der Weimarer ›Musensitz‹ hatte sich ja längst nach Jena ausgedehnt. Neben Arbeiten für Schillers Periodika (in erster Linie den *Xenien*) war es die Vollendung seines Romans *Wilhelm Meisters Lehrjahre*, die Goethe in angestrengter Tätigkeit hielt. Am 26. Juni 1796 wurde der vorläufig letzte Satz niedergeschrieben; am selben Tag ging das achte Buch an Schiller zur Begutachtung. Dieser begann zwei Tage später den ersten seiner insgesamt sechs *Wilhelm-Meister*-Briefe (die ihr Ende fanden, als am 11. Juli der zweite Sohn, Ernst, geboren wurde): »Erwarten Sie heute noch nichts Bestimmtes von mir über den Eindruck den das 8te Buch auf mich gemacht. Ich bin beunruhigt und bin befriedigt, Verlangen und Ruhe sind wunderbar gemischt.«[48] Es folgte dann doch mancherlei Bestimmtes, so daß Goethe sich dafür am folgenden Tag bedanken konnte: »Herzlich froh bin ich [...] daß ich Ihre ersten Laute über das achte Buch vernehme. Unendlich viel ist mir das Zeugnis wert daß ich, im Ganzen, das was meiner Natur gemäß ist, auch hier, der Natur des Werks gemäß hervorgebracht habe.«[49] Nach zwei weiteren Schillerschen Briefen, die Goethe als »Stimmen aus einer andern Welt, auf die ich nur horchen kann«, empfängt, heißt es dann aufmunternd: »Fahren Sie fort mich zu erquicken und aufzumuntern!«[50] Schiller fuhr fort und wurde durch Goethes Dankbarkeit belohnt. Es wird ihn mit Genugtuung und Stolz erfüllt haben, was der Freund ihm sagte:

> Wenn dieses [das achte Buch] nach Ihrem Sinne ist so werden Sie auch Ihren eigenen Einfluß darauf nicht verkennen, denn gewiß ohne unser Verhältnis hätte ich das Ganze kaum, wenigstens nicht auf diese Weise, zu Stande bringen können. Hundertmal, wenn ich mich mit Ihnen über Theorie und Beispiel unterhielt, hatte ich die Situationen im Sinne die jetzt vor Ihnen liegen, und beurteilte sie im Stillen nach den Grundsätzen über die wir uns vereinigten.[51]

In Schillers Brief vom 2. Juli steht ein Satz, den Goethe über ein Jahrzehnt später leicht variiert in seinen Roman *Die Wahlverwandtschaften* übernommen hat: »Wie lebhaft habe ich bei dieser Gelegenheit [bei der Lektüre des Buchs] erfahren, daß das Vortreffliche eine Macht ist, daß es auf selbstsüchtige Gemüter auch nur als eine Macht wirken kann, daß es, dem Vortrefflichen gegenüber keine Freiheit gibt

als die Liebe.«[52] Immer wieder hat Goethe in seinen Briefen an Schiller um dessen Zuneigung und Liebe gebeten (»Leben Sie wohl und
lieben mich, es ist nicht einseitig«, steht schon im Brief vom 18. März
1795[53]). Und nun hat Schiller, wenigstens einmal, ›gestanden‹, die
Bitte erfüllt zu haben; dies freilich auch nur mit äußerster Zurückhaltung: Er liebte den vortrefflichen Autor eines gelungenen Romans.

Wie Schiller an Goethes *Wilhelm Meister* und später an dessen Epos
Herrmann und Dorothea Anteil nahm, hat sich Goethe um den Fort-
gang von Schillers *Wallenstein* gekümmert. Die Vorarbeiten zu dem
Drama wurden im März 1796 hervorgeholt, und Schiller beschloß, die
weitere Arbeit daran zu seinem Hauptgeschäft zu machen. In einem
Brief vom 21. März ließ er Körner wissen:

> In meinen Arbeiten, wo ich seit Neujahr zu keiner Entscheidung
> kommen konnte, bin ich nun endlich ernstlich bestimmt, und zwar
> für den *Wallenstein*. Seit etlichen Tagen habe ich meine Papiere vor,
> weil ich doch schon manches, den Plan betreffend, darüber notiert,
> und ich gehe mit großer Freude und ziemlich vielem Mut an diese
> neue Art von Leben. Von meiner alten Art und Kunst kann ich frei-
> lich wenig dabei brauchen, aber ich hoffe, in der neuen nun schon
> weit genug zu sein, um es damit zu wagen.[54]

Die Ausarbeitung des Riesenwerks nahm die folgenden drei Jahre
in Anspruch.

Zu einem Höhepunkt im kulturellen und gesellschaftlichen Leben
Weimars wurde im März und April 1796 das Gastspiel August Wilhelm Ifflands. Der gefeierte Mannheimer Schauspieler und Regisseur,
der wegen der kriegerischen Ereignisse am Rhein nach einer neuen
Wirkungsstätte suchte (die er Ende des Jahres als Direktor des Berliner Nationaltheaters auch fand), kam am 25. März auf Einladung
Goethes nach Weimar und trat in der Zeit vom 28. März bis zum
25. April an 14 Abenden vor einem begeisterten Publikum in 13 verschiedenen Rollen auf. Am 16. April spielte er, wie schon bei der
Mannheimer Uraufführung des Stücks am 13. Januar 1782, die Rolle
des Franz Moor in Schillers *Räubern*. Der anwesende Dichter verließ,
unzufrieden mit seinem dramatischen Erstling, während der Aufführung das Theater. Er hielt aus, als am letzten Iffland-Abend Goethes
Egmont gegeben wurde – in seiner, Schillers, drastisch gekürzten
Fassung, zu der ihn Goethe wenige Wochen vorher ermuntert hatte.
Wie wichtig Ifflands Gastspiel für den Theaterdirektor Goethe war,

hat dieser zu Beginn seiner *Tag- und Jahreshefte* für das Jahr 1796 gesagt:

> Die Weimarische Bühne war nun schon so besetzt und befestigt, daß es in diesem Jahre keiner neuen Schauspieler bedurfte. Zum größten Vorteil derselben trat Iffland im März und April vierzehnmal auf. Außer einem solchen belehrenden, hinreißenden, unschätzbaren Beispiele wurden diese Vorstellungen bedeutender Stücke Grund eines dauerhaften Repertoriums und ein Anlaß das Wünschenswerte näher zu kennen.[55]

Vom 24. April bis zum 4. Mai 1798 gastierte Iffland noch einmal in Weimar. Er trat an acht Abenden in sieben Trivialdramen und in Goldonis *Die verstellte Kranke* auf. Und er gefiel wieder ungemein. Goethe war zufrieden, weil seine Schauspieler durch das Studium Ifflands, der seine Natur als Kunst und seine Kunst als natürlich erscheinen ließ, viel gewinnen konnten. So, dachte der Direktor, müsse gespielt werden: daß sich der Stoff dem Stil unterordne und dieser mit dem ›natürlichen‹ Empfinden eines ästhetisch noch wenig ausgebildeten Publikums zusammenstimme.

Seit Mitte der neunziger Jahre wurden Weimar (Goethes, Wielands und Herders wegen) und Jena (zunächst Schillers und angesehener Universitätslehrer wegen) zunehmend zu Wallfahrtsorten von Gläubigen und Neugierigen aus der Nähe und Ferne. Die Erfahrungen waren, unabhängig davon, ob die Reisenden von den ›Großen‹ etwas zu Gesicht bekamen oder nicht, oft genug arg enttäuschend. Ein angereister Theologe etwa (namens V. Wölfling) veröffentlichte 1796 über das, was er kurz zuvor in und von Weimar gesehen hatte, einen ernüchternden Bericht:

> Als ich Weimar nur aus Nachrichten kannte und in Gedanken gesehen hatte, so war es mir unmöglich, die Stadt, in welcher der Fürst ein schöner Geist und Mäzen aller guten Köpfe, der Geheime Rat [Goethe] ein Genie, der Oberbrahmin des ganzen Priestertums [Herder] Sänger in dem Geiste Ossians, Deutschlands Horaz und Lukian [Wieland] der Lehrer und Liebling und ein Belletrist [Bertuch] der Schatullenaufseher des Regenten ist, es war mir unmöglich, sage ich, mir eine solche Residenz anders zu denken als den Sitz des Lichtes. Sitten, Kultur, Menschen, Staatsverwaltung, alles malte mir meine Phantasie mit schönen Regenbogenfarben. Das Äußere der Stadt mußte allenthalben Geschmack und Wohlstand zeigen [...]. Aber ich konnte vor Entzückungen bis in den dritten Himmel ganz

ruhig sein. Denn für diesmal sahe ich keine Akademie von schönen
Geistern aus allen Enden Deutschlands konzentriert, keine Menschen, welche der Extrakt aller Aufklärung und Verfeinerung waren,
keine Verfassung, welche nach den Idealen dichtender Minister und
Philosophen geformt war, kein Athen – kurz, nichts und wieder
nichts von alledem, was ich geträumt und phantasiert hatte.
Es ging alles so prosaisch zu, sah alles so alltäglich aus, daß es mir
deuchte, als wäre ich aus den Wolken gefallen und befände mich nun
wirklich nirgends anders als in der Stadt Weimar [...].[56]

Mehr zu sehen als Wölfling bekam ein anderer Besucher, der am
10. Juni 1796 in Weimar eintraf und am 3. Juli die Stadt wieder verließ:
Jean Paul. Der Dichter, der sich vor allem durch seine Romane *Hesperus* (1795) und *Quintus Fixlein* (1796) in die Herzen vieler Leser und
– besonders – Leserinnen geschrieben hatte, nahm nach seiner Ankunft sofort Kurs auf die Stätten seines Interesses: die der Großen. Da
Wieland am 23. Mai eine längere Reise (nach Zürich) angetreten hatte,
machte Jean Paul zunächst dem Ehepaar Herder seine Aufwartung
und wußte so zu gefallen, daß er, wann immer er wollte, wiederkommen konnte. Caroline Herders Entzücken äußert sich in ihrem Brief
an Gleim vom 24. Juni:

Denken Sie, *Jean Paul Richter* ist seit 14. Tagen hier! der beste
Mensch; sanft, voll Geist, Witz, Einfällen, das beste Gemüt – u. ganz
in der reinen Welt lebend, wovon seine Bücher der Abdruck sind.
Milde wie ein Kind u. immer heiter. Sehn Sie, der ist ein echter Jün-
ger der Weisheit.
[...]
Wir haben ihn herzlich lieb.[57]

Zwei Wochen, nachdem Jean Paul Weimar verlassen hatte, lobte ihn
Caroline Herder, weil er »in unserm Herzvertrockneten Weimar«
nicht länger geblieben sei. »Er ist noch zu rechter Zeit weggegangen.
Hier sind wenig Herzen die ihn ganz verstehn.«[58] Auch Goethe und
Schiller verstanden Jean Paul nicht so wie die Briefschreiberin. Am
Freitag, dem 17. Juni, trug Goethe in sein Tagebuch ein: »Knebel und
Richter von Hof zu Tische.«[59] Jean Paul teilte seinem Freund Chri-
stian Otto am folgenden Tag mit:

Ich ging, ohne Wärme, bloß aus Neugierde. Sein Haus frappiert, es
ist das einzige in Weimar in italienischem Geschmack [...] – endlich
tritt der Gott her, kalt, einsilbig, ohne Akzent. Sagt Knebel z. B., die

Franzosen ziehen in Rom ein. ›Hm!‹ sagt der Gott. Seine Gestalt ist
markig und feurig, sein Auge ein Licht (aber ohne eine angenehme
Farbe) [...]. Zuletzt las er uns [...] ein ungedrucktes herrliches Gedicht vor, wodurch sein Herz durch die Eiskruste die Flammen trieb,
so daß er dem enthusiastischen Jean Paul [...] die Hand drückte.
Beim Abschied tat ers wieder und hieß mich wiederkommen. Er hält
seine dichterische Laufbahn für beschlossen. Beim Himmel wir wollen uns doch lieben. [...] 1 000 000 etc. Sachen hab' ich dir von ihm
zu sagen.
Auch frisset er entsetzlich. Er ist mit dem feinsten Geschmack gekleidet.[60]

Weniger Worte machte natürlich Goethe, als er Jean Paul am
21. Juni Schiller annoncierte:

Richter ist ein so kompliziertes Wesen, daß ich mir die Zeit nicht
nehmen kann Ihnen meine Meinung über ihn zu sagen, Sie müssen
und werden ihn sehen und wir werden uns gern über ihn unterhalten. Hier scheint es ihm übrigens wie seinen Schriften zu gehn, man
schätzt ihn bald zu hoch, bald zu tief und niemand weiß das wunderliche Wesen recht anzufassen.[61]

Jean Paul machte sich auf den Weg nach Jena, am 25. Juni empfing
ihn Schiller. Auch nun beeilte sich der Gast, über seinen Gastgeber zu
sagen, wie er ihn erlebt hatte:

Ich trat gestern vor den felsigten Schiller, an dem wie an einer Klippe
alle Fremde zurückspringen [...]. Seine Gestalt ist verworren, hart-
kräftig, voll Ecksteine, voll scharfer schneidender Kräfte, aber ohne
Liebe. Er spricht beinahe so vortrefflich als [er] schreibt.[62]

Schiller faßte sich in seinem Bericht so kurz wie Goethe, sagte aber
mehr:

Von Hesperus habe ich Ihnen [Goethe] noch nichts geschrieben. Ich
habe ihn ziemlich gefunden, wie ich ihn erwartete; fremd wie einer
der aus dem Mond gefallen ist, voll guten Willens und herzlich geneigt, die Dinge außer sich zu sehen, nur nicht mit dem Organ, womit man sieht.[63]

Als Jean Paul von Oktober 1798 bis September 1800 in Weimar
lebte, unternahmen Goethe und Schiller nichts, um mit ihm in ein
näheres Verhältnis zu kommen.

Im Sommer 1796 bekam die Literaturszene Jena/Weimar durch die
Ankunft August Wilhelm Schlegels einen neuen Akzent. Schiller hatte
den gescheiten Kritiker, souveränen Übersetzer und durchschnittli-
chen Dichter als Mitarbeiter seiner »Horen« und seines Musenalma-
nachs schätzen gelernt und ihn gedrängt, in Jena sein Glück zu suchen.
Die Universität könne ihn gebrauchen, und für die »Allgemeine Literatur-Zeitung« werde er nützlich sein. Am 8. Juli hielt Schlegel, der
eine Woche vorher in Braunschweig die verwitwete Caroline Böhmer,
geborene Michaelis, geheiratet hatte, seinen Einzug in Jena; am folgenden Tag machte er mit seiner Frau einen förmlichen Antrittsbesuch
bei Schiller. Dieser hoffte Gutes von der künftigen Beziehung, ahnte
aber Böses. Am 22. Juli schrieb er Humboldt, Schlegel und seine Frau
seien nun seit 14 Tagen in Jena. »Diese hat viele Talente zur Konversation und man kann leicht mit ihr leben; es kommt nun darauf an, ob
eine längere Bekanntschaft, wenn sie besonders zur Vertraulichkeit
werden sollte, nicht irgend einen Dorn entdecken wird.«[64] Es gab diesen Dorn, aber Caroline hatte ihn noch zugedeckt mit Witz und
Charme. Daß sie, die Goethe als den mit Abstand größten Dichter der
Zeit verehrte, Schiller für keinen großen Dichter hielt, ließ sie einstweilen nur in verschwiegenem Kreis verlauten. Ihr Schwager Friedrich
Schlegel war informiert und teilte ihre Ansicht.

Fast ein Jahr lang lebten Schiller und August Wilhelm Schlegel,
wenn nicht herzlich, so doch kollegial in Jena mit- und nebeneinander.
Schlegel wurde in kurzer Zeit zum wichtigsten Mitarbeiter des wichtigsten literarischen Periodikums (der in Jena erscheinenden »Allgemeinen Literatur-Zeitung«); in weniger als vier Jahren veröffentlichte
er hier ungefähr 300 Rezensionen, zu denen Caroline ohne Zweifel
viele Gedanken und Formulierungen beigetragen hat. Der Eifer war
auch aus ökonomischen Gründen geboten; denn die gelegentlichen
Vorlesungen über alte und neue Literatur, Ästhetik und Altertumsfor-
schung waren schlecht besucht und brachten dem Privatdozenten so
wenig ein wie die langsam sich häufenden Shakespeare-, Dante- und
Calderón-Übersetzungen.

Der Dorn: Friedrich Schlegel, der seinem Bruder im August 1796
nach Jena folgte, wo er zehn Monate blieb (ohne in den Kreisen Goethes und Schillers für besondere Aufmerksamkeit zu sorgen), übernahm es, Schiller öffentlich zu tadeln. Zunächst kritisierte er in Johann
Friedrich Reichardts Zeitschrift »Deutschland« Schillers »Musen-Almanach für das Jahr 1796«, wenig später in demselben Blatt »Die Horen«. Dabei wurden auch die poetischen und ästhetischen Beiträge

Schillers mit Strenge beurteilt. Diesem platzte nun der Kragen. »Es wird doch zu arg mit diesem Herrn Frid. Schlegel«, konstatierte der Angegriffene am 16. Mai 1797 in einem Brief an Goethe.⁶⁵ Kurz darauf kündigte er in einem Akt von Sippenhaftung die Beziehung zu August Wilhelm Schlegel auf.

> Es hat mir Vergnügen gemacht, Ihnen durch Einrückung Ihrer Übersetzungen aus Dante und Shakespear in die Horen zu einer Einnahme Gelegenheit zu geben, wie man sie nicht immer haben kann, da ich aber annehmen muß, daß mich H. Frid. Schlegel zu der nämlichen Zeit, wo ich Ihnen diesen Vorteil verschaffe, öffentlich deswegen schilt, und der Übersetzungen zuviele in den Horen findet, so werden Sie mich für die Zukunft entschuldigen.
> Und um Sie, einmal für allemal, von einem Verhältnis frei zu machen, das für eine offene Denkungsart und eine zarte Gesinnung notwendig lästig sein muß, so lassen Sie mich überhaupt eine Verbindung abbrechen, die unter so bewandten Umständen gar zu sonderbar ist, und mein Vertrauen zu oft schon kompromittierte.⁶⁶

Da half es Schlegel nichts, daß er postwendend beteuerte, er habe mit den Kritiken seines Bruders nichts zu tun. Schiller hob die einmal festgelegte Distanz nicht mehr auf. Er konnte sich denken, was erst die Nachwelt als gewiß erfuhr: daß Friedrichs Attacken nicht nur von Caroline, sondern auch von ihrem Mann gebilligt, zum Teil sogar angeregt worden waren. Die wechselseitige Gegnerschaft, die bis zu Schillers Tod währte, prägte bis weit ins 20. Jahrhundert das Urteil der Literaturhistoriker über das wegen angeblicher poetologischer Differenzen prinzipiell unterschiedliche ›Wesen‹ von Klassik und Romantik. Daß gerade Schiller in seinen letzten Jahren, etwa mit seinen Dramen *Die Jungfrau von Orleans* und *Die Braut von Messina*, der romantischen Kunstauffassung auf Tuchfühlung nahekam, wird dabei ebenso übersehen wie die Tatsache, daß die Romantiker – allen voran die Brüder Schlegel – Goethe gleichsam als Oberromantiker zu feiern pflegten und von ihm mit väterlichem Wohlwollen behandelt wurden. Bevor August Wilhelm Schlegel 1801 nach Berlin ging, verband ihn mit Goethe eine zwar nicht intensive, aber feste Beziehung, die auch in Schlegels von Goethe immer wieder erbetenen Metrik-Belehrungen ihren Ausdruck fand. Das Verhältnis Goethes zu Caroline Schlegel, von deren Geist und Anmut er entzückt war, wurde in dem Maße herzlicher, in dem sich die Eheleute auseinanderlebten.

Die Jenaer Frühromantik gehört zur Weimarer Klassik wie die Vorderseite einer Medaille zu deren Rückseite. Daß vor allem Friedrich von Hardenberg, genannt Novalis, der sich in den Jahren 1795–99 immer wieder, für Tage, Wochen oder Monate, in Jena aufhielt, mit Schiller in gutem Einvernehmen lebte und – freilich mit abnehmendem Enthusiasmus – dessen Werke schätzte, ist Teil dieser Gemeinsamkeiten nicht weniger als das von keinen persönlichen Mißstimmungen belastete Verhältnis zu Ludwig Tieck, der die meiste Zeit der Jahre 1799–1801 in Jena zubrachte. »Mir hat er gar nicht übel gefallen«, schrieb Schiller nach einem Besuch Tiecks am 23. Juli 1799 an Goethe, »sein Ausdruck ob er gleich keine große Kraft zeigt ist fein, verständig und bedeutend, auch hat er nichts kokettes noch unbescheidenes.«[67] Goethe bemerkte in seiner Antwort: »Tiek hat mit Hartenberg und Schlegel bei mir gegessen   für den ersten Anblick ist es eine recht leidliche Natur. Er sprach wenig aber gut und hat überhaupt hier ganz gut gefallen.«[68] Als Tieck jedoch im Dezember 1801 Goethe bat, er möge ihm mit einem Empfehlungsschreiben helfen, als Regisseur ans Theater in Frankfurt am Main zu kommen, lehnte Goethe diese Bitte mit großer Entschiedenheit ab.

Im Juli 1796 machte Goethe aufs neue Anstalten, eine Reise nach Italien anzutreten, im August gab er den Plan der politischen Lage wegen wieder auf. Am 18. August ging er für sieben Wochen nach Jena, wo er sich mit naturwissenschaftlichen Arbeiten, dann aber zunehmend mit seinem Versepos *Herrmann und Dorothea* beschäftigte, das rasch Gestalt annahm; derweil trug Schiller, immer wieder durch Krankheitsschübe behindert, für seinen *Wallenstein* zusammen, was ihm nützlich erschien. Eine Tragödie in Prosa sollte es werden.

Am 1. November kehrten Wilhelm und Caroline von Humboldt, begleitet von Wilhelm Theodor Joachim von Burgsdorff, einem märkischen Adeligen, der reich genug war, um keinem Beruf nachgehen zu müssen, für ein halbes Jahr nach Jena zurück. »Mit Burgsdorff leben wir sehr vergnügt«, schrieb Humboldt an Brinkmann. »Wir sind den Tag über meist allein, bis auf wenige Besuche, und die Abende gehn wir zu Schiller, der so heiter und gut aufgelegt ist, als ich ihn je gesehen habe. [...] Bei Schiller und Göthe macht er [Burgsdorff] ein ausgezeichnetes Glück.«[69] Über einen Besuch bei Goethe am 29. November hatte Caroline von Humboldt schon am 3. Dezember an Brinkmann geschrieben: »Wir waren letztens einen ganzen Tag in seinem Hause und haben uns recht ausgeschwatzt. Burgsdorf hat seine

Gestalt, sein Wesen, seine Art zu sein, sein Haus und seine Einrichtung tief ergriffen.«[70]

Ilmenau, Leipzig, Jena: Goethe blieb auch in den folgenden Monaten sehr beweglich; sein Hauptwerk, *Herrmann und Dorothea*, gedieh, daneben fühlte er sich wieder zur Farbenlehre hingezogen, während Schiller unermüdlich seinen *Wallenstein* voranbrachte. Im März 1797 erwarb er ein Gartenhaus in Jena, das er Anfang Mai bezog.

Am 22. Juni 1797 begann Goethe einen Brief an Schiller mit einem Satz, der dem Freund, der in den letzten Jahren immer wieder Fragen nach der Fortsetzung des *Faust* gestellt hatte, so überraschend wie erfreulich war: »Da es höchst nötig ist daß ich mir, in meinem jetzigen unruhigen Zustande, etwas zu tun gebe, so habe ich mich entschlossen an meinen Faust zu gehen und ihn, wo nicht zu vollenden, doch wenigstens um ein gutes Teil weiter zu bringen, indem ich das was gedruckt ist, wieder auflöse und, mit dem was schon fertig oder erfunden ist, in große Massen disponiere, und so die Ausführung des Plans, der eigentlich nur eine Idee ist, näher vorbereite.«[71] Am 30. Juli trat Goethe seine Reise in die Schweiz an.

Aus der Schweiz, wo er sich fast drei Monate aufgehalten hatte, war Wieland Mitte September 1796 nach Weimar zurückgekehrt. Seine Absicht, den »Teutschen Merkur« aufzugeben, wurde ihm von Freunden ausgeredet; also betrieb er das ihm lästig gewordene Geschäft, bei dem er von Böttiger immer tatkräftig unterstützt wurde, weiter. Wichtiger war ihm freilich die Förderung der Ausgabe seiner *Sämmtlichen Werke*, erfreulicher das Leben als Familienpatriarch und Kartenspieler. Besondere Aufmerksamkeit widmete er seiner instabilen Gesundheit. Böttiger notierte am 13. November 1796: »Zur Erhaltung seiner Gesundheit nimmt er Rhabarberpillen u. ein Digestivpulver, das in wenigen Minuten Herzklopfen und Magenkrampf stillt, der *Teufel* genannt.«[72] Die Gesundheit litt auch unter Weimar, so daß Wieland einen Ortswechsel für angezeigt hielt: »Ich muß aufs Land! Hier in Weimar wird mein Geist durch den Hof, mein Körper durch das fatale Klima gemordet.«[73]

Wieland zog aufs Land. Im März 1797 erwarb er das Gut Oßmannstedt, etwa 10 Kilometer nordöstlich von Weimar gelegen, für 22 000 Taler; dort lebte er, ohne seine Schulden abtragen zu können, bis 1803. In diesen sechs Jahren war Weimar meistens sehr fern. Danach blieben noch zehn Jahre – in Weimar. Wieland, der ohne Groll konstatierte, daß er im Bunde Goethes und Schillers nicht der Dritte sein konnte, ließ sich in den letzten Jahren vor seinem Umzug nach Oßmannstedt

gelegentlich auf Zusammenkünfte mit Herder ein, der offenbar Ersatz
für den Verlust Goethes brauchte. Was das ungleiche Paar zu besprechen hatte, ist natürlich durch den immer und überall anwesenden
Böttiger dokumentiert.

> Über *Voß*. Herder spricht ihm alle Genialität ab und findet sei-
> ne Liederfruchtbarkeit sehr trostlos. Wieland verteidigt das Gegen-
> teil [...].
> Über das Hundetaschenbuch bei Nicolovius. [...]
> Von Hunden kommts auf die Schweine. Ihre Schöpfung allein, sagt
> W. kann ich der Natur nicht verzeihn. Ihre Tierheit, ihre *Antigrazie*
> ist mir schon in der Vorstellung ein Abscheu. Herder führt nun die
> Sache der Schweine mit großer Beredsamkeit und verteidigt ihre
> Ehre 1) weil sie mit den Menschen die größte Ausbreitung auf der
> Erde haben 2) weil sie in ihrem innern Bau so viel Ähnlichkeit mit
> den Menschen haben 3) weil sie echte Republikaner sind.[74]

Literarisch war Herder in den Jahren um 1796 ungemein fruchtbar:
1795 und 1796 gab er die Poesien-Sammlung *Terpsichore* heraus, die
ursprünglich einen Überblick bieten sollte über die Lyrik verschiedener Zeiten und Völker, sich dann aber im wesentlichen auf die Präsen-
tation von ins Deutsche übersetzten Gedichten des neulateinischen
Dichters Jakob Balde (eines bayrischen Jesuiten) beschränkte.
   Zur Ostermesse 1796 erschien die achte Sammlung der Herderschen
Briefe zu Beförderung der Humanität, die Goethe in Harnisch
brachte:

> [...] hat Freund Humanus, in dem achten Bande der Briefe über Hu-
> manität, vor kurzem, noch ein böses Beispiel gegeben was Willkür-
> lichkeit im Urteil, wenn man sie sich einmal erlaubt, bei dem größten
> Verstande für traurige Folgen nach sich zieht. [...] Und so schnurrt
> auch wieder durch das Ganze die alte, halbwahre Philisterleier: daß
> die Künste das Sittengesetz anerkennen und sich ihm unterordnen
> sollen. Das erste haben sie immer getan und müssen es tun, weil ihre
> Gesetze so gut als das Sittengesetz aus der Vernunft entspringen, tä-
> ten sie aber das zweite, so wären sie verloren und es wäre besser daß
> man ihnen gleich einen Mühlstein an den Hals hinge und sie er-
> säufte, als daß man sie nach und nach ins nützlich-platte absterben
> ließe.[75]

Mitte 1796 war wieder etwas Theologisches von Herder da: seine
Schrift *Vom Erlöser der Menschen*, die Wieland in den höchsten Tö-

nen pries, weil der Verfasser deutlich mache, vor welcher Alternative
das Christentum stehe: daß es »entweder aufhöre, *sichtbar* auf der
Welt zu sein, oder in einer neuen, d. h. in seiner rein wahren Gestalt
siegreich hervorgehe [...].«[76]
Anfang 1797 kam die sechste (und letzte) Sammlung von Herders
Zerstreuten Blättern, im wesentlichen Gedichte und Legenden enthaltend, an die Öffentlichkeit, »mit jener Vorrede, die alle Rosen in Brot
verwandelt wissen wollte und den sinnlich gefärbten Balladen Goethes moralisierende Legenden entgegenstellte.«[77] Ein kritisches Wort
Körners zu der Sammlung gab Schiller Gelegenheit, Grundsätzliches
zu Herder zu sagen; und da er einmal im Zuge war, wurde auch Wieland mitbeurteilt:

> W[ieland] ist beredt und witzig aber unter die Poeten kann man ihn
> kaum mit mehr Recht zählen als Voltairen und Popen. Er gehört in
> die löbliche Zeit, wo man die Werke des Witzes und des poetischen
> Genies für Synonyma hielt.
> Was einen aber so oft an ihm irre macht, im Guten und Bösen, das
> ist seine *Deutschheit* bei dieser französischen Appretur. [...]
> Herder ist jetzt eine ganz pathologische Natur, und was er schreibt,
> kommt mir bloß vor, wie ein KrankheitsStoff, den diese auswirft,
> ohne dadurch gesund zu werden. Was mir an ihm fatal und wirklich
> ekelhaft ist, das ist die feige Schlaffheit bei einem innern Trotz und
> Heftigkeit. Er hat einen giftigen Neid auf alles Gute und Energische
> und affektiert, das Mittelmäßige zu protegieren.[78]

Die Geringschätzung war wechselseitig: Herder hielt von Schiller
schon längst nicht mehr viel. Als der englische Reisende George
Butler im September 1798 mit Herder ein Gespräch über deutsche Literatur führte, war dieser erstaunt, daß der Fremde »could admire
Schiller«[79]. An ergänzenden Zeugnissen fehlt es nicht.
1797 brachte Herder mit der neunten und zehnten Sammlung seiner *Briefe zu Beförderung der Humanität* auch dieses Werk zum
Abschluß. Es ist nicht bekannt, ob sich Goethe und Schiller damit beschäftigt haben. Wahrscheinlich glaubten sie, es gebe für sie Besseres
zu tun. »Sie sagten neulich«, schrieb Goethe am 29. Juli 1797 an Schiller, »daß zur Poesie nur die Poesie Stimmung gäbe und da das sehr
wahr ist, so sieht man wie viel Zeit der Dichter verliert wenn er sich
mit der Welt abgibt besonders wenn es ihm an Stoff nicht fehlt.«[80] Immer höher türmte sich vor Schiller der *Wallenstein*-Stoff.
Während Goethes viermonatiger Reise in die Schweiz (die er am

20. November 1797 beendete) arbeitete Schiller, sofern es die immer wieder zusammenbrechende Gesundheit erlaubte, mit Hochdruck am *Wallenstein*. Anfang November faßte er einen folgenschweren Entschluß: Das Drama müsse in Versen geschrieben werden; denn: »der Vers fodert schlechterdings Beziehungen auf die Einbildungskraft [...]. Man sollte wirklich alles, was sich über das gemeine erheben muß, in Versen wenigstens anfänglich konzipieren, denn das Platte kommt nirgends so ins Licht, als wenn es in gebundener Schreibart ausgesprochen wird.«[81] Die Dramen, die nach dem *Wallenstein* rasch hintereinander folgten, hat Schiller sämtlich in ›klassischen‹ Versen (in Blankversen nach dem Muster Shakespeares) geschrieben – um nicht ›gemein‹ sein zu können. Ob Prosa oder Vers: die überbordende Fülle des Stoffs blieb. Erst im Spätsommer 1798 fiel die Entscheidung, das Drama in drei Stücke zu teilen, deren erstes, *Wallensteins Lager*, wenig später, nämlich am 12. Oktober, zur Eröffnung des umgebauten Weimarer Theaters uraufgeführt wurde, zusammen mit dem Schauspiel *Die Korsen* von Kotzebue, dem in den drei Jahrzehnten vor seinem gewaltsamen Tod (1819) mit Abstand im In- und Ausland beliebtesten deutschen Dramatiker. Schiller gefiel dem Publikum vor allem des *Prologs* wegen, mit dem er die Brücke von Schauspiel- zu Dichtkunst zu schlagen versuchte und eine Interpretation des Helden seines Dramas vorgab. Daß Goethe nicht nur den Schillerschen Text sprechen ließ, sondern auch manche von ihm ersonnene Varianten, ist

Das alte weimarische Hoftheater
Stich um 1800

nicht ganz nebensächlich, weil die Änderungen die »zarte Differenz« zwischen den beiden Dichtern erkennen lassen, von der Goethe noch im hohen Alter gesprochen hat.[82] So wurde Schillers letzter Vers: »Ernst ist das Leben, heiter ist die Kunst« durch die Änderung eines einzigen Wortes fast ›verkehrt‹: »Ernst ist das Leben, heiter sei die Kunst.«

Der Umbau des Theaters war eine Voraussetzung dafür, daß sich in den folgenden Jahren die Weimarer Bühne einem Niveau annähern konnte, wie es Iffland bei seinen Gastspielen 1796 und 1798 repräsentierte. Während der ersten sieben Jahre der Goetheschen Direktion war das Innere unverändert in dem Zustand aus alter Liebhabertheater-Zeit geblieben – eher ein Tanzsaal als ein Theaterraum. Die längst gestellte Forderung Goethes nach einer angemessenen »Einrichtung« war mit Hinweis auf die hohen Kosten, die der Neubau des Schlosses verlangte, Jahr für Jahr abgewiesen worden. Es bedurfte der Drohung des Direktors, seinen Platz zu räumen, sowie der Einsicht des Herzogs, daß sich vorzügliche Schauspieler und Schauspielerinnen nur unter verbesserten Bedingungen am Ort halten ließen, um im Sommer 1798 den Stuttgarter Architekten Nikolaus Thouret, der gerade die Leitung des Schloßbaus übernommen hatte, zu beauftragen, das Fällige zu besorgen. In weniger als drei Monaten war die Arbeit getan.

Das Jahr 1797 ist durch zwei Personaländerungen für die Geschichte des Theaters bedeutsam geworden: Ende 1796 war die zwanzigjährige Caroline Jagemann, eine Tochter des Weimarer Bibliothekars Christian Joseph Jagemann, nach vierjähriger Lehrzeit in Mannheim, in ihre Heimatstadt zurückgekehrt. Im Januar 1797 wurde sie als Kammersängerin und Schauspielerin engagiert, am 18. Februar riß sie bei ihrem ersten Auftritt in der Titelrolle der Oper *Oberon* von Paul Wranitzky das Publikum zu Beifallsstürmen hin. »Als die Jagemann in der Vorstellung im Wolkenwagen erschien, glaubte man einen Engel zu sehen, der vom Himmel niedersteige, um der Welt Frieden und Freude zu bereiten«, berichtete Karl Eberwein, der 1802 Mitglied der Weimarer Hofkapelle wurde.[83] Die Begeisterung für die Jagemann hielt an. Der Herzog kümmerte sich bald intensiv um sie und erkor sie zu seiner Lieblingsmätresse. (1802 wurde sie, mit Billigung der Herzogin, offiziell zu Seiner Durchlaucht Nebenfrau, 1809 wurde sie als Frau von Heygendorff in den Adelsstand erhoben.) Das Ansehen der Jagemann bedeutete auch, daß sie Macht hatte. Die bekam der Direktor mehr als einmal unliebsam zu spüren – bis zu seiner Demission im April 1817.

Gegen den Jagemann-Gewinn stand ein schmerzlicher Verlust:
Am 22. September 1797 starb Goethes Lieblingsschauspielerin Christiane Becker-Neumann, knapp neunzehnjährig, an einem Lungen-
leiden; sie hat sich vor allem als Amalia in Schillers *Räubern*, als
Luise in dessen *Kabale und Liebe* sowie als Emilia Galotti in Lessings gleichnamiger Tragödie Beifall verdient. Nun gedachte Goethe
ihrer in seiner Elegie *Euphrosyne*, mit der Schiller im folgenden Jahr
seinen »Musen-Almanach für das Jahr 1799« eröffnete. Darin finden
sich die schönen Verse, von denen Schillers *Nänie* wahrscheinlich
angeregt worden ist:

> Lebe wohl schon zieht michs dahin in schwankendem Eilen,
>   Einen Wunsch nur vernimm, freundlich gewähre mir ihn:
> Laß nicht ungerühmt mich zu den Schatten hinabgehn!
>   Nur die Muse gewährt einiges Leben dem Tod.
> Denn gestaltlos schweben umher in Persefoneias
>   Reiche, massenweis, Schatten vom Namen getrennt.
> Wen der Dichter aber gerühmt der wandelt, gestaltet,
>   Einzeln, gesellet dem Chor aller Heroen sich zu.[84]

Die Memoiren Caroline Jagemanns sind nicht nur für die Theatergeschichte ihrer Zeit eine Fundgrube, sondern geben auch Einblicke in
das Weimarer Hof- und Gesellschaftsleben um 1800. Mit besonderer
Zuneigung spricht die Verfasserin mehr als einmal von der anregenden Geistigkeit, die fortwährend im Kreise der Herzoginmutter ge-
herrscht habe. Das allgemein Gesagte rückt dabei in die Nähe des Kli-
schees, das die Nachwelt so gerne gepflegt hat:

> Das Leben im Hause der Herzogin Anna Amalia war von einer so
> reizenden Originalität, daß man seine edle Einfachheit und vielsei-
> tige Vorzüglichkeit nie vergessen kann. Im Sommer bewohnte sie ein
> bescheidenes Gutshaus im Dorfe Tiefurt, das nur die Ehrfurcht vor
> der Bewohnerin Schloß nennen konnte, am Eingang eines kleinen
> Parks mit herrlichen Bäumen, den die Ilm, sonst verdrießlich und
> träge, wie ein rauschender Waldstrom durcheilte. Außer ihrem Hof-
> staat war sie täglich von allem umgeben, was Weimar Vorzügliches
> besaß, und dessen war damals viel, denn Wieland, Herder, Goethe in
> der Blüte ihrer Jahre, voll Heiterkeit, ich möchte sagen fröhlichen
> Übermuts, überboten sich in geistreichen Betrachtungen, Scherzen
> und Satiren über moralische und psychologische Themen, Erleb-
> nisse, Zeitereignisse und Gedichte, und dazu gesellten sich abwech-
> selnd andere, die mit Witz und Gelehrsamkeit Heiterkeit und An-

mut verbreiteten. Der Herzog war die Seele der Unterhaltung, zu der sein lebendiger Geist und seine frohe Laune immer neuen Stoff lieferten [...].[85]

So mag es denn gewesen sein – in der Erinnerung der Freifrau von Heygendorff. Freilich galt Anna Amalias ›Musensitz‹ auch am Ende des Jahrhunderts noch als Versammlungsort der vorzüglichsten Geister der Nation, als Zentrum des deutschen Athen, wie besonders auswärtige Besucher zu versichern nicht müde wurden. In seinen 1800 anonym erschienenen *Bemerkungen über Weimar 1799* hat Joseph Rückert, der 1794 aus einem schwäbischen Kloster entlaufene Mönch, »die große, vielbesungene Mäzenatin Wielands, Herders und Goethes« als »fürstliche Aspasia« gefeiert, wie es Brauch war: »Sie veredelte zuerst durch den milden Hauch der schönen Künste, die sie in jene Stadt rief, die Sitten und den Geschmack der rohen Einwohner«; ihrem Wirken sei es zu danken, »daß Weimar gegenwärtig noch an 30 Dichter und Dichterinnen allein in seinen Mauern singen hört«; sie habe den Grund zu »jener Höhe der Kultur« gelegt, »auf der jetzt Weimar alle übrigen Städte Deutschlands überglänzt.«[86] Andere Zeitgenossen sagten mit anderen Worten dasselbe. Sophie von La Roche, die im Juli und August 1799 Weimar besuchte, hatte später einen Besuch in Tiefurt in besonders guter Erinnerung, weil »die Herzogin mit Künstlern, Adel und Gelehrten umher ging, und freundlich geistvoll mit allen sprach.«[87]

Im November 1797 kehrte Goethe, begleitet von Heinrich Meyer, der wieder bei ihm Wohnung nahm, aus der Schweiz zurück. Die Sorge der nächsten Monate galt, wie gewohnt, nicht nur der Förderung literarischer Arbeiten (der *Faust* wurde wieder vorgenommen, die *Farbenlehre* vorangebracht), sondern auch der Erfüllung amtlicher Aufgaben: Der Fortgang der Arbeiten am Schloß mußte prüfend und ratend begleitet werden, die neu hinzugekommene Oberaufsicht über die Bibliothek und das Münzkabinett nahm Zeit und Energie in Anspruch, die Theaterarbeit wurde intensiviert. So oft es ihm möglich war, wich Goethe wieder nach Jena aus, vor allem Schillers wegen (mit dem im Frühjahr 1798 viel Poetologisches diskutiert wurde), aber auch, um mit Gelehrten der Universität engen Kontakt zu halten. Besonders mit dem Medizinprofessor Justus Christian Loder war er häufig zusammen, um sich Grundkenntnisse im Fache Anatomie anzueignen. – Im März 1798 erwarb Goethe in Oberroßla (etwa 15 Kilometer nordöstlich von Weimar) ein Gut, das ihm allerdings so wenig

nützlich war, daß er es, ängstlich seine finanziellen Verluste berech-
nend, fünf Jahre später wieder verkaufte.

Vier Jahre nach Schillers Entschluß, eine literarische Zeitschrift zu
begründen, und wenige Monate nach deren Ende wurde von Goethe
ein Zeitschriften-Plan realisiert, mit dem er sich schon während der
Schweizer Reise beschäftigt hatte und für den Heinrich Meyer als pro-
spektiver Hauptmitarbeiter auch schon längst gewonnen war. Der
Titel stand noch nicht fest, als Goethe am 27. Mai 1798 Cotta, dem
Tübinger Verleger, mitteilte, was es mit dem Unternehmen auf sich
haben werde:

> Das Werk, welches wir heraus zu geben gedenken, enthält Betrach-
> tungen harmonierender Freunde über *Natur* und *Kunst*.
> Was aus *Naturgeschichte* und *Naturlehre* ausgehoben wird soll, dem
> Gegenstand und der Behandlung nach, vorzüglich von der Art sein
> daß es für den bildenden Künstler brauchbar und zu seinen Zwecken,
> wenigstens in der Folge, anwendbar werde, unter *Kunst* wird für die
> erste Zeit vorzüglich die bildende verstanden [. . .].
> Für acht Stücke ist gegenwärtig Vorrat, der nur mehr oder weniger
> durchgearbeitet und redigiert werden muß.[88]

In den Jahren 1798–1800 erschienen die »Propyläen« in drei Bänden zu je zwei Stücken. Die Publikumsresonanz war gering, die
öffentliche Kritik hielt sich zurück. Von den 33 Beiträgen stammten
17 von Meyer, acht von Goethe (darunter *Ueber Laokoon, Ueber
Wahrheit und Wahrscheinlichkeit der Kunstwerke, Diderots Versuch
über die Mahlerey* und *Der Sammler und die Seinigen*), zwei von
Goethe und Meyer gemeinsam. Schiller, den Goethe immer wieder
zur Mitarbeit ermunterte, begnügte sich mit einem ›Brief‹ *An den
Herausgeber der Propyläen*, in dem er sich zur Weimarer Kunstaus-
stellung von 1800 äußerte. Die bildende Kunst war nicht das Feld, auf
dem er sich wohlfühlte.

Die lange Einleitung, die dem ersten »Propyläen«-Stück vorange-
stellt ist, beginnt mit einer bündigen Erklärung des Titels:

> Der Jüngling, wenn Natur und Kunst ihn anziehen, glaubt, mit ei-
> nem lebhaften Streben, bald in das innerste Heiligtum zu dringen;
> der Mann bemerkt, nach langem Umherwandeln, daß er sich noch
> immer in den Vorhöfen befinde.
> Eine solche Betrachtung hat unsern Titel veranlaßt. Stufe, Tor, Ein-
> gang, Vorhalle, der Raum zwischen dem Innern und Äußern, zwi-

schen dem Heiligen und Gemeinen kann nur die Stelle sein, auf der wir uns mit unsern Freunden gewöhnlich aufhalten werden.[89]

Des Endes seiner Zeitschrift gedachte Goethe in den *Tag- und Jahresheften* 1800 nicht ohne Ingrimm: »Der Propyläen drittes und letztes Stück ward, bei erschwerter Fortsetzung, aufgegeben. Wie sich bösartige Menschen diesem Unternehmen entgegengestellt, sollte wohl zum Trost unserer Enkel, denen es auch nicht besser gehen wird, gelegentlich näher bezeichnet werden.«[90]
Zu den unerfreulichen Ereignissen, mit denen Goethe 1798 zu tun hatte, gehört der sogenannte Atheismusstreit, den Fichte mit seinem Aufsatz *Ueber den Grund unsers Glaubens an die göttliche Weltregierung*, der in diesem Jahr in dem von ihm, seinem Schüler Friedrich Karl Forberg und dem Jenaer Philosophen Friedrich Immanuel Niethammer herausgegebenen »Philosophischen Journal« erschien, auslöste und der im folgenden Jahr zur obrigkeitlich verordneten Entlassung des Philosophen aus den Diensten der Universität Jena führte. Fichte versuchte in seinem Aufsatz, eine ihm selbst wegen der ziemlich unchristlichen (auf jeden Fall skeptizistisch-kritischen) Thesen des Verfassers problematisch erscheinende Abhandlung Forbergs, *Entwickelung des Begriffs der Religion*, die im »Philosophischen Journal« seinem Beitrag nachgesetzt wurde, interpretierend zu entschärfen, erweckte aber weithin den Eindruck, als sei er noch entschiedener als sein Schüler davon überzeugt, daß die Existenz Gottes geleugnet werden müsse. (In diesem Zusammenhang erinnerten sich die Fichte-Gegner, daß der Philosoph 1795 darum nachgesucht hatte, seine Vorlesungen sonntags halten zu dürfen.) Eine anonyme Denunziation: *Schreiben eines Vaters an seinen studierenden Sohn über den Fichtischen und Forbergischen Atheismus* brachte den Stein dann ins Rollen. Der sächsische Kurfürst Friedrich August III. teilte Karl August mit, er erwäge, seinen kursächsischen Untertanen den Besuch der Universität Jena zu verbieten; der Herzog und sein Geheimes Consilium waren bemüht, die Angelegenheit herunterzuspielen, und setzten auf eine öffentliche Erklärung Fichtes, die es dann Anfang 1799 auch gab. Außerdem äußerte sich der Angegriffene mit Heftigkeit gegenüber den ›Erhaltern‹ der Universität und pochte auf seine akademische Freiheit. Als indes in der Öffentlichkeit die Stimmen gegen Fichte lauter wurden und auch der Hof in Gotha Schritte gegen den Philosophen verlangte, war ihm nicht mehr zu helfen. Zum Sommersemester 1799 wurde er aus dem Staatsdienst gejagt. In der Rückschau – und

erst in den *Tag- und Jahresheften* für 1803 [!] – sah Goethe die Angelegenheit so: Fichte habe »über Gott und göttliche Dinge auf eine
Weise sich zu äußern gewagt, welche den hergebrachten Ausdrücken
über solche Geheimnisse zu widersprechen schien«; darauf habe
»man« versucht, ihm aus den Schwierigkeiten »auf das gelindeste her-
auszuhelfen«, doch durch die Heftigkeit Fichtes sei »aller gegen ihn
gehegte gute Wille gehemmt« worden: »hier blieb kein Ausweg, keine
Vermittelung übrig, und das Gelindeste war, ihm ohne weiteres seine
Entlassung zu erteilen.«[91]
    Gegen den Verlust Fichtes stand der Gewinn Schellings. An seiner
Ende Juni 1798 erfolgten Berufung hatten Schiller und Goethe den
entscheidenden Anteil. Es wäre »sehr gut für uns jenaische Philosophen«, schrieb jener am 10. April 1798 an diesen, »und selbst Ihnen
würde es nicht unangenehm sein, das hiesige Personale mit einem so
guten Subjekt vermehrt zu haben.«[92] Nachdem Goethe am 28. Mai bei
Schiller mit Schelling zusammengetroffen war, schrieb er am folgenden Tag seinem Amtskollegen Christian Gottlob Voigt: »Wir waren
beiderseits immer geneigt den Doktor *Schelling* als Professor hierher
zu ziehen; er ist gegenwärtig zum Besuche hier und hat mir in der
Unterhaltung sehr wohl gefallen. [...] Ich bin überzeugt, daß er uns
Ehre machen und der Akademie nützlich sein würde.«[93] Also kam
Schelling und wurde der Akademie nützlich. Bis zu seinem Weggang
nach Würzburg im Jahre 1803 hat Goethe mit ihm in allerbestem Einvernehmen gelebt, das bei vielen wechselseitigen Besuchen in Jena und
Weimar immer wieder bekräftigt wurde. Über Schelling war Goethe
in den beiden letzten Jahren des Jahrhunderts eng an den Jenaer Ro-
mantikerkreis geknüpft – enger, als es Schiller recht war.
    Kurz nach seinem Einzug in Jena lernte Schelling Caroline Schlegel
kennen. Die schnell geschlossene Freundschaft steigerte sich bald zum
Liebesverhältnis. Als die Schlegel-Ehe nicht mehr zu retten war, erfüllte Goethe Carolines und Schellings Bitte, ein Scheidungsersuchen
an den Herzog zu unterstützen. Serenissimus erließ am 17. Mai 1803
das erwünschte Reskript, mit dem auch August Wilhelm Schlegel, der
längst in anderen Verhältnissen sein Glück gesucht hatte, zufrieden
war. Sechs Wochen später waren Schelling und Caroline ein kirchlich
getrautes Ehepaar.

    Politisch war das Jahrzehnt vor der verheerenden Niederlage, die
Preußen im Oktober 1806 durch Frankreich erlitt, für Weimar nicht
sonderlich aufregend. Der Herzog ließ an seinem Schloß bauen, kon-

trollierte die Geheimen Räte, ging seinen Vergnügungen nach, empfing Staatsgäste und unternahm gelegentlich Inspektionsreisen übers
Land. Der Weimar-Historiograph Karl Gräbner wußte 1830 nur ein
wichtiges Ereignis aus dieser Zeit zu berichten, so daß er Platz hatte,
zwischen Karl Augusts Neutralitätsbemühung 1796 und der Schlacht
bei Jena und Auerstedt 1806 das Lob des Herrschers zu singen:

> Immer fand der Geringste bei Ihm Zutritt und Gehör. Vertraut mit
> dem Bedürfnis eines Jeden, weckte Er in Jedem Vertrauen und Liebe,
> zog Alle unwiderstehlich zu Sich hin, ohne Zwang, ohne Gebot. An-
> hänglichkeit und Lust Ihm zu dienen, steigerten sich oft bis zur Lei-
> denschaft, wer sich Ihm einmal zugewendet, konnte nicht von Ihm
> lassen, und ein Wort, ein Wink von Ihm, ließ jede Mühe, jede An-
> strengung vergessen. So herrschte Er sicher und ruhig mit den ein-
> fachsten Mitteln, fühlte sich zweifach Fürst, da Er vor allen *Mensch*
> sein wollte.
> In diesen goldenen Zeiten geschah die Vermählung Seines Erbprin-
> zen *Carl Friedrich*, mit der Tochter des großen Russischen Kaiser-
> reichs *Maria Pawlowna* (den 3. August 1804).[94]

Das Schloß zu Weimar von Nordosten
Kolorierter Kupferstich von Georg Melchior Kraus, 1805

Zu denen, die Grund hatten, sich über mangelnde Liebe des Herzogs zu beklagen, gehörte die Herzogin Luise. Nur Staatsräson hielt
die Ehe, die durch zahlreiche Amouren Karl Augusts beschädigt war,
förmlich zusammen. Immerhin, so wissen es die Zeitgenossen, behandelte der Herzog die Herzogin mit Respekt. Er richtete ihr zuweilen
auch Feste aus und ließ jedes Jahr an ihrem Geburtstag (30.
Januar) für eine Überraschung sorgen: Auf der Bühne präsentierte Goethe eine
Novität, die Ur- oder doch wenigstens die Weimarer Erstaufführung
eines Dramas oder einer Oper.

Der 30. Januar 1799 ist ein besonderer Tag in der Geschichte des
deutschen Theaters: Schillers zweites *Wallenstein*-Stück, *Die Piccolomini*, wurde zum erstenmal gegeben. Die letzten Wochen des Jahres
1798 hatte der Dichter Tag und Nacht an der Vollendung des Werks
gearbeitet, am 29. oder 30. Dezember war ihm vom Direktor »ein De-
tachement Husaren« (es war nur ein Bote) ins Haus geschickt worden,
»das Ordre hat sich des Piccolominis, Vater und Sohn, wie es gehen
will zu bemächtigen«[95]; darauf hatte Schiller das Fertige aus der Hand
gegeben:

> Hier erhalten Sie die Piccolomini ganz, aber wie Sie sehen ganz er-
> schrecklich gestrichen. Ich dachte schon genug davon weggeschnitten
> zu haben, als ich aber vorgestern zum erstenmal das Ganze hinter-
> einander vorlas, nach der bereits verkürzten Edition, und mit dem
> dritten Akt schon die dritte Stunde zu Ende ging, so erschrak ich so,
> daß ich mich gestern nochmals hinsetzte, und noch etwa 400 Jamben
> aus dem ganzen herauswarf.[96]

Die Aufführung, bei der Caroline Jagemann als Thekla glänzte und
auch alle übrigen ihre Sache gut machten (Johann Jakob Graff gab den
alten, Heinrich Vohs den jungen Piccolomini), fand den ungeteilten
Beifall eines festlich gestimmten Publikums. »Sie sprechen Gedanken
aus«, schrieb Charlotte von Kalb am folgenden Tag, »die das letzte
sind in der Würkung und das zu begreifende Ziel der Menschheit. [...]
Die Freiheit. Das Wehen der Geister Welt ist uns nahe.«[97]

Schiller war, um die Proben zu leiten, am 4. Januar 1799 mit seiner
Familie nach Weimar gefahren und von Goethe im Schloß einquartiert
worden. Er blieb fünf Wochen, bis zum 7. Februar. Nach dem *Piccolomini*-Erfolg empfing ihn der Herzog zweimal zum Mittagessen; ansonsten gab's viel mit Goethe zu konferieren: über den Abschluß des
Wallenstein, über Goethes Farben- und Temperamenten-Lehre und
anderes mehr. Das gesellschaftliche Treiben brauchte Zeit; denn da

kamen sie nun alle zu Goethe – Herder und der Erbprinz, Bertuch und Böttiger, Wieland und Jean Paul –, um Schiller zu sehen und ihm zu sagen, daß er nach Weimar umziehen solle. Doch bis dies geschah, gingen noch zehn Monate ins Land.

Goethe begleitete Schiller am 7. Februar nach Jena und blieb drei Wochen dort. In dieser Zeit entstand die Ende März in Cottas »Allgemeiner Zeitung« veröffentlichte *Piccolomini*-Anzeige mit einer Inhaltsangabe des Stücks und einer kurzen ›Interpretation‹ durch Goethe und einer Aufführungsbeschreibung und -würdigung durch Schiller. Goethe lieferte am Ende seines Teils eine oft zitierte Kurzfassung seiner durch und durch positiven Kritik:

> Wollte man das Objekt des ganzen Gedichts mit wenig Worten aussprechen, so würde es sein: die Darstellung einer phantastischen Existenz, welche durch ein außerordentliches Individuum und unter Vergünstigung eines außerordentlichen Zeitmoments unnatürlich und augenblicklich gegründet wird, aber durch ihren notwendigen Widerspruch mit der gemeinen Wirklichkeit des Lebens und mit der Rechtlichkeit der menschlichen Natur scheitert und samt allem, was an ihr befestigt ist, zu Grunde geht. Der Dichter hat also zwei Gegenstände darzustellen, die mit einander im Streit erscheinen: den *phantastischen Geist*, der von der einen Seite an das Große und Idealische, von der andern an den Wahnsinn und das Verbrechen grenzt, und das *gemeine wirkliche Leben*, welches von der einen Seite sich an das Sittliche und Verständige anschließt, von der andern dem Kleinen, dem Niedrigen und Verächtlichen sich nähert. In die Mitte zwischen beiden als eine ideale, phantastische und zugleich sittliche Erscheinung stellt er uns die Liebe, und so hat er in seinem Gemälde einen gewissen Kreis der Menschheit vollendet.[98]

Mitte März, kurz bevor Goethe (am 21. März) wieder in Jena auftauchte (wo er erneut drei Wochen blieb), schloß Schiller die *Wallenstein*-Trilogie ab. Mit Goethe ging er am 10. April nach Weimar, wo zehn Tage später *Wallensteins Tod* uraufgeführt wurde. Der Beifall war noch größer als nach der *Piccolomini*-Aufführung. Der Herzog beglückwünschte den Dichter in der Hofloge und äußerte die Erwartung, dieser werde alsbald seinen Umzug nach Weimar bewerkstelligen.

Am 25. April kehrte Schiller nach Jena zurück. Einen Tag später begann er mit seinem nächsten Trauerspiel, *Maria Stuart*. Goethe, der schon wieder für vier Wochen das Jenaer Schloß als Wohnstätte gegen

sein Weimarer Haus am Frauenplan eingetauscht hatte, notierte am
1. Mai in sein Tagebuch: »Abends bei Hofrat Schiller über die dramatische Behandlung von Maria Stuart.«[99] Mit dem Stück wurde Schiller
in etwas über einem Jahr fertig. Daneben stand er – wohl mehr als Zuhörer denn als gleichberechtigter Gesprächspartner – Goethe bei dessen naturwissenschaftlichen Arbeiten zur Verfügung, beteiligte sich an
dem Entwurf eines von Goethe angeregten Schemas über den Dilet-
tantismus und vernachlässigte auch nicht seine Korrespondenz, die
wegen des häufigen Zusammenseins mit Goethe allerdings ein wenig
reduziert werden konnte. Zu den gesellschaftlichen Höhepunkten des
Jahres gehörte die huldvolle Behandlung Schillers durch das preußische Königspaar: Friedrich Wilhelm III. und Luise sahen sich am
2. Juli im Weimarer Theater eine Aufführung von *Wallensteins Tod* an
und geizten anschließend nicht mit Lob.
    Natürlich wurde nicht nur Schiller von der königlichen Sonne be-
schienen. Zur herzoglichen Mittagstafel am 2. Juli (bei der Schiller
nicht anwesend war) hatten sich auch Herder und Goethe eingefunden; sie fanden aber kaum Gelegenheit zur Konversation mit den hohen Gästen. »Ja ich habe Ihren König gesehen«, schrieb Herder am
19. Juli an Gleim, »gesprochen, nur einige Worte, so wie auch die Königin; es war in der Menge u. die Zeit litte nicht viel Gesprächs; un-
nützes Gespräch scheint er auch nicht zu lieben. Ein ernster, schlichter
Mann [...].«[100] Am Abend, »während der Vorstellung«, wie Böttiger
für die Nachwelt festhielt, wurde auch Wieland »vom Herzog selbst
dem König und der Königin vorgestellt. Der König sagte er freue
sich, einen Mann persönlich kennen zu lernen, von dessen Schriften er
vieles gelesen hätte. Er machte eine feine Bemerkung, wie vorteilhaft
einem Dichter der Aufenthalt auf dem Lande sein müsse.«[101] Damit
nicht genug: Der Königin gefiel Caroline Jagemann als Thekla so sehr,
daß sie darum bat, am folgenden Tag vor ihrer Abreise mit der Schauspielerin zusammenzukommen. Diese erinnerte sich nach Jahren:
»während eines Zwischenaktes kam Goethe in seidenem Galakleid
mit Degen und Chapeaubas in strengster Haltung auf die Bühne, um
mir zu verkünden, daß mich die Königin morgen früh zu sehen wünsche. Ich zog mein schönstes Kleid an [...]. Die Königin überhäufte
mich mit Güte und dem Lobe über meine Thekla [...].«[102]
    Schiller schrieb also an seiner *Maria Stuart*, empfing viele Besuche,
die ihm meistens lästig waren, quälte sich mit seinen körperlichen Leiden und versuchte, das literarische Treiben der Zeitgenossen nicht aus
den Augen zu verlieren. Daß ihm Friedrich Schlegels *Lucinde* deshalb

gefiel, weil er den Roman für völlig mißglückt hielt, ist aus einem
Brief an Goethe (vom 19. Juli 1799) unschwer zu erkennen:

> Sie müssen dieses Produkt wundershalber doch ansehen. Es charak-
> terisiert seinen Mann [...] besser als alles was er sonst von sich gege-
> ben, nur daß es ihn mehr ins fratzenhafte malt. [...] Da er fühlt, wie
> schlecht er im poetischen fortkommt, so hat er sich ein Ideal seiner
> selbst aus der *Liebe* und dem *Witz* zusammengesetzt. [...]
> Das Werk ist übrigens nicht ganz durchzulesen, weil einem das hohle
> Geschwätz gar zu übel macht.[103]

Goethe antwortete diplomatisch, er habe von dem Werk schon viel
reden hören. »Wenn mirs einmal in die Hände kommt will ichs auch
ansehen.«[104] Er wollte es mit keinem Schlegel verderben.

Ende August beschloß Schiller, nach Weimar zu ziehen, Anfang
September bat er den Herzog, der ihm ja gerade erst viel Freundliches
gesagt hatte, um Erhöhung der jährlichen Bezüge – zur Finanzierung
der doppelten Haushaltskosten. Ja, sagte der Herzog, die Bitte werde
sofort erfüllt, denn Schillers »Gegenwart« werde den »Gesellschaftl.
Verhältnissen« in Weimar gewiß »von großen nutzen« sein.[105] Aus den
bisher bewilligten 200 Talern wurden 400. Einen doppelten Haushalt
hat Schiller natürlich nie geführt. Zwar lebte er vom 3. bis zum
16. Dezember allein in der neuen Wohnung, aber die Familie hatte er,
ohne Kosten, in diesen zwei Wochen 400 Meter entfernt bei Charlotte
von Stein untergebracht. Noch 65 Monate blieben dem Dichter, den
Verhältnissen in Weimar nützlich zu sein. Die in ihn gesetzten Erwartungen erfüllte er als Dramatiker und als Freund Goethes.

Mit Goethes literarischen Arbeiten ging es 1799 so weiter: Mit
Sorgfalt wurde die Fortsetzung der »Propyläen« betrieben, der *Faust*
erfuhr gelegentlich einen Zuwachs und so auch die *Farbenlehre*. Bei
der Zusammenstellung der Gedichte für den siebten Band der von
Unger verlegten *Neuen Schriften* kamen ein paar Poesien hinzu, und
im September begann er, auf Vorschlag des Herzogs, mit der Übersetzung von Voltaires Trauerspiel *Mahomet*, das am 30. Januar des
folgenden Jahres erstaufgeführt wurde. Schiller, der nicht verstehen
konnte, daß Goethe sich stets mit vielerlei beschäftigte, war mit dessen Produktion höchst unzufrieden: »Leider erscheint diesmal von
Göthe gar nichts im Almanach«, schrieb er am 26. September an Körner, »alle Produktivität hat ihn diesen Sommer verlassen. Er ist seit etlichen Wochen hier und läßt euch grüßen.«[106] Zu Goethes Produktivität gehörten die Gespräche mit den vielen Besuchern, die er vor allem

im Jenaer Schloß empfing (in dem er vom 16. September bis 14. Oktober wieder residierte). Dabei kamen nicht alle, die es wünschten, mit ihm zusammen. Dorothea Veit, Friedrich Schlegels Gefährtin, die Anfang Oktober nach Jena gekommen war, hatte schon nach wenigen Tagen die größte Sorge, daß Goethe ihr vielleicht ganz verborgen bleiben könne:

> Ungeheuer aber ist es, daß Goethe hier ist, und ich ihn wohl *nicht* sehen werde! Denn man scheut sich ihn einzuladen, weil er wie billig das besehen haßt, er geht zu niemand als zu Schiller, obgleich Schlegels und Schelling ihn täglich auf seiner alten Burg besuchen in der er haust; bis die andre Woche bleibt er nur hier. Zu Schiller geht man nicht, also: ich werde in Rom gewesen sein ohne den Pabst den Pantoffel geküßt zu haben.[107]

Dorothea Veit, die noch ein paar Monate in Jena blieb, bekam natürlich noch die Chance, Goethe im persönlichen Gespräch ihrer Zuneigung und Bewunderung zu versichern.

Um der Gründung der »Propyläen« nach außen ein besonderes Gewicht zu verleihen, beschloß Goethe 1798, die Zeitschrift als ein Gemeinschaftsunternehmen der »Weimarer Kunstfreunde« (WKF) zu deklarieren; damit wurde nicht nur demonstriert, daß es in Weimar mehrere gleichgesinnte Verständige gebe, die der Entwicklung der Gegenwartskunst wichtige Impulse vermitteln wollten, sondern auch und vielleicht vor allem, daß die längst anerkannte Dominanz auf dem Felde der Literatur auf weitere Kunstbereiche ausgedehnt werden sollte. Der Freundschaftsbund bestand im wesentlichen aus Goethe und Heinrich Meyer. Schiller akzeptierte, daß er mitgerechnet wurde; Karl Ludwig Fernow, der zum Wintersemester 1803/04 einen Ruf als Kunsthistoriker nach Jena annahm und kurz darauf Bibliothekar Anna Amalias wurde, erweiterte den Kreis; und auswärtige Freunde, wie Wilhelm von Humboldt und der Altphilologe Friedrich August Wolf aus Halle, ließen sich willig kooptieren. Das wichtigste Geschäft, das die Kunstfreunde neben der »Propyläen«-Herausgabe betrieben, war die Organisation von Weimarer Kunstausstellungen, die es in den Jahren 1799–1805 jeweils im Herbst gab. Die Kunstfreunde stellten Jahr für Jahr Preisaufgaben: Ein Thema wurde vorgegeben, ein Preis ausgesetzt und mit der Zusicherung für Interesse gesorgt, daß alle eingereichten Arbeiten öffentlich besprochen würden. In der von Goethe stammenden Selbstanzeige der »Propyläen«, die im April 1799 in der »Allgemeinen Zeitung« erschien, war zum erstenmal ein Hinweis auf die Preisaufgabe für 1799 gegeben, wenig später brachte Goethes Zeitschrift einen langen Artikel *Nachricht an Künstler und Preisaufgabe*, in dem als »Gegenstand« des Wettbewerbs bestimmt wurde: »Die Szene, am Ende des dritten Buchs der Ilias, wo *Aphrodite* (Venus) *dem Alexandros* (Paris) *die Helena zuführt*«[108]. Bis zum Einsendeschluß Ende August gingen neun Arbeiten ein, die im September öffentlich ausgestellt wurden. Zur Wirkung auf die Betrachter äußerte sich Goethe einigermaßen deprimiert:

> Über das *Absurde* schreit jedermann auf und freut sich etwas so tief unter sich zu sehen. Über das *Mittelmäßige* erhebt man sich mit Behaglichkeit. Den *Schein* lobt man, ohne Rückhalt und ohne Bedingung [...]. Das *Gute*, das aber nicht vollkommen ist, übergeht man mit Stillschweigen [...]. *Das Vollkommene*, wo es anzutreffen ist, gibt eine gründliche Befriedigung, wie der Schein eine oberflächliche und so bringen beide eine ähnliche Wirkung hervor.[109]

Den ersten Preis teilten sich Ferdinand Hartmann aus Stuttgart und Heinrich Kolbe aus Düsseldorf. In den »Propyläen« erschien dann auch, wie versprochen, eine *Recension der eingegangenen Concurrenzstücke* aus der Feder Meyers. Im selben Stück wurden die Themen für die Preisaufgabe 1800 mitgeteilt:

> Die erste Aufgabe ist der *Abschied des Hectors von der Andromache*. Ilias VI. vom 395. Vers an.
> Die andere *Ulyß und Diomed*, welche das trojanische Lager nächtlich überfallen, den *Rhesus mit seinen Gesellen* ermorden und die schönen Pferde erbeuten. Ilias X. vom 377. Vers an.[110]

Nun gingen 28 Zeichnungen ein; Johann August Nahl aus Kassel bekam einen Zweidrittel- und Joseph Hoffmann aus Köln einen Eindrittel-Preis. So ging's dann mit den Ausstellungen bis 1805 weiter. Das Publikumsinteresse war nie groß, so daß nicht einmal die ausgesetzte Preissumme durch den Verkauf der Eintrittskarten immer zusammenkam. Am 5. Januar 1806 schrieb Goethe in sein Tagebuch: »Rückblick auf die sieben vergangnen Ausstellungen.«[111]

Wie es in Weimar aussah um 1800, wie die Adeligen und die Bürger lebten und in welchem Verhältnis sie zueinander standen, wie es in den Häusern der Repräsentanten des Geistes und der Macht zuging, darüber liegen genügend Mitteilungen der Zeitgenossen vor. Wie es

Weimar
Stadtansicht von Georg Melchior Kraus, 1805

›wirklich‹ war, mag sich jeder zusammenreimen nach Phantasie, Geschmack und Kenntnissen. Joseph Rückert fand es auffallend, daß jeder Fremde »aus jedem Fenster [...] mit neugierig musternden, aber
freundlichen Blicken« angesehen wurde und aus vielen der »oft unan-
sehnlichen Häuschen« Musik erklang; daß die Bürger, die, »wie in jeder Residenzstadt, durch den Adel gedrückt und niedergehalten«
wurden, dennoch stolz auf ihre Stadt waren, weil sie so berühmt war,
und sich deshalb in der Regel freundlich den Besuchern gegenüber
zeigten, weil sie dachten, diese seien ja auch ihretwegen gekommen.
Was weiter? »Der gewöhnliche Teil des Adels erscheint desto steifer
und geblähter. Er sieht unter dem Schuhe des Fürsten den Bürger tief
unter sich – zum Ersatz für die Demütigung, die er selbst in der Nähe
des Fürsten empfindet.« Zwischen den beiden Ständen »stehn der Gelehrte und Künstler, als der unschuldige Teil, der aber beiden nur wenig interessant ist, weil er [...] gleichsam auf einer unzugänglichen
Insel unter ihnen lebt.«[112] Mit solchen Mitteilungen ist soviel anzufangen wie mit Christian Ludwig von Oertels Feststellungen, daß es in
Weimar »Viehzucht, Getreide-, Obst- und Gartenbau« gebe und daß
»auf den Landtägen auch Bürgerliche [...] Sitz und Stimme haben«.

Zur Charakterisierung der Bevölkerung fiel ihm ein: »Die Weimeraner sind größtenteils betriebsam, zufrieden, und aufgeklärt, und in den übrigen Ständen herrscht ein ziemlich guter Ton, ziemliche Kultur und Gesellen, nur freilich ist vielen auch Plattheit, und die Unterhaltung von nichts als dem Hofe, dem Theater und dem Kartenspiele eigen.«[113] Garlieb Merkel, der sich in Jena und Weimar als passionierter Gegner Goethes und der Romantiker profilierte, fand, daß Weimar »alle Inkonvenienzen einer kleinen Stadt besaß ohne die Annehmlichkeiten einer solchen« und den Bürger zwang, »sich immer unter den Augen des Hofes« zu fühlen, »ohne durch die Herrlichkeiten und die Aussichten eines solchen entschädigt zu werden.«[114] Als Merkel in die Weimarer Gesellschaft eingeführt wurde, erfuhr er mancherlei Neues, das er in der Erinnerung aufbewahrte. Der Ton, in dem »die ganze obere ästhetische Beamtenwelt mit ihren gleichfalls ästhetischen Familien« verkehrte, erschien ihm sehr sonderbar und daher einiger Sätze wert:

> Er war zusammengesetzt aus Kleinstädterei, höfischen Rücksichten und literarischer Wichtigtuerei. Die Ereignisse in der Literatur wurden wie Stadtneuigkeiten besprochen und diese als literarische Konsequenzen. Besonders fiel es mir auf, immer nur vom *Hofrat* Wieland, *Geheimen Rat* Goethe, *Vizepräsidenten* Herder sprechen zu hören. Man nannte sie gar nicht ohne den Titel. [...] In der ganzen Gesellschaft war wahrscheinlich, mich ausgenommen, kein einziger Unbetitelter, selbst unter den wenigen Kaufleuten, und so setzte sich denn jeder, wenn er die großen Dichter auch bei dem Titel nannte, mit ihnen in dieselbe Kategorie.[115]

Die großen Dichter verkehrten untereinander etwas lockerer; die Kategorie, der sie angehörten, wurde durch keine Titel definiert. Daß Schiller eifrig (und mit Erfolg) bemüht war, den Rats-, dann den Hofrats- und schließlich den Adelstitel verliehen zu bekommen, hat allerdings damit zu tun, daß er den titelgeschmückten Kaufleuten gesellschaftlich nicht nachgesetzt sein wollte. Über den 1802 vom Kaiser verliehenen Erbadel freute er sich besonders, weil seiner Frau endlich der freie Zutritt zum Hof ermöglicht wurde und weil das Prädikat den Kindern einmal nützlich sein könnte.

Das letzte Jahrfünft, das Schiller noch in Weimar lebte, war, nicht anders als das Jenaer Jahrfünft zuvor, bestimmt von der intensiven Freundschaft mit Goethe, von dem energischen Widerstand gegen die zunehmenden Krankheitsfälle und einer unermüdlichen Bereitschaft

zur poetischen Produktion. Da, wenn Goethe in Weimar war, die Gelegenheit zu direkten Gesprächen bestand, die vor allem durch häufige
Besuche Goethes genutzt wurde, kam es innerhalb der Stadt kaum
noch zum Austausch längerer Briefe. Darin wird über die in diesen
Jahren entstehenden Arbeiten nicht viel Grundsätzliches gesagt; ästhetische Probleme und persönliche Verhältnisse werden nur gelegentlich
erörtert. Und auch vor den mündlichen Austausch der Ideen hatte
Schiller den folgenden Rat gesetzt: »Wir wollen uns übrigens beide in
unserm Arbeiten nicht stören, wenn Sie die absolute Einsamkeit lieber
haben.«[116] Diesem Rat folgte Goethe in einem Fall auf eine irritierende
Weise: Von seiner Ende 1799 begonnenen Arbeit an dem Trauerspiel
Die natürliche Tochter erzählte er Schiller, der gegenüber Freunden
zuweilen die poetische Untätigkeit des Freundes beklagte, solange
nichts, bis sie im März 1803 beendet war. Er ließ die zu erwartenden
Einwände nicht zu, weil er fürchtete, seine Poesie könnte durch Thea-
tereffekte, wie sie Schiller souverän zu erzielen vermochte, ins Ge-
dränge kommen. Dieser war dann auch mit dem Bühnenstück (das am

Schillers Wohnhaus an der Esplanade in Weimar
Steindruck von A. Kneisel

2. April 1803 uraufgeführt wurde) nicht recht zufrieden: Das Publikum habe sich »in die erstaunlichen Longueurs, die den Gang des
Stücks aufhalten nicht recht finden« können, schrieb er seiner Frau,
»und ich werde Goethen sehr anliegen es merklich zu verkürzen.«[117]
Verkürzt hatte Schiller vorher schon Goethes *Iphigenie*, deren Bearbeitung er mit des Dichters Billigung Anfang 1802 unternommen
und für die Erstaufführung auf der Weimarer Bühne einstudiert hatte.
Bearbeitet und teilweise gekürzt hat er, der sich für das Weimarer
Theater nicht weniger zuständig fühlte als Goethe, auch andere
Stücke: Lessings *Nathan*, Shakespeares *Macbeth* und Gozzis *Turan-
dot*; auch an der Bearbeitung des *Götz von Berlichingen*, der im September auf die Weimarer Bühne kam, hatte er keinen geringen Anteil.
Und dann ging's in den letzten Jahren auch noch ans Übersetzen aus
dem Französischen: 1803 kamen zwei Unterhaltungsstücke von Pi-
card an die Reihe, im Dezember 1804 wünschte sich der Herzog, daß
zum Geburtstag der Herzogin am 30. Januar Racines *Phèdre* gespielt
werde; also übersetzte Schiller das Trauerspiel in weniger als vier Wochen, dafür die Arbeit an *Demetrius* unterbrechend. Die schließlich
nicht mehr zum Abschluß gebrachte Tragödie hatte im November
1804 schon einmal zur Seite gelegt werden müssen, weil für den Einzug des Erbprinzen Karl Friedrich und der ihm drei Monate vorher in
St. Petersburg angetrauten Zarentochter Maria Paulowna ein Festspiel
gebraucht wurde. Schiller schrieb es – *Die Huldigung der Künste*.
Darin macht er, ein halbes Jahr vor seinem Tod, die Poesie zu seinem
Sprachrohr:

> Mich hält kein Band, mich fesselt keine Schranke,
> Frei schwing' ich mich durch alle Räume fort,
> Mein unermeßlich Reich ist der Gedanke,
> Und mein geflügelt Werkzeug ist das Wort.
> Was sich bewegt im Himmel und auf Erden,
> Was die Natur tief im Verborgnen schafft,
> Muß *mir* entschleiert und entsiegelt werden,
> Denn nichts beschränkt die freie Dichterkraft;
> Doch schönres find' ich nichts, wie lang ich wähle,
> Als in der schönen Form – die schöne Seele![118]

Da waren die vier letzten Dramen schon vollendet: *Maria Stuart*,
aufgeführt am 14. Juni 1800 (vom Herzog wegen der Kommunion-
Szene hart kritisiert); *Die Jungfrau von Orleans*, nicht in Weimar, sondern – am 11. September 1801 – in Leipzig uraufgeführt (der Herzog

wünschte nicht, daß Caroline Jagemann, seine Geliebte, als Darstellerin der Titelfigur dem Weimarer Publikum Anlaß zu ungehörigen Bemerkungen gebe; auch paßte ihm das Wunderbare des Stücks ganz
und gar nicht); *Die Braut von Messina*, am 19. März 1803, genau
14 Tage vor Goethes *Natürlicher Tochter*, uraufgeführt; *Wilhelm Tell*
schließlich, am 17. März 1804 zum erstenmal auf das Hoftheater gebracht.

Wenn Goethe einige Tage Schiller nicht sah, war er, wie er einige
Male versichert hat, höchlich erstaunt, welche Fortschritte der Freund
schon wieder gemacht hatte; er habe ihn oft kaum wiedererkannt. Das
hing sicher auch mit dem Fortschreiten von Schillers Krankheit zusammen. In immer kürzeren Abständen meldeten sich die Krämpfe,
der Katarrh, das Fieber, und mehr als einmal sah Schiller gleichsam,
wie der Sensenmann sich ihm näherte und winkte. Von Mitte Februar
bis Mitte März 1800 etwa fühlte er sich hart am Rande des Grabes.
Und danach ging es »sehr langsam mit der Erholung«, wie er am
24. März an Cotta schrieb, »ich kann nur mit Mühe die Treppen steigen, und der Husten dauert noch anhaltend fort [...].«[119] Ein anderes
Beispiel: »Ich habe freilich einen harten Anfall ausgestanden«, schrieb
er Anfang August 1804 an Goethe, »und es hätte leicht schlimm werden können«[120]; und fünf Wochen später an Cotta: »Mit meiner Genesung geht es noch immer sehr langsam zu und ich vegetiere nur so
hin«[121]; und wieder fünf Wochen später an Körner: »Nach und nach
fange ich an, mich wieder zu erholen und einen Glauben an meine
Genesung zu bekommen [...].«[122]

Trotz seiner Hinfälligkeit mutete sich Schiller Ende April 1804 eine
Reise nach Berlin zu, auf der ihn Frau und Söhne begleiteten. Die
Rückkehr nach Weimar erfolgte am 21. Mai. Reichlich waren die Ehrungen, die ihm zugekommen waren, und so konnte er dem Herzog
mitteilen, er überlege eine dauernde Übersiedlung nach Berlin, da ihm
die vorteilhaftesten Angebote gemacht worden seien; auf jeden Fall
brauche er mehr Geld. Karl August beeilte sich, die jährliche Zuwendung von bisher 400 Talern zu verdoppeln. Davon profitierte schon
im nächsten Jahr die Witwe.

Goethe hat in den 27 Jahren, die er Schiller überlebte, häufig in großer Dankbarkeit davon gesprochen, daß ihn der Freund mit Rat und
Tat unterstützt habe, wenn er der Unterstützung bedurft habe. Das
betraf nicht nur poetische Angelegenheiten, sondern auch naturwissenschaftliche, an denen Schiller im Grunde kein rechtes Interesse
hatte. Im historischen Teil seiner *Farbenlehre* (1810) hat Goethe seine

Arbeits- und Finanzplan Schillers
für die Jahre 1802–1809, erstes Blatt

Leser auch auf diese Hilfeleistung Schillers hingewiesen: »Durch die
große Natürlichkeit seines Genies ergriff er nicht nur schnell die
Hauptpunkte worauf es ankam; sondern wenn ich manchmal auf meinem beschaulichen Wege zögerte, nötigte er mich durch seine reflek-
tierende Kraft vorwärts zu eilen, und riß mich gleichsam an das Ziel
wohin ich strebte.«[123]

Im Jahr 1800 konzentrierten sich Goethes Amtsgeschäfte auf die
Theaterarbeit und die Tätigkeit in der Schloßbaukommission. Wichti-
ger jedoch waren ihm seine verschiedenen literarischen Projekte, die
langsam vorankamen: *Faust*, *Die natürliche Tochter* sowie die *Farbenlehre*. Außerdem übersetzte er Voltaires Tragödie *Tancrede*, die ein
Jahr nach dem *Mahomet*, am 31. Januar 1801, erstaufgeführt wurde.
Eine Reise zur Leipziger Frühjahrsmesse nutzte er zu intensiven
Kunststudien, zu Kontakten mit vielen ihm bisher nicht bekannten
Künstlern und Gelehrten sowie zu Kontrakten mit Cotta. Während
seiner – nicht mehr so häufigen – Jena-Besuche vertiefte sich die Beziehung zu Schelling, dem er am 27. September schrieb: »Ich wünsche
eine völlige Vereinigung, die ich durch das Studium Ihrer Schriften,
noch lieber durch Ihren persönlichen Umgang, so wie durch Ausbildung meiner Eigenheiten ins allgemeine, früher oder später, zu bewir-
ken hoffe [...].«[124] Als überaus nützlich erwies sich auch die Bekanntschaft mit dem in Jena tätigen Physiker Johann Wilhelm Ritter, der
sich verbissen dem Galvanismus verschrieben hatte, von dem er
glaubte, mit ihm ließe sich das entscheidende Wirkprinzip der Natur
(auch das des Menschen) experimentell gleichsam zur Anschauung
bringen. 1801 gelang ihm eine Entdeckung, die Goethe förmlich elek-
trisierte: die der ultravioletten Strahlen. Etwa ein Jahr lang ließ sich
Goethe von Ritter belehren, dann wurde ihm der Besessene, der dabei
war, sich durch Selbstexperimente zu ruinieren, so unheimlich, daß
ihm die Distanzierung rätlich erschien.

Zu denen, die 1800 Goethes zum erstenmal ansichtig wurden und
berichteten, was sie mit Augen und Ohren wahrnahmen, gehört der in
Jena studierende Bernhard Rudolf Abeken, der von 1808 bis 1810 der
Hauslehrer der Kinder Schillers wurde und in dieser Zeit mit Goethe
in ein freundschaftliches Verhältnis kam. Über einen Theaterbesuch
im Februar dieses Jahres schrieb er auf:

Ich sah Goethe zum erstenmal im Anfang des Jahres 1800, im Weimarischen Theater [...]. Schiller stand während jener Vorstellung des
Wallenstein in einer Loge, Goethe saß im Parterre dicht hinter mir in

einem bequemen Sessel, von dem aus er damals die Vorstellungen beherrschte. Hundertmal wandte ich mich um, das herrliche Gesicht,
diese gewaltigen Augen zu sehen. Manches auch von ihm an seinen
Nachbar gerichtete Wort vernahm ich, und ein sehr lobendes über
das Schauspiel, das ich vor Augen hatte. Dann begegnete mir Goethe
manchmal in Jena, wo er, auch nachdem Schiller sich in Weimar nie-
dergelassen, oft verweilte. Er war damals stark, mehrere Jahre später
hatte er eine bessere Proportion; noch trug er das Haar in einem starken, den ganzen Rücken hinabreichenden Zopf gewunden.[125]

Anfang 1801 sorgte sich Weimar um seinen berühmtesten Bürger.
Nach einer fröhlichen Silvesterfeier am Hof und anschließendem Bei-
sammensein mit Schiller und Schelling war Goethe von einem »Katarrh« befallen worden. »Vermehrte sich mein Katarrh«, heißt es im
Tagebuch vom 3. Januar[126]; am folgenden Tag mußte der Kranke des
»vermehrten Katarrhs« wegen eine Geselligkeit absagen, und unter
dem 5. verzeichnet das Tagebuch: »Brachte ich meistens den ganzen
Tag im Bette zu. Besuchten mich Serenissimus und Hr. H.R. Schiller.«
So ging es dann weiter, was heißt, daß es immer ärger wurde. Im Tagebuch ist alles notiert: die Augenentzündung, der Krampfhusten, die
Schlaflosigkeit, die Transpiration, das Halsübel. Die Symptome weisen darauf hin, daß Goethe von einer gefährlichen Gesichtsrose (Her-
pes Zoster) befallen war, gegen die Johann Christian Starks ärztliche
Kunst zuweilen nichts auszurichten schien.

Am 10. (oder 8.) Januar schrieb Schiller an Cotta: »Leider ist Göthe
in diesem Augenblick sehr krank, und seine Ärzte sind nicht ohne
Furcht eines unglücklichen Ausgangs.«[127] Und wenige Tage später an
Körner: »Es fing zwar nur wie eine Blatterrose an, aber Krämpfe und
ein böser Hals schlugen sich dazu, und Starke, der ihn behandelte,
fürchtete, daß eine Hirnentzündung daraus werden könnte.«[128]

Aus den vielen überlieferten Zeugnissen jener Tage geht hervor, daß
die Anteilnahme an dem Ereignis außerordentlich war; alle Repräsentanten des literarischen und gesellschaftlichen Weimar hielten, so
scheint es, für einige Tage bangend und hoffend den Atem an. Die
Briefe von drei Frauen verdienen, zitiert zu werden, weil sie auf persönliche Verhältnisse Bezug nehmen, die auf unterschiedliche Weise
im Leben des Dichters Epoche gemacht haben. Am 12. Januar schrieb
Charlotte von Stein an ihren Sohn Fritz:

ich wußte nicht daß unser ehmaliger Freund Goethe mir noch so
teuer wäre daß eine schwere Krankheit an der er seit 9 Tagen liegt

mich so innig angreifen würde. Es ist ein Krampf-Husten und zugleich die Blatterrose er kann in kein Bett und muß in einer immer
stehenden Stellung erhalten werden sonst will er ersticken [...]; entweder meldet dir mein Brief seine Besserung oder seinen Tod ehe laß
ich ihn nicht abgehen. Die Schiller und ich haben schon viele Tränen
die Tage her über ihn vergossen [...].[129]

Fünf Tage später schrieb Charlotte Schiller, ebenfalls an Fritz von
Stein:

> Daß Goethe so krank war, wissen Sie. Wir haben viel Angst seinet-
> wegen gehabt. [...] Wenn ich auch nicht fühlen könnte, was wir an
> Goethens Geist verloren hätten, so würde mir sein Verlust unendlich
> schmerzlich gewesen sein um Schillers willen, der in seiner Freund-
> schaft durch die Nähe seines Geistes so reich ist, und der Niemanden
> finden könnte, an den er sich so anschlösse.[130]

Und am 21. Januar nahm auch Caroline Herder in einem Brief an
Knebel zu dem bewegenden Ereignis Stellung:

> Daß Goethe lebt, darüber wollen wir Gott danken. Es möchte ohne
> ihn, nicht gut in Weimar werden. Er ist doch immer der, der Schran-
> ken setzet, wenn es zu bunt werden will!
> Mein Mann hatte ihn vorgestern besucht – fand aber leider den Her-
> zog u. Schiller da – ein solcher Dreiklang war seiner Natur fremd –
> ungewohnt – er kam verstimmt nach Hause, bis die Nacht u. der
> Schlaf die Saiten wieder stimmte.[131]

Da war Goethe zwar noch nicht wieder gesund, aber auf dem Wege
der Besserung. Am 29. Januar setzte er Cotta über Vergangenes und
Gegenwärtiges ins Bild:

> Das neue Jahrhundert hat sich nicht gut gegen mich erwiesen, denn
> ich bin in den ersten Tagen von einer sehr heftigen, obgleich nicht
> ganz unvorhergesehenen Krankheit überfallen worden, welche neun
> Tage lang, indessen ich wenig von mir selbst wußte, die Fortdauer
> meiner Existenz sehr zweifelhaft machte. Indessen habe ich mich in
> der letzten Hälfte dieses Monats wieder so ziemlich erholt und fange
> an, die Lebensfäden wieder anzuknüpfen.[132]

Eine Woche darauf schickte Goethe an Johann Friedrich Reichardt,
mit dem er vier Jahre in einem gespannten Verhältnis gelebt hatte, eine
Antwort auf dessen herzlichen Brief vom 25. Januar. »Da ich von

der nahfernen Grenze des Totenreichs zurückkehrte«, heißt es in
Goethes Brief, »begegneten mir gleich so viele Teilnehmende, welche
mir die schmeichelhafte Überzeugung gaben, daß ich sonst nicht allein für mich, sondern auch für Andere gelebt hatte.« Und am Ende:
»Ich wünschte nichts mehr, als so vielen Freunden, die auf meine
Existenz einen Wert setzen, auch künftig zur Freude und zum Nutzen zu leben.«[133]

Während des ganzen Jahrs zieht sich durch die Korrespondenz
Goethes die Erinnerung an das überstandene Leiden, das der Gene-
sene nicht nur als physisches begriff. Sein Hang zur Hypochondrie
steigerte sich. Nur sachte, um seine Gesundheit nicht aufs neue zu ge-
fährden, betrieb er das ihm Wichtige: Er habe wieder am *Faust* gearbeitet, teilte Schiller Ende April nach Dresden mit. »Sonst beschäftigt
er sich auch viel mit seinen optischen und naturhistorischen Dingen,
die gewiß von sehr großer Bedeutung sind.«[134]

Anfang Juni unternahm Goethe eine dreimonatige Reise, die ihn
über Göttingen nach Bad Pyrmont führte, wo er fünf Wochen zur
Kur weilte. Auf der Rückreise machte er fast einen Monat in Göttingen Station, um dort Material für den historischen Teil der *Farbenlehre* zusammenzutragen.

August von Kotzebue
Stich nach einem Gemälde
von Johann Friedrich August Tischbein

Im Oktober 1801 gründete Goethe zur Hebung des geselligen Lebens in Weimar das sogenannte »Mittwochskränzchen«, das sich auch als »Cour d'amour« bezeichnete. Es begann mit sieben von Goethe gebildeten Paaren, deren Zweck freilich in nichts anderem bestand, als daß Ehepartner auseinandergehalten wurden und sich ohnehin sympathische Personen einander nahe sein konnten. Die Zusammenkünfte, denen auch einige poetische Produktionen Goethes und Schillers zu danken sind, fanden in der Regel alle 14 Tage bei Goethe statt. Schon im März 1802 war es mit dem Kränzchen zu Ende. Einige Damen hatten den gegen Goethe gerichteten Plan August von Kotzebues, am 5. März Schiller öffentlich zum Dichterkönig auszurufen, allzu offenkundig gutgeheißen und ihr Bedauern über das von Goethe angeregte Verbot des Spektakels nicht unterdrückt. Es brodelte in Weimar.

Am 2. Januar 1802 ließ Goethe auf der Hofbühne August Wilhelm Schlegels antikisierendes Schauspiel *Ion* aufführen, das dem Publikum nicht gefiel. Die Kritik war derart, daß Goethe mutmaßte, sie sei von der ›Clique‹ um Böttiger und Kotzebue gelenkt und richte sich weniger gegen Schlegel als gegen ihn, den Theaterdirektor. Als ihm eine Rezension Böttigers, die für das »Journal des Luxus und der Moden« bestimmt war, in Auszügen unter die Augen kam, wurde er energisch. Bertuch, dem Herausgeber der Zeitschrift, schrieb er am 12. Januar, er verlange, daß die Veröffentlichung der Rezension unterbleibe, und drohend fügte er hinzu, »daß wenn Sie selbst nicht geneigt sind, die Sache zu remedieren, und den Aufsatz zu unterdrucken, ich sogleich an Durchl. den Herzog gehe und Alles auf die Spitze treibe.«[135] Bertuch unterdrückte. Ein neuer Verdacht keimte in Goethe auf: War nicht der »Neue Teutsche Merkur« so etwas wie ein ›Hausblatt‹ Böttigers? Also mußte, am 13. Januar, Wieland die Meinung gesagt werden, gründlich:

Daß, bei der Erscheinung des Jon, der Parteigeist des Herrn *Überall* seine Flügel regen dürfte, war vorauszusehen. Schon bei der ersten Vorstellung rannte dieser Tigeraffe im Parterre herum, durch pedantische Anmerkungen den Genuß einer Darstellung, wie sie Weimar noch nicht gehabt hat, zu stören. [...]
Da ihm nun der Weg ins Modejournal verrannt ist [...], so wünschte ich nicht, daß er den Merkur zum Gefäß seiner Unreinigkeiten ersehe. [...]
Vergib mir diese freundschaftliche Anzeige.[136]

Wieland vergab, nicht aber Böttiger. Er wurde nun erst zum Gegner Goethes, wenn auch mit aller Vorsicht. Aber gerade diese Vorsicht vergiftete die Atmosphäre so, daß Goethe fortan Böttigers Entfernung aus Weimar betrieb. Nach zwei Jahren war das Ziel erreicht: Böttiger ging im April 1804 nach Dresden, wo er Direktor des dortigen Pageninstituts wurde.

Zu denen, die sich über Goethes diktatorisches Wesen sehr erregten, gehörte auch Kotzebue, der 1801/02 hauptsächlich in Weimar und Jena lebte. Die Affäre um Böttiger wurde für ihn zum Lieblingsthema, das er deshalb öffentlich traktierte, weil damit die eigenen Verletzungen, die ihm Goethe zufügte, zunächst einmal verborgen bleiben konnten. Zu diesen Verletzungen gehörte nicht nur das Verbot der Schiller-Apotheose, sondern auch Goethes Weigerung, des beliebten Vielschreibers Lustspiel *Die deutschen Kleinstädter* auf die Weimarer Bühne zu bringen. Die Begründung, das Stück greife zu offen August Wilhelm Schlegel und die romantische Schule an, verdeckte den tieferen Grund: Goethe wollte Kotzebue strafen, weil er – zur ›Clique‹ gehörte. Als sich Kotzebues Mutter in den Streit einmischte, verbat sich Goethe in scharfem Ton »alle unüberlegte Zudringlichkeiten dieser Art, sowohl für jetzt, als künftig«[137]. – Am 7. November 1803, als die Romantiker längst über alle Berge waren, ließ Goethe dann doch *Die deutschen Kleinstädter* aufs Theater kommen.

Einen weiteren Theater-Mißerfolg handelte sich Goethe mit der am 29. Mai 1802 erfolgten Uraufführung von Friedrich Schlegels Trauerspiel *Alarcos* ein. Das Stück gefiel nicht mehr als *Ion*, und die Schelte war allgemein. Schiller hatte Goethe gewarnt: es seien ihm bei der Lektüre des Stücks »bedenkliche Sorgen aufgestiegen. Leider ist es ein so seltsames Amalgam des Antiken und Neuest-Modernen daß es weder die Gunst noch den Respekt wird erlangen können. Ich will zufrieden sein, wenn wir nur nicht eine totale Niederlage damit erleiden, die ich fast fürchte.«[138] Daß damit auch Friedrich Schlegel »eine totale Niederlage« erlitt, wird Schiller nicht gerade bekümmert haben.

Zu den betrüblichen Ereignissen, die 1802 das Weimarer Theater betrafen, gehört auch, daß am 23. August Corona Schröter starb, die von Goethe und dem Herzog so überaus geschätzte Sängerin und Schauspielerin, die 1776 mit 25 Jahren nach Weimar gekommen war und sich vor allem auf dem Liebhabertheater, nicht zuletzt als Iphigenie in der Prosa-Fassung des Goetheschen Schauspiels, viel Anerkennung, ja Zuneigung erworben hatte. Zwar hatte sie sich schon vor Jahren als Darstellerin zurückgezogen, aber sie war dem Theater verbunden geblieben.

Doch es gab auch Erfreuliches: Nach langjährigen Bemühungen war es Goethe gelungen, das Lauchstädter Theater, auf dem seine Truppe allsommerlich gastierte, renovieren zu lassen. Am 26. Juni wurde das Haus mit Goethes Vorspiel *Was wir bringen* und Mozarts Oper *Titus* festlich eröffnet. Goethe blieb anschließend noch vier Wochen in der Badestadt, mit Abstechern nach Halle und Giebichenstein. Während der folgenden Monate, die er zum größten Teil in Weimar, wochenweise auch in Jena zubrachte, war er, neben anderem, mit der Drucklegung der Werke, die alle noch im selben Jahr als Einzelveröffentlichungen bei Cotta erschienen, beschäftigt: *Was wir bringen, Mahomet* und *Tancred*. Obwohl Cotta besorgt war, die nächste ihm von Goethe zum Druck aufgedrängte Produktion werde ihm Verluste einbringen, nahm er sie – hoffend, bald werde er mit *Faust* das große Geschäft machen – an: Goethes Übersetzung *Leben des Benvenuto Cellini*. Das Werk erschien 1803 in zwei Bänden und verkaufte sich schlecht.

1803 war für Weimar und Jena und also auch für Goethe ein turbulentes Jahr. Zunächst allerdings zog sich der Dichter, soweit es ging, aus den gewöhnlichen Geschäften zurück, um seine *Natürliche Tochter* zu vollenden. Da er die Arbeit gegenüber Schiller geheimhielt, konnte dieser den Verdacht hegen, Goethe sei ganz untätig. »Es ist zu beklagen«, schrieb er am 17. Februar an Wilhelm von Humboldt, »daß Goethe sein Hinschlendern so überhand nehmen läßt [...]. Seit einem Vierteljahr hat er, ohne krank zu sein, das Haus ja nicht einmal die Stube verlassen.«[139] Bald verließ Goethe Stube und Haus.

Zwischen Weimar und Jena pendelnd, kümmerte er sich um den Botanischen Garten und die Bibliothek hier, um die Fertigstellung des Schlosses (das im August endlich bezugsfertig wurde) dort, empfing und machte viele Besuche, hier wie dort; in Jena kam er oft mit dem Verleger und Buchdrucker Frommann zusammen, dessen 14jährige Ziehtochter Wilhelmine Herzlieb ihm sehr gefiel (in den kommenden Jahren immer mehr); in Weimar verbrachte er 14 Tage in schönster Harmonie mit Karl Friedrich Zelter, dem Berliner Komponisten; das Theater erhielt neue Impulse, weil junge begabte Schauspieler, Pius Alexander Wolff und Karl Franz Grüner, sich im Herbst beim Direktor vorstellten; »und weil ich eben Zeit hatte, auch einer heitern Ruhe genoß, begann ich mit ihnen gründliche Didaskalien, indem ich auch mir die Kunst aus ihren einfachsten Elementen entwickelte und an den Fortschritten beider Lehrlinge mich nach und

Theaterzettel zur Eröffnung des Goethe-Theaters

Lauchstädt, den 26. Jun. 1802.

Zu Eröffnung des neuen Schauspielhauses:

Was wir bringen.

Vorspiel,
von Goethe.

Personen:

Vater Märten.	⸺	⸺	Malkolmi.
Mutter Marthe.	⸺	⸺	Beck.
Erster Knabe.	⸺	⸺	Sophie Teller.
Zweyter Knabe.	⸺	⸺	Adelheid Spitzeder.
Nymphe.	⸺	⸺	Maas.
Phone.	⸺	⸺	Jagemann.
Pathos.	⸺	⸺	Malkolmi.
Reisender.	⸺	⸺	Becker.

Hierauf

Titus.

Oper, in zwey Aufzügen, von Mozart.

Titus, Römischer Kaiser.	⸺	Benda.
Vitellia, Tochter des ehemaligen Kaisers Vitellius.	⸺	Malkolmi.
Sextus, } Patricier.	⸺	Jagemann.
Annius, }	⸺	Ehlers.
Servilia, des Sextus Schwester.	⸺	Petersilie.
Publius, Anführer der Leibwache des Kaisers.	⸺	Spitzeder.
Dollabella, } Senatoren.	⸺	Graff.
Pollio, }	⸺	Malkolmi.
Senatoren. Volk. Wache. Lictoren.		

Theaterzettel zur Eröffnung
des neugebauten Theaters in Lauchstädt

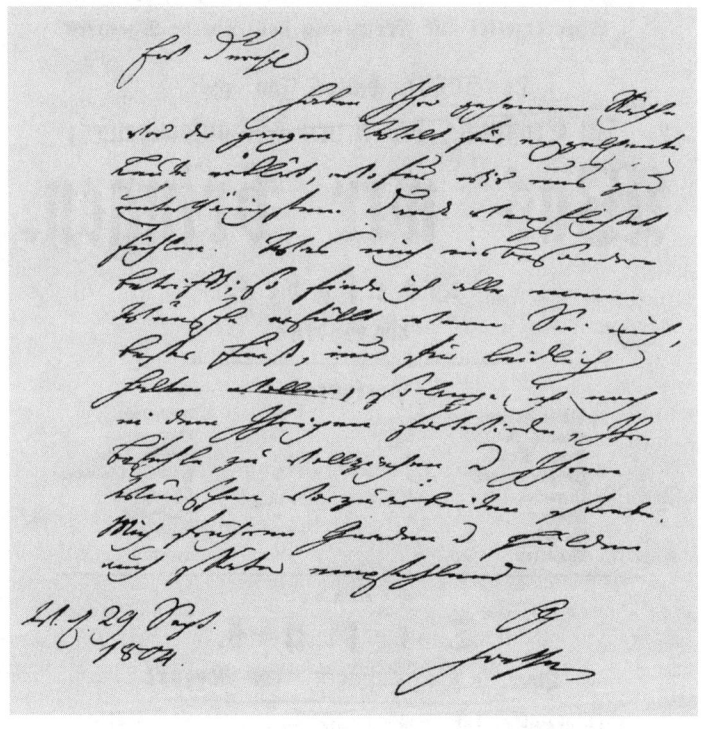

Brief Goethes an Herzog Karl August
29. September 1804

nach emporstudierte [...].«¹⁴⁰ So entstanden Goethes *Regeln für Schauspieler*.

Daß Goethe »einer heitern Ruhe genoß«, ist kaum zu glauben. Denn seit dem Sommer krachte es mächtig im Gebälk der Jenaer Universität. Mehrere angesehene Professoren machten sich davon: der Anatom Loder und der Philologe Schütz nach Halle, der Jurist Hufeland und der Theologe Paulus nach Würzburg; und diesen schloß sich, was Goethe besonders schmerzlich war, Schelling an. Der größte Verlust war freilich, daß Schütz, der Herausgeber der »Allgemeinen Literatur-Zeitung«, dieses weithin geachtete Rezensionsorgan von

Jena nach Halle ›entführte‹. So war, resümierte Goethe später, »die Akademie für den Augenblick mit völliger Auflösung« bedroht.[141] In hektischer Betriebsamkeit, für die auch Goethe sorgte, wurde die Wiederbesetzung der vakanten Stellen betrieben, zunächst nur mit mäßigem Erfolg, denn der Ruf der Universität war spätestens seit Fichtes Rausschmiß nicht der beste. Wichtiger freilich als die schnelle Verpflichtung von Professoren war für Goethe die Rettung der Literaturzeitung für die Universität, für die Stadt Jena und für das Herzogtum. Im August dachte er sich den Plan aus, an die Stelle der alten Zeitung einfach eine neue zu setzen – mit demselben Titel, im selben Format, Druck und Layout; und von den Mitarbeitern der abgehenden Zeitung sollten die angesehensten abgeworben werden. Goethe suchte und fand bald einen willigen Redakteur, den Philologen Heinrich Karl Abraham Eichstädt, der ihm behilflich war, prospektive Mitarbeiter von der Vorzüglichkeit des Unternehmens zu überzeugen. Und es fanden sich auch genug, um den Start zu wagen. Vor allem scharten sich die Romantiker, die seit langem mit Schütz verfeindet waren, um Goethes Fahne. Auf der durfte aber, so machte die preußische Regierung klar, nicht »Allgemeine Literatur-Zeitung« stehen; der Titel mußte für das künftig im preußischen Halle erscheinende Periodikum reserviert bleiben. Der Ausweg war nicht schwer zu finden: Ab Januar 1804 kam in Jena die »Jenaische Allgemeine Literatur-Zeitung« heraus. Sie wurde bald zur vorzüglichsten Zeitung ihrer Art. Im ersten Jahr ihres Bestehens veröffentlichte Goethe in ihr fünf, im folgenden Jahr neun Rezensionen. Schiller machte nicht mit.

Am 18. Dezember 1803 starb Herder, der schon lange von Krankheiten und vom Mißtrauen gegen die Welt gezeichnet war. Er hatte es nicht verwunden, daß ihm sein Freund Goethe abhanden gekommen war, da dieser sich mit Schiller eingelassen hatte. Er glaubte auch (vielleicht nicht zu Unrecht), der Hof behandele ihn ungebührlich. Daß der Herzog sich weigerte, den Herder 1801 vom Kurfürsten von Bayern verliehenen Adelstitel anzuerkennen, brachte ihn noch 1803 um den Schlaf. Er bat Goethe um Intervention, und diese hatte einen halben Erfolg: Der Herzog verweigerte ein förmliches Reskript in der Angelegenheit, war aber einverstanden, daß Herder den Titel auch auf offiziellen Dokumenten führte. Die Entscheidung trug nicht zur Erheiterung des Geadelten bei.

Am 23. Dezember 1803 teilte Wieland seiner alten Freundin Sophie von La Roche den Tod Herders mit:

Es ist ein großer, unersetzlicher Verlust für seine Familie, für die
Welt und für seine Freunde. Er war mein bester und gewissermaßen
mein einziger Freund in Weimar – ich habe sehr viel an ihm verloren,
und hatte große Ursache, auch um meiner Selbst willen zu wünschen, daß er, der so beträchtlich jüngere Mann, mich Alten überleben möchte![142]

Jean Paul ehrte seinen Freund in der *Vorschule der Ästhetik* auf andere Weise:

> Wenige Geister waren auf die große Weise gelehrt wie Er. Die mei-
> sten verfolgen nur das Seltenste, Unbekannteste *einer* Wissenschaft;
> Er hingegen nahm nur die großen Ströme, aber aller Wissenschaften
> in sein himmelspiegelndes Meer auf, das ihnen aufgelöst seine Bewe-
> gung von Abend gegen *Osten* aufdrang. Viele werden von der Ge-
> lehrsamkeit umschlungen wie von einem austrocknenden Efeu, Er
> aber wie von einer Trauben-Rebe.[143]

Und Goethe? Er notierte nichts im Tagebuch, er schrieb nicht der
Witwe, er vermied es, des einstigen Weggefährten in den *Tag- und
Jahresheften* für das Jahr 1803 zu gedenken.

Für gesellschaftlichen Trubel sorgte von Mitte Dezember 1803 bis
Ende Februar 1804 in Weimar ein Gast aus Frankreich: Anne Louise
Germaine de Staël-Holstein, die Tochter Jacques Neckers, des letzten
Finanzministers Ludwigs XVI., die 1802 von Napoleon aus Paris verbannt worden war und sich bald darauf auf Reisen begeben hatte. Sie
war gekommen, um in Erfahrung zu bringen, ob Weimar tatsächlich,
wie es überall hieß, der geistige Mittelpunkt Deutschlands sei. In ihrer
Schrift *De l'Allemagne* (1810) hat sie die allgemeine Meinung bestätigt.

Als sie – am 13. oder 14. Dezember – in Weimar eintraf und ungeduldig nach Goethe fragte, war dieser in Jena und ließ sich auch durch
dringende Empfehlungen des Herzogs, sich auf den Rückweg zu machen, nicht zur Eile treiben. Die Dame könnte ja wohl auch nach Jena
kommen? Doch das Wetter war zu schlecht. Am 24. Dezember gab
Goethe, nachdem er gerade in Weimar eingetroffen war, Madame
de Staël, die sich längst am Hof umgesehen und die Bekanntschaft
Schillers und Wielands, des aus Oßmannstedt Herbeigeeilten, gemacht hatte, die Ehre einer Audienz. Es gab dann noch etliche Begegnungen mit den Weimarer Nobilitäten. Die Nachwelt ist durch viele
Quellen unterrichtet, wie es dabei zugegangen ist. Goethe fand bestätigt, was Schiller ihm am 21. Dezember angekündigt hatte:

Frau v Stael wird Ihnen völlig so erscheinen, wie Sie sie Sich a priori schon konstruiert haben werden; es ist alles aus Einem Stück und kein fremder, falscher und pathologischer Zug in ihr. Dies macht, daß man sich trotz des immensen Abstands der Naturen und Denkweisen vollkommen wohl bei ihr befindet, daß man alles von ihr hören und ihr alles sagen kann.[144]

Interessanter als die Urteile über Madame de Staël sind ihre Ansichten über Weimar, die sie in langen Briefen an ihren Vater aufschrieb.[145] »Schiller und Wieland sind in der Verknüpfung literarischer Ideengänge außerordentlich geistreich, aber Schiller vor allem spricht so schlecht Französisch, daß seine Anstrengungen, die er macht, um sich auszudrücken, peinlich wirken.« – »Goethe zerstört mir sehr das Ideal des Werther. Er ist ein untersetzter Mann ohne besondere Physiognomie, der sich ein wenig weltmännisch gebärden will, was ihm aber nur halb gelingt [...].« – »Der bedeutendste Mensch, der hier lebt, ist

Anne Louise Germaine
de Staël-Holstein

Bleistiftzeichnung
von Jean-Baptiste Isabey

zweifellos Werther-Goethe; aber er ist von einer Eigenliebe beseelt, die ebenso erstaunlich ist wie seine Phantasie.«
Ende April 1804 kam Madame de Staël noch einmal für ein paar Tage nach Weimar. Aus Berlin hatte sie am 31. März an Anna Amalia geschrieben: »Ich sagte in Weimar, daß es dort keine Menschen zweiten Grades gäbe, sondern nur ganz gebildete oder völlig unbedeutende; hier dagegen ist der mittlere Durchschnitt erschreckend zahlreich, und man stößt auf jene eitlen Prätensionen, die man von Paris her in ihrer Hohlheit zur Genüge kennt.«[146]
Daß in den *Tag- und Jahresheften* für das Jahr 1804 der Bericht über den Besuch Madame de Staëls fast die Hälfte des Aufgeschriebenen ausmacht, zeigt, daß es in diesem Jahr nichts Wichtigeres für Goethe gab. Ziemlich ausführlich sind auch die Mitteilungen über das Johannisfeuer, an dem Goethe in Jena teilnahm, weniger ausführlich die Bemerkungen über die »Untersuchung der dortigen wissenschaftlichen Anstalt«[147]. Der eigenen naturwissenschaftlichen Arbeit wird beiläufig gedacht, auch der Zusammenstellung der Schrift *Winkelmann und sein Jahrhundert* sowie der Übersetzung von Diderots *Le neveu de Rameau*, und schließlich ist davon die Rede, wie es zu *Wilhelm Tell* kam und wie wenig die *Götz*-Bearbeitung gelang.
Ende 1804 wurde Goethe wieder krank; nach kurzzeitiger Besserung kam die Krankheit wieder. Und so wiederholte sich das mehrmals bis in den April 1805. Gelegentlich fühlte sich der Dichter halbwegs gesund, meistens aber ziemlich krank. Mit einiger Mühe wurden die Diderot-Übersetzung *Rameau's Neffe* und das Winckelmann-Buch fertig. Dann ereignete sich das für Goethe kaum Faßbare: Am Donnerstag, dem 9. Mai, starb Schiller. Am folgenden Tag, dem spielfreien Freitag, wurde dem Theaterpublikum bekanntgemacht:

Bei der traurigen Stimmung, welche durch das unvermutete Ableben des allgemein geschätzten und um das deutsche Theater so sehr verdienten

Herrn Hofrat v. Schiller

allhier besonders bei dem Personal des Fürstlichen Hoftheaters erregt worden, wird auf Ansuchen desselben die morgende Vorstellung mit gnädigster Zustimmung ausgesetzt.[148]

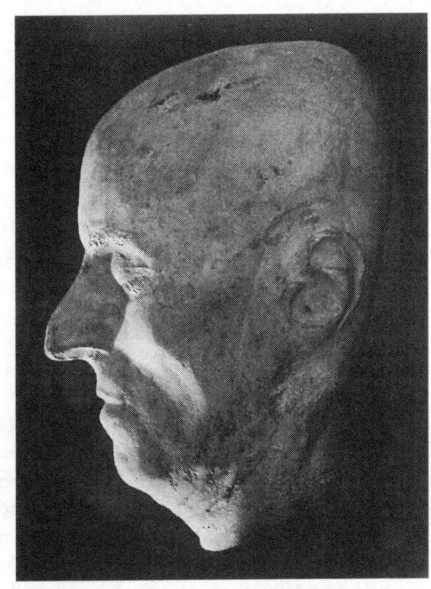

Schillers Totenmaske

Abgenommen
von Ludwig Klauer

Die gnädigste Zustimmung hatte Goethe gegeben. Der Herzog war abwesend; die Nachricht von Schillers Tod empfing er am 16. Mai in Magdeburg; sie machte ihn »sehr betroffen«[149].

Goethe wurde durch den Tod des Freundes aufs tiefste erschüttert. Er zog sich für Tage ganz in sich zurück. Und erst nach Wochen raffte er sich zur Kondolenz auf. Nicht an die Witwe, sondern an deren Schwester, Caroline von Wolzogen, schrieb er am 12. Juni ein Briefchen, in dem es heißt: »Ich habe noch nicht den Mut fassen können Sie zu besuchen. Wie man sich nicht unmittelbar nach einer großen Krankheit im Spiegel besehen soll; so vermeidet man billig den Anblick derer die mit uns gleich großen Verlust erlitten haben.«[150] Einige Tage vorher hatte der Verwaiste einen Brief an Zelter mit den Sätzen begonnen: »Seit der Zeit, daß ich Ihnen nicht geschrieben habe, sind mir wenig gute Tage geworden. Ich dachte mich selbst zu verlieren, und verliere nun einen Freund und in demselben die Hälfte meines Daseins. Eigentlich sollte ich eine neue Lebensweise anfangen; aber dazu ist in meinen Jahren auch kein Weg mehr.«[151] Durch Schillers Tod wurde Goethe alt.

FÜNFTES KAPITEL

Die napoleonische Zeit:
Zwischen Plünderung und Salonkultur

1805–1815

Für Weimar als literarisch-kulturelles Zentrum bedeutete Schillers Tod eine tiefe Zäsur, die von den Zeitgenossen auch als solche empfunden wurde. »Ich kann mir vorstellen, welche Sensation die Nachricht von Schiller's Tode in Leipzig gemacht haben mußte«, schreibt Wieland am 6. Juni 1805 an Göschen, und fährt fort:

> Nach Herdern, und solange uns Göthe noch erhalten wird, konnte Deutschlands Literatur keinen empfindlichern Verlust erleiden. Wollte Gott, daß wir nur nicht auch über den Einzigen, der uns darüber trösten kann, noch immer in Sorgen schweben müßten! Ich kann Ihnen nicht ausdrücken, wie leicht mir um's Herz würde, wenn ich gewiß sein könnte, diesen Fall nicht zu erleben.[1]

Wielands Wunsch ging in Erfüllung, Goethe erholte sich von der Krankheit, die ihn in den ersten Monaten des Jahres bedroht hatte, und stand nach Wielands Tod 1813 als Repräsentant des literarischen Weimar allein da.

Der Verlust des Weggefährten der vergangenen Jahre stürzte Goethe in eine Krise, deren Überwindung aber eine Phase erneuerter Produktivität einleitete. Die Auseinandersetzung mit Schillers Tod führte ihn aus der selbstgeschaffenen Enge des klassischen Kunstprogramms heraus, das in Schillers Todesjahr in der von Goethe herausgegebenen Sammlung *Winkelmann und sein Jahrhundert* noch einmal seinen Ausdruck fand. Nicht zuletzt durch die Begegnung mit dem breiteren und neuartigen Literaturverständnis der Romantiker durch den ersten, von den Herausgebern Arnim und Brentano ihm gewidmeten

Wieland

Gemälde von
Ferdinand Jagemann,
1806

Band der Volksliedersammlung *Des Knaben Wunderhorn* (1805, erschienen mit der Jahreszahl 1806) und durch das Nibelungenlied, von
dem Friedrich von der Hagen 1806 Auszüge veröffentlichte, weitete
sich Goethes ästhetischer Horizont. Die griechische Antike verlor ihre
normative Bedeutung für Goethes Kunstempfinden, und mit dem
wachsenden Interesse für mittelalterliche und mündlich tradierte Literatur erweiterte sich auch wieder das Spektrum der literarischen Formen, deren er sich bediente. Vor allem die lange gering geschätzte
Form des Romans griff Goethe in der Folgezeit wieder auf. 1806
wurde der erste Teil des *Faust* vollendet, und neben der Niederschrift
der *Wahlverwandtschaften* (1809), Teilen von *Wilhelm Meisters Wanderjahren* (erste Fassung 1821) und Gedichten des *West-oestlichen Di-
vans* (1819) begann im Jahrzehnt nach Schillers Tod Goethes Arbeit
an den großen autobiographischen Schriften: Ab 1811 erschienen in
stetiger Folge die drei noch zu seinen Lebzeiten veröffentlichten Teile
von *Aus meinem Leben. Dichtung und Wahrheit* (bis 1814), und Ende

1813 fing Goethe an, die Aufzeichnungen seines Italienaufenthalts der Jahre 1786–1788 zur *Italienischen Reise* auszugestalten. Wenig an den von 1805 bis 1815 entstandenen Werken gemahnt an die historischen Ereignisse, die in diesem Zeitraum die politische Landschaft Europas umwälzten und auch an dem anscheinend so beschaulichen Residenzstädtchen Weimar nicht vorbeigingen. Als der spätere Schriftsteller und Journalist Willibald Alexis im Jahre 1819 als Student Weimar zum erstenmal besuchte, verwunderte es ihn sehr, daß in der »Stadt, wo Herder, Wieland, Schiller schliefen und Goethe lebte«, die Folgen der politischen Geschehnisse der vergangenen fünfzehn Jahre weitaus präsenter waren als die Erinnerungen an die Blütezeit der Weimarer Klassik:

> Was nun die Bewohner von Weimar anlangt, so wußte wohl ein jeder die Namen Schiller und Goethe; aber wenn ich von der großen Epoche der Stadt redete, so kannte sie auch ein jeder, und sprach gern und viel davon, wie man sich immer mit einem wollüstigen Kitzel des Schrecklichen erinnert. Aber die Weimarsche Epoche ist nicht die Zeit der Dichter, sondern die Schlacht bei Jena, und es hat für den Weimarschen Bürger in Jahrhunderten bis auf den heutigen Tag nichts Merkwürdigeres gegeben, als wie die Franzosen drohend und plündernd zum Tor einzogen.[2]

Leichtfertig hatte sich Preußen auf eine militärische Auseinandersetzung mit dem napoleonischen Frankreich eingelassen und erlitt am 14. Oktober 1806 in der Doppelschlacht bei Jena und Auerstedt eine vernichtende Niederlage. Das nahe Weimar wurde von französischen Truppen besetzt und geplündert, Herzog Karl August mußte sein Kommando über eine preußische Division niederlegen, sein Land dem unter Napoleons Protektorat stehenden Rheinbund beitreten. Für die nächsten Jahre blieb das Herzogtum in das französische Bündnissystem integriert, stellte Truppenkontingente für die Feldzüge Napoleons in Spanien, Tirol und Rußland und wäre nach der Völkerschlacht bei Leipzig im Oktober 1813 beinahe doch noch der Kriegsfurie zum Opfer gefallen, der es 1806 einigermaßen glimpflich entkommen war. Karl August gelang es, rechtzeitig die Fronten zu wechseln und dank der engen verwandtschaftlichen Beziehungen seines Hauses zu Preußen und Rußland den Titel eines Großherzogs und die territoriale Abrundung seines kleinen Landes auf dem Wiener Kongreß zu erreichen.

Was an dem Jahrzehnt von 1805 bis 1815, das von der einen Seite
durch ein literaturgeschichtliches Datum, Schillers Tod am 9. Mai
1805, von der anderen durch ein politisches Ereignis, den Wiener
Kongreß, begrenzt wird, so erstaunt, ist die Ungleichzeitigkeit im
Gleichzeitigen. Literarisches und Politisches, Bedeutendes und Banales standen in Weimar eng nebeneinander, trotz Krieg und Besetzung
blieb Raum für Gesellschaftliches bei Hofe oder im Salon der Johanna
Schopenhauer, für Theaterskandale und Klatsch um Goethes Ehe-
schließung. Mit dem Tod der Herzoginmutter Anna Amalia und Wielands gingen die Repräsentanten des ersten Weimarer Musenhofes dahin, und der alternde Goethe flüchtete sich teils in literarische und
naturwissenschaftliche Produktivität, teils in amoureuse Neigungen
zu jungen Frauen wie Minchen Herzlieb und Bettina Brentano.

Als Schiller im Mai 1805 starb, mußte auch um Goethes Gesundheit
gebangt werden. Noch einen Monat vor seinem eigenen Tod hatte sich
Schiller in einem Brief an den gemeinsamen Freund Wilhelm von
Humboldt besorgt über den Zustand Goethes geäußert, der den Winter über unter Nierenkoliken und einer Infektion der Atemwege gelitten hatte:

> Goethe war diesen Winter wieder sehr krank und leidet noch jetzt an
> den Folgen. Alles rät ihm ein milderes Klima zu suchen und beson-
> ders dem hiesigen Winter zu entfliehen. Ich liege ihm sehr an, wieder
> nach Italien zu gehen, aber er kann zu keinem Entschlusse kommen,
> er fürchtet die Kosten und die Mühseligkeiten, auch mögen ihn viel-
> leicht andere Einflüsse binden. Unter diesen Umständen hat er frei-
> lich nicht viel im poetischen leisten können, aber Sie wissen, daß er
> nie untätig ist, und sein Müßiggang nur ein Wechsel der Beschäftigung
> ist. [...] Wir sahen uns diesen Winter selten, weil wir beide das Haus
> nicht verlassen durften.[3]

Im Mai besserte sich Goethes Gesundheitszustand, und auch die
Nachricht von Schillers Tod, die man ihm kaum zu überbringen
wagte, schien zumindest seine physische Verfassung nicht nachhaltig
anzugreifen. Zwar kehrten die Koliken Ende Mai noch einmal so heftig wieder, daß Goethes Hausgenossen mitten in der Nacht aus Jena
den Herzoglichen Leibarzt Johann Christian Stark kommen ließen,
doch erholte sich Goethes Gesundheit so weit, daß er im Juni wieder
bei Hofe und in Gesellschaften erschien. Einen aus dem Abstand eines
Jahres schon stark stilisierten Bericht von Goethes Reaktion auf Schil-

lers letzte Krankheit und Tod gibt Heinrich Voß, der, Sohn des Ho-
mer-Übersetzers und Dichters Johann Heinrich Voß, seit 1804 Gym-
nasialprofessor in Weimar war und viel in Goethes Haus verkehrte. In
seinem Brief vom 12. August 1806 heißt es:

> In der letzten Krankheit Schillers war Goethe ungemein niederge-
> schlagen. Ich habe ihn einmal in seinem Garten weinend gefunden;
> aber es waren nur einzelne Tränen, die ihm in den Augen blinkten.
> Sein Geist weinte, nicht seine Augen. Und in seinen Blicken las ich,
> daß er etwas Großes, Überirdisches, Unendliches fühlte. Ich erzählte
> ihm vieles von Schiller, das er mit unnennbarer Fassung anhörte:
> »Das Schicksal ist unerbittlich, und der Mensch wenig.« Das war al-
> les, was er sagte, und wenige Augenblicke nachher sprach er von hei-
> tern Dingen. Aber als Schiller gestorben war, war eine große Besorg-
> nis, wie man es Goethe beibringen wollte. Niemand hatte den Mut,
> es ihm zu melden. Meyer war bei Goethe, als draußen die Nachricht
> eintraf, Schiller sei tot. Meyer wurde hinausgerufen, hatte nicht den
> Mut, zu Goethe zurückzukehren, sondern ging weg, ohne Abschied
> zu nehmen. Die Einsamkeit, in der sich Goethe befindet, die Verwir-
> rung, die er überall wahrnimmt, das Bestreben, ihm auszuweichen,
> das ihm nicht entgehen kann – alles dieses läßt ihn wenig Tröstliches
> erwarten. »Ich merke es«, sagt er endlich, »Schiller muß sehr krank
> sein«, und ist die übrige Zeit des Abends in sich gekehrt. Er ahnte,
> was geschehen war; man hörte ihn in der Nacht weinen. Am Morgen
> sagt er zu einer Freundin [Christiane Vulpius]: »Nicht wahr, Schiller
> war gestern sehr krank.« – Der Nachdruck, den er auf das »sehr«
> legt, wirkt so heftig auf jene, daß sie sich nicht länger halten kann.
> Statt ihm zu antworten, fängt sie laut an zu schluchzen. »Er ist tot?«
> fragt Goethe mit Festigkeit. »Sie haben es selbst ausgesprochen«,
> antwortet sie. »Er ist tot!« wiederholt Goethe noch einmal und be-
> deckt sich die Augen mit den Händen.[4]

In den Wochen nach Schillers Tod trug sich Goethe mit dem Plan,
Schillers Fragment gebliebenes Drama *Demetrius*, an dessen Entstehung er großen Anteil genommen hatte, zu vollenden, doch kam dieses Vorhaben nie zur Ausführung. Ebensowenig verwirklichte er die
Pläne zu einer Dichtung mit Musik, die bei einer Totenfeier zu Ehren
Schillers auf dem Weimarer Theater hätte zur Aufführung kommen
sollen. Mit der Bitte, den musikalischen Part bei diesem Projekt zu
übernehmen, wandte sich Goethe an den befreundeten Karl Friedrich
Zelter in Berlin – niedergeschlagen und noch ganz unter dem Eindruck des erlittenen Verlustes:

Seit der Zeit, daß ich Ihnen nicht geschrieben habe, sind mir wenig gute Tage geworden. Ich dachte mich selbst zu verlieren, und verliere nun einen Freund und in demselben die Hälfte meines Daseins. Eigentlich sollte ich eine neue Lebensweise anfangen; aber dazu ist in meinen Jahren auch kein Weg mehr. Ich sehe also jetzt nur jeden Tag unmittelbar vor mich hin, und tue das Nächste, ohne an eine weitere Folge zu denken.

Da indessen die Menschen aus jedem Verlust und Unglück sich wieder einen Spaß herauszubilden suchen, so geht man mich von Seiten unsres Theaters und von mehrern Seiten dringend an, das Andenken des Abgeschiedenen auf der Bühne zu feiern. Ich mag hierüber weiter nichts sagen, als daß ich dazu nicht abgeneigt bin und jetzt nur bei Ihnen anfragen möchte, ob Sie mir dabei behülflich sein wollen, und zwar zuerst, ob Sie mir Ihre Motette *der Mensch lebt und bestehet*, wovon mir die musikalische Zeitung Nr. 27 Nachricht gibt, gefällig mitteilen und noch einiges andre in feierlichem Style entweder komponieren oder komponierte Musikstücke, deren Charakter ich Ihnen angeben würde, zu Unterlegung schicklicher Worte aussuchen und überlassen wollten. Sobald ich hierüber Ihre nähere Gesinnung weiß, so erfahren Sie das weitere.[5]

Unter Zelters Mitwirkung kam es, anstelle der geplanten Aufführung zum Abschluß der Spielzeit des Weimarer Theaters, in Bad Lauchstädt, wo Goethe im Sommer weilte und Schauspieler der Weimarer Bühne alljährlich Gastspiele gaben, am 10. August zu einer Gedenkfeier für den verstorbenen Dichter, bei der die letzten drei Akte der *Maria Stuart* und eine szenische Aufführung des *Lieds von der Glocke*, um einen *Epilog* aus Goethes Feder erweitert, gegeben wurden. Im September kehrte Goethe nach Weimar zurück, wo die siebte und letzte der von ihm initiierten jährlichen Kunstausstellungen stattfand. Obwohl er sich mit den beiden eingesandten Landschaftszeichnungen nicht an die gestellte Aufgabe, Szenen aus dem Leben des Herkules darzustellen, gehalten hatte, wurde Caspar David Friedrichs Bildern die Hälfte des ausgelobten Preises zuerkannt. In der bildenden Kunst vollzog sich damit schon die Aufweichung des starren klassizistischen Kunstideals durch Einflüsse der Romantik, wie sie auch für Goethes dichterische Produktion der folgenden Jahre wirksam wurde. Bezeichnend ist, daß Goethe einerseits den künstlerischen Fortschritt anerkannte (und später Ankäufe von Bildern Friedrichs durch den Weimarer Hof vermittelte), andererseits aber kritische Distanz zum neuen Kunstideal wahrte, wo es nicht die qualitative Höhe

der Kunst eines Caspar David Friedrich erreichte. Daß Goethe und
Johann Heinrich Meyer, die »Weimarischen Kunstfreunde«, die Einrichtung der jährlichen Preisaufgaben und Ausstellungen aufgaben,
begründete jener in dem 1812 vollendeten Bericht »Letzte Kunstaus-
stellung 1805«, verbunden mit einer Warnung vor dem drohenden
Qualitätsverlust einer stark emotionalisierten Kunst, wie er sie mit
der Romantik heraufkommen sah:

> Wenn die bisherigen Ausstellungen, sowohl den Künstlern als uns,
> gar manchen Vorteil brachten, so schieden wir nur ungern davon und
> zwar auch aus dem Grunde: weil eine durch Frömmelei ihr unver-
> antwortliches Rückstreben beschönigende Kunst desto leichter über-
> hand nahm, als süßliche Reden und schmeichelhafte Phrasen sich viel
> besser anhören und wiederholen, als ernste Forderungen auf die
> höchstmögliche Kunsttätigkeit menschlicher Natur gerichtet.
> Das Entgegengesetzte von unsern Wünschen und Bestrebungen tut
> sich hervor, bedeutende Männer wirken auf eine der Menge behagli-
> che Weise; ihre Lehre und Beispiel schmeichelt den meisten; die Wei-
> marischen Kunstfreunde, da sie Schiller verlassen hat, sehen einer
> großen Einsamkeit entgegen.
> Gemüt wird über Geist gesetzt, Naturell über Kunst, und so ist der
> Fähige wie der Unfähige gewonnen. Gemüt hat jedermann, Naturell
> mehrere; der Geist ist selten, die Kunst ist schwer.[6]

Während in Weimar die am 29. September 1805 eröffnete Kunstaus-
stellung vorbereitet wurde, war erneut Krieg auf dem europäischen
Kontinent ausgebrochen. Österreich und Rußland hatten, zur Entla-
stung des verbündeten England, Frankreich den Krieg erklärt. Und
während sich die österreichische Armee in Süddeutschland Napoleons
erwehrte, versuchte der russische Zar Alexander I. in Berlin, Friedrich
Wilhelm III. dazu zu bewegen, sich der antifranzösischen Koalition
anzuschließen. Der preußische König zögerte und ließ lediglich in
einer demonstrativen Geste seine Armee in Sachsen aufmarschieren.
Auch Weimar erlebte den Durchmarsch preußischer Truppen, doch
scheint sich diese erste Begegnung mit dem Kriegsgeschehen zunächst
nur auf den Spielplan des Theaters ausgewirkt zu haben. In einem
Brief Riemers an Frommann heißt es:

> Heute werden die Preußischen Helden hier einziehen und morgen
> hier Rasttag halten. Das Korps der Offiziere hat sich Wallensteins
> Lager ausgebeten. Vermutl. wollen sie sich daraus begeistern! Nun

macht das heutige Korps damit den Anfang, alle nachfolgenden werden nun auch über diesen Stock springen, das läßt sich vorhersehen![7]

An eine mögliche Bedrohung Weimars dachte offenbar niemand, und das gesellschaftliche Leben der Kleinstadt ging unverändert fort. Um vor allem den Damen des Hofes, darunter auch die Herzogin Luise, Vorträge aus seinen naturwissenschaftlichen Forschungen zu halten, besonders aus der Farbenlehre, mit der er sich in dieser Zeit intensiv beschäftigte, richtete Goethe im November 1805 in seinem Haus am Frauenplan die »Mittwochsgesellschaft« ein. Bis etwa 1820 dauerten diese wöchentlichen Zusammenkünfte in den Wintermonaten, zu denen mitunter auch der Herzog, Karl Ludwig von Knebel oder Wieland erschienen, und mit der Zeit erweiterte sich der Themenkreis der geselligen Versammlung auf die ganze Vielfalt dessen, was Goethe beschäftigte. Lesungen aus neu entstandenen eigenen Werken wie dem *Faust* und den *Wahlverwandtschaften* traten neben solche aus fremden, wie die Stegreifübersetzung aus dem *Nibelungenlied* im Winter 1808/09, chemische und physikalische Experimente aller Art wurden vorgeführt.

Gesellschaftlicher Höhepunkt und Stadtgespräch im November 1805 war aber nicht der kleine Zirkel in Goethes Wohnung, sondern der Besuch des Zaren Alexander bei seiner Schwester in Weimar, der Großfürstin Maria Paulowna. Fernow schreibt in einem Brief an Böttiger über den kaiserlichen Besucher und gewisse Verwicklungen mit der höfischen Etikette, nach deren Maßstäben der berühmte Wieland Geheimer Rat oder Hofdame hätte sein müssen, um sich einer Einladung durch den Zaren gewürdigt zu sehen:

Was die Visitenkarte betrifft, so hat der Kaiser nicht nur allen Geheimenräten, sondern auch sogar den Hofdamen samt und sonders welche senden lassen, und es ist allerdings eine ehrende Aufmerksamkeit, daß auch eine auf des Kaisers ausdrücklichen Befehl an Wieland hat gesendet werden müssen, obgleich er weder Geheimerrat noch Hofdame ist. Es ist aber falsch, daß bloß Wieland und nicht auch Goethe dergleichen erhalten haben sollte. Überhaupt ist der Kaiser hier gegen alle Menschen, die ihm nahe gekommen, so leutselig und zuvorkommend artig gewesen, daß eine solche Auszeichnung oder Zurücksetzung überhaupt bei keinem Menschen stattgefunden hat. Aber was für elendes Zeug wird nicht bei jeder Gelegenheit über Goethe geklatscht und gelogen![8]

Ob Alexanders Leutseligkeit unter der Niederlage seiner und der österreichischen Armee bei Austerlitz gelitten hat, ist nicht überliefert. Nach dieser »Dreikaiserschlacht« am 2. Dezember 1805, in der Napoleon die russische und die österreichische Armee vernichtend schlug, wurde Preußen im Vertrag von Schönbrunn gezwungen, Gebiete an Bayern und Frankreich abzutreten, erhielt aber zum Ausgleich das Kurfürstentum Hannover. Und auch Österreich mußte nach dem Frieden von Preßburg Gebiete an die süddeutschen Nachbarstaaten abtreten. Mit dem wachsenden Einfluß Napoleons auf Deutschland waren damit die Wurzeln für denjenigen Konflikt gelegt, in dessen Sog Weimar im kommenden Jahr gezogen wurde.

In Weimar begann das Jahr 1806 ruhig. Goethe hielt den Winter über seine Vorträge vor der »Mittwochsgesellschaft«, über Galvanismus und vor allem über seine Farbenlehre, begleitet von praktischen Demonstrationen. Anfang März vollendete er den ersten Teil des *Faust*, ging im April mit Riemer das Manuskript noch einmal durch und überreichte es schließlich seinem Verleger Cotta, als dieser ihn am 25. April 1805 auf der Rückreise von der Leipziger Buchmesse in Weimar besuchte. Infolge der Kriegsereignisse und der Besetzung weiter Teile Deutschlands durch Napoleons Truppen erschien das Drama erst zur Ostermesse 1808, wurde aber von Publikum und Kritik, die es seit der Veröffentlichung einzelner Szenen unter dem Titel *Faust. Ein Fragment* im Jahre 1790 gespannt erwartet hatten, sofort rezipiert.

Obwohl sich immer noch preußisches Militär in der Stadt aufhielt (mehr als 20 000 Soldaten lagen in dem kleinen Herzogtum im Winterquartier), schien Goethe der Auseinandersetzung mit der politischen Lage aus dem Weg zu gehen, wie er auch private Unglücksfälle nur ungern an sich heranließ. Das zumindest läßt sich einem Brief Charlotte von Steins an ihren Sohn Fritz vom 15. Januar 1806 entnehmen, der auch einmal mehr die gehässige Ablehnung widerspiegelt, die Weimars feine Gesellschaft Goethes Lebensgefährtin Christiane Vulpius entgegenbrachte:

> Goethens Vorlesungen gehen alle Mittwoche ihren Weg. Ein Viertelstündchen wird der Politik gewidmet oder vielmehr den jetzigen Begebenheiten; doch hat er das nicht gern. Vor acht Tagen war eben seine Schwägerin, die jüngere Schwester seiner Demoiselle, gestorben, und zwar, wie wir eben da waren. Aber alle Todesfälle in und außer seinem Haus läßt er sich verheimlichen, bis er so nach und nach dahinterkommt. Doch soll er sie beweint haben. Sie war schon

lang an der Auszehrung krank. Sein Bube kommt mir auch nicht
vor, als könnte er lange leben; gebe der Himmel, daß er nicht vor
ihm stirbt! Seine Demoiselle, sagt man, betrinkt sich alle Tage, wird
aber dick und fett. Der arme Goethe, der lauter edle Umgebungen
hätte haben sollen! Doch hat er auch zwei Naturen. Er liest uns
jetzt über die Farben, sagt, daß sie in unsern Augen liegen; drum
verlange das Auge die Harmonie der Farben wie das Ohr die Harmonie der Töne etc.[9]

Auf der politischen Bühne vollzogen sich in der ersten Hälfte des
Jahres 1806 folgenschwere Veränderungen. Napoleon festigte sein
Bündnissystem und seine Herrschaft in Deutschland. Sein Kavallerie-
führer Marschall Joachim Murat zog im März als neuernannter Großherzog von Berg in die Residenzstadt Düsseldorf ein, die Verbündeten Bayern, Württemberg und Baden wurden zu Königreichen bzw.
zum Großherzogtum aufgewertet. Insgesamt sechzehn deutsche Staaten brachen schließlich im Juli 1806 offen mit der alten deutschen
Reichsverfassung und gründeten unter Napoleons Protektorat den
Rheinbund. Als auf französischen Druck Franz II. im August die
deutsche Kaiserkrone niederlegte, hatte auch formal das jahrhunderte-
alte Heilige Römische Reich Deutscher Nation ein Ende gefunden.
Preußen sah sich bei dieser Neuordnung Deutschlands an den Rand
gedrängt, und nach weiteren Demütigungen stellte Friedrich Wilhelm III., in völliger Verkennung der militärischen Kräfteverhältnisse,
am 1. Oktober 1806 dem französischen Kaiser ein Ultimatum, seine
Truppen aus Süddeutschland abzuziehen. Napoleon antwortete nicht,
setzte aber ein über 200 000 Mann starkes Heer gegen die preußisch-
sächsische Armee in Bewegung. Bei Schleiz und Saalfeld kam es zu ersten Gefechten, bevor die beiden Heere am 14. Oktober in der Doppelschlacht bei Jena und Auerstedt aufeinandertrafen.
Als Preußen am 9. August 1806 mobil machte, wurde Herzog Karl
August, der als General der Kavallerie dem preußischen Heere angehörte, vom Herzog von Braunschweig, dem preußischen Heerführer,
als Befehlshaber der Avantgarde vorgeschlagen. Auch das 700 Mann
starke Weimarische Scharfschützenbataillon wurde mobilisiert und
per Vertrag den Preußen unterstellt. Das Militärhandwerk gehörte,
anders als die Jagd, zu denjenigen adeligen Beschäftigungen, denen
sich Karl August aufgrund der bescheidenen finanziellen Verhältnisse
seines Herzogtums in seiner Heimat nicht im gewünschten Maße
hatte widmen können. Schon unter Anna Amalias Regentschaft waren

die Militärausgaben des Ländchens verringert worden, und Goethe
hatte als Leiter der Kriegskommission die Truppenstärke noch einmal
radikal reduziert. Die wenigen Husaren, die im aktiven Dienst standen, waren zudem noch mit Polizeiaufgaben in Weimar betraut. Karl
August war daher 1787 preußischer Offizier geworden und hatte bald
darauf das Kommando des 6. preußischen Kürassierregiments übernommen. Nun erhielt er den Befehl über die preußische Vorhut, die
Napoleons Nachschubwege behindern sollte. An der Schlacht von
Jena und Auerstedt nahm Karl Augusts Division nicht teil. Bei Arn-
stadt erhielt er die Nachricht von der verlorenen Schlacht und brachte
daraufhin Ende Oktober seine Truppen über die Elbe vor dem nach-
setzenden französischem Heer in Sicherheit. Von dem, was sich währenddessen in Weimar zutrug, erfuhr er erst im nachhinein.

Mitten in das Durcheinander hinein, das die Marschbewegungen
der preußischen und sächsischen Armee in und um die Residenzstadt
verursachten, hatte am 28. September 1806 eine Frau in Weimar Einzug gehalten, die das gesellschaftliche Leben der kommenden Jahre
nachhaltig prägen und das ihrige zum Nachruhm der Stadt beitragen
sollte, Johanna Schopenhauer. Bereits im Mai des Jahres hatte sie sich
Weimar in der Absicht angesehen, sich dort niederzulassen. An ihren
Sohn Arthur, damals Kaufmannslehrling in Hamburg, später über die
Nichtbeachtung seines philosophischen Hauptwerks *Die Welt als
Wille und Vorstellung* (1819) verbitterter Privatgelehrter in Frankfurt,
schrieb sie am 26. Mai 1806:

> Der Umgang hier scheint mir sehr angenehm, und gar nicht kost-
> spielig, mit wenig Mühe und noch weniger Kosten wird es mir leicht
> werden, wenigstens einmal in der Woche die ersten Köpfe in Wei-
> mar, und vielleicht in Deutschland, um meinen Teetisch zu versam-
> meln und im ganzen ein sehr angenehmes Leben zu führen. Die Ge-
> gend um Weimar ist nicht ausgezeichnet schön, aber recht hübsch,
> der Park ist wirklich sehr schön.[10]

Nach Hamburg zurückgekehrt, hatte sie ihre Übersiedlung vorbereitet und traf nun in der Stadt ein, wo sie die Wohnung des im Mai
verstorbenen Hofmedikus Dr. Gottfried von Herder, eines Sohnes des
Schriftstellers, an der Esplanade bezog (heute Theaterplatz 1), die sie
bei ihrem Aufenthalt im Mai bereits angemietet hatte.

Johanna Schopenhauer hatte, aus einer wohlhabenden Danziger
Kaufmannsfamilie stammend, eine Ehe mit dem wesentlich älteren

Geschäftsmann Heinrich Floris Schopenhauer geführt, der 1805 bei einem Unfall in seinem Haus in Hamburg, wo die Familie seit 1793 wohnte, ums Leben gekommen war. Nach ausgedehnten Reisen mit ihrem Mann hatte Johanna schon in Hamburg ihr Haus zu einem gesellschaftlichen Mittelpunkt gemacht. Nun löste sie ihren Hausstand auf, gab den Sohn Arthur in eine Kaufmannslehre und zog mit ihrer damals neun Jahre alten Tochter Adele in die Stadt, die ihr als literarischer Mittelpunkt Deutschlands besonders geeignet für ein geselliges Leben nach ihrem Geschmack erscheinen mußte.

Johanna und
Adele Schopenhauer
Ölgemälde
von Caroline Bardua

Doch war der Moment ihrer Ankunft, wie sie selbst in einem Brief an Arthur vom 6. Oktober 1806 einräumt, nicht gerade glücklich gewählt: »Ich bin hier mitten im Kriege, aber guten Mutes. Das Schicksal spielt wunderlich mit mir, daß ich mich gerade in diesem stürmi-

schen Zeitpunkt hierher versetzt finde, in ein Land, welches wahrscheinlich der Schauplatz eines blutigen Krieges wird.«[11] Weimar glich
einem Heerlager, das preußische Hauptquartier mußte beherbergt
werden, Truppen und Nachschubtransporte blockierten die Straßen.
Friedrich von Gentz erinnert sich in seinen Memoiren an den 11. Oktober und an das Durcheinander, das die Niederlagen der preußischen
Truppen bei Schleiz und Saalfeld am 8. und 9. Oktober unter Offizieren und Soldaten auslöste:

> Wir kamen um elf Uhr nach Weimar, und ich war überrascht und be-
> troffen von dem Bild, daß sich meinen Augen bot. Eine Verwirrung,
> wie ich ihr noch nie begegnet war; die Straßen mit Truppen, Pferden,
> Bagagewagen vollgestopft; mitten drin Offiziere jeder Waffengat-
> tung, Generäle, Personen aus dem Gefolge des Königs, die ich hier
> nicht erwartet hatte. Die Wagen stauen sich; ich sehe den Kabinetts-
> rat Lombard herankommen, der, bleich und erschöpft, mich fragt, ob
> sein Bruder mit mir gefahren ist, dann ganz herantritt und mir sagt:
> »Wissen Sie denn, was hier vorgeht? Wir haben eine Schlacht ver-
> loren; Prinz Ludwig ist gefallen.«[12]

Der Herzog von Braunschweig ordnete den Rückzug der Armee
an, in der Befürchtung, von Napoleons Armeen eingekreist zu werden; das preußische Hauptquartier und das Königspaar verließen Weimar, und auch der Weimarische Hof reiste ab, um an einem sicheren
Ort die Entwicklung der Dinge abzuwarten. Lediglich die Herzogin
Luise harrte im Weimarer Schloß aus – und rettete so vermutlich die
Stadt vor der Zerstörung und ihrem Gemahl Karl August die Herrschaft über sein Land.
Am Morgen des 14. Oktober 1806 herrschte in Weimar völlige Un-
klarheit darüber, was sich zur gleichen Zeit in der Umgebung zutrug.
Bei Jena befahl Napoleon im Morgengrauen den Angriff auf die ihm
gegenüberliegenden preußischen Truppen, in denen er die feindliche
Hauptarmee vermutete, tatsächlich aber das zahlenmäßig weit unter-
legene Korps des Fürsten Hohenlohe-Ingelfingen (an dessen Seite üb-
rigens der erst vierzehnjährige Prinz Bernhard von Sachsen-Weimar
an der Schlacht teilnahm) vor sich hatte. Seinem Marschall Davout
erteilte Napoleon den Befehl, über Apolda vorzurücken, um den
Preußen in den Rücken zu fallen. Dieser stieß jedoch unerwartet bei
Auerstedt auf das preußische Hauptheer unter dem Herzog von
Braunschweig, der sich aber im dichten Nebel einem überlegenen
Feind gegenüber glaubte. An beiden Orten wurden die preußischen

Truppen unter hohen Verlusten an Menschen und Material in die
Flucht geschlagen und verfolgt.

Den Bewohnern Weimars blieb die Entwicklung der nahen Schlacht
bei Jena lange verborgen, den Tag über schwankte man zwischen
Furcht und Hoffnung. Unter den Bäumen des Webichts, des Gehölzes
an der Straße nach Jena, wurde ein behelfsmäßiger Ruheplatz für Ver-
wundete eingerichtet, Kanonendonner war zu hören, doch die Nachrichten vom Schlachtfeld blieben widersprüchlich und unklar. Der
Weimarer Theodor Götze gehörte zu denjenigen Bürgern der Stadt,
die sich nicht in ihre Häuser eingeschlossen hatten, sondern versuchten, sich ein Bild von den Ereignissen zu machen:

> Blessierte hohe Stabs- und andere Offiziere, von denen der größte
> Teil verwundet das Schlachtfeld verlassen hatte, hielten mitten unter
> den daliegenden Soldaten und boten für ein Glas Quellwasser einen
> Taler. Plötzlich änderte sich die Szene. Mitten im Gewühl machte
> sich ein sächsischer Kürassier mit entblößtem Säbel Platz durch die
> Menge, auf mit Staub und Schaum bedecktem Roß. Dieser wurde
> von einem der Stabsoffiziere angehalten. »Kamerad!«, rief der Offi-
> zier, »wie steht es?« – »Schlecht«, war die Antwort des Sachsen, »al-
> les verloren, völlige Retraite, rette sich, wer sich retten kann!« – mit
> diesen Worten eilte er, sich Platz machend, weiter der Stadt zu. Meh-
> rere angekommene preußische Kürassiere vom Regiment Henckel
> Donnersmark bestätigten die Aussagen des Sachsen, auch hatte seit
> einiger Zeit der Donner des preußischen Geschützes auf dem Gal-
> genberg bei Kapellendorf geschwiegen.
> Das Drängen und Treiben der Flüchtlinge verursachte die größte
> Unordnung. Der größte Teil der Soldaten, ohne Waffen, aufgelöst,
> ohne die mindeste Disziplin, gehorchte nicht mehr den Befehlen der
> Obern. Die Zahl der Fliehenden wurde immer größer, so daß man
> weit und breit nichts mehr als Bagage und flüchtiges Militär aller
> Waffengattungen und Regimenter sah. Wer laufen konnte, lief, ver-
> gebens war das Flehen der am Boden liegenden Verwundeten.[13]

Den flüchtenden preußischen und sächsischen Truppen setzten bald
französische Einheiten nach, an der Kegelbrücke lieferten sie sich
einen Schußwechsel mit der preußischen Nachhut, während über die
Chaussee von Belvedere französische Reiterei zum Frauentor hereindrang. Über die Ereignisse der folgenden Nacht berichtete Johanna
Schopenhauer in einem ausführlichen Brief, den sie am 19. Oktober
1806 ihrem Sohn Arthur schrieb. Das Schopenhauersche Haus wurde

für den drohenden Einmarsch der Franzosen präpariert, Wertgegenstände unter einem Brennholz- und Reisighaufen auf dem Dachboden versteckt, 100 Louisd'or in einen Gürtel und der Schmuck in ein Korsett eingenäht. Aus dem Keller wurden 50 Flaschen Wein heraufgeschafft, um das vermutlich dringendste Bedürfnis der erwarteten Besatzer befriedigen zu können, außerdem Lebensmittel besorgt und eine Mahlzeit für die zu befürchtende Einquartierung vorbereitet. Während man mit den Nachbarn im Zimmer saß und Stoffe zu Verbandsmaterial zerzupfte, brachte ein Bekannter eine Siegesnachricht, die sich aber bald als vorschnell erwies:

> Wenig Minuten darauf entstand ein entsetzliches Geschrei auf den Straßen:»Die Franzosen kommen!« Hunderte von Menschen strömten nach dem nicht weit entfernten Markte. Wir machten erschrokken die Fenster auf, eine preußische Schildwache rief uns zu:»Es ist nichts, sie bringen Kriegsgefangene!« Würklich sahen wir einige Kriegsgefangene verwundet vorbeibringen. Ich sah einen über und über mit Blut bedeckten Chasseur, den ein braver sächsischer Kürassier gegen die Insulten des Pöbels verteidigte. Der Anblick jagte mich vom Fenster. Ich mußte aber doch wieder hin. Nun kamen Reuter, Sachsen und Preußen, eine unzählige Menge Bagagewagen in wilder Unordnung, in voller Karriere gejagt. Nun war's mit dem Hoffen vorbei; wir gaben einander stumm die Hände, und gingen hinauf in die Zimmer der Hofrätin, die eine Treppe hoch lagen und folglich etwas sicherer uns dünkten.[14]

Während französische Generäle vor dem Schloß erschienen und den einzelnen Häusern bereits Soldaten zur Einquartierung zugewiesen wurden, begann die unkontrollierte Plünderung der Stadt. In der Nähe des Schlosses brach ein Feuer aus, das aber glücklicherweise weniger Schaden anrichtete als befürchtet. Die nachrückenden französischen Fußtruppen zogen plündernd durch die Stadt und konnten auch von ihren bereits in den Häusern einquartierten Kameraden kaum zurückgehalten werden. Den bei Johanna Schopenhauer untergebrachten französischen Husaren und ihren Bediensteten gelang es, gegen die Herausgabe von Lebensmitteln und Wein, etliche Gruppen Plünderer abzuwimmeln – bis sich ein Trupp gewaltsam Einlaß verschaffte und, mit guter Miene zum bösen Spiel und einiger Verstellungskunst, bewirtet werden mußte:

> Sophie sagte, sie hätte längst auf sie gewartet und für sie zugekocht, sie möchten nur stille sein, damit der Offizier, den wir im Hause

hätten, sie nicht höre, ob sie im Zimmer essen wollten? sie hätte eben
den Schlüssel nicht zur Hand, aber hier auf der Diele wäre ja die
schönste Gelegenheit, Tisch und alles, und damit tischte sie ihnen
Brot, Wein und Braten auf. Conta, der für ihren Mann passierte, tat
das Seine; die Wilden wurden wieder zahm, aßen, tranken und waren
ganz fidel. Denk Dir dabei die gräßlichen Gesichter, die blutigen Säbel blank, die weißlichen mit Blut bespritzten Kittel, die sie bei solchen Gelegenheiten tragen, ihr wildes Gelächter und Gespräch, ihre
Hände mit Blut gefärbt. Ich sah sie nur einen Augenblick von der
Treppe, es waren zehn bis zwölf. Sophie, mitten drunter, scherzte
und lachte.[15]

Andere Familien kamen nicht so glimpflich davon wie die Johanna
Schopenhauers und verloren ihre gesamte Habe. Zu den Unglücklichen gehörte, neben vielen Unbekannten, von deren Schicksalen
nichts auf die Nachwelt gekommen ist, auch Charlotte von Stein, de-
ren Wohnung ebenso verwüstet wurde wie die von Herders Schwie-
gertochter und das Haus Johann Heinrich Meyers, der seine gesamte
Habe verlor, sich aber immerhin auf die Unterstützung glücklicherer
Freunde verlassen konnte. Von Goethes Hand ist ein kurzes Billett an
Meyer überliefert, mit dem er dem Freund am Tage nach den Plünde-
rungen wenigstens das Nötigste anbietet: »Sagen Sie mir mein werter
Womit ich dienen kann. Rock, Weste, Hemd pp. soll gerne folgen.
Vielleicht bedürfen Sie einiger Viktualien?«[16] Wie der Direktor der
Weimarer Zeichenschule in diese Notlage gekommen war, berichtet
Johanna Schopenhauer in dem umfangreichen Brief an ihren Sohn:

Professor Meyer wollte in seinem Hause bleiben, aber die fliehenden
Preußen ließen drei Pulverwagen dicht vor seinem Hause stehen,
wovon einer ganz zerbrochen war, daß das Pulver umher lag. Meyer
konnte also nicht bleiben; er eilte zu seinen Schwiegereltern, die
nicht weit von Kühn's wohnen. Auch hierher drangen die Unholde,
raubten Alles, trieben zuletzt mit Gewalt die unglückliche Familie
zum Hause hinaus, welche zusehen mußte, wie man ihre Habselig-
keiten ordentlich auf Wagen lud und fortfuhr. Meyer's Schwiegervater ist ein alter kränklicher hypochondrischer Mann, der eine Kasse
zu verwalten hat und ängstlich Ordnung liebt. Göthe sagte mir nachher, er hätte nie ein größeres Bild des Jammers gesehen, als diesen
Mann im leeren Zimmer, rund um ihn alle Papiere zerrissen und zerstreut. Er selbst auf der Erde, kalt und wie versteinert. Göthe sagte,
er sah aus wie König Lear, nur daß Lear toll war, und hier war die
Welt toll. Ich habe Meyern und einigen Anderen mit den Hemden

und anderer Wäsche Deines Vaters ausgeholfen, bis sie wieder sich
welche anschaffen können; auch mit unserm Weine habe ich schon
manches traurige Herz erquickt.[17]

Die französischen Soldaten aus dem im Webicht und im oberen Teil
des Parks befindlichen Heerlager waren auch durch die Anwesenheit
ihres Hauptquartiers in der Stadt kaum davon abzuhalten, sich in
Weimar das zu holen, was sie als die ihnen zustehende Beute empfan-
den. Von Offizieren, die mit dem blanken Säbel plündernde Grena-
diere aus den Häusern trieben, berichten die Quellen, und von stand-
rechtlichen Erschießungen, mit denen die Disziplin der siegreichen
Armee wieder hergestellt werden mußte. Erst als am 17. Oktober
Napoleons Adjutant Georg Friedrich Dentzel, der in Jena Theologie
studiert hatte, zum Stadtkommandanten ernannt wurde, kehrte langsam Ruhe ein. Großes Glück hatte Wieland, der auch in Frankreich als
Schriftsteller so geschätzt wurde, daß man schon bald eine Ehrenwache zu seinem Schutz bereitstellte. In einem Brief an Sophie von
La Roche berichtet er:

> Schon am Mittwoch morgen, zwischen sieben und acht Uhr, stellte
> sich, auf Befehl des Prinzen Murat, ein sehr braver Gendarm als Sau-
> vegarde bei mir ein, und wenige Augenblicke darauf kam der Reichs-
> marschall Ney in eigner Person, mir im Namen des besagten Prinzen
> anzukündigen, daß ich unter unmittelbarem kaiserlichen Schutze
> stehe, und mir die verbindlichsten und schmeichelhaftesten Dinge zu
> sagen, die mir in meinem ganzen Leben gesagt worden sind.[18]

Marschall Murat war nach seinem Eintreffen am Abend des 14. Oktober gleich von der Herzogin Luise gebeten worden, die Stadt zu
verschonen, konnte aber in der unübersichtlichen Situation unmittelbar nach der Einnahme Weimars wenig tun. Am nächsten Tag erschien
Napoleon selbst mit seinem Gefolge in Weimar. Die Begegnung mit
der Herzogin, die ihm auf der Haupttreppe des Schlosses im Kreise
ihrer Hofdamen entgegentrat, muß einigen Eindruck auf den Kaiser
gemacht haben. Ihrem persönlichen Mut und ihrem respektheischen-
den Auftreten gegenüber Napoleon, vielleicht verstärkt durch die
Wirkung des prachtvollen neuerbauten Treppenhauses, in dem er ihr
zum ersten Mal begegnete, wird vielfach die Rettung der Stadt vor der
völligen Zerstörung zugeschrieben. Zumindest konnte sie aber in einem langen Gespräch mit dem Kaiser erreichen, daß dieser es Herzog
Karl August nachsah, unter der preußischen Fahne gegen ihn Krieg

geführt zu haben. Es wurde vereinbart, daß Karl August die Herrschaft über sein Land behalten könne, wenn er binnen vierundzwanzig Stunden (eine Frist, die mehrfach verlängert wurde, da der Herzog nicht aufzufinden war) sein Kommando niederlegen und nach Weimar zurückkehren würde.

Was sich am Abend nach der Schlacht in Goethes Wohnhaus am Frauenplan zugetragen hat, läßt sich nicht mehr genau rekonstruieren. Im Tagebuch Goethes heißt es unter dem 14. Oktober lapidar, von Schreiberhand eingetragen: »Früh Kanonade bei Jena, darauf Schlacht bei Kötschau. Deroute der Preußen. Abends um 5 Uhr flogen die Kanonenkugeln durch die Dächer. Um ½ 6 Einzug der Chasseurs. 7 Uhr Brand, Plünderung, schreckliche Nacht. Erhaltung unseres Hauses durch Standhaftigkeit und Glück.«[19] Aus dem Bericht Friedrich Wilhelm Riemers, damals noch Goethes Hausgenosse, in dessen *Mitteilungen über Goethe* (1841) läßt sich in etwa folgendes über die »schreckliche Nacht« entnehmen: Die ersten eintreffenden französischen Husaren wurden von Riemer und Goethes Sohn August mit Wein und Bier auf der Straße begrüßt, der Hausherr selbst begleitete einen französischen Offizier zum Schloß. Eine Gruppe elsässischer Kavalleristen nahm im Bedientenzimmer Quartier, während der angekündigte hohe französische Offizier (Riemer spricht von Marschall Ney, in Goethes Tagebuch wird für den 15. Oktober der Marschall Lannes als Gast erwähnt, dem am 16. Marschall Augerau folgte) und sein Gefolge nicht erschienen. Die Elsässer verhalten sich ruhig, doch später in der Nacht erzwingen sich zwei französische Tirailleurs, Schützen der sogenannten »Löffelgarde«, Zutritt zum Haus, lassen sich fürs erste mit Wein und einer Mahlzeit besänftigen, verlangen aber dann, den Hausherrn zu sehen. Goethe, im Schlafrock die Treppe heruntertretend, scheint den beiden zunächst Respekt einzuflößen. Sie trinken ihm (mit seinem Wein) zu, und Goethe entfernt sich wieder. Später folgen sie, gegen Riemers Widerstand, dem unfreiwilligen Gastgeber die Treppe hinauf und richten sich in dem Zimmer ein, das für die Begleitung des erwarteten Marschalls vorgesehen ist. Ein Adjutant des Marschalls erscheint im Morgengrauen und prügelt die beiden Marodeure mit der flachen Säbelklinge aus dem Haus.

In der Nacht gab es jedoch noch einen Zwischenfall, von dem auch Riemer nichts Präzises zu berichten weiß und über den auch Goethe selbst sich nirgendwo ausläßt. Jedenfalls müssen im Laufe der Nacht die beiden Soldaten in Goethes Zimmer eingedrungen sein und ihn bedroht haben, vermutlich um Geld oder Wertgegenstände von ihm

zu erpressen. Christiane Vulpius habe sich, so die Gerüchte in Weimar, beherzt dazwischen geworfen und ihren Lebensgefährten gerettet – indem sie, wie man bald munkelte, einige silberne Leuchter hergegeben oder, wie es bei Riemer heißt, andere Hausbewohner zu Hilfe
gerufen, Goethe von seinen Bedrängern befreit und seine Zimmertür
verriegelt habe. Was immer im einzelnen in dieser Nacht in Goethes
Haus vorgefallen ist, jedenfalls war es ein Anlaß dafür, daß Goethe am
17. Oktober folgendes Schreiben dem Oberkonsistorialrat und Hofprediger Wilhelm Christian Günther zukommen ließ:

> Dieser Tage und Nächte ist ein alter Vorsatz bei mir zur Reife ge
> kommen; ich will meine kleine Freundin, die so viel an mir getan
> und auch diese Stunden der Prüfung mit mir durchlebte völlig und
> bürgerlich anerkennen, als die Meine.
> Sagen Sie mir würdiger geistlicher Herr und Vater wie es anzufangen
> ist, daß wir, sobald möglich, Sonntag, oder vorher getraut werden.
> Was sind deshalb für Schritte zu tun? Könnten Sie die Handlung
> nicht selbst verrichten, ich wünschte daß sie in der Sakristei der
> StadtKirche geschähe.
> Geben Sie dem Boten, wenn er Sie trifft gleich Antwort. Bitte![20]

Goethes Tagebuch vermerkt unter dem 19. Oktober 1806 nur das
eine Wort: »Trauung.«[21] Der gemeinsame Sohn August war neben
Riemer Trauzeuge bei der Zeremonie, die (nicht in der Sakristei der
Stadtkirche, sondern in jener der Jakobskirche) in aller Stille stattfand,
aber dennoch sofort für Aufsehen in Weimar und darüber hinaus
sorgte. Ob es Goethe mit diesem Schritt vor allem darum ging, Christiane und August rechtlich gleichzustellen und materiell abzusichern,
kann bezweifelt werden, da beide bereits in Goethes Testament von
1797 bedacht und letzterer 1801 durch Karl August als rechtmäßiger
Sohn Goethes legitimiert worden war. Riemer vermutete in seinen Erinnerungen an die Tage nach der Schlacht bei Jena, Goethe habe mit
der Trauung lediglich einen lange geplanten Schritt vollzogen und dafür einen Moment genutzt, an dem die Aufmerksamkeit der Öffentlichkeit anderen Dingen galt. Goethe selbst teilte die Tatsache seiner
Vermählung eher beiläufig mit, so in einem Brief an den Arzt Nikolaus Meyer, den er am Tag nach der Trauung mit der Nachbemerkung
versieht:

> Merkwürdig ist es, daß diese Tage des Unheils von dem schönsten
> Sonnenschein begleitet und beleuchtet war[en].

Um diese traurigen Tage durch eine Festlichkeit zu erheitern habe ich
und meine kleine Hausfreundin gestern, als am 20sten Sonntage nach
Trinitatis den Entschluß gefaßt in den Stand der heiligen Ehe ganz
förmlich einzutreten; mit welcher Notifikation ich Sie ersuche, uns
von Butter und sonstigen transportablen Viktualien manches zukommen zu lassen.[22]

Christiane Vulpius
Miniatur von Karl Josef Raabe

In den Weimarer Gesellschaftskreisen, die Christiane Vulpius in
den vergangenen Jahren mit Argwohn und mehr oder weniger offener
Verachtung begegnet waren, wurde die Nachricht von der Trauung,
die in vieler Augen nur eine Mesalliance sein konnte, sofort mit der
üblichen Häme über Goethes »dicke Hälfte«, wie Christiane hinter
vorgehaltener Hand und im Schutze privater Korrespondenzen genannt wurde, kolportiert. In manchen Briefzeugnissen schiebt sich die
Meldung fast gleichberechtigt neben die von im Kriegsgeschehen erlittenen Unglücksfällen, so etwa in einem Schreiben der Charlotte von
Stein an ihren Sohn Fritz vom 24. Oktober 1806, in dem sie erst ihr
und ihrer Heimatstadt Schicksal beklagt, dann aber unmittelbar und

gleichsam als Höhepunkt des Briefes die Nachricht von Goethes Heirat anschließt:

Ich bin ausgeplündert, wie die meisten Einwohner von Weimar; durch besonderes Zusammentreffen von Umständen habe ich nichts retten können. All mein Silber, alles von Wert, alle meine Kleider sind geraubt, mehrere Tage habe ich nichts zu essen gehabt. [...] Die Schiller hat wenig verloren, Goethe gar nichts, er hat den Augereau bei sich gehabt. Während der Plünderung hat er sich mit seiner Mätresse öffentlich in der Kirche trauen lassen. Dies war die letzte hiesige kirchliche Handlung, denn alle unsere Kirchen sind nun Lazarette und Magazine.[23]

Aber auch über Weimar hinaus wurde die Nachricht von Goethes Heirat registriert und entsprechend kommentiert. Die Gräfin von Schimmelmann, Frau des dänischen Finanzministers, schrieb am 15. Dezember 1806 an Charlotte Schiller in Weimar: »Goethe's skandalöse Hochzeit hat einen Jeden geärgert. Man schrieb uns gleich, daß die Kanonen von Jena sein Hochzeitlied und sieben brennende Häuser in W. seine Hochzeitfackeln gewesen wären! Und eine solche Wahl der Person!«[24] Auch die Zeitungen berichteten über die Neuigkeit, zum Teil ebensowenig zurückhaltend wie die privaten Briefeschreiber. Goethes Ärger erregte eine Meldung in Cottas »Allgemeiner Zeitung« vom 24. November 1806, der damals führenden Tageszeitung im deutschen Sprachraum. Folgende Nachrichten, deren ungenannter Lieferant Karl August Böttiger war, waren dort zu lesen:

Weimar, 6. Nov. Göthe ließ sich unter dem Kanonendonner der Schlacht mit seiner vieljährigen Haushälterin, Dlle. Vulpius, trauen, und so zog sie allein einen Treffer, während viele tausend Nieten fielen. Nur der Ununterrichtete kann darüber lächeln. Es war sehr brav von Göthe, der nichts auf dem gewöhnlichen Wege tut. Wieland erhielt vom Prinzen Joachim aus freien Stücken eine Sauvegarde, und der Marschall Ney besuchte ihn selbst. Göthe hatte die Marschälle Lannes und Augereau, und dann den Kunstfreund Denon zu Gästen. Bertuch rettete sein großes Institut gleichfalls durch liberale Bewirtung französischer Generale, und indem er bewies, daß er die besten Erfindungen und Einrichtungen den Franzosen verdanke.[25]

Die Meldungen aus Weimar werden für das Publikum interessant gewesen sein, von Goethe aber wurde der Kommentar zu seiner

Hochzeit zu Recht als Unverschämtheit empfunden. Mit Cotta war Goethe erst im Vorjahr darüber handelseinig geworden, daß die neue Gesamtausgabe seiner Werke, deren erste Bände 1806 vorlagen, in dessen Verlag in Stuttgart erscheinen sollte. Um so erboster war er, gerade in einem Cottaschen Blatt anzügliche Bemerkungen über seine Ehefrau zu lesen. Am Heiligen Abend 1806 schrieb er einen seitenlangen Brief an Cotta, in dem er seinem Ärger über diese und andere ihm mißfallende Meldungen über Weimar vehement Luft machte. Der Brief blieb Entwurf und wurde nie abgeschickt, statt dessen teilte Goethe Cotta am folgenden Tag knapp, aber unmißverständlich mit, daß er die eben angeknüpfte Verlagsbeziehung gefährdet sehe, wenn sich die Art der Berichterstattung nicht ändere: »Halten Sie das Gute was wir zusammen noch vorhaben für bedeutend, fühlen Sie die Schönheit unseres Verhältnisses in seinem ganzen Umfang; so machen Sie diesen unwürdigen Redereien ein Ende, die sehr bald ein wechselseitiges Vertrauen zerstören müßten. Nicht weiter!«[26] Cotta lenkte ein, Goethe antwortete versöhnlich, und das Einvernehmen zwischen dem Autor und seinem Verleger war wiederhergestellt.

Doch bei aller Aufregung war Goethes Verheiratung mit Christiane natürlich nur ein Ereignis unter vielen in den Tagen nach der Schlacht bei Jena. Goethe hatte wie die anderen Mitglieder des Geheimen Consiliums bei Hofe und mit Unterhandlungen mit den französischen Besatzern zu tun. Napoleon, der sich bis zum 17. Oktober in Weimar aufhielt, ist er dabei jedoch nicht begegnet. Der schon erwähnte Elsässer Georg Friedrich Dentzel stellte als Stadtkommandant Ruhe und Ordnung wieder her, die Plünderungen und Übergriffe hörten auf. Welchen Anteil das Bittgesuch des Schuhmachermeisters Petri an der Bewahrung der Stadt vor der Zerstörung hatte, läßt sich nicht belegen, immerhin bietet der Bericht Theodor Götzes, in dem von Petris Auftritt die Rede ist, zugleich ein farbiges Gemälde von Napoleons Auftreten in der Stadt:

Es war Donnerstag früh den 16. Oktober zwischen acht und neun Uhr, als sich das Gerücht verbreitete, Napoleon wolle die Umgebungen Weimars besehen und würde deshalb mit seiner Suite ausreiten. Eine Anzahl Einwohner, worunter ich mich befand, verfügten sich an die Barrieren des Schloßhofes, um den noch nie gesehenen Kaiser Napoleon in der Nähe zu beschauen. Es dauerte auch nicht lange, als die Musik der alten Kaisergarde, wovon eine Abteilung die Wache mit der Gardeelite zu Pferde auf dem Schloßhof bezogen hatte, zu spielen anfing und die Wache unter das Gewehr trat. Der Ruf »Vive l'Empereur!« meldete uns die Erscheinung des Kaisers. Er war wie gewöhnlich simpel und einfach, ohne Prunk, gekleidet. Ein hellgraubrauner Oberrock mit Zobelpelz verbrämt war sein Anzug, und nur das kleine Hütchen mit der dreifarbigen Kokarde und das blasse, fahle Gesicht nebst der kleinen Korpulenz bezeichnete uns den Monarchen. Er ritt ein arabisches Pferd, einen Goldfuchs, mit rotsamtner und mit Goldfransen reich verzierter Schabracke. Zu seiner Rechten ritt der Marschall Ney und zur Linken der Großherzog von Berg, Joachim Murat, in seinem phantastischen Anzuge.[27]

Als der Kaiser und sein Gefolge den Schloßhof verließen, drängte sich ein Mann durch die Menge und fiel vor dem Kaiser auf die Knie. Napoleon hielt sein Pferd an und bat Murat, der gut deutsch sprach, den Mann, Schuhmachermeister Petri, nach seinem Anliegen zu fragen. Petri trug seine Bitte um Einstellung der Plünderungen vor, Murat übersetzte dem Kaiser, und dieser ließ, so berichtet jedenfalls Theodor Götze, sogleich einen Adjutanten aufs Schloß senden, von wo aus sich Tamboure auf den Weg in die Stadt machten, um überall

Viertelsmeister Petri bittet Napoleon um Schonung
der Stadt Weimar
Zeichnung von Theodor Götze

mit Trommelschlag den Befehl des Kaisers bekannt zu machen, daß alles weitere Plündern bei Todesstrafe untersagt sei. Auch weiterhin hatten die meisten Weimarer Bürger, zumindest soweit ihre Häuser nicht vollends verwüstet worden waren, Einquartierung zu erdulden, aber oft genug erwiesen sich die einquartierten Offiziere als wirksamer Schutz vor weiterer Behelligung durch einfache Soldaten. Je bedeutender der Gastgeber, desto höflicher fielen die Aufforderungen aus, Quartiere zur Verfügung zu stellen. Vom Stadtkommandant Dentzel beispielsweise stammt das folgende Billett vom 18. Oktober 1806: »Ich glaube Hrn. Hofrat Goethe den größten Dienst zu leisten, Herrn Denon, Mitglied des Nationalinstituts zu Paris und Generalinspektor der Künsten und des Museums, als Gast bei Ihnen einzulegen.«[28] Tatsächlich wird diese Einquartierung Goethe einige Freude bereitet haben, da er seinen Gast aus Venedig kannte, wo er im Frühjahr 1790 Anna Amalia auf ihrer Rückreise aus Rom in Empfang genommen hatte. Dominique Vivant de Denon war einer der führenden Repräsentanten der napoleonischen Kulturpolitik, vor allem ist er jedoch dadurch bedeutsam, daß er zu dem Kreis von Wissenschaftlern und Künstlern gehörte, die Napoleon auf seinem Ägyptenfeldzug 1798/99 begleitet und wesentlich zur Neuentdeckung und Erforschung der altägyptischen Kultur beigetragen hatten. 1802 hatte er einen mehrbändigen, mit Kupferstichen versehenen Bericht dieser *Voyage dans la Basse- et la Haute-Égypte* vorgelegt. Mit ihm verbrachte Goethe in den folgenden Tagen viel Zeit und begleitete ihn mehrfach an den Hof.

Daß Goethe und Wieland längst in den Rang europäischer Berühmtheiten aufgestiegen waren, beweist neben der Wieland zur Verfügung gestellten Ehrenwache ein Brief des ersteren an Johann Heinrich Meyer, in dem er ihn bittet, noch vor Denons Abreise am 20. Oktober einen Auftrag für diesen zu erledigen:

Wenn es Ihnen möglich ist, lieber Professor, so verfügen Sie sich, wo nicht heute, doch morgen früh, zu Hofrat Wieland und zeichnen sein Profil mit der Kalotte, in der Größe etwan eines Laubtalers. *Denon* wünscht es zu haben. Der Zweck ist, daß eine Medaille danach geschnitten würde. Es ist nur gut, daß unsre Überwinder wenigstens von einigen Individuen Notiz nehmen, da sie das Ganze nivellieren.[29]

Auch von Goethe selbst ließ Denon ein Porträt zeichnen, doch sind die Medaillen nie geprägt worden. Wie wichtig schon in der Goethe-

zeit bestimmte wiedererkennbare Attribute für das Erscheinungsbild
populärer Persönlichkeiten waren, läßt sich übrigens deutlich daran
ablesen, daß Goethe Wert darauf legte, Wieland mit Kalotte, dem für
ihn typischen enganliegenden runden Käppchen, abgebildet zu sehen.
Am 19. Oktober rückten die französischen Truppen, bis auf eine
kleine Garnison, aus Weimar ab, doch blieben die Einwohner der
Stadt noch für eine Weile mit den grausamen Folgen des Kriegs kon-
frontiert. Johanna Schopenhauer berichtet darüber in dem Brief, den
sie am selben Tag an ihren Sohn schrieb:

> Seitdem wurden wir wegen der Menge Verwundeter, die in Lazaret-
> ten, Gasthäusern, im Komödienhause auf einander gehäuft lagen,
> ohne Pflege, Ordnung und Reinlichkeit, und wegen der entsetzli-
> chen Anzahl unbegrabener Toten, die bis vor's Schloß herum lagen,
> aufs Neue in Angst gesetzt, man fürchtete ansteckende Krankheiten.
> Allmälig wird auch hier Ordnung gemacht, die Toten werden in
> großen mit Kalk ausgefüllten Gruben, die von der Stadt entfernt lie-
> gen, begraben, die in der Schlacht fielen sind alle schon begraben,
> und aus den Lazaretten werden sie auch gleich fortgeschafft und lie-
> gen nicht mehr, wie zu Anfang, hoch auf einander getürmt, Tage
> lang auf der offenen Straße. Von diesen Greueln des Kriegs hat man
> nur einen Begriff, wenn man sie, wie ich, in der Nähe sieht. Ich
> könnte Dir Dinge erzählen wofür Dir das Haar emporsträuben
> würde, aber ich will es nicht, denn ich kenne ohnehin wie gerne du
> über das Elend der Menschen brütest, du kennst es noch nicht, mein
> Sohn, alles, was wir zusammen sahen, ist nichts gegen diesen Ab-
> grund des Jammers. [...] Lieber Arthur, wie hartherzig macht das
> Unglück, ich freue mich jetzt, wenn ich höre, daß 4500 mit ihren
> zerschmetterten Gebeinen weiter gefahren werden, ich, die noch vor
> wenig Wochen den Jungen, der vor unserm Hause den Arm brach,
> um keinen Preis ohne Hülfe fortgelassen hätte! Wir hoffen, daß in
> wenig Wochen das ganze Lazarett fortgeschafft werden soll, der Tod
> hilft uns fürchterlich.[30]

Johanna Schopenhauer und andere Bewohner der Stadt versuchten,
das Leiden der Verwundeten, so gut es ging, zu lindern. Johannes Daniel Falk, dem noch unmittelbar nach der Schlacht von Jena nach einer
Intervention Goethes untersagt werden mußte, seine antifranzösische
Zeitschrift »Elysium und Tartarus« fortzusetzen, verdingte sich dem
neuen Stadtkommandanten, der anders als sein Vorgänger Dentzel
kein Deutsch verstand, als Dolmetscher und versuchte so, das Vorteil-
hafteste für seine Mitbürger herauszuholen. Am 2. November fand

zum ersten Mal wieder ein Gottesdienst in der Stadtkirche statt,
doch, wie es in der Stadtchronik des ehemaligen Soldaten Franz David
Gesky heißt, »ohne Orgelspiel. Es wurde gesungen Lied Nr. 537: Ach
Gott und weis auf meine Not! Und von Herrn Diakon Zunkel wurde
gepredigt über die Worte aus dem Psalm 68, Vers 20 und 21. In der
Predigt wurde auch noch Ihro Durchlaucht, der Frau Herzogin Luise,
gedacht, welche ganz allein in der schweren Periode bei den Bürgern
ausgehalten und sich in den ersten Tagen mit wenigen Kartoffeln genügen ließ.«[31]
    Auch das gesellschaftliche Leben der Stadt kam langsam wieder
in Gang. Nicht zuletzt weil ihr Haus die Plünderungen unbeschadet
überstanden hatte, konnte Johanna Schopenhauer sogleich ihren
Wunsch in die Tat umsetzen, ihren Salon zu einem neuen gesellschaftlichen Mittelpunkt Weimars zu machen. »Meine Existenz wird
hier angenehm werden, man hat mich in 10 Tagen besser als sonst
in 10 Jahren kennen gelernt. Göthe sagte heute, ich wäre durch die
Feuertaufe zur Weimaranerin geworden«, schreibt sie gegen Ende ihres Berichts aus den Schreckenstagen und schildert ihrem Sohn den
noch unter den Einschränkungen des Krieges leidenden Beginn ihrer
Teeabende:

Alle Abende, so lange diese Tage des Trübsals währen, versammeln
sich meine Bekannten um mich her, ich gebe ihnen Tee und Butterbrot im strengsten Verstande des Wortes. Es wird kein Licht mehr als
gewöhnlich angezündet, und doch kommen sie immer wieder, und
ihnen ist wohl bei mir; Meyers, Fernow, Goethe bisweilen, sind darunter. Viele, die ich noch nicht kenne, wünschen bei mir eingeführt
zu werden. Wieland hat mich heute um die Erlaubnis bitten lassen,
mich dieser Tage auch zu besuchen. Alles, was ich sonst wünschte,
findet sich so von selbst; ich verdanke es bloß dem Glücke, daß
meine Zimmer unversehrt blieben, und daß ich Gelegenheit fand,
mich zu zeigen, wie ich bin, daß meine Heiterkeit ungetrübt blieb,
weil ich von Tausenden die Einzige bin, die keinen herben Verlust zu
beweinen hat, und nur das allgemeine Leiden, kein eigenes, mein
Herz preßt.[32]

Wohl wissend, was man in Weimar von Goethes Lebenspartnerin
und, seit neuestem, Ehefrau hielt, nahm Johanna Schopenhauer dennoch keinen Anstand, Christiane von Goethe an ihrem Teetisch zu begrüßen. Sicherlich spielten dabei die liberaleren moralischen und gesellschaftlichen Vorstellungen der weitgereisten Großstadtbewohnerin

eine Rolle, vielleicht auch das Kalkül, sich auf diese Weise das Wohlwollen des wichtigsten Gastes ihrer ambitionierten Abendgesellschaf-
ten zu sichern – eine Rechnung, die, wie sich ihrem Bericht an Arthur
entnehmen läßt, zumindest fürs erste aufging:

> Göthe hat sich Sonntag mit seiner alten geliebten Vulpius, der Mut-
> ter seines Sohnes, trauen lassen, er hat gesagt, in Friedenszeiten
> könne man die Gesetze wohl vorbeigehen, in Zeiten wie die unsern
> müsse man sie ehren. Den Tag darauf schickte er Dr. Riemer den
> Hofmeister seines Sohnes zu mir um zu hören wie es mir ginge,
> denselben Abend ließ er sich bei mir melden und stellte mir seine
> Frau vor; ich empfing sie als ob ich nicht wüßte, wer sie vorher ge-
> wesen wäre, ich denke wenn Göthe ihr seinen Namen gibt, können
> wir ihr wohl eine Tasse Tee geben. Ich sah deutlich, wie sehr mein
> Benehmen ihn freute; es waren noch einige Damen bei mir, die erst
> formell und steif waren und hernach meinem Beispiel folgten. Göthe
> blieb fast zwei Stunden, und war so gesprächig und freundlich, wie
> man ihn seit Jahren nicht gesehen hat. Er hat sie noch zu niemand
> als zu mir in Person geführt. Als Fremden und Großstädterin traut
> er mir zu, daß ich die Frau so nehmen werde, als sie genommen wer-
> den muß; sie war in der Tat sehr verlegen, aber ich half ihr bald
> durch. In meiner Lage und bei dem Ansehen und der Liebe, die ich
> mir hier in kurzer Zeit erworben habe, kann ich ihr das gesellschaft-
> liche Leben sehr erleichtern. Göthe wünscht es und hat Vertrauen zu
> mir, und ich werde es gewiß verdienen. Morgen will ich meine Ge-
> genvisite machen.[33]

Zweimal in der Woche fand sich abends die Teegesellschaft bei Johanna Schopenhauer ein. Wer zu dem kleinen Zirkel gehörte, hatte
das Recht, weitere Gäste in den Kreis einzuführen. Johanna genoß den
Erfolg ihres recht einfachen Konzepts, zwanglos Räumlichkeiten und
Getränk bereitzustellen und so einen Kristallisationspunkt des gesellschaftlichen Lebens in der Kleinstadt zu schaffen. »Alle Sonntag und
Donnerstag von fünf bis gegen neun werden sich meine Freunde bei
mir versammeln; was an interessanten Fremden herkommt, wird mitgebracht. Ich habe Göthe den Plan gesagt; er billigt ihn und will ihn
unterstützen. Ich gebe Tee, nichts weiter; das übrige Vergnügen muß
von der Gesellschaft selbst entstehen«, schreibt Johanna im November
an ihren Sohn.[34] Goethe, Wieland, die Familien Bertuch und Falk, der
Schriftsteller Stephan Schütze (»ein sehr mittelmäßiger Dichter, aber
sonst sehr gescheit«, urteilt die Gastgeberin über ihn[35]), Johann Hein-

rich Meyer, der Kunsthistoriker Karl Ludwig Fernow, Hofleute wie
Knebel und Einsiedel gehörten zu den häufigen Gästen, und im Laufe
der nächsten Jahre versäumte es kaum ein bedeutender Besucher Wei-
mars, sich bei den Teeabenden einführen zu lassen, so etwa Ludwig
Tieck, Wilhelm Grimm, Achim und Bettina von Arnim, Clemens
Brentano, Friedrich de la Motte Fouqué oder Wilhelm von Humboldt.
Man sprach über die Tagesereignisse, vor allem aber über Literatur
und Kunst, und die Gäste trugen aus ihren literarischen Arbeiten vor.
Friedrich Hildebrand von Einsiedel las aus seinen Plautus-Überset-
zungen, Meyer referierte über Lucas Cranach oder trug Schweizer
Volkslieder vor. Bertuch erzählte Anekdoten aus Weimars Sturm-und-
Drang-Zeit, es wurde musiziert und gemalt. Johanna Schopenhauers
Ehrgeiz, in Weimar einen so bedeutenden Salon zu führen, wie es
in ihrer Hamburger Zeit konkurrenzlos der von Sophie Reimarus
gewesen war, schien befriedigt. Überschwenglich schreibt sie am
18. November 1806 an Arthur: »Der Zirkel, der sich Sonntags und
Donnerstags um mich versammelt, hat wohl in Deutschland und nirgends seines Gleichen; könnte ich dich doch nur einmal herzaubern!«
– um mit einer Schilderung ihres prominentesten und umworbensten
Gastes fortzufahren:

Göthe fühlt sich wohl bei mir und kommt recht oft. Ich habe einen
eigenen Tisch mit Zeichenmaterialien für ihn in eine Ecke gestellt.
Diese Idee hat mir sein Freund Meyer angegeben. Wenn er dann
Lust hat, so setzt er sich hin und tuscht aus dem Kopfe kleine Land-
schaften, leicht hingeworfen, nur skizziert, aber lebend und wahr,
wie er selbst und alles, was er macht. Welch ein Wesen ist dieser Göthe! wie groß und wie gut! Da ich nie weiß, ob er kommt, so er-
schrecke ich jedesmal, wenn er ins Zimmer tritt; es ist, als ob er eine
höhere Natur als alle übrigen wäre; denn ich sehe deutlich, daß er
denselben Eindruck auf alle übrigen macht, die ihn doch weit länger
kennen und ihm zum Teil auch weit näher stehen als ich. Er selbst ist
immer ein wenig stumm und auf eine Art verlegen, wenn er kommt,
bis er die Gesellschaft recht angesehen hat, um zu wissen, wer da ist.
[...] Wir trinken Tee, plaudern; neue Journale, Zeichnungen, Musikalien werden herbeigeschafft, besehen, belacht, gerühmt, wie es
kommt. Alle, die etwas Neues haben, bringen es mit; die Bardua
zeichnet irgend einen als Karikatur, Göthe sitzt an seinem Tischchen,
zeichnet und spricht. Die junge Welt musiziert im Nebenzimmer;
wer nicht Lust hat hört nicht hin. So wird's neune und alles geht auseinander und nimmt sich vor, nächstens wiederzukommen.[36]

Ab 1811 kam Goethe nur noch selten zu Gast, insgesamt wurde es
mit den Jahren nach und nach stiller um die Teeabende der Johanna
Schopenhauer. Doch bis zu ihrem Wegzug aus Weimar im Jahre 1829
ließen zumindest die durchreisenden Fremden sich im Salon der mittlerweile in das Reußische Haus nahe dem Theater umgezogenen Gastgeberin einführen.

Während sich Weimars Gesellschaft also schon bald nach dem Ab-
zug des französischen Heeres des Abends im Salon der Johanna Schopenhauer traf, gingen auf der politischen Bühne die Verhandlungen
über die Zukunft des Herzogtums weiter. Herzog Karl August befand
sich Ende Oktober noch bei den unter seinem Kommando stehenden
Truppen und erfuhr erst spät von dem der Herzogin Luise von Napoleon gesetzten Ultimatum, binnen weniger Tage nach Weimar zurückzukehren und aus dem preußischen Dienst auszuscheiden. Friedrich
Müller, damals jüngster Weimarer Regierungsrat, später Kanzler der
Justizverwaltung und Verfasser der *Unterhaltungen mit Goethe*, die er
seit Dezember 1808 notierte, wurde vom Geheimen Consilium und
der Herzogin beauftragt, Napoleon nachzureisen, um eine Fristver-
längerung für den Herzog zu erwirken, den inzwischen der Kammerrat von Spiegel ausfindig gemacht hatte. Karl August war zwischen
dem Verantwortungsgefühl für sein Land und der Verpflichtung gegenüber dem preußischen König hin- und hergerissen, und erst ein
Brief Friedrich Wilhelms III., »Durchlauchtigster Herzog, Freundlich
lieber Vetter!« überschrieben, in dem der König bittet, »dem Verlangen des Kaisers Napoleon zu willfahren, das Kommando auf den im
Range folgenden General zu übertragen, und für die Wohlfahrt Ihrer
Lande und Ihres Hauses sich auf die bestmögliche Weise zu arrangieren«[37], ermöglichte es dem Herzog, ehrenhaft aus dem Dilemma her-
auszukommen. Friedrich Müller verhandelte weiter mit Napoleon
(»Wenn man nicht wenigstens 100000 Mann und eine gute Anzahl
Kanonen hat, soll man sich nicht unterstehen, mir den Krieg erklären
zu wollen«, soll dieser ihm bedeutet haben[38]), und am 15. Dezember
1806 unterzeichnete er als Bevollmächtigter des Herzogs einen Friedensvertrag, der dem kleinen Herzogtum hohe Kontributionszahlun-
gen auferlegte und es als einen französischen Vasallenstaat in den
Rheinbund eingliederte. Als der Friedensschluß am 28. Dezember in
Weimar verkündet wurde, weilte Karl August noch in Berlin. In einem mehrseitigen Brief, der auch von den Schäden an den herzoglichen Einrichtungen, vom Tode des ehemaligen Leiters der Zeichenschule Georg Melchior Kraus (der infolge der Aufregung, in die ihn

die Plünderung seiner Wohnung durch französische Marodeure gesetzt hatte, am 5. November gestorben war) und von Goethes Trauung berichtete, konnte Goethe dem Herzog melden, daß ihm Caroline Jagemann, seit 1802 seine von der Herzogin geduldete Geliebte,
am 25. Dezember einen Sohn geboren hatte, der den Namen Wolfgang
erhielt und dessen Patenschaft Goethe übernahm: »Den neuen, lange
erwarteten Ankömmling habe ich gesehen, er ist wohl gebildet und
hat eine gute Farbe und verspricht zu leben. Möge er wenn er einst die
Welt erkennt sie lustiger finden als sie uns nun erscheint!«[39]

Das neue Jahr brachte für Deutschlands Nordosten die Fortsetzung
des Krieges, vor den französischen Belagerern kapitulierte eine preußische Festung nach der anderen. Im Februar besiegte Napoleon die
preußische Armee bei Preußisch-Eylau, im Juni die russische bei
Friedland. Im Frieden von Tilsit verlor Preußen seinen westelbischen
Besitz und die meisten polnischen Gebiete. In Weimar wandte man
indessen den Blick wieder weg vom Weltgeschehen, das die Stadt
kurz, aber heftig gestreift hatte, und beschäftigte sich mit sich selbst.
Karl August kehrte im Januar 1807 in die Stadt zurück, ab Weihnachten schon hatte das Theater wieder gespielt. In Goethes Tagebuch findet sich im Januar immer wieder der Eintrag: »Abends bei Mde. Schopenhauer«, diese wiederum meldet ihrem Sohn nach Hamburg, daß
man sich die letzte Zeit über damit beschäftigt habe, einen Ofenschirm mit Scherenschnitten zu bekleben: »Wenn so ein Senator oder
Bürgermeister sähe, wie ich mit Meyer Papierschnitzel zusammen-
leime, wie Göthe und die andern dabei stehen und eifrig Rat geben, er
würde ein recht christliches Mitleid mit uns armen kindischen Seelen
haben.«[40]
Immer noch war Goethes Heirat mit Christiane Thema in der
Stadt. Die einen nahmen die beiden gegen üble Nachrede in Schutz,
wie Heinrich Voß d. J., der, mittlerweile nicht mehr in Weimar, im
April an Bernhard Rudolf Abeken schrieb: »Die Vulpius mag sein,
was sie will, für Goethe hat sie von je her mit beispielloser Treue ge-
wacht, und sie durfte mit Recht Anspruch auf seine Dankbarkeit machen.«[41] Selbst Voß konnte aber nicht umhin, Merkwürdigkeiten in
seine Schilderung einzustreuen, wie die, daß Goethe Christiane »liebes Kind«, sie ihn aber nach wie vor »lieber Geheimrat« nenne. Anderen fiel es dagegen schwer, von den verbreiteten Vorurteilen abzuse-
hen: »Das Äußere von Frau von Goethe ist gewöhnlich, um nicht zu
sagen: gemein«, schreibt Christine von Reinhard nach einem Besuch

in Weimar im August 1807, um immerhin hinzuzufügen: »Aber sie sieht so aus, als wenn sie einen guten Charakter hätte.«[42] Zumindest scheint sich Christiane sehr um das Wohlergehen ihres Mannes bemüht zu haben, denn als sie im März für einige Wochen nach Frankfurt aufbrach, um die alte Frau Rat Goethe zu besuchen, mußte Goethe ihr in einem Brief sehr ausführlich schildern, was in den Kar- und Ostertagen auf den Tisch der Familie gekommen war:

> Zuerst also muß zum Lobe der Köchin gesagt werden, daß sie ihre Sachen vortrefflich macht, gute Ware ankauft und sie mit Sorgfalt zubereitet, sodaß wir es uns jeden Mittag können wohlschmecken lassen. Am grünen Donnerstag hatten wir uns Kohlsprossen bestellt und Honig zum Nachtisch, um dieses Fest recht würdig zu feiern. August hatte selbst Eier rot und hart gesotten. Da die Fastenbrezeln alle sind, so bäckt die Köchin allerlei Torten und Kuchen, die ihr nicht übel geraten. Ein Truthahn ist abgeschlachtet und andre gute Dinge sind im Vorrat.[43]

Doch Goethe beschäftigte sich in diesem Frühjahr nicht nur mit dem häuslichen Speiseplan. Zur Geburtstagsfeier der Großfürstin Maria Paulowna brachte er eine überarbeitete Fassung seines *Tasso* auf die Weimarer Bühne. 1790 war das Schauspiel, an dem Goethe in Italien gearbeitet und das er 1789 in Weimar vollendet hatte, erschienen, aber bislang noch nie inszeniert worden – nicht zuletzt, weil Goethe selbst zweifelte, ob das an äußerer Handlung arme Stück überhaupt bühnentauglich sei. In gewisser Hinsicht kann die Uraufführung des *Tasso* unter Goethes eigener Regie als eine der ersten fixierbaren Stationen auf dem Weg Weimars zum Museum seiner eigenen literarischen Glanzzeit betrachtet werden. Der Musenhof war zwar schon lange das Ziel von Reisenden, die vom kulturellen Ruhm des Städtchens angezogen wurden, doch Goethe selbst inszenierte nun das literarische Weimar als im Vergehen begriffen und bereits auf das Podest der Verehrung entrückt – pikanterweise mit genau demselben Kunstgriff, der später zum stehenden Repertoire der Goethefeiern des 19. Jahrhunderts wurde: Im ersten Auftritt des *Tasso* werden bekanntlich von der Prinzessin und ihrer Freundin Leonore die Büsten der Dichter Virgil und Ariost mit dem Ruhmeslorbeer bekränzt. Mit einer kleinen Änderung des Dekorums hatte Goethe bei der Vorbereitung der Aufführung bewirkt, daß Weimar nun sich selbst feierte:

Goethe hatte zugleich bei dieser Aufführung des Tasso die zarte Rücksicht genommen und anstatt der Hermen Ariosts und Virgils, die den Gartenplatz von Belriguardo zieren sollen, die Büsten Wielands und Schillers aufstellen lassen. Als Antonio nun seine Schilderung vom Meister Ludwig begann, da richteten sich unwillkürlich alle Blicke nach der Loge, in welcher Wieland saß, und jedermann freute sich seines geehrten Alters.[44]

Für Goethe bedeutete dieser rückwärts gewandte Blick auf die literarische Vergangenheit einen Schritt heraus aus der Krise, in die ihn der Tod Schillers gestoßen hatte. 1806 hatte er zwar den ersten Teil des *Faust* vollendet, sich aber ansonsten vor allem mit der Niederschrift seiner Farbenlehre beschäftigt, während er sich erst im Jahre 1807 mit der Abfassung der ersten Novellen zu *Wilhelm Meisters Wanderjahren* wieder größeren dichterischen Projekten zuwandte. Sich der abgelebten Epochen des Musenhofs der Herzogin Anna Amalia, die Wieland als Dichter repräsentierte, und der Weimarer Klassik, für die Schiller stand, zu versichern, bedeutete für Goethe zugleich, sich für neue Herausforderungen zu öffnen.

Für Wieland hingegen stand das Jahr 1807 tatsächlich in besonderem Maße unter dem Aspekt der Trauer und des Abschieds. Johanna Schopenhauer berichtet Arthur am 30. März von einer Begegnung mit Wieland bei Anna Amalias Hofdame Luise von Göchhausen:

Diesmal interessierte er mich wirklich; er war traurig, denn er hatte den Tag vorher die Nachricht bekommen, daß seine erste und einzige Liebe, die alte La Roche, gestorben wäre. Er sprach viel von sich, seiner Jugend, seinem Talente. »Niemand«, sagte er, »hat mich gekannt oder verstanden. Man hat mich in den Himmel erhoben, man hat mich in den Kot getreten; beides verdiente ich nicht.« Dann erzählte er, wie er der La Roche zu Gefallen die ersten Verse gemacht hätte; wie er eigentlich nicht zum Dichter geboren wäre; nur Umstände, nicht die Macht des Genies hätten ihn dazu gebracht; er habe seine Laufbahn verfehlt. [...] »Jetzt bin ich alt und stumpf, und werde wohl nicht lange mehr bei euch bleiben, und ich tauge auch nicht mehr unter euch.« Die Göchhausen und ich trösteten tüchtig drauf los und widersprachen, was wir konnten.[45]

Besonders schmerzlich für Wieland war am 10. April 1807 die Nachricht vom Tod der Herzoginmutter Anna Amalia, die einst damit, daß sie Wieland als Erzieher ihres Sohnes nach Weimar geholt hatte, den Grundstein für die literarische Bedeutung des Städtchens gelegt hatte. »Wieland ist mit philosophischer Ruhe gefaßt«, schreibt Karl Bertuch zwei Tage später an Böttiger. »Ganz vorbereitet zur Reise [ins] Jenseits sieht der edle Greis die scheidenden Geliebten als früher Reisende an, die er bald einzuholen gedenkt. Wir haben uns alle das Wort gegeben, diesen Sommer dem Vater Wieland so viel als möglich Zerstreuung zu geben, da ihm sein Tusculum Tiefurt fehlt.«[46] Als am 7. September dann auch noch Luise von Göchhausen stirbt, beginnen die Freunde und Bekannten, sich ernstlich um Wieland zu sorgen. »Ich werde sie vermissen so lang ich selbst lebe, aller mais und si ungeachtet«, schreibt Wieland am 4. Oktober 1807 an Böttiger.[47]

Anna Amalia wurde allgemein betrauert. »Ach sie war das Band das die Bessern hier zusammenhielt, sie hat während sie für ihren unmündigen Sohn regierte Weimar aus einem elenden Dorf zu dem geschaffen was es jetzt ist«, heißt es in einem Brief der Neubürgerin Johanna Schopenhauer vom 13. April 1807,[48] die nur wenige Male der Herzoginmutter begegnet war. Goethe verfaßte einen Nachruf, der von den Kanzeln des Herzogtums verlesen wurde:

> Der Lebenslauf der Fürstin, deren Andenken wir heute feiern, verdient mit und vor vielen andern sich dem Gedächtnis einzuprägen, besonders derjenigen, die früher unter ihrer Regierung und später unter ihren immerfort landesmütterlichen Einflüssen, manches Guten teilhaft geworden, und ihre Huld, ihre Freundlichkeit persönlich zu erfahren das Glück hatten.[49]

In denselben Monat, in dem Goethe der verstorbenen Herzogin mit seinem Nachruf ein Denkmal setzte, fiel seine erste Begegnung mit einer Frau, die ihrerseits später mit ihrem Werk *Goethe's Briefwechsel mit einem Kinde. Seinem Denkmal* (1835) dem verehrten Dichter ein Monument zu errichten suchte, wenn auch ein höchst eigenwilliges und das Objekt der Darstellung oft bis zur Unkenntlichkeit stilisierendes. Am 23. April 1807 besuchte Bettina Brentano, Tochter von Goethes Jugendfreundin Maximiliane von La Roche (die ihrerseits wiederum die Tochter von Wielands Freundin Sophie von La Roche war), den Dichter in Weimar. Im Vorjahr hatte Bettina sich in Frankfurt von Goethes Mutter vieles aus dessen Kindheit und Jugend erzählen lassen, nun wollte sie Goethe selbst kennenlernen. Die Zweiundzwanzigjährige berichtet in einem überschwenglichen Brief an ihren Bruder Clemens von der Begegnung:

Bettina von Brentano, verh. von Arnim

Bleistiftzeichnung von Ludwig Emil Grimm,
»im July 1809. gez. München ad viv.«

Und jetzt war ich in Weimar, in *Wielands* mir ganz lächerlichem Revier, ein Gemach voll Nachtlampen und Nachtmützen und er selbst im Schlafrock, ruft aus, als er mich sieht: O wunderbare Erscheinung! Sie haben sich darauf eingerichtet, sagte ich ihm – mit dem Schlafornat; ich scherzte und lachte noch ein bißchen, begehrte ihm ein klein Zettelchen für *Goethe*, und wandelte meines Pfads. In der Tat, lange könnte ich es nie bei ihm aushalten, und wär es auch nur wegen der alten Luft, die bei ihm herrscht.

Aber jetzt kommen wir zu *Goethe*. Ei, preise mich glücklich, guter *Clemens*, nur erst einmal auf die Treppe, die zwei freundliche Marmorbilder, die Dir entgegen winken, und so still und würdig ist das Haus. –

[...] Wer vor ihm steht ohne Prätension, mit aufrichtiger Liebe, dem muß es wohlgehen bei ihm. Ich plauderte alles, was mir auf die Zunge kam, und er war damit zufrieden, ich sagte ihm, daß ich seine

Lebensgeschichte schreiben wollte, dies freut ihn, er eiferte mich or-
dentlich dazu an. [...]
Lieber *Clemens*, wer ihn einmal gesehen hat wie ich und ihn nicht
liebt wie ich, der ist seinen Anblick nicht wert, und wenn die ganze
Welt ihn nicht erkennt, so will die *Bettine* Jubel rufen über seine
Herrlichkeit.[50]

Schon im November kam Bettina wieder nach Weimar, diesmal in
Begleitung ihres Bruders Clemens und Achim von Arnims, deren
Volksliedsammlung *Des Knaben Wunderhorn* Goethe im Vorjahr an-
erkennend rezensiert hatte. Goethe begann im Mai, die ersten Kapitel
und Novellen zu *Wilhelm Meisters Wanderjahren* zu diktieren, eine
Arbeit, die er während seines sommerlichen Kuraufenthalts in Karls-
bad fortsetzte. Auch Wieland beschäftigte sich mit schriftstellerischen
Arbeiten, die für ihn jedoch, wie er selbst bekannte, vor allem eine
Zuflucht vor der fremd werdenden Gegenwart bedeuteten:

Sie wissen vermutlich aus öffentlichen Blättern, daß ich mich seit
dem November des verhängnisvollen Jahres 1806 mit einer Übersetz-
zung und Kommentierung der sämtlichen Briefe Ciceros beschäftige.
[...] Mein guter Genius trieb mich aus der schrecklichen, trostlosen
Gegenwart hinaus, und ich rettete mich in das klassische Land; seitdem lebe und webe ich nun in der letzten Dekade des siebenten Jahrhunderts der alten weltbeherrschenden Roma; in einer Zeit, die mit
der unsrigen gerade so viel Ähnlichkeit hat, daß sie mir desto interessanter wird; wo aber der Kampf von kolossalischen Menschen mit
ihresgleichen einen ganz anderen Anblick gewährt als das Nieder-
stürzen eines Colossus Rhodius auf Liliputaner, Frösche und Feld-
mäuse.[51]

Im Dezember 1807 traf mit dem Dichter Zacharias Werner ein weiterer wichtiger Besucher bei Goethe ein, der bis zum März des folgenden Jahres in Weimar blieb. Beide ermunterten einander zu einem re-
gelrechten Wettstreit im Dichten von Sonetten, einer besonders von
den Romantikern wiederbelebten Gedichtform, mit der Goethe sich
bislang kaum beschäftigt hatte. An einigen in diesem Winter entstandenen Gedichten im Zyklus *Sonette*, den er 1815 in einen Band seiner gesammelten Lyrik aufnahm, läßt sich noch erahnen, was Goethe
zu dieser Zeit umtrieb: eine leidenschaftliche Liebe zur Pflegetochter
seines Jenaer Bekannten Frommann, der jungen Minchen Herzlieb.
Außer den andeutenden Sonetten gibt Goethe nur in einer nicht zum

Druck beförderten Stelle der *Tag- und Jahreshefte* Auskunft: »Gewohnheit, Neigung, Freundschaft steigerten sich zu Liebe und Leidenschaft [...]. In solchen Epochen jedoch erscheint die Dichtkunst erhöhend und mildernd, die Forderung des Herzens erhöhend, gewaltsame Befriedigung mildernd. Und so war diesmal die von Schlegel früher meisterhaft geübte, von Werner in's Tragische gesteigerte Sonettenform höchst willkommen.«[52]

Mehr noch als Werners Sonette erregten seine dramatischen Versuche, heute mehr oder weniger vergessen, Goethes Aufmerksamkeit. Am 30. Januar 1808 ließ Goethe Werners Trauerspiel *Wanda* auf der Weimarer Bühne aufführen. Goethes Wertschätzung des exaltierten Schriftstellers, der wenige Jahre später zum Katholizismus übertrat und sich zum Priester weihen ließ, erscheint heute schwer verständlich, doch auch den Zeitgenossen war die Zwiespältigkeit von Werners Ruhm wenigstens zum Teil bewußt. Von Goethe ist überliefert, daß er über besonders pathetische Metaphern in Werners Sonetten sich so aufregen konnte, daß dieser beleidigt die gemeinsame Tafel verließ, und auch die folgende boshafte Anekdote, die der Schriftsteller und Schauspieler Karl von Holtei, ein Freund Johanna Schopenhauers, in seiner Autobiographie kolportiert, spricht für Goethes doch auch kritische Wahrnehmung des jungen Dichterkollegen. Da Goethe am Abend nach der Uraufführung der *Wanda* nicht gerne sein Haus für eine Premierenfeier zur Verfügung stellen wollte, erklärte sich die Schopenhauer bereit, die Gäste in ihrem Salon zu empfangen (während ihre beiden wöchentlichen Teeabende mit Bedacht auf Wochentage gelegt waren, an denen das Theater nicht spielte). Ihrer Wirtschafterin konnte sie nur noch rasch mitteilen, daß sie für den Abend sich auf zahlreichen Besuch einstellen solle, dann eilte sie selbst zur Premiere ins Theater. »Als nun«, erzählt Holtei, »nach höchst zweifelhaftem aber doch scheinbaren Erfolge, die Gäste eintrafen, nahmen die Frauen an der improvisierten Tafel Platz, die Herren standen mit ihren Tellern umher.« Und weiter:

Für Göthe und Werner waren zwei Stühle in der Mitte bestimmt; zwischen ihnen auf dem Tische stand ein wilder Schweinskopf, von welchem die Wirtin schon des Tages zuvor gegessen. In ihrer Angst hatte die Haushälterin durch einen großen Kranz von Lorbeerblättern, die Anschnittswunde zu verdecken gesucht. Göthe erhub, diesen Schmuck erblickend, mächtig seine Stimme und rief, dem bekanntlich sehr zynischen und nicht immer sauber gewaschenen Werner zu: *Zwei* gekrönte Häupter an einer Tafel? Das geht nicht? Und er nahm dem wilden Schweinskopf seinen Kranz und setzte ihn dem Dichter der »Wanda« auf den Kopf.[53]

Doch außer diesem burlesken Seitenstück zur Lorbeerbekränzung der Büsten Wielands und Schillers bei der *Tasso*-Premiere im Vorjahr hatte die Theatersaison auch literaturgeschichtlich wirklich Bedeutendes zu bieten. Am 2. März 1808 nämlich fand in Weimar die Uraufführung von Heinrich von Kleists Lustspiel *Der zerbrochne Krug* statt, die ein solcher Mißerfolg war, daß das Stück kein zweites Mal in Weimar gegeben wurde. Goethe war im Vorjahr auf das noch ungedruckte Stück des ehemaligen preußischen Leutnants aufmerksam geworden und hatte sich, trotz seiner Zweifel an der Bühnenwirksamkeit des Kleistschen Sprachwitzes, an eine Inszenierung gewagt, für die er das einaktige Stück in drei Akte unterteilte. Daß dadurch und durch den getragenen Vortragsstil, der auf dem Weimarer Theater üblich war, Kleists Stück an Rasanz und Komik verlor, ist wohl verantwortlich für den völligen Durchfall des Stückes, der Kleist schwer traf. Zudem wurde die Schlußszene in der wesentlich längeren Fassung, die Kleist der Buchausgabe der Komödie als »Variant« beigab, gespielt, was zusätzlich zur Ermüdung des Publikums beitrug. Gegen Vermutungen, Goethe habe mit Bedacht das Werk des jungen und ihn befremdenden Konkurrenten sabotiert, sprechen aber die Tagebücher von Goethe und Riemer aus dem Winter 1807/08, die belegen, wie engagiert sich Goethe der geplanten Aufführung gewidmet hat. Einen Eindruck der Wirkung, die Kleists Komödie in Goethes Bearbeitung auf das Publikum machte, vermittelt ein Brief Henriette von Knebels an ihren Bruder:

> Ein fürchterliches Lustspiel, was wir am vorigen Mittwoch haben aufführen sehen und was einen unverlöschbaren unangenehmen Eindruck auf mich gemacht hat und auf uns alle, ist »der zerbrochene Krug« von Herrn von Kleist in Dresden, Mitarbeiter des charmanten »Phöbus«. Wirklich hätte ich nicht geglaubt, daß es möglich wäre, so was Langweiliges und Abgeschmacktes hinzuschreiben.[54]

Goethes Versuche, als Förderer Kleists zu wirken, waren nach diesem Fehlschlag beendet, zumal er mit dem ersten Heft von Kleists Zeitschrift »Phöbus«, das dieser ihm im Januar 1808 zugesandt hatte, und dem darin enthaltenen Fragment aus der *Penthesilea* noch weitaus weniger anzufangen wußte als mit dem *Zerbrochnen Krug*. Den nach 1820 endlich einsetzenden Erfolg seiner Komödie auf den deutschen Bühnen sollte Kleist, der sich 1811 das Leben nahm, nicht mehr erleben.

Goethe selbst arbeitete in der ersten Hälfte des Jahres zunächst an der Farbenlehre weiter, daneben konzipierte er Novellen, die in *Wilhelm Meisters Wanderjahre* Eingang finden sollten. Eine dieser Novellen verselbständigte sich rasch zu einem größeren erzählerischen Projekt, dem Roman *Die Wahlverwandtschaften*. Auf einer Kutschfahrt von Jena nach Weimar erzählte er Heinrich Meyer am 1. Mai 1808 die erste Hälfte des Romans, dessen erste Kapitel er von Juni an diktierte. Zur Ostermesse des Jahres erschien der vor zwei Jahren vollendete erste Teil des *Faust* im Druck. Von Mitte Mai bis Mitte September hielt Goethe sich wieder in Karlsbad und in Franzensbad auf. Die jährlichen langen Kuraufenthalte dienten Goethes Gesundheit, die sich nach der Krise in den Jahren 1805/06 merklich erholte, sind aber gewiß auch Teil des Arrangements, das Goethe und Christiane miteinander getroffen hatten. Dem Verhältnis der beiden so unterschiedlichen Menschen, aber auch Goethes künstlerischer Produktivität konnten die Phasen der Distanz (neben den Bäderreisen verbrachte Goethe in diesen Jahren stets auch einen erheblichen Teil seiner Zeit im nahen Jena) nur dienlich sein.

Im Sommer 1808 verliebte Goethe sich in Silvie, die jüngste Tochter der ebenfalls in Karlsbad kurenden Familie von Ziegesar. Als die Familie der Dreiundzwanzigjährigen, die Goethes Neigung erwidert zu haben scheint, nach Franzensbad weiterreiste, folgte Goethe ihr nach. Seine Tagebücher verzeichnen zwar genau, wie oft er bei den von Ziegesars zu Gast war, doch bleiben die Einzelheiten der Beziehung zu Silvie noch mehr im dunkeln als die zu Minchen Herzlieb im Vorjahr. Für seine Treue gegenüber Christiane, aber auch für die Stärke der Anfechtung spricht das auf der Reise konzipierte, aber erst 1810 vollendete erotische Gedicht *Das Tagebuch*, in dem das erzählende Ich vom vergeblichen Versuch der ehelichen Untreue berichtet: Sein Phallus, »der so hitzig sonst den Meister spielet«, versagt bei dem Dienstmädchen des Nachtquartiers den Dienst und erhebt sich erst dann »zu allen seinen Prachten«, als die Gedanken zu der zu Hause wartenden Gattin schweifen.[55]

Goethes Sohn August hatte unterdessen im April 1808 das Studium der Rechte in Heidelberg aufgenommen, am 13. September des Jahres verstarb in Frankfurt Goethes Mutter. Christiane reiste Anfang Oktober dorthin, um die Erbschaftsangelegenheiten zu regeln, während Goethe selbst im herzoglichen Gefolge am Fürstenkongreß in Erfurt teilnahm.

Napoleon hatte für den Herbst 1808 ein Zusammentreffen mit dem Zaren Alexander I. vereinbart, das der Demonstration des guten Einvernehmens zwischen beiden Kaisern und der trotz des unbefriedigend verlaufenden Feldzugs in Spanien ungebrochenen französischen Macht dienen sollte. Alexander hatte Erfurt als Versammlungsort bestimmt, und am 27. September begann der Kongreß, der zwar kaum konkrete Ergebnisse brachte, aber mit Festen, Paraden und Bällen der Zurschaustellung napoleonischer Herrlichkeit diente. Napoleon empfing am 2. Oktober Goethe zu einer Audienz, über die Goethe erst 1824 eine längere Notiz anfertigte. Der Kaiser erkundigte sich nach Goethes Lebensumständen, sprach mit ihm über Voltaire und über Goethes *Werther*. »Ich habe dem Kaiser aufgewartet, der sich auf die gnädigste Weise lange mit mir unterhielt«, schrieb Goethe nach der Audienz an Christiane.[56]

Am 6. und 7. Oktober hielten sich die Teilnehmer des Erfurter Kongresses in Weimar auf. Für ihre Sicherheit sorgte französisches Militär, das schon zuvor, auf dem Weg nach Erfurt, in Weimar Station gemacht hatte und verpflegt worden war. Dabei hatten die Soldaten die Schaulustigen, darunter auch Kinder, mit Branntwein traktiert. »Arme Leute, besonders Straßenjungen, waren völlig betrunken«, schreibt Riemer an Frommann. »Ein Junge soll die Nacht gestorben sein.«[57] Gesky berichtet in seiner Chronik, daß beinahe auch zwei seiner Söhne unter den Opfern gewesen wären: »Allwo ich noch dazukam und ihnen das Gefäß vom Munde wegzog, wo die Franzosen zum Trinken kommandierten. Die Knaben schliefen aber drei Tage hintereinander, ohne wirklich zur Besinnung zu kommen.«[58] Der Besuch der Kaiser in Weimar verlief gesitteter. Eine große Jagd wurde auf dem Ettersberg veranstaltet, am Abend fand im Schloß ein Festmahl statt, bei dem Napoleon und die Herzogin Luise in der Mitte der halbrunden Tafel saßen. Danach gab es im Theater ein Gastspiel der Comédie Française, die Voltaires *La mort de César* spielte. Bevor am 7. Oktober die Gäste wieder abreisten, lud Napoleon auf das Schlachtfeld von Jena ein – zur Hasenjagd, eine Geste, die in ihrer Symbolhaftigkeit nur zu deutlich war. Herzog Karl August entzog sich der makaberen Veranstaltung, indem er Unwohlsein vortäuschte.

Wieland hatte am Abend des 6. Oktober zwar der Aufführung im Theater beigewohnt, die Einladung zum anschließenden Ball jedoch ausgeschlagen. Napoleon aber, der den Dichter im Theater gesehen hatte, ließ die Herzogin bitten, Wieland mit einem Wagen abholen zu lassen. Dem konnte dieser sich kaum widersetzen, und so kam es zu der Unterredung der beiden Männer, von der Wieland wenig später in einem Brief berichtet:

> Kaum war ich etliche Minuten da gewesen, so kam Napoleon von einer andern Seite des Saales auf mich zu; die Herzogin präsentierte mich ihm selbst, und er sagt mir sehr leutselig – das Gewöhnliche, indem er mich zugleich scharf ins Auge faßte. [...] In meinem Leben habe ich keinen einfachern, ruhigern, sanftern und anspruchslosern Menschensohn gesehen. Keine Spur, daß der Mann, der mit mir sprach, ein großer Monarch zu sein sich bewußt war. Er unterhielt sich mit mir wie ein alter Bekannter mit seinesgleichen, und (was noch keinem andern meinesgleichen widerfahren war) an anderthalb Stunden lang in Einem fort und ganz allein, zu großem Erstaunen aller Anwesenden, unter welchen es zwar an Neugierigen nicht fehlte, die sich aber doch aus Respekt zu weit entfernt halten mußten, um von allem dem, was er mit mir redete, mehr als einzelne Worte aufschnappen zu können; daher denn auch von dem, was er mich gefragt hat und ich geantwortet haben soll, und wovon allerlei Sagen im Publiko herumgehen, kein wahres Wort ist.[59]

Wieland begegnet Napoleon
im Schloß zu Weimar

Aquatinta
von Johann Baptist Hößel

Dem positiven Eindruck dieses Gespräches stellte Wieland im gleichen Brief den ganz anderen einer offiziellen und förmlichen Audienz in der folgenden Woche in Erfurt entgegen. Ihm und Goethe wurde der Orden der Französischen Ehrenlegion verliehen, Zar Alexander zog mit dem St.-Annen-Orden für beide nach. Wielands erster Biograph Johann Gottfried Gruber kommentierte 1828: »Sonderbar genug, daß es zwei Kaiser des *Auslandes* waren, und nicht ein *teutscher* Kaiser oder König, die auf solche Weise sein Verdienst ehrten, und eben so sonderbar, daß Wieland zwar Ehren-Mitglied des französischen National-Instituts, aber keiner *teutschen* Akademie war, außer der antiquarischen Gesellschaft zu Kassel!«⁶⁰

Gegen Ende des Jahres 1808 stieß der frischgebackene Offizier der Ehrenlegion Goethe empfindlich mit Karl Augusts Nebenfrau Caroline Jagemann aneinander. Als der Tenor Otto Morhard wegen einer Erkältung nicht wie geplant seine Rolle in einer Opernaufführung singen konnte, brachte die Jagemann, die oft ihren Einfluß auf Karl August nutzte, um ihre Position in Ensemble und Leitung des Theaters auszubauen, den Herzog dazu, Morhard anzudrohen, daß er augenblicklich die Stadt zu verlassen habe, wenn er nicht seinen Kontrakt erfülle und auftrete. Goethe gelang es, diese fristlose Kündigung in acht Tage Arrest für den Sänger umzuwandeln, war aber so entnervt von den Intrigen seiner Primadonna, daß er auf die Intendanz des Hoftheaters verzichten wollte. »Der Geheimerat hat das Theater völlig niedergelegt, aber der Herzog will es durchaus nicht zugeben«, schrieb Christiane Goethe an ihren Sohn August.⁶¹ Goethe selbst klagte in einem Brief an Silvie von Ziegesar: »Sie können denken wie ungern ich mich von einer Anstalt trenne die ich seit zwanzig Jahren so heraufgebaut habe [...]. Indessen hab ich schon mehr ertragen als billig war. Sie begreifen wohl wo der Wind herweht.«⁶² Um in Zukunft nicht wieder mit Caroline Jagemann in Konflikt zu geraten, schlug Goethe eine Trennung der Theaterarbeit in Oper und Schauspiel vor, wobei letzteres allein ihm übertragen, bei ersterer seinetwegen die Jagemann schalten und walten könne.

Schließlich blieb aber doch alles, wie es gewesen war. Goethe begann sich immerhin schon wieder soweit den Theaterangelegenheiten zu widmen, daß er am 10. Januar 1809 eine Eingabe an die Hoftheaterkommission machte, um Vorschläge für eine bessere Organisation der Redoute, des Maskenballs in der Wintersaison, zu unterbreiten, die dieses Jahr zwar nicht im Komödienhaus, sondern im Stadthaussaal stattfand, aber in den Geschäftsbereich der Kommission fiel:

Es ist wohl keiner Frage unterworfen, daß Herzogliche Theater Kommission sich der in der letzten Zeit sehr ausgearteten Redouten anzunehmen Ursache habe, und solche wieder emporzubringen. Denn sie befördert dadurch das allgemeine Vergnügen und ihren eigenen Vorteil. Das letzte besonders indem sie den Wert des Abonnements erhöht als mit welchem die freie Entrée auf die Redoute verbunden ist, und zugleich den Stadtrat in den Stand setzt, den schuldigen Pacht abzutragen.

Um die »öffentliche Lustbarkeit wieder zu heben«, schlug Goethe vor, Repräsentanten des Hofes zu entsenden, um so auch den Adel wieder auf die Redoute zu locken. Für angemessene Kostümierung (»Keine Drahtaugen würden erlaubt, sondern wenigstens schwarze halbe Masken gefordert«) müßte ebenso gesorgt werden wie für würdiges Schuhwerk (»In Stiefeln könnte niemand tanzen«), und schließlich wären »Dienstboten und Personen von zweideutigem Ruf auszuschließen«.[63] Während Goethe sich also Gedanken um die Einnahmen der Theaterkommission und um das gesellige Leben in Weimar machte, wurde im selben Monat Caroline Jagemann, Goethes Konkurrentin in Theaterangelegenheiten, vom Herzog zur Frau von Heygendorf nobilitiert und erhielt für sich und ihre (und Karl Augusts) Kinder das gleichnamige, bei Allstedt gelegene Rittergut. Ihre Söhne machten, ungewöhnlich für die Kinder einer Schauspielerin, weniger für die illegitimen Kinder eines Herzogs, später unter dem angenommenen Adelsnamen in der preußischen und sächsischen Armee Karriere.

Kurz vor Weihnachten 1808 war Zacharias Werner wieder nach Weimar zurückgekehrt, wo er bis Juni 1809 blieb, und zwischen November 1808 und Januar 1809 war Wilhelm von Humboldt wiederholt zu Gast bei Goethe am Frauenplan. Seine Eindrücke von den Hausbewohnern, und besonders von Riemer, der bis 1803 Hauslehrer bei den Humboldts gewesen war, schildert Humboldt am 9. Januar 1809 in einem Brief an seine Frau:

So sein recht eigentliches häusliches Leben mit der teuren Hälfte und Riemern ist nichts weniger als interessant oder hübsch. Hab ich Dir schon erzählt, daß er die Frau »Du« und sie ihn »Sie« nennt? Das, siehst Du, liebes Kind, ist ein Respekt! Riemer ist noch breiter, schwammiger und zerflossener geworden als Du ihn schon kanntest, und so behaglich und gemächlich, daß er um 8 Uhr immer noch im Bett liegt. Er ist ganz eigentlich der Famulus des großen Mannes,

redet immer in »Wir« und hat auch zu den kleinsten Dingen, um
die man ihn bittet, nie einen Augenblick Zeit. Dabei treibt er
unendlichen gesellschaftlichen (auch Goethe nachgemachten) meist
sehr tändelnden, meist läppischen und ziemlich arg magistermäßi-
gen Spaß. So macht er jetzt Sonette, die Goethe unendlich pro-
tegiert. Nicht genug, daß Riemer sie vorlesen mußte, so nahm
auch Goethe selbst sie oft und las sie noch einmal. Sie sind nicht
geradehin schlecht, meist komisch und satirisch, aber doch oft
sehr fade.

Auch über Johanna Schopenhauer, auf die er nicht gut zu sprechen
ist, fällt Humboldt sein Urteil: »Mir ist sie durch Figur, Stimme und
affektiertes Wesen fatal, aber Goethe versäumt keinen ihrer Tees, die
sie zweimal alle Woche gibt.« Was ihn aber besonders erstaunt, ist, wie
wichtig Goethe offensichtlich die Ehrung durch Napoleon nimmt:
»Ohne das Legionkreuz geht Goethe niemals, und von dem, durch
den er es hat, pflegt er immer ›Mein Kaiser‹ zu sagen!«[64]
    Für Goethes Kaiser begann das Jahr 1809 wenig erfreulich. Im
Krieg gegen Österreich erleidet Napoleon im Mai bei Aspern seine
erste Niederlage. Doch nach dem französischen Sieg bei Wagram im
Juli ist Österreich gezwungen, einen Waffenstillstand einzugehen. Im
April beginnt der Volksaufstand unter Andreas Hofer und Josef
Speckbacher in Tirol. Napoleon fordert in der angespannten militäri-
schen Lage die vertraglich zugesicherten Bundestruppen ein, und so
muß sich auch ein Weimarer Bataillon im Regiment »Herzöge von
Sachsen« an der Niederwerfung der Tiroler Aufständischen beteiligen.
Vom Frühjahr 1810 an werden die Weimarer Truppen dann in Spanien
eingesetzt und im Laufe eines Jahres fast aufgerieben. Zwischen der
Rheinüberquerung am 18. Januar 1810 und der Wiederankunft in
Eisenach im Juni 1811 verlor das Bataillon, nach dem Bericht des Mi-
litärwundarztes Geißler[65], durch Tod oder Verwundung 580 von
681 Soldaten.
    In Weimar arbeitete Goethe unterdessen intensiv an der Farben-
lehre, für deren historischen Teil er ein umfangreiches Studium
naturwissenschaftlicher Werke des 16., 17. und 18. Jahrhunderts
(u. a. Bacon, Descartes, Kepler, Galilei und Lichtenberg) betrieb,
und an den *Wahlverwandtschaften*, die er im Spätsommer abschloß.
Da die böhmischen Bäder zu dicht an den Kriegsschauplätzen lagen,
verbrachte Goethe den Sommer in Jena. Von dort schickte er am
15. September den gerade aus der Druckerei gekommenen ersten

Band des neuen Romans, dessen beide Teile zur Herbstmesse 1809 erscheinen sollten, nach Hause, gespannt auf das Urteil Christianes und,
viel mehr vermutlich, ihrer Hausgenossin und Gesellschafterin Caroline Ulrich, die Christiane den Roman vorlas. Goethes Anweisungen
an Christiane für die geheimzuhaltende Lektüre klingen ein wenig
verschwörerisch:

> Zuerst danke ich dir und deiner schönen Begleiterin für den ange
> nehmen Besuch; sodann schicke ich ein Bändchen, aber nur unter fol
> genden Bedingungen:
> 1.) Daß ihr es bei verschlossenen Türen leset.
> 2.) Daß es Niemand erfährt, daß ihr's gelesen habt.
> 3.) Daß ich es künftigen Mittwoch wieder erhalte.
> 4.) Daß mir alsdann zugleich etwas geschrieben werde, von dem was
> unter euch beim Lesen vorgegangen.
> Weiter weiß ich gerade jetzt nichts zu sagen, auch nichts zu verlan
> gen, weil übrigens alles unter uns abgeredet worden. Schreibe mir
> übrigens wenn irgend etwas vorkommen sollte, und vergiß nicht in
> der Schublade, der mittelsten, rechts an meinem Schreibtisch, mir das
> Paket Manuskript zu schicken, welches mit einem braunen schmalen
> Bändchen zugebunden ist. Lebe wohl und bereite uns eine leidliche
> Winterexistenz vor.[66]

Kaum waren aber die Arbeiten an dem Roman abgeschlossen (die
Revision des im Druck befindlichen ersten Teils und die Niederschrift
des zweiten wurden von Goethe und Riemer am Ende parallel vorgenommen), wandte sich Goethe dem nächsten großen epischen Projekt
zu, der Niederschrift seiner Autobiographie. Am 11. Oktober meldete
Goethes Tagebuch: »Schema einer Biographie«[67], und Goethe begann,
alte Tagebücher und Aufzeichnungen sowie Werke zur Geschichte
des 18. Jahrhunderts durchzugehen. Angeregt, seine Lebensgeschichte
niederzuschreiben und damit zugleich ein Panorama der Zeit vor den
großen gesellschaftlichen und politischen Umbrüchen im Gefolge der
Französischen Revolution und der durch Napoleon bewirkten Umgestaltung der politischen Landkarte Europas zu entfalten, hatte ihn
nicht zuletzt die Begegnung mit Bettina Brentano zwei Jahre zuvor,
die nicht allein als Tochter seiner Jugendfreundin Maximiliane von La
Roche eine lebendige Brücke in Goethes Jugend darstellte, sondern
ihm auch davon erzählt hatte, daß sie Goethes mittlerweile verstorbener Mutter allerlei Anekdoten für ihr eigenes Buch über Goethe abgelauscht hatte.

Doch auch andere Gegenstände beschäftigten Goethe im Laufe des Jahres, so etwa Stoffe aus der altnordischen und mittelalterlichen Literatur, über die er auch in der »Mittwochsgesellschaft« referierte. Ein gern gesehener Gast war daher im Dezember 1809 Wilhelm Grimm, der auf Empfehlung Achim von Arnims bei Goethe vorsprach, sich als Rezensent der von der Hagenschen Ausgabe des *Nibelungenliedes* schon einen Namen unter den Freunden der deutschen Altertumskunde gemacht hatte und in der Bibliothek in Jena nach mittelalterlichen Handschriften forschen wollte. Über eine Einladung zum Mittagessen berichtet Wilhelm Grimm an seinen Bruder Jakob:

> Seine Frau, die sehr gemein aussieht, ein recht hübsches Mädchen, dessen Namen ich wieder vergessen, die er aber, deucht mir, als seine Nichte vorstellte [Caroline Ulrich], und Riemer waren da. Es war ungemein splendid, Gänsleberpasteten, Hasen und dergl. Gerichte. Er war noch freundlicher, sprach recht viel und invitierte mich immer zum Trinken, indem er an die Bouteille zeigte und leis brummte, was er überhaupt viel tut; es war sehr guter roter Wein und er trank fleißig, besser noch die Frau.[68]

Johanna Schopenhauer, in deren Salon Wilhelm Grimm während seines Aufenthaltes in Weimar verkehrte, war unterdessen, fast zufällig und gleichsam unter der Hand, zur Schriftstellerin geworden. Zwar hatte sie in den vergangenen Jahren schon kleinere Beiträge in Zeitschriften veröffentlicht, Übersetzungen aus dem Englischen für Bertuchs »Journal des Luxus und der Moden« und eine Rezension neuer Gemälde des Dresdener Malers Franz Gerhard von Kügelgen im »Neuen Teutschen Merkur«, doch erst im Sommer 1809 hatte sie, auf Anregung des Verlegers Cotta, an einem Buch gearbeitet, *Fernows Leben*. Der Kunsthistoriker Karl Ludwig Fernow, Professor für Ästhetik in Jena und seit 1804 Bibliothekar der Herzoginmutter Anna Amalia, war am 4. Dezember 1808 nach längerer Krankheit in Weimar gestorben, nur wenige Wochen nach seiner aus Italien stammenden Frau, der das rauhere Klima nicht bekommen war, und zwei minderjährige Söhne unversorgt zurücklassend.

Fernow, der einige Jahre in Rom gelebt hatte, hatte an Goethes Schrift *Winkelmann und sein Jahrhundert* mitgearbeitet, eine *Italienische Sprachlehre für Deutsche* verfaßt und mit der Herausgabe der gesammelten Werke Winckelmanns begonnen, von denen noch zwei Bände zu seinen Lebzeiten erschienen. Mit Johanna Schopenhauer verband ihn ein sehr herzliches Verhältnis, noch nach Ausbruch seiner

Erkrankung ließ er sich abends zu den Teegesellschaften seiner Freundin tragen, um auf dem Sofa liegend den Unterhaltungen zu folgen. Nach dem Tod seiner Frau fand er in ihrem Hause Aufnahme und Pflege, die beiden Kinder wurden anderswo untergebracht. Nach seinem Tod bemühte sich Johanna Schopenhauer, Versorgung, Ausbildung und Erziehung der beiden Söhne sicherzustellen und die desolate finanzielle Situation, in der Fernow sie zurückgelassen hatte, zu bereinigen. Karl Bertuch, der Sohn des Verlegers, übernahm die Vormundschaft für die Kinder, und zusammen mit Johanna Schopenhauer bemühte er sich, Fernows Schuldner zu einem Verzicht auf ihre Ansprüche zu bewegen und Fernows Bibliothek dem Herzog gegen eine Leibrente für die Kinder zu verkaufen. Cotta schlug Johanna vor, die Erinnerung an ihren Freund durch die Abfassung einer Lebensbeschreibung, die er verlegen wolle, lebendig zu halten, als Gegenleistung versprach er, auf die Forderung von 2000 Talern, die Fernow ihm geschuldet hatte (zum Vergleich: Karl Augusts Leibrente für Fernows Söhne betrug je 250 Taler pro Jahr), zu verzichten. »Meiner Mutter Herz konnte keinen Augenblick anstehen zu gewähren, was man auf so edle Weise von ihr forderte; doch geschah es nicht ohne Schüchternheit, denn sie selbst ahnte kaum ihr Talent«, erinnert sich Adele Schopenhauer.[69] Vermutlich aus dem Januar 1810 datiert der Brief Johannas, mit dem sie Karl Bertuch, bei dessen Vater Cotta das Werk drucken ließ, den Anfang des Manuskripts zusandte:

> Hier, lieber Freund, schicke ich Ihnen die acht ersten Bogen der Biographie, haben Sie die Güte sie so schnell als es sich tun läßt, von einem geschickten Abschreiber abschreiben zu lassen, der zugleich die etwa vorkommenden orthographischen Fehler ein wenig berichtigt, und sich durch das viele ausgestrichene und wieder eingeschobene nicht irre machen läßt. Die Interpunktion wollten Sie ja gütigst selbst besorgen.[70]

Von einem übergroßen Vertrauen in ihre schriftstellerischen Fähigkeiten zeugt der Brief eben nicht. Neben Bertuch fragte die Schopenhauer natürlich auch Goethe um Rat, in seinem Tagebuch ist unter dem 27. Februar 1810 vermerkt: »Abends Anfang der Fernowischen Biographie.«[71] Das Manuskript oder die ersten Korrekturfahnen werden ihm vorgelegen haben. Von dem Erfolg ihrer Biographie war Johanna Schopenhauer selbst überrascht, und bald begann sie, ihr schriftstellerisches Talent zu pflegen und in rascher Folge Novellen, Romane und, heute vielleicht noch am lesenswertesten, Reiseberichte und Memoiren zu verfassen. Auf diese Weise hatte, schreibt ihre Tochter Adele, »der Freund ihres Lebens, unbewußt nach seinem Tode, eine Bahn des regsten Strebens ihr eröffnet – meine Mutter war mit einem Male Schriftstellerin, und nach wenig Jahren eine der beliebtesten Schriftstellerinnen Deutschlands geworden.«[72]

Nicht nur Johanna Schopenhauer publizierte in diesem Jahr. Schon auf der Ostermesse 1810 konnte Cotta in zwei umfangreichen Bänden, denen ein Heft mit sechzehn kolorierten Kupfertafeln beigegeben war, Goethes Abhandlung *Zur Farbenlehre* vollständig präsentieren (der erste Teil war, in vermindertem Umfang und kleiner Auflage, bereits 1808 erschienen). Gut zwanzig Jahre lang hatte sich Goethe immer wieder, phasenweise sehr intensiv, mit Problemen der Optik und der Farbwahrnehmung beschäftigt. 1791/92 erfolgte mit den *Beiträgen zur Optik* seine erste Veröffentlichung, die sich mit der Frage nach der Entstehung der prismatischen Farben befaßte. Auf die Feldzüge nach Frankreich und Mainz begleiteten ihn physikalische Werke, und in den neunziger Jahren entwickelte Goethe in praktischen Versuchen und theoretischer Reflexion (die immer wieder auch Gegenstand des Briefwechsels mit Schiller wurde) seine Theorie der Farben weiter. Schemata für die umfassende Abhandlung, die Goethe plante, wurden entworfen und verändert, im Jahre 1803 das vorhandene Material gesichtet und Überholtes vernichtet. Bereits im Winter 1805/06 hatte der Druck der beiden Bände *Zur Farbenlehre* begonnen, bogenweise lieferte Goethe die fertigen Partien des Manuskripts an die Druckerei des Verlegers Frommann in Jena, wo sie nach und nach gedruckt wurden. Vor allem 1809 arbeitete Goethe fast ununterbrochen an den »Materialien zur Geschichte der Farbenlehre«, die den zweiten Teil des Werkes ausmachen sollten. Noch im Januar 1810 lag nicht einmal der erste Band in der endgültigen Form vollständig vor, wie sich einem Brief Riemers an Frommann vom 24. Januar 1810 entnehmen läßt: »Sie erhalten hier, mein teurer Freund, wieder zu einigen Bogen Mskpt. aber zum 2. Teil; doch wollen wir Ihnen den halben Bogen der zum 1. Teile fehlt sobald als möglich nachliefern. Wir sind auf alle Weise sehr beschäftigt und inquietiert.«[73] Im Mai erhielt Goethe, der schon zu einer mehrmonatigen Sommerreise nach Karlsbad, Teplitz und Dresden aufgebrochen war, von Cotta 1200 Reichstaler Honorar.

Goethes Versuch, dem Phänomen der Farben auf den Grund zu kommen, war schon unter den Zeitgenossen heftig umstritten. Nach eigenen Experimenten mit Prismen war Goethe um 1790 zu der Erkenntnis gekommen, daß Newtons Lehre von dem aus den Spektralfarben zusammengesetzten Licht falsch sein müsse. Ohne Newtons grundlegende Versuchsanordnung je selbst zu wiederholen, hatte Goethe von seiner falschen Prämisse ausgehend eine eigene Theorie der Optik entwickelt, die von der unteilbaren Einheit des Lichts ausging und die Farben aus dem Wechselspiel von Helligkeit und Dunkelheit erklärte: »Wir sehen«, heißt es im »Didaktischen Teil« der Farbenlehre, »auf der einen Seite das Licht, das Helle, auf der andern die Finsternis, das Dunkle, wir bringen die Trübe zwischen beide, und aus diesen Gegensätzen, mit Hülfe gedachter Vermittlung, entwickeln sich, gleichfalls in einem Gegensatz, die Farben, deuten aber alsbald, durch einen Wechselbezug, unmittelbar auf ein Gemeinsames wieder zurück.«[74] Alle Kritik konnte Goethe nicht davon abbringen, an der Richtigkeit seiner optischen Theorie festzuhalten, deren Bedeutung wohl eher auf dem Gebiet der Wahrnehmungs- und Farbpsychologie (der Germanist Albrecht Schöne spricht gar von Goethes »Farbentheologie«[75]) als auf dem der empirischen Naturwissenschaft liegt. »Auf Alles was ich als Poet geleistet habe«, soll er am 19. Februar 1829 zu Eckermann gesagt haben, »bilde ich mir gar nichts ein.« Und weiter:

> Es haben treffliche Dichter mit mir gelebt, es lebten noch Trefflichere vor mir, und es werden ihrer nach mir sein. Daß ich aber in meinem Jahrhundert in der schwierigen Wissenschaft der Farbenlehre der Einzige bin, der das Rechte weiß, darauf tue ich mir etwas zu gute, und ich habe daher ein Bewußtsein der Superiorität über Viele.[76]

Schon während seines Kuraufenthalts arbeitete Goethe am *Wilhelm Meister* weiter, und nach seiner Rückkehr nach Weimar im Oktober 1810 wandte er sich intensiv der geplanten Autobiographie zu. Am 25. Oktober bat er Bettina Brentano um ihre »Beihülfe«, ihm alle Anekdoten und Erinnerungen aufzuschreiben, die sie sich von Goethes verstorbener Mutter hatte erzählen lassen: »Setze dich also nur gleich hin und schreibe nieder was sich auf mich und die Meinigen bezieht und du wirst mich dadurch sehr erfreuen und verbinden.«[77] Im gleichen Monat brachte Goethe beim Herzog Karl August die Bitte vor, seinen Sohn August, der in Jena seine Studien fortsetzte, zum Kammerassessor zu ernennen, um es ihm, versehen mit dem Titel, zu ermöglichen, sich aus dem Treiben der Studentenverbindungen herauszuhalten und am gesellschaftlichen Leben der Universitätsstadt teilzunehmen: »Sobald er aus der Reihe der Studenten herausgehoben ist, hat er keine Anfechtung weiter und kann seine Winterabende in Ge-

sellschaft von Professoren, fürstlichen Dienern, Kaufleuten und andern im Leben schon eingeweihten Männern zubringen, manches erfahren und sich zu manchem bilden.«[78]
Ansonsten ging das Leben in der Kleinstadt im Jahre 1810 seinen gewohnten Gang. Wieland feierte still im Kreis seiner Familie seinen 77. Geburtstag; der Mörder Christian Blumenstein, der »einem Mann mit der Sichel im Felde den Kopf abgeschnitten« hatte[79], wurde am 18. Mai in Dornburg mit dem Schwerte hingerichtet; mit großer Pracht feierte man am 1. Juli die Hochzeit der Prinzessin Caroline mit dem Erbprinzen von Mecklenburg-Schwerin. Die Weimarer Bürger begannen, die Auswirkungen der Kontinentalsperre – Napoleons Versuch, die englische Vorherrschaft in Industrieproduktion und Seehandel zu brechen – zu spüren: Zucker, Kaffee, Pfeffer, Baumwolle, Reis und andere Kolonialwaren wurden mit hohen Abgaben belegt, und am 27. November verbrannte Weimarer Militär in Oberweimar alle in den Läden der Stadt konfiszierten englischen Manufakturwaren. »24 Scheite Holz und vier Schütten« Stroh wurden dazu gebraucht.[80] Aus dem Goethehaus ist das Konzept eines Briefes an den Präsidenten des Landespolizeikollegiums vom 5. März 1810 überliefert, in dem sich Goethe über den Lärm einer nahen Kegelbahn beschwert und den Wechsel des zuständigen Gastwirts dazu nutzen will, der Wirtschaft die Konzession für die Kegelbahn zu entziehen:

> Die Nähe der Haufischen Wirtschaft ist für sämtliche Umwohnende von jeher eine große Unbequemlichkeit gewesen, und von Jahr zu Jahr hat sich die Sache verschlimmert. Aus Einer Kegelbahn sind zwei geworden, und anstatt, daß sonst wenigstens der Morgen ruhig war, und daß auch selbst Nachmittags- und Abendstunden Einschränkung erlitten; so ward zuletzt von Morgen bis in die Nacht gekegelt, wobei es denn an Geschrei, Lärm, Streit und andern Unarten nicht gebrach.[81]

Im nächsten Jahr mußte Goethe erneut an den Polizeipräsidenten von Fritsch schreiben, denn zwar war die eine Kegelbahn geschlossen worden, doch hatte an der nämlichen Stelle eine neue den Betrieb aufgenommen. »Wenn aber an Feierabenden und Sonn- und Festtagen der Müßiggang mehr Getöse macht, als die sämtlichen tätigen Leute zusammen in ihren Arbeitsstunden, so wird man um so ungeduldiger, als den Liebhabern solcher nutzlosen Übungen außer der Stadt die herrlichsten Bahnen reichlich geöffnet sind«, echauffiert sich Goethe am 27. August 1811.[82]

Aller Empfindlichkeit und allen Lärmbelästigungen zum Trotz scheint Goethe doch äußerst konzentriert seinen Arbeiten nachgegangen zu sein, denn in fast täglichen Sitzungen von Januar bis November 1811 entstanden weite Passagen seiner Autobiographie *Aus meinem Leben. Dichtung und Wahrheit*, deren erster Teil Ende Oktober erschien. Daneben vollendete Goethe seine Biographie des Landschaftsmalers Philipp Hackert, der 1807 verstorben war und verfügt hatte, Goethe, mit dem er in dessen italienischer Zeit näheren Umgang gepflegt hatte, solle seine Lebensbeschreibung und seine hinterlassenen Aufzeichnungen herausgeben, die ebenfalls noch in diesem Jahr, zur Ostermesse, auf den Markt kamen. Wie schon bei den beiden Bänden *Zur Farbenlehre*, gelangten die Manuskriptbögen des ersten Teils der Autobiographie, abgeteilt in fünf Bücher, portionsweise zum Druck. Im Juli erhielt Frommann in Jena das Manuskript zum ersten Buch, bis zum September folgten die der übrigen vier Bücher.

Am Weimarer Theater hatte Goethe viel Mühe und Vorbereitung darauf verwandt, Calderóns Schauspiel *Der standhafte Prinz* in der Übersetzung August Wilhelm Schlegels auf die Bühne zu bringen, das am 30. Januar 1811 seine Premiere erlebte. Daß die Theaterintendanz Goethe nicht nur mit den Höhen der dramatischen Kunst, sondern ebenso mit den Niederungen menschlicher Existenz zu tun hatte, mag sein Schreiben an den Hofkammerrat Franz Kirms, Mitglied der herzoglichen Hoftheaterkommission, belegen, dem er am 15. Februar 1811 von dem ungebührlichen Verhalten des Korrepetitors Eilenstein im Schauspielhaus Mitteilung macht:

Herr Kapellmeister Müller zeigt an, daß der Korrepetitor Eilenstein sich vergangenen Montag dergestalt betrunken, daß er in der Esplanade in den Kot gefallen, sich besudelt und im Gesicht beschädigt habe; so sei er ins Orchester gekommen, wo er über die Pauken gestolpert und Skandal verursacht. Er, der Kapellmeister, habe ihm von seiner Seite eine solche Aufführung bedrohlich verwiesen; er könne sie jedoch auch Herzogl. Kommission um so weniger verschweigen, als *Serenissimus* von dem Unfug Notiz genommen und den Eilenstein sogleich seiner Stelle zu entlassen gedroht.[83]

Auch mit häuslichen Dienstboten gab es mitunter Ärger. Vom März 1811 datiert das Konzept eines Briefes an das Herzoglich Sachsen-Weimarische Polizeikollegium, mit dem Goethe seine ehemalige Köchin zur Anzeige brachte wegen ihres »gegen die Gesetze wie gegen die Herrschaften gleich respektwidrigen« Benehmens:

Nach der älteren, erst vor kurzem unter dem 26. Februar erneuerten
Polizeiverordnung, welche den Herrschaften zur Pflicht macht, die
Dienstboten nicht bloß mit allgemeinen und unbedeutenden Atte-
staten zu entlassen, sondern darin gewissenhaft ihr Gutes und ihre
Mängel auseinanderzusetzen, habe ich der Charlotte Hoyer, welche
als Köchin bei mir zu Diensten gestanden, als einer der boshaftesten
und inkorrigibelsten Personen, die mir je vorgekommen, ein, wie die
Beilage ausweist, freilich nicht sehr empfehlendes Zeugnis bei ihrem
Abschiede eingehändigt.
Dieselbe hat sogleich ihre Tücke und Bosheit noch dadurch im Über-
maß bewiesen, daß sie das Blatt, worauf auch ihrer ersten Herrschaft
Zeugnis gestanden, zerrissen und die Fetzen davon im Hause her-
umgestreut; welche zum unmittelbaren Beweis gleichfalls hier ange-
fügt sind.

Nicht nur die Fetzen des zerrissenen Originals legte Goethe dem
Schreiben an das Polizeikollegium bei, sondern auch eine Abschrift
des wenig freundlichen Zeugnisses, das hier in seiner vollen Länge
zitiert werden soll:

Charlotte Hoyer hat zwei Jahre in meinem Hause gedient. Für eine
Köchin kann sie gelten, und ist zu Zeiten folgsam, höflich, sogar
einschmeichelnd. Allein durch die Ungleichheit ihres Betragens hat
sie sich zuletzt ganz unerträglich gemacht. Gewöhnlich beliebt es ihr
nur nach eignem Willen zu handeln und zu kochen; sie zeigt sich
widerspenstig, zudringlich, grob, und sucht diejenigen die ihr zu be-
fehlen haben, auf alle Weise zu ermüden. Unruhig und tückisch ver-
hetzt sie ihre Mitdienenden und macht ihnen, wenn sie nicht mit ihr
halten, das Leben sauer. Außer andern verwandten Untugenden hat
sie noch die, daß sie an den Türen horcht. Welches alles man, nach
der erneuten Polizeiverordnung, hiermit ohne Rückhalt bezeugen
wollen.[84]

Einen handfesten Skandal, der weitaus mehr Wirbel erzeugte als die
Auseinandersetzung um eine renitente Köchin, erlebte das Haus am
Frauenplan im September 1811. Seit dem 25. August war Bettina
Brentano, seit März mit dem Dichter Achim von Arnim verheiratet,
zusammen mit ihrem Ehemann zu Besuch in Weimar. Das seit jeher
gespannte Verhältnis Bettinas zu Goethes Ehefrau Christiane entlud
sich am 13. September beim Besuch einer Ausstellung der Weimarer
Kunstfreunde. Was genau an diesem Tag vorgefallen ist, läßt sich nicht
rekonstruieren. Jedenfalls gerieten die beiden Frauen sich im wahrsten

Sinne des Wortes in die Haare; in einem Handgemenge, dem ein erregter Wortwechsel vorausging, soll Christiane der jungen Verehrerin ihres Mannes die Brille von der Nase gerissen und auf dem Boden zertrümmert haben – vielleicht das letzte Mittel, um sich der wortgewandten und wenig rücksichtsvollen Bettina im Streit zu erwehren. Diese ihrerseits ließ nachher in Weimar verkünden, »es wäre eine Blutwurst toll geworden und hätte sie gebissen« – diese für die mittlerweile recht beleibte Christiane wenig schmeichelhafte Version von Bettinas Reaktion kolportiert wenigstens Marie Helene von Kügelgen in einem Brief.[85] »[. . .] die ganze Stadt ist in Aufruhr, und Alles erdichtet oder hört Geschichten über den Streit mit Arnims«, heißt es in einem Brief Charlotte Schillers.[86] Goethe verbietet Bettina nach dem Vorfall das Haus, und erst nach Christianes Tod 1816 normalisiert sich das Verhältnis wieder einigermaßen.

Andere Besuche bei Goethe verliefen erfreulicher. So hielt sich im Mai 1811 zum ersten Mal Sulpiz Boisserée in Weimar auf, der, aus einer vermögenden Kölner Kaufmannsfamilie stammend, zusammen mit seinem Bruder Melchior seit Beginn des Jahrhunderts eine bedeutende Sammlung mittelalterlicher Kunst zusammengetragen und damit einen wesentlichen Beitrag zum Verständnis und zur Bewahrung der altdeutschen und altniederländischen Malerei geleistet hatte (seine Sammlung bildete, nachdem er sie 1827 verkauft hatte, den Grundbestand der Mittelalterabteilung der Münchener Alten Pinakothek). Boisserée überbrachte Goethe Zeichnungen, die der Romantiker Peter Cornelius nach Szenen aus Goethes *Faust* angefertigt hatte, und präsentierte bei Hofe Risse des Kölner Doms, für dessen Vollendung nach über zweihundertjähriger Unterbrechung Boisserée die Werbetrommel rührte – mit dem Erfolg, daß 1842 die Arbeit an der inzwischen als nationalromantisches Identifikationsobjekt entdeckten und instrumentalisierten Bauruine tatsächlich wieder aufgenommen wurde. »Goethe in seiner Hofuniform half mir redlich zu dieser ganzen Einrichtung mit eigener Hand, und war höchst glücklich, daß die Sache sich so gut machte«, schreibt Boisserée an seinen Bruder. Erfreut berichtet er vom Interesse der adeligen Damen an den Zeichnungen und Bauplänen, nur Karl August habe sich »etwas stallmeistermäßig« gebärdet und »die wohl bekannte preußische Militär-Genialität« zur Schau gestellt. Dennoch mußte Boisserée einräumen, »daß mir außer der Königin von Württemberg noch keine Herrschaften vorgekommen, die so viel Sinn für die Sache geäußert.«[87] Goethe und Boisserée blieben in brieflichem Kontakt, und auf seinen Rheinreisen 1814 und

1815 ließ sich Goethe in Heidelberg mit der Kunstsammlung seines Freundes vertraut machen, dessen Wertschätzung der mittelalterlichen Kunst- und Baudenkmäler Goethe ab 1816 in den Heften »Ueber Kunst und Alterthum in den Rhein- und Mayn Gegenden« propagieren half.

Auch Johanna Schopenhauers Sohn Arthur, der inzwischen seine Kaufmannslehre abgebrochen und in Göttingen das Studium der Philosophie aufgenommen hatte, hielt sich im Frühjahr 1811 bei seiner Mutter in Weimar auf, bevor er in Berlin seine Studien fortsetzte. Nicht nur auf den alten Wieland, mit dem er sich auf Wunsch der Mutter über seine Studienpläne unterhielt, machte der angehende Philosoph einigen Eindruck. In einem Brief Riemers an Frommann vom 27. April 1811 heißt es:

Der junge Schopenhauer ist auch hier, den ich sehr zu seinem Vorteil verändert finde, so wohl an Gestalt als Wesen. Noch nie ist vielleicht einem das Studium der Philosophie äußerlich und innerlich so gut bekommen.[88]

Im Herbst 1811 war es Wieland, der in Weimar und weit darüber hinaus in Person mehr Aufmerksamkeit erregte als mit dem zur Ostermesse erschienenen vierten Band seiner Cicero-Übersetzung. Am 11. September nämlich war der Achtundsiebzigjährige bei einer Spazierfahrt mit seiner Tochter verunglückt, der Wagen umgestürzt, Wieland hatte sich das Schlüsselbein gebrochen. Unfall und Genesung waren nicht nur Gegenstand zahlreicher Briefe der engeren und ferneren Bekannten, auch die Zeitungen brachten die Neuigkeit. Leicht verärgert über diese Vorformen der Sensationspresse schrieb Wieland an die Fürstin von Neuwied:

Es gehört unter die größten Übel der schon so oft von mir recht herzlich verwünschten Celebrität (zu teutsch Berühmtheit) – die übrigens auch hinwieder ihr nicht zu verachtendes Gutes hat – daß einer nicht einmal den kleinen Finger, geschweige denn ein Schlüsselbein, was doch im Grunde eben auch nicht viel sagen will, – brechen kann, ohne daß es sogleich in öffentlichen Blättern der Welt verkündigt, und dadurch alle entfernten Freunde des Verunglückten, unschuldiger und ungebührlicher Weise, gegen den Willen desselben, zur Mitleidenheit gezogen, beunruhigt, und nicht selten in den Fall gesetzt werden, sich das Übel ärger einzubilden, als es ist.[89]

Immer noch trafen sich ihre Bekannten an zwei Abenden der Woche im Salon der Johanna Schopenhauer zum Tee. Der Reiz der Gesellschaften hatte sich indes mit den Jahren verbraucht, auch Goethe erschien nur noch unregelmäßig zu diesem Treffpunkt der Wintermonate. Friedrich Wilhelm Riemer ließ sich trotz des erlahmten Interesses an den Abendveranstaltungen, die nur gelegentlich durch auswärtige Gäste an Glanz und Abwechslung gewannen, nicht davon abhalten, der Hofrätin Schopenhauer (diesen Titel, dessen sie sich gerne im titelfreudigen Weimar bediente, hatte der polnische König einst ihrem verstorbenen Ehemann verliehen) zum Jahreswechsel 1811/12 ein Sonett zu übersenden, in dem er ihren »groß Verdienst um die Gesellschaft« pries. Höflichkeit, nicht ganz ernst gemeinter Lobpreis und ein verklärter Rückblick auf die Glanztage des Schopenhauerschen Salons fließen in Riemers Sonett ineinander, das mit den Versen endet:

> Der ältsten und der neusten Kunst Erzeugnis
> Trifft man bei Dir, wie jedes Tags Ereignis;
> Das gibt zu urteln was und was zu lachen.
>
> O fahre fort, wie sonst, den Tee zu machen!
> Wenn, so, ergiebig, die Nepenthe sprudelt,
> Vergißt man was uns inn- und außen hudelt.[90]

Der Altphilologe Riemer, der selbst eine Teekanne gerne durch eine griechische Vokabel (»Nepenthe«) erhöhte, hatte, spätestens nachdem 1808 mit August von Goethes Studienbeginn seine Hauslehrertätigkeit im Goethehaus beendet war, des öfteren auf eine seiner Ausbildung entsprechende Stelle spekuliert. Als 1804 Karl August Böttiger die Direktion des Weimarer Gymnasiums niedergelegt und die Stadt verlassen hatte, war Riemer als möglicher Kandidat für dessen Posten gehandelt worden, hatte sich aber auch Hoffnungen auf eine Professur in Jena gemacht. Für Goethe war er als Mitarbeiter und Redakteur der Werkausgaben immer wichtiger geworden, auch wenn es gelegentlich zu Reibereien zwischen dem Dichter und seinem launischen Adlatus kam. Welche weitreichenden Vollmachten Goethe Riemer bei der Einrichtung der druckfertigen Manuskripte ließ, zeigt ein Brief vom 20. Juni 1813, mit dem Goethe seinem Vertrauten Teile seiner Autobiographie zur letzten Korrektur zusandte:

> Es sei also, mein Wertester, Ihnen die völlige Gewalt übertragen, nach grammatischen, syntaktischen u. rhetorischen Überzeugungen zu verfahren. [...]

Besonders verdrießen mich die unglücklichen Auxiliaren aller Art.
Vielleicht gelingt Ihnen hie und da die Umwandlung in die Partizi-
pial-Konstruktion, die ich scheue, weil sie mir nicht geraten will.[91]

Im Frühjahr 1812 zog Riemer aus dem Goethehaus in eine eigene
Wohnung am Marktplatz und trat eine Stelle als Professor am Weimarer Gymnasium an, die ihn einerseits finanziell von Goethe unabhängig machen, andererseits als Sprungbrett für lukrativere und ehrenvol-
lere Berufung an eine Schule oder Hochschule dienen sollte. Als Riemer am Tag nach seinem Umzug an Frommann schreibt, beschäftigen
ihn Fragen der Wohnungseinrichtung und seiner neuen Anstellung:

Friedrich Wilhelm Riemer
Kreidezeichnung
von Johann Joseph Schmeller,
nach 1824

Gestern, als am 24. März, am Tage Gabriel, bin ich in meine Wohnung am Markt, beim Riemer Meißner, eingezogen, und diese Zeilen
erhalten Sie also von dieser meiner Wartburg. Der gute Wolff war
der erste, der mich besuchte und den Einzug mit einer Flasche Wein
bei mir feierte. Auch andre wollen mich, der mit Leuchtern, jener

mit Kaffeezeug; Sie, mein teurer Freund, mit Gläsern ausstatten. Das
nehm' ich denn mit großem und gefühlten Danke an: Denn ich
komme ziemlich nackt auf diese neue Welt.
Auf den 7. April werde ich vereidet, und dann werde ich wohl mit
der vollen Woche, also den 13. in die Klassen eingeführt werden.
Wenn nur die ersten drei Tage vorüber sind, so werde ich ja wissen
wie es geht: denn sie wiederholen sich nachher nur. [...]
Zum Schluß hätte ich doch noch eine Bitte. In Jena macht man gute
und doch wohlfeile Messer und Gabeln mit Hirschhornen Griffen.
Ich habe sie bei Hendrich gesehen und Goethe hat sich einige Dutzend kommen lassen. Ich wünschte nur 2 Paar Messer und Gabeln
vor der Hand, und Sie würden mich sehr glücklich machen, wenn Sie
mir solche nächsten Sonnabend durch die Botenfrauen zukommen
ließen. Ich speise zwar außer dem Hause; aber des Abends, und
wenn jemand kommt, auch nur ein Butterbrot bei mir zu essen,
fehlt's an einem harmonischen Paar, dieser unentbehrlichen Werk-
zeuge.[92]

Der Wechsel in den Schuldienst erwies sich für Riemer als wenig
glückliche Entscheidung, die er schon nach kürzester Zeit bereute,
aber nicht ohne weiteres rückgängig machen konnte. An die Schule
band ihn das niedrige, aber unentbehrliche Jahresgehalt von 600 Talern, und Berufungen an andere Orte, wie 1815 an die Universität Ro-
stock, lehnte er nicht zuletzt deshalb ab, weil er sich an Goethe und
dessen Arbeiten gebunden fühlte. Schon im Sommer 1812, nach wenigen Monaten Schulalltag, klagte Riemer in einem Brief an Frommann,
für dessen Verlag er ein altgriechisches Wörterbuch bearbeiten sollte:

Es ist ein Elend in Deutschland, daß man gelehrte Arbeiten fabrik-
mäßig betreibt: daher sind sie denn auch darnach. Doch wollte ich
auch diese Not noch bestehen: wenn ich nur für die Zukunft eine
andre Aussicht hätte, als das Schulleben gewährt. Denn auch erhöhte
Besoldung, Konrektorat od. Direktorat hilft dem innerlichen Elend
nicht ab. – Wahrlich die Eltern, die ihre Kinder in die Schule
schicken, um sie nur los zu werden, wissen nicht, was für eine Geduld dazu gehört, sich von fremden uns nichts angehenden Kreatu-
ren alle Augenblick stören zu lassen, und doch nicht über die Ge-
bühr unwillig zu werden. Die eigennützige Förderung dazu, daß einer das was er in seinem ganzen Leben mit Mühe und Aufopferung
errungen, auf eine leichte faßliche Art den Bestien auch beibringen
solle, damit sie halb wissen, was er ganz weiß, od. was wenigstens
bei ihm in einem lebendigen Zusammenhange steht. [...]

Leben Sie wohl! Grüßen Sie die Ihrigen freundlichst und bitten um
Schonung für mich: denn mit mir ist nichts anzufangen. Was soll ein
Trauriger unter Zufriedenen und Fröhlichen? Wenn ich mich nur
recht in die Bücher vergraben kann ist mir wohler, als in der lustig-
sten Gesellschaft: denn alsdann fällt mir immer aufs Herz: Morgen
mußt du in die Schule! Schule von σχολή d.i. Muße!!! wie hat sich
das umgekehrt?[93]

Goethe hat Riemers Schwierigkeiten mit dem neuen Amt in einem
Brief an Thomas Johann Seebeck mit klarem Blick gesehen: »Dr. Riemer hat uns verlassen und ist, mit dem Titel als Professor, an das Weimarische Gymnasium gekommen. Er ist dieser Stelle mehr als gewachsen, doch eben deswegen wird es ihm Mühe kosten, sich in das
Geringere zu finden, was von ihm verlangt wird.« Im selben Brief an
den ehemals in Jena tätigen Physiker und Chemiker berichtete Goethe
auch von Versuchen des Jenaer Chemikers Döbereiner, aus Stärke
Zucker zu gewinnen:

> Döbereiner beschäftigt sich sehr emsig mit der Zuckerfabrikation aus
> Stärke, sie ist ihm gleich gelungen. [...] Übrigens glaube ich nicht,
> daß dieser Umwandlungs Prozeß das Werk einzelner Familien,
> Frauen und Köchinnen werden könne, wir haben vielmehr Lust eine
> Subskription zu eröffnen, wodurch mehrere Familien in Weimar und
> Jena mit Herrn Döbereiner kontrahieren können, wie viel sie viertel-
> jährig geliefert haben wollen. Der Unterschied des Preises ist so
> groß, daß es töricht ist, an der Qualität zu mäkeln, wie schon manche
> zu tun anfangen.[94]

Napoleons Kontinentalsperre, die die Einfuhr von Rohrzucker aus
den englischen Kolonien stark zurück- und die Preise heraufgehen
ließ, machte solche Experimente nötig. Tatsächlich errichtete Döbrei-
ner mit Kapital aus dem Fürstenhaus noch im selben Jahr in Tiefurt
eine Stärkezuckerfabrik, die jedoch schon bald, mit der veränderten
politischen Lage, ihren Betrieb wieder einstellte. Die Macht des französischen Kaisers überschritt 1812 ihren Zenit. In den vergangenen
zwei Jahren hatten sich die Spannungen zwischen Frankreich und
Rußland verschärft, Napoleon zog schließlich im Frühjahr 1812 in
Preußen eine über eine halbe Millionen Mann starke Armee zusammen, mit der er im Juni ohne Kriegserklärung die russische Grenze
überschritt. Das Schicksal der »Grande Armée« ist bekannt: Von der
russischen Ausweichtaktik bis nach Moskau gelockt, trat Napoleon zu

spät den Rückzug an und geriet mit seinem sich unter permanenten russischen Angriffen immer weiter dezimierenden Heer in den russischen Winter. Von der bis dahin größten Armee der Geschichte erreichten schließlich nur noch etwa 5000 die russische Grenze. Auch ein Weimarer Kontingent, das noch im November 1812 mit der Division Loison von Königsberg aus der Großen Armee entgegenzog, geriet in den Strudel des Untergangs. Napoleon kehrte in großer Eile und fast inkognito nach Paris zurück – nicht ohne bei einem Halt in Erfurt seinem Gesandten am Weimarer Hof, dem Baron Saint Aignan, Grüße an Wieland und Goethe aufzutragen.

Saint Aignan war im Frühjahr 1812 in Weimar eingetroffen, mit dem Auftrag, regelmäßige Lageberichte über das literarische und geistige Leben der Stadt nach Paris zu senden. »Die Stadt Weimar«, hieß es in seinen Instruktionen, »ist der Sammelpunkt einer großen Zahl berühmter Schriftsteller, deren Schriften, in ganz Deutschland gelesen, großen Einfluß auf die öffentliche Meinung haben«[95], darum habe er den Buch- und Zeitschriftenmarkt zu beobachten. Goethe schrieb am 13. Februar 1812 über ihn in einem Brief an Karl Friedrich von Reinhard, der selbst französischer Diplomat war: »Herr v. St. Aignan zeigt sich in diesen ersten Tagen seinem Rufe gemäß als ein angenehmer, ernst-still aufmerkender Mann, seine Schritte sind würdig, mäßig und lassen das Beste hoffen.«[96] In seinen Berichten aus Weimar verwunderte sich Saint Aignan, daß die Herzogin Luise großen Einfluß auf ihren Mann habe, »obwohl er eine Schauspielerin zur Geliebten hat, mit der er offen seit zehn Jahren lebt«, und vermerkte vom Erbprinzen Karl Friedrich, er sei »ein sehr unbedeutender Mensch, ohne Geist, ohne Streben, ohne ausgesprochenen Geschmack; das einzige, was zu bemerken ist, ist, daß er keine Neigung für die französische Regierung hat.«[97] Als Saint Aignan im April 1813 vor den anrückenden preußischen und russischen Truppen Weimar verlassen mußte, vermeldete Goethes Tagebuch: »Herr Baron von St. Aignan schickte mir zum Abschied Kupferstiche.«[98]

Am 5. September 1812 bereitete man in Weimar Wielands 79. Geburtstag vor, den man als den 80. Tag seiner Geburt festlich begehen wollte. Der alte Dichter hatte sich für einige Sommerwochen mit seiner Familie nach Jena zurückgezogen, auch, um einer offiziellen Feierlichkeit in seiner Heimatstadt auszuweichen. Einer kleineren Feier, woran etwa fünfzig Gäste teilnahmen und bei der ihm Mitglieder der Weimarer Freimaurerloge, der Wieland seit 1809 angehörte, eine zu diesem Anlaß geprägte Medaille mit seinem Portrait überreichten, konnte er sich jedoch nicht entziehen. In einem Brief an Böttiger erzählt Karl Bertuch von dem Geburtstagsfest:

> Am Morgen brachten ihm die Studenten ein griechisches Gedicht (vom jungen Göttling verfaßt), dann kamen als Deputation von der Loge Riedel, der Vater und ich und übergaben ihm die goldne wohlgeratene Medaille. Wir fanden Wieland sehr heiter und vergnügt von Blumen umgeben, in Griesbachs Garten. Als wir da waren, kam auch ein Expresser von Weimar mit einem gar innigen lieblichen Brief der guten Großfürstin.[99]

Bis zum Ende des Jahres blieb Wieland bei guter Gesundheit und arbeitete unbeirrt am fünften Band seiner Cicero-Übertragung. An Böttiger schreibt Karl Bertuch am 3. Dezember 1812: »Vater Wieland sitzt in seinem weißen Schlafmützchen mutig am Cicero und opfert ihm alle übrige Vergnügungen auf. Bis Ostern denkt er den Band mit 36 Bogen zu beendigen.«[100] Am 23. Dezember sah Wieland noch einen der Gastauftritte August Wilhelm Ifflands auf der Weimarer Bühne, erkrankte jedoch in den letzten Tagen des alten Jahres schwer, wie die Herzogin Luise am 2. Januar 1813 Knebel mitteilt: »Der Arzt hat ihn zwar noch nicht ganz aufgegeben; er meint aber: seine Jahre seien eine Krankheit, die schwer zu überwinden wäre.«[101] Zwischenzeitlich verbesserte sich sein Zustand, so berichtet Wielands Enkelin Wilhelmine Schorcht vom 13. Januar 1813:

> Mittwoch fand ihn der Arzt besser, er meinte, das Fieber, das jetzt seinen Anfang nahm, beweise noch große Kraft. Wieland bat, ihm den ganzen Hergang und Lauf seiner Krankheit aufzuschreiben, denn er könnte diesmal nicht klar darin werden. Da der Arzt von baldiger Herstellung sprach, so sagte Wieland: er möchte den *fürstlichen* Personen seinen Zustand nicht zu gut schildern, weil er so bald noch nicht ausgehen wollte. Er ließ sich das Rezept aus der Apotheke wiederholen, um es selbst zu lesen; im Adelung und Funke ließ er sich mehrere Artikel, die darin vorkamen, aufschlagen. Diesen ganzen Tag befand er sich gleich gut, eine Wiederherstellung war zu hoffen.[102]

Wilhelm Ernst Huschke, Leibarzt der herzoglichen Familie, der Wieland behandelte, rechnete aber schon am folgenden Tag, als sich Wielands Zustand wieder verschlechtert hatte, mit dem Schlimmsten. Der Patient selbst dagegen strahlte heitere Zuversicht aus, ließ sich von der Enkelin auf dem Klavier vorspielen und unterhielt des Nachts seine Tochter, die am Krankenbett wachte. Nach einigem Auf und Ab mußten die Familienmitglieder am 19. Januar einsehen, daß es mit Wieland zu Ende ging. Er hatte starkes Fieber und redete irre, dabei aber mit der klaren und kräftigen Stimme eines Gesunden. Am nächsten Tag war sein Zustand unverändert. Wilhelmine Schorcht schreibt in ihren Aufzeichnungen:

> Auch diesen Morgen, den 20. Januar, ließ er sich spielen, doch meinte er nachher, es wäre ohne Takt, er könnte die Töne nicht mehr unterscheiden. Er war immer sehr freundlich, es schien aber, als gehöre er nicht mehr zu unserer Welt; denn als eins seiner Kinder wieder hereintrat, fragte er freundlich verwundert: »Wie kommt denn die zu *uns*?« – Mittags, als seine Familie im Nebenzimmer sich befand, fragte er, die bei ihm geblieben war: »Sind sie alle da? nun nenne mir sie alle beim Namen.« Nach Zeitung fragte er auch; nachher sagte er: »Napoleon schämt sich« –. Nachmittags sprach der Arzt von seiner Arznei mit Lob, worauf er durch einzelne ironische Worte antwortete.[103]

Am Abend wurde Wieland ruhiger, die Sprache versagte ihm und der Puls setzte minutenweise aus. Schließlich schien er in Schlaf zu sinken – »es war der Schlummer der *Euthanasia*«, heißt es in Grubers Wieland-Biographie, »kurz vor Mitternacht hatte die schöne Seele von der irdischen Hülle sich getrennt.«[104] »Wielands Tod hat uns alle in tiefe Betrübnis versetzt, wir waren so gewohnt ihn bei uns zu wissen daß uns sein Verlust fast unmöglich dünkte. Ich habe einen wahren Freund an ihm verloren«, schrieb Johanna Schopenhauer an Johann Diederich Gries.[105] Weimar rüstete sich zu einer feierlichen Bestattung:

> Der Legationsrat *Bertuch*, seit 43 Jahren mit dem Verewigten freundschaftlich verbunden, erbot dazu das durch architektonische Verzierungen passende Lokal seines mittleren Gebäudes, welches schwarz ausgeschlagen und zweckmäßig verziert wurde. Hier wurde die Hülle des ehrwürdigen Dichters und Weisen am Abend des 24. Januar auf einem Katafalk ausgestellt. Der Kopf, den über der schwarzen Samtkalotte ein Lorbeerkranz zierte, ruhte auf blauseidenen Kissen, mit goldenen Spitzen besetzt. Über den untern Teil des Sarges, so wie über den Deckel, war eine blauseidene Decke mit Gold besetzt ausgebreitet; den Körper kleidete ein weißes Sterbegewand. Auf dem Deckel lagen oberhalb auf einem roten Samtkissen

Oberon und *Musarion*, in den Prachtausgaben von Göschen und Degen, in Maroquin gebunden, mit einem Lorbeerkranz umwunden.
Darunter – als Anerkenntnis seiner klassischen Werke – sah man auf
einem rotsamtenen und darüber liegenden kleineren weißen Atlas-
kissen den russischen und französischen Orden.[106]

Am 25. Januar wurde Wieland auf seinem ehemaligen Landgut Oßmannstedt beigesetzt. Dem Sarg des Offiziers der französischen Ehrenlegion folgte, an der Seite von Wielands ältestem Sohn, Napoleons
Gesandter, der Baron Saint Aignan. Neben seiner Frau wurde Wieland hier die letzte Ruhestätte bereitet, unter dem Grabstein, für den
der Verstorbene am 6. Dezember 1806 das Distichon verfaßt hatte:

Liebe und Freundschaft umschlang die verwandten Seelen im Leben,
    Und ihr Sterbliches deckt dieser gemeinsame Stein.

Bei der Trauerfeier der Weimarer Freimaurerloge »Amalia« am
18. Februar, bei der auf Wunsch des Herzogs, der zugleich Logenmei-
ster war, der gesamte Hof anwesend war, hielt Goethe seinen Nachruf
»Zu brüderlichem Andenken Wielands«, an dessen Ende er dazu auf-
rief, den Verstorbenen durch die Einrichtung einer Art von Wieland-
Archiv zu ehren. Vielleicht nahm er damit vorweg, wie er selbst nach
seinem Tode in Erinnerung gehalten zu werden wünschte:

Vor dieser so merkwürdigen und hochgeschätzten Versammlung, obgleich von unsern Meistern aufgefordert, über den Abgeschiedenen
wenige Worte zu sprechen, würde ich wohl haben ablehnen dürfen,
in der Betrachtung, daß nicht eine flüchtge Stunde, leichte unzusam-
menhängende Blätter, sondern ganze Jahre, ja manche wohl über-
dachte und geordnete Bände nötig sind, um sein Andenken rühmlich
zu feiern, neben dem Monumente, das er sich selbst in seinen Werken und Wirkungen würdig errichtet hat. Auch übernahm ich diese
schöne Pflicht nur in der Betrachtung: es könne das von mir Vorge-
tragene dem zur Einleitung dienen, was künftig, bei wiederholter
Feier seines Andenkens, von andern besser zu leisten wäre. Wird es
unsern verehrten Meistern gefallen, mit diesem Aufsatz in ihre Lade
alle dasjenige niederzulegen, was öffentlich über unsern Freund erscheinen wird, noch mehr aber dasjenige, was unsere Brüder, auf die
er am meisten und am eigensten gewirkt, welche eines ununterbro-
chenen nähern Umgangs mit ihm genossen, vertraulich äußern und
mitteilen möchten, so würde hiedurch ein Schatz von Tatsachen,
Nachrichten und Urteilen gesammelt, welcher wohl einzig in seiner

Art sein dürfte, und woraus denn unsere Nachkommen schöpfen könnten, um mit standhafter Neigung ein so würdiges Andenken immerfort zu beschützen, zu erhalten und zu verklären.[107]

Von April bis August 1813 hielt sich Goethe in Dresden und Teplitz auf. Inzwischen veränderte sich die politische Lage dramatisch. Der preußische König erklärte am 27. März Frankreich den Krieg, und vor allem in Norddeutschland sammelten sich kriegsbegeisterte Freiwillige, darunter viele Studenten, die bereit waren, ihr Leben für die Vertreibung Napoleons einzusetzen. Nationale und liberale Hoffnungen auf ein vereintes und freier verfaßtes Deutschland trafen in der Freiwilligenbewegung zusammen. Erst im nachhinein wurden die »Freiheitskriege« zu »Befreiungskriegen« umgelogen, während die Versprechungen auf liberale Verfassungen ebensowenig eingelöst wurden wie der Wunsch nach einem einheitlichen deutschen Staatswesen.

Im Sommer trat Österreich der antinapoleonischen Koalition bei, der es nach kleineren militärischen Erfolgen Napoleons gelang, in der Völkerschlacht bei Leipzig vom 16. bis zum 19. Oktober das französische Heer entscheidend zu schlagen und zum Rückzug über den Rhein zu zwingen. Napoleons Machtsystem war damit zerschlagen, die Rheinbundstaaten fielen von ihm ab.

Weimar, mitten im Kriegsgebiet des Herbstfeldzugs von 1813 gelegen, wäre beinahe zum zweiten Mal Kriegsschauplatz geworden. Anfang April waren preußische Truppen in Weimar eingerückt, die sich aber kaum eine Woche später schon wieder vor den Franzosen zurückziehen mußten. In dem unübersichtlichen Hin und Her von französischen Kavalleristen, preußischen Husaren und einigen Kosaken, die in Weimar als exotische Wesen bestaunt wurden, entkam der französische Gesandte Saint Aignan, der sich nach Gotha zurückgezogen hatte, dort einmal nur knapp der Festnahme, rettete sich zu Fuß nach Eisenach und kehrte schließlich nach Weimar zurück. Am 28. April zog Napoleon mit Teilen seiner Armee durch Weimar und versuchte bei dieser Gelegenheit, den als unsicheren Verbündeten geltenden Karl August mit Drohungen und Schmeicheleien bei der Stange zu halten. Dann verlagerten sich die Kampfhandlungen ostwärts, und erst nach der Schlacht bei Leipzig kam der Krieg noch einmal in die Nähe der Stadt. »Ich fürchte, daß das Kriegstheater sich zu uns zieht«, hatte Voigt im September 1813 an Böttiger geschrieben[108], und tatsächlich kam es am 21. Oktober noch einmal zu einem Gefecht in und um Weimar, als schon in der Stadt lagernde russische und österreichische

Truppen eine französische Kolonne angriffen und in die Flucht schlugen. Theodor Götze berichtet:

> Mehrere der Gefangenen, worunter sich viele Deutsche als Rheinlän-
> der von der jungen Garde befanden, bestätigten das Gerücht, daß
> Napoleon selbst sich mit an der Spitze befunden haben solle. Eine
> zweite, stärkere Kolonne, von Buttelstedt her kommend, habe sich
> hier mit ihm vereinigen sollen. Sein Plan wäre gewesen, die Brücken
> am Ilmfluß zu demolieren und Weimar gänzlich in Brand zu setzen,
> weshalb die Soldaten auch schon Pechkränze bei sich geführt hätten,
> um dem Heere der Verbündeten von dieser Seite das Verfolgen zu er-
> schweren und damit er bei Erfurt die Trümmer seines geschmolze-
> nen Heerhaufens wieder sammeln und vereinigen könne.[109]

Nun quartierten sich aber erst einmal die Monarchen und Generäle
des Koalitionsheeres in Weimar ein, das sie am 22. Oktober erreicht
hatten. Wilhelm von Humboldt, inzwischen als preußischer Minister
im Gefolge seines Königs, schrieb am 27. Oktober seiner Frau von
Goethes Schwierigkeiten, sich rasch genug der veränderten politischen
Lage in Weimar, das offiziell immer noch Residenzstadt eines Rhein-
bundstaates (erst Anfang Dezember wechselte Karl August auch for-
mell die Fronten), faktisch aber im Moment Hauptquartier der Koalition war, anzupassen und das Kreuz der französischen Ehrenlegion in
der Schublade zu lassen:

> Von Goethe könnte ich Dir noch lange erzählen. Er hat den Feld-
> zeugmeister Colloredo zur Einquartierung gehabt, der auf Goethes
> Kosten alle Tage 24 Personen zu Tisch gehabt hat. Die Geheimrätin
> versicherte, das koste 2–300 Taler, und der Koch hätte ihr noch ge-
> sagt, daß sie sehr geizig wäre. Wie Colloredo gekommen ist, hat
> Goethe noch die Legion getragen, und Colloredo hat ihm gleich ge-
> sagt: »Pfui Teufel, wie kann man so etwas tragen!« Heute früh hat er
> mich ernsthaft konsultiert, was er tragen solle; man könne doch ei-
> nen Orden, durch den einen ein Kaiser ausgezeichnet hat, nicht able-
> gen, weil er eine Schlacht verloren habe. Ich dacht bei mir, daß es
> freilich schlimm ist, wenn man für das Ablegen der Legion keine
> besseren Gründe hat, und wollte ihm eben einen guten Rat geben, als
> er mich bat, zu machen, daß er einen österreichischen Orden be-
> käme. Es ist närrisch, daß wir immer dazu bestimmt sind, daß die
> Leute uns in das Vertrauen ihrer kleinen Schwachheiten setzen. Die
> Goetheschen tun mir um so mehr leid, als er äußerst gut und freund-
> schaftlich mit mir ist.[110]

Goethe zog sich aus den unruhigen Zeitläuften in die Beschäftigung mit seinen Sammlungen und in die literarische Arbeit zurück. Er sagte, schreibt Luise Seidler am 12. Dezember 1813 an Pauline Schelling, »man müsse sich auf alle Art zerstreuen, und er arrangiere jetzt seine Kupferstiche nach den Schulen; das sei Opium für die jetzige Zeit.«[111] Im Dezember begann er mit der Arbeit an einem neuen Teilstück seines autobiographischen Projekts, der Überarbeitung seiner Italien-Notizen zur *Italienischen Reise.*

Zu den Arbeiten, in die Goethe sich aus der verwirrenden politischen Lage der Gegenwart rettete, gehörten auch die ersten Vorarbeiten für eine neue, zwanzigbändige Werkausgabe, deren erste Bände in Cottas Verlag zur Herbstmesse 1815 erscheinen sollten. Nach einer Unterbrechung im Oktober 1813, als Goethe mit gepackten Koffern darauf gefaßt war, möglicherweise vor den Kriegswirren aus Weimar flüchten zu müssen, hatte er im Winter 1813/14 auch den dritten Teil von *Dichtung und Wahrheit* vollendet, der mit den Büchern 11–15 Goethes Lebensgeschichte bis ins Frühjahr 1775 erzählt und zur Ostermesse 1814 erschien. Danach stockte die chronologische Fortsetzung der Autobiographie, vielleicht weil Goethe vor der Schilderung des letzten Frankfurter Jahres und des Endes der Beziehung zu Lilli Schönemann zurückschreckte, solange seine ehemalige Verlobte noch lebte. Erst 1824 nahm er den Faden von *Dichtung und Wahrheit* wieder dort auf, wo er ihn 1814 fallengelassen hatte, und arbeitete am erst posthum publizierten vierten Teil, der, im Oktober 1831 abgeschlossen, auch nur bis zu seinem Aufbruch nach Weimar im Herbst 1775 reichte. In der Zwischenzeit fügte Goethe lieber aus Briefen und Aufzeichnungen die *Italienische Reise* zusammen und schrieb, in den 1820er Jahren, seine Erinnerungen an die *Campagne in Frankreich* und die *Belagerung von Mainz* aus der Zeit des Ersten Koalitionskriegs nieder. Der Anspruch, den Goethe an seine Autobiographie und an sich selbst als ihren Verfasser stellte, war so hoch, daß er kaum einzulösen war. Im Vorwort des ersten Teils heißt es:

Denn dieses scheint die Hauptaufgabe der Biographie zu sein, den Menschen in seinen Zeitverhältnissen darzustellen, und zu zeigen, in wiefern ihm das Ganze widerstrebt, in wiefern es ihn begünstigt, wie er sich eine Welt- und Menschenansicht daraus gebildet, und wie er sie, wenn er Künstler, Dichter, Schriftsteller ist, wieder nach außen abgespiegelt. Hierzu wird aber ein kaum Erreichbares gefordert, daß nämlich das Individuum sich und sein Jahrhundert kenne, sich, in wiefern es unter allen Umständen dasselbe geblieben, das Jahrhundert, als welches sowohl den Willigen als Unwilligen mit sich fortreißt, bestimmt und bildet, dergestalt, daß man wohl sagen kann, ein jeder, nur zehn Jahre früher oder später geboren, dürfte, was seine ganze Bildung und die Wirkung nach außen betrifft, ein ganz anderer geworden sein.[112]

Je näher Goethe bei diesem Vorhaben einer umfassenden Lebens- und Zeitdarstellung der Gegenwart kam, desto schwieriger mußte ihm die Realisierung seines universalen Anspruchs erscheinen. Es mag daher kein Wunder sein, daß der vierte Teil von *Dichtung und Wahrheit* im chronologischen Fortschreiten kaum noch von der Stelle kam und die anderen vollendeten Teile des autobiographischen Projekts, die *Italienische Reise* und die Schilderungen vom Feldzug 1792/93, einen ganz anders gearteten Charakter haben.

Den Zeitereignissen gegenüber blieb Goethe vorerst indifferent. In der Silvesternacht auf das Jahr 1814 hatten preußische Truppen unter Blücher bei Kaub den Rhein überschritten und rückten in Frankreich vor, und der Herzog Karl August, diesmal in russischer Generalsuniform, bekam das Kommando über die Koalitionstruppen in Holland angetragen, wo er sich, bis im April auch auf diesem Kriegsschauplatz ein Waffenstillstand geschlossen wurde, mehr mit dem renitenten preußischen General von Bülow, der sich nicht dem Kommando des Herzogs unterstellen wollte, als mit dem Feind herumschlagen mußte. Bereits am 3. Dezember 1813 hatte Karl August im »Weimarischen Wochenblatt« zu Bildung eines Freiwilligenkorps aufgefordert, das Ende Januar 1814 aus Weimar abmarschierte, um am Frankreichfeldzug teilzunehmen. Dem Aufruf des Herzogs ist deutlich abzulesen, daß es sich bei den Kriegsfreiwilligen der Jahre 1813/14 keineswegs um eine Volksbewegung im eigentlichen Sinne, sondern um eine Sache der begüterten und gebildeten Jugend handelte:

Wir haben bei der Einrichtung dieser Schar der Freiwilligen die doppelte Absicht: einmal diejenige Klasse Unserer Untertanen, welche wohlhabend genug ist, um sich selbst bekleiden und ausrüsten zu können, zu veranlassen, in einer ihrer Erziehung und ihren übrigen Verhältnissen angemessenen Form, Uns und Unserm Vaterlande zu dienen, und vorzüglich solchen jungen Männern Gelegenheit zur Auszeichnung zu geben, die durch ihre Bildung, Kenntnisse und Verstand sogleich ohne lange Übung wesentliche Dienste leisten können; und dann diese Schar der Freiwilligen der Landwehr und selbst den Linien-Truppen als ein lebendiges Muster der Tapferkeit und Kriegszucht, des rastlosen Eifers und der tüchtigsten Gesinnungen vor Augen zu stellen.[113]

Auch Goethes Sohn August wollte sich zu den Freiwilligen melden, doch sein Vater sorgte dafür, daß er, ohne gänzlich sein Gesicht zu verlieren, aus dem Kriegsgeschehen herausgehalten wurde. Am 30. Dezember 1813 hatte Goethe den Herzog gebeten, den Kammerassessor August von Goethe dem Kammerrat Rühlmann, der mit Aufträgen zu Fragen der Truppenverpflegung nach Frankfurt reisen sollte, als Begleiter mitzugeben. Auf diese Weise wußte er seinen einzigen Sohn zwar in wichtiger Mission, doch zugleich in Sicherheit. August war nach Riemers Auszug und der Entlassung des Schreibers John zum wichtigen Mitarbeiter geworden, den Goethe auf keinen Fall verlieren wollte, wie er in einem Brief an Voigt einräumt:

Bestünde mein Verhältnis zu Riemern noch, oder wäre mir das zu John geraten; so möchte sich mein Sohn, wie so viele andre, auch einmal versuchen. Aber in *dieser* Zeit (die pekuniarischen Unstatten gar nicht gerechnet) einen Fremden in das innerste meiner Korrespondenz, meiner Arbeiten, meiner Verhältnisse einzulassen, würde meine Lage unerträglich, ja, ich darf wohl sagen, mein Dasein unmöglich machen. Dieses jedoch sei bloß zu Ihrer freundschaftlichen Teilnahme vertraulich gesprochen.[114]

Am 31. März 1814 zogen die Truppen der Alliierten in Paris ein, eine Woche später wurde Napoleon in Fontainebleau zur Abdankung gezwungen. Herzog Karl August verließ den niederländischen Kriegsschauplatz und reiste ebenfalls nach Paris, wo im Mai ein erster Friedensvertrag zwischen dem wieder von einem Bourbonenkönig regierten Frankreich und den Verbündeten geschlossen wurde. Erst im September 1814 kehrte Karl August für einige Tage nach Weimar zurück, um aber sogleich zum Wiener Kongreß, der die Neuordnung Europas regeln sollte, weiterzureisen. In seiner Residenz wurde der Herzog mit einer kleinen Gedichtsammlung, »Willkommen«, begrüßt, die Goethe redigiert hatte. Auch an der Illumination der Straßen zum Fest der Rückkehr des Landesherren war Goethe beteiligt. »Beschäftigung mit den Gerüsten und Verzierungen der Ankunft des Herzogs«, meldet sein Tagebuch am 4. Juli 1814. »Bei Mad. Schopenhauer zum Tee; die Dekorationen ihres Hauses besprochen.«[115]

Doch blieben diese Zurüstungen zur Rückkehr Karl Augusts nicht
Goethes einziger Beitrag zu den Siegesfeiern in Deutschland. Iffland,
der Direktor des Berliner Nationaltheaters, bat Goethe im Mai 1814,
ein Festspiel zur Feier der Rückkehr des Königs Friedrich Wilhelm III. aus dem französischen Feldzug zu verfassen. Nach anfängli-
chem Zögern nahm Goethe den Auftrag an und übersandte den Entwurf seines Schauspiels *Des Epimenides Erwachen* nach Berlin. Eine
Aufführung des mit mythologischen und symbolischen Bezügen, hinter denen manchmal nur schwer der Bezug zum Zeitgeschehen aufzufinden ist, aufgeladenen Festspiels kam jedoch erst am 30. März 1815
zum Jahrestag des alliierten Einmarsches in Paris unter der Intendanz
von Ifflands Nachfolger, dem Grafen Brühl, zustande. In einem Brief
an Cotta berichtet Goethe im Juli 1814 von seinen verschiedenen
Beschäftigungen, zunächst aber von dem Festspiel für die Berliner
Bühne:

Dieses hat mich auf 8 Wochen beschäftigt und mir um so viel mehr
Zeit geraubt, als Herr Kapellmeister Weber von Berlin ankam, um
sich mit mir über die Komposition und Aufführung zu beraten. Zu
gleicher Zeit und kurz darauf erfreuten mich Herr Geheimerat Wolf
und Prof Zelter durch ihre Gegenwart, und nun trat die Erwartung
ein, daß Durchl. Herzog bald zurückkommen würde, wo denn auch
für feierlichen Empfang hiesigen Orts zu sorgen war, hierauf ist
denn abermals Zeit verwendet worden, so daß ich kaum zu mir
selbst gekommen bin. [...]
Die italiänische Reise war schon in dem ersten Frühjahr glücklicherweise so weit vorgerückt, daß alle diese Ereignisse ihr keinen wesentlichen Schaden gebracht haben. Ich werde ihr den Rest dieses
Sommers widmen, und sobald ich im September wieder nach Hause
komme, kann der Druck angefangen werden, und ununterbrochen
fortgehen.[116]

Am 25. Juli 1814 brach Goethe zu einer längeren Reise an den
Rhein, Main und Neckar auf, von der er erst am 27. Oktober wieder
nach Weimar zurückkehrte. In die Zeit dieser Reise fällt die Bekanntschaft mit Marianne Jung, die bald darauf den Frankfurter Bankier
Johann Jakob von Willemer heiratete und als »Suleika« Goethes lyri-
sche Dialogpartnerin im *West-oestlichen Divan* wurde. Die Ankunft
des Herzogs, an deren festlicher Vorbereitung er mitgewirkt hatte, erlebte er also gar nicht mit. Während seiner Abwesenheit beschlossen
Caroline Ulrich, seit langem Goethes Hausgenossin und Gesellschaf-

terin seiner Frau Christiane, und Riemer, der sie schon seit Jahren verehrt hatte, die Heirat, die am 8. November 1814 gefeiert wurde. »Das
Wüste und Bodenlose des Zölibats habe ich auf alle Weise durchge-
fühlt, daß selbst Nahrungssorgen nicht so entkräften und entmuten
können, als jene Einsamkeit des Herzens, die nur menschenfeindlich
und zerstörend wirkt«, schrieb Riemer, auf die Vergangenheit zurück-
blickend, bald nach der Hochzeit an Frommann.[117]

In der ersten Jahreshälfte 1815 beschäftigte sich Goethe vor allem
mit Vorarbeiten zu der geplanten neuen Werkausgabe. »Meine ernst-
lichste Betrachtung ist jetzt die neuste Ausgabe meiner *Lebens-Spu-
ren*, welche man, damit das Kind einen Namen habe, *Werke* zu nennen pflegt«, schrieb er am 23. Januar an Zelter.[118] Daneben entstanden
Gedichte zum *West-oestlichen Divan*, begleitet von Studien zur Literatur und Geschichte des Orients. Für die herzogliche Bibliothek vermittelte er den Ankauf einer bedeutenden Sammlung von Orientalia,
die noch heute zu den kostbarsten Schätzen der Weimarer Bibliothek
gehören. Von einer Sammlung Gedichte »mit stetem Bezug auf den
Divan des persischen Sängers Mahomed Schemseddin *Hafis*«, dem
späteren *West-oestlichen Divan*, ist zum ersten Mal im Konzept eines
Briefes an Cotta aus dem Mai 1815 die Rede[119], und auch die fort-
schreitende *Italienische Reise* erwähnen Goethes Briefe oft.

In Weimar galt es indessen immer noch, die Auswirkungen des
Krieges von 1813 zu bewältigen, da die alliierte und die französische
Armee in Thüringen bei monatelangem Geplänkel im Frühjahr und
beim Durchzug beider Heere im Herbst großen Schaden angerichtet
hatten. Johannes Daniel Falk, der sich bis 1814 als Mittelsmann zwischen der Stadt Weimar und den französischen Militär- und Verwal-
tungsbehörden verdient gemacht hatte, war im Winter 1813/14 durch
eigenes Unglück auf die Not der Kinder in den Kriegszeiten gestoßen
worden. Ins »Weimarische Wochenblatt« vom 5. November 1813
mußte er eine Todesanzeige für vier seiner Kinder, die binnen weniger
Monate an einer Scharlachepidemie gestorben waren, einrücken lassen. »Wir bitten alle unsere Freunde und Bekannten, wenn ihnen dieses einfache Leidensverzeichnis zu Gesichte kommt, von ihrer innigsten Teilnahme bei so harten Schlägen des Schicksals überzeugt, um
Schonung in unserm nur allzu gerechten, namenlosen Schmerz«, hieß
es in der Anzeige.[120] Falk gründete gemeinsam mit dem Stiftsprediger
Horn die »Gesellschaft der Freunde in Not«, die es sich zur Aufgabe
machte, verwaiste und verwahrloste Kinder, von denen es in diesen

unruhigen Zeiten zahlreiche gab, bei Familien und Lehrherren unterzubringen und für ihren Unterhalt aufzukommen. Aus bescheidenen
Anfängen im eigenen Haus entwickelte sich mit den Jahren das »Falk-
sche Institut« im Lutherhof nahe der Jakobskirche, den Falk 1821 erwarb. Nicht allen war der Wandel des satirischen Schriftstellers und
herzoglichen Legationsrats zum frommen Philanthropen und Pädagogen ganz geheuer. Johanna Schopenhauer etwa lästert in einem
Brief an den Hofrat Keil vom 15. April 1815:

> Jetzt bemüht er sich gewaltig mit der künftigen Generation, er hat 52
> Jungens zusammen getrieben die mit Teufels Gewalt Genies und
> fromm dazu werden sollen, und posaunt sein Verdienst um die
> Nachwelt aus Leibes Kräften sogar in englischen Journälen aus. Ich
> behaupte er hat sich die Jungens als Zuhörer erwählt weil ihm sonst
> niemand mehr Rede steht, und schwatzen muß er doch.[121]

Während in Weimar die Schopenhauer an der Redlichkeit von Falks
Bemühungen um die Jugend zweifelte und Karl August in Wien um
möglichen territorialen Zuwachs für sein kleines Ländchen feilschte,
kehrte für kurze Zeit noch einmal der Krieg nach Europa zurück. Napoleon landete am 1. März 1815 in Cannes und zog bald darauf unbehelligt und gefeiert in Paris ein. Eilig zogen die Alliierten in Belgien
ihre Truppen zusammen, die Napoleons Heer in der Schlacht von
Belle Alliance (Waterloo) am 18. Juni endgültig schlugen. Ein Weimarer Truppenkontingent kam in diesem Feldzug nur am Rande zum
Einsatz, doch kämpfte Prinz Bernhard, seit Februar 1815 in niederländischen Diensten, als Kommandeur des Regiments Oranien-Nas-
sau bei Belle Alliance.

Der Gebietszuwachs, den Karl August auf dem Wiener Kongreß
durchsetzen konnte, fiel nur gering aus, dafür wurde sein Land am
11. Februar zum Großherzogtum aufgewertet. In einem Schreiben,
das mit der höfischen Unterwürfigkeitsrhetorik sein Spiel treibt, gratulierte Goethe am 22. April 1815 seinem Landesherrn und langjährigen Freund, daß ihm »ein gebührendes Beiwort«, die Vorsilbe *Groß*-,
verliehen worden sei:

> Ereignet sichs nun daß Höchstdenselben, für so vielfaches, redliches
> inneres Bemühen, auch von Außen ein gebührendes Beiwort erteilt
> wird; so benutzen wir mit Freude wenn die Hof- und Kanzleispra-
> che uns nunmehr erlaubt dasjenige als ein Anerkanntes auszuspre-
> chen, was sonst bei aller Wahrheit als Schmeichelei hätte erscheinen
> können.[122]

Im Mai wird dem vom Wiener Kongreß zurückgekehrten Großherzog in seiner Residenzstadt gehuldigt, und im Juli kann der Wieder-
einzug der Alliierten in Paris gefeiert werden. Der Krieg ist damit
endgültig beendet, doch in Weimar wird, vor lauter Siegesfreude, immer noch Blut vergossen, wie Gesky in seiner Stadtchronik unter dem
10. Juli 1815 meldet:

> Nachmittags brachte ein Kurier die Nachricht, daß am 5. Juli die ver-
> bündeten Deutschen in Paris eingerückt wären. Der Landsturm ver-
> sammelte sich sogleich auf dem Markt, wo gesungen wurde: Nun
> danket alle Gott! Sie zogen nach dem Schloß, und brachten ein »Vi-
> vat« mit Trompeten und Pauken.
> Es wurde in der Stadt lebhaft geschossen, wo noch zu bemerken ist,
> daß sich der Konzessionist Dobenek einen Zeh wegschoß, der ihm
> abgelöst wurde. Und ein Schneidergeselle, namens Wander, schoß
> dem Großherzogl. Hofporteur Schulter eineinhalb Zoll tief in die
> Wade, der aber wieder kuriert wurde.[123]

Goethe erlebte diesen furiosen Abschluß eines kriegerischen Jahrzehnts für die Stadt Weimar nicht mit, da er bereits Ende Mai wieder
zu einer mehrmonatigen Reise an Rhein, Main und Neckar aufgebrochen war, von der er erst im Oktober in das nunmehrige Großherzogtum Sachsen-Weimar-Eisenach zurückkehren sollte.

SECHSTES KAPITEL

Das Weimar des alten Goethe:
Vom Musenhof zum Museum

1815–1832

Als Goethe im Oktober 1815 nach Weimar zurückkehrte, hatte sich in
der kleinen Residenzstadt, worin Karl August nun mit dem neuen
Titel eines Großherzogs über eine Bevölkerung regierte, die mit
dem Gebietsgewinn nach dem Wiener Kongreß immerhin von etwa
120 000 auf fast 200 000 Untertanen angewachsen war, wenig verändert. Zwar wurde die Verwaltung des Großherzogtums umstruktu-
riert, das Geheime Consilium zum Staatsministerium aufgewertet,
und auch Goethe Rang und Titel eines Staatsministers verliehen, doch
wirkte sich das weder auf Goethes Leben noch auf das der Weimarer
Hof- und Gesellschaftskreise aus. Unter dem Namen »Oberaufsicht
über die unmittelbaren Anstalten für Wissenschaft und Kunst in Weimar und Jena« wurde unter der Leitung des Staatsministers Goethe
die Verantwortung für alle diejenigen Einrichtungen zusammengefaßt, deren Lenkung Goethe in den letzten Jahrzehnten ohnehin an
sich gezogen oder angetragen bekommen hatte: das Hoftheater, das
Freie Zeicheninstitut, die Bibliothek und das Münzkabinett, weiter
die Botanische Anstalt in Jena, die dortigen Museen, die Sternwarte
und die Tierarzneischule. »Mir ist die Oberaufsicht über alle von dem
Großherzog unmittelbar ausfließende Anstalten für Wissenschaft und
Kunst geworden, oder eigentlich nur geblieben«, schreibt Goethe am
21. Dezember 1815 an Sulpiz Boisserée. »Es ist vielleicht das wun-
dersamste Departement in der Welt, ich habe mit neun Männern zu
tun, die in einzelnen Fächern alle selbständig sind, unter sich nicht
zusammenhängen und, bloß in mir vereinigt, eine ideelle Akademie
bilden.«[1] August von Goethe wurde zum Kammerrat ernannt und

seinem Vater zur Unterstützung beigegeben. Bis zu seinem Tod
übte Goethe sein Leitungsamt aus, noch zwei Tage vor seiner letzten
Krankheit vermerkt sein Tagebuch am 14. März 1832: »Einiges Ober-
aufsichtliche.«[2]

Insgesamt blieben die siebzehn Jahre zwischen dem Ende der napoleonischen Kriege und Goethes Tod 1832 für Weimar recht ereignis-
arm, auch unter literarischen Gesichtspunkten. Von den vier bedeutenden Autoren, die um die Jahrhundertwende in Weimar gelebt hatten, waren Herder, Schiller und Wieland gestorben, und Goethe
stand, groß und einsam, allein da. Die Entwicklung Weimars zu einem
Museum seiner selbst hatte schon früher eingesetzt, mit dem stetig
wachsenden Strom von Besuchern, die Goethe kennenlernen wollten,
und mit ersten Ansätzen zu einem Erinnerungskult um Tote und
(noch) Lebende wie bei der Lorbeerbekränzung von Schillers und
Wielands Büsten in der *Tasso*-Inszenierung 1807. Weimar feierte und
konservierte sich selbst, Goethe war das bedeutendste Ausstellungs-
stück. Das Jubiläumsjahr 1825, in dem man den fünfzigsten Jahrestag
von Karl Augusts Regierungsantritt, die Goldhochzeit des Großher-
zogspaares und das goldene Dienstjubiläum des Staatsministers Goethe feierte, war ebenso Teil dieses musealen Projekts wie 1827 die
Umbettung der Überreste Schillers in die neuerbaute Fürstengruft,
die bald darauf Karl August und schließlich auch Goethe aufnehmen
sollte. Goethe seinerseits veröffentlichte mit der *Italienischen Reise*
und einigen kleineren Texten weitere Teile seiner Autobiographie,
vollendete den zweiten Teil des *Faust* und den vierten von *Dichtung*
und Wahrheit und traf mit der »Ausgabe letzter Hand«, deren erste
Bände 1827 erschienen, Anstalten, sein literarisches Werk in der von
ihm gewünschten Gestalt der Nachwelt zu überliefern. 1823 unternahm Goethe die letzte größere Reise in die böhmischen Bäder, sonst
hielt er sich nur noch gelegentlich in Jena und, im Sommer 1828, in
Dornburg auf. Und während nach und nach die Zeitgenossen der
klassischen Periode wegstarben, glitt Weimar allmählich, von wenigen
beklagt, von den meisten nicht einmal wahrgenommen, in die Provin-
zialität eines unbedeutenden Residenzstädtchens zurück.

Einen Eindruck davon, wie es sich in diesem Zeitraum in Weimar lebte, vermittelt Karl Gräbners Buch *Die Großherzogliche*
Haupt- und Residenz-Stadt Weimar, nach ihrer Geschichte und ihren
gegenwärtigen gesammten Verhältnissen dargestellt, 1830 in Erfurt
erschienen. »Die Stadt Weimar an sich selbst ist nicht schön, doch

hat sie einzelne schöne Straßen und Gebäude«, urteilt Gräbner und
fährt fort:

> 1771 wurden die innerhalb der Ringmauer und an den Hauptstraßen
> der Vorstädte liegenden Scheunen weggeschafft und in Wohnhäuser
> verwandelt. Schon vorher (1767) wurden die Kanäle, in welchen das
> Wasser durch die Stadt sonst offen floß, überwölbt, der Weg nach
> Belvedere völlig gebahnt und die Esplanade vollendet. Jährlich wird
> die Stadt vergrößert und verschönert, und mit jedem Schritte in ih-
> ren Straßen erinnert man sich an die Koryphäen unsers Jahrhun-
> derts.[3]

Auch hier begegnet der Verweis auf die ruhmvolle literarische Vergangenheit und die berühmten Toten, aber auch über die Lebenden
gibt Gräbner detailliert Auskunft. 1819 zählte Weimar 8232 Einwohner, 1824 dann 9457 und 1828 schon 9917, »die Hof-Dienerschaft, das
Militär und die Fremden nicht gerechnet«.[4] 848 Wohngebäude sind

Weimar von der Nordseite
Radierung von Theodor Götze

1824 registriert, Hauptarbeitgeber sind der Hof und die großherzoglichen Behörden. Daneben sind

> auch Ackerbau, Brauereien und Straßen-Verkehr nicht unbedeutend,
> weil sich eine der Haupt-Handelsstraßen durch die Stadt ziehet, so
> wie auch die vielen Fremden, welche die Anstalten für Wissenschaf-
> ten und Kunst, und ein Göthe mit anderen Gelehrten, herbeizie-
> hen. [...] Eigentliche Fabriken sind nicht vorhanden, die *Wasser-
> Schlauch-Fabrik* ist vielleicht die einzige.[5]

Bertuchs Landes-Industrie-Comptoir führt Gräbner an, eine Kar-
tenfabrik und schließlich die Tuchwebereien. Aus der langen, alphabe-
tisch geordneten Liste der in Weimar tätigen Handwerker geht hervor: es gibt »7 Seifensieder; 4 Strumpfwirker; 1 Schriftgießer; 8 Tuch-
macher; 7 Tüncher; 3 Tapezierer; 7 Töpfer; 5 Uhrmacher; 1 Vergolder;
5 Wagner« und andere mehr.[6] Auf zwei Wochenmärkten können sich
die Einwohner versorgen, und seit 1825 findet jeden Juni ein großer
Wollmarkt statt. Zu einem angenehmen Leben scheint in Weimar wenig zu fehlen, sofern man über die erforderlichen Geldmittel verfügt:

> Die beiden Brauereien der Stadt und des Schlosses liefern sehr gutes
> Bier. Die verschiedenen Krautländer, mit ihren großen und kleinen
> Gartenhäusern, woran sich mancher blumenreiche Garten reiht, ge-
> ben wenig mehr, als der Besitzer desselben braucht, daher das feine
> Gemüse von Erfurt, Jena und andern Örtern herbeigeführt wird.
> Wildpret gibt es zum Überfluß; das übrige Fleisch steht im Mittel-
> preise, Fische werden teuer bezahlt; auch das Holz, welches durch die
> Ilm-Flöße von dem thüringer Walde zu uns kommt, steht im Mittel-
> preise, jedoch sind, wie in allen Residenzen, Wohnungen, Handwer-
> ker und Tagelöhner teuer.[7]

Über das Bildungswesen in Weimar weiß Gräbner zu berichten,
daß der Lehrkörper des Gymnasiums 1830 aus »1 Direktor, 4 Professoren, welche in drei Klassen zu lehren haben; einem Professor für
englische und französische Sprache, dem Quartus, einem Schreib-,
Sing-, Tanz- und Fecht-Meister« bestand, doch versuchte man, überhaupt die Schulbildung anzuheben: »Die *Bürgerschule*, am Ende des
Karlsplatzes, wurde 1822 angefangen zu bauen, und 1825 den 3ten
Sept. eingeweiht. Man fühlte bei der anwachsenden Bevölkerung
das Bedürfnis, den Volksunterricht zu vergrößern.«[8] 273 Schüler und
296 Schülerinnen besuchten 1830 die Bürgerschule, neben der auch

noch einige Privatschulen in Weimar bestanden. Unter den damaligen
Bildungseinrichtungen des Städtchens hebt Gräbner auch die »Taub-
stummen- und Blinden-Unterrichts- und Erziehungs-Anstalt« hervor,
die ihren Anfang nahm, als Johann Friedrich Christian Vollrath, Semi-
narist am Weimarer Lehrerseminar, 1820 einen taubstummen Jungen
unterrichtete und auf die Konfirmation vorbereitete. Auf Veranlassung des für die Schulaufsicht zuständigen Oberkonsistoriums wurde
Vollrath nach Berlin geschickt, um sich dort weiterzubilden, 1825
kehrte er nach Weimar zurück, wo er an der dort gegründeten kleinen
Anstalt wirkte:

> Das kleine Institut zeichnet sich nicht in der Aufnahme einer großen
> Anzahl solcher unglücklichen Kinder aus, sondern es nimmt nur we-
> nige Zöglinge auf, um durch Beiziehung der Landschullehrer-Semi-
> naristen die Unterrichtsmethode der Taubstummen und Blinden auf
> das ganze Land auszubreiten.[9]

Aus der langen Liste der »Wohltätigkeits-, Besserungs- und Straf-
Anstalten«, die Gräbner anführt, seien nur einige wenige Beispiele gewählt, die das Panorama des biedermeierlichen Weimar um Akzente
bereichern, die in historischen Darstellungen oft zu kurz kommen:

> *Das Leichenhaus,*
> jetzt in einem schönen Lokal auf dem neuen Friedhofe vor dem
> Frauentore, wurde von *Hufeland* eingerichtet, und durch diese herr-
> liche Anstalt ist nicht mehr zu befürchten, daß man lebendig begra-
> ben werde.

> *Die Sparkasse,*
> welche den Einwohnern Weimars Gelegenheit geben soll, ihre Er-
> sparnisse sicher unter zu bringen, um sich dadurch ein kleines Kapi-
> tal zum künftigen Gebrauch zu sammeln, wurde den 16 Febr. 1821
> unter der Garantie der Großherzogin *Maria Pawlowna* gestiftet.
> [...]

> *Das Arbeitshaus*
> wurde seit wenigen Jahren für das weibliche Geschlecht (das für das
> männliche Geschlecht befindet sich zu Eisenach) gegründet, für die-
> jenigen, welche durch Arbeitsscheu dem Publikum zur Last fallen,
> und hier in Gewahrsam wieder zur Tätigkeit und Ordnung gebracht
> werden.[10]

Auch über die Gastronomie Weimars verschafft Gräbner dem Leser einen umfassenden Überblick. »Man findet in allen *Gasthöfen* gute Bewirtung: zum *Erbprinzen* und *Elephanten* auf dem Markt, kehren die Vornehmsten ein, und sind gewiß mit der Rechnung, was sie auch an gaumenkitzelnden Speisen und Getränken verzehren, zufrieden.« Weiter führt Gräbner auf: den »Schwarzen Adler« in der Breitengasse, den »Alexanderhof« am Karlsplatz, »worin sich zugleich das Großherzogl. S. Fürstl. Thurn- und Taxis'sche Lehens-Postamt befindet«, die Gasthöfe »Zum schwarzen Bären«, »Zum goldenen Löwen« und »Zum weißen Schwan«, das »Hôtel de Saxe« und andere mehr.

Nur ein *Kaffeehaus*, das *Kirsch'sche*, hat Weimar, ist aber wenig besucht; dafür sind mehr *Weinhandlungen* entstanden: die von *Hergt* in der Rittergasse; von *Meyer* am Markt; von *Ortelli* am Markt [...]. Die *Schilling'sche* Weinhandlung verschenkt bloß inländischen Wein, welcher von Jena bis Naumburg wächst. Vier *Konditoreien* liefern dazu die besten Torten, die von *Grau* in der Schloßgasse, von *Hesselbarth* in der Rittergasse, von *Horny* an der Windischengasse und von *Schwarz* in der Breitengasse, welcher zugleich das Büffet im Theater hat. Im *Stadthaus*, welches die eigentliche städtische Traiteur-Wirtschaft ist (früher die Garküche), werden alle öffentliche Bälle und Redouten gehalten. Der *Ratskeller*, auch städtisches Eigentum, verschenkt Bier und gibt kalte Speisen.[11]

Nachdem mit Gräbners Hilfe der Schauplatz etwas plastischer hervorgetreten ist, zurück zu den Geschehnissen im literarischen Weimar und zu dessen Hauptrepräsentanten Goethe. Im April 1816 wurde Clemens Wenzeslaus Coudray, der zuvor als Hofarchitekt in Fulda gewirkt hatte, zum Großherzoglichen Oberbaudirektor ernannt und sogleich beauftragt, ein Gutachten über den Ausbau des Westflügels des noch immer nicht vollständig wiederaufgebauten Schlosses anzufertigen. Bis 1803 hatte man unter wechselnden Architekten den Ost- und Nordflügel wiedererrichtet, doch hatten finanzielle Engpässe und die bald einsetzenden Kriegswirren bislang den Weiterbau verhindert. Nun wurden Pläne gemacht, an deren Ausarbeitung sich auch Goethe beteiligte, Vorschläge beisteuerte und Kontakte zu Künstlern und Baumeistern knüpfte.

Im Mai 1816 erhielt das Großherzogtum Sachsen-Weimar-Eisenach als erster Staat im neugeschaffenen Deutschen Bund eine landständische Verfassung, die dem Landtag, dem je zu einem Drittel Vertreter von Adel, Bürgertum und Bauern angehörten, das Recht der Steuer-

bewilligung einräumte, Freiheit und Rechte des einzelnen Bürgers fest-
schrieb und (ein Punkt, der in den kommenden Jahren oftmals für Kon-
flikte sorgte) jegliche Zensur aufhob und Pressefreiheit gewährte.
Schon im Herbst 1816 ermittelten die Weimarer Behörden gegen die in
Jena erscheinende Zeitschrift »Isis«, in der immer wieder Artikel erschienen waren, die nicht allein in manchmal scharfer Form liberale Po-
sitionen vertraten, sondern auch Kritik an der Weimarer Regierung und
Verfassung übten. Goethe erhielt die Akten, um ein Gutachten anzufertigen – und forderte in seinem Antwortschreiben nachdrücklich ein
Verbot der Zeitschrift; gewillt, »Ew. Königliche Hoheit und alle Wohl-
denkende zu überzeugen, nicht sowohl von einem Übel, das uns *bedroht*, sondern von einem, das uns *befallen* hat.« Eine »weise und kräf-
tige Diktatur« über die Presse schlug Goethe vor: »Was soll denn nun
aber geschehen? – *Die Anfangs versäumte Maßregel muß ergriffen und
das Blatt sogleich verboten werden.*«¹² Daß Goethe so vehement die
Zensur politischer Zeitschriften verlangte, verwundert insofern, als er
selbst mitansehen mußte, wie seine eigenen Dramen, etwa der *Faust* auf
der Dresdner Bühne und fast alle seine Stücke in Wien, nur verstüm-
melt und von politischen oder religiösen Anzüglichkeiten gereinigt zur
Aufführung kamen. Doch war Goethe auch schon an dem Weimarer
Zensurgesetz von 1799 maßgeblich beteiligt gewesen, das im Gefolge
der Auseinandersetzung um Fichtes angebliche Blasphemien verab-
schiedet worden war. Friedrich von Müller notierte am 20. Juni 1823,
nachdem er in einem anderen Fall mit Goethe über Fragen der Presse-
zensur aneinandergeraten war: »Es ist mit Göthe hierüber in der Tat
nicht zu streiten, da er viel zu einseitig und despotisch sich aus-
spricht.«¹³ Im Falle der von Lorenz Oken herausgegebenen »Isis« jedoch wich der Großherzog von den Empfehlungen seines Staatsministers ab und ließ die Zeitschrift unbehelligt. Erst 1819 ging er unter dem
Druck anderer Bundesstaaten gegen die »Isis« vor, deren Druckort
schließlich 1828 von Jena nach Leipzig verlegt wurde.

Zur Ostermesse 1816 erschien in Cottas Verlag das erste Heft von
Goethes neuer Zeitschrift »Ueber Kunst und Alterthum in den Rhein
und Mayn Gegenden« (ab 1818 unter dem Titel »Ueber Kunst und
Alterthum. Von Goethe« weitergeführt), in dem er die Eindrücke seiner beiden Rheinreisen der Jahre 1814 und 1815, und vor allem der
Begegnung mit der Kunstsammlung der Brüder Boisserée in Heidelberg wiedergab. Daneben arbeitete er an der *Italienischen Reise*, deren
erster Band im Oktober 1816 erschien, und an Gedichten und Abhandlungen für den *West-oestlichen Divan*.

Ende Mai 1816 erkrankte Christiane von Goethe. »Verschlimmerter Zustand meiner Frau«, heißt es gleich zweimal in Goethes Tagebucheintrag vom 2. Juni. Und am folgenden Tag: »Eine unruhige sorgenvolle Nacht verlebt. [...] Frau von Heygendorf bei meiner Frau, die noch immer in der größten Gefahr.«[14] Vermutlich waren es epileptische Anfälle, ausgelöst durch eine Blutvergiftung infolge versagender Nierentätigkeit, an denen Christiane litt, ohne daß ihr mit den medizinischen Möglichkeiten der Zeit geholfen werden konnte. Goethe selbst erlitt von der Aufregung einen heftigen Fieberanfall. Am 5. Juni meldet sein Tagebuch: »Den ganzen Tag im Bett zugebracht. Meine Frau in äußerster Gefahr. [...] Mein Sohn Helfer, Ratgeber, ja einziger haltbarer Punkt in dieser Verwirrung.« Nur einen Tag später berichtet das Tagebuch vom Tod seiner Frau, seltsam kontrastiert mit Nachrichten von der Ankunft von Prinz Bernhard und dessen gerade angetrauter Gemahlin: »Gut geschlafen und viel besser. Nahes Ende meiner Frau. Letzter fürchterlicher Kampf ihrer Natur. Sie verschied gegen Mittag. Leere und Totenstille in und außer mir. Ankunft und festlicher Einzug der Prinzessin Ida und Bernhards. Hofr. Meyer. Riemer. Abends brillante Illumination der Stadt. Meine Frau um 12 Nachts ins Leichenhaus. Ich den ganzen Tag im Bett.«[15] Riemer schreibt am 9. Juni an den eben von einer Reise zurückgekehrten Frommann in Jena:

Sonach werden Sie unmittelbar unterrichtet worden sein von dem Schicksal was unsern teuern Geheimrat betroffen hat. Der Tod gleicht alles aus, und so müssen wir mit Anteil und Bedauern gestehen, daß es ein hartes und schreckliches Ende war, welches die Frau genommen, ob man gleich voraussehen konnte, daß es über kurz oder lang so kommen müßte.
Das Detail weiß G. selber schwerlich so wie wir, und zu seinem Glücke bleibe es ihm ferner verhüllt. Bei seiner Art zu sein und zu leben wird er sie nur zu oft vermissen. Ob er gleich sehr gefaßt erscheint und von allem andern spricht; so überfällt ihn doch mitten unter anderm der Schmerz, dessen Tränen er umsonst zurück zu drängen strebt. Die Einsamkeit wird immer größer werden, sobald der Sohn erst wieder seinen Geschäften und – Vergnügungen nachgeht. Denn außer Meyern und mir sieht er nur wenige und selten; und wir können gerade in den einsamsten Stunden am wenigsten um ihn sein.[16]

Am 8. Juni 1816 wurde Christiane von Goethe auf dem Jakobs-
friedhof begraben. Lange galt ihr Grab als verschollen, erst 1888
konnte es anhand der Friedhofsverzeichnisse wieder ermittelt werden
und wurde mit einer Grabplatte bedeckt, in die man die Verse ein-
grub, denen Goethe die Überschrift »Den 6. Juni 1816« gegeben hatte:

> Du versuchst, o Sonne, vergebens
> Durch die düstren Wolken zu scheinen!
> Der ganze Gewinn meines Lebens
> Ist, ihren Verlust zu beweinen.[17]

Auch nach Christianes Tod wollte der Klatsch um ihre Person nicht
verstummen. Goethe sei sehr niedergeschlagen, schreibt Johanna
Schopenhauer, nachdem er sie zum ersten Mal nach dem Tod seiner
Frau wieder besucht hatte, am 25. Juni an Elisa von der Recke, äußert
ihre eigene Bewegtheit, und fährt dann fort:

> Der Tod der armen Göthe ist der furchtbarste, den ich je nennen
> hörte. Allein, unter den Händen fühlloser Krankenwärterinnen, ist
> sie, fast ohne Pflege, gestorben; keine freundliche Hand hat ihr die
> Augen zugedrückt, ihr eigner Sohn ist nicht zu bewegen gewesen, zu
> ihr zu gehn, auch Göthe selbst wagte es nicht. Die entsetzlichen
> Krämpfe, in denen sie acht Tage lang lag, waren so furchtbar anzuse-
> hen, daß ihre weibliche Bedienung, die zu Anfang um sie war, auch
> davon ergriffen ward, und fortgeschafft werden mußte. [...] Ihre Un-
> mäßigkeit in allen Genüssen, zu einer sehr bösen Periode für unser
> Geschlecht, hat ihr die fallende Sucht zugezogen. Aber eben diese
> Unmäßigkeit war vielleicht nur eine Folge ihrer auffallend starken,
> heftigen Natur, und ihrer körperlichen Beschaffenheit. Auf allen Fall
> hat sie die kurze Freude furchtbar gebüßt, und es kränkt mich, daß
> niemand mit Mitleid ihres Todes gedenkt, daß alles das viele Gute,
> welches doch in ihr lag, vergessen ist, und nur ihre Fehler erwähnt
> werden, selbst von denen welchen sie wohl tat und die ihr im Leben
> auf alle Weise schmeichelten.[18]

Aus Karlsbad, wo Johannas Briefpartnerin gerade weilte und offenbar mit ihren Informationen über Christianes Ende nicht eben diskret
umging, schrieb Caroline von Humboldt verärgert an Charlotte von
Schiller: »Die Schopenhauer schreibt in die Welt allerlei Details
herum, die es besser wäre mit Stillschweigen zu übergehen, sie mögen
nun wahr sein oder nicht [...].«[19] Doch die Gerüchte von Christianes

schrecklichem und einsamem Todeskampf machten weiter die Runde, auch in anderen Briefen ist davon die Rede.

Goethe lenkte sich derweil bei Experimenten mit Pflanzenfarbstoffen ab; eine Reise mit Meyer an den Rhein und Main brachen die beiden jedoch schon am ersten Tag ab, nachdem ihr Wagen auf dem Weg nach Erfurt bei einem Unfall Schaden genommen hatte. Wenige Tage später brach Goethe dann aber zu einem zweimonatigen Aufenthalt ins nahe Bad Tennstedt auf. Als er im September wieder nach Weimar zurückgekehrt war, erhielt er einen ungewöhnlichen Besuch, gleichsam aus der eigenen Vergangenheit. Für einige Wochen hielt sich im September und Oktober 1816 Charlotte Kestner, geborene Buff, bei ihrer Schwester und ihrem Schwager Ridel in Weimar auf, die Wetzlarer, und wenn man so will: Werthers Lotte, die Goethe seit 1772 nicht mehr gesehen hatte (Thomas Mann legte diese Episode seinem Roman *Lotte in Weimar* zugrunde). Am 25. September besuchte Lotte Goethe in seinem Haus am Frauenplan, doch wollte sich die frühere Vertrautheit nicht wieder einstellen, Goethe blieb kühl und reserviert. Lottes Tochter Klara berichtet in einem Brief an ihren Bruder August:

> [...] seine ersten Worte waren, als ob er Mutter noch gestern gesehen: es ist doch artig von Ihnen daß Sie es mich nicht entgelten lassen daß ich nicht zuerst zu Ihnen kam. (er hat nämlich etwas Gicht im Arm) Dann sagte er, Sie sind eine recht reisende Frau, und dergl. gewöhnliche Dinge mehr. [...] Nach Tisch fragte ich nach einer sehr schönen Zeichnung die immer meine Augen auf sich zog, er ließ sie herunter nehmen und erzählte mir sehr artig die Geschichte davon [...]. Darauf ließ er eine Mappe holen, und zeigte Mutter, ihr und des seligen Vaters und Eurer fünf ältesten Schattenrisse auf einem Blatt, du siehst aus allem diesen er wollte verbindlich sein, doch alles hatte eine so wunderbare Teintüre von höfischem Wesen, so gar nichts herzliches daß es doch mein Innerstes oft beleidigte.

Klara Kestners Urteile über Goethe und seine Umgebung fallen überhaupt wenig schmeichelhaft aus. Die Zimmer seines Hauses seien »düster und unwöhnlich eingerichtet«, der Sohn August »scheint ein ziemlich unbedeutender Mensch zu sein« (»übrigens ist er eher hübsch als häßlich«, fügt sie immerhin hinzu), der Garten sei »nicht von Bedeutung« und enthalte auch noch eine Büste von Goethes verstorbener Frau, »von der wir abscheuliche Dinge hören mit denen ich mein Papier nicht beflecken werde, Gottlob daß sie tot ist [...].«[20] Charlotte Kestner äußerte sich weniger abfällig über den wiedergefundenen Freund, war aber gleichfalls enttäuscht. Man sah sich noch gelegentlich bei Gesellschaften, Goethe bot höflich an, die Kestners mögen seine Loge im Theater benutzen. »Göthen sahen wir bei Müllers, wo er freilich etwas liebenswürdiger als zu Haus war«, schreibt Klara Ende Oktober an ihren Bruder. Sie sei »jetzt mehr mit ihm zufrieden, da er wenigstens unter 4 Augen gegen Mutter liebenswürdig ist. Sie geht auf sein Verlangen immer in seine Loge wo er sehr freundlich sein soll [...].«[21]

Das Jahr 1817 brachte, infolge von Mißernten in diesem und dem Vorjahr, den Bewohnern Weimars erhebliche Teuerungen. »Im Anfang des Jahres kostete das Getreide ein Scheffel Weizen acht Taler, Korn sechs Taler 12 Groschen«, berichtet der Stadtchronist Gesky. »Im Mai fing das Getreide an zu steigen [...]. Ende des Monats Juni kosteten ein Scheffel Weizen elf Taler, Korn acht Taler [...].«[22] Die Bauern der Umgebung wurden verpflichtet, ihr Getreide nur noch in Weimar und nicht mehr in anderen Ortschaften anzubieten, ohne daß so die Preise gesenkt werden konnten. Im Sommer wurden solche behördlichen Maßnahmen durch die Bitte um himmlischen Beistand ergänzt:

> Wegen der Teuerung wurde in Oberweimar bei der angehenden Ernte eine Betstunde gehalten. Abends sechs Uhr versammelte sich die Gemeinde Oberweimar und Ehringsdorf bei der Wohnung des Herrn Pastor Köhler, wo ein Lied angestimmt wurde. Sie zogen durch das Dorf bis hinaus bei die große Linde, wo die ersten Kornmandeln standen. Hier hielt er eine Predigt [...]. Es war eine große Zahl Leute von Weimar dabei, welche der Andacht beiwohnten.[23]

Für Goethe ergab sich 1817 neuer Ärger um das Hoftheater, der schließlich dazu führte, daß er im April, nach einer Tätigkeit von sechsundzwanzig Jahren, das Amt des Theaterdirektors endgültig niederlegte. Noch im März hatte Goethe Zeit und Mühe in eine Überarbeitung der Theaterverfassung investiert (»Vielerlei Theatralia« meldet sein Tagebuch[24]), im folgenden Monat kam es wegen eines gegen Goethes Willen durchgesetzten Gastspiels zum Eklat zwischen Goethe auf der einen, dem Großherzog und Caroline von Heygendorf auf der anderen Seite. Als zuständiger Intendant hatte es Goethe, unter Hinweis auf die Würde seines Schauspielhauses, abgelehnt, die Weimarer Bühne für ein Gastspiel des Melodrams *Der Hund des Aubri de Mont-Didier* von Ignaz Franz Castelli zur Verfügung zu stellen, in dem die eigentliche Hauptrolle als Retter seines Herrchens aus Gefahr ein dressierter Pudel spielte. Der Hund, ein direkter Vorfahre des Fernseh-Collies Lassie, öffnete Türen, sprang durch Fenster etc., zur Begeisterung des Publikums, zum Entsetzen Goethes, der dergleichen auch auf den ausdrücklichen Wunsch der Frau von Heygendorf und Karl Augusts nicht auf der Bühne dulden wollte. Der Großherzog *befahl* schließlich die Aufführung, Goethe reiste beleidigt nach Jena ab, äußerte dort vermutlich Rücktrittsabsichten – und erhielt, einen Tag nach der Aufführung des Pudel-Stücks am 12. April 1817, den Stuhl vor die Tür gesetzt. »Lieber Freund«, schrieb Karl August an Goethe:

> Verschiedene Äußerungen deinerseits, welche mir zu Augen und Ohren gekommen sind, haben mich unterrichtet, daß du es gerne sehn würdest, von denen Verdrießlichkeiten der Theater Intendanz entbunden zu werden [...]. Ich komme gern hierin deinen Wünschen entgegen, dankend für das viele Gute, was du bei diesen sehr verworrenen und ermüdenden Geschäften geleistet hast [...].
> Einen offiziellen Brief diese Veränderung betreffend, lege ich bei und wünsche wohl zu leben.
> Weimar 13. April 1817.   C. A. Grhrz. z. S.[25]

Die Heftigkeit seiner Reaktion reute Karl August bald, er reiste Goethe nach Jena hinterher, und unter Umarmungen versöhnten sich die beiden Freunde, jedoch ohne daß der Großherzog seine Entscheidung rückgängig machte. Goethe war es aber auch im Grunde nicht unrecht, des zunehmend lästiger gewordenen Amtes entbunden zu sein, das nur immer aufs neue zu Spannungen zwischen ihm und seinem Landesherrn geführt hatte. Immerhin, der Vorfall erregte Aufmerksamkeit, Goethe wurde bedauert, der Einfluß der großherzoglichen Mätresse beklagt. In einem Brief von Charlotte von Steins Sohn Karl an seinen Bruder Fritz heißt es:

> Der Theaterkrakeel ist Mutter sehr nahegegangen. Goethe soll schwer darunter leiden, aber Karolinchen [von Heygendorf] brüstet sich wie ein Pfau und würde wohl radschlagen, wenn sie es könnte. Es ist ein Skandal! Verstehe den Großherzog, wer kann![26]

Doch gab es auch Erfreulicheres aus dem Goethe-Haus zu berichten. »Die Nachricht, daß mein Sohn das ältere Fräulein von Pogwisch heiratet, wird schon zu Dir gelangt sein«, schreibt Goethe am 2. Januar 1817 an Knebel: »Es ist der Wille der beiden jungen Leute, die schon längst einander wohlwollten.«[27] Am 17. Juni fand die Hochzeit

Herzog Karl August und Goethe im »Junozimmer«
Kupferstich von Karl August Schwerdgeburth, um 1825

August von Goethes mit Ottilie von Pogwisch statt, das Paar bezog
das Dachgeschoß im Haus am Frauenplan. Ottilies Mutter, Henriette
von Pogwisch, hatte sich 1802 von ihrem Mann, der das ererbte Vermögen durchgebracht hatte, getrennt und eine Anstellung im Hof-
dienst gesucht, die sie schließlich nach Weimar führte, wo sie 1811 in
den Rang einer Hofdame der Herzogin Luise aufstieg. Ihre Töchter

Ottilie und Ulrike hatte sie schon 1809 nach Weimar nachgeholt, wo Ottilie mit dem Antrag Augusts nun die Chance erhielt, den beengten finanziellen Verhältnissen der Mutter zu entfliehen und die Schwiegertochter des Staatsministers und berühmten Dichters zu werden. Die Ehe erwies sich, trotz der Geburt der drei Kinder – Walther (1818), Wolfgang (1820) und Alma (1827) – als nicht sehr glücklich, und früh war es in Weimar ein offenes Geheimnis, daß August und Ottilie ihre eigenen (auch amoureusen) Wege gingen. Zumindest brachte Ottilie wieder Leben ins Haus am Frauenplan, erwies sich als geistreiche und anregende Gesellschafterin ihres Schwiegervaters, wurde oft die erste Leserin oder Hörerin seiner neuen Werke und wußte ihm auf vielerlei Weise hilfreich und angenehm zu sein.

Zu den zahlreichen Besuchern Goethes im Jahre 1817 gehörte der Schriftsteller und preußische Diplomat Karl August Varnhagen von Ense, der in einem Brief, wohl an den befreundeten preußischen Staatsrat Stägemann, begeistert von der ersten Begegnung mit dem schon lange verehrten Dichter, dem er fortan freundschaftlich verbunden blieb, berichtet:

Ich kam Nachmittags gegen 4 Uhr in Weimar an, unmutig, durchfrostet, nach schlechten Nachtfahrten, auf verdorbenen Wegen, voll ungeduldiger Eile; in dieser Stimmung beschloß ich dennoch zuletzt mein Heil zu versuchen, ließ mich melden und wurde zu 5 Uhr angenommen. Ein Gang von wenigen Schritten, aber in welcher Erregung legte ich diese zurück! [...] Ich mußte, als ich Goethe'n vor mir hatte, alles fahren lassen, was die langjährige, tiefgenährte Bekanntschaft mit dem Dichter mir einflößen gekonnt, um nur mit dem neubekannten, wirksamen Menschen beschäftigt zu sein, der mild, freundlich, treuherzig, anmutig, geistvoll, kraftreich, mir das Bild eines *ganzen* Menschen [...] vergegenwärtigte. [...] Nach der ersten Begrüßung, wobei er mir die Hand reichte, sprachen wir gleich sehr vertraut, und bald nachher hielt er inne, hielt mir seine Hand hin, und rief mit Innigkeit: »Sie müssen mir *noch*mal die Hand geben!« [...] Ich blieb auf Goethe's wiederholtes Anmahnen den ganzen Abend bei ihm, bis Mitternacht sogar; sein Sohn und dessen neuvermählte Gattin waren die einzigen Mitgenossen eines Teils dieser Stunden. Schwer würde ich einige besondere Sprüche aus dem lebenreichen Ganzen aussondern! die festesten, kräftigsten Äußerungen, die feinsten, erfreulichsten Wendungen, voll Gestalt im Hervorkommen, zerflossen mir unter den Händen, wenn ich sie dem Gedächtnisse zum Behalten und Überliefern einprägen wollte. [...] Übrigens

August von Goethe
Ölgemälde
von Ehregott Grünler

ist Goethe alt, und grade darin jung, daß er die Wesenheit des Alters
mit gleicher Frische und Wahrheit in sich aufnahm; es ist eine Freude
des Lebens, im Hintergrunde der Jahre solche Alte möglich zu sehn,
wie [der Publizist Gustav von] Schlabrendorf und Goethe sind.
Schön von Antlitz und Bildung, kräftig von Haltung und mit hoff-
nungsvoller Gesundheit steht letzterer noch mitten in des Lebens
Tätigkeit, auf Nahes bedacht wie auf Fernes, aber die Zeit beisam-
menhaltend, und nicht das größere Zurückgelegte verkennend.[28]

Im Winter 1817/18 litt die Weimarer Bevölkerung unter den Mißernten von 1816 und 1817: »Um die armen Kinder in diesem Hunger-
jahr durchzubringen, habe ich verkauft und versetzt, was nur irgend
gehen wollte«, notierte im Januar 1818 Johannes Daniel Falk, dessen
»Gesellschaft der Freunde in Not« sich um über hundert Waisenkin-
der kümmerte.[29] Goethe verbrachte den Winter in Jena und galt manchen prominenten Weimarern als mehr oder weniger abgemeldet: »Eigentlich würde doch sein Verlust mehr imaginär als reell sein, [...] da

Ottilie von Goethe,
geb. von Pogwisch

Pastellgemälde
von unbekannter Hand

er, als Schriftsteller, seine Rolle ziemlich ausgespielt hat, und er seit
seinem Abgang von der Theater-Direktion hier nicht mehr beschäftigt
ist«, schreibt Erbprinz Karl Friedrich am 14. Februar 1818 an Böttiger.[30] Am 9. April wird Goethes erstes Enkelkind, Walther Wolfgang,
geboren, den Sommer verbringt Goethe abermals in Karlsbad, im
Herbst bereitet er einen Maskenzug vor, der anläßlich des Besuchs der
Zarenmutter Maria Feodorowna am 18. Dezember aufgeführt wird
und mit Wieland, Herder und Schiller die toten Geistesgrößen Weimars Revue passieren läßt. Auch seine eigenen Werke und sich selbst
reiht er in den allegorischen Zug ein, im melancholischen Bewußtsein,
das Relikt einer größeren Vergangenheit zu sein.

Im März 1819 erschütterte die Ermordung des Dramatikers August
von Kotzebue die Öffentlichkeit. Der aus Weimar stammende Autor
und russische Staatsrat, Zielscheibe heftiger Angriffe der liberalen
Presse, war von dem fanatisierten und offenbar geistesverwirrten ehemaligen Jenaer Studenten Karl Ludwig Sand in Mannheim als angeblicher Vaterlandsverräter niedergestochen worden. Auch um Goethe

Johannes Daniel Falk
Gemälde von
Henriette Westermayer,
1805

machte man sich in der aufgeregten Stimmung der folgenden Wochen
Sorgen. Charlotte von Stein berichtet in einem Brief von Anfang April
1819:

> Vorgestern ließ sich ein Student aus Gießen bei Goethe melden; aber
> man warnte den Goethe, ihn nicht anzunehmen. Der Student hat
> sich bei den Nachbarsleuten nach allem erkundigt, wo man ihn
> könnte zu sehen bekommen, wann er bei Hofe fahre usw. [...] In
> solche schreckliche Angst hatte die fanatische Ermordung des ver-
> haßtesten Mannes von ganz Deutschland die Geister versetzt.[31]

Goethe wurde bekanntlich kein Attentatsopfer, vielmehr ließ er
im Sommer des Jahres endlich die Gedichtsammlung *West-oestlicher
Divan* erscheinen. Im folgenden Jahr, am 18. September 1820, wurde
der zweite Enkel, Wolfgang Maximilian, geboren. 1821 schließlich er-

schien Goethes Roman *Wilhelm Meisters Wanderjahre* in seiner ersten Fassung. Im November 1821 war für zwei Wochen Zelter zu Gast in Weimar, in Begleitung seines Schülers Felix Mendelssohn Bartholdy, damals zwölf Jahre alt, dessen Klavierspiel Goethe ungemein beeindruckte. Am 5. Dezember 1821 schreibt Goethe, im Rückblick auf den Besuch, an Felix' Vater Abraham Mendelssohn:

> Wenn der talentvolle, fähige und fertige Felix mich manchmal bei'm Nachtisch den Kopf umwenden und nach dem Flügel schauen sähe, so würde er fühlen, wie sehr ich ihn vermisse und welches Vergnügen mir seine Gegenwart gewährte. Denn seit dem Scheiden der so willkommenen Freunde ist es wieder ganz still und stumm bei mir geworden, und wenn es höchst genußreich war, gleich bei'm Empfang nach langer Abwesenheit, meine Wohnung in dem Grade belebt zu finden; so ist der Kontrast an trüben und kurzen Wintertagen leider allzufühlbar.[32]

Felix Mendelssohn Bartholdy blieb ein gerngesehener Gast im Haus am Frauenplan, mehrfach hielt er sich, zuletzt 1830, bei Goethe auf.

Im April 1822 stirbt mit Friedrich Justin Bertuch, dem Verleger und Unternehmer, eine der wichtigsten Persönlichkeiten des damaligen Weimar, nach dem Hofe und den Behörden mit seinem Landes-Industrie-Comptoir der größte Arbeitgeber und eine zentrale Figur im kulturellen Leben der Stadt. Im gleichen Jahr kam, als Erzieher des Prinzen Karl Alexander, der 1853 seinem Vater Karl Friedrich als Großherzog folgen sollte, Frédéric Soret nach Weimar, ein junger Genfer Naturwissenschaftler, der der Erbprinzessin Maria Paulowna empfohlen worden war. Schnell wurde der Gelehrte mit Goethe bekannt und fand Aufnahme in dessen engeren Kreis, nicht zuletzt, weil er als kompetenter und geistreicher Gesprächspartner Goethes naturwissenschaftliche Interessen teilte. Unter anderem half er bei der Ordnung von Goethes mineralogischen Sammlungen und übersetzte dessen *Metamorphose der Pflanzen* ins Französische. Neben den Gesprächssammlungen von Eckermann und dem Kanzler Müller stellen seine Erinnerungen, Briefe und Tagebücher ein wichtiges Dokument für Goethes letzte Lebensjahre dar.

Im Februar 1823 erlitt Goethe einen Herzinfarkt und erkrankte so schwer, daß sich das Gerücht von seinem Tod verbreitete. Anläßlich seiner Genesung gab das Weimarer Theater am 22. März den *Tasso*. Im

Mai wurde, nach Plänen Coudrays, mit dem Bau der Fürstengruft begonnen, in der Schiller und Goethe später beigesetzt wurden.

Ende Mai erreichte Goethe ein Manuskript mit dem Titel *Beyträge zur Poesie, mit besonderer Hinweisung auf Goethe*. Verfasser war Johann Peter Eckermann, gebürtig aus Winsen an der Luhe, ehemals subalterner Beamter in der Hannoverschen Kriegskanzlei. Die Begegnung mit Goethes Dichtungen war für den aus ärmlichen Verhältnis-

Johann Peter Eckermann
Kreidezeichnung von
Johann Joseph Schmeller,
1828

sen stammenden Eckermann zu einem Schlüsselerlebnis geworden. Von verständnisvollen Vorgesetzten vom Dienst zeitweilig freigestellt, hatte Eckermann das Gymnasium besucht und anschließend in Göttingen das Studium der Rechte begonnen. Im September 1821 hatte er zum ersten Mal Goethe in Weimar aufgesucht, aber nur mit Riemer und Kräuter gesprochen, da Goethe in Eger weilte. – Nun, zwei Jahre später und unmittelbar nachdem er sein Manuskript auf die Post gegeben hatte, machte sich Eckermann erneut auf den Weg nach Weimar. Als er am 10. Juni bei Goethe vorsprach, hatte Goethe die *Beyträge zur Poesie* wohlwollend zur Kenntnis genommen; am nächsten Tag schickte er sie mit einem Empfehlungsschreiben versehen an seinen Verleger Cotta.

Eckermann erwies sich als der richtige Mann am richtigen Ort: Goethe war dabei, seine literarische Hinterlassenschaft zu ordnen und erste Vorarbeiten zu einer neuen Werkausgabe, der »Ausgabe letzter Hand«, zu treffen. Sein Sekretär Kräuter war kaum noch in der Lage, die gewaltigen Mengen angehäufter Manuskripte und Akten zu überblicken, und Riemer, der treue und philologisch gründliche Mitarbeiter, stand wegen seiner Tätigkeit am Gymnasium nur begrenzt zur Verfügung. Andere mögliche Mitarbeiter waren ebenfalls durch berufliche Verpflichtungen zeitlich eingeschränkt, und da bot es sich an, mit dem einunddreißigjährigen Studenten die Probe aufs Exempel zu machen, der sich mit seinem Buch immerhin schon als Kenner und Liebhaber des Goetheschen Werks erwiesen hatte. Am 11. Juni lud Goethe Eckermann noch einmal zu sich ein und gab dem Eintretenden zwei dicke Bücher in die Hand. »Es ist nicht gut, sagte er, daß Sie so rasch vorübergehen, vielmehr wird es besser sein daß wir einander etwas näher kommen«, erinnert sich Eckermann später an diese Begegnung. »Sie finden in diesen beiden Bänden die Frankfurter gelehrten Anzeigen der Jahre 1772 und 1773, und zwar sind auch darin fast alle meine damals geschriebenen kleinen Rezensionen.« Nur leider alle anonym, wie Eckermann weiter erfuhr; er erhielt den Auftrag, nach den von Goethe verfaßten Beiträgen zu suchen: »[...] da Sie meine Art und Denkungsweise kennen, so werden Sie sie schon aus den übrigen herausfinden.« Zudem solle Eckermann beurteilen, ob sich die Rezensionen zur Aufnahme in eine neue Werkausgabe eigneten. »So wie Sie hineinkommen, erwiderte er, werden Sie finden daß Sie der Sache vollkommen gewachsen sind; es wird Ihnen von der Hand gehen.«[33] Eckermann erledigte diese erste Aufgabe zu Goethes voller Zufriedenheit, und ehe er es sich recht versah, fand er sich in Weimar fest in den häuslichen Kreis und den Mitarbeiterstab Goethes eingebunden. Die Bitte, den Winter über in Weimar zu bleiben, führte zu einer Art dauerhafter Anstellung, die jedoch nicht mit einem festen Gehalt verbunden war. Für seine Zuarbeit wurde Eckermann mit unregelmäßigen Geldzuwendungen, Einladungen an Goethes Tafel und ins Theater belohnt, und als Cottas Honorar für die *Beyträge zur Poesie* aufgebraucht war, mußte Eckermann jungen

Engländern Deutschunterricht geben, um die Miete seines möblierten
Zimmers bezahlen zu können.
»Eckermann schleppt, wie eine Ameise, meine einzelnen Gedichte
zusammen«, schreibt Goethe am 8. März 1824 an Schultz, »er sammelt, sondert, ordnet und weiß den Dingen mit großer Liebe etwas
abzugewinnen.«[34] Für Goethe wurde Eckermanns Mitarbeit immer
unentbehrlicher, dieser ging seinerseits in der Rolle des beflissen Die-
nenden völlig auf. Seine Belohnung waren Nähe und Zuwendung
des verehrten Dichterfürsten – und die Aussicht, dereinst mit einer
Sammlung von Gesprächsnotizen seinerseits literarischen Ruhm zu
erwerben. Von Anfang an hatte Eckermann begonnen, Aufzeichnungen über die Begegnungen mit Goethe zu machen, die er ausgearbeitet
diesem vorlegte. Bald entsprang daraus der Plan einer Gesprächs-
sammlung, zu deren Gelingen Goethe beizutragen versprach. Tatsächlich wurden die *Gespräche mit Goethe in den letzten Jahren seines Lebens*, deren erste beiden Teile 1836 erschienen, zu einem der populär-
sten Bücher über Goethe. Eine feste Anstellung in Weimar wollte
oder konnte Goethe Eckermann nicht besorgen, die Heirat mit Johanne Bertram, mit der er seit 1819 verlobt war, schob er, all ihrem
Drängen, sich endlich einen Brotberuf zu suchen, zum Trotz, immer
wieder hinaus.

Während Eckermann, auf Goethes Empfehlung zu Gast bei Frommann in Jena, die »Frankfurter gelehrten Anzeigen« nach Goethes
Rezensionen absuchte, reiste Goethe nach Marienbad, Eger und Jena.
In Marienbad entbrannte der schon Dreiundsiebzigjährige in heftiger
Leidenschaft zu der achtzehnjährigen Ulrike von Levetzow, erkannte
aber bald, daß Wunsch und Wirklichkeit sich wohl nicht zur Deckung
bringen lassen würden – und sublimierte Liebe, Schmerz und Verstö-
rung im Gedicht: in der *Elegie*, Mittelstück der *Trilogie der Leiden-
schaften*.

Goethes sommerliche Romanze sprach sich schnell herum, und
August und Ottilie begannen ernstlich zu fürchten, der alte Goethe
könne ihnen eine Stief- bzw. Schwiegermutter präsentieren. August
reiste seinem Vater nach Jena entgegen, wo dieser im September noch
einige Tage Station machte. »Der bewußte *Name*, das Wort *Familie*,
ist noch nicht genannt worten, und ich fange an zu hoffen, daß alles
gut gehen und sich die ganze Geschichte wie ein Traumbild auflösen
werde«, schrieb er erleichtert an Ottilie.[35] Kanzler Müller konnte Julie
von Egloffstein am 6. Oktober des Jahres von Goethe mitteilen:

Gegen Abend [...] nahm er mich bei Seite und sprach viel und herzlich über seine Neigung (oder *Hang*, wie *er* es nennt) zu Fräulein Levetzow. »Ich werde darüber hinauskommen«, sagte er, – »ich weiß
es, aber es wird mir noch viel zu schaffen machen.«[36]

Als monolithisch dastehender Repräsentant der deutschsprachigen
Literatur war Goethe nicht nur Weimars Hauptanziehungspunkt für
bildungs- oder schlicht sensationsbeflissene Reisende, sondern zugleich, und in den letzten beiden Lebensjahrzehnten in steigendem
Maße, Adressat zahlreicher Zusendungen von Manuskripten, Büchern
und Musikalien. Mit seinen Briefpartnern hatte Goethe schon immer
die neuesten eigenen Werke ausgetauscht, oder man hatte einander
doch zumindest auf die Neuerscheinungen hingewiesen, sie zur Lektüre empfohlen oder gar seine Verleger gebeten, Exemplare an die jeweiligen Freunde und Bekannten zu versenden. Interessant zu beobachten ist jedoch, wie Goethe auf die Zusendungen ihm unbekannter,
für die Nachwelt oder auch nur für die literarische Öffentlichkeit der
folgenden Jahre aber bedeutender Autoren oder Komponisten reagierte. Nicht umsonst werden die literarischen Epochen Sturm und
Drang, Klassik und Romantik bis heute oft unter dem Etikett »Goethezeit« zusammengefaßt, denn schon die zeitgenössischen jungen
Autoren hatten häufig das Bekanntheit und Absatz fördernde Bedürfnis, ihre Werke durch die Anerkennung Goethes adeln zu lassen.
Beispiele dafür aus dem ersten Jahrzehnt des 19. Jahrhunderts, von
denen im Vorkapitel die Rede war, sind etwa Achim von Arnim und
Clemens Brentano, die Ende 1805 den ersten Band ihrer Volksliedersammlung *Des Knaben Wunderhorn* Goethe widmeten und mit einer
freundlichen Besprechung in der »Jenaischen Allgemeinen Literatur-
Zeitung« belohnt wurden; oder Heinrich von Kleist, der Anfang 1808
mitten in die Proben zur Weimarer Uraufführung seiner Komödie
Der zerbrochne Krug hinein Goethe ein Heft seiner Zeitschrift »Phöbus« schickte, deren Inhalt, vor allem wohl die Szenen aus *Penthesilea*, Goethe so irritierte, daß er mit einem kühl-kritischen Brief den
Kontakt abbrach. Die beiden Pole, zwischen denen sich Goethes Reaktion auf zugesandte Schriften bewegen konnte, sind damit markiert:
Anerkennung und öffentliche Förderung einerseits, Ablehnung und
Schweigen andererseits.
In seinen letzten beiden Lebensjahrzehnten überwog deutlich Goethes Zurückhaltung. Als sich am 25. August 1821 Eckermann zum ersten Mal an Goethe wandte und um ein Urteil über den beigefügten

selbstverlegten Band *Gedichte* bat[37], antwortete Goethe mit einem un-
verbindlichen, »Erklärung und Bitte« übertitelten Text, den er auch in
das folgende Heft von »Ueber Kunst und Alterthum« einrücken ließ
und der ihn jeder weiteren persönlichen Reaktion enthob:

> Seit mehreren Jahren bin ich so glücklich, des schönen Vertrauens
> meiner Landsleute zu genießen; ich erhalte daher öftere Sendungen
> und Anfragen von wohldenkenden, talentreichen, strebenden jünge-
> ren und älteren Personen. So wie es nur möglich war, habe ich darauf
> erwidert; nun aber vermehrt sich dieses Wohlwollen, indeß die
> Kräfte sich vermindern und Einzelnen zu antworten ganz unmöglich
> wird. Weil aber diese Fragen und Sendungen meistens von schöner
> Bedeutung sind, so erregen sie Gedanken und Empfindungen, die ich
> wohl mitzuteilen wünschte. Ich werde daher in meinen Heften von
> Kunst und Altertum dergleichen niederlegen und ersuche meine un-
> befriedigten werten Korrespondenten sich darin umzusehen.[38]

Vielleicht hoffte Goethe, mit dieser höflich-ausweichenden Antwort seiner für den Verleger Cotta verlustreichen Zeitschrift weitere
Leser zu werben, zumindest entband sie ihn von der Verpflichtung,
auf jede Buchzusendung persönlich zu reagieren. Die Reihe derjenigen Autoren, die Goethe keiner Antwort würdigte, ist lang. Nur die
bekanntesten und für die Literatur der ersten Jahrhunderthälfte bedeutenden Namen seien genannt: Im Dezember 1821 übersandte
Heinrich Heine mit einem überschwenglichen Begleitbrief (»Ich hätte
hundert Gründe Ew Exzellenz meine Gedichte zu schicken. Ich will
nur einen erwähnen: Ich liebe Sie«[39]) seinen ersten Gedichtband. Karl
Immermann schickte zwei Briefe, auf die Goethe nicht antwortete;
nur für das im Mai 1822 eingegangene Manuskript von Immermanns
Trauerspiel *Edwin*, das Goethe gewidmet war, bedankte er sich. Wilhelm Waiblinger ließ 1823 seinen Roman *Phaeton* von einem Schreiben Sulpiz Boisserées begleiten, erhielt aber ebensowenig eine Antwort wie 1826 auf die Übersendung eines Bandes mit Erzählungen,
und auch Christian Dietrich Grabbe erwartete vergeblich eine Reaktion auf seine 1827 Goethe zugesandten *Dramatischen Dichtungen*.
Nicht anders erging es Joseph von Eichendorff, der 1830 seine Tragödie *Der letzte Held von Marienburg* »als ein Zeichen meiner Huldigung, meiner innigsten Liebe und Verehrung«[40] nach Weimar schickte.
    Ähnlich unbeachtet blieben zeitgenössische Komponisten. Bei
Franz Schubert gehört es geradezu zur Tragik seines kurzen Lebens,
daß er nur wenig Resonanz auf seine Werke erfuhr und erst posthum

Berühmtheit erlangte. Auf die Übersendung zweier Prachtexemplare seiner Vertonungen Goethescher Gedichte (op. 19) antwortete Goethe nicht, wenn er ihren Eingang auch unter dem 16. Juni 1825 in seinem Tagebuch vermerkte.[41] Und als im April 1829 Hector Berlioz die Partitur einer »Faust«-Komposition, Vorstufe der späteren *Damnation de Faust* (op. 24), an Goethe schickte, holte sich dieser Rat bei Zelter, der ein vernichtendes Urteil fällte:

> Gewisse Leute können ihre Geistesgegenwart und ihren Anteil nur durch lautes Husten, Schnauben, Krächzen und Ausspeien zu verstehn geben; von diesen einer scheint Herr Hektor Berlioz zu sein. Der Schwefelgeruch des Mephisto zieht ihn an, nun muß er niesen und prusten, daß sich alle Instrumente im Orchester regen und spuken – nur am »Faust« rührt sich kein Haar.[42]

Vermutlich lag es an dieser Kritik, daß Goethe Berlioz' Zusendung unbeantwortet ließ.

Andere Künstler konnten sich größerer Aufmerksamkeit und Anteilnahme erfreuen, unter den Musikern etwa Ludwig van Beethoven und Felix Mendelssohn Bartholdy, von den Schriftstellern unter anderem August von Platen und Friedrich Rückert – vielleicht weil beide sich in ihrer Lyrik orientalischer Formen und Motive bedienten und offen an Goethes *West-oestlichen Divan* anknüpften. Ob Goethe sich immer durch eigene Lektüre ein Urteil über die nachwachsende Autorengeneration verschaffte, ist zweifelhaft. Im Rückblick auf seinen zweiten Besuch in Weimar im Jahre 1829 fragte sich Willibald Alexis, ob Goethe, staatsmännisch auch als Gastgeber, nicht mitunter bloß in höflicher Verbindlichkeit auf die schriftstellerischen Erzeugnisse seiner Gäste eingehe:

> Ganz undiplomatisch ging es freilich auch hier nicht zu. Denn als er mich fragte: »Hat denn unser Freund auch mit Appetit von dem Renntierschinken in Ihrer Lappenhütte gegessen?« so war es Goethen wohl weniger darum zu tun, dies zu erfahren, als mir auf eine artige Weise zu verstehen zu geben, daß er meine Herbstreise nach Skandinavien kenne. Um deshalb bildete ich mir übrigens nicht ein, daß er das Buch gelesen habe, aber es ist schon genug, wenn ein Dichter im achtzigsten Jahre, und ein Goethe, der jüngern Literatur nicht fremd bleibt, und von allen Erscheinungen, sei es auch durch unvollkommene Freundesmitteilungen, Notiz nimmt.[43]

Mit seiner eigenen Lese- und Lebenszeit ging Goethe, soweit es die
Literatur betraf, haushälterisch um. In einem Brief an Schultz vom
18. Mai 1823 schreibt er über Immermann: »Daß Sie sich Immermanns
annehmen, freut mich sehr, ich denke gut von ihm, mußte aber ein
Verhältnis zu ihm scheuen; ich bin zu alt, um reifende Talente abwarten zu können.«[44] Und Friedrich von Müller berichtet von einem Gespräch mit Goethe im Oktober desselben Jahres, in dem Goethe von
den Dichtungen Lord Byrons schließlich zur englischen Literatur im
allgemeinen gekommen sei und sich dabei als ein Lesender, der sich
seine Zeit einzuteilen weiß, erwies: »Thomas Moore hat mir nichts zu
Dank gemacht, von Walter Scott habe ich 2 Romane gelesen, und weiß
nun was er will und machen kann. Er würde mich immerfort amüsie-
ren, aber ich kann Nichts aus ihm *lernen*. Ich habe nur Zeit für das
Vortrefflichste.«[45]

Byron gehörte zu jenen Autoren, die Goethe sehr schätzte; dement-
sprechend geschmeichelt war er, als Byron ihm die Widmung zukommen ließ, die er seiner Tragödie *Sardanapal* voranstellen wollte, was
aber erst in der zweiten Auflage 1823 geschah; dafür trug der *Werner*
von 1822, den Goethe am 24. März 1823 zugeschickt bekam, eine
Widmung an den deutschen Dichter. Bevor er das Widmungsblatt zu-
rückschickte, ließ Goethe eine Lithographie der Handschrift anfertigen, die er unter anderem einem Brief an Nees von Esenbeck vom
2. Februar 1823 beilegte:

> Lord Byron beabsichtigte mir seinen *Sardanapal* zu widmen, er
> schickte das Blatt, das vorgedruckt werden sollte, nach England, man
> wollte mich es erst wissen lassen, das verschob und verzog sich; nun
> bestimmte man es für die zweite Ausgabe des Sardanapals, und es ge-
> langte endlich zu mir. Den Wert einer solchen zurückzusendenden
> Handschrift erkennend, besorgten wir schnell ein Faksimile, welches
> um soviel mehr bedeutet, als diese Widmung nie wird abgedruckt
> werden und er mir sein Trauerspiel *Werner*, wie ich höre zugeschrie-
> ben hat. Sie sind überzeugt, daß ich eine solche auszeichnende Aner-
> kennung tief empfinde und zu dem übrigen großen Kapital von
> freundschaftlich-teilnehmendem Wohlwollen hinzufüge, wodurch
> mein innerstes Leben für ewige Zeiten gesichert ist.[46]

Im Dezember 1823 kehrte Johann Joseph Schmeller, der ab 1818 am
Freien Zeicheninstitut als Hilfslehrer unterrichtet hatte und von Karl
August zwei Jahre später mit einem Stipendium zur Weiterbildung an
die Akademie der Schönen Künste in Antwerpen geschickt worden

war, nach Weimar zurück. Dort wirkte er wieder am Zeicheninstitut und als Maler und Restaurateur, bis er Anfang 1824 von Goethe, der auf den damals Dreißigjährigen aufmerksam geworden war, damit beauftragt wurde, in Kohle und Kreide Porträtskizzen von den Personen seiner näheren Umgebung, von Familie, Freunden und Mitarbeitern wie auch von den wichtigsten Besuchern am Frauenplan anzufertigen. Im Laufe der Jahre kam eine Sammlung zustande, von der noch rund 150 Porträts erhalten sind.

Eine langwierige Auseinandersetzung entspann sich in den Jahren 1823 und 1824 um die Herausgabe des Briefwechsels zwischen Schiller und Goethe. Beider Verleger Cotta hatte schon 1806 bei Goethe angeregt, einen Teil der Briefe in seinem »Morgenblatt für gebildete Stände« (das ab 1807 erschien) zu veröffentlichen, worauf dieser aber nicht eingegangen war. 1822 hatte sich Goethe dann zum erstenmal selbst wieder mit den Briefen beschäftigt, im Rahmen der Arbeit an den autobiographischen Skizzen der *Tag- und Jahreshefte*. Schillers Briefe ordnete Goethe im Sommer 1823 und versuchte, von Charlotte von Schiller die Briefe zurückzuerhalten, die er an ihren Mann geschrieben hatte. Mit Schillers Witwe und deren Schwester Caroline von Wolzogen konnte Goethe jedoch nicht sogleich einig werden; die Rechtsfrage, wer denn nun Anspruch auf Besitz und Veröffentlichung der jeweiligen Briefe habe, war ungeklärt, und Goethe hatte Schillers Erben dadurch verstimmt, daß er nur eine allzu bescheidene Geldsumme als Gegenleistung für die Herausgabe seiner Briefe an Schiller angeboten hatte. Goethe, dem sehr an der Veröffentlichung des Briefwechsels gelegen war, bat Wilhelm von Humboldt um Vermittlung. Die Parteien einigten sich schließlich, daß Goethe gegen Abtretung des halben Honorars seine Briefe zurückerhalte und auch über die von Schiller an ihn adressierten verfügen dürfe. Am 26. März 1824 konnte Charlotte von Schiller Cotta vom Ausgang der Verhandlungen Mitteilung machen:

Nach einer durch Goethe, mit Herrn Humboldt, im November vorigen Jahres angeknüpften, und durch meine Schwester fortgesetzten Negociation, über die Herausgabe der Korrespondenz, von der so lange die Rede war, sende ich Ihnen anbei das Resultat in einer Erklärung Goethe's mit. Wenn Sie diesen Antrag annehmen, und uns also die Hälfte des Honorares, wie die des Anteils an künftigen Auflagen garantiert ist, geben wir die Goethischen Briefe sogleich an ihn heraus.

Goethe ist im Augenblick sehr warm über dies Unternehmen; seine Gesundheit ist so hergestellt, daß er hoffen kann, er werde dieses, und noch mehreres Andere vollenden; und nach der Meinung unserer Freunde ist es das günstigste, was wir unter den vorliegenden Umständen tun können, darauf einzugehen. Was er, wie Goethe selbst gesteht, an der Masse durch meines seligen Mannes Briefe zuvor erhält, ersetzt er durch die Mühe und Auslage der Redaktion, und da seine Hand und sein Name freilich beim Publikum von hoher Bedeutung dabei sind, für Sie, wie für uns, so finden wir im Ganzen diese Proposition sehr billig und annehmbar.[47]

Eine unerfreuliche Auseinandersetzung, die sich vor allem in einem regen und Goethe gegenüber nicht immer wohlwollenden Briefwechsel zwischen Angehörigen und Freunden der Schillerschen Familie niedergeschlagen hatte, war damit beendet, das freundliche Einvernehmen wiederhergestellt. Am 10. April 1824 meldet Goethes Tagebuch: »Kamen meine Briefe an Schillern von der Frau Hofrätin an. Ich sonderte sie sogleich und ordnete sie und war bis in die Nacht hinein damit beschäftigt.«[48] Im Dezember begann der Schreiber John damit, eine Abschrift der Briefe anzufertigen, doch geriet über den anderen literarischen Projekten, vor allem wohl der »Ausgabe letzter Hand«, die Vorbereitung eines druckreifen Manuskripts ins Stocken. Schillers Familie, viel mehr als Goethe auf das zu erwartende Honorar angewiesen, drängte, und Goethe machte im Juli 1825 den Vorschlag, aus eigener Tasche eine Vorauszahlung zu leisten, die jedoch nicht erfolgte. Vor allem Caroline von Wolzogen ließ nicht locker und instruierte den Verhandlungsführer Ernst von Schiller: »Mit Goethen rechne ja nicht auf mündliche Verhandlungen. Das liefe schlimm ab«, schreibt sie am 30. Juli 1826, »da wird er gleich ängstlich und starr. Von Geld darf man nie mit ihm *reden*. Ich dächte, durch den Sohn ginge die Korrespondenz leichter und ungenierter.«[49] Ende 1826 sandte Goethe dann zwar endlich über Sulpiz Boisserée das fertige Manuskript ab, aber aufgrund von Unstimmigkeiten mit Cotta erschienen erst Ende 1828 die ersten beiden Bände, die weiteren vier folgten 1829.

Am 12. September 1824 wandte sich ein Webergeselle aus Berlin namens Schneidler an Goethe, den er »Verehrungswürdiger Greis« anredet, und schreibt von der großen Bedeutung, welche die wenigen seiner Schriften, die er kenne, für ihn hätten: »wäre das Glück nur im geringsten mich günstig gewesen, ich müßte persönlich den Mann kennen lernen, den ich jetzt nur in der Ferne verehren kann«, heißt es in dem Brief; und von den *Wahlverwandtschaften* und dem *Werther*, die Schneidler gelesen, und der *Stella*, die er im Theater gesehen hat, schreibt er voller Begeisterung:

> Was ich aus diesen wenigen von Ihren vielen Werken weiß und lernte, wird auf mein ganzes Leben den größten Einfluß haben, denn ein zweites, schönres Leben ist daraus für mich hervorgegangen, daraus lernte ich erst dieses Lebens schönste Seiten kennen, die ich vorher nicht gekannt.
> Ihre Werke zu besitzen war seit der Zeit mein sehnlichster Wunsch; allein da ich zu unvermögend bin, um mir je diesen Wunsch selbst zu erfüllen, werde ich ihn wohl aufgeben müssen [...]. Gern bäte ich, wie einst Friedrich der Große Voltairen um seine Werke bat, auch Ihnen darum, allein ich bin ja nur ein Webergeselle, der das Erbetene nicht königlich belohnen kann. Die Armen sie befahren nur des schönen Lebens öde Küste.⁵⁰

Goethe zeigte sich angetan, ließ sich zwar nicht selbst zu einer Antwort herab, sandte aber einige seiner Werke an den befreundeten Berliner Arzt und Staatsrat Johann Gottfried Langermann mit der Bitte, dem jungen Handwerksgesellen das Paket Bücher zukommen zu lassen oder sie ihm persönlich zu übergeben: »Vielleicht gibt es Ihnen eine psychische Unterhaltung wenn Sie ihn vor sich fordern und es ihm selbst überreichen.«⁵¹

Wenige Wochen nach dem Brief des Berliner Webers erhielt Goethe das Schreiben eines Jura-Studenten und nicht mehr ganz unbekannten Schriftstellers, dessen beide ersten Bücher an seinem ehemaligen Studienort Berlin erschienen waren und der soeben, auf einer Fußreise durch den Harz und Thüringen, in Weimar Station gemacht hatte. Der junge Autor bat darum, bei dem verehrten Kollegen vorsprechen zu dürfen:

> Ew. Exzellenz
> bitte ich, mir das Glück zu gewähren einige Minuten vor Ihnen zu stehen. Ich will gar nicht beschwerlich fallen, will nur Ihre Hand küssen und wieder fort gehen. Ich heiße H. Heine, bin Rheinländer, verweile seit kurzem in Göttingen, und lebte vorher einige Jahre in Berlin, wo ich mit mehreren Ihrer alten Bekannten und Verehrern (dem seel. Wolf, Varnhagens etc) umging, und Sie täglich mehr lieben lernte. Ich bin auch ein Poet, und war so frei Ihnen vor 3 Jah-

ren meine »Gedichte« und vor anderthalb Jahren meine »Tragödien nebst einem lyrischen Intermezzo« (Ratcliff und Almansor) zuzusenden. Außerdem bin ich auch krank, machte deshalb vor 3 Wochen eine Gesundheitsreise nach dem Harze, und auf dem Brocken ergriff mich das Verlangen zur Verehrung Goethes nach Weimar zu pilgern. Im wahren Sinne des Wortes bin ich nun hergepilgert, nämlich zu Fuße und in verwitterten Kleidern, und erwarte die Gewährung meiner Bitte, und verharre

mit Begeistrung und Ergebenheit
H. Heine.[52]

Die Bitte wurde gewährt, unter dem 2. Oktober 1824 vermerkt Goethes Tagebuch: »Heine von Göttingen.«[53] Über den Verlauf der Begegnung der beiden, die je auf ihre Weise Ausnahmegestalten in der Literatur ihrer Zeit waren, ist wenig bekannt. Heine, der im alten Goethe genau dasjenige bewunderte und verabscheute, was auch eine Seite seiner eigenen Schriftstellerexistenz war, nämlich die egoistische Distanz des Künstlers zum Zeitgeschehen, äußerte sich bezeichnenderweise erst mehr als ein halbes Jahr später über das Zusammentreffen mit seinem Idol. Und wie sein Schreiben an Goethe zwischen den Zeilen die Impertinenz des noch unbekannten, aber von seiner Größe überzeugten Dichters verrät, der sich gleichberechtigt neben den älteren Kollegen stellt (»Ich bin auch ein Poet«), so zeigt der Brief an den Schulfreund Rudolf Christiani, daß Goethe für Heine tatsächlich ein »Brocken« gewesen sein muß: »Den Herbst machte ich eine Fußreise nach dem Harz den ich die Kreuz und Quer durchstreifte, besuchte den Brocken, so wie auch Göthe auf meine Rückreise über Weimar«, beginnt die Schilderung der Begegnung. Weiter heißt es:

Über Göthes Aussehen erschrak ich bis in tiefster Seele, das Gesicht gelb und mumienhaft, der zahnlose Mund in ängstlicher Bewegung, die ganze Gestalt ein Bild menschlicher Hinfälligkeit. Vielleicht Folge seiner Letzten Krankheit. Nur sein Auge war klar und glänzend. Dieses Auge ist die einzige Merkwürdigkeit, die Weimar jetzt besitzt. [...] In vielen Zügen erkannte ich den Göthe, dem das Leben, die Verschönerung und Erhaltung desselben, so wie das eigentlich praktische überhaupt, das Höchste ist.[54]

Ganz anders, und in seiner Ablehnung Goethes geradezu beschwörend, klingt ein Brief, den Heine im Juli 1825 an Moses Moser schrieb, das zweite Dokument der Begegnung im vorangegangenen Herbst:

Daß ich Dir von Göthe nichts geschrieben und wie ich ihn in Weimar gesprochen, und wie er mir recht viel Freundliches und Herablassendes gesagt, daran hast Du nichts verloren. Er ist nur noch das Gebäude worin einst herrliches geblüht, und nur das wars was mich an ihm interessierte. Er hat ein wehmütiges Gefühl in mir erregt, und er ist mir lieber geworden seit ich ihn bemitleide. Im Grunde aber sind Ich und Göthe zwei Naturen die sich in ihrer Heterogenität abstoßen müssen.[55]

Ob es bloß die Enttäuschung war, daß man einander nichts zu sagen hatte, oder ob die Begegnung in Heine tatsächlich einen langen Prozeß der eigenen literarischen und politischen Positionsbestimmung ausgelöst hat, wie mitunter vermutet wurde, sei dahingestellt. Noch weniger zu belegen ist indes die Anekdote, Heine habe auf die Frage nach seinen literarischen Plänen geantwortet, er arbeite an einem »Faust«, worauf ihm Goethe indigniert die Tür gewiesen haben soll. Als Heine in seiner Schrift *Die romantische Schule* (1836; Fassung unter dem Titel *Zur Geschichte der neueren schönen Literatur in Deutschland* 1833) dem Publikum von seinem Besuch beim mittlerweile verstorbenen Goethe berichtete, hatte er die Erinnerungen an die Begegnung in zwei gegenläufige Richtungen stilisiert – den Dichterfürst hatte er in den Olymp gerückt (nicht ohne sich in seinen Schriften immer wieder neben ihn aufs Postament zu stellen), den Gesprächsinhalt ins Sensualistisch-Materielle verschoben und banalisiert. Von der Erscheinung des »großherzoglich weimarschen Jupiters«[56] heißt es dort:

Wahrlich, als ich ihn in Weimar besuchte und ihm gegenüber stand, blickte ich unwillkürlich zur Seite, ob ich nicht auch neben ihm den Adler sähe mit den Blitzen im Schnabel. Ich war nahe dran ihn griechisch anzureden; da ich aber merkte, daß er deutsch verstand, so erzählte ich ihm auf deutsch: daß die Pflaumen auf dem Wege zwischen Jena und Weimar sehr gut schmeckten. Ich hatte in so manchen langen Winternächten darüber nachgedacht, wie viel Erhabenes und Tiefsinniges ich dem Goethe sagen würde, wenn ich ihn mal sähe. Und als ich ihn endlich sah, sagte ich ihm, daß die sächsischen Pflaumen sehr gut schmeckten. Und Goethe lächelte. Er lächelte mit denselben Lippen, womit er einst die schöne Leda, die Europa, die Danae, die Semele und so manche andere Prinzessinnen oder auch gewöhnliche Nymphen geküßt hatte – –
Les dieux s'en vont. Goethe ist tot.[57]

Als Goethe ab 1822 erste Vorbereitungen zur »Ausgabe letzter
Hand« traf, unternahm er Anstrengungen, sich durch Privilegien der
deutschen Regierungen vor dem unerlaubten Nachdruck seiner Werke
zu schützen. Dadurch wurde er zu einem der prominentesten Vor-
kämpfer des Urheberrechtes und verfügte, nachdem ihm vom österreichischen Kaiser tatsächlich der Schutz vor Nachdrucken zugesichert
worden war und der Bundestag in Frankfurt sein Gesuch immerhin
wohlwollend an die Einzelstaaten weitergeleitet hatte, über eine gün-
stige Ausgangsposition für die Verhandlungen mit seinen Verlegern:
Mit den so gesicherten Exklusivrechten an seinen Werken konnte er
seine Honorarforderungen deutlich in die Höhe schrauben. Im Januar
1825 erteilte Goethe dem Jenaer Philologen Karl Wilhelm Göttling
den Auftrag, die Textrevision der 1815–1819 erschienenen Ausgabe
zu übernehmen:

> Bei der Absicht, die ich hege, meine sämtlichen Schriften in einer
> neuen Ausgabe erscheinen zu machen muß ich wünschen daß die
> zwanzig Bände der letzten Ausgabe, so wie das übrige besonders
> Gedruckte, aufmerksam revidiert und korrigiert werden, welches
> freilich nur von einem geistreichen, und im kritischen Fache geübten
> Manne geschehen kann [...].[58]

Auch Eckermann wurde für die Arbeiten an der neuen Ausgabe
eingespannt. »Der deutsche Bund«, schreibt er im März 1825 an Johanne Bertram, habe Goethe »ein Privilegium der Art erteilt, daß kein
Buchhändler in Deutschland wagen darf sie je nachzudrucken. [...]
Dies regt ihn nun auf die Redaktion der neuen Ausgabe rasch zu be-
treiben und mich wieder um meine tätige Hilfe zu ersuchen. Diese
kann ich ihm nicht versagen um so weniger als ich weiß daß kein anderer ihm helfen kann.« Goethe habe ihm im Gegenzug versprochen,
ihn bei seinen geplanten Gesprächen mit Goethe zu helfen und ihm
sogar eigene Manuskripte zu überlassen.[59] Johannes Bitte, sich doch
lieber um eine Hauslehrerstelle in Hannover zu bewerben, um so
endlich über ein geregeltes Einkommen zu verfügen und sie heiraten
zu können, wies er angesichts dieser Aussichten ab.

In den Weimarer Gesellschaftskreisen und im Zirkel um Ottilie von
Goethe vergnügte man sich währenddessen, so gut es ging. »Ich wollte
ich könnte über den neuen Freistaat Weimar schreiben«, notierte
Adele Schopenhauer am 5. März 1825 in ihrem Tagebuch. »Es herrscht
hier nämlich eine weit größere Freiheit als die Preßfreiheit! eine per-
ennierende Naivetät. [...] Auf diese Weise verzieh man der P. ihre

Liebe zu F., der S. die zum T. [. . .].« Jede der jungen Damen am Hofe »hält sich einen Engländer, der hübsch – oder garstig, klug oder auch dumm sein kann, ohne daß der Tugend oder dem *Geschmack* oder dem *Verstande* der Dame irgend ein Nachteil daraus erwachse.« Und weiter:

Ferner alle jungen Frauen dürfen sich mit Liebhabern necken, wenn ihr Mann gegenwärtig ist, alle junge Mädchen von einem Engländer Stunde nehmen, alle Mädchen, die keinen erwischt, ganz offen über Alle herziehen, alle Frauen von offenbarer Bosheit einer Andern reden, die einen nicht vakanten Liebhaber gewinnt [. . .] Etc.! Etc.! *Viva la libertà!*[60]

Nur zwei Wochen nachdem Adele Schopenhauer dies ihrem Tagebuch anvertraut hatte, ereignete sich in Weimar ein Unglücksfall, bei dem jedoch keine Menschen zu Schaden kamen. In der Nacht vom 21. auf den 22. März 1825 brannte, nachdem am Abend noch ein Stück gegeben worden war, das Weimarer Schauspielhaus nieder. »Großer Feuerschreck in der Nacht. Das Theater brennt furchtbar-schön ab. Serenissimus entwirft im Palais, noch während des Brandes, neue Pläne zum Wiederaufbau«, meldet Kanzler Müllers Tagebuch.[61] Goethe, für den die Erinnerungen an seine sechsundzwanzigjährige Tätigkeit als Theaterdirektor an dem abgebrannten Hause hingen, war von der Nachricht getroffen. An den Grafen von Reinhard schrieb Müller wenige Tage nach dem Brand: »Goethe grüßt aufs herzlichste und ist von unserm Brandunglück noch sehr gebeugt, vielleicht empfindet es in ganz Weimar Niemand tiefer als Er! ›Das ist das Grab meiner Erinnerungen‹ rief er gleich bei der ersten Schreckensnachricht aus.«[62] Immerhin konnte Goethe dem Großherzog direkt den Entwurf für einen Neubau vorlegen, da er sich mit Coudray gelegentlich Gedanken über ein geeigneteres Theatergebäude gemacht hatte. Und mit etwas Abstand zu dem Ereignis schrieb er am 31. Mai an Schultz:

Mit dem Theaterbrande sind nun alle sinnlichen Dokumente meiner früheren Tätigkeit dieser Art verschwunden; denn das Haus nicht allein, sondern auch Bibliothek, Garderobe bis auf die Requisiten herab enthielten doch Spuren meines früheren Anteils. Das wird nun alles neu werden und anders; ich bin zufrieden daß meine Rechnung in diesem Kapitel geschlossen ist.[63]

Wie geschlossen das Kapitel des Goetheschen Einflusses auf das
Theater war, wurde Goethe noch einmal sehr deutlich, als es Caroline
von Heygendorf einmal mehr gelang, gegenüber Karl August ihren
Einfluß in Theaterangelegenheiten durchzusetzen und noch nach Bau-
beginn des neuen Schauspielhauses Coudrays (und Goethes) Entwurf
durch einen von ihr favorisierten austauschen zu lassen.

In die Stadtgeschichte Weimars sollte das Jahr 1825 aber vor allem
als Jubiläumsjahr eingehen. Am 3. September jährte sich zum fünfzigsten Mal der Jahrestag von Karl Augusts Regierungsantritt, der
ebenso festlich begangen wurde wie die Goldene Hochzeit des Groß-
herzogspaares am 3. Oktober des Jahres. Franz David Gesky berichtet
vom Beginn der Festlichkeiten am 3. September, der zugleich der Geburtstag des Großherzogs war:

> Frühmorgens fünf Uhr wurde mit allen Glocken geläutet und 50 Ka-
> nonen-Schüsse verkündigten den herrlichen Tag und das schöne Fest.
> Auf dem Markte versammelten sich die Bürger neben dem Stadtrate.
> [...] Um halb acht Uhr war die Stunde, in welcher S. Königl. Hoheit
> in das Leben getreten war, daher wurde das Lied gesungen: Sei Lob
> und Ehr dem höchsten Gut! [...]
> Es waren an mehreren Orten in der Stadt Musikchöre aufgestellt.
> Mittags war große Tafel im Schießhause und im Stadthause. [...]
> Abends war zum ersten Mal Schauspiel im neu erbauten Theater.

Am folgenden Tag gab es morgens einen Festgottesdienst, abends
einen Bürgerball, und am übernächsten, dem 5. September, wurde die
nach Plänen von Coudray neuerbaute Bürgerschule eingeweiht. In
den folgenden Wochen gab es Bälle und Kinderbelustigungen, auch
das Schützenfest wurde in den Jubelmonat integriert. So ging es bis
zur Goldhochzeit am 3. Oktober, von der Gesky zu berichten weiß:
»Merkwürdig war dabei: Der Bäckermeister Köhler zu Tiefurt, eine
halbe Stunde von Weimar, war am selben Tage vor 50 Jahren getraut
worden und beide lebten noch.« Zur Feier der Bäckersleute entsandte
der Großherzog einen Kammersekretär, der dem Goldhochzeitspaar
»eine silberne Schüssel neben einem Dutzend Löffeln« als Geschenk
überreichte.[64]

»Schon zwei Wochen leben wir in einer bunt bekränzten, das sel-
tenste Fest feiernden Stadt«, schrieb Goethe am 14. September an
Boisserée, »Die Kinder jauchzen mit Fähnlein in den Händen, die Jugend zieht gepaart täglich zum Tanze, die Männer schauen ernsthaft
heiter drein und wer an Ort und Stelle die funfzig Jahre rückwärts

wieder zur Erinnerung rufen kann dem ist es wunderlich zumute.«[65] Goethe konnte fast auf die ganzen fünfzig Jahre zurückblicken, und aus Verbundenheit seinem langjährigem Freunde gegenüber, aber wohl auch in dem Bewußtsein, daß Weimars politische Bedeutung viel geringer wog als seine kulturelle, bestand Karl August darauf, auch Goethes goldenes Dienstjubiläum zu feiern. Der 7. November als fünfzigster Jahrestag von Goethes Ankunft in Weimar wurde dazu bestimmt. Müller übernahm federführend die Organisation und lud auswärtige Gäste ein. »Goethe weiß noch nichts von unserm Vorhaben, aber mit seinen Kindern ist alles besprochen und sie vereinigen ihre Bitten und Einladungen mit den meinigen«, heißt es in der Einladung Müllers an Fritz Schlosser vom 24. Oktober. »Die Festlichkeiten werden mannigfaltig, so würdig des Gefeierten als möglich, aber *so* eingerichtet sein, daß Goethe's Individualität und Zurückgezogenheit dabei auf alle Weise beachtet und *geschont* werde.«[66] Einen ausführlichen Bericht dieses Tages, an dem das klassische Weimar noch einmal sich selbst feierte, lieferte der Oberkonsistorialdirektor Heinrich Karl Friedrich Peucer an Böttiger:

Um 9 Uhr versammelten sich alle singende Damen und Freundinnen des Göthe'schen Hauses, wohl 40 an der Zahl, in dem größern Visitenzimmer, und empfingen den Eintretenden mit einer Morgenkantate, Text von Riemer, Musik von Karl Eberwein. Alle Minister und höheren Staatsdiener, auch Jenaische Professoren, Fremde u.s.w. waren hierauf in den anstoßenden Zimmern seines Eintritts gewärtig. Der Staatsminister v. Fritsch überreichte ihm ein Großherzogliches Handschreiben mit einer auf diesen 7. November vom Großherzog und der Großherzogin geprägten Medaille, auf dem Avers die Brustbilder beider fürstlichen Ehegatten, auf dem Revers die Worte: Karl August und Luise Göthe'n. Der Stadtrat überreichte ein Bürgerrechts-Diplom für die beiden Enkel, Walter und Wolf von Göthe. Die Loge gratulierte, mehrere Landeskollegia, die Bibliothek, die Akademie. [...] Abends Iphigenie von Göthe im Theater bei stürmischem Applaus; der Abgang beklatscht; die ganze Darstellung meisterhaft, der schönsten Zeiten unsers Theaters würdig. Göthe war zugegen bis in den dritten Akt. Er wurde vor Anfang des Stücks beklatscht und mit Bravorufen empfangen.[67]

Höchstleistungen wie an Goethes Jubeltag scheint das Weimarer Theater unter der Intendanz des Opernsängers Karl Strohmeyer nicht immer geboten zu haben, zumindest gingen die Meinungen über die

Qualität der Aufführungen auseinander. »Ein großer Verlust für mich ist das Theater«, schreibt zum Beispiel Johanna Schopenhauer am 28. März 1826 an Ludwig Tieck. Nicht nur sei das neue Haus feucht und zugig, sondern sie glaube auch, daß kein »Publikum in der Welt so mager abgespeiset wird als das Weimarische«:

> Unser Intendant, Herr Strohmeyer, ist ein trefflicher Sänger, aber ich möchte wohl darauf wetten, daß er kaum im Stande ist, ein Buch zu lesen, viel weniger es zu verstehen; ihm zur Seite steht Frau v. Heygendorf-Jagemann, die mit 50 Jahren noch immer die erste Sängerin und jugendliche Schauspielerin sein will; sie läßt nichts nur halb erträgliches neben sich aufkommen, scheut, bei ihrem wirklich großen Talent, jede Anstrengung, spielt also so selten als möglich, und wir müssen froh sein, wenn sie alle Monate einmal auf der Bühne erscheint. Die übrige Zeit werden elende kleine Nachspiele, meistens französische Übersetzungen aufgeführt, und bis zum Überdruß wiederholt.[68]

Im Februar 1826 war Goethe endlich mit Cotta über die Herausgabe der neuen Werkausgabe, der »Ausgabe letzter Hand«, handelseinig geworden, und bald darauf wurde der endgültige Vertragstext von dem Weimarer Dichter und seinem Stuttgarter Verleger unterschrie-

Johann Friedrich Cotta

Lithographie nach
einem Gemälde von
Karl Jakob Theodor Leybold

ben. Das Jubiläumsjahr 1825 hatte Goethe auch dazu genutzt, seine Honorarforderungen in die Höhe zu treiben und die Angebote verschiedener Verlage zu prüfen. Da seine Werke durch die eingeholten Privilegien vor dem Nachdruck geschützt waren, konnte man sich ausrechnen, was für ein lukratives Geschäft diese mit Sicherheit letzte Ausgabe zu seinen Lebzeiten für einen Verleger bedeuten mochte. Im Mai 1825 schickte Goethe eine Übersicht über die geplanten vierzig Bände an Cotta und erwartete ein Honorarangebot. Erst als Cotta gewahr wurde, daß etliche seiner Verlegerkollegen, insgesamt sechsunddreißig, Goethe Angebote unterbreitet hatten, beeilte er sich, die Verhandlungen mit Goethe voranzutreiben, und erhielt schließlich den Zuschlag – für die bis dahin einzigartige Summe von 60 000 Talern (nach heutigen Maßstäben ein Millionenbetrag). Die ersten fünf Bände der neuen Ausgabe erschienen zur Ostermesse 1827, mit den Nachlaßbänden wuchs die Ausgabe bis 1842 auf insgesamt sechzig Bände.

Während Heinrich Heine erst ganz am Anfang seiner literarischen Karriere stand, als er im Herbst 1824 bei Goethe in Weimar vorsprach, war ein anderer Gast, der vom 29. September bis zum 3. Oktober 1826 auf einer mehrmonatigen Deutschlandreise auch in der großherzoglichen Residenzstadt Station machte, bereits ein gefeierter Theaterdichter, dessen Dramen *Die Ahnfrau*, *Sappho* und die Trilogie *Das goldene Vließ* gelesen und gespielt wurden, der als Librettist für Beethoven gearbeitet hatte (der die *Melusina* dann aber doch nicht vertonte) und der, neben seiner Tätigkeit als Jurist bei der Wiener Hofkammer, als Theaterdichter am Wiener Burgtheater angestellt war. Der damals fünfunddreißigjährige Franz Grillparzer stieg im »Elephanten« ab, sandte einen Kellner mit seiner Karte zu Goethe und wurde für den Abend eingeladen. »Abends großer Tee. Professor von Jakob und Tochter aus Halle. Grillparzer von Wien«, meldet Goethes Tagebuch für den 29. September.[69] »Ich aß im Gasthause«, berichtet Grillparzer, »durch meine Karte war mein Name bekannt geworden und der Geruch desselben verbreitete sich in der Stadt [...].« Als Grillparzer danach im Haus am Frauenplan eintraf, fand er sich zwar in Gesellschaft, doch der Gastgeber war noch nicht erschienen.

Endlich öffnete sich eine Seitentüre und er selbst trat ein. Schwarzgekleidet, den Ordensstern auf der Brust, gerader, beinahe steifer Haltung trat er unter uns wie ein Audienz gebender Monarch. Er sprach mit diesem und jenem ein paar Worte und kam endlich auch zu mir, der ich an der entgegengesetzten Seite des Zimmers stand.

Goethe wechselte mit seinem Besucher einige Sätze über italienische und englische Literatur, entfernte sich wieder, sprach mit anderen Gästen und auch noch einmal mit Grillparzer und zog sich schließlich ganz zurück – die Audienz war beendet, Grillparzer enttäuscht:

> Ich gestehe, daß ich mit einer höchst unangenehmen Empfindung in mein Gasthaus zurückkehrte. Nicht als wäre meine Eitelkeit beleidigt gewesen. Goethe hatte mich im Gegenteile freundlicher und aufmerksamer behandelt als ich voraussetzte. Aber das Ideal meiner Jugend, den Dichter des Faust, Clavigo und Egmont, als steifen Minister zu sehen, der seinen Gästen den Tee gesegnete, ließ mich aus all meinen Himmeln herabfallen. Wenn er mir Grobheiten gesagt und mich zur Tür hinausgeworfen hätte, wäre es mir fast lieber gewesen.

Grillparzer entschloß sich, den kommenden Tag zur Besichtigung der »Merkwürdigkeiten Weimars« zu verwenden und am übernächsten Morgen vorzeitig abzureisen. Den Vormittag des 30. September verbrachte er mit seinem Wiener Landsmann Johann Nepomuk Hummel, der seit 1820 Kapellmeister in Weimar war, und mit Kanzler von Müller, der ihm versicherte, »die Steifheit Goethes sei nichts als eigene Verlegenheit, so oft er mit Fremden das erste Mal zusammentreffe«. Auf eine Einladung Goethes für den nächsten Tag hin bestellte Grillparzer die Postpferde noch einmal ab.

> Der Vormittag verging mit Besichtigung der literarisch berühmt gewordenen Örtlichkeiten der Stadt. Am meisten interessierte mich Schillers Haus, vor allem aber der Umstand, daß in des Dichters Arbeitszimmer, einem eigentlichen Dachstübchen im zweiten Stockwerke, ein Greis, der noch zu Schillers Zeit als Souffleur beim Theater gestanden haben soll, einen kleinen Knaben, seinen Enkel, im Lesen unterrichtete. Die offene und geistig angeregte Miene des Kleinen gab der Illusion Raum als ob aus der Studierstube Schillers dereinst ein neuer Schiller hervorgehen könnte; was freilich nicht eingetroffen ist.

Den Mittag verbrachte Grillparzer bei Hummel, den Abend mit Müller im Theater, und am nächsten Tag fand er sich zum Mittagsmahl bei Goethe ein, wo ihn angesichts der leibhaftigen Präsenz des

an diesem Tage gar nicht ministerhaft steifen Vorbilds die Emotionen
übermannten:

> Als ich im Zimmer vorschritt, kam mir Goethe entgegen und war so
> liebenswürdig und warm, als er neulich steif und kalt gewesen war.
> Das innerste meines Wesens begann sich zu bewegen. Als es aber zu
> Tische ging und der Mann, der mir die Verkörperung der deutschen
> Poesie, der mir in der Entfernung und dem unermeßlichen Abstande
> beinahe zu einer mythischen Person geworden war, meine Hand er-
> griff um mich ins Speisezimmer zu führen, da kam einmal wieder der
> Knabe in mir zum Vorschein, und ich brach in Tränen aus. Goethe
> gab sich alle Mühe um meine Albernheit zu maskieren. Ich saß bei
> Tisch an seiner Seite und er war so heiter und gesprächig, als man
> ihn, nach späterer Versicherung der Gäste, seit langem nicht gesehen
> hatte. [...] Von den Tisch-Ereignissen ist mir nur noch als charakteri-
> stisch erinnerlich, daß ich im Eifer des Gespräches, nach löblicher
> Gewohnheit, in dem neben mir liegenden Stücke Brot krümmelte
> und dadurch unschöne Brosamen erzeugte. Da tippte denn Goethe
> mit dem Finger auf jedes einzelne und legte sie auf ein regelmäßiges
> Häufchen zusammen. Spät erst bemerkte ich es und unterließ dann
> meine Handarbeit.

Für den nächsten Morgen wurde Grillparzer wieder zu Goethe bestellt, damit Schmeller eine Portraitzeichnung von ihm anfertigen
könne. Da dieser aber noch nicht eingetroffen war, promenierte Grillparzer mit Goethe im Garten auf und ab:

> Nun wurde mir die Ursache seiner steifen Körperhaltung gegenüber
> von Fremden klar. Das Alter war nicht spurlos an ihm vorüberge-
> gangen. Wie er so im Gärtchen hinschritt, bemerkte man wohl ein
> gedrücktes Vorneigen des Oberleibs mit Kopf und Nacken. Das
> wollte er nun vor Fremden verbergen und daher jenes gezwungene
> Emporrichten, das eine unangenehme Wirkung machte. Sein Anblick
> in dieser natürlichen Stellung, mit einem langen Hausrock bekleidet,
> ein kleines Schirm-Käppchen auf den weißen Haaren hatte etwas un-
> endlich Rührendes. Er sah halb wie ein König aus und halb wie ein
> Vater.

Nachdem Schmeller Grillparzer gezeichnet hatte, führte Goethe
dem Gast stolz Briefe Lord Byrons und Souvenirs seiner Begegnungen mit dem österreichischen Kaiserpaar in Karlsbad vor. Später am
Tag überbrachte Friedrich von Müller Grillparzer eine neuerliche Ein-

ladung Goethes: »Ich würde ihn allein treffen und mein Besuch ihm durchaus nicht unangenehm sein.« »Nun begab sich«, schreibt Grillparzer, »meine zweite weimarische Dummheit. Ich fürchtete mich, mit Goethe einen ganzen Abend allein zu sein, und ging, nach manchem Wanken und Schwanken, nicht hin.« Selbstzweifel, Ehrfurcht vor dem verehrten Meister und das Bewußtsein, in einer längeren Unterhaltung doch irgendwann auf unüberbrückbare Gegensätze der ästhetischen Standpunkte zu stoßen, hielten Grillparzer zurück. »Wie nun immer, ich ging nicht hin, und das hat Goethen verstimmt.« Daß jemand seine Einladungen ausschlug, war Goethe wohl nicht gewohnt; bei Grillparzers Abschiedsbesuch am nächsten Tag blieb er distanziert. Grillparzer konnte das im späteren Rückblick mit gewachsenem Selbstbewußtsein beiseite wischen und zumindest auf die Ehrungen verweisen, die man ihm in Weimar bei seiner Abreise dennoch erwies:

Als ich am vierten Tage meines Aufenthalts von Goethe Abschied nahm war er freundlich aber abgekühlt. Er wunderte sich, daß ich schon so früh Weimar verlasse und fügte hinzu, daß wenn ich später von mir Nachricht geben wolle, es sie sämtlich erfreuen werde. Also »sie« in vielfacher Zahl, nicht ihn. Er ist mir auch in der Folge nicht gerecht geworden, insofern ich mich nämlich denn doch, trotz allem Anstande, für den Besten halte, der nach ihm und Schiller gekommen ist. Daß das alles meine Liebe und Ehrfurcht für ihn nicht vermindert hat, brauche ich wohl nicht zu sagen.
Am Tage meiner Abreise gab mir das sämtliche Weimar einen Abschiedsschmaus im Schützenhause, zu dem Goethe auch seinen Sohn hinausgeschickt hatte. Es ging sehr lebhaft her und auf mein Wohl und eine glückliche Reise wurde vehement getrunken. Ich war damals eine deutsche Zelebrität. Das Interessanteste war mir mein Landsmann Hummel, der sich zum Schluß ans Klavier setzte und phantasierte, wobei er die Melodie des sächsischen Posthorns zum Thema nahm. Ich habe ihn weder früher noch später so hinreißend spielen gehört.[70]

Grillparzers Weimarbericht endet zwar mit Hummels Klavierimprovisationen (was vielleicht daran liegt, daß Weimar, als Grillparzer 1854 seine *Selbstbiographie* schrieb, seit der Berufung Franz Liszts zum Kapellmeister im Jahre 1842 eher in musikalischer als in literarischer Hinsicht bemerkenswert war), doch stand eindeutig Goethe im Mittelpunkt des Interesses – des Reisenden von 1826 wie des Berichtenden von 1854. An Goethe führte kein Weg durch Weimar vorbei. Das öffentliche Interesse an dem altgewordenen Dichter war groß, kaum ein Reisebericht kam ohne die Schilderung eines Besuches bei Goethe aus. Ob aus Verehrung, ob aus Neugier: mit Goethe gesprochen oder ihn auch nur gesehen zu haben, war vielen ein Bedürfnis.

Noch heute zehrt Weimar von diesem jetzt nur noch durch »Klassikerstätten« und Reliquien zu befriedigendem Wunsch, der mittlerweile gewiß geschickter vermarktet wird als zu Goethes Lebzeiten. Dabei wunderte man sich durchaus schon damals, daß Goethe, Weimars Publikumsmagnet, kostenlos zu besichtigen war. Das teilt wenigstens Johannes Daniel Falk in seinem Bändchen *Goethe aus näherm persönlichen Umgange dargestellt* mit, das 1832, kurz nach Goethes und sechs Jahre nach Falks Tod erschien (Falk hatte das 1824 fertiggestellte Manuskript dem Verleger Brockhaus mit der Auflage überlassen, es erst nach Goethes Tod zu veröffentlichen). Dort gibt Falk den »Brief eines sechzehnjährigen Jünglings, als er Goethe zum ersten Male gesehen« wieder. In diesem auf den 20. Februar 1822 datierten Schreiben berichtet der unbekannte Jüngling, wie er einem Nachbarn Goethes die Erlaubnis entlockt habe, von dessen Grundstück aus Goethe heimlich bei seinen Gartenspaziergängen zu beobachten:

> Es ist doch wunderbar, lieber Freund, daß man, um einen Tiger, einen Bären, eine wilde Katze zu sehen, einen halben Gulden bezahlen muß, und daß man dagegen den Anblick eines großen Mannes, der doch das Seltenste ist, was man in der Welt sehen kann, völlig umsonst haben mag![71]

Goethe als Jahrmarktsattraktion, Weimar als Menagerie – genau dieselben Bilder benutzte 1826 Wilhelm Hauff, um in seinem Roman *Mittheilungen aus den Memoiren des Satan* einen fiktiven Besuch bei Goethe zu beschreiben. Aus Versatzstücken, die er bekannten Berichten über Begegnungen mit dem Olympier entnahm (zusätzliche Details mag Hauffs Cousin, der Theologe Karl Grüneisen, beigesteuert haben), komponierte Hauff die Schilderung einer Audienz bei Goethe, die sich von authentischen Zeugnissen kaum unterscheidet und nur dadurch ins Satirische kippt, daß der Ich-Erzähler eben der Satan ist, der den Dichter des *Faust* in Weimar besucht. Nebenbei und im Umkehrschluß entlarvt Hauff mit seiner Satire *jeden* Bericht über Goethe oder andere Große als literarisch stilisiert und mehr oder weniger fiktiv. Da Hauffs Schilderung also ebenso wahr oder unwahr wie alle anderen ist und zudem Goethes Bedeutung noch einmal da-

durch unterstreicht, daß sie vorführt, inwieweit er nicht nur Autor,
sondern auch Gegenstand von Literatur geworden war, soll der Memoiren schreibende Teufel hier zu Wort kommen, der in einem Weimarer Gasthof Quartier nimmt:

> Es ist mit berühmten Leuten wie mit einem fremden Tiere; kömmt
> ein ehrlicher Pächter mit seiner Familie in die Stadt auf den Jahr-
> markt, so ist sein erstes, daß er in der Schenke den Hausknecht fragt:
> »Wann kann man den Löwen sehen, Bursche?« »Mein Herr«, ant-
> wortet der Gefragte, »die Affen und der Seehund sind den ganzen
> Tag zu haben, der Löwe aber ist am besten aufgelegt, wenn er das
> Futter im Leib hat, daher rate ich, um jene Zeit hinzugehen.«
> Geradeso erging es mir in Weimar [...].

Nach dem Diner, gegen fünf Uhr, sei die beste Zeit, zu Goethe
vorgelassen zu werden, wird dem Satan und seiner Reisebekannt-
schaft, einem Amerikaner namens Forthill, beschieden, und so suchen
sie in ihren Fräcken das Haus am Frauenplan auf.

> Der Dichter wohnt sehr schön. Eine sanfte, geschmackvolle, mit Sta-
> tüen dekorierte Treppe führt zu ihm; eine tiefe, geheimnisvolle Stille
> lag auf dem Hausgang, den wir betraten; schweigend führte uns der
> Diener in das Besuchzimmer. Behagliche Eleganz, Zierlichkeit und
> Feinheit, verbunden mit Würde, zeichneten dieses Zimmer aus. Mein
> junger Gefährte betrachtete staunend diese Wände, diese Bilder,
> diese Meubles. So hatte er sich wohl das *Stübchen des Dichters*
> nicht vorgestellt.

Wenn es so etwas wie eine Regelpoetik des Goethebesuchs gibt, gehört die Schilderung des Treppenhauses gewiß zu ihren unerläßlichen
Punkten. Während die beiden Reisenden nun auf den Gastgeber warten, gibt sich der Satan einigen Reflexionen über die Größe und Bedeutung Goethes hin, die ebenso konventionell wirken wie der Eindruck, den der eintretende Goethe, mit den typischen Attributen versehen, auf seinen Gast macht:

> Dreimal bückten wir uns tief, und wagten es dann an ihm hinauf zu
> blinzeln. Ein schöner, stattlicher Greis! Augen so klar und helle, wie
> die eines Jünglings, die Stirne voll Hoheit, der Mund voll Würde und
> Anmut; er war angetan mit einem feinen schwarzen Kleid, und auf
> seiner Brust glänzte ein schöner Stern. – Doch er ließ uns nicht lange

Besuch bei Goethe

Illustration zu Wilhelm Hauffs
Mittheilungen aus den Memoiren des Satan
Stahlstich von Friedrich Fleischmann, 1830

Zeit zu solchen Betrachtungen; mit der feinen Wendung eines Welt-
mannes, der täglich so viele Bewunderer bei sich sieht, lud er uns
zum Sitzen ein.

Sogar die Gesprächsthemen entsprechen Goethes tatsächlichen
Lieblingsgegenständen, denn »statt uns von seinem Reichtum ein
Scherflein abzugeben, zog er es vor, mit uns Witterungsbeobachtun-
gen anzustellen«. Erst am Ende des Besuchs bricht die Fiktion wieder

auf, wenn daran erinnert wird, daß es der Satan ist, der hier erzählt:
»Der gute Mann ahnete nicht, daß er den Teufel zitierte, als er groß-
mütig wünschte, mich auch ferner bei sich zu sehen, ich sagte ihm zu,
und werde es zu seiner Zeit schon noch halten«, schließt der Bericht
des Erzählers.[72]

Als ein realer Besucher war Ende des Jahres 1826 wieder einmal Wilhelm von Humboldt bei Goethe zu Gast. Besonders merkwürdig erschien ihm, wie er seiner Frau schreibt, daß Goethe Schillers Schädel bei
sich zu Hause aufbewahre: »Goethe hat den Kopf in seiner Verwah-
rung und zeigt ihn niemand. Ich bin der einzige, der ihn bisher gesehen,
und er hat mich sehr gebeten, es hier nicht zu erzählen.« Schillers Familie hatte dessen Gebeine aus dem Kassengewölbe auf dem Jakobsfried-
hof auf den 1818 eingeweihten Neuen Friedhof (heute: Historischer
Friedhof) überführen lassen wollen, der Bürgermeister Schwabe suchte
im März 1826 aus den zum Teil zerbrochenen Särgen in der Gruft Schädel und Knochen heraus, die er als die Schillerschen identifizieren zu
können glaubte, und auf Anregung des Großherzogs wurden sie im
Sockelkasten der Schillerbüste in der Großherzoglichen Bibliothek
niedergelegt. Bis die Gebeine am 16. Dezember 1827 endgültig in der
von Coudray errichteten Fürstengruft beigesetzt wurden, hatte Goethe den Schädel des Freundes offenbar gelegentlich in seinem Hause.
Humboldt fand das nicht weiter merkwürdig, vielmehr liege »in der
Vereinigung zweier großer Männer, die sich so nahe im Leben standen,
auch im Grabe etwas Schönes und edel Empfundenes.« Goethe rede gelassen auch von dem eigenen Tod, wirke aber recht gesund, was Humboldt auf den neuen Hofmedikus Vogel zurückführte, der Karl August
und Goethe »eine bessere Diät führen läßt, sowohl im Essen und Trinken als in täglicher, aber mäßiger Bewegung.« Eines jedoch erstaunte
Humboldt dabei:

> Goethe ißt indes doch ziemlich stark. Im Lauf des Vormittags trinkt
> er ein großes Wasserglas Wein und ißt Brot dazu, und am Weih-
> nachtsfeiertag sah ich ihn des Morgens eine solche Portion Napfku-
> chen zu dem Wein verzehren, daß es mich wirklich wunderte.[73]

Während sich Goethe also noch immer guter Gesundheit erfreute,
wurden die Reihen derjenigen, die seine Weimarer Zeit von Anfang an
begleitet hatten, lichter: Am 6. Januar 1827 starb Charlotte von Stein.
Zwar war auch nach Christiane von Goethes Tod das Verhältnis zu
der Vertrauten früherer Jahre distanziert geblieben, aber doch nicht
unfreundlich. Man tauschte Briefe aus und besuchte einander, und

auf Charlotte von Steins Geburtstagsgruß 1826 antwortete Goethe:
»›Neigung aber und Liebe unmittelbar nachbarlich angeschlossen lebender, durch so viele Zeiten sich erhalten zu sehen, ist das allerhöchste
was dem Menschen gewährt sein kann.‹ Und so für und für!«[74] Neben
dem Abschied von der fremd gewordenen Freundin und der Geburt
der Enkelin Alma am 29. Oktober brachte das Jahr 1827 Goethe den
Besuch des Königs von Bayern. Ludwig I. hielt sich Ende August in
Weimar auf, nicht zuletzt, um dem verehrten Dichter zum achtundsieb-
zigsten Geburtstag einen Orden zu verleihen. Am Tag nach seinem Geburtstag schreibt Goethe an Amalie von Levetzow:

> Des Königs von Bayern Majestät kamen den 27. August in der Nacht
> an, erklärten am folgenden Morgen, daß Sie ausdrücklich um dieses
> Tages willen hergekommen seien, beehrten mich, als ich grad' im
> Kreise meiner Werten und Lieben mich befand, mit Ihro höchster
> Gegenwart, übergaben mir das Großkreuz des Verdienstordens der
> Bayerischen Krone und erwiesen sich überhaupt so vollständig teil-
> nehmend, bekannt mit meinem bisherigen Wesen, Tun und Streben,
> daß ich es nicht dankbar genug bewundern und verehren konnte.[75]

Nicht nur den lebenden, sondern auch den toten Klassikern erwies
König Ludwig die Ehre. Er reiste nicht aus Weimar ab, ohne in der
Bibliothek im Beisein Goethes und des Großherzogs Schillers Schädel
betrachtet zu haben. Über die Beisetzung der Schillerschen Gebeine
Ende des Jahres vermeldete Goethes Tagebuch am 16. Dezember
knapp: »Wurden früh vor Tagesanbruch Schillers Reliquien in der
neuen fürstlichen Familiengruft niedergesetzt. Das dabei geführte
Protokoll sagt das Weitere.«[76]

Nur ein halbes Jahr später sollte der Bauherr der Fürstengruft, der
Großherzog Karl August, selbst seine letzte Ruhestätte dort beziehen.
Auf der Rückreise von Berlin, wo er zwei Wochen verbracht hatte,
brach Karl August in Schloß Graditz während eines Empfangs am
14. Juni 1828 tot zusammen. »Was soll ich Ihnen von dem namenlosen
Schmerz sagen, den uns allen der schnelle Tod unseres geliebten Sou-
verains gebracht hat?«, schrieb Friedrich von Müller am 18. Juni an
W. A. Shukowski. »Mir ward der bittere, furchtbare Auftrag, die
Schreckenskunde Goethen zu hinterbringen. Tief erschüttert rief er
aus: ›Das hätte ich nicht erleben sollen!‹«[77]

Mit militärischen Ehren wurde der Leichnam des Großherzogs von
Graditz nach Weimar überführt, in der Jakobskirche ausgestellt und
am 9. Juli 1828 schließlich in der Fürstengruft beigesetzt. Am Tage der

Beerdigung verstarb, laut Geskys Stadtchronik im selben Augenblick, als sich der Leichenzug des Großherzogs in Bewegung setzte, in Jena Hildebrand von Einsiedel, einst Kammerherr Anna Amalias und Stütze ihrer Liebhaberbühne, ein weiterer Zeuge von Weimars klassischer Zeit.

Nachfolger auf dem Thron des Großherzogtums wurde Karl Augusts Sohn Karl Friedrich, Großherzogin an seiner Seite die Zaren-

Großherzog Karl August
vor dem (von Goethe entworfenen) »Tempelherrenhaus« im Weimarer Park
Mezzotintoblatt von Karl August Schwerdgeburth, 1824

tochter Maria Paulowna. Goethe zog sich den Sommer über, nicht zuletzt unter dem Eindruck des Todes seines Freundes Karl August, nach Dornburg zurück, wohin er schon vor den Beisetzungsfeierlichkeiten abgereist war.

Schon im Januar 1828 war der Schauspieler und Schriftsteller Karl von Holtei in Weimar eingetroffen, wo er den Winter über als Rezitator auftrat und bei Goethe und Johanna Schopenhauer ein- und ausging. In dieser Zeit verkehrte er freundschaftlich mit Goethes Sohn August. In seiner Autobiographie *Vierzig Jahre* liefert Holtei ein Porträt des Freundes, dem es nie gelang, aus dem Schatten des großen Vaters herauszutreten:

> Der Name Göthe war August's Fluch. Und wie der Vater im einzigen Sohne seinen Namen und sich selbst liebte, so hat er, um dieser Liebe Willen, den Grund zu des Sohnes düstrer Zukunft gelegt. [...] August Göthe war kein gewöhnlicher Mensch; auch in seinen Ausschweifungen lag etwas Energisches; wenn er sich ihnen hingab, schien es weniger aus Schwäche, als vielmehr aus Trotz gegen die ihn umgebenden Formen zu geschehen. Stirn, Auge, Nase waren schön und bedeutend, machten seinen Kopf dem des Vaters ähnlich. Der Mund, mit seinen sinnlich aufgeworfenen Lippen, hatte dagegen etwas Gemeines und soll an die Abstammung von weiblicher Seite erinnert haben. Er hielt sich, ging, stand, saß, gebärdete sich, wie ein feiner Hofmann; seine graziöse Haltung blieb stets unverändert und auch wenn er berauscht war, wenn er tobte, fiel er nie aus dem Maße äußerer Schicklichkeit. [...]
> August war voll Humor und ging auf Alles ein, was dahin schlug, besaß ein seltenes Geschick, das Ergötzliche und Possierliche aufzufinden, wenn erst die Rinde um sein krankes Herz geschmolzen war. Er hat es mir gesagt, er hat es mir geschrieben, seine Nächsten haben es mir berichtet, und der gebeugte Vater hat es mir dann nach des Sohnes Tode bestätigt, daß im Umgange mit *mir* die finstern Dämonen, denen er unterlag, gewichen sind, und daß er am frohesten war, wenn ich mich in Weimar befand, daß er in den Briefen an mich sein Innerstes aufschließen mochte. [...] Aber mitten durch die lustigsten Briefe, durch die jubelndsten Gespräche zuckten fortdauernd Blitze des Unmuts, des Verzweifelns an sich selbst, des Lebensüberdrusses, die den traurigen Zustand des Unseligen beleuchteten.

Die »Liebe des Vaters, die zur Tyrannei wurde«, habe August von Goethe so gequält, daß er sich der Trunksucht ergeben habe, dem »Bedürfnis oft am frühen Morgen schon massenweise Wein zu trin-

ken«. Dennoch sei es nie zum offenen Konflikt zwischen Vater und
Sohn gekommen, und August habe stets seine »kindliche Anhänglich-
keit«[78] bewahrt. Nachdem Holtei im April 1828 aus Weimar abgereist
war, blieben er und August in brieflichem Kontakt, sahen sich jedoch
nur noch einmal wieder, als Holtei anläßlich von Goethes achtzigsten
Geburtstag erneut in Weimar weilte.

»Zum Geburtstag Besuche und Geschenke«, meldet am 28. August
1829 Goethes Tagebuch. »Mittags allein. Nachher spazierengefahren
in den untern Garten mit Wölfchen. [...] Abends allein. Frühzeitig zu
Bette.«[79] Im Gasthof »Zum Erbprinzen« veranstaltete man ein Fest-
bankett anläßlich des Geburtstages, an dem auch zahlreiche auswärtige Gäste teilnahmen. Goethe blieb der Feier fern, an der ersten Weimarer Aufführung des ersten Teils des *Faust* am folgenden Abend, die
gegen seinen anfänglichen Widerstand vorbereitet worden war, nahm
er jedoch teil. Kurz vor Goethes Geburtstag war der Bildhauer David
d'Angers in Weimar eingetroffen, dem Goethe für eine Büste Modell
saß. Auch andere berühmte Künstler der Zeit kamen in diesem Jahr
nach Weimar, z. B. der gefeierte Virtuose Paganini, dessen Konzert
Goethe am 30. Oktober 1829 besuchte.

Aus dem Kreis um Ottilie von Goethe ging im August 1829 eine
Zeitschrift hervor, die in mancherlei an das »Journal von Tiefurt« erinnert, das die Herzogin Anna Amalia und ihre Freunde von 1781 an
herausgegeben hatten. Wie damals handelte es sich auch bei der von
Ottilie, Eckermann, Soret und dem Engländer J. P. Parry herausgegebenen Zeitschrift »Chaos« um ein Blatt, das nur für den engeren Be-
kanntenkreis, der selbst die Beiträge zu liefern hatte, bestimmt war.
Anders als beim »Journal von Tiefurt«, das handschriftlich vervielfäl-
tigt worden war, wurden die wenigen Dutzend Exemplare jeder Ausgabe immerhin gedruckt. Der Titel »Chaos« war Programm, in bunter
Mischung, und in deutscher, englischer und französischer Sprache,
enthielten die Hefte Gedichte, Rätsel, Reiseberichte, Erzählungen der
Beitragenden, die für ihre Texte mit der Zusendung der folgenden
Ausgaben belohnt wurden. Goethe nahm lebhaften Anteil an diesem
Gesellschaftsspiel seiner Schwiegertochter und steuerte selbst eine
Reihe von Gedichten bei. »Daß man es fortsetzt, ist auf alle Fälle gut,
es belebt wenigstens einigermaßen die Geister, gibt etwas zu denken,
etwas zu schaffen«, äußerte Goethe im Gespräch mit Soret über das
Zeitschriftenprojekt. Daß das Interesse der Weimarer Gesellschaft an
den Heften wachse, mache »die Langeweile, die hier über dem Leben
liegt; aber schließlich, man muß eben tun, was man kann, um nur zu

leben.«[80] Immerhin nahmen die Beteiligten das »Chaos« so ernst, daß eine eigene Nummer zum Tode der Großherzogin Luise, die am 14. Februar 1830 verstorben war, erschien. Auch neue Autoren versuchte Goethe zu akquirieren, etwa Sulpiz Boisserée, dem er in einem Brief vom 3. Juli 1830 das Unternehmen schmackhaft zu machen suchte. »Soviel von dem eigentümlichen, aber in unserem kleinen Kreise wirklich bedeutenden und höchst unterhaltenden artigen Geschäfte«, enden seine Ausführungen in besagtem Brief.[81]

Goethe beschäftigte sich natürlich nicht nur mit der Zeitschrift der Schwiegertochter, sondern verbrachte, neben seinen wissenschaftlichen, schriftstellerischen und amtlichen Tätigkeiten, auch viel Zeit mit seinen Enkelkindern. Soret berichtet am 8. März 1830:

> Wolf ist der Liebling des Großpapas, ich treffe ihn sehr oft bei ihm; Walter, das arme Kerlchen, wird etwas vernachlässigt, er hat kein so liebenswürdiges Wesen wie der jüngere Bruder und weiß nicht so zärtlich zu schmeicheln. »Sehen Sie hier das gute Kind«, sagte Herr von Goethe heute abend zu mir, »alle Abende bringt es seinen Großvater zu Bette, nimmt ihm sein Halstuch ab und bindet ihm eines für die Nacht um.« Da Wolf gähnte, sagte ich ihm, er solle schlafen gehen. »Nein, noch nicht!« rief er, »es ist noch nicht 9, ich muß erst Großpapa zu Bett bringen!«[82]

Wolfgang scheint den Berichten vieler Beobachter nach tatsächlich der Liebling des alten Goethe gewesen zu sein, doch dieser sah es in einem Brief an Ottilies Schwester Ulrike vom 18. Juni 1831, in dem er ausführlich über Tun und Treiben aller drei Enkelkinder berichtet, kommen, daß die Enkelin Alma ihm wohl noch diesen Rang streitig machen könne. In Goethes Briefen der letzten Lebensjahre, vor allem natürlich in solchen an Mitglieder der Familie, ist überhaupt recht häufig von den Enkeln die Rede, deren Heranwachsen Goethe mit Anteilnahme und Aufmerksamkeit verfolgte. In einem Brief an die Schwiegertochter vom 13. August 1824 heißt es:

> Die Kinder sind wohl und froh; Walther durch Stunden, Klavierübung und Hofbesuche beschäftigt und zerstreut. Wolf hält sich besonders zu mir und hat eine Schublade in meinem Schreibtisch sich zu Kleinigkeiten und anderen Spielsachen angemaßt, die er jeden Tag umlegt; aber stets mit Sorgfalt und in einer gewissen symmetrischen Ordnung, woran man sich zu erfreuen hat.[83]

Nachdem August von Goethe im April 1830 in Begleitung Eckermanns zu einer längeren Reise nach Italien aufgebrochen war, hielt
sein Vater ihn brieflich auch über die Enkelkinder auf dem laufenden.
»Von uns hab ich wenig zu sagen, Frau und Kinder, außer den herkömmlichen Gebrechen, befinden sich munter und tätig«, schreibt
Goethe am 9. August 1830 an seinen Sohn, »die Aprikosen unter meinen Fenstern sind zur Reife gediehen, die Knaben lassen sich solche
schmecken, das Mädchen zieht die Kirschen vor.«[84]
Der Brief endet mit den Worten: »Das in diesen Tagen in Paris ein-
getretene Unheil kann zwar auf Deine Reise keinen weiteren Einfluß
haben, da sich aber dadurch die Geister aller Parteien wieder heftiger
aufregen, hat man freilich Ursache auf jede Weise vorsichtiger zu
sein.« Von der Pariser Juli-Revolution ist hier die Rede, deren Auswirkungen bald Deutschland erreichten und auch vor dem Großherzogtum Weimar nicht haltmachten. Am 30. September berichtet Goethe seinem Sohn:

> In Jena ist es schon über 14 Tage unruhig, die Besseren haben das
> Mögliche getan, doch mußte man zuletzt Militair hinüberschicken.
> Auch hier am Orte waren schon die wildesten Drohungen ausge-
> streut, die Personen genannt, welche man, in und mit ihren Häusern,
> zu beschädigen gedächte. Der Großherzog war abwesend, doch nach
> einigem Zaudern entschloß man sich unser sämtliches Militair heran-
> zuziehen; achthundert Mann im Ganzen. Damit und mit sonstiger
> Vorsicht hoffen wir durch zu kommen [...].[85]

In Weimar blieb es ruhig, und auch in Jena kam es zu keinen ernstli-
chen Ausschreitungen. Dennoch scheint der Gedanke an revolutio-
näre Umwälzung Goethe sehr beunruhigt zu haben. Soret notierte am
19. September:

> Die kleinen Unruhen in Jena und die Erregung, die nach Weimar
> überzugreifen schien, haben Goethe sehr erschreckt und ihn krank
> gemacht; er hatte heute Herzkrämpfe; Ihre Kaiserl. Hoheit [die
> Großherzogin Maria Paulowna] sandte mich zu ihm, um mich nach
> seinem Befinden zu erkundigen. Ich fand ihn sehr besorgt über diese
> Wendung der Dinge, und er klagte über den Lärm und die Unord-
> nung, die sich daraus ergeben müßten; er nahm die Sache höchst tra-
> gisch. Goethe ist liberal in der Theorie; in der Praxis huldigt er ent-
> gegengesetzten Anschauungen.[86]

Bald nach der Beunruhigung durch das Revolutionsgeschehen traf Goethe ein privater Schicksalsschlag, der ihn so berührte, daß sein eigenes Leben in Gefahr schien. »Kästner von Rom kündet Goethe's des Sohnes Tod an. Desfalls bei der Großherzogin. Nachmittags bittre Stunden bei Goethe, um ihm die Schreckenskunde beizubringen«, heißt es unter dem 10. November 1830 in Müllers Tagebuch.[87] August von Goethe war, nachdem er sich in Genua von dem heimkehrenden Eckermann getrennt hatte, nach Neapel gereist und schließlich im Oktober in Rom eingetroffen, wo er bei August Kestner, Sohn der Charlotte Kestner, geborener Buff, und hannoveranischer Gesandter in Rom, zu Gast war. Nachdem er sich bei einem Besuch im Petersdom eine Erkältung zugezogen hatte, befiel August ein heftiges Fieber; wenige Tage später, am 26. Oktober 1830, starb Goethes Sohn in Rom. Die dortigen Ärzte diagnostizierten Pocken in Verbindung mit einem Hirnschlag.

Kanzler Friedrich Müller
Radierung von G. Schuchardt,
nach 1815

»Es war eine harte Aufgabe für mich die Schreckenskunde der Familie, insbesondere dem Vater beizubringen«, schreibt Müller am 11. November an Riemer. »Wir ließen ihn nur ahnen, sprachen das entscheidende Wort nicht aus. Doch war er gelassener als zu fürchten war und hat auch ziemlich gut geschlafen.«[88] Nach außen hin wahrte Goethe die Fassung, lenkte sich mit wissenschaftlichen und literarischen Arbeiten ab und regelte zusammen mit Müller, der Wolfgang von Goethes Patenonkel war, die Frage nach der Vormundschaft der Enkel. Dabei scheint es nicht ganz ohne Auseinandersetzungen zwischen Goethe und seiner Schwiegertochter, der er bei aller Zuneigung in geschäftlichen Dingen wenig Vertrauen schenkte, abgegangen zu

Goethe
Gemälde von Joseph Karl Stieler, 1828

sein. Jedenfalls vermerkt Müllers Tagebuch am 15. November: »Nachmittags bei Goethe, dem ich jetzt erst Kästners Brief gab und ihn über die Vormünder besprach. Nachher großer Streit darüber mit Ottilie.«[89] Selbst in den Briefen an seinen Freund Zelter (dem gegenüber er das erste Mal das vertrauliche »Du« gebraucht hatte, als er 1812 auf die Mitteilung des Freitods von Zelters Stiefsohn antwortete) mochte Goethe nur andeuten, wie sehr ihn der Verlust des Sohnes bewegte:

Dank für deinen lieben Brief! hatt ich Dir doch auch einmal eine solche Hiobsbotschaft als gastlichen Gruß einzureichen. Dabei wollen wir es denn bewenden lassen.
Das eigentliche Wunderliche und Bedeutende dieser Prüfung ist, daß ich alle Lasten, die ich zunächst, ja mit dem neuen Jahre abzustreifen und einem jünger Lebigen zu übertragen glaubte, nunmehr selbst fortzuschleppen und sogar schwieriger weiter zu tragen habe.
Hier nun allein kann der große Begriff der Pflicht uns aufrecht erhalten. Ich habe keine Sorge, als mich physisch im Gleichgewicht zu bewegen; alles Andere gibt sich von selbst. Der Körper muß, der Geist will, und wer seinem Wollen die notwendigste Bahn vorgeschrieben sieht, der braucht sich nicht viel zu besinnen.[90]

Sich »physisch im Gleichgewicht« zu halten, wollte Goethe bei aller Willensanstrengung nicht gelingen. In der Nacht vom 25. auf den 26. November erlitt der Einundachtzigjährige einen Lungenblutsturz, der ihn an den Rand des Todes brachte, von dem er sich aber innerhalb weniger Tage wieder erholte. »Um 10 Uhr ward ich durch die Nachricht von Goethe's Blutsturz erschreckt; ich brachte fast den ganzen Tag und Nachts bis 1 Uhr im Goetheschen Hause zu«, schrieb Müller am 26. November in sein Tagebuch, konnte aber schon am nächsten Tag melden: »Große Freude über Goethe's Besserung.«[91] Goethes Sekretär Kräuter schildert in einem Brief an Christian Wenig vom 5. Dezember 1830 Goethes Krankheit und Genesung. Goethe habe am 25. November noch mit Eckermann gespeist und sich von Ottilie vorlesen lassen. In der Nacht aber habe er plötzlich nach seinem Diener Krause geklingelt:

Dieser eilt hinauf und findet seinen Herrn im entsetzlichsten Zustande. Ein Blutsturz entstürzt unter dem furchtbarsten Geröchel seinem Munde; das ganze Gesicht ist blau. Schnell sind Arzt und Chirurg herbeigeholt, und ein Aderlaß am linken Arme tut dem Bluterbrechen Einhalt. Vierundzwanzig Stunden schwebte sein Le-

ben in der größten Gefahr, oder besser: der Arzt hatte keine Hoffnung zur Erhaltung seines Lebens. [...] Sechs Pfund Blut waren
durch den Lungenblutsturz und einigem nachfolgenden Husten fortgegangen; eineinhalb Pfund hatte man ihm durch den Aderlaß entzogen. [...] Die Besserung und Wiederherstellung ist schnell, aber in
der Ordnung vor sich gegangen, und vergangenen Montag, den
29. November, stand er wieder vor dem Ofen in seiner Arbeitsstube
und bestimmte (im Einverständnis mit dem Arzte) der Köchin, was
er zu Mittag essen wolle.[92]

Goethe widmete sich wieder seinen Amtsgeschäften, aber auch der
literarischen Arbeit. In den Wochen vor dem Blutsturz hatte er weite
Passagen des vierten Teils von *Dichtung und Wahrheit* zu Papier gebracht (Zelter gegenüber vermutete er in dieser Anstrengung eine Ursache der Erkrankung), und am 17. Dezember diktierte er ins Tagebuch: »Abschluß des Faust«[93], dessen vierten und fünften Akt Goethe
aber im Frühjahr 1831 noch einmal vornahm und zum endgültigen
Abschluß brachte.

Schon im November 1830 hatte Goethe mit Müller Unterredungen
geführt, um testamentarische Fragen und solche seines literarischen
Nachlasses zu klären, und am 5. Januar 1831 legte Müller ihm einen
Testamentsentwurf vor, den Goethe genehmigte und am nächsten Tag
unterzeichnete. Am 22. Januar wurden Eckermann und Riemer bevollmächtigt, nach Goethes Tod seinen literarischen Nachlaß herauszugeben, und die Bestimmungen im Mai noch einmal vertraglich
bestätigt. Doch auch in die Organisation des Alltags im Haus am
Frauenplan griff Goethe noch einmal ein. Nach dem Tode Augusts
übernahm es Goethe nun wieder selbst, für die in Unordnung geratene Haushaltsführung Verantwortung zu übernehmen: »Durch John
Bezahlung der Haushaltungsschulden. Manches bezüglich auf die notwendige Veränderung. Unterhaltung über diesen Gegenstand mit Ottilien und Vulpius«, meldet Goethes Tagebuch am 9. Februar 1831.[94]
Bald sprach sich auch in Weimar herum, daß der greise Staatsminister
sich nun persönlich der häuslichen Finanzen angenommen habe. Caroline von Wolzogen schreibt am 16. Februar an Ernst von Schiller:

Goethe hat nach dem Tode des Sohnes an einem schönen Tage den
Haushalt umgestürzt und dem Schuldenmachen der Schwiegertochter gesteuert. Ich mußte lachen über die Pedanterie, womit er jetzt
die Wirtschaft treibt. Aber nötig mag es sein. Er hat den Schlüssel des
Holzstalles unter seinem Kopfkissen und läßt das Brot abwiegen.

Als Gesellschafterin behandelt er Ottilie sehr artig: aber im Hause muß sie sich fügen.[95]

Doch Goethe verbrachte seine Zeit nicht nur mit der Kontrolle des Haushaltes. Er arbeitete weiter an der Fortsetzung seiner Autobiographie, verfaßte Aufsätze über Geologie und über Malerei, und zwischen Februar und Juli 1831 vollendete er in einem letzten Arbeitsgang den zweiten Teil des *Faust*, versiegelte das Manuskript und bestimmte, daß es erst nach seinem Tode gedruckt werden solle. Eine französische Übersetzung seiner *Metamorphose der Pflanzen* sandte er an die Akademie der Wissenschaften in Paris, trieb weiter Studien zur Farbenlehre und Meteorologie und empfing weiterhin Besuche; 1831 unter anderem die zwölfjährige Clara Wieck, die spätere Frau Robert Schumanns, die vor Goethe Klavier spielte; den von ihm hochgeschätzten Naturforscher Alexander von Humboldt; die Königin von Bayern und den König von Württemberg. Für die Weimarer Bekannten schien Goethe zwar zurückgezogen, aber doch unverändert zu sein, wie es Peucer in einem Brief an Böttiger am 7. Januar 1831 schreibt:

Zwar lebt er eingezogen und sieht wenig Menschen, doch ist er auch nicht unzugänglich: er empfängt, wer ihm eben behagt und wen er will. Aber nicht Alle, die *ihn* wollen, werden angenommen. Großherzog und Großherzogin besuchen ihn öfter. Letztere hat die Sitte der verstorbenen Großherzogin, ihn wöchentlich am bestimmten Tag und Stunde mit einem Besuche zu beehren, aufgenommen und fortgesetzt. Göthe ist wieder mitten in seinen alten Gewohnheiten; er beschäftigt sich fleißig mit der Vollendung der Herausgabe seiner Werke, wobei ihm Dr. Eckermann wesentlich hülfreiche Hand leistet.[96]

Wenn man dem Stadtchronisten Gesky glauben darf, waren es jedoch ganz andere Dinge, die das Interesse der Weimarer Bevölkerung beanspruchten. So gab es Ende Januar 1831 eine »Seltenheit, welche in Weimar in 50 Jahren nicht vorgefallen war«, nämlich eine Drillingsgeburt im Hause des Militäroboisten Liebetrau. Jedoch war eines der Kinder bereits bei der Geburt tot, und die »anderen beiden Knäblein starben auch, das letzte den 21. Februar.«[97] Im Mai 1831 kam es in Weimar zu einem Aufruhr, der den Einsatz von Militär erforderlich machte. Nachdem nämlich ein im April geschlossener Vertrag mit Preußen die Einfuhr von Lederwaren in das Großherzogtum geneh-

migt hatte, boten vierzehn Erfurter Schuhmacher auf dem Weimarer
Jahrmarkt ihre Produkte an. »Kaum hatten die Erfurter Schuhmacher
ihre Waren ausgelegt«, berichtet Gesky, »so wurden auf einmal von
den Schuhmachergesellen in Weimar alle Stände mit den Waren umge-
worfen, worunter sich auch Lehrlinge mit befunden hatten.« Zwanzig
Soldaten reichten nicht, die Ruhe wieder herzustellen, so daß schließlich hundert Mann anrückten, um den Erfurter Schustern den Weiter-
verkauf zu ermöglichen. Auch am nächsten Tag war der Marktbetrieb
nur bei Militärpräsenz möglich, obwohl schon am Vortag einige mut-
maßliche Rädelsführer der um ihre Arbeitsplätze bangenden Weima-

Goethe, seinem Schreiber John diktierend
Ölgemälde von Johann Joseph Schmeller, 1831

rer Schuhmachergesellen arretiert worden waren. Im Juli wurden
mehrere Meister und Gesellen vom Kriminalgericht zu Arreststrafen
verurteilt.[98]

Ein Ereignis, das wohl nur im Kreis um Goethe für Aufmerksamkeit sorgte, war Eckermanns Hochzeit mit der langjährigen Verlobten
Johanne Bertram. Noch am 13. Juli hatte sie gedrängt: »Hast Du mit
Goethe noch nicht über Deine Verheiratung gesprochen? Wagst Du
das nicht zu tun? und was sagt der dazu?«[99] Eine feste Anstellung, um
derentwillen er die Heirat mit Johanne, die bereits seit 1819 mit ihm
verlobt war, immer wieder aufgeschoben und seine Braut vertröstet
hatte, war Eckermann zwar nicht zuteil geworden, aber immerhin si-
cherte ihm der Vertrag über die Herausgabe von Goethes nachgelasse-
nen Werken ein Honorar von fünf Prozent zu. Am 9. November
wurde die Ehe der beiden, die schon drei Jahre später mit Johannes
Tod im Kindbett enden sollte, endlich geschlossen.

Im Januar 1832 entsiegelte Goethe noch einmal das Manuskript des
zweiten Teils des *Faust*; er und Ottilie lasen einander wechselseitig
daraus vor. »Neue Aufregung zu Faust in Rücksicht größerer Ausführung der Hauptmotive«, diktierte er am 24. Januar ins Tagebuch.[100] Bei
guter Gesundheit widmete er sich auch weiterhin Versuchen zur Farbenlehre, wie Frédéric Soret in seinen Erinnerungen unter dem 17. Februar notiert:

> Gegen fünf Uhr ging ich zu Goethe; ich fand ihn allein bei Tisch, er
> hatte abgespeist und schlürfte nur noch behaglich seine Flasche Wein
> aus, wie er das zu tun pflegte. Er war noch gar nicht schläfrig, so daß
> die Unterhaltung ziemlich lebhaft wurde. Rings um ihn lagen Papp-
> schachteln voll buntscheckiger Dorlen [Kreisel], die sich Eckermann
> ausgedacht hatte; sie dienen zu optischen Experimenten, um, wenn
> sie in Bewegung sind, die sich daraus ergebende Farbenmischung zu
> studieren.[101]

Mitte März jedoch erkrankte Goethe. Der letzte Eintrag in seinem
Tagebuch, datiert auf Freitag, den 16. März 1832, lautet: »Den ganzen
Tag wegen Unwohlseins im Bette zugebracht.« Danach folgt nur noch
die Überschrift des nächsten Tages: »Sonnabend.«[102] Über den Verlauf
von Goethes letzter Krankheit informiert der Bericht Karl Vogels, der
seit 1826 Hofmedikus und Goethes Hausarzt war. »Stellten sich auch,
wie einer unbefangenen Beobachtung nicht wohl entgehen mochte,
Schwächen des Alters, besonders Steifheit der Gliedmaßen, Mangel an

Gedächtnis für die nächste Vergangenheit, zeitweise Unfähigkeit, das
Gegebene in jedem Augenblicke mit Klarheit schnell zu übersehen
und Schwerhörigkeit bei ihm immer merklicher ein«[103], so sei, nach
Vogels Bericht, Goethes Gesundheitszustand in den letzten beiden
Lebensjahren für sein Alter ungewöhnlich gut gewesen. Am 16. März
aber ließ Goethe seinen Arzt, der zugleich enger Mitarbeiter in den
Angelegenheiten der »Oberaufsicht« war, zu sich rufen:

> Er schien einigermaßen verstört, vor allem aber frappierte mich der
> matte Blick und die Trägheit der sonst immer hellen und mit eigen-
> tümlicher Lebhaftigkeit beweglichen Augen, so wie die ziemlich
> starke, ins Livide fallende Röte der Bindehaut der untern Augenli-
> der, vornehmlich des rechten. [...]
> Bereits am Abend zeigte das Uebel eine bessere Gestalt. [...] Nach
> 6 Uhr nahm *Goethe*, wie Dienstags und Freitags gewöhnlich, den
> Besuch des Hofrats *Riemer* an, und ließ sich durch denselben einige
> Zeit von Sprachstudien unterhalten.[104]

In den nächsten Tagen schien sich Goethes Verfassung zunächst zu
bessern, und am Morgen des 19. März fand Vogel seinen Patienten ge-
schwächt, aber gutgestimmt auf der Bettkante sitzend vor:

> Er hatte in einem französischen Heft gelesen; fragte gewohnterma-
> ßen nach mancherlei Vorfällen und zeigte großes Begehren nach dem
> zum Frühstück seit einigen Jahren herkömmlichen Glase Madeira.
> Ich fand keinen Grund, seiner Neigung entgegen zu sein, und er
> trank und aß mit vielem Behagen, blieb auch fast den ganzen Tag
> über auf.[105]

In der Nacht vom 19. auf den 20. März jedoch verschlechterte sich
Goethes Befinden erneut. Mit Schüttelfrost, Atemnot und Angstzu-
ständen erwachte Goethe, der den Rest der Nacht unruhig und ohne
Linderung zu finden zwischen Bett und Lehnstuhl hin- und herwech-
selte. Erst am Morgen wurde Vogel gerufen, der »vermöge reichlicher
Gaben Baldrianäther und *Liquor Ammonii anisatus*, abwechselnd genommen mit heißem Tee aus Pfefferminzkraut und Kamillenblü-
ten«[106], für vorübergehende Linderung sorgte. Krämpfe, Frost und
Schmerzen kehrten bald wieder, doch bis zuletzt wollten die Freunde
und Hausgenossen die Hoffnung nicht aufgeben. »In welcher Angst
wir schweben, können sie leicht denken! Ottilie behauptet jedoch, er
sei in den vorigen großen Krankheiten weit erschöpfter gewesen«,

schrieb Friedrich von Müller noch am 21. März an Friedrich Rochlitz.[107] In der letzten Nacht, vom 21. auf den 22. März, ließ sich Goethe noch ein als Geschenk der Großherzogin eingetroffenes Buch vorlegen, vermochte aber nicht mehr zu lesen. Über die letzten Stunden Goethes berichtet Clemens Wenzeslaus Coudray, der zu dem kleinen Kreis von Vertrauten gehörte, die im Haus am Frauenplan zugegen waren:

Gegen 9 Uhr wünschte der Kranke Wasser mit Wein, und als ihm solches dargereicht wurde, sah ich, wie er sich im Sessel ohne alle Hilfe aufrichtete, das Glas faßte und solches in drei Zügen leer trank. Er wurde ganz munter und verlangte Licht. Man hatte nämlich die Zimmer ganz dunkel gelassen, um dadurch den Kranken ruhiger zu erhalten. [...] Bald darauf rief er seinen Kopisten John herbei und, unterstützt von diesem und [seinem Diener] Friedrich, richtete er sich von dem Sessel empor. [...]
Nach einem Weilchen ließ er sich abermals von John und Friedrich aufrichten, allein ich bemerkte zu meinem Schrecken, wie die hohe Gestalt schwankte und daß sich der Kranke sofort wieder auf den Lehnstuhl niederlassen mußte. [...] Gleich nachher rief er Friedrich zu: »Mach doch den Fensterladen im Schlafgemach auf, damit mehr *Licht* hereinkomme!« Dies waren seine letzten vernehmlichen Worte. Abermals einschlummernd blieb sein Geist in Tätigkeit, denn er fing nun an, mit dem mittleren Finger seiner aufgehobenen rechten Hand in der Luft drei Zeilen zu schreiben, welches er bei sinkender Kraft immer tiefer und zuletzt auf dem seine Schenkel bedeckenden Oberbett öfters wiederholte.

Goethes berühmte letzten Worte, die oft schlicht mit »Mehr Licht!« wiedergegeben werden, scheinen also keineswegs, wie oft behauptet, metaphysisch gemeint gewesen zu sein. Coudray berichtet auch, daß am Vormittag sich der Großherzog zu einem Krankenbesuch einfand, aber nicht mehr vorgelassen wurde.

Frau Geheime Kammerrätin v. Goethe saß zur Seite des geliebten Schwiegervaters, auf dessen Bett, die beiden Enkel Walther und Wolf befanden sich mit ihrem Hofmeister nebenan im Arbeitszimmer, auch Friedrich und John; in einem andern Gemach waren einige Freunde Goethes, die Herren Geheimrat von Müller, Hofrat Riemer, Hofrat Soret, Dr. Eckermann und der Arzt, Herr Hofrat Vogel, versammelt und gingen ab und zu.[108]

»Um halb zwölf Uhr Mittags«, heißt es in Vogels Bericht, »drückte sich der Sterbende bequem in die linke Ecke des Lehnstuhls, und es währte lange, ehe den Umstehenden einleuchten wollte, daß *Goethe* ihnen entrissen sei.«[109] Noch am Todestag schrieb Müller an Rochlitz: »Die Kräfte unseres Geliebten Kranken sanken heute Nacht plötzlich und gegen Mittag schied er stark und friedlich von uns, weniger an einem Stickfluß, als an gleichzeitiger Erschöpfung aller Lebenssysteme.«[110] Die Einwohner Weimars, unter denen sich die Nachricht vom Tode des Dichters rasch verbreitete, konnten bereits am folgenden Tag die Traueranzeige in der Zeitung lesen:

Gestern Vormittags halb zwölf Uhr starb mein geliebter Schwiegervater, der Großherzogl. Sächsische wirkliche Geheime-Rat und Staatsminister

Johann Wolfgang von Goethe,

nach kurzem Kranksein, am Stickfluß in Folge eines nervös gewordenen Katharrhalfiebers.
Geisteskräftig und liebevoll bis zum letzten Hauche, schied er von uns im drei und achtzigsten Lebensjahre.

Weimar, 23. März 1832   Ottilie, von Goethe, geb. von Pogwisch,
                            zugleich im Namen meiner drei Kinder,
                            Walther, Wolf und Alma von Goethe.[111]

Für den 26. März wurde die Beisetzung vorbereitet. Friedrich von Müller wollte die Beerdigung in aller Stille um sechs Uhr morgens erfolgen lassen, doch setzte Ottilie durch, daß man sich dem Wunsch der Weimarer Bürgerschaft beugte und einem festlicheren Begräbnis mit vorheriger Ausstellung des Verstorbenen den Vorzug gab. Am Vormittag hatte das Publikum Zutritt zu dem im Haus am Frauenplan aufgebahrten Leichnam. »Montag früh 8–12 Uhr ist, auf Ottiliens und des Publikums *leidenschaftlichen* Betrieb, jedoch gegen *mein* Gefühl und Rat, die Parade-Ausstellung«, schrieb Müller an Caroline von Egloffstein, »Abends 5 Uhr die feierliche Beisetzung in der Fürstengruft, mit Gesängen von Zelter, Eberwein und Hummel komponiert, aus Goethes eigenen Dichtungen.«[112] Aufgebahrt wurde Goethe in dem von der Haustür durch eine zweiflügelige Tür abgetrennten Teil des Erdgeschosses, umgeben von zweiundvierzig Silberleuchtern, seinen Orden und dem goldenen Lorbeerkranze, den ihm Bürger seiner Heimatstadt Frankfurt zum siebzigsten Geburtstag übersandt hatten. Goethe lag in weißen Samt gekleidet, einen Lorbeerkranz auf dem

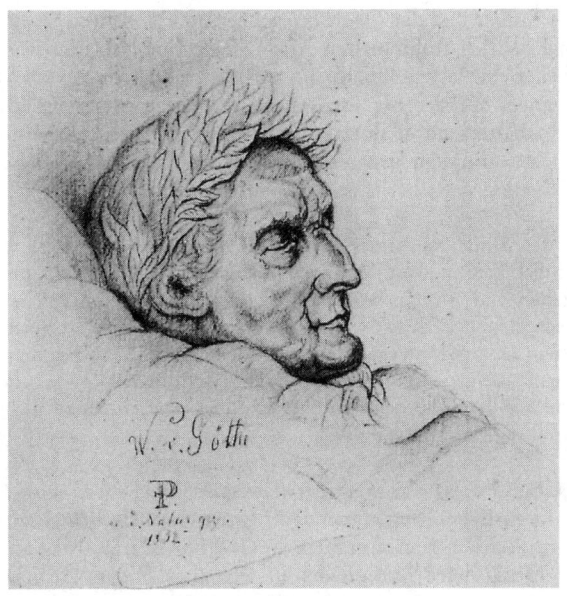

Goethes letztes Bildnis
Bleistiftzeichnung von Friedrich Preller, 1832

Kopf, in seinem Sarg, eine Ehrenwache zu beiden Seiten. Friedrich Frommann berichtet von der Aufbahrung und der Beerdigung:

> Der Zudrang der Menschen, die die Ausstellung sehen wollten, war ungeheuer, freilich wurden oft solche, die wirklich teilnahmen, von denen zurückgedrängt, die bloß der Neugierde folgten; für die ausgestellten Gendarmen war die Arbeit nicht klein, doch ging alles ohne Exzeß ab. Auch meine Frau und Schwiegertochter kamen noch glücklich hinein. Der Zug nach dem Kirchhofe zeichnete sich durch große Teilnahme mehr als durch Glanz und Länge aus. Es ging alles zu Fuß, die Wagen fuhren leer nach, die Minister erschienen nicht; der Großherzog schickte ein paar Oberhofmarschälle; er selbst war nach Eisenach.[113]

Goethe wurde in der Fürstengruft auf dem neuen Friedhof, in der bereits Schiller und der Großherzog Karl August ruhten, beigesetzt;

Kanzler Müller und der Oberhofprediger und Generalsuperintendent Johann Friedrich Röhr hielten Ansprachen. Für letzteren war es offenbar eher eine lästige Pflicht, die sterblichen Überreste eines Mannes einzusegnen, der sich nie sonderlich um die christliche Religion bekümmert hatte, und er nutzte die Gelegenheit, dem Toten und den Trauergästen mit dem Strafgericht Gottes zu drohen. An den befreundeten Theologen Reil schrieb Röhr am 29. März:

> Von den Brillanten seines Leichenbegängnisses werden Sie wahrscheinlich bald in allen Zeitungen lesen, auch wohl, was die ihm gewogenen und nicht gewogenen Totenrichter über ihn urteilen zu müssen glauben. Ich selbst bin über seinen sittlichen Wert mit möglichstem Glimpf hinweggegangen und habe mich damit begnügt, ihn mit seinem eigenen Fette zu beträufeln. Wer die nicht gesprochenen Worte aus den gesprochenen herauszulesen versteht, wird nicht im Zweifel sein, was ich meinte.[114]

Mit Goethes Tod war Weimars klassische Epoche und seine Glanzzeit als literarisches Zentrum endgültig und unwiederbringlich vorbei. »Weimar«, schrieb Karl von Stein an Goethes Begräbnistag an seinen Bruder Fritz, »wird nun wieder in sein altes Nichts zurücksinken, woraus es genommen ist, da sein Geist zu Gott stieg.«[115]

Anhang

Anmerkungen

Die Orthographie der zitierten Quellen wurde unter Wahrung des Lautstands und der sprachlichen Eigenart dem heutigen Gebrauch angenähert; die Interpunktion blieb unverändert, ebenso die Schreibung von Namen. Hervorhebungen – in den Quellen meist durch Sperrung kenntlich gemacht – werden einheitlich durch Kursive wiedergegeben. Werktitel erscheinen in der originalen Schreibweise.

Die Werke Goethes und Schillers werden nach folgenden Ausgaben zitiert:

WA Johann Wolfgang Goethe: Werke. Hrsg. im Auftrage der Großherzogin Sophie von Sachsen. [Weimarer Ausgabe.] Abt. I: Werke. Bd. 1–55. Abt. II: Naturwissenschaftliche Schriften. Bd. 1–13. Abt. III: Tagebücher. Bd. 1–15. Abt. IV: Briefe. Bd. 1–50. Weimar 1887–1919. Bd. 51–53. München 1990.

NA Friedrich Schiller: Werke. Nationalausgabe. 1940 begr. von Julius Petersen. Fortgef. von Lieselotte Blumenthal, Benno von Wiese und Siegfried Seidel. Hrsg. im Auftrag der Stiftung Weimarer Klassik und des Schiller-Nationalmuseums in Marbach von Norbert Oellers. Weimar 1943 ff.

Erstes Kapitel

1 Karl Gräbner, *Die Großherzogliche Haupt- und Residenz-Stadt Weimar, nach ihrer Geschichte und ihren gegenwärtigen gesammten Verhältnissen dargestellt. Ein Handbuch für Einheimische und Fremde*, Erfurt 1830 (reprogr. Nachdr. Leipzig 1987), S. 5.

2 Die folgenden historischen Daten sind zum größten Teil zusammengetragen aus: *Geschichte der Stadt Weimar*, hrsg. von Gitta Günther und Lothar Wallraf, Weimar ²1976; Gitta Günther, *Weimar-Chronik. Stadtgeschichte in Daten*, Erste Folge: *Von der Urgesellschaft bis September 1775*, Weimar 1987 (Tradition und Gegenwart. Weimarer Schriften, 20). Siehe auch: *Weimar. Lexikon zur Stadtgeschichte*, hrsg. von Gitta Günther, Wolfram Huschke und Walter Steiner, Weimar 1998.

3 Günther (Anm. 2) S. 15.
4 Ebd.
5 Ebd., S. 19.
6 Ebd., S. 22.
7 Ebd., S. 23.
8 Günther/Wallraf (Anm. 2) S. 154.
9 Gräbner (Anm. 1) S. 30 f.
10 *Die Piccolomini*, V. 2119.
11 *Wallenstein*-Prolog, V. 102 f.
12 Günther (Anm. 2) S. 27.
13 Gräbner (Anm. 1) S. 36 f.
14 Günther/Wallraf (Anm. 2) S. 224.
15 Gräbner (Anm. 1) S. 37 f.
16 Zit. nach: Günther/Wallraf (Anm. 2) S. 227 (dort nach der Handschrift im Stadtarchiv Weimar).
17 [Friedrich Albrecht Klebe,] *Historisch-statistische Nachrichten von der berühmten Residenzstadt Weimar*, Elberfeld 1800, S. 31 f.
18 Günther (Anm. 2), S. 32.
19 K. Trautermann, *Die Wüstungen um Weimar*, Weimar 1934, S. 22 (zit. nach: Günther/Wallraf – Anm. 2 – S. 231).
20 Wilhelm Bode, *Der weimarische Musenhof 1756–1781*, Berlin 1917, S. 1.
21 Ebd., S. 46.
22 *Wielands Briefwechsel*, Bd. 5, bearb. von Hans Werner Seiffert, Berlin 1983, S. 32.
23 WA I 36, S. 333.

Zweites Kapitel

1 WA I 28, S. 317 (*Aus meinem Leben. Dichtung und Wahrheit*).
2 Zit. nach: Thomas C. Starnes, *Christoph Martin Wieland. Leben und Werk*, Bd. 1, Sigmaringen 1987, S. 528 f.
3 WA I 29, S. 179.
4 WA I 29, S. 190.
5 *Wielands Briefwechsel*, hrsg. von Siegfried Scheibe, Bd. 5, bearb. von Hans Werner Seiffert, Berlin 1983, S. 430 f.
6 Ebd., S. 437.
7 Ebd., S. 438 f.
8 Ebd., S. 442 (Brief vom 16. November 1775).
9 WA IV 3, S. 1.
10 *Goethe in vertraulichen Briefen seiner Zeitgenossen*, zsgest. von Wilhelm Bode, neu hrsg. von Regine Otto und Paul-Gerhard Wenzlaff, 3 Bde., Berlin/Weimar 1979, Bd. 1, S. 146 f. (Brief an Johann Adam Wolf vom 23. November 1775).

11 Zit. nach: Wilhelm Bode, *Der weimarische Musenhof 1756–1781*, Berlin 1917, S. 184.

12 *Goethe in vertraulichen Briefen* (Anm. 10) Bd. 1, S. 159.

13 WA IV 3, S. 21 (Brief vom 22. Januar 1776).

14 WA IV 3, S. 28 f.

15 WA IV 3, S. 4.

16 WA IV 3, S. 13.

17 WA IV 3, S. 22.

18 WA IV 3, S. 37 f. (Brief an Johanna Fahlmer vom 6. März 1776).

19 WA IV 3, S. 64–67.

20 Zit. nach: Willy Andreas, *Carl August von Weimar. Ein Leben mit Goethe 1757–1783*, Stuttgart 1953, S. 274.

21 Ebd., S. 275.

22 Ebd., S. 278 f.

23 Kanzler von Müller, *Unterhaltungen mit Goethe*, Kritische Ausgabe, bes. von Ernst Grumach, Weimar 1956, S. 111.

24 WA IV 3, S. 24.

25 WA IV 3, S. 27 (undatierter Brief, vermutlich Ende Januar 1776).

26 WA IV 3, S. 34. Was es mit Goethes Selbstbezeichnung als »Gustel« auf sich hat, ist nicht bekannt.

27 *Gedichte Goethes an Frau v. Stein*, in Faksimilenachbildung hrsg. von Julius Wahle, Weimar 1924 (Schriften der Goethe-Gesellschaft, 37), [unpaginiert].

28 WA IV 5, S. 169.

29 Klopstock an Goethe, 8. Mai 1776. In: *Briefe an Goethe*, gesammelt, textkritisch durchges. und mit Anm. vers. von Karl Robert Mandelkow, 2 Bde., Hamburg 1965–69, Bd. 1, S. 58.

30 WA IV 3, S. 63 f.

31 Klopstock an Goethe, 29. Mai 1776. In: *Briefe an Goethe* (Anm. 29), Bd. 1, S. 59.

32 Ebd., Bd. 1, S. 60 f.

33 *Briefe von und an J. M. R. Lenz*, hrsg. von Karl Freye und Wolfgang Stammler, 2 Bde., Leipzig 1918, Bd. 1, S. 173 (Brief vom 3. Februar 1776).

34 *Wielands Briefwechsel* (Anm. 5), Bd. 5, S. 493 (Brief an Merck).

35 *Briefe von und an J. M. R. Lenz* (Anm. 33), Bd. 1, S. 234.

36 Johannes Falk, *Goethe aus näherm persönlichen Umgange dargestellt*, Leipzig 1832, S. 125 f.

37 WA III 1, S. 28.

38 WA III 1, S. 11.

39 WA IV 3, S. 81 (Brief vom 9. Juli 1776).

40 WA IV 3, S. 79.

41 Johann Gottfried Herder, *Briefe*, hrsg. von Wilhelm Dobbek und Günter Arnold, 10 Bde., Weimar 1977–96, Bd. 4, S. 20 (Brief vom 13. Oktober 1776).

42 *Wielands Briefwechsel* (Anm. 5), Bd. 5, S. 563 f.

43 Herder (Anm. 41) Bd. 4, S. 19.

44 Karl Frhr. von Lyncker, *Am Weimarischen Hofe unter Amalien und Karl August. Erinnerungen*, hrsg. von Maria Scheller, Berlin 1912, S. 51.

45 Ebd., S. 65.

46 WA I 36, S. 233 (»Das Louisenfest, gefeiert Weimar am 9. Juli 1778«).

47 WA IV 4, S. 18.

48 WA IV 4, S. 175 (Brief vom 13. Februar 1780).

49 WA IV 5, S. 149.

50 *Vor hundert Jahren. Elise von Reckes Reisen durch Deutschland 1784–86 nach dem Tagebuche ihrer Begleiterin Sophie Becker,* hrsg. von G. Karo und M. Geyer, Stuttgart 1884, S. 81.

51 Johann Wolfgang Goethe, *Sämtliche Werke. Briefe, Tagebücher und Gespräche,* Bd. 29: *Das erste Weimarer Jahrzehnt. Briefe, Tagebücher und Gespräche vom 7. November 1775 bis 2. September 1786,* hrsg. von Hartmut Reinhardt, Frankfurt a. M. 1997, S. 468 f.

52 Ebd., S. 501.

53 *Aus dem Herder'schen Hause. Aufzeichnungen* von Johann Georg Müller (1780–82), hrsg. von Jakob Baechtold, Berlin 1881, S. 18 f.

54 Ebd., S. 19.

55 Ebd., S. 25.

56 Ebd., S. 30 f.

57 Ebd., S. 69.

58 Ebd., S. 70 f.

59 Ebd., S. 71.

60 Ebd., S. 80.

61 Ebd., S. 82.

62 Ebd., S. 83.

63 Zit. nach: Starnes (Anm. 2) Bd. 1, S. 700.

64 Zit. nach: Bode (Anm. 11) S. 465.

65 *Wielands Briefwechsel* (Anm. 5) Bd. 5, S. 558 (Brief an Tobias Philipp von Gebler, 5. Oktober 1776).

66 WA I 2, S. 89.

67 WA III 1, S. 140.

68 WA IV 6, S. 16 (Brief vom 27. Juli 1782).

69 Herder (Anm. 41) Bd. 4, S. 226 (Brief vom 11. Juli 1782).

70 *Kleine Reise in's Thüringische. 1782,* in: »Johann Bernoulli's Sammlung kurzer Reisebeschreibungen und anderer zur Erweiterung der Länder- und Menschenkenntniß dienender Nachrichten«, Jg. 1783, Bd. 10, Berlin/Leipzig 1783, S. 255–332, hier: S. 256 (Starnes – Anm. 2, S. 719 – nennt als Verfasser einen Pastor Goeze aus Quedlinburg).

71 Ebd., S. 321–323.

72 *Vor hundert Jahren* (Anm. 50) S. 90.

73 Falk (Anm. 36) S. 132 f.

74 *Kleine Reise in's Thüringische* (Anm. 70) S. 255–332, hier: S. 323–326.

75 Siegmund Gottlieb Dietmar, *Eine Reise nach Weimar und in die Umgegend im Jahre 1786*, in: *Theater-Briefe von Goethe und freundschaftliche Briefe von Jean Paul. Nebst einer Schilderung Weimar's in seiner Blüthezeit. Von Dietmar*, Berlin 1835, S. 91–166, hier: S. 102–110.

76 Heinrich Schmidt, *Erinnerungen eines weimarischen Veteranen aus dem geselligen, literarischen und Theater-Leben. Nebst Originalmittheilungen über Goethe, Schiller, Herder, Wieland, Fichte, Böttiger, Jean Paul, Johannes von Müller, Clemens Brentano, Zacharias Werner, Iffland, Haydn etc.*, Leipzig 1856, S. 21.

77 August von Kotzebue, *Mein literarischer Lebenslauf (1796)*, in: A. v. K., *Ausgewählte prosaische Schriften. Enthaltend: Die Romane, Erzählungen, Anekdoten und Miszellen*, Bd. 26: *Die jüngsten Kinder meiner Laune*, Tl. 6, Wien 1843, S. 101–182, hier: S. 129 f.

78 Ebd., S. 137 f.

79 Schmidt (Anm. 76) S. 16.

80 WA IV 7, S. 240.

81 C. M. Wieland, *Sämmtliche Werke*, Bd. 26: *Singspiele und Abhandlungen*, Leipzig 1796, S. 193 (*Singgedicht zur Geburtsfeier des Durchl. Herrn Erbprinzen Karl Friedrich zu Sachsen-Weimar und Eisenach*).

82 WA IV 4, S. 300 (Brief vom 20. September 1780).

83 *Magister F. Ch. Laukhards Leben und Schicksale. Von ihm selbst beschrieben. Deutsche und französische Kultur- und Sittenbilder aus dem 18. Jahrhundert*, hrsg. von Viktor Petersen, 2 Bde., Stuttgart [o. J.], Bd. 1, S. 267 f.

84 Lyncker (Anm. 44) S. 68.

85 Herder (Anm. 41) Bd. 4, S. 257 (Brief vom 17. Februar 1783).

86 Herder (Anm. 41) Bd. 5, S. 43 f.

87 *Vor hundert Jahren* (Anm. 50) S. 82 f.

88 WA IV 6, S. 232.

89 *Goethe in vertraulichen Briefen* (Anm. 10) Bd. 1, S. 301.

90 WA IV 6, S. 75 f. (Brief vom 27. Oktober 1782).

91 WA IV 6, S. 258.

92 WA IV 6, S. 267 (Brief vom 23. April 1784).

93 WA IV 6, S. 288.

94 WA II 6, S. 99 f. und S. 117 f. (*Der Verfasser teilt die Geschichte seiner botanischen Studien mit* [1828]).

95 WA IV 4, S. 278.

96 WA II 9, S. 172–174.

97 WA IV 7, S. 213 f.

98 WA I 35, S. 17 (*Tag- und Jahreshefte*).

99 WA I 35, S. 6 (*Tag- und Jahreshefte*).

100 Zit. nach: Siegfried Unseld, *Goethe und seine Verleger*, Frankfurt a. M. ²1993, S. 121 f.

101 WA IV 4, S. 221.

102 WA IV 6, S. 39.
103 WA IV 6, S. 95 f.
104 *Wielands Briefwechsel* (Anm. 5), Bd. 8,1, S. 177.
105 WA IV 5, S. 311 f.
106 WA IV 7, S. 239.
107 WA IV 7, S. 243.

Drittes Kapitel

1   Zwodau, eine kleine Ortschaft an der Eger.
2   WA IV 8, S. 20 (Brief vom 2. September 1786).
3   *Briefe des Herzogs Karl August von Sachsen-Weimar an seine Mutter die
    Herzogin Anna Amalia*, hrsg. von Alfred Bergmann, Jena 1938, S. 65.
4   Zit. nach: Wilhelm Bode, *Charlotte von Stein*, Berlin ⁶1927, S. 289.
5   WA IV 8, S. 323.
6   Ebd.
7   Johann Gottfried Herder, *Briefe*, hrsg. von Wilhelm Dobbek und Günter
    Arnold, 10 Bde., Weimar 1977–96, Bd. 5, S. 186.
8   Ebd., S. 204.
9   Ebd., S. 213.
10 Ebd., S. 250.
11 Ebd., S. 292 (Brief an Knebel vom 22. Juni 1788).
12 *Wielands Briefwechsel*, hrsg. von Siegfried Scheibe, Bd. 10,1, bearb. von
    Uta Motschmann, Berlin 1992, S. 68.
13 *Aus Karl Ludwig von Knebels Briefwechsel mit seiner Schwester Henri-
    ette*, hrsg. von Heinrich Düntzer, Jena 1858, S. 69 f. (Brief vom 30. No-
    vember 1787).
14 NA 24, S. 107 (Brief vom 23. Juli 1787).
15 Ebd., S. 129 (Brief vom 12. August 1787).
16 Ebd., S. 131.
17 Ebd., S. 149 (Brief an Körner vom 29. August 1787).
18 Ebd., S. 185 f.
19 NA 25, S. 33.
20 WA IV 8, S. 356.
21 NA 25, S. 77.
22 NA 33,1, S. 211.
23 NA 24, S. 108 f.
24 Ebd., S. 110.
25 Ebd., S. 128 (Brief an Körner vom 12. August 1787).
26 Ebd., S. 134 (Brief an Körner vom 18. August 1787).
27 Ebd., S. 145 (Brief an Körner vom 29. August 1787).
28 Ebd., S. 156 (Brief an Huber vom 14. September 1787).

29 Ebd., S. 165 (Brief an Körner vom 14. Oktober 1787).

30 Ebd, S. 178 f. (Brief an Körner vom 19. November 1787).

31 Ebd., S. 182 (Brief an Körner vom 8. Dezember 1787).

32 Vgl. J. W. Goethe, *Begegnungen und Gespräche*, Bd. 3, hrsg. von Renate Grumach, Berlin / New York 1977, S. 214–217.

33 J. W. Goethe, *Die Schriften zur Naturwissenschaft*, 1. Abt., Bd. 9, bearb. von Dorothea Kuhn, Weimar 1954, S. 62.

34 WA IV 9, S. 3 f.

35 Vgl. dazu Goethe, *Begegnungen und Gespräche* (Anm. 32) S. 215–245.

36 WA IV 9, S. 3.

37 Ebd., S. 5 und 13.

38 *Die Erinnerungen der Karoline Jagemann. Nebst zahlreichen unveröffentlichten Dokumenten aus der Goethezeit*, hrsg. von Eduard v. Bamberg, Dresden 1926, S. 97.

39 NA 36,1, S. 266.

40 Zit. nach: Goethe, *Begegnungen und Gespräche*, Bd. 5, hrsg. von Renate Grumach, Berlin / New York 1985, S. 348.

41 NA 30, S. 215 (Brief vom 23. November 1800).

42 WA I 36, S. 247 und 249 f. (»Erste Bekanntschaft mit Schiller«).

43 NA 25, S. 106 f. (Brief vom 12. September 1788).

44 Ebd., S. 193 f. (Brief an Körner vom 2. Februar 1789).

45 Ebd., S. 222.

46 Zit. nach: *Weimar im Urteil der Welt. Stimmen aus drei Jahrhunderten*, hrsg. von Herbert Greiner-Mai, Berlin/Weimar 1975, S. 61 und 66.

47 Vgl. die Zusammenstellung der einschlägigen Briefstellen in: *Karl Philipp Moritz. Lesebuch*, hrsg. von Uwe Nettelbeck, Nördlingen 1986, S. 386–390.

48 NA 25, S. 155 (Brief an Caroline von Beulwitz vom 10. Dezember 1788).

49 Brief vom 2. Februar 1789; nach der Handschrift zitiert in: Goethe, *Begegnungen und Gespräche* (Anm. 32) S. 266.

50 NA 33,1, S. 450.

51 WA IV 9, S. 180 f. (Brief an J. F. Reichardt vom 28. Februar 1790).

52 Herder, *Briefe* (Anm. 7) Bd. 6, S. 135.

53 Ebd., S. 214 (Brief an Christian Gottlob Heyne vom 11. Oktober 1790).

54 *Wielands Briefwechsel* (Anm. 12) Bd. 10,1, S. 425 (Brief vom 30. November 1790).

55 NA 25, S. 299 f.

56 Vgl. dazu Rudolf Haym, *Herder*, Berlin 1958 (zuerst 1877–85), Bd. 2, S. 507–526.

57 *Epigramme. Venedig 1790*, Nr. 50, 53 und 55 (WA I 1, S. 320 f.).

58 Zit. nach: Goethe, *Begegnungen und Gespräche* (Anm. 32) S. 374.

59 Ebd., S. 384.

60 WA IV 9, S. 301 (Brief vom 18. April 1792).

61 Brief an Unbekannt vom 25. Februar 1792 (zit. nach: Thomas C. Starnes,

Christoph Martin Wieland. Leben und Werk, 3 Bde., Sigmaringen 1987, Bd. 2, S. 259).

62 Herder, *Briefe* (Anm. 7) Bd. 6, S. 218.

63 Ebd., S. 257 (Brief an Christian Gottlob Heyne vom 31. Oktober 1791).

64 Joseph Rückert, *Bemerkungen über Weimar 1799*, hrsg. von Eberhard Haufe, Weimar [1970], S. 124.

65 *Briefe eines ehrlichen Mannes bey einem wiederholten Aufenthalt in Weimar*, Deutschland 1800, Nachdr. Leipzig [o. J.], S. 58 f.

66 *Literarische Zustände und Zeitgenossen. In Schilderungen aus Karl Aug. Böttiger's handschriftlichem Nachlasse*, hrsg. von K. W. Böttiger, Bd. 1, Leipzig 1838, S. 25–29.

67 J. W. Goethe, *Amtliche Schriften*, Bd. 2,1, bearb. von Helma Dahl, Weimar 1968, S. 237 (Bericht vom 19. Juli 1792).

68 Zit. nach: Goethe, *Begegnungen und Gespräche* (Anm. 32) S. 452 (Brief vom 24. September 1792).

69 WA I 33, S. 75.

70 Eduard Genast, *Aus Weimars klassischer und nachklassischer Zeit. Erinnerungen eines alten Schauspielers*, neu hrsg. von Robert Kohlrausch, 7. Aufl., Stuttgart [o. J.], S. 54 f.

71 WA IV 10, S. 127 (Brief an F. H. Jacobi vom 18. November 1793).

72 Herder, *Briefe* (Anm. 7) Bd. 7, S. 33.

73 Zit. nach: Goethe, *Begegnungen und Gespräche*, Bd. 4, hrsg. von Renate Grumach, Berlin / New York 1980, S. 40.

74 WA IV 10, S. 114.

75 Ebd., S. 170 (Brief an Heinrich Meyer vom 7. Juli 1794).

76 Herder, *Briefe* (Anm. 7) Bd. 7, S. 102 f. (an Johann Georg Müller vom 12. Mai 1794).

77 Ebd., S. 108 f. (an Gleim vom 27. Juni 1794).

78 *Briefwechsel zwischen Rahel und David Veit*, hrsg. von Karl August Varnhagen von Ense, Bd. 1, Leipzig 1861, S. 8 f.

79 Lavaters Tagebuch, 31. Mai 1793 (zit. nach: Starnes – Anm. 61 –, Bd. 2, S. 301).

80 NA 27, S. 13.

81 NA 35, S. 21.

Viertes Kapitel

1 J. W. Goethe, *Die Schriften zur Naturwissenschaft*, 1. Abt., Bd. 9, bearb. von Dorothea Kuhn, Weimar 1954, S. 81 f.

2 NA 27, S. 34.

3 NA 35, S. 42 f.

4 WA IV 10, S. 186 f.
5 NA 22, S. 103.
6 Ebd., S. 106 f.
7 NA 20, S. 382.
8 NA 28, S. 18.
9 NA 27, S. 25 f. (Hervorhebungen nach der Handschrift.)
10 Ebd., S. 31 f. (Ligatur in »Varietæt« nach der Handschrift.)
11 NA 35, S. 46 (Brief vom 4. September 1794).
12 J. G. Herder, *Briefe*, hrsg. von Wilhelm Dobbek und Günter Arnold, 10 Bde., Weimar 1977–96, Bd. 7, S. 125 (Brief vom 21. September 1794).
13 C. M. Wieland, *Sämmtliche Werke*, Bd. 8, Leipzig 1795, S. 111 [recte: 101].
14 Brief an Christian Gottfried Schütz vom 28. September 1794 (zit. nach: Thomas C. Starnes, *Christoph Martin Wieland. Leben und Werk*, 3 Bde., Sigmaringen 1987, Bd. 2, S. 383).
15 Karl August Böttiger, *Literarische Zustände und Zeitgenossen. Begegnungen und Gespräche im klassischen Weimar*, hrsg. von Klaus Gerlach und René Sternke, Berlin 1998, S. 137.
16 NA 27, S. 53 (Brief vom 29. September 1794).
17 NA 35, S. 67.
18 Hölderlin, *Sämtliche Werke*, hrsg. von Friedrich Beißner, Bd. 6,1, Stuttgart 1954, S. 140. – Mit »Maler Majer« ist Goethes Freund und Hausgenosse Johann Heinrich Meyer gemeint.
19 Ebd., S. 150 f.
20 Ebd., S. 155.
21 NA 37,1, S. 93 (Brief an Schiller vom 9. August 1797).
22 Ebd., S. 52 f. (Brief vom 28. Juni 1797).
23 NA 29, S. 92 f. (Brief vom 30. Juni 1797).
24 NA 37,1, S. 109 (Brief vom 23. August 1797).
25 Ebd., S. 42.
26 »Die Horen« 1795, 1. Stück, S. 1. Die folgenden Zitate ebd., S. 4 und 6.
27 Ebd., S. 22.
28 Ebd., 2. Stück, S. 88.
29 Ebd., 1. Stück, S. 49.
30 NA 1, S. 248 (V. 36–40 des im 9. Stück der »Horen« 1795 erschienenen Gedichts *Das Reich der Schatten*, das später den Titel *Das Ideal und das Leben* erhielt).
31 »Die Horen« 1795, 1. Stück, S. 92.
32 NA 37,1, S. 25 (Brief vom 17. Mai 1797).
33 NA 29, S. 195.
34 NA 27, S. 211 (Korrektur nach der Handschrift).
35 »Musen-Almanach für das Jahr 1796«, S. 241.
36 NA 1, S. 341. Die folgenden Zitate ebd., S. 328, 318, 341 und 321.
37 NA 36,1, S. 383.
38 *Caroline. Briefe aus der Frühromantik*, nach Georg Waitz vermehrt hrsg.

von Erich Schmidt, Bd. 1, Leipzig 1913, S. 570 (Brief vom 21. Oktober 1799).
39 NA 2,1, S. 326.
40 Humboldt hat in der Einleitung zu seinem 1830 erschienenen Briefwechsel mit Schiller übertreibend gesagt: »Wir sahen uns täglich zweimal, vorzüglich aber des Abends allein und meistenteils bis tief in die Nacht hinein« (Wilhelm von Humboldt, *Werke in fünf Bänden*, hrsg. von Andreas Flitner und Klaus Giel, Bd. 2, Darmstadt ⁴1986, S. 359). – In einem Brief Humboldts an Karl Gustav von Brinkmann vom 14. September 1794 heißt es: »Ich bin jetzt [...] mehr und interessanter, als seit langer Zeit, beschäftigt. Einen großen Teil dieses Stoßes danke ich Schillers Umgang, den ich täglich sehe, und der vielleicht der ideenfruchtbarste Kopf ist, der überhaupt existiert, und wenigstens, den ich kenne. Was vorzüglich merkwürdig an ihm ist, ist die bestimmte Genauigkeit des philosophischen Raisonnements, die unerbittliche Strenge der moralischen Gesinnung und die Liberalität und Grazie des ästhetischen Gefühls, die in ihm alle auf eine wunderbare Weise vereinigt sind« (Wilhelm von Humboldt, *Briefe an Karl Gustav von Brinkmann*, hrsg. von Albert Leitzmann, Leipzig 1939, S. 76 f.).
41 Humboldt, *Werke*, Bd. 2 (Anm. 40) S. 361.
42 Zit. nach: J. W. Goethe, *Begegnungen und Gespräche*, Bd. 4, hrsg. von Renate Grumach, Berlin / New York 1980, S. 116.
43 Herder, *Briefe* (Anm. 12) Bd. 7, S. 152 f. (Brief an Caroline Adelheid Cornelia Gräfin von Baudissin, vor Mai 1795).
44 WA I 35, S. 59.
45 Herder, *Briefe* (Anm. 12) Bd. 7, S. 452.
46 WA IV 10, S. 318 und 322.
47 WA I 35, S. 43.
48 NA 28, S. 232.
49 NA 36,1, S. 251.
50 Ebd., S. 254 (Brief vom 5. Juli 1796).
51 Ebd., S. 256 (Brief vom 2. und 7. Juli 1796).
52 NA 28, S. 235.
53 NA 35, S. 172.
54 NA 28, S. 209.
55 WA I 35, S. 62 f.
56 Aus: V. Wölfling, *Reise durch Thüringen, den Ober- und Niederrheinischen Kreis [...]*, Tl. 3, Dresden/Leipzig 1796, S. 523 f.; zit. nach: *Weimar im Urteil der Welt. Stimmen aus drei Jahrhunderten*, hrsg. von Herbert Greiner-Mai, Berlin/Weimar 1975, S. 38.
57 Herder, *Briefe* (Anm. 12) Bd. 7, S. 239.
58 Ebd., S. 245 (Brief an Gleim vom 18. Juli 1796).
59 WA II 2, S. 44.
60 Jean Paul, *Sämtliche Werke*, hrsg. von Eduard Berend, 3. Abt., Bd. 2, Berlin 1958, S. 211 f.

61 NA 36,1, S. 239 f.
62 Jean Paul (Anm. 60) S. 217 (Brief an Christian Otto vom 26. Juni 1796).
63 NA 28, S. 234 (Brief an Goethe vom 28. Juni 1796).
64 Ebd., S. 268.
65 NA 29, S. 78.
66 Ebd., S. 80 (Brief an A. W. Schlegel vom 31. Mai 1797).
67 NA 30, S. 74.
68 NA 38,1, S. 126 (Brief vom 24. Juli 1799).
69 W. v. Humboldt, *Briefe an Brinkmann* (Anm. 40) S. 89 (Brief vom 9. Dezember 1796).
70 *Rudolf Haym zum Gedächtnisse. Neue Briefe von Caroline v. Humboldt*, hrsg. von Albert Leitzmann, Halle 1901, S. 12.
71 NA 37,1, S. 44 f.
72 Böttiger (Anm. 15) S. 208.
73 Ebd., S. 214 (Aufzeichnung vom 25. Januar 1797).
74 Ebd., S. 114 f. (Aufzeichnung vom 18. Dezember 1796).
75 WA IV 11, S. 100 f. (Brief an Heinrich Meyer vom 20. Juni 1796).
76 Brief an Caroline Herder von Mitte September 1796, zit. nach: Starnes (Anm. 14) Bd. 2, S. 530.
77 Rudolf Haym, *Herder*, Berlin 1958 (zuerst 1877–85), Bd. 2, S. 685.
78 NA 29, S. 71 (Brief an Körner vom 1. Mai 1797).
79 Vgl. Karl S. Guthke, »Mißgunst am ›Musensitz‹: Ein reisender Engländer bei Goethe und Schiller«, in: »German Life and Letters, N. S.« 51 (1998) Nr. 1, S. 15–27; hier S. 17.
80 NA 37,1, S. 85.
81 NA 29, S. 159 f. (Brief an Goethe vom 24. November 1797).
82 1825 in »Ueber Kunst und Alterthum«. Vgl. WA I 42,2, S. 146.
83 Zit. nach: Paul Meßner, *Das Deutsche Nationaltheater Weimar. Ein Abriß seiner Geschichte. Von den Anfängen bis 1945*, Weimar 1985, S. 26.
84 »Musen-Almanach für das Jahr 1799«, S. 11.
85 *Die Erinnerungen der Karoline Jagemann. Nebst zahlreichen unveröffentlichten Dokumenten aus der Goethezeit*, hrsg. von Eduard v. Bamberg, Dresden 1926, S. 84 f.
86 Joseph Rückert, *Bemerkungen über Weimar 1799*, hrsg. von Eberhard Haufe, Weimar [1970], S. 9 f.
87 Sophie von La Roche, *Schattenrisse abgeschiedener Stunden in Offenbach, Weimar und Schönebeck im Jahr 1799*, Leipzig 1800, S. 53.
88 WA IV 13, S. 162 und 164.
89 »Propyläen«, Bd. 1, 1. Stück, S. III.
90 WA I 35, S. 86.
91 WA I 35, S. 151 f.
92 NA 29, S. 224.
93 WA IV 13, S. 168.
94 Karl Gräbner, *Die Großherzogliche Haupt- und Residenz-Stadt Weimar,*

nach ihrer Geschichte und ihren gegenwärtigen gesammten Verhältnissen dargestellt. Ein Handbuch für Einheimische und Fremde, Erfurt 1830 (reprogr. Nachdr. Leipzig 1987), S. 51.
95 NA 38,1, S. 26.
96 NA 30, S. 21 f. (Brief an Goethe vom 31. Dezember 1798).
97 NA 38,1, S. 32 f.
98 WA I 40, S. 63 f.
99 WA III 2, S. 244.
100 Herder, *Briefe* (Anm. 12) Bd. 8, S. 70.
101 Böttiger (Anm. 15) S. 258.
102 *Die Erinnerungen der Karoline Jagemann* (Anm. 85) S. 143.
103 NA 30, S. 72 f.
104 NA 38,1, S. 126 (Brief vom 20. Juli 1799).
105 Ebd., S. 156 (Brief an Schiller vom 11. September 1799).
106 NA 30, S. 98.
107 Brief an Friedrich Schleiermacher vom 11. Oktober 1799 (zit. nach: Goethe, *Begegnungen und Gespräche* – Anm. 42 –, S. 530).
108 »Propyläen«, Bd. 2, 1. Stück, S. 164 f.
109 NA 38,1, S. 154 (Brief an Schiller vom 4. September 1799).
110 »Propyläen«, Bd. 3, 1. Stück, S. 167.
111 WA III 3, S. 113.
112 Rückert (Anm. 86) S. 46–48.
113 *Briefe eines ehrlichen Mannes bey einem wiederholten Aufenthalt in Weimar,* Deutschland 1800, Nachdr. Leipzig [o. J.], S. 62–64.
114 *Freimütiges aus den Schriften Garlieb Merkels,* hrsg. von Horst Adameck, Berlin 1959, S. 209 f.
115 Ebd., S. 212.
116 NA 30, S. 199 (Brief vom 23. September 1800).
117 NA 32, S. 48 (Brief vom 6. Juli 1803).
118 NA 10, S. 290.
119 NA 30, S. 145.
120 NA 32, S. 156 (Brief vom 3. August 1804).
121 Ebd., S. 162 (Brief vom 6. September 1804).
122 Ebd., S. 163 (Brief vom 11. Oktober 1804).
123 WA II 4, S. 310.
124 WA IV 15, S. 117.
125 Zit. nach: Goethe, *Begegnungen und Gespräche,* Bd. 5, hrsg. von Renate Grumach, Berlin / New York 1985, S. 7.
126 WA III 3, S. 1. Die folgenden Zitate ebd.
127 NA 31, S. 3.
128 Ebd., S. 3 f. (Brief vom 13. Januar 1801).
129 Nach der Handschrift im Goethe- und Schiller-Archiv, Weimar. Vgl. Goethe, *Begegnungen und Gespräche* (Anm. 125) S. 103. – Nachdem Goethe genesen war, kehrte Charlotte von Stein schnell wieder zu ihrer kritischen,

fast feindseligen Haltung zurück. An ihren Sohn Fritz schrieb sie am 24. Mai 1801: »Deinen alten Freund Goethe kann man wegen seiner Verbindung mit der Frau aus der Pöbel Familie in allen Sinn, besonders da er sie durchaus selbst als seine maitresse will bei seinen Freunden geltend machen, gar nicht mehr genießen« (zit. nach: ebd., S. 136).

130 *Charlotte von Schiller und ihre Freunde*, hrsg. von Ludwig Urlichs, Bd. 1, Stuttgart 1860, S. 458.

131 Herder, *Briefe* (Anm. 12) Bd. 8, S. 459.

132 WA IV 15, S. 169.

133 Ebd., S. 175 f. und 178.

134 NA 31, S. 31 (Brief an Körner vom 27. April 1801).

135 WA IV 16, S. 3.

136 Ebd., S. 4 f.

137 Ebd., S. 47 (Brief an Christiane Kotzebue vom 3. März 1802).

138 NA 31, S. 129 (Brief an Goethe vom 8. Mai 1802).

139 NA 32, S. 12.

140 WA I 35, S. 148 (aus den *Tag- und Jahresheften* 1803).

141 Ebd., S. 153.

142 Zit. nach: Starnes (Anm. 14) Bd. 3, S. 158.

143 Jean Paul, *Werke in zwölf Bänden*, hrsg. von Norbert Miller, München 1975, Bd. 9, S. 453.

144 NA 32, S. 94.

145 Vgl. Alfred Götze, *Ein fremder Gast. Frau von Staël in Deutschland 1803/04. Nach Briefen und Dokumenten*, Jena 1928. Die folgenden Zitate (aus den aus dem französischen Original übersetzten Briefen) ebd., S. 32 (Brief vom 15. Dezember 1803), S. 45 (Brief vom 25. Dezember 1803), S. 95 (Brief vom 2. Februar 1804).

146 Ebd., S. 138.

147 WA I 35, S. 177.

148 Zit. nach: Max Hecker, *Schillers Tod und Bestattung*, Leipzig 1935, S. 239.

149 Ebd., S. 32 (aus dem Brief Karl Augusts an den Leibarzt Wilhelm Ernst Christian Huschke vom 17. Mai 1805).

150 WA IV 19, S. 12.

151 Ebd., S. 8 (Brief vom 1. Juni 1805).

Fünftes Kapitel

1 *Wielands Briefwechsel*, hrsg. von Siegfried Scheibe, Bd. 16,1, Berlin 1997, S. 435.

2 Willibald Alexis, *Erinnerungen*, hrsg. von Max Ewert. Berlin ²1905, S. 283.

3 NA 32, S. 207 (Schiller an Wilhelm von Humboldt, 2. April 1805).

4 *Goethe in vertraulichen Briefen seiner Zeitgenossen*, zsgest. von Wilhelm

Bode, neu hrsg. von Regine Otto und Paul-Gerhard Wenzlaff, 3 Bde., Berlin/Weimar 1979, Bd. 2, S. 328 f.

5 WA IV 19, S. 8 f. (Brief vom 1. Juni 1805).

6 WA I 36, S. 266.

7 *Aus dem Goethehause. Briefe Friedrich Wilhelm Riemers an die Familie Frommann in Jena (1803–1824)*, hrsg. von Ferdinand Heitmüller, Stuttgart 1892, S. 80 (Brief vom 20. November 1805).

8 Karl August Böttiger, *Literarische Zustände und Zeitgenossen*, hrsg. von Karl Wilhelm Böttiger, 2 Bde., Leipzig 1838, Bd. 2, S. 287.

9 *Goethe in vertraulichen Briefen* (Anm. 4) Bd. 2, S. 319.

10 *Damals in Weimar! Erinnerungen und Briefe von und an Johanna Schopenhauer*, hrsg. von H. H. Houben, Leipzig 1924, S. 2.

11 Ebd., S. 3.

12 *Weimarische Berichte und Briefe aus den Freiheitskriegen 1806–1815*, hrsg. von Friedrich Schulze, Leipzig 1913 (Weimar in den Freiheitskriegen, 3), S. 20 f.

13 Ebd., S. 46 f.

14 *Damals in Weimar!* (Anm. 10) S. 11.

15 Ebd., S. 14.

16 WA IV 19, S. 197.

17 *Damals in Weimar!* (Anm. 10) S. 18 f.

18 Wieland an Sophie La Roche, 3. November 1806; zit. nach: *Weimarische Berichte und Briefe aus den Freiheitskriegen* (Anm. 12) S. 61 f.

19 WA III 3, S. 174.

20 WA IV 19, S. 197 f.

21 WA III 3, S. 175.

22 *Goethes Bremer Freund Dr. Nicolaus Meyer. Briefwechsel mit Goethe und dem Weimarer Kreis*, hrsg. von Hans Kasten, Bremen 1926, S. 198.

23 Charlotte von Stein an ihren Sohn Fritz, 24. Oktober 1806. In: *Weimarische Berichte und Briefe aus den Freiheitskriegen* (Anm. 12) S. 56.

24 *Charlotte von Schiller und ihre Freunde*, hrsg. von Ludwig Urlichs, 3 Bde., Stuttgart 1860–65, Bd. 2, S. 424.

25 »Allgemeine Zeitung«, 24. November 1806, S. 1311. Faksimile in: *Goethe. Sein Leben in Bildern und Texten*, mit einem Vorw. von Adolf Muschg, hrsg. von Christoph Michel, Frankfurt a. M. 1982, Abb. 479.

26 *Goethe und Cotta. Briefwechsel 1797–1832*, hrsg. von Dorothea Kuhn, 3 Bde., Stuttgart 1973–1983, Bd. 1, S. 148 f.

27 *Weimarische Berichte und Briefe aus den Freiheitskriegen* (Anm. 12) S. 52 f.

28 Ebd., S. 76.

29 WA IV 19, S. 208.

30 *Damals in Weimar!* (Anm. 10) S. 23 f.

31 *Weimar von unten betrachtet. Bruchstücke einer Chronik zwischen 1806 und 1835*, aufgezeichnet von Franz David Gesky, hrsg. von Hubert Erzmann und Rainer Wagner, Jena 1997, S. 9 f.

32 *Damals in Weimar!* (Anm. 10) S. 25 f.
33 Ebd., S. 27 f. (Brief vom 24. Oktober 1806).
34 Ebd., S. 37.
35 Ebd., S. 40.
36 Ebd., S. 39 f.
37 *Weimarische Berichte und Briefe aus den Freiheitskriegen* (Anm. 12) S. 37 f.
38 Ebd., S. XIV.
39 *Briefwechsel des Herzogs-Großherzogs Carl August mit Goethe*, hrsg. von Hans Wahl, 3 Bde., Berlin 1915–18, Bd. 1, S. 348.
40 *Damals in Weimar!* (Anm. 10) S. 56 (Brief vom 30. Januar 1807).
41 *Goethe und Schiller in Briefen von Heinrich Voß dem jüngeren*, hrsg. von Hans Gerhard Gräf, Leipzig [1896], S. 102 f.
42 *Goethe in vertraulichen Briefen* (Anm. 4) Bd. 2, S. 368.
43 WA IV 19, S. 292 (Brief vom 30. März 1807).
44 Ernst Weber, *Die Geschichte des Weimarischen Theaters*, Weimar 1865, S. 183.
45 *Damals in Weimar!* (Anm. 10) S. 68.
46 Zit. nach: Thomas C. Starnes, *Christoph Martin Wieland. Leben und Werk*, Bd. 3, Sigmaringen 1987, S. 261.
47 Ebd., S. 269.
48 *Damals in Weimar!* (Anm. 10) S. 74.
49 WA I 36, S. 303.
50 Bettina von Arnim, *Werke und Briefe*, 5 Bde., Frechen 1959–61, Bd. 5, S. 175 f.
51 *Weimarische Berichte und Briefe aus den Freiheitskriegen* (Anm. 12) S. 96 (Wieland an Gräter, 20. Dezember 1807).
52 WA I 36, S. 391 f.
53 Karl von Holtei, *Vierzig Jahre*, Bd. 5, Breslau 1845, S. 59 f. (Fußnote).
54 *Aus Karl Ludwig von Knebels Briefwechsel mit seiner Schwester Henriette (1774–1813). Ein Beitrag zur deutschen Hof- und Litteraturgeschichte*, hrsg. von Heinrich Düntzer, Jena 1858, S. 328 (Brief vom 5. März 1808).
55 WA I 5,2, S. 345 und 349.
56 WA IV 20, S. 172.
57 *Aus dem Goethehause* (Anm. 7) S. 131.
58 Gesky (Anm. 31) S. 17.
59 *Weimarische Berichte und Briefe aus den Freiheitskriegen* (Anm. 12) S. 124 f. (Wieland an die Fürstin von Neuwied, 13. Oktober 1808; zur Adressatenfrage vgl. Johann Gottfried Gruber, *C. M. Wielands Leben*, 4 Bde., Leipzig 1827–28, Bd. 4, S. 418 und 424).
60 Gruber (Anm. 58) Bd. 4, S. 428.
61 »Goethe-Jahrbuch« 10 (1889) S. 24 (Brief vom 30. November 1808).
62 WA IV 50, S. 123.
63 WA IV 30, S. 121–123.
64 *Wilhelm und Caroline von Humboldt in ihren Briefen*, hrsg. von Anna von Sydow, 7 Bde., Berlin 1906–16, Bd. 3, S. 65 f.

65 Vgl. *Weimarische Berichte und Briefe aus den Freiheitskriegen* (Anm. 12) S. 147.
66 WA IV 21, S. 64 f.
67 WA III 4, S. 69.
68 *Briefwechsel zwischen Jacob und Wilhelm Grimm aus der Jugendzeit*, hrsg. von Hermann Grimm und Gustav Hinrichs, Weimar 1881, S. 204.
69 *Damals in Weimar!* (Anm. 10) S. 147.
70 Ebd., S. 145.
71 WA III 4, S. 98.
72 *Damals in Weimar!* (Anm. 10) S. 147.
73 *Aus dem Goethehause* (Anm. 7) S. 153.
74 WA II 1, S. 72 f. (§ 175).
75 Vgl. Albrecht Schöne, *Goethes Farbentheologie*, München 1987.
76 Johann Peter Eckermann, *Gespräche mit Goethe in den letzten Jahren seines Lebens*, hrsg. von H. H. Houben, Wiesbaden 241949, S. 261.
77 WA IV 21, S. 409.
78 WA IV 21, S. 398.
79 Gesky (Anm. 31) S. 25.
80 Ebd. S. 28.
81 WA IV 30, S. 136.
82 WA IV 22, S. 158.
83 WA IV 22, S. 31.
84 WA IV 22, S. 71–73.
85 *Goethes Gespräche. Eine Sammlung zeitgenössischer Berichte aus seinem Umgang*, auf Grund der Ausgabe und des Nachlasses von Flodoard Freiherrn von Biedermann ergänzt und hrsg. von Wolfgang Herwig, 5 Bde., Zürich 1965–87, Bd. 2, S. 693 (Brief an Johann Jakob Volkmanns Familie vom 12. Oktober 1811).
86 *Charlotte von Schiller* (Anm. 24) Bd. 1, S. 601 (Brief vom 3. Oktober 1811).
87 Eduard Firmenich-Richartz, *Sulpiz und Melchior Boisserée als Kunstsammler. Ein Beitrag zur Geschichte der Romantik*, Jena 1916, S. 136 f. (Brief vom 15. Mai 1811).
88 *Aus dem Goethehause* (Anm. 7) S. 184.
89 Gruber (Anm. 58) Bd. 4, S. 464 f. (Brief vom 28. Oktober 1811).
90 *Damals in Weimar!* (Anm. 10) S. 164.
91 WA IV 23, S. 368 f.
92 *Aus dem Goethehause* (Anm. 7) S. 203 f. (Brief vom 25. März 1812).
93 Ebd., S. 205 f.
94 WA IV 21, S. 379 f. (Brief vom 29. April 1812).
95 *Weimarische Berichte und Briefe aus den Freiheitskriegen* (Anm. 12) S. 155.
96 WA IV 22, S. 271.
97 *Weimarische Berichte und Briefe aus den Freiheitskriegen* (Anm. 12) S. 158.

98 WA III 5, S. 29.
99 Starnes (Anm. 46) Bd. 3, S. 449 (Brief vom 13. September 1812).
100 Ebd., S. 456.
101 Ebd., S. 459.
102 »Wielands letzte Tage nach einer Aufzeichnung seiner Enkelin Wilhelmine Schorcht«, mitgeteilt von Hans Gerhard Gräf, in: »Jahrbuch der Goethe-Gesellschaft« 8 (1921), S. 153–156, hier: S. 153.
103 Ebd., S. 155.
104 Gruber (Anm. 58) Bd. 4, S. 468.
105 Damals in Weimar! (Anm. 10) S. 168 (Brief vom 24. Januar 1813).
106 Gruber (Anm. 58) Bd. 4, S. 468 f.
107 WA I 36, S. 345 f.
108 Weimarische Berichte und Briefe aus den Freiheitskriegen (Anm. 12) S. 196 (Brief vom 28. September 1813).
109 Ebd., S. 201.
110 Wilhelm und Caroline von Humboldt (Anm. 63) Bd. 4, S. 156.
111 Goethes Gespräche (Anm. 84) Bd. 2, S. 850.
112 WA I 26, S. 7 f.
113 »Weimarisches Wochenblatt«, Nr. 93 vom 3. Dezember 1813. In: Weimarische Berichte und Briefe aus den Freiheitskriegen (Anm. 12), Faksimile nach S. 216.
114 WA IV 24, S. 71 f.
115 WA III 5, S. 116.
116 Goethe und Cotta (Anm. 26) Bd. 1, S. 259 f.
117 Aus dem Goethehause (Anm. 7) S. 224.
118 WA IV 25, S. 169.
119 Goethe und Cotta (Anm. 26) Bd. 3,1, S. 342–344.
120 Weimarische Berichte und Briefe aus den Freiheitskriegen (Anm. 12) S. 208 f.
121 Damals in Weimar! (Anm. 10) S. 190.
122 J. W. Goethe, Amtliche Schriften, Bd. 2,2, bearb. von Helma Dahl, Weimar 1970, S. 891.
123 Gesky (Anm. 31) S. 52 f.

Sechstes Kapitel

1 WA IV 26, S. 193.
2 WA III 13, S. 233.
3 Karl Gräbner, Die Großherzogliche Haupt- und Residenz-Stadt Weimar, nach ihrer Geschichte und ihren gegenwärtigen gesammten Verhältnissen dargestellt. Ein Handbuch für Einheimische und Fremde, Erfurt 1830 (reprogr. Nachdr. Leipzig 1987), S. 65.

4 Ebd., S. 94.
5 Ebd.
6 Ebd., S. 95.
7 Ebd., S. 96.
8 Ebd., S. 99 f.
9 Ebd. S. 106.
10 Ebd., S. 255 f.
11 Ebd., S. 258 f.
12 WA IV 27, S. 189 und S. 192 f.
13 Kanzler von Müller, *Unterhaltungen mit Goethe*, kritische Ausgabe, bes. von Ernst Grumach, Weimar 1956, S. 68.
14 WA III 5, S. 238.
15 WA III 5, S. 239.
16 *Aus dem Goethehause. Briefe Friedrich Wilhelm Riemers an die Familie Frommann in Jena (1803–1824)*, hrsg. von Ferdinand Heitmüller. Stuttgart 1892, S. 239.
17 WA I 4, S. 61.
18 *Damals in Weimar! Erinnerungen und Briefe von und an Johanna Schopenhauer*, hrsg. von H. H. Houben, Leipzig 1924, S. 206.
19 *Charlotte von Schiller und ihre Freunde*, hrsg. von Ludwig Urlichs, 3 Bde., Stuttgart 1860–65, Bd. 2, S. 211.
20 »Goethe-Jahrbuch« 14 (1893) S. 286 f.
21 Ebd., S. 288.
22 *Weimar von unten betrachtet. Bruchstücke einer Chronik zwischen 1806 und 1835*, aufgezeichnet von Franz David Gesky, hrsg. von Hubert Erzmann und Rainer Wagner, Jena 1997, S. 60 f.
23 Ebd., S. 61 f.
24 WA III 6, S. 20.
25 *Briefwechsel des Herzogs-Großherzogs Carl August mit Goethe*, hrsg. von Hans Wahl, 3 Bde., Berlin 1915–18, Bd. 2, S. 185.
26 Brief vom 29. Juli 1817; in: *Goethe in vertraulichen Briefen seiner Zeitgenossen*, zsgest. von Wilhelm Bode, neu hrsg. von Regine Otto und Paul-Gerhard Wenzlaff, 3 Bde., Berlin/Weimar 1979, Bd. 3, S. 22.
27 WA IV 27, S. 303.
28 Karl August Varnhagen von Ense, *Denkwürdigkeiten und vermischte Schriften*, Bd. 1, Mannheim 1837, S. 426–430.
29 Johannes Falk, *Geheimes Tagebuch 1818–1826*, hrsg. von Ernst Schering, Stuttgart 1964, S. 23.
30 »Goethe-Jahrbuch« 1 (1880), S. 341.
31 *Goethe in vertraulichen Briefen* (Anm. 26) Bd. 3, S. 51 f.
32 WA IV 35, S. 201 (Brief vom 5. Dezember 1821).
33 Johann Peter Eckermann, *Gespräche mit Goethe in den letzten Jahren seines Lebens*, hrsg. von H. H. Houben, Leipzig [24]1949, S. 31 f. (Gespräch vom 11. Juni 1823).

34 WA IV 38, S. 66.

35 August von Goethe an seine Frau, 14. September 1823. In: *Aus Ottilie von Goethes Nachlaß. Briefe und Tagebücher von ihr und an sie bis 1832*, nach den Handschriften des Goethe- und Schiller-Archivs hrsg. von Wolfgang von Oettingen, Weimar 1913 (Schriften der Goethe-Gesellschaft, 28), S. 76.

36 Kanzler von Müller (Anm. 13) S. 302.

37 Vgl. *J. P. Eckermann. Sein Leben für Goethe*, nach seinen neuaufgefunde-nen Tagebüchern und Briefen dargestellt von H. H. Houben, 2 Bde., Leipzig 1924–28, Bd. 1, S. 98–106.

38 WA IV 35, S. 127 f. (Brief vom 2. Oktober 1821).

39 Heine an Goethe, 29. Dezember 1821. In: Heinrich Heine, *Werke, Briefwechsel, Lebenszeugnisse. Säkularausgabe*, hrsg. von der Stiftung Weimarer Klassik und dem Centre National de la Recherche Scientifique in Paris, Berlin/Paris 1970 ff., Bd. 20, S. 46.

40 Eichendorff an Goethe, 29. Mai 1830. In: *Goethe und die Romantik. Briefe mit Erläuterungen*, hrsg. von Carl Schüddekopf und Oskar Walzel, 2 Bde., Weimar 1898–99 (Schriften der Goethe-Gesellschaft, 13, 14), Bd. 2, S. 274.

41 Vgl. WA III 10, S. 68 f.

42 Zelter an Goethe, 21. Juni 1829. In: *Der Briefwechsel zwischen Goethe und Zelter*, hrsg. von Max Hecker, 3 Bde., Leipzig 1913–18, Bd. 3, S. 169 f.

43 Willibald Alexis, *Erinnerungen*, hrsg. von Max Ewert, Berlin ²1905, S. 294 f.

44 WA IV 37, S. 47.

45 Kanzler von Müller (Anm. 13) S. 86 (Aufzeichnung vom 12. Oktober 1823).

46 WA IV 36, S. 300.

47 *Briefwechsel zwischen Schiller und Cotta*, hrsg. von Wilhelm Vollmer, Stuttgart 1876, S. 571.

48 WA III 9, S. 204.

49 *Goethe in vertraulichen Briefen* (Anm. 26) Bd. 3, S. 216.

50 Schneidler an Goethe, 12. September 1824. In: »Jahrbuch der Goethe-Gesellschaft« 20 (1934) S. 67 f.

51 WA IV 38, S. 272 (Brief vom 16. Oktober 1824).

52 Heine an Goethe, 1. Oktober 1824. In: Heine (Anm. 39) Bd. 20, S. 175.

53 WA III 9, S. 277.

54 Heine an Christiani, 26. Mai 1825. In: Heine (Anm. 39) Bd. 20, S. 199 f.

55 Heine an Moser, 1. Juli 1825. In: Ebd., S. 205.

56 Heinrich Heine, *Sämtliche Werke. Düsseldorfer Ausgabe*, in Verbindung mit dem Heinrich-Heine-Institut hrsg. von Manfred Windfuhr, Hamburg 1973–96, Bd. 15, S. 112 *(Berichtigung)*.

57 Ebd., Bd. 8,1, S. 163 *(Die romantische Schule)*.

58 WA IV 39, S. 76 (Brief vom 10. Januar 1825).

59 *Eckermann* (Anm. 37) Bd. 1, S. 209 f. (Brief vom 27. März 1825).

60 Adele Schopenhauer, *Tagebuch einer Einsamen*, hrsg. von H. H. Houben, Leipzig 1921, S. 145–147.

61 Kanzler von Müller (Anm. 13) S. 133.
62 Ebd., S. 317 (Brief vom 31. März 1825).
63 WA IV 39, S. 205 f.
64 Gesky (Anm. 22) S. 124–127.
65 WA IV 40, S. 53 f.
66 Kanzler von Müller (Anm. 13) S. 323.
67 Peucer an Böttiger, 8. November 1825. In:»Goethe-Jahrbuch« 1 (1880), S. 344 f.
68 *Damals in Weimar!* (Anm. 18) S. 275 f.
69 WA III 10, S. 250.
70 Franz Grillparzer, *Sämtliche Werke. Ausgewählte Briefe, Gespräche, Berichte*, hrsg. von Peter Frank und Karl Pörnbacher, 4 Bde., München 1960–1965, Bd. 4, S. 143–150 (*Selbstbiographie*).
71 *Brief eines sechzehnjährigen Jünglings, als er Goethe zum ersten Male gesehen*, in: Johannes Falk, *Goethe aus näherm persönlichen Umgange dargestellt*, Leipzig 1832, S. 199–206, hier: S. 203.
72 Wilhelm Hauff, *Sämtliche Werke. Nach den Originaldrucken und Handschriften*, Textred. und Anm. von Sibylle von Steinsdorff, mit einem Nachw. von Helmut Koopmann, 3 Bde., München 1970, Bd. 1, S. 455–459 (*Mittheilungen aus den Memoiren des Satan*).
73 *Wilhelm und Caroline von Humboldt in ihren Briefen*, hrsg. von Anna von Sydow, 7 Bde., Berlin 1906–16, Bd. 7, S. 311 (Brief vom 29. Dezember 1826).
74 WA IV 41, S. 134 (Brief vom 29. August 1826).
75 WA IV 43, S. 41 f. (Brief vom 29. August 1827).
76 WA III 11, S. 149.
77 Kanzler von Müller (Anm. 13) S. 348.
78 Karl von Holtei, *Vierzig Jahre*, Bd. 5, Breslau 1845, S. 72–78 und S. 83.
79 WA III 12, S. 118 f.
80 Frédéric Soret, *Zehn Jahre bei Goethe. Erinnerungen an Weimars klassische Zeit 1822–1832*, aus Sorets handschriftlichem Nachlaß, seinen Tagebüchern und seinem Briefwechsel zum erstenmal zusammengestellt, übers. und erl. von H. H. Houben, Leipzig 1929, S. 392 (Gespräch am 5. März 1830).
81 WA IV 47, S. 124.
82 Soret (Anm. 80) S. 395.
83 WA IV 38, S. 217.
84 WA IV 47, S. 168.
85 WA IV 47, S. 263 f.
86 Soret (Anm. 80) S. 465 f.
87 Kanzler von Müller (Anm. 13) S. 196.
88 Ebd., S. 361.
89 Ebd., S. 197.
90 WA IV 48, S. 20 f. (Brief vom 21. November 1830).
91 Kanzler von Müller (Anm. 13) S. 197.

92 *Goethe in vertraulichen Briefen* (Anm. 26) Bd. 3, S. 320 f.
93 WA III 12, S. 345.
94 WA III 13, S. 26.
95 *Goethe in vertraulichen Briefen* (Anm. 26) Bd. 3, S. 328.
96 Peucer an Böttiger, 7. Januar 1831. In: »Goethe-Jahrbuch« 1 (1880) S. 353 f.
97 Gesky (Anm. 22) S. 197.
98 Vgl. ebd., S. 199–202.
99 *J. P. Eckermann* (Anm. 37) Bd. 1, S. 607.
100 WA III 13, S. 210.
101 Soret (Anm. 80) S. 628.
102 WA III 13, S. 234 und S. 318.
103 *Die letzte Krankheit Goethe's, beschrieben und nebst einigen andern Bemerkungen über denselben mitgetheilt von Dr. Carl Vogel, Großherzogl. Sächsischem Hofrathe und Leibarzte zu Weimar* [1833 im »Journal der practischen Heilkunde«], reprogr. Nachdr. Darmstadt 1961, S. 5.
104 Ebd., S. 6–8.
105 Ebd., S. 9 f.
106 Ebd., S. 14.
107 Kanzler von Müller (Anm. 13) S. 363f.
108 C. W. Coudray, *Goethes letzte Lebenstage und Tod betreffende Notizen*; zit. nach: Paul Fischer, *Goethes letztes Lebensjahr*, Weimar 1931, S. 161f.
109 *Die letzte Krankheit Goethe's* (Anm. 103) S. 18.
110 Kanzler von Müller (Anm. 13) S. 364 (Brief vom 22. März 1832).
111 Faksimile der Anzeige u.a. in: *Goethe. Sein Leben in Bildern und Texten*, Vorw. von Adolf Muschg, hrsg. von Christoph Michel, Frankfurt a. M. 1982, Abb. 600.
112 Kanzler von Müller (Anm. 13) S. 365 (Brief vom 24. März 1832).
113 F. J. Frommann an Frau von Löw, 27. März 1832. In: *Goethes Gespräche. Eine Sammlung zeitgenössischer Berichte aus seinem Umgang*, auf Grund der Ausgabe und des Nachlasses von Flodoard Freiherrn von Biedermann ergänzt und hrsg. von Wolfgang Herwig, 5 Bde, Zürich 1965–1987, Bd. 3,1, S. 915.
114 *Goethe in vertraulichen Briefen* (Anm. 26) Bd. 3, S. 345.
115 Ebd., S. 342.

Personenregister

(Kursive Seitenzahlen beziehen sich auf die Abbildungen)

Walter Benjamin

Fundbüro

Walter Benjamin

Fundbüro

Kurzwaren aus der *Einbahnstraße*

marixverlag

Bibliografische Information der Deutschen Nationalbibliothek
Die Deutsche Nationalbibliothek verzeichnet diese Publikation in der
Deutschen Nationalbibliografie; detaillierte bibliografische Daten sind im
Internet über
http://dnb.d-nb.de abrufbar.

Für diese Ausgabe:

© by marixverlag GmbH, Wiesbaden 2012
Redaktion: Stefanie Evita Schaefer, marixverlag GmbH
Covergestaltung: Nicole Ehlers, marixverlag GmbH
Bildnachweis:
Illustration nach der Fotografie „Brille"
von Maret Hosemann, Wietmarschen
Satz und Bearbeitung: Medienservice Feiß, Burgwitz
Gesetzt in der Garamond
Gesamtherstellung:
Bercker Graphischer Betrieb GmbH & Co.KG, Kevelaer
Printed in Germany

ISBN: 978-3-86539-270-1

www.marixverlag.de

Inhalt

I. Einbahnstraße

Tankstelle

Die Konstruktion des Lebens liegt im Augenblick weit mehr in der Gewalt von Fakten als von Überzeugungen. Und zwar von solchen Fakten, wie sie zur Grundlage von Überzeugungen fast nie noch und nirgend geworden sind. Unter diesen Umständen kann wahre literarische Aktivität nicht beanspruchen, in literarischem Rahmen sich abzuspielen – vielmehr ist das der übliche Ausdruck ihrer Unfruchtbarkeit. Die bedeutende literarische Wirksamkeit kann nur in strengem Wechsel von Tun und Schreiben zustande kommen; sie muss die unscheinbaren Formen, die ihrem Einfluss in tätigen Gemeinschaften besser entsprechen als die anspruchsvolle universale Geste des Buches in Flugblättern, Broschüren, Zeitschriftartikeln und Plakaten ausbilden. Nur diese prompte Sprache zeigt sich dem Augenblick wirkend gewachsen. Meinungen sind für den Riesenapparat des gesellschaftlichen Lebens, was Öl für Maschinen; man stellt sich nicht vor eine Turbine und übergießt sie mit Maschinenöl. Man spritzt ein wenig davon in verborgene Nieten und Fugen, die man kennen muss.

Frühstücksstube

Eine Volksüberlieferung warnt, Träume am Morgen nüchtern zu erzählen. Der Erwachte verbleibt in diesem Zustand in der Tat noch im Bannkreis des Traumes. Die Waschung nämlich ruft nur die Oberfläche des Leibes und seine sichtbaren motorischen Funktionen ins Licht hinein, wogegen in den tieferen Schichten auch während der morgendlichen Reinigung die graue Traumdämmerung verharrt, ja in der Einsamkeit der ersten wachen Stunde sich festsetzt. Wer die Berührung mit dem Tage, sei es aus Menschenfurcht, sei es um innerer Sammlung willen, scheut, der will nicht essen und verschmäht das Frühstück. Derart vermeidet er den Bruch zwischen Nacht- und Tagwelt. Eine Behutsamkeit, die nur durch die Verbrennung des Traumes in konzentrierte Morgenarbeit, wenn nicht im Gebet, sich rechtfertigt, anders aber zu einer Vermengung der Lebensrhythmen führt. In dieser Verfassung ist der Bericht über Träume verhängnisvoll, weil der Mensch, zur Hälfte der Traumwelt noch verschworen, in seinen Worten sie verrät und ihre Rache gewärtigen muss. Neuzeitlicher gesprochen: er verrät sich selbst. Dem Schutz der träumenden Naivität ist er entwachsen und gibt, indem er seine Traumgesichte ohne Überlegenheit berührt, sich preis. Denn nur vom anderen Ufer, von dem hellen Tage aus, darf Traum aus überlegener Erinnerung angesprochen werden. Dieses Jenseits vom Traum ist nur in einer Reinigung erreichbar, die dem Waschen analog, jedoch gänzlich von ihm verschieden ist. Sie geht durch den Magen. Der Nüchterne spricht von Traum, als spräche er aus dem Schlaf.

Nr. 113 Souterrain

Die Stunden, welche die Gestalt enthalten,
Sind in dem Haus des Traumes abgelaufen.

Wir haben längst das Ritual vergessen, unter dem das Haus unseres Lebens aufgeführt wurde. Wenn es aber gestürmt werden soll und die feindlichen Bomben schon einschlagen, welch ausgemergelte, verschrobene Altertümer legen sie da in den Fundamenten nicht bloß. Was ward nicht alles unter Zauberformeln eingesenkt und auf- geopfert, welch schauerliches Raritätenkabinett da unten, wo dem Alltäglichsten die tiefsten Schächte vorbehalten sind. In einer Nacht der Verzweiflung sah ich im Traum mich mit dem ersten Kameraden meiner Schulzeit, den ich schon seit Jahrzehnten nicht mehr kenne und je in dieser Frist auch kaum erinnerte, Freundschaft und Brüderschaft stürmisch erneuern. Im Erwachen aber wurde mir klar: was die Verzweiflung wie ein Sprengschuss an den Tag gelegt, war der Kadaver dieses Menschen, der da eingemauert war und machen sollte: wer hier einmal wohnt, der soll in nichts ihm gleichen.

Vestibül

Besuch im Goethehaus. Ich kann mich nicht entsinnen, Zimmer im Traume gesehen zu haben. Es war eine Flucht getünchter Korridore wie in einer Schule. Zwei ältere englische Besucherinnen und ein Kustos sind die Traumstatisten. Der Kustos fordert uns zur Eintragung ins Fremdenbuch auf, das am äußersten Ende eines Ganges auf einem Fensterpult geöffnet lag. Wie ich hinzutrete, finde ich beim Blättern meinen Namen schon mit großer ungefüger Kinderschrift verzeichnet.

Speisesaal

In einem Traume sah ich mich in Goethes Arbeitszimmer. Es hatte keine Ähnlichkeit mit dem zu Weimar. Vor allem war es sehr klein und hatte nur ein Fenster. An die ihm gegenüberliegende Wand stieß der Schreibtisch mit seiner Schmalseite. Davor saß schreibend der Dichter im höchsten Alter. Ich hielt mich seitwärts, als er sich unterbrach und eine kleine Vase, ein antikes Gefäß, mir zum Geschenk gab. Ich drehte es in den Händen. Eine ungeheure Hitze herrschte im Zimmer. Goethe erhob sich und trat mit mir in den Nebenraum, wo eine lange Tafel für meine Verwandtschaft gedeckt war. Sie schien aber für weit mehr Personen berechnet, als diese zählte. Es war wohl für die Ahnen mit gedeckt. Am rechten Ende nahm ich neben Goethe Platz. Als das Mahl vorüber war, erhob er sich mühsam und mit einer Gebärde erbat ich Verlaub, ihn zu stützen. Als ich seinen Ellenbogen berührte, begann ich vor Ergriffenheit zu weinen.

Für Männer

Überzeugen ist unfruchtbar.

Normaluhr

Den Großen wiegen die vollendeten Werke leichter als jene Fragmente, an denen die Arbeit sich durch ihr Lehen zieht. Denn nur der Schwächere, der Zerstreutere hat seine unvergleichliche Freude am Abschließen und fühlt damit seinem Lehen sich wieder geschenkt. Dem Genius fällt jedwede

Zäsur, fallen die schweren Schicksalsschläge wie der sanfte Schlaf in den Fleiß seiner Werkstatt selber. Und deren Bannkreis zieht er im Fragment. „Genie ist Fleiß."

Kehre Zurück! Alles Vergeben!

Wie einer, der am Reck die Riesenwelle schlägt, so schlägt man selber als Junge das Glücksrad, aus dem dann früher oder später das große Los fällt. Denn einzig, was wir schon mit fünfzehn wussten oder übten, macht eines Tages unsere Attrativa aus. Und darum lässt sich eines nie wieder gut machen: versäumt zu haben, seinen Eltern fortzulaufen. Aus achtundvierzig Stunden Preisgegebenheit in diesen Jahren schießt wie in einer Lauge der Kristall des Lebensglücks zusammen.

Hochherrschaftlich möblierte Zehnzimmerwohnung

Vom Möbelstil der zweiten Hälfte des neunzehnten Jahrhunderts gibt die einzig zulängliche Darstellung und Analysis zugleich eine gewisse Art von Kriminalromanen, in deren dynamischem Zentrum der Schrecken der Wohnung steht. Die Anordnung der Möbel ist zugleich der Lageplan der tödlichen Fallen und die Zimmerflucht schreibt dem Opfer die Fluchtbahn vor. Dass gerade diese Art des Kriminalromans mit Poe beginnt – zu einer Zeit also, als solche Behausungen noch kaum existierten -, besagt nichts dagegen. Denn ohne Ausnahme kombinieren die großen Dichter in einer Welt, die nach ihnen kommt, wie die Pariser Straßen von Baudelaires Gedichten erst nach neunzehnhundert und auch die Menschen Dostojewskis nicht früher da waren. Das bürgerliche Interieur der sechziger bis neunziger Jahre mit seinen riesigen, von Schnitzereien überquollenen Büfetts, den sonnenlosen Ecken, wo die Palme steht, dem Erker, den die Balustrade verschanzt und den langen Korridoren mit der singenden Gasflamme wird adäquat allein der Leiche zur Behausung. „Auf diesem Sofa kann die Tante nur ermordet werden." Die seelenlose Üppigkeit des Mobiliars wird wahrhafter Komfort erst vor dem Leichnam. Viel interessanter als der landschaftliche Orient in den Kriminalromanen ist jener üppige Orient in ihren Interieurs: der Perserteppich und die Ottomane, die Ampel und der edle kaukasische Dolch. Hinter den schweren gerafften Kelims feiert der Hausherr seine Orgien mit den Wertpapieren, kann sich als morgenländischer Kaufherr, als fauler Pascha im Khanat des faulen Zaubers fühlen, bis jener Dolch im silbernen Gehänge überm Divan eines schönen Nachmittags seiner Siesta und ihm selber ein Ende macht. Dieser Charakter der bürgerlichen Wohnung, die nach dem namenlosen Mörder zittert, wie eine geile Greisin nach dem Galan, ist von einigen Autoren durchdrungen worden, die als „Kriminalschriftsteller" – vielleicht auch, weil in ihren Schriften sich ein Stück des bürgerlichen Pandämoniums ausprägt – um ihre gerechten Ehren gekommen sind. Conan Doyle hat, was hier getroffen werden soll, in einzelnen seiner Schriften, in einer großen Produktion hat die Schriftstellerin A. K. Green es herausgestellt und mit dem „Phantom der Oper", einem der großen Romane über das neunzehnte Jahrhundert; Gaston Leroux dieser Gattung zur Apotheose verholfen.

Chinawaren

In diesen Tagen darf sich niemand auf das versteifen, was er „kann". In der Improvisation liegt die Stärke. Alle entscheidenden Schläge werden mit der linken Hand geführt werden. Ein Tor befindet sich am Anfang eines langen Weges, der bergab zu dem Hause von … leitet, die ich allabendlich besuchte. Als sie ausgezogen war, lag die Öffnung des Torbogens von nun an wie eine Ohrmuschel vor mir, die das Gehör verloren hat. Ein Kind, im Nachthemd, ist nicht zu bewegen, einen eintretenden Besuch zu begrüßen. Die Anwesenden, vom höheren sittlichen Standpunkt aus, reden ihm, um seine Prüderie zu bezwingen, vergeblich zu. Wenige Minuten später zeigt es sich, diesmal splitternackt, dem Besucher. Es hatte sich inzwischen gewaschen. Die Kraft der Landstraße ist eine andere, ob einet sie geht oder im Aeroplan drüber hinfliegt. So ist auch die Kraft eines Textes eine andere, ob einer ihn liest oder abschreibt. Wer fliegt, sieht nur, wie sich die Straße durch die Landschaft schiebt, ihm rollt sie nach den gleichen Gesetzen ab wie das Terrain, das herum liegt. Nur wer die Straße geht, erfährt von ihrer Herrschaft und wie aus eben jenem Gelände, das für den Flieger nur die aufgerollte Ebene ist, sie Fernen, Belvederes, Lichtungen, Prospekte mit jeder ihrer Wendungen so heraus kommandiert, wie der Ruf des Befehlshabers Soldaten aus einer Front. So kommandiert allein der abgeschriebene Text die Seele dessen, der mit ihm beschäftigt ist, während der bloße Leser die neuen Ansichten seines Innern nie kennen lernt, wie der Text, jene Straße durch den immer wieder sich verdichtenden inneren Urwald sie bahnt: weil der Leser der Bewegung seines Ich im freien Luftbereich der Träumerei gehorcht, der Abschreiber aber sie kommandieren lässt. Das

chinesische Bücherkopieren war daher die unvergleichliche
Bürgschaft literarischer Kultur und die Abschrift ein Schlüssel zu Chinas Rätseln.

Handschuhe

Beim Ekel vor Tieren ist die beherrschende Empfindung
die Angst, in der Berührung von ihnen erkannt zu werden.
Was sich tief im Menschen entsetzt, ist das dunkle Bewusstsein, in ihm sei etwas am Leben, was dem ekelerregenden
Tiere so wenig fremd sei, dass es von ihm erkannt werden
könne. – Aller Ekel ist ursprünglich Ekel vor dem Berühren.
Über dieses Gefühl setzt sogar die Bemeisterung sich nur mit
sprunghafter, überschießender Gebärde hinweg: das Ekelhafte wird sie heftig umschlingen, verspeisen, während die
Zone der feinsten epidermalen Berührung tabu bleibt. Nur
so ist dem Paradox der moralischen Forderung zu genügen,
welche gleichzeitig Überwindung und subtilste Ausbildung
des Ekelgefühls vom Menschen verlangt. Verleugnen darf
er die bestialische Verwandtschaft mit der Kreatur nicht,
auf deren Anruf sein Ekel erwidert: er muss sich zu ihrem
Herrn machen.

Mexikanische Botschaft

„Je ne passe jamais devant un fêtiche de bois, un Bouddha doré, une idole mexicaine sans me dire: C' est peut-être le vrai dieu." Charles Baudelaire

Mir träumte, als Mitglied einer forschenden Expedition in Mexiko zu sein. Nachdem wir einen hohen Urwald durch-messen hatten, gerieten wir auf ein oberirdisches Höhlensystem im Gebirge, wo aus der Zeit der ersten Missionare ein Orden sich bis jetzt gehalten hatte, dessen Brüder unter den Einheimischen das Bekehrungswerk fort setzten. In einer unermesslichen und gotisch spitz geschlossenen Mittelgrotte fand Gottesdienst nach dem ältesten Ritus statt. Wir traten hinzu und bekamen sein Hauptstück zu sehen: gegen ein hölzernes Brustbild Gottvaters, das irgendwo an einer Höhlenwand in großer Höhe angebracht sich zeigte, wurde von einem Priester ein mexikanischer Fetisch erhoben. Da bewegte das Gotteshaupt dreimal verneinend sich von rechts nach links.

Diese Anpflanzungen sind dem Schutze des Publikums empfohlen

Was wird „gelöst"? Bleiben nicht alle Fragen des gelebten Lebens zurück wie ein Baumschlag, der uns die Aussicht verwehrte? Daran, ihn auszuroden, ihn auch nur zu lichten, denken wir kaum. Wir schreiten weiter, lassen ihn hinter uns und aus der Ferne ist er zwar übersehbar, aber undeutlich, schattenhaft und desto rätselhafter verschlungen. Kommentar und Übersetzung verhalten sich zum Text wie Stil und Mimesis zur Natur: dasselbe Phänomen unter verschiedenen

Betrachtungsweisen. Am Baum des heiligen Textes sind beide nur die ewig rauschenden Blätter, am Baume des profa-
nen die rechtzeitig fallenden Früchte. Wer liebt, der hängt
nicht nur an „Fehlern" der Geliebten, nicht nur an Ticks
und Schwächen einer Frau, ihn binden Runzeln im Gesicht
und Leberflecken, vernutzte Kleider und ein schiefer Gang
viel dauernder und unerbittlicher als alle Schönheit. Man
hat das längst erfahren. Und warum? Wenn eine Lehre wahr
ist, welche sagt, dass die Empfindung nicht im Kopfe nistet,
dass wir ein Fenster, eine Wolke, einen Baum nicht im Ge-
hirn, vielmehr an jenem Ort, wo wir sie sehen, empfinden,
so sind wir auch im Blick auf die Geliebte außer uns. Hier
aber qualvoll angespannt und hingerissen. Geblendet flattert
die Empfindung wie ein Schwarm von Vögeln in dem Glanz
der Frau. Und wie Vögel Schutz in den laubigen Verstecken
des Baumes suchen, so flüchten die Empfindungen in die
schattigen Runzeln, die anmutlosen Gesten und unscheinbaren Makel des geliebten Lews, wo sie gesichert im Versteck
sich ducken. Und kein Vorübergehender errät, dass gerade
hier, im Mangelhaften, Tadelnswerten die pfeilgeschwinde
Liebesregung des Verehrers nistet.

Baustelle

Pedantisch über Herstellung von Gegenständen – Anschau-
ungsmitteln, Spielzeug oder Büchern – die sich für Kinder
eignen sollen, zu grübeln, ist töricht. Seit der Aufklärung ist
das eine der muffigsten Spekulationen der Pädagogen. Ihre
Vergaffung in Psychologie hindert sie zu erkennen, dass die
Erde voll von den unvergleichlichsten Gegenständen kind-
licher Aufmerksamkeit und Übung ist. Von den bestimmtes-

ten. Kinder nämlich sind auf besondere Weise geneigt, jedwede Arbeitsstätte aufzusuchen, wo sichtbar die Betätigung an Dingen vor sich geht .. Sie fühlen sich unwiderstehlich vom Abfall angezogen, der beim Bauen, bei Garten- oder Hausarbeit, beim Schneidern oder Tischlern entsteht. In Abfallprodukten erkennen sie das Gesicht, das die Dingwelt gerade ihnen, ihnen allein, zukehrt. In ihnen bilden sie die Werke der Erwachsenen weniger nach, als dass sie Stoffe sehr verschiedener Art durch das, was sie im Spiel daraus verfertigen, in eine neue, sprunghafte Beziehung zueinander setzen. Kinder bilden sich damit ihre Dingwelt, eine kleine in der großen, selbst. Die Normen dieser kleinen Dingwelt müsste man im Auge haben, wenn man vorsätzlich für die Kinder schaffen will und es nicht vorzieht, eigene Tätigkeit mit alle dem, was an ihr Requisitund Instrument ist, allein den Weg zu ihnen sich finden zu lassen.

Ministerium des Innern

Je feindlicher ein Mensch zum Überkommenen steht, desto unerbittlicher wird er sein privates Leben den Normen unterordnen, die er zu Gesetzgebern eines kommenden gesellschaftlichen Zustands erheben will. Es ist, als legten sie ihm die Verpflichtung auf, sie, die noch nirgendwo verwirklicht sind, zum mindesten in seinem eigenen Lebenskreise vorzubilden. Der Mann jedoch, der sich in Einklang mit den ältesten Überlieferungen seines Standes oder seines Volkes weiß, stellt gelegentlich sein Privatleben ostentativ in Gegensatz zu den Maximen, die er im öffentlichen Leben unnachsichtlich vertritt und würdigt ohne leiseste Beklemmung des Gewissens sein eigenes Verhalten insgeheim als bündigsten

Beweis unerschütterlicher Autorität der von ihm affichierten Grundsätze. So unterscheiden sich die Typen des anarchosozialistischen und des konservativen Politikers.

Flagge — —

Wie der Abschied-Nehmende leichter geliebt wird! Weil die Flamme für den Sich-Entfernenden reiner brennt, genährt von dem flüchtigen Streifen Zeug, der vom Schiff oder Fenster des Zuges herüberwinkt. Entfernung dringt wie Farbstoff in den Verschwindenden und durchtränkt ihn mit sanfter Glut.

— — auf Halbmast

Stirbt ein sehr nahestehender Mensch uns dahin, so ist in den Entwicklungen der nächsten Monate etwas, wovon wir zu bemerken glauben, dass – so gern wir es mit ihm geteilt hätten – nur durch sein Fern-Sein es sich entfalten konnte. Wir grüßen ihn zuletzt in einer Sprache, die er schon nicht mehr versteht.

Kaiserpanorama

Reise durch die deutsche Inflation

I. In dem Schatze jener Redewendungen, mit welchen die aus Dummheit und Feigheit zusammengeschweißte Lebensart des deutschen Bürgers sich alltäglich verrät, ist die von der bevorstehenden Katastrophe – indem es ja „nicht mehr so weitergehen" könne – besonders denkwürdig. Die hilflose

Fixierung an die Sicherheits- und Besitzvorstellungen der vergangenen Jahrzehnte verhindert den Durchschnittsmenschen, die höchst bemerkenswerten Stabilitäten ganz neuer Art, welche der gegenwärtigen Situation zugrunde liegen, zu apperzipieren. Da die relative Stabilisierung der Vorkriegsjahre ihn begünstigte, glaubt er, jeden Zustand, der ihn depossediert, für unstabil ansehen zu müssen. Aber stabile Verhältnisse brauchen nie und nimmer angenehme Verhältnisse zu sein und schon vor dem Kriege gab es Schichten, für welche die stabilisierten Verhältnisse das stabilisierte Elend waren. Verfall ist um nichts weniger stabil, um nichts wunderbarer als Aufstieg. Nur eine Rechnung, die im Untergange die einzige Ratio des gegenwärtigen Zustandes zu finden sich eingesteht, käme von dem erschlaffenden Staunen über das alltäglich sich Wiederholende dazu, die Erscheinungen des Verfalls als das schlechthin Stabile und einzig das Rettende als ein fast ans Wunderbare und Unbegreifliche grenzendes Außerordentliches zu gewärtigen. Die Volksgemeinschaften Mitteleuropas leben wie Einwohner einer rings umzingelten Stadt, denen Lebensmittel und Pulver ausgehen und für die Rettung menschlichem Ermessen nach kaum zu erwarten. Ein Fall, in dem Übergabe, vielleicht auf Gnade oder Ungnade, aufs ernsthafteste erwogen werden müsste. Aber die stumme, unsichtbare Macht, welcher Mitteleuropa sich gegenüber fühlt, verhandelt nicht. So bleibt nichts, als in der immer währenden Erwartung des letzten Sturmangriffs auf nichts , als das Außerordentliche, das allein noch retten kann, die Blicke zu richten. Dieser geforderte Zustand angespanntester klagloser Aufmerksamkeit aber könnte, da wir in einem geheimnisvollen Kontakt mit den uns belagernden Gewalten stehen, das Wunder wirklich herbeiführen. Dahingegen wird die Erwartung, dass es nicht mehr so weitergehen

könne, eines Tages sich darüber belehrt finden, dass es für
das Leiden des einzelnen wie der Gemeinschaften nur eine
Grenze, über die hinaus es nicht mehr weiter geht, gibt: die
Vernichtung.

II. Eine sonderbare Paradoxie: die Leute haben nur das
engherzigste Privatinteresse im Sinne, wenn sie handeln, zugleich aber werden sie in ihrem Verhalten mehr als jemals bestimmt durch die Instinkte der Masse. Und mehr als jemals
sind die Masseninstinkte irr und dem Leben fremd geworden. Wo der dunkle Trieb des Tieres – wie zahllose Anekdoten erzählen – aus der nahenden Gefahr. die noch unsichtbar
scheint, den Ausgang findet, da verfällt diese Gesellschaft,
deren jeder sein eigenes niederes Wohl allein im Auge hat,
mit tierischer Dumpfheit aber ohne das dumpfe Wissen der
Tiere, als eine blinde Masse jeder, auch der nächstliegenden
Gefahr und die Verschiedenheit individueller Ziele wird belanglos vor der Identität der bestimmenden Kräfte. Wieder
und wieder hat es sich gezeigt, dass ihr Hangen am gewohnten, nun längst schon verlorenen Leben so starr ist, dass es
die eigentlich menschliche Anwendung des Intellekts, Vor-
aussicht, selbst in der drastischen Gefahr vereitelt. So dass in
ihr das Bild der Dummheit sich vollendet: Unsicherheit, ja
Perversion der lebenswichtigen Instinkte und Ohnmacht, ja
Verfall des Intellekts. Dieses ist die Verfassung der Gesamt-
heit deutscher Bürger.

III. Alle näheren menschlichen Beziehungen werden von
einer fast unerträglichen durchdringenden Klarheit getroffen, in der sie kaum standzuhalten vermögen. Denn indem
einerseits das Geld auf verheerende Weise im Mittelpunkt
aller Lebensinteressen steht, andererseits gerade dieses die
Schranke ist, vor der fast alle menschliche Beziehung versagt,
so verschwindet wie im Natürlichen so im Sittlichen mehr

und mehr das unreflektierte Vertrauen, Ruhe und Gesundheit.

IV. Nicht umsonst pflegt man vom „nackten" Elend zu sprechen. Was in seiner Schaustellung, welche Sitte zu werden begann unter dem Gesetz der Not und doch ein Tausendstel nur vom Verborgenen sichtbar macht, das Unheilvollste ist, das ist nicht das Mitleid oder das gleich furchtbare Bewusstsein eigener Unberührtheit, das im Betrachter geweckt wird, sondern dessen Scham. Unmöglich, in einer deutschen Großstadt zu leben, in welcher der Hunger die Elendsten zwingt, von den Scheinen zu leben, mit denen die Vorübergehenden eine Blöße zu decken suchen, die sie verwundet.

V. „Armut schändet nicht." Ganz wohl. Doch sie schänden den Armen. Sie tun's und sie trösten ihn mit dem Sprüchlein. Es ist von denen, die man einst konnte gelten lassen, deren Verfalltag nun längst gekommen. Nicht anders wie jenes brutale" Wer nicht arbeitet, der soll auch nicht essen". Als es Arbeit gab, die ihren Mann nährte, gab es auch Armut, die ihn nicht schändete, wenn sie aus Misswachs und anderem Geschick ihn traf. Wohl aber schändet dies Darben, in das Millionen hinein geboren, Hunderttausende verstrickt werden, die verarmen. Schmutz und Elend wachsen wie Mauern als Werk von unsichtbaren Händen um sie hoch. Und wie der einzelne viel ertragen kann für sich, gerechte Scham aber fühlt, wenn sein Weib es ihn tragen sieht und selber duldet, so darf der einzelne viel dulden, solang er allein, und alles, solang er's verbirgt. Aber nie darf einer seinen Frieden mit Armut schließen, wenn sie wie ein riesiger Schatten über sein Volk und sein Haus fällt. Dann soll er seine Sinne wachhalten für jede Demütigung, die ihnen zuteil ·wird und solange sie in Zucht nehmen, bis sein Leiden nicht mehr die abschüssige Straße des Grams, sondern den aufsteigenden Pfad der Revolte gebahnt hat. Aber hier ist nichts zu hoffen, solange jedes furchtbarste, jedes dunkelste Schicksal täglich, ja stündlich diskutiert durch die Presse, in allen Scheinursachen und Scheinfolgen dargelegt, niemandem zur Erkenntnis der dunklen Gewalten verhilft, denen sein Leben hörig geworden ist.

VI. Dem Ausländer, welcher die Gestaltung des deutschen Lebens obenhin verfolgt, der gar das Land kurze Zeit bereist hat, erscheinen seine Bewohner nicht minder fremdartig als ein exotischer Volksschlag. Ein geistreicher Franzose hat gesagt: „In den seltensten Fällen wird sich ein Deutscher über sich selbst klar sein. Wird er sich einmal klar sein, so wird er es nicht sagen. Wird er es sagen, so wird er sich nicht verständlich machen." Diese trostlose Distanz hat der Krieg nicht etwa nur durch die wirklichen und legendären Schandtaten, die man von Deutschen berichtete, erweitert. Was vielmehr die groteske Isolierung Deutschlands in den Augen anderer Europäer erst vollendet, was in ihnen im Grunde die Einstellung schafft, sie hätten es mit Hottentotten in den Deutschen zu tun (wie man dies sehr richtig genannt hat), das ist die Außenstehenden ganz unbegreifliche und den Gefangenen völlig unbewusste Gewalt, mit welcher die Lebensumstände, das Elend und die Dummheit auf diesem Schauplatz die Menschen den Gemeinschaftskräften Untertan machen, wir nur das Leben irgendeines Primitiven von den Clangesetzlichkeiten bestimmt wird. Das europäischste aller Güter, jene mehr oder minder deutliche Ironie, mit der das Leben des einzelnen disparat dem Dasein jeder Gemeinschaft zu verlaufen beansprucht, in die er verschlagen ist, ist den Deutschen gänzlich abhanden gekommen. VII. Die Freiheit des Gespräches geht verloren. Wenn früher

unter Menschen im Gespräch Eingehen auf den Partner
sich von selbst verstand, wird es nun durch die Frage nach
dem Preise seiner Schuhe oder seines Regenschirmes ersetzt.
Unabwendbar drängt sich in jede gesellige Unterhaltung das
Thema der Lebensverhältnisse, des Geldes. Dabei geht es
nicht sowohl um Sorgen und Leiden der einzelnen, in welchen sie vielleicht einander zu helfen vermöchten, als um die
Betrachtung des Ganzen. Es ist, als sei man in einem Theater
gefangen und müsse dem Stück auf der Bü.hne folgen, ob
man wolle oder nicht, müsse es immer wieder, ob man wolle
oder nicht, zum Gegenstand des Denkens und Sprechens
machen.

VIII. Wer sich der Wahrnehmung des Verfalls nicht ent-
zieht, der wird unverweilt dazu übergehen, eine besondere
Rechtfertigung für sein Verweilen, seine Tätigkeit und seine
Beteiligung an diesem Chaos in Anspruch zu nehmen. So
viele Einsichten ins allgemeine Versagen, so viele Ausnahmen
für den eigenen Wirkungskreis, Wohnort und Augenblick.
Der blinde Wille, von der persönlichen Existenz eher das
Prestige zu retten, als durch die souveräne Abschätzung ihrer
Ohnmacht und ihrer Verstricktheit wenigstens vom Hintergrunde der allgemeinen Verblendung sie zu lösen, setzt sich
fast überall durch. Darum ist die Luft so voll von Lebenstheo-
rien und Weltanschauungen, und darum wirken sie hierzulande so anmaßend, weil sie am Ende fast stets der Sanktion
irgendeiner ganz nichts sagenden Privatsituation gelten. Eben
darum ist sie auch so voll von Trugbildern, Luftspiegelungen
einer trotz allem über Nacht blühend hereinbrechenden kulturellen Zukunft, weil jeder auf die optischen Täuschungen
seines isolierten Standpunktes sich verpflichtet.

IX. Die Menschen, die im Umkreise dieses Landes eingepfercht sind, haben den Blick für die Kontur der menschli-

chen Person verloren. Jeder Freie erscheint vor ihnen als Sonderling. Man stelle sich die Bergketten der Hochalpen vor, jedoch nicht gegen den Himmel abgesetzt, sondern gegen die Falten eines dunklen Tuches. Nur undeutlich würden die gewaltigen Formen sich abzeichnen. Ganz so hat ein schwerer Vorhang Deutschlands Himmel verhängt und wir sehen die Profilierung selbst der größten Menschen nicht mehr.

X. Aus den Dingen schwindet die Wärme. Die Gegenstände des täglichen Gebrauchs stoßen den Menschen sacht aber beharrlich von sich ab. In summa hat er tagtäglich mit der Überwindung der geheimen Widerstände – und nicht etwa nur der offenen -, die sie ihm entgegensetzen, eine ungeheure Arbeit zu leisten. Ihre Kälte muss er mit der eigenen Wärme ausgleichen, um nicht an ihnen zu erstarren und ihre Stacheln mit unendlicher Geschicklichkeit anfassen, um nicht an ihnen zu verbluten. Von seinen Nebenmenschen erwarte er keine Hilfe. Schaffner, Beamte, Handwerker und Verkäufer – sie alle fühlen sich als Vertreter einer aufsässigen Materie, deren Gefährlichkeit sie durch die eigene Rohheit ins Licht zu setzen bestrebt sind. Und der Entartung der Dinge, mit welcher sie, dem menschlichen Verfalle folgend, ihn züchtigen, ist selbst das Land verschworen. Es zehrt am Menschen wie die Dinge, und der ewig ausbleibende deutsche Frühling ist nur eine unter zahllosen verwandten Erscheinungen der sich zersetzenden deutschen Natur. In ihr lebt man, als sei der Druck der Luftsäule, dessen Gewicht jeder trägt, wider alles Gesetz in diesen Landstrichen plötzlich fühlbar geworden.

XI. Der Entfaltung jeder menschlichen Bewegung, mag sie geistigen oder selbst natürlichen Impulsen entspringen, ist der maßlose Widerstand der Umwelt angesagt. Wohnungsnot und Verkehrsteuerung sind am Werke, das elementare Sinnbild europäischer Freiheit, das in gewissen Formen selbst dem Mittelalter gegeben war, die Freizügigkeit, vollkommen zu vernichten. Und wenn der mittelalterliche Zwang den Menschen an natürliche Verbände fesselte, so ist er nun in unnatürliche Gemeinsamkeit verkettet. Weniges wird die verhängnisvolle Gewalt des um sich greifenden Wandertriebes so stärken, wie die Abschnürung der Freizügigkeit, und niemals hat die Bewegungsfreiheit zum Reichtum der Bewegungsmittel in einem größeren Missverhältnis gestanden.

XII. Wie alle Dinge in einem unaufhaltsamen Prozess der Vermischung und Verunreinigung um ihren Wesensausdruck kommen und sich Zweideutiges an die Stelle des Eigentlichen setzt, so auch die Stadt. Große Städte, deren unvergleichlich beruhigende und bestätigende Macht den Schaffenden in einen Burgfrieden schließt und mit dem Anblick des Horizonts auch das Bewusstsein der immer wachenden Elementarkräfte von ihm zu nehmen vermag, zeigen sich allerorten durchbrochen vom eindringenden Land. Nicht von der Landschaft, sondern von dem, was die freie Natur Bitterstes hat, vom Ackerboden, von Chaussee, vom Nachthimmel, den keine rot vibrierende Schicht mehr verhüllt. Die Unsicherheit selbst der belebten Gegenden versetzt den Städter vollends in jene undurchsichtige und im höchsten Grade grauenvolle Situation, in der er unter den Unbilden des vereinsamten Flachlandes die Ausgeburten der städtischen Architektonik in sich aufnehmen muss.

XIII. Eine edle Indifferenz gegen die Sphären des Reichtums und der Armut ist den Dingen, die hergestellt werden, völlig abhanden gekommen. Ein jedes stempelt seinen Besitzer ab, der nur die Wahl hat, als armer Schlucker oder Schieber zu erscheinen. Denn während selbst der wahre Luxus von der Art ist, dass Geist und Geselligkeit ihn zu durchdringen und in Vergessenheit zu bringen vermögen, trägt, was hier von Luxuswaren sich breit macht, eine so schamlose Massivität zur Schau, dass jede geistige Ausstrahlung daran zerbricht.

XIV. Aus den ältesten Gebräuchen der Völker scheint es wie eine Warnung an uns zu ergehen, im Entgegennehmen dessen, was wir von der Natur so reich empfangen, uns vor der Geste der Habgier zu hüten. Denn wir vermögen nichts der Muttererde aus Eigenem zu schenken. Daher gebührt es sich, Ehrfurcht im Nehmen zu zeigen, indem von allem, was wir je und je empfangen, wir einen Teil an sie zurückerstatten, noch ehe wir des Unseren uns bemächtigen. Diese Ehrfurcht spricht aus dem alten Brauch der libatio. Ja vielleicht ist es diese uralte sittliche Erfahrung, welche selbst in dem Verbot, die vergessenen Ähren einzusammeln und abgefallene Trauben aufzulesen, sich verwandelt erhielt, indem diese der Erde oder den segenspendenden Ahnen zu gute kommen. Nach athenischem Brauch war das Auflesen der Brosamen bei der Mahlzeit untersagt, weil sie den Heroen gehören. – Ist einmal die Gesellschaft unter Not und Gier soweit entartet, dass sie die Gaben der Natur nur noch raubend empfangen kann, dass sie die Früchte, um sie günstig auf den Markt zu bringen, unreif abreißt und jede Schüssel, um nur satt zu werden, leeren muss, so wird ihre Erde verarmen und das Land schlechte Ernten bringen.

Tiefbau-Arbeiten

Im Traum sah ich ein ödes Gelände. Das war der Marktplatz von Weimar. Dort wurden Ausgrabungen veranstaltet. Auch ich scharrte ein bisschen im Sande. Da kam die Spitze eines Kirchturms hervor. Hoch erfreut dachte ich mir: ein mexikanisches Heiligtum aus der Zeit des Präanimismus, dem Anaquivitzli. Ich erwachte mit Lachen.

(Ana = *avá*; vi = vie; witz = mexikanische Kirche [!]) (Vorlage, S. 27)

Coiffeur für penible Damen

Dreitausend Damen und Herren vom Kurfürstendamm sind eines Morgens wortlos aus den Betten zu verhaften und vierundzwanzig Stunden festzusetzen. Um Mitternacht verteilt man in den Zellen einen Fragebogen über die Todesstrafe, ersucht auch dessen Unterzeichner, anzugeben, welche Hinrichtungsart sie persönlich im gegebenen Falle zu wählen dächten. Dies Schriftstück hätten in Klausur „nach bestem Wissen" die auszufüllen, die bisher nur ungefragt sich „nach bestem Gewissen" zu äußern pflegten. Noch vor der ersten Frühe, die von alters heilig, hierzulande aber dem Henker geweiht ist, wäre die Frage der Todesstrafe geklärt.

Achtung Stufen!

Arbeit an einer guten Prosa hat drei Stufen: eine musikalische, auf der sie komponiert, eine architektonische, auf der sie gebaut, endlich eine textile, auf der sie gewoben wird.

Vereidigter Bücherrevisor

Die Zeit steht, wie in Kontrapost zur Renaissance schlechthin, so insbesondere im Gegensatz zur Situation, in der die Buchdruckerkunst erfunden wurde. Mag es nämlich ein Zufall sein oder nicht, ihr Erscheinen in Deutschland fällt in die Zeit, da das Buch im eminenten Sinne des Wortes, das Buch der Bücher durch Luthers Bibelübersetzung Volksgut wurde. Nun deutet alles darauf hin, dass das Buch in dieser überkommenen Gestalt seinem Ende entgegengeht. Mallarmé, wie er mitten in der kristallinischen Konstruktion seines gewiss traditionalistischen Schrifttums das Wahrbild des Kommenden sah, hat zum ersten Male im „Coup de dés" die graphischen Spannungen der Reklame ins Schriftbild verarbeitet. Was danach von Dadaisten an Schriftversuchen unternommen wurde, ging zwar nicht vom Konstruktiven, sondern den exakt reagierenden Nerven der Literaten aus und war darum weit weniger bestandhaft als Mallarmés Versuch, der aus dem Innern seines Stils erwuchs. Aber es lässt eben dadurch die Aktualität dessen erkennen, was monadisch, in seiner verschlossensten Kammer, Mallarmé in prästabilierter Harmonie mit allem dem entscheidenden Geschehen dieser Tage in Wirtschaft, Technik, öffentlichem Leben auffand. Die Schrift, die im gedruckten Buche ein Asyl gefunden hatte, wo sie ihr autonomes Dasein führte, wird unerbittlich von Reklamen auf die Straße hinaus gezerrt und den brutalen Heteronomien des wirtschaftlichen Chaos unterstellt. Das ist der strenge Schulgang ihrer neuen Form. Wenn vor Jahrhunderten sie allmählich sich niederzulegen begann, von der aufrechten Inschrift zur schräg auf Pulten ruhenden Handschrift ward, um endlich sich im Buchdruck zu betten, beginnt sie nun ebenso langsam sich wieder vom Boden zu heben. Bereits die Zeitung wird mehr in der Senkrechten als in der Horizontale gelesen, Film und Reklame drängen die Schrift vollends in die diktatorische Vertikale. Und ehe der Zeitgenosse dazu kommt, ein Buch aufzuschlagen, ist über seine Augen ein so dichtes Gestöber von wandelbaren, farbigen, streitenden Lettern niedergegangen, dass die Chancen seines Eindringens in die archaische Stille des Buches gering geworden sind. Heuschreckenschwärme von Schrift, die heute schon die Sonne des vermeinten Geistes den Großstädtern verfinstern, werden dichter mit jedem folgenden Jahre werden. Andere Erfordernisse des Geschäftslebens führen weiter. Die Kartothek bringt die Eroberung der dreidimensionalen Schrift, also einen überraschenden Kontrapunkt zur Dreidimensionalität der Schrift in ihrem Ursprung als Rune oder Knotenschrift. (Und heute schon ist das Buch, wie die aktuelle ·wissenschaftliche Produktionsweise lehrt, eine veraltete Vermittlung zwischen zwei verschiedenen Kartotheks-Systemen. Denn alles Wesentliche findet sich im Zettelkasten des Forschers, der's verfasste, und der Gelehrte, der darin studiert, assimiliert es seiner eigenen Kartothek.) Aber es ist ganz außer Zweifel, dass die Entwicklung der Schrift nicht ins Unabsehbare an die Machtansprüche eines chaotischen Betriebes in Wissenschaft und Wirtschaft gebunden bleibt, vielmehr der Augenblick kommt, da Quantität in Qualität umschlägt und die Schrift, die immer tiefer in das graphische Bereich ihrer neuen exzentrischen Bildlichkeit vorstößt, mit einem Male ihrer adäquaten Sachgehalte habhaft wird. An dieser Bilderschrift werden Poeten, die dann wie in Urzeiten vorerst und vor allem Schriftkundige sein werden, nur mitarbeiten können, wenn sie sich die Gebiete erschließen, in denen (ohne viel Aufhebens von sich zu machen) deren Konstruktion sich vollzieht: die des statistischen und technischen Diagramms.

Mit der Begründung einer internationalen Wandelschrift werden sie ihre Autorität im Leben der Völker erneuern und eine Rolle vorfinden, im Vergleich zu der alle Aspirationen auf Erneuerung der Rhetorik sich als altfränkische Träumereien erweisen werden.

Lehrmittel

Prinzipien der Wälzer oder die Kunst, dicke Bücher zu machen

I. Die ganze Ausführung muss von der dauernden wortreichen Darlegung der Disposition durchwachsen sein.

II. Termini für Begriffe sind einzuführen, die außer bei dieser Definition selbst im ganzen Buch nicht mehr vorkommen.

III. Die im Text mühselig gewonnenen begrifflichen Distinktionen sind in den Anmerkungen zu den betreffenden Stellen wieder zu verwischen.

IV. Für Begriffe, über die nur in ihrer allgemeinen Bedeutung gehandelt wird, sind Beispiele zu geben: wo etwa von Maschinen die Rede ist, sind alle Arten derselben aufzuzählen.

V. Alles, was a priori von einem Objekt feststeht, ist durch eine Fülle von Beispielen zu erhärten. VI. Zusammenhänge, die graphisch darstellbar sind, müssen in Worten ausgeführt werden. Statt etwa einen Stammbaum zu zeichnen, sind alle Verwandtschaftsverhältnisse abzuschildern und zu beschreiben.

VII. Von mehreren Gegnern, denen dieselbe Argumentation gemeinsam ist, ist jeder einzeln zu widerlegen.

Das Durchschnittswerk des heutigen Gelehrten will wie ein Katalog gelesen sein. Wann aber wird man soweit sein, Bücher wie Kataloge zu schreiben? Ist das schlechte Innere dergestalt in das Äußere gedrungen, so entsteht ein vortreffliches Schriftwerk, in dem der Wert der Meinungen beziffert ist, ohne dass sie deswegen feilgeboten würden.

Die Schreibmaschine wird dem Federhalter die Hand des Literaten erst dann entfremden, wenn die Genauigkeit typographischer Formungen unmittelbar in die Konzeption seiner Bücher eingeht. Vermutlich wird man dann neue Systeme mit variablerer Schriftgestaltung benötigen. Sie werden die Innervation der befehlenden Finger an die Stelle der geläufigen Hand setzen.

Eine Periode, die, metrisch konzipiert, nachträglich an einer einzigen Stelle im Rhythmus gestört wird, macht den schönsten Prosasatz, der sich denken lässt. So fällt durch eine kleine Bresche in der Mauer ein Lichtstrahl in die Stube des Alchemisten und lässt Kristalle, Kugeln und Triangel aufblitzen.

Deutsche trinkt deutsches Bier!

Der Pöbel ist von dem frenetischen Hass gegen das geistige Lehen besessen, der die Gewähr für dessen Vernichtung in der Abzählung der Leiber erkannt hat. Wo man's ihnen irgend verstattet, stellen sie sich in Reih und Glied, ins Trommelfeuer und zur Warenhausse drängen sie marschmäßig. Keiner sieht weiter als in den Rücken des Vordermanns und jeder ist stolz, dergestalt vorbildlich für den Folgenden zu heißen. Das haben im Felde die Männer seit Jahrhunderten herausgehabt, aber den Parademarsch des Elends, das Anstellen, haben die Weiber erfunden.

Ankleben verboten

Die Technik des Schriftstellers in dreizehn Thesen

I.   Wer an die Niederschrift eines größeren Werks zu ge-
     hen beabsichtigt, lasse sich's wohl sein und gewähre
     sich nach erledigtem Pensum alles, was die Fortfüh-
     rung nicht beeinträchtigt.

II. Sprich vom Geleisteten, wenn du willst, jedoch lies
     während des Verlaufes der Arbeit nicht daraus vor.
     Jede Genugtuung, die du dir hierdurch verschaffst,
     hemmt dein Tempo. Bei der Befolgung dieses Regimes
     wird der zu· nehmende Wunsch nach Mitteilung zu-
     letzt ein Motor der Vollendung.

III. In den Arbeitsumständen suche dem Mittelmaß des
     Alltags zu entgehen. Halbe Ruhe, von schalen Ge-
     räuschen begleitet, entwürdigt. Dagegen vermag die
     Begleitung einer Etüde oder von Stimmengewirr der
     Arbeit ebenso bedeutsam zu werden, wie die vernehm-
     liche Stille der Nacht. Schärft diese das innere Ohr, so
     wird jene zum Prüfstein einer Diktion, deren Fülle
     selbst die exzen- trischen Geräusche in sich begräbt.

IV. Meide beliebiges Handwerkszeug. Pedantisches Be-
     harren bei gewissen Papieren, Federn, Tinten ist von
     Nutzen. Nicht Luxus, aber Fülle dieser Utensilien ist
     unerlässlich.

V.   Lass dir keinen Gedanken inkognito passieren und
     führe dein Notizheft so streng wie die Behörde das
     Fremdenregister.

VI. Mache deine Feder spröde gegen die Eingebung, und
     sie wird mit der Kraft des Magneten sie an sich ziehen.
     Je besonnener du mit der Niederschrift eines Einfalls

ver- ziehst, desto reifer entfaltet wird er sich dir auslie-
fern. Die Rede erobert den Gedanken, aber die Schrift
beherrscht ihn.

VII. Höre niemals mit Schreiben auf, weil dir nichts mehr
einfällt. Es ist ein Gebot der literarischen Ehre, nur
dann abzubrechen, wenn ein Termin (eine Mahlzeit,
eine Verabredung) einzuhalten oder das Werk beendet
ist.

VIII. Das Aussetzen der Eingebung fülle aus mit der saube-
ren Abschrift des Geleisteten. Die Intuition wird darüber erwachen.

IX. Nulla dies sine linea – wohl aber Wochen.

X. Betrachte niemals ein Werk als vollkommen, über dem
du nicht einmal vom Abend bis zum hellen Tage ge-
sessen hast.

XI. Den Abschluss des Werkes schreibe nicht im gewohnten Arbeitsraume nieder. Du würdest den Mut dazu in
ihm nicht finden.

XII. Stufen der Abfassung: Gedanke – Stil – Schrift. Es ist
der Sinn der Reinschrift, dass in ihrer Fixierung die
Aufmerksamkeit nur mehr der Kalligraphie gilt. Der
Gedanke tötet die Eingebung, der Stil fesselt den Gedanken, die Schrift entlohnt den Stil.

XIII. Das Werk ist die Totenmaske der Konzeption.

Dreizehn Thesen wider Snobisten

(Snob im Privatkontor der Kunstkritik. Links eine Kinder-
zeichnung, rechts ein Fetisch. Snob: „Da kann der ganze
Picasso einpacken.")

I.	Der Künstler macht ein Werk.	Der Primitive äußert sich in Dokumenten.
II.	Das Kunstwerk ist nur nebenbei ein Dokument.	Kein Dokument ist als ein solches Kunstwerk.
III.	Das Kunstwerk ist ein Meisterstück.	Das Dokument dient als Lehrstück.
IV:	Am Kunstwerk lernen Künstler das Metier.	Vor Dokumenten wird ein Publikum erzogen.
V.	Kunstwerke stehen eins dem andern fern durch Vollendung.	Im Stofflichen kommunizieren alle Dokumente.
VI.	Inhalt und Form sind im Kunstwerk eins: Gehalt.	In Dokumenten herrscht durchaus der Stoff.
VII.	Gehalt ist das Erprobte.	Stoff ist das Geträumte.
VIII.	Im Kunstwerk ist der Stoff ein Ballast, den die Betrachtung abwirft.	Je tiefer man sich in ein Dokument verliert, desto dichter: Stoff.
IX.	Im Kunstwerk ist das Formgesetz zentral.	Ins Dokument sind Formen nur versprengt.
X.	Das Kunstwerk ist synthetisch: Kraftzentrale.	Die Fruchtbarkeit des Dokuments will: Analyse.
XI.	Im wiederholten Anblick steigert sich ein Kunstwerk.	Ein Dokument bewältigt nur durch Überraschung.
XII.	Die Männlichkeit der Werke ist im Angriff.	Dem Dokument ist seine Unschuld eine Deckung.
XIII.	Der Künstler geht auf die Eroberung von Gehalten.	Der primitive Mensch verschanzt sich hinter Stoffen.

Die Technik des Kritikers in dreizehn Thesen

I.   Der Kritiker ist·Stratege im Literaturkampf.

II. Wer nicht Partei ergreifen kann, der hat zu schweigen.

III. Der Kritiker hat mit dem Deuter von vergangenen Kunstepochen nichts zu tun.

IV. Kritik muss in der Sprache der Artisten reden. Denn die Begriffe des cénacle sind Parolen. Und nur in den Parolen tönt das Kampfgeschrei.

V.   Immer muss ‚Sachlichkeit‘ dem Parteigeist geopfert werden, wenn die Sache es wert ist, um welche der Kampf geht.

VI. Kritik ist eine moralische Sache. Wenn Goethe Hölderlin und Kleist, Beethoven und Jean Paul verkannte, so trifft das nicht sein Kunstverständnis, sondern seine Moral.

VII. Für den Kritiker sind seine Kollegen die höhere Instanz. Nicht das Publikum. Erst recht nicht die Nachwelt.

VIII. Die Nachwelt vergisst oder rühmt. Nur der Kritiker richtet im Angesicht des Autors.

IX. Polemik heißt, ein Buch in wenigen seiner Sätze vernichten. Je weniger man es studierte, desto besser. Nur wer vernichten kann, kann kritisieren.

X.   Echte Polemik nimmt ein Buch sich so liebevoll vor, wie ein Kannibale sich einen Säugling zurüstet.

XI. Kunstbegeisterung ist dem Kritiker fremd. Das Kunstwerk ist in seiner Hand die blanke Waffe in dem Kampfe der Geister.

XII. Die Kunst des Kritikers in nuce: Schlagworte prägen, ohne die Ideen zu verraten. Schlagworte einer unzulänglichen Kritik verschachern den Gedanken an die Mode.

XIII. Das Publikum muss stets Unrecht erhalten und sich doch immer durch den Kritiker vertreten fühlen.

Nr. 13

„Treize – j'eus un plaisir cruel de m'arrêter sur ce nombre." *Marcel Proust*

„Le reploiement vierge du livre, encore, prête à un sacrifice dont seigna la tranche rouge des anciens tomes; l'introduction d'une arme, ou coupe-papier, pour établir la prise de possession." *Stéphane Mallarmé*

I. Bücher und Dirnen kann man ins Bett nehmen.

II. Bücher und Dirnen verschränken die Zeit. Sie beherrschen die Nacht wie den Tag und den Tag wie die Nacht.

III. Büchern und Dirnen sieht es keiner an, dass die Minuten ihnen kostbar sind. Lässt man sich aber näher mit ihnen ein, so merkt man erst, wie eilig sie es haben. Sie zählen mit, indem wir uns in sie vertiefen.

IV. Bücher und Dirnen haben seit jeher eine unglückliche Liebe zueinander.

V. Bücher und Dirnen – sie haben jedes ihre Sorte Männer, die von ihnen leben und sie drangsalieren. Bücher die Kritiker.

VI. Bücher und Dirnen in öffentlichen Häusern – für Studenten.

VII. Bücher und Dirnen – selten sieht einer ihr Ende, der sie besaß. Sie pflegen zu verschwinden, bevor sie vergehen.

VIII. Bücher und Dirnen erzählen so gern und so verlogen, wie sie es geworden sind. In Wahrheit merken sie's oft selber nicht. Da geht man jahrelang ‚aus Liebe‘ allem nach und eines Tages steht als wohlbeleibtes Korpus auf dem Strich, was ‚studienhalber‘ immer nur darüber schwebte.

IX. Bücher und Dirnen lieben es, den Rücken zu wenden, wenn sie sich ausstellen.

X. Bücher und Dirnen machen viel junge.

XI. Bücher und Dirnen – „Alte Betschwester – junge Hure“. Wie viele Bücher waren nicht verrufen, aus denen heut die Jugend lernen soll!

XII. Bücher und Dirnen tragen ihren Zank vor die Leute.

XIII. Bücher und Dirnen.- Fußnoten sind bei den einen, was bei den andern Geldscheine im Strumpf.

Waffen und Munition

Ich war in Riga, um eine Freundin zu besuchen, angekommen. Ihr Haus, die Stadt, die Sprache waren mir unbekannt. Kein Mensch erwartete mich, es kannte mich niemand. Ich ging zwei Stunden einsam durch die Straßen. So habe ich sie nie wiedergesehen. Aus jedem Haustor schlug eine Stichflamme, jeder Eckstein stob Funken und jede Tram kam wie die Feuerwehr daher gefahren. Sie konnte ja aus dem Tore treten, um die Ecke biegen und in der Tram sitzen. Von beiden aber musste ich, um jeden Preis, der erste werden, der den andern sieht. Denn hätte sie die Lunte ihres Blicks an mich gelegt – ich hätte wie ein Munitionslager auffliegen müssen.

Erste Hilfe

Ein höchst verworrenes Quartier, ein Straßennetz, das jahrelang von mir gemieden wurde, ward mir mit einem Schlage
übersichtlich, als eines Tages ein geliebter Mensch dort ein-
zog. Es war, als sei in seinem Fenster ein Scheinwerfer auf-
gestellt und zerlege die Gegend mit Lichtbüscheln.

Innenarchitektur

Der Traktat ist eine arabische Form. Sein Äußeres ist unabge-
setzt und unauffällig, der Fassade arabischer Bauten entsprechend, deren Gliederung erst im Hofe anhebt. So ist auch die
gegliederte Struktur des Traktats von außen nicht wahrnehm-
bar, sondern eröffnet sich nur von innen. Wenn Kapitel ihn
bilden, so sind sie nicht verbal überschrieben, sondern ziffern-
mäßig bezeichnet. Die Fläche seiner Deliberationen ist nicht
malerisch belebt, vielmehr mit den Netzen des Ornaments,
das sich bruchlos fortschlingt, bedeckt. In der ornamentalen
Dichtigkeit dieser Darstellung entfällt der Unterschied von
thematischen und exkursiven Ausführungen.

Papier und Schreibwaren

PHARUS-PLAN. Ich kenne eine, die geistesabwesend ist.
Wo mir die Namen meiner Lieferanten, der Aufbewah-
rungsort von Dokumenten, Adressen meiner Freunde und
Bekannten, die Stunde eines Rendezvous geläufig sind, da
haben ihr politische Begriffe, Schlagworte der Partei, Be-
kenntnisformeln und Befehle sich festgesetzt. Sie lebt in

einer Stadt der Parolen und wohnt in einem Quartier verschworener und verbrüderter Vokabeln, wo jedes Gässchen Farbe bekennt und jedes Wort ein Feldgeschrei zum Echo hat.

WUNSCHBOGEN. „Tut ein Schilf sich doch hervor – Welten zu versüßen – Möge meinem Schreiberohr – Liebliches entfließen!" – das folgt der „Seligen Sehnsucht" wie eine Perle, die der geöffneten Muschelschale entrollt ist.

TASCHENKALENDER. Für den nordischen Menschen ist weniges so bezeichnend als dies, dass, wenn er liebt, er vor allem einmal und um jeden Preis mit sich selber allein sein muss, sein Gefühl vorerst selbst betrachten, genießen muss, ehe er zu der Frau geht und es erklärt.

BRIEFBESCHWERER. Place de la Concorde: Obelisk. Was vor viertausend Jahren darein ist gegraben worden, steht heut im Mittelpunkt des größten aller Plätze. Wäre das ihm geweissagt worden – welcher Triumph für den Pharao! Das erste abendländische Kulturreich wird einmal in seiner Mitte den Gedenkstein seiner Herrschaft tragen. Wie sieht in Wahrheit diese Glorie aus? Nicht einer von Zehntausenden, die hier vorübergehen, hält inne; nicht einer von Zehntausenden, die innehalten, kann die Aufschrift lesen. So löst ein jeder Ruhm Versprochenes ein, und kein Orakel gleicht ihm an Verschlagenheit. Denn der Unsterbliche steht da wie dieser Obelisk: er regelt einen geistigen Verkehr, der ihn umtost, und keinem ist die Inschrift, die darein gegraben ist, von Nutzen.

Galanteriewaren

UNVERGLEICHLICHE Sprache des Totenkopfes: völlige Ausdruckslosigkeit – das Schwarz seiner Augenhöhlen – vereint er mit wildestem Ausdruck – den grinsenden Zahnreihen.

EINER, der sich verlassen glaubt, liest und es schmerzt ihn, dass die Seite, die er umschlagen will, schon aufgeschnitten ist, dass nicht einmal sie mehr ihn braucht.

GABEN müssen den Beschenkten so tief betreffen, dass er erschrickt.

ALS ein geschätzter, kultivierter und eleganter Freund mir sein neues Buch übersandte, überraschte ich mich dabei, wie ich, im Begriff es zu öffnen, meine Krawatte zurecht rückte.

WER die Umgangsformen beachtet, aber die Lüge verwirft, gleicht einem, der sich zwar modisch kleidet, aber kein Hemd auf dem Leibe trägt.

WENN der Zigarettenrauch in der Spitze und die Tinte im Füllhalter gleich leichten Zug hätten, dann wäre ich im Arkadien meiner Schriftstellerei.

GLÜCKLICH sein heißt ohne Schrecken seiner selbst innewerden können.

Vergrößerungen

LESENDES KIND. Aus der Schülerbibliothek bekommt man ein Buch. In den unteren Klassen wird ausgeteilt. Nur hin und wieder wagt man einen Wunsch. Oft sieht man neidisch ersehnte Bücher in andere Hände gelangen. Endlich bekam man das seine. Für eine Woche war man gänzlich dem Treiben des Textes anheimgegeben, das mild und heimlich, dicht und unablässig, wie Schneeflocken einen umfing. Dahinein trat man mit grenzenlosem Vertrauen. Stille des Buches, die weiter und weiter lockte! Dessen Inhalt war gar nicht so wichtig. Denn die Lektüre fiel noch in die Zeit, da man selber Geschichten im Bett sich ausdachte. Ihren halb verwehten Wegen spürt das Kind nach. Beim Lesen hält es sich die Ohren zu; sein Buch liegt auf dem viel zu hohen Tisch und eine Hand liegt immer auf dem Blatt. Ihm sind die Abenteuer des Helden noch im Wirbel der Lettern zu lesen wie Figur und Botschaft im Treiben der Flocken. Sein Atem steht in der Luft der Geschehnisse und alle Figuren hauchen es an. Es ist viel näher unter die Gestalten gemischt als der Erwachsene. Es ist unsäglich betroffen von dem Geschehen und den gewechselten Worten und wenn es aufsteht, ist es über und über beschneit vom Gelesenen.

ZU SPÄT GEKOMMENES KIND. Die Uhr im Schulhof sieht beschädigt aus durch seine Schuld. Sie steht auf „Zu spät". Und in den Flur dringt aus den Klassentüren, wo es vorbeistreicht, Murmeln von geheimer Beratung. Lehrer und Schüler dahinter sind Freund. Oder es schweigt alles still, als erwartete man einen. Unhörbar legt es die Hand an die Klinke. Die Sonne tränkt den Flecken, wo es steht. Da schändet es den grünen Tag und öffnet. Es hört die Lehrerstimme wie ein Mühlrad klappern; es steht vor dem Mahlwerk. Die klappernde Stimme behält ihren Takt, aber die Knechte werfen nun alles ab auf das neue; zehn, zwanzig schwere Säcke fliegen ihm zu, die muss es zur Bank tragen. An seinem Mäntelchen ist jeder Faden weiß bestaubt. Wie eine arme Seele um Mitternacht macht es bei jedem Schritt Getöse, und keiner sieht es. Sitzt es dann auf dem Platz, so schafft es leise mit bis Glockenschlag. Aber es ist kein Segen dabei.

NASCHENDES KIND. Im Spalt des kaum geöffneten Speiseschranks dringt seine Hand wie ein Liebender durch die Nacht vor. Ist sie dann in der Finsternis zu Hause, so tastet sie nach Zucker oder Mandeln, nach Sultaninen oder Eingemachtem. Und wie der Liebhaber, ehe er's küsst, sein Mädchen umarmt, so hat der Tastsinn mit ihnen ein Stelldichein, ehe der Mund ihre Süßigkeit kostet. Wie gibt der Honig, geben Haufen von Korinthen, gibt sogar Reis sich schmeichelnd in die Hand. Wie leidenschaftlich dies Begegnen beider, die endlich nun dem Löffel entronnen sind. Dankbar und wild, wie eine, die man aus dem Elternhause sich geraubt hat, gibt hier die Erdbeermarmelade ohne Semmel und gleichsam unter Gottes freiem Himmel sich zu schmecken, und selbst die Butter erwidert mit Zärtlichkeit die Kühnheit eines Werbers, der in ihre Mägdekammer vorstieß. Die Hand, der jugendliche Don Juan, ist bald in alle Zellen und Gelasse eingedrungen, hinter sich rinnende Schichten und strömende Mengen: Jungfräulichkeit, die ohne Klagen sich erneuert.

KARUSSELLFAHRENDES KIND. Das Brett mit den dienstbaren Tieren rollt dicht überm Boden. Es hat die Höhe, in der man am besten zu fliegen träumt. Musik setzt ein, und ruckweis rollt das Kind von seiner Mutter fort. Erst hat es Angst, die Mutter zu verlassen. Dann aber merkt es, wie es selber treu ist. Es thront als treuer Herrscher über einer Welt, die ihm gehört. In der Tangente bilden Bäume und Eingeborene Spalier. Da taucht, in einem Orient, wiederum die Mutter auf. Danach tritt aus dem Urwald ein Wipfel, wie ihn das Kind schon vor Jahrtausenden, wie es ihn eben erst im Karussell gesehen hat. Sein Tier ist ihm zugetan: Wie ein stummer Arion fährt es auf seinem stummen Fisch dahin, ein hölzerner StierZeus entführt es als makellose Europa.

Längst ist die ewige Wiederkehr aller Dinge Kinderweisheit geworden und das Leben ein uralter Rausch der Herrschaft, mit dem dröhnenden Orchestrion in der Mitte als Kronschatz. Spielt es langsamer, fängt der Raum an zu stottern und die Bäume beginnen sich zu besinnen. Das Karussell wird unsicherer Grund. Und die Mutter taucht auf, der vielfach gerammte Pfahl, um welchen das landende Kind das Tau seiner Blicke wickelt.

UNORDENTLICHES KIND. Jeder Stein, den es findet, jede gepflückte Blume und jeder gefangene Schmetterling ist ihm schon Anfang einer Sammlung, und alles, was es überhaupt besitzt, macht ihm eine einzige Sammlung aus. An ihm zeigt diese Leidenschaft ihr wahres Gesicht, den strengen indianischen Blick, der in den Antiquaren, Forschern, Büchernarren nur noch getrübt und manisch weiterbrennt. Kaum tritt es ins Leben, so ist es Jäger. Es jagt die Geister, deren Spur es in den Dingen wittert; zwischen Geistern und Dingen verstreichen ihm Jahre, in denen sein Gesichtsfeld frei von Menschen bleibt. Es geht ihm wie in Träumen: es kennt nichts Bleibendes; alles geschieht ihm, meint es, begegnet ihm, stößt ihm zu. Seine Nomadenjahre sind Stunden im Traumwald. Dorther schleppt es die Beute heim, um sie zu reinigen, zu festigen, zu entzaubern. Seine Schubladen müssen Zeughaus und Zoo, Kriminalmuseum und Krypta werden. ‚Aufräumen‘ hieße einen Bau vernichten voll stachliger Kastanien, die Morgensterne, Staniolpapiere, die ein Silberhort, Bauklötze, die Särge, Kakteen, die Totembäume und Kupferpfennige, die Schilde sind. Am Wäscheschrank der Mutter, an der Bücherei des Vaters, da hilft das Kind schon längst, wenn es im eigenen Revier noch immer der unstete, streitbare Gast ist.

VERSTECKTES KIND. Es kennt in der Wohnung schon alle Verstecke und kehrt darein wie in ein Haus zurück, wo man sicher ist, alles beim alten zu finden. Ihm klopft das Herz, es hält seinen Atem an. Hier ist es in die Stoffwelt eingeschlossen. Sie wird ihm ungeheuer deutlich, kommt ihm sprachlos nah. So wird erst einer, den man aufhängt, inne, was Strick und Holz sind. Das Kind, das hinter der Portiere steht, wird selbst zu etwas Wehendem und Weißem, zum Gespenst. Der Esstisch, unter den es sich gekauert hat, lässt es zum hölzernen Idol des Tempels werden, wo die geschnitzten Beine die vier Säulen sind. Und hinter einer Türe ist es selber Tür, ist mit ihr angetan als schwerer Maske und wird als Zauberpriester alle behexen, die ahnungslos eintreten. Um keinen Preis darf es gefunden werden. Wenn es Gesichter schneidet, sagt man ihm, braucht nur die Uhr zu schlagen und es muss so bleiben. Was Wahres daran ist, das weiß es im Versteck. Wer es entdeckt, kann es als Götzen unterm Tisch erstarren machen, für immer als Gespenst in die Gardine es verweben, auf Lebenszeit es in die schwere Tür bannen. Es lässt darum mit einem lauten Schrei den Dämon, der es so verwandelte, damit man es nicht findet, ausfahren, wenn es der Suchende fasst – ja, wartet diesen Augenblick nicht ab, greift ihm mit einem Schrei der Selbstbefreiung vor. Darum wird es den Kampf mit dem Dämon nicht müde. Die Wohnung ist dabei das Arsenal der Masken. Doch einmal jährlich liegen an geheimnisvollen Stellen, in ihren leeren Augenhöhlen, ihrem starren Mund, Geschenke. Die magische Erfahrung wird Wissenschaft. Das Kind entzaubert als ihr Ingenieur die düstere Elternwohnung und sucht Ostereier.

*

Antiquitäten

MEDAILLON. An allem, was mit Grund schön genannt wird, wirkt paradox, dass es erscheint.

GEBETMÜHLE. Lebendig nährt den Willen nur das vorgestellte Bild. Am bloßen Wort dagegen kann er sich zu höchst entzünden, um dann brandig fort zu schwelen. Kein heiler Wille ohne die genaue bildliche Vorstellung. Keine Vorstellung ohne Innervation. Nun ist der Atem· deren allerfeinste Regulierung. Der Laut der Formeln ist ein Kanon dieser Atmung. Daher die Praxis der über den heiligen Silben atmend metidierenden Yoga. Daher ihre Allmacht.

ANTIKER LÖFFEL. Eins ist den größten Epikern vorbehalten: ihre Helden füttern zu können.

ALTE LANDKARTE. In einer Liebe suchen die meisten ewige Heimat. Andere, sehr wenige aber das ewige Reisen. Diese letzten sind Melancholiker, die da Berührung mit der Muttererde zu scheuen haben. Wer die Schwermut der Heimat von ihnen fern hielte, den suchen sie. Dem halten sie Treue. Die mittelalterlichen Komplexionenbücher wissen um die Sehnsucht dieses Menschenschlages nach weiten Reisen.

FÄCHER. Man wird folgende Erfahrung gemacht haben: liebt man jemanden, ist man sogar nur intensiv mit ihm beschäftigt, so findet man beinah in jedem Buche sein Porträt. Ja er erscheint als Spieler und als Gegenspieler. In den Erzählungen, Romanen und Novellen begegnet er in immer neuen Verwandlungen. Und hieraus folgt: das Vermögen der Phantasie ist die Gabe, im unendlich Kleinen zu interpolieren, jeder Intensität als Extensivem ihre neue gedrängte Fülle zu erfinden, kurz, jedes Bild zu nehmen, als sei es des zusammengelegten Fächers, das erst in der Entfaltung

Atem holt und mit der neuen Breite die Züge des geliebten Menschen in seinem Innern aufführt.

RELIEF. Man ist zusammen mit der Frau, die man liebt, man spricht mit ihr. Dann, Wochen oder Monate später, wenn man von ihr getrennt ist, kommt einem wieder, wovon damals die Rede war. Und nun liegt das Motiv banal, grell, untief da, und man erkennt: nur sie, die sich aus Liebe tief darüber neigte, hat es vor uns beschattet und geschützt, dass wie ein Relief in allen Falten und in allen Winkeln der Gedanke lebte. Sind wir allein, wie jetzt, so liegt er flach, trost-, schattenlos im Lichte unserer Erkenntnis.

TORSO. Nur wer die eigene Vergangenheit als Ausgeburt des Zwanges und der Not zu betrachten wüsste, der wäre fähig, sie in jeder Gegenwart aufs höchste für sich wert zu machen. Denn was einer lebte, ist bestenfalls der schönen Figur vergleichbar, der auf Transporten alle Glieder abgeschlagen wurden, und die nun nichts als den kostbaren Block abgibt, aus dem er das Bild seiner Zukunft zu hauen hat.

Uhren und Goldwaren

Wer den Sonnenaufgang wachend, bekleidet, auf einer Wanderung etwa, vor sich sieht, behält tagsüber vor allen anderen die Souveränität eines unsichtbar Gekrönten und wem er unter der Arbeit hereinbrach, dem ist um Mittag, als hätte er sich die Krone selbst aufgesetzt.

Als Lebensuhr, auf der die Sekunden nur so dahineilen, hängt über den Romanfiguren die Seitenzahl. Welcher Leser hätte nicht schon einmal flüchtig, geängstigt zu ihr aufgeblickt?

Ich träumte, mit Roethe gehe ich – neugebackener Privat-
dozent – in kollegialer Unterhaltung durch die weiten Räume
eines Museums, dessen Vorsteher er ist. Während er in einem
Nebenraum mit einem Angestellten sich unterhält, trete ich
vor eine Vitrine. In ihr steht neben anderen, wohl kleineren Gegenständen, die verstreut sind, die metallische oder
emaillierte, trübe das Licht spiegelnde, fast lebensgroße Büste
einer Frau, nicht unähnlich der sogenannten Leonardoschen
Flora im Berliner Museum. Der Mund dieses Goldhaupts ist
geöffnet und über die Zähne des Unterkiefers sind Schmuck-
sachen, die zum Teil aus dem Munde heraushängen, in wohl-
gemessenen Abständen gebreitet. Mir war nicht zweifelhaft,
dass das eine Uhr sei. – (Motive des Traums: Der Schamröte;
Morgenstunde hat Gold im Munde; „La tête, avec l'amas de
sa crinière sombre/ Et de ses bijoux précieux, / Sur la table de
nuit, comme une renoncule, / Repose". Baudelaire.)

Bogenlampe

Einen Menschen kennt einzig nur der, welcher ohne Hoffnung ihn liebt.

Loggia

GERANIE. Zwei Menschen, die sich lieben, hängen über
alles an ihren Namen.
KARTHÄUSERNELKE. Dem Liebenden erscheint der
geliebte Mensch immer einsam.
ASPHODELOS. Wer geliebt wird, hinter dem schließt
der Abgrund des Geschlechts sich wie der der Familie.

KAKTEENBLÜTE. Der wahre Liebende freut sich, wenn der geliebte Mensch streitend im Unrecht ist.

VERGISSMEINNICHT. Erinnerung sieht den geliebten Menschen stets verkleinert.

BLATTPFLANZE. Tritt ein Hindernis vor die Vereinigung, so ist alsbald die Phantasie eines wunschlosen Beisammenseins im Alter zur Stelle.

Fundbüro

VERLORENE GEGENSTÄNDE. Was den allerersten Anblick eines Dorfs, einer Stadt in der Landschaft so unvergleichlich und so unwiederbringlich macht, ist, dass in ihm die Ferne in der strengsten Bindung an die Nähe mitschwingt. Noch hat Gewohnheit ihr Werk nicht getan. Beginnen wir erst einmal uns zurechtzufinden, so ist die Landschaft mit einem Schlage verschwunden wie die Fassade eines Hauses wenn wir es betreten. Noch hat diese kein Übergewicht durch die stete, zur Gewohnheit gewordene Durchforschung erhalten. Haben wir einmal begonnen, im Ort uns zurechtzufinden, so kann jenes früheste Bild sich nie wieder herstellen.

GEFUNDENE GEGENSTÄNDE. Die blaue Ferne, die da keiner Nähe weicht und wiederum heim Näherkommen nicht zergeht, die nicht breitspurig und langatmig heim Herantreten daliegt, sondern nur verschlossener und drohender einem sich aufhaut, ist die gemalte Ferne der Kulisse. Das gibt den Bühnenbildern ihren unvergleichlichen Charakter.

Halteplatz für nicht mehr als 3 Droschken

Ich stand an einer Stelle zehn Minuten und wartete auf
einen Omnibus. „L'Intran … Paris-Soir … La Liberté" rief
hinter mir ununterbrochen mit unverändertem Tonfall eine
Zeitungsfrau. „L'Intran … Paris-Soir … La Liberté" -- eine
Zuchthauszelle von dreieckigem Grundriss. Ich sah vor mir,
wie leer es in den Winkeln aussah.

Ich sah im Traum „ein verrufenes Haus". „Ein Hotel,
in dem ein Tier verwöhnt ist. Es trinken fast alle nur verwöhntes Tierwasser:" Ich träumte in diesen Worten und fuhr
sofort wieder auf. Vor übergroßer Ermüdung hatte ich im
erhellten Zimmer mich in Kleidern aufs Bett geworfen und
war sogleich, für einige Sekunden, eingeschlafen.

Es gibt in Mietskasernen eine Musik von so todestrauri-
ger Ausgelassenheit, dass man nicht glauben will, sie sei für
den, der spielt: es ist Musik für die möblierten Zimmer, wo
einer sonntags in Gedanken sitzt, die bald mit diesen Noten
sich garnieren wie eine Schüssel überreifes Obst mit welken
Blättern.

Kriegerdenkmal

KARL KRAUS. Nichts trostloser als seine Adepten, nichts
gottverlassener als seine Gegner. Kein Name, der geziemen-
der durch Schweigen geehrt würde. In einer uralten Rüs-
tung, ingrimmig grinsend, ein chinesisches Idol, in beiden
Händen die gezückten Schwerter schwingend, tanzt er den
Kriegstanz vor dem Grabgewölbe der deutschen Sprache. Er,
der „nur einer von den Epigonen, die in dem alten Haus der
Sprache wohnen", ist zum Beschließer ihrer Gruft geworden.

In Tag- und Nachtwachen harrt er aus. Kein Posten ist je
treuer gehalten worden und keiner je war verlorener. Hier
steht, der aus dem Tränenmeere seiner Mitwelt schöpft wie
eine Danaide, und dem der Fels, der seine Feinde begraben
soll, aus den Händen rollt wie dem Sisyphos. Was hilfloser
als seine Konversion? Was ohnmächtiger als seine Humanität? Was hoffnungsloser als sein Kampf mit der Presse? Was
weiß er von den wahrhaft ihm verbündeten Gewalten? Doch
welches Sehertum der neuen Magier lässt sich vergleichen
mit dem Lauschen dieses Zauberpriesters, dem eine abge-
schiedene Sprache selbst die Worte eingibt? Wer hat je einen
Geist beschworen wie Kraus in den „Verlassenen", als ob sie
vordem nie gedichtet worden wäre, die" Selige Sehnsucht"?
So hilflos wie nur Geisterstimmen sich hören lassen, sagt
das Raunen aus einer chthonischen Tiefe der Sprache ihm
wahr. Jedweder Laut ist unvergleichlich echt, aber sie alle
lassen ratlos wie Geisterrede. Blind wie die Manen ruft die
Sprache ihn zur Rache auf, borniert wie Geister, die nur die
Blutstimme kennen, denen gleich ist, was sie im Reiche der
Lebenden anstiften. Aber er kann nicht irren. Unfehlbar sind
ihre Mandate. Wer ihm in den Arm läuft, ist schon gerichtet:
sein Name selber wird in diesem Mund zum Urteil. Wenn
er ihn aufreißt, schlägt die farblose Flamme des Witzes ihm
über die Lippen. Und keiner, der die Wege des Lebens geht,
stieße auf ihn. Auf einem archaischen Felde der Ehre, einer
riesigen Walstatt blutiger Arbeit rast er vor einem verlassenen
Grabmonument. Die Ehren seines Todes werden unermess-
lich, die letzten sein, die vergeben werden.

Feuermelder

Die Vorstellung vom Klassenkampf kann irreführen. Es handelt sich in ihm nicht um eine Kraftprobe, in der die Frage: wer siegt, wer unterliegt? entschieden würde, nicht um ein Ringen, nach dessen Ausgang es dem Sieger gut, dem Unterlegenen aber schlecht gehen wird. So denken, heißt die Fakten romantisch vertuschen. Denn mag die Bourgeoisie im Kampfe siegen oder unterliegen, sie bleibt zum Untergange durch die inneren Widersprüche, die ihr im Laufe der Entwicklung tödlich werden, verurteilt. Die Frage ist nur, ob sie an sich selber oder durch das Proletariat zugrunde geht. Bestand oder das Ende einer dreitausendjährigen Kulturentwicklung werden durch die Antwort darauf entschieden. Geschichte weiß nichts von der schlechten Unendlichkeit im Bilde der beiden ewig ringenden Kämpfer. Nur in Terminen rechnet der wahre Politiker. Und ist die Abschaffung der Bourgeoisie nicht bis zu einem fast berechenbaren Augenblick der wirtschaftlichen und technischen Entwicklung vollzogen (Inflation und Gaskrieg signalisieren ihn), so ist alles verloren. Bevor der Funke an das Dynamit kommt, muss die brennende Zündschnur durchschnitten werden. Eingriff, Gefahr und Tempo des Politikers sind technisch – nicht ritterlich.

Reiseandenken

ATRANI. Die sacht ansteigende geschweifte Barocktreppe zur Kirche. Das Gitter hinter der Kirche. Die Litaneien der alten Frauen beim Ave Maria: Einschulung in die erste Sterbeklasse. Wenn man sich umwendet, grenzt dann die

Kirche wie Gott selber ans Meer. Allmorgendlich bricht die
christliche Ära den Fels an, aber zwischen den Mauern darunter zerfällt immer wieder die Nacht in die vier alten römischen Viertel. Gassen wie Luftschächte. Auf dem Marktplatz
ein Brunnen. Am Spätnachmittag Weiber herum. Dann einsam: archaisches Plätschern.

MARINE. Die Schönheit großer Segelschiffe ist einziger
Art. Denn sie sind nicht allein in ihrem Umriss durch Jahrhunderte unverändert geblieben, sondern erscheinen in der
unwandelbarsten Landschaft: auf der See gegen den Horizont abgehoben.

VERSAILLES FASSADE. Es ist, als habe man dies
Schloss vergessen, wo man es vor so und so viel hundert
Jahren Par Ordre Du Roi nur auf zwei Stunden als das Ver-
satzstück einer Feerie hingestellt hat. Von seinem Glanz behält es nichts für sich, es gibt ihn ungeteilt an jene königliche
Lage, die mit ihm abschließt. Vor diesem Hintergrund wird
sie zur Bühne, auf der die absolute Monarchie als allegori-
sches Ballett tragiert ward. Doch heute ist es nur die Wand,
deren Schatten man aufsucht, um den Fernblick ins Blau zu
genießen, das Le Notre erschuf.

HEIDELBERGER SCHLOSS. Ruinen, deren Trümmer
gegen den Himmel ragen, erscheinen bisweilen doppelt
schön an klaren Tagen, wenn der Blick in ihren Fenstern
oder zu Häupten den vorüberziehenden Wolken begegnet.
Die Zerstörung bekräftigt durch das vergängliche Schauspiel, das sie am Himmel eröffnet, die Ewigkeit dieser Trümmer.

SEVILLA ALCAZAR. Eine Architektur, die dem ersten
Zuge der Phantasie folgt. Sie ist durch praktische Bedenken
ungebrochen. Nur Träume und Feste, deren Erfüllung, sind
in den hohen Gemächern vorgesehen. Darinnen werden

Reiseandenken

Tanz und Schweigen Leitmotiv, weil alle menschliche Bewegung vom stillen Getümmel des Ornamentes eingesogen wird.

MARSEILLE KATHEDRALE. Auf dem menschenleersten, sonnigsten Platz steht die Kathedrale. Hier ist es ausgestorben, trotzdem im Süden, zu ihren Füßen, La Joliette, der Hafen, im Norden ein Proletarierviertel dicht anstößt. Als Umschlagplatz für ungreifbare, undurchschaubare Ware steht da das öde Bauwerk zwischen Mole und Speicher. An vierzig Jahre hat man darangesetzt. Doch als dann 1893 alles fertig war, da hatten Ort und Zeit an diesem Monument sich gegen Architekten und Bauherrn siegreich verschworen und aus den reichen Mitteln des Klerus war ein Riesenbahnhof entstanden, der niemals dem Verkehr konnte übergeben werden. An der Fassade sind die Wartesäle im Innern kenntlich, wo Reisende I.-IV. Klasse (doch vor Gott sind sie alle gleich), eingeklemmt wie zwischen Koffer in ihre geistige Habe, sitzen und in Gesangbüchern lesen, die mit ihren Konkordanzen und Korrespondenzen den internationalen Kursbüchern sehr ähnlich sehen. Auszüge aus der Eisenbahnverkehrsordnung hängen als Hirtenbriefe an den Wänden, Tarife für den Ablass auf die Sonderfahrten im Luxuszug des Satan werden eingesehen und Kabinette, wo der Weitgereiste diskret sich reinwaschen kann, als Beichtstühle in Bereitschaft gehalten. Das ist der Religionsbahnhof zu Marseille. Schlafwagenzüge in die Ewigkeit werden zur Messezeit hier abgefertigt.

FREIBURGER MÜNSTER. Mit dem eigensten Heimatgefühl einer Stadt verbindet sich für ihren Bewohner – ja vielleicht noch für den verweilenden Reisenden in der Erinnerung – der Ton und der Abstand, mit dem der Schlag ihre Turmuhren anhebt.

MOSKAU BASILIUS-KATHEDRALE. Was die byzantinische Madonna im Arm hat ist nur eine hölzerne Puppe in Lebensgröße: Ihr Schmerzensausdruck vor einem Christus, dessen Kindsein nur angedeutet, nur vertreten bleibt, ist intensiver, als sie je mit einem lebenswahren Knabenbilde ihn zur Schau tragen könnte.

BOSCOTRECASE. Vornehmheit der Pinienwälder : ihr Dach ist ohne Verflechtungen gebildet.

NEAPEL MUSEO NATIONALE. Archaische Statuen tragen im Lächeln das Bewusstsein ihres Leibes dem Betrachter entgegen wie ein Kind die frisch gepflückten Blumen ungebunden und zerstreut uns entgegen hebt, während die spätere Kunst strenger die Mienen schürzt, gleich dem Erwachsenen, der mit schneidenden Gräsern den dauernden Strauß flicht.

FLORENZ BAPTISTERIUM. Auf dem Portal die „Spes" Andrea de Pisanos. Sie sitzt und hilflos erhebt sie die Arme nach einer Frucht, die ihr unerreichbar bleibt. Dennoch ist sie geflügelt. Nichts ist wahrer.

HIMMEL. Im Traume trat ich aus einem Hause und erblickte den Nachthimmel. Ein wildes Glänzen ging von ihm aus. Denn, ausgestirnt wie er war, standen die Bilder, nach denen man Sterne zusammenfügt, in sinnlicher Gegenwart da. Ein Löwe, eine Jungfrau, eine Wage und viele andere starrten, als dichte Sternhaufen, auf die Erde herunter. Kein Mond war zu sehen.

Optiker

Im Sommer fallen die dicken Leute auf, im Winter die dünnen.

Im Frühling gewahrt man bei hellem Sonnenwetter das junge Laub, im kalten Regen die noch unbelaubten Äste.

Wie ein gastlicher Abend verlaufen ist, das sieht an der Stellung der Teller und Tassen, der Becher und Speisen, wer zurückblieb, auf einen Blick.

Grundsatz der Werbung: sich siebenfach machen; siebenfach sich um die stellen, die man begehrt.

Der Blick ist die Neige des Menschen.

Spielwaren

MODELLIERBILDERBOGEN. Buden haben wie große schwankende Kähne zu beiden Seiten die steinerne Mole angelaufen, auf der die Leute sich schieben. Es gibt Segler, die Masten aufragen lassen, an denen die Wimpel herunterhängen, Dampfer, aus deren Schornsteinen Rauch steigt, Lastkähne, die ihre Ladung lange verstaut halten. Darunter sind Schiffe, in deren Bauch man verschwindet; nur Männer dürfen hinunter, aber man sieht durch Luken hindurch Frauenarme, Schleier und Pfauenfedern. Anderswo stehen Fremdlinge auf dem Verdeck und scheinen mit exzentrischer Musik das Publikum abschrecken zu wollen. Aber wie gleichgültig wird es nicht empfangen. Man steigt zögernd hinauf, mit breitem, wiegendem Gange wie über Schiffstreppen, und bleibt, solange man oben ist, gewärtig, dass sich das Ganze vom Ufer ablöst. Die schweigsam und benommen dann wieder auftauchen, haben auf roten Skalen, wo gefärbter Weingeist auf- und absteigt, die eigene Ehe werden und vergehen sehen; der gelbe Mann, der unten anfing zu werben, verließ am oberen Ende dieses Maßstabs die blaue Frau. In Spiegel haben sie geblickt, wo ihnen wässerig der Boden unter den Füßen fortschwamm und sind über rollende Treppen ins Freie gestolpert. Unruhe bringt die Flotte übers Quartier: Frauen und Mädchen da drinnen sind frech aufgelegt und alles Essbare wurde im Schlaraffenland selber verladen. Man ist so gänzlich durch das Weltmeer abgeschnitten, dass alles wie zum ersten- und zum letzten Mal zugleich hier angetroffen wird. Seelöwen, Zwerge und Hunde sind wie in einer Arche aufbewahrt. Sogar die Eisenbahn ist ein für allemal hier eingebracht und fährt auf ihrem Kreislauf immer wieder durch einen Tunnel. Für einige Tage ist das Quartier zur Hafenstadt einer Südseeinsel geworden und die Bewohner Wilde, welche in Begier und Staunen vor dem vergehen, was Europa ihnen vor die Füße wirft.

SCHIESSSCHEIBEN. Schießbudenlandschaften müssten, in einem Korpus gesammelt, beschrieben werden. Da war eine Eiswüste, von der an vielen Stellen weiße Tonpfeifenköpfe, die Zielpunkte, strahlenförmig gebündelt, sich abhoben. Hinten, vor einem unartikulierten Streifen Waldes, waren zwei Förster aufgemalt, ganz vorn, gleichsam Versatzstücke, zwei Sirenen mit provozierenden Brüsten in Ölfarbe. Anderswo sträuben sich Pfeifen im Haar von Frauen, die selten mit Röcken gemalt sind, meist in Trikots. Oder sie gehen aus einem Fächer hervor, den sie in der Hand entfalten. Bewegliche Pfeifen drehen sich langsam im hinteren Grunde der „Tirs aux Pigeons". Andere Buden präsentieren Theater, in denen der Beschauer mit der Flinte Regie führt. Trifft er ins Schwarze, dann fängt die Vorstellung an. So waren einmal sechsunddreißig Kästen und überm Bühnenrahmen stand bei jedem, was man dahinter zu erwarten hatte: „Jeanne d'Arc en prison", „L'hospitalité", „Les rues de Paris". Aus einer anderen Bude: „Exécution capitale". Vor dem verschlossenen Tore eine Guillotine, ein Richter im schwarzen Talar und ein Geistlicher, welcher das Kreuz hält. Trifft der Schuss, geht das Tor auf, ein Holzbrett schiebt sich vor, auf dem der Delinquent zwischen zwei Schergen steht. Er legt sich automatisch unters Fallbeil und der Kopf wird ihm abgehauen. Dieselbe: „Les délices du mariage". Ein kümmerliches Interieur eröffnet sich. Den Vater sieht man mitten in der Stube, er hält ein Kind auf den Knien, mit seiner freien Hand schaukelt er die Wiege, in welcher noch eines liegt. „L'enfer" – wenn ihre Pforten auseinandergehen, erblickt man einen Teufel, welcher eine arme Seele quält. Daneben drängt ein anderer einen Pfaffen auf den Kessel zu, in welchem die Verdammten schmoren müssen. „Le bagne" – ein Tor, davor ein Gefängniswärter. Wenn man getroffen hat, zieht er an einer Glocke. Es klingelt, das Tor geht auf. Man sieht zwei Sträflinge an einem großen Rade hantieren; sie scheinen es drehen zu müssen. Wieder eine andere Konstellation: ein Geiger mit seinem Tanzbär. Man schießt hinein und der Fiedelbogen bewegt sich. Der Bär schlägt mit einer Tatze die Pauke und hebt ein Bein. Man muss an das Märchen vom tapferen Schneiderlein denken, könnte auch Dornröschen mit einem Schusse wieder erweckt, Schneewittchen durch einen Schuss von dem Apfel befreit, Rotkäppchen in einem Schuss sich aufgelöst denken. Der Schuss schlägt märchenhaft, mit jener heilsamen Gewalt ins Dasein der Puppen ein, die den Ungetümen das Haupt vom Rumpfe haut und als Prinzessinnen sie entlarvt. So wie bei jenem großen aufschriftlosen Tor: wenn man gut gezielt hat, öffnet es sich und vor roten Plüschvorhängen steht ein Mohr, der sich leicht zu verneigen scheint. Er trägt vor sich her eine goldene Schüssel. Darauf liegen drei Früchte. Es öffnet die erste sich, und eine winzige Person steht drin und verbeugt sich. In der zweiten drehen sich tanzend zwei ebenso Winzige Puppen. (Die dritte tat sich nicht auf.) Darunter, vor dem Tisch, auf dem die sonstige Szenerie sich aufbaut, ein kleiner Reiter aus Holz mit der Überschrift: „Route minée". Trifft man ins Schwarze, so knallt es, und der Reiter mit seinem Pferd überschlägt sich, bleibt aber, wohlverstanden, auf ihm sitzen.

STEREOSKOP. Riga. Der tägliche Markt, die gedrängte Stadt aus niedrigen Holzbuden zieht auf der Mole, einem breiten, schmutzigen Steinwall ohne Speichergebäude sich am Wasser der Düna entlang. Kleine Dampfer, die oft kaum mit dem Schornstein über die Kaimauer reichen, haben die schwärzliche Zwergenstadt angelaufen. (Die größeren Schiffe liegen dünaabwärts.) Schmutzige Bretter sind der tonige Grund, auf dem, in der kalten Luft leuchtend, einige wenige Farben zergehen. An manchen Ecken stehen hier das ganze Jahr neben Fisch-, Fleisch-, Stiefelund Kleiderbaracken Kleinbürgerweiber mit den bunten Papierruten, die nach Westen nur um die Weihnachtszeit vordringen. Von der geliebtesten Stimme gescholten werden – so sind diese Ruten. Für wenige Santimes vielfarbige Strafbüschel. Am Ende der Mole liegt in hölzernen Schranken nur dreißig Schritt vom Wasser entfernt mit seinen rotweißen Bergen der _4.pfelmarkt. Die feilgebotenen Äpfel stecken im Stroh und die verkauften ohne Stroh in den Körben der Hausfrauen. Eine dunkelrote Kirche erhebt sich dahinter, die in der frischen Novemberluft gegen die Backen der Äpfel nicht aufkommt. – Mehrere Läden für Schifferbedarf in kleinen Häuschen unweit der Mole. Taue sind aufgemalt. Überall sieht man die Ware abgemalt auf Schildern oder auf die Hauswand gepinselt. Ein Geschäft in der Stadt hat auf der unverputzten Ziegelwand Koffer und Riemen überlebensgroß. Ein niedriges Eckhaus mit einem Laden für Korsetts und Damenhüte ist mit geputzten Damengesichtern und strengen Miedern auf ockergelbem Grunde bemalt. Im Winkel davor steht eine Laterne, die auf den Glasscheiben Ähnliches darstellt. Das Ganze ist wie die Fassade eines Phantasiebordells. Ein anderes Haus, ebenfalls unweit des Hafens, hat Zuckersäcke und Kohlen grau und schwarz plastisch auf grauer Hauswand. Schuhe irgendwo anders regnen aus Füllhörnern nieder. Eisenwaren sind bis ins einzelne, Hämmer, Zahnräder, Zangen und kleinste Schräubchen auf ein Schild gemalt, das wie eine Vorlage aus veralteten Kindermalbüchern aussieht. Mit solchen Bildern ist die Stadt durchsetzt: gestellt wie aus Schubladen. Dazwischen aber ragen viel hohe festungsartige, todtraurige Gebäude heraus, die alle Schrecken des Zarismus wachrufen.

UNVERKÄUFLICH. Mechanisches Kabinett auf dem Jahrmarkt zu Lucca. In einem langgestreckten symmetrisch geteilten Zelt ist die Ausstellung untergebracht. Einige Stufen führen herauf. Das Aushängeschild vertritt ein Tisch mit einigen unbeweglichen Puppen. Durch die rechte Öffnung betritt man das Zelt, durch die linke verlässt man es wieder. Im hellen Innenraume ziehen zwei Tische sich in die Tiefe. Sie stoßen an der inneren Längskante zusammen, sodass nur ein schmaler Raum für den Umgang bleibt. Beide Tische sind niedrig und glasgedeckt. Auf ihnen stehen die Puppen (zwanzig bis fünfundzwanzig Zentimeter hoch im Durchschnitt), während in ihrem unteren verdeckten Teile das Uhrwerk, das die Puppen treibt, vernehmbar tickt. Ein kleiner Tritt für Kinder läuft an den Kanten der Tische entlang.

An den Wänden sind Zerrspiegel. – Dem Eingang zunächst
sieht man Fürstlichkeiten. Jede macht irgendeine Bewegung:
die eine mit dem rechten oder linken Arm eine weitausho-
lende einladende Geste, die anderen eine Schwenkung der
gläsernen Blicke; manche rollen die Augen und rühren die
Arme zu gleicher Zeit. Franz Joseph, Pio IX., thronend und
flankiert von zwei Kardinälen, die Königin Elena von Italien, die Sultanin, Wilhelm I. zu Pferde, Napoleon In. klein
und kleiner noch Vittorio Emmanuele als Kronprinz stehen
da. Biblische Figurinen folgen, darauf die Passion. Herodes
befiehlt mit sehr mannigfachen Bewegungen des Hauptes
den Kindermord. Er öffnet weit den Mund und nickt dazu,
streckt den Arm aus und lässt ihn wieder fallen. Zwei Henker stehen vor ihm: der eine leerlaufend mit schneidendem
Schwert, ein enthauptetes Kind unterm Arm, der andere, im
Begriffe zuzustechen, steht, bis aufs Augenrollen, unbeweglich. Und zwei Mütter dabei: die eine unaufhörlich sacht
ihren Kopf schüttelnd wie eine Schwermütige, die andere
langsam, flehend die Arme hebend. – Die Nagelung ans
Kreuz. Dieses liegt am Boden. Die Schergen schlagen den
Nagel ein. Christus nickt. – Christus gekreuzigt, von dem
Essigschwamm getränkt, den ihm ein Kriegsknecht langsam, ruckweis reicht und augenblicklich wieder entzieht.
Der Heiland hebt dabei ganz wenig das Kinn. Von hinten
beugt ein Engel mit dem Kelch für Blut sich übers Kreuz,
führt ihn vor und zieht ihn dann, als wäre er gefüllt, zurück.
– Der andere Tisch zeigt genrehafte Bilder. Gargantua mit
Knödeln. Vor einem Teller schaufelt er mit beiden Händen
sie in den Mund, indem er abwechselnd den rechten und
den linken Arm hebt. Beide Hände halten je eine Gabel, an
der ein Kloß steckt. – Ein spinnendes Alpenfräulein. – Zwei
Affen, die Geige spielen. – Ein Zauberer hat zwei tonnen-

artige Behälter vor sich. Der rechte öffnet sich und daraus
taucht mit ihrem Oberkörper eine Dame. Sodann versinkt
sie. Es öffnet sich der linke: daraus hebt zu halber Höhe sich
ein Männerleib. Von neuem öffnet sich der rechte Behälter
und nun steigt da der Schädel eines Bocks mit dem Gesicht
der Dame zwischen den Hörnern hervor. Danach hebt es
sich links: ein Affe stellt sich statt des Mannes dar. Sodann
geht alles wieder von vorne an. – Ein anderer Zauberer: er
hat vor sich einen Tisch und hält je einen umgekehrten Becher in der rechten und linken Hand. Darunter erscheinen,
wie er abwechselnd den einen oder den anderen hebt, bald
ein Brot oder ein Apfel, eine Blume oder ein Würfel. – Der
Zauberbrunnen : kopfschüttelnd steht ein Bauernknabe vor
einem Ziehbrunnen. Ein Mädchen zieht und der unabge-
setzte dicke Strahl aus Glas rinnt aus der Brunnenöffnung.
– Die verzauberten Liebenden: Ein goldenes Gebüsch oder
eine goldene Flamme tut in zwei Flügeln sich auf. Darin
werden zwei Puppen sichtbar. Sie wenden die Köpfe einander zu und dann wieder ab, als sähen sie mit fassungslosem
Staunen sich an. – Unter allen Figuren ein kleines Papier mit
der Aufschrift. Das Ganze aus dem Jahre 1862.

Poliklinik

Der Autor legt den Gedanken auf den Marmortisch des
Cafés. Lange Betrachtung: denn er benutzt die Zeit, da noch
das Glas – die Linse, unter der er den Patienten vornimmt
– nicht vor ihm steht. Dann packt er sein Besteck allmählich aus: Füllfederhalter, Bleistift und Pfeife. Die Menge
der Gäste macht, amphitheatralisch angeordnet, sein klini-
sches Publikum. Kaffee, vorsorglich eingefüllt und ebenso

genossen, setzt den Gedanken unter Chloroform. Worauf
der sinnt, hat mit der Sache selbst nicht mehr zu tun, als
der Traum des Narkotisierten mit dem chirurgischen Eingriff. In den behutsamen Lineamenten der Handschrift wird
zugeschnitten, der Operateur verlagert im Innern Akzente,
brennt die Wucherungen der Worte heraus und schiebt als
silberne Rippe ein Fremdwort ein. Endlich näht ihm mit
feinen Stichen Interpunktion das Ganze zusammen und er
entlohnt den Kellner, seinen Assistenten, in bar.

Diese Flächen sind zu vermieten

Narren, die den Verfall der Kritik beklagen. Denn deren
Stunde ist längst abgelaufen. Kritik ist eine Sache des rechten
Abstands. Sie ist in einer Welt zu Hause, wo es auf Pers-
pektiven und Prospekte ankommt und einen Standpunkt
einzunehmen noch möglich war. Die Dinge sind indessen
viel zu brennend der menschlichen Gesellschaft auf den Leib
gerückt. Die ,Unbefangenheit', der ,freie Blick' sind Lüge,
wenn nicht der ganz naive Ausdruck planer Unzuständig-
keit geworden. Der heute Wesenhafteste, der merkantile
Blick ins Herz der Dinge heißt Reklame. Sie reißt den freien
Spielraum der Betrachtung nieder und rückt die Dinge so
gefährlich nah uns vor die Stirn, wie aus dem Kinorahmen
ein Auto, riesig anwachsend, auf uns zu zittert. Und wie das
Kino Möbel und Fassaden nicht in vollendeten Figuren einer
kritischen Betrachtung vorführt, sondern allein ihre sture,
sprunghafte Nähe sensationell ist, so kurbelt echte Reklame
die Dinge heran und hat ein Tempo, das dem guten Film
entspricht. Damit ist denn ,Sachlichkeit' endlich verabschie-
det, und vor den Riesenbildern an den Häuserwänden, wo

„Chlorodont" und „Sleipnir" für Giganten handlich liegen, wird die gesundete Sentimentalität amerikanisch frei, wie Menschen, welche nichts mehr rührt und anrührt, im Kino wieder das Weinen lernen. Für den Mann von der Straße aber ist es das Geld, das dergestalt die Dinge ihm nahe rückt, den schlüssigen Kontakt mit ihnen herstellt. Und der bezahlte Rezensent, der im Kunstsalon des Händlers mit Bildern manipuliert, weiß, wenn nicht Besseres so Wichtigeres von ihnen, als der Kunstfreund, der sie im Schaufenster sieht. Die Wärme des Sujets entbindet sich ihm und stimmt ihn gefühlvoll. – Was macht zuletzt Reklame der Kritik so überlegen? Nicht was die rote elektrische Laufschrift sagt – die Feuerlache, die auf dem Asphalt sie spiegelt.

Bürobedarf

Das Chefzimmer starrt von Waffen. Was als Komfort den Eintretenden besticht, das ist in Wahrheit ein kaschiertes Arsenal. Ein Telefon auf dem Schreibtisch schlägt alle Augenblicke an. Es fällt einem an der wichtigsten Stelle ins Wort und gibt dem Gegenüber Zeit, sich seine Antwort zurechtzulegen. Indessen zeigen Brocken vom Gespräch, wie viele Angelegenheiten hier verhandelt werden, die wichtiger sind als die, die an der Reihe ist. Man sagt sich das und langsam fängt man an, von seinem eigenen Standpunkte abzurutschen, Man beginnt sich zu fragen, von wem da die Rede ist, vernimmt mit Schrecken, dass der Unterredner morgen nach Brasilien fährt und ist bald mit der Firma derart solidarisch, dass die Migräne, über die er sich am Telefon beklagt, als bedauerliche Betriebsstörung (statt als Chance) verzeichnet wird. Gerufen oder ungerufen tritt die Sekretärin ein. Sie

65

ist sehr hübsch. Und ist ihr Brotherr gegen ihre Reize, sei's gefeit, sei's als Bewunderer längst mit ihr im Reinen, so wird der Neuling mehr als einmal nach ihr sehen, und sie versteht es, ihrem Chef zu Dank zu handeln. Sein Personal ist in Bewegung, Kartotheken aufzutischen, in denen der Gastfreund in den verschiedensten Zusammenhängen sich rubriziert weiß. Er beginnt zu ermüden. Der andere aber, der das Licht im Rücken hat, liest aus den Zügen des blendend bestrahlten Gesichts mit Befriedigung das ab. Auch der Sessel tut seine Wirkung; man sitzt darin so tief zurückgelehnt wie beim Dentisten und nimmt das peinliche Verfahren dann zuletzt noch für den ordnungsmäßigen Verlauf der Dinge. Eine Liquidation folgt früher oder später auch dieser Behandlung.

Stückgut: Spedition und Verpackung

Ich fuhr früh morgens mit dem Auto durch Marseille zur Bahn, und wie mir unterwegs bekannte Stellen, dann neue, unbekannte oder andere, die ich nur ungenau. erinnern konnte, aufstießen, wurde die Stadt ein Buch in meinen Händen, in das ich schnell noch ein paar Blicke warf, bevor es in der Kiste auf dem Speicher mir auf wer weiß wie lange aus den Augen kommen sollte.

Wegen Umbau geschlossen!

Im Traum nahm ich mir mit einem Gewehr das Leben. Als der Schuss fiel, erwachte ich nicht, sondern sah mich eine Weile als Leiche liegen. Dann erst wachte ich auf.

„Auglas"
Automatisches Restaurant

Dies ist der stärkste Einwand gegen die Lebeweise des Hagestolz: er nimmt einsam sein Essen. Einsam zu speisen macht leicht hart und roh. Wer es gewohnt ist, muss spartanisch leben, um nicht zu verkommen. Einsiedler haben, sei's nur darum, sich frugal beköstigt. Denn dem Essen wird nur in der Gemeinschaft sein Recht; es will geteilt und ausgeteilt sein, wenn es anschlagen soll. Gleichviel wem: früher bereicherte ein Bettler am Tisch jede Mahlzeit. Aufs Teilen und aufs Geben kommt alles an, nichts auf soziables Gespräch in der Runde. Erstaunlich ist aber wiederum, dass Geselligkeit kritisch wird ohne Speisen. Bewirtung nivelliert und verbindet. Der Graf von Saint Germain blieb nüchtern vor vollen Tafeln und schon auf diese Weise Herrscher im Gespräch. Wo aber jeder einzelne leer ausgeht, da kommen die Rivalitäten mit ihrem Streit.

Briefmarken-Handlung

Wer Stapel alter Briefschaften durchsieht, dem sagt oft eine Marke, die längst außer Kurs ist, auf einem brüchigen Umschlag mehr als Dutzende von durchlesenen Seiten. Manchmal begegnet man ihnen auf Ansichtskarten und weiß dann nicht, soll man sie ablösen oder soll man die Karte bewahren wie sie nun einmal ist, wie das Blatt eines alten Meisters, das auf der vorderen und der hinteren Seite zwei verschiedene gleich wertvolle Zeichnungen hat? Es gibt auch, in den Glaskästen von Cafés, Briefe, die etwas auf dem Kerbholz haben und vor aller Augen am Pranger stehen. Oder hat man sie deportiert und müssen sie in diesem Kasten Jahr und Tag auf einem gläsernen Salas y Gomez schmachten? Briefe, die lange uneröffnet blieben, bekommen etwas Brutales; sie sind Enterbte, die hämisch im Stillen Rache für lange Leidenstage schmieden. Viele von ihnen stellen später in den Fenstern der Briefmarkenhändler die über und über von Stempeln gebrandmarkten Ganzsachen dar.

Man weiß, es gibt Sammler, die sich nur mit gestempelten Marken befassen und viel fehlt nicht, so wollte man glau- ben, sie sind die einzigen, die ins Geheimnis eingedrungen sind. Sie halten sich an den okkulten Teil der Marke; an den Stempel. Denn der Stempel ist deren Nachtseite. Es gibt feierliche, die um das Haupt der Queen Victoria einen Heiligenschein und prophetische, die eine Märtyrerkrone um Humbert legen. Aber keine sadistische Phantasie reicht an die schwarze Prozedur heran, die mit Striemen die Gesichter bedeckt und durch das Erdreich ganzer Kontinente Spalten reißt wie ein Erdbeben. Und die perverse Freude am Kontrast dieses geschändeten Markenkörpers mit seinem weißen, spitzengarnierten Tüllkleid: der Zahnung. Wer Stempeln nachgeht, muss als Detektiv Signalements der verrufensten Postanstalten, als Archäologe die Kunst, den Torso fremdester Ortsnamen zu bestimmen, als Kabbalist das Inventar der Daten für ein ganzes Jahrhundert besitzen.

Briefmarken starren von Zifferchen, winzigen Buchstaben, Blättchen und Äuglein. Sie sind graphische Zellengewebe. Das alles wimmelt durcheinander und lebt, wie niedere Tiere, selbst zerstückelt fort. Darum macht man aus Briefmarkenteilchen, die man zusammenklebt, so wirksame Bilder. Aber auf ihnen hat Leben immer den Einschlag von Verwesung zum Zeichen, dass es aus Abgestorbenem sich zu-

sammensetzt. Ihre Porträts und obszönen Gruppen stecken
voller Gebeine und Würmerhaufen.

Bricht in der Farbenfolge der langen Sätze sich vielleicht
das Licht einer fremden Sonne? Wurden in den Postminis-
terien des Kirchenstaats oder von Ecuador Strahlen aufge-
fangen, die wir andern nicht kennen? Und warum zeigt man
uns nicht die Marken der besseren Planeten? Die tausend
Stufen von Feuerrot, die auf der Venus in Umlauf sind und
die vier großen grauen Werte vom Mars und die zifferlosen
Saturnmarken?

Länder und Meere sind auf Marken nur die Provinzen,
Könige nur die Söldner der Ziffern, die nach Gefallen ihre
Farbe über sie ausgießen. Briefmarkenalben sind magische
Nachschlagewerke, die Zahlen der Monarchen und Paläste,
der Tiere und Allegorien und Staaten sind in ihnen nieder-
gelegt. Der Postverkehr beruht auf deren Harmonie wie auf
den Harmonien der himmlischen Zahlen der Verkehr der
Planeten beruht.

Alte Groschenmarken, die im Oval nur ein oder zwei große Ziffern zeigen. Sie sehen aus wie jene ersten Fotos, aus
denen in den schwarz lackierten Rahmen Verwandte, die
wir niemals kannten, auf uns herabsehen: Verzifferte Groß-
tanten oder Voreltern. Auch Thurn und Taxis hat die großen
Ziffern auf den Marken; da sind sie wie verhexte Taxame-
ternummern. Man würde sich nicht wundern, wenn eines
Abends das Licht einer Kerze dahinter durchscheint. Dann
aber gibt es kleine Marken ohne Zahnung, ohne Angabe
einer Währung und eines Landes. Im dichten Spinnennetz
tragen sie nur eine Nummer. Das sind vielleicht die wahren
Schicksalslose.

Schriftzüge auf den türkischen Piastermarken sind wie die
schräg gestellte, allzu flotte, allzu blitzende Busennadel auf

69

der Krawatte eines gerissenen, halb nur europäisierten Kaufmanns aus Konstantinopel. Sie sind vom Schlage der postalischen Parvenus, der großen, schlechtgezähnten, schreienden Formate von Nicaragua oder Kolumbien, die sich zu Banknoten herausstaffieren.

Nachportomarken sind die Spirits unter den Briefmarken. Sie ändern sich nicht. Der Wechsel der Monarchen und Regierungsformen geht spurlos wie an Geistern an ihnen vorüber.

Das Kind sieht nach dem fernen Liberia durch ein verkehrt gehaltenes Opernglas: da liegt es hinter seinem Streifchen Meer mit seinen Palmen genau wie es Briefmarken zeigen. Mit Vasco da Gama segelt es um ein Dreieck, das gleichschenklig ist wie die Hoffnung und dessen Farben mit dem Wetter sich ändern. Reiseprospekt vom Kap der Guten Hoffnung. Wenn es den Schwan auf australischen Marken sieht, dann ist das, auch auf den blauen, grünen und braunen Werten, der schwarze Schwan, der nur in Australien vorkommt und hier auf den Gewässern eines Teiches als auf dem stillsten Ozean dahinzieht.

Marken sind die Visitenkarten, die die großen Staaten in der Kinderstube abgeben.

Als Gulliver bereist das Kind Land und Volk seiner Briefmarken. Erdkunde und Geschichte der Liliputaner, die ganze Wissenschaft des kleinen Volks mit allen ihren Zah- len und Namen wird ihm im Schlafe eingegeben. Es nimmt an ihren Geschäften teil, wohnt ihren purpurnen Volksversammlungen bei, sieht dem Stapellauf ihrer Schiffchen zu und feiert mit ihren gekrönten Häuptern, die hinter Hecke thronen, Jubiläen.

Es gibt bekanntlich eine Briefmarkensprache, die sich zur Blumensprache verhält wie das Morsealphabet zu dem

geschriebenen. Wie lange aber wird der Blumenflor zwischen den Telegraphenstangen noch leben? Sind nicht die
großen künstlerischen Marken der Nachkriegszeit mit ihren
vollen Farben schon die herbstlichen Astern und Dahlien
dieser Flora? Stephan, ein Deutscher, und nicht zufällig ein
Zeitgenosse Jean Pauls, hat in der sommerlichen Mitte des
neunzehnten Jahrhunderts diese Saat gepflanzt. Sie wird das
zwanzigste nicht überleben.

Si Parla Italiano

Ich saß nachts mit heftigen Schmerzen auf einer Bank. Mir
gegenüber auf einer zweiten nahmen zwei Mädchen Platz.
Sie schienen sich vertraut besprechen zu wollen und begannen zu flüstern. Niemand außer mir war in der Nähe,
und ich hätte ihr Italienisch nicht verstanden, so laut es sein
mochte. Nun konnte ich bei diesem unmotivierten Flüstern
in einer mir unzugänglichen Sprache mich des Gefühls nicht
erwehren, es lege sich um die schmerzende Stelle ein kühler
Verband.

Technische Nothilfe

Es gibt nichts Ärmeres als eine Wahrheit, ausgedrückt wie
sie gedacht ward. In solchem Fall ist ihre Niederschrift noch
nicht einmal eine schlechte Photographie. Auch weigert
sich die Wahrheit (wie ein Kind, wie eine Frau, die uns
nicht liebt) vorm Objektiv der Schrift, wenn wir uns unters
schwarze Tuch gekauert haben, still und recht freundlich zu
blicken. Jäh, wie mit einem Schlage will sie aus der Selbst-

versunkenheit gescheucht und sei es von Krawall, sei's von Musik, sei es von Hilferufen auf- geschreckt sein. Wer wollte die Alarmsignale zählen, mit denen das Innere des wahren Schriftstellers ausgestattet ist? Und ,Schreiben' heißt nichts anderes als sie in Funktion setzen. Dann fährt die süße Odaliske auf, reißt das Erste Beste an sich, was im Tohuwabohu ihres Boudoirs, unseres Gehirnkastens, ihr in die Hände fällt, nimmt's um und flüchtet so, unkenntlich fast, vor uns zu den Leuten. Wie wohl beschaffen muss sie aber sein und wie gesund gebaut, um so, verstellt, gehetzt, doch siegreich, liebenswürdig, unter sie zu treten.

Kurzwaren

Zitate in meiner Arbeit sind wie Räuber am Weg, die bewaffnet hervorbrechen und dem Müßiggänger die Überzeugung abnehmen.

Die Tötung des Verbrechers kann sittlich sein – niemals ihre Legitimierung.

Der Ernährer aller Menschen ist Gott und der Staat ihr Unterernährer.

Der Ausdruck der Leute, die sich in Gemäldegalerien bewegen, zeigt eine schlecht verhehlte Enttäuschung darüber, dass dort nur Bilder hängen.

Steuerberatung

Kein Zweifel: es besteht ein geheimer Zusammenhang zwischen dem Maß, der Güter und dem Maß des Lebens, will sagen, zwischen Geld und Zeit. Je nichtiger die Zeit eines Lebens erfüllt ist, desto brüchiger, vielgestaltiger, disparater sind seine Augenblicke, während die große Periode das Dasein des überlegenen Menschen bezeichnet. Sehr richtig schlägt Lichtenberg vor, vom Verkleinern der Zeit zu reden statt vom Verkürzen und derselbe bemerkt: „Ein paar Dutzend Millionen Minuten machen ein Leben von fünfundvierzig Jahren und etwas darüber." Wo ein Geld im Gebrauch ist, von dem ein Dutzend Millionen Einheiten nichts bedeutet, da wird das Leben nach Sekunden statt nach Jahren gezählt werden müssen, um als Summe respektabel zu erscheinen. Und demgemäß wird es verzettelt werden wie ein Bündel Banknoten: Österreich kann sich die Kronenrechnung nicht abgewöhnen.

Geld gehört mit Regen zusammen. Das Wetter selbst ist ein Index vom Zustande dieser Welt. Seligkeit ist wolkenlos, kennt kein Wetter. Es kommt auch ein wolkenloses Reich der vollkommenen Güter, auf die kein Geld fällt.

Es wäre eine beschreibende Analyse der Banknoten zu liefern. Ein Buch, dessen grenzenlose Kraft der Satire ihres gleichen nur in der Kraft seiner Sachlichkeit hätte. Denn nirgends mehr als in diesen Dokumenten gebärdet der Kapitalismus sich naiv in seinem heiligen Ernst. Was hier. an unschuldigen Kleinen um Ziffern spielt, als Göttinnen Gesetzestafeln hält und an gereiften Helden vor Münzeinheiten sein Schwert in die Scheide steckt, das ist eine Welt für sich: Fassadenarchitektur der Hölle. – Wenn Lichtenberg das Papiergeld verbreitet gefunden hätte, wäre der Plan dieses Werkes ihm nicht entgangen.

Rechtsschutz für Unbemittelte

VERLEGER: Meine Erwartungen sind aufs schwerste enttäuscht worden. Ihre Sachen haben gar keine Wirkung beim Publikum; sie ziehen nicht im Geringsten. Und ich habe an Ausstattung nicht gespart. Ich habe mich für Reklamen verausgabt. – Sie wissen, wie ich nach wie vor Sie schätze. Sie werden es mir aber nicht verdenken können, wenn nun auch mein kaufmännisches Gewissen sich regt. Wenn irgendeiner, tue ich für die Autoren, was ich kann. Aber schließlich habe ich auch für Frau und Kinder zu sorgen. Ich will natürlich nicht sagen, dass ich die Verluste der letzten Jahre Ihnen nachtrage. Aber das bittere Gefühl einer Enttäuschung wird bleiben. Zurzeit kann ich Sie leider absolut nicht weiter unterstützen.

AUTOR: Mein Herr! Warum sind Sie Verleger geworden? Das werden wir umgehend heraushaben. Vorher gestatten Sie mir aber eins: Ich figuriere in Ihrem Archiv als Nr. 27. Sie haben fünf meiner Bücher verlegt; das heißt, Sie haben fünfmal auf 27 gesetzt. Ich bedaure, dass 27 nicht rauskam. Übrigens haben Sie mich nur cheval gesetzt. Nur weil ich neben Ihrer Glückszahl 28 liege. – Warum Sie Verleger geworden sind, das wissen Sie nun. Sie hätten Ebenso gut einen honetten Lebensberuf ergreifen können wie Ihr Herr Vater. Aber immer in den Tag hinein – so ist die Jugend. Frönen Sie weiter Ihren Gewohnheiten. Aber vermeiden Sie es, als ehrlichen Kaufmann sich auszugeben. Setzen Sie keine Unschuldsmiene auf, wenn Sie alles verjeut haben; erzählen Sie nichts von Ihrem achtstündigen Arbeitstag und von der Nacht, in der Sie auch kaum noch zur Ruhe kommen. „Vor allem eins, mein Kind, sei treu und wahr!" Und machen Sie Ihren Nummern keine Szene! Sonst wird man Sie rausschmeißen!

Nachtglocke zum Arzt

Die sexuelle Erfüllung entbindet den Mann von seinem Geheimnis, das in Sexualität nicht besteht, in ihrer Erfüllung aber, und vielleicht in ihr allein, durchschnitten – nicht gelöst – wird. Es ist der Fessel zu vergleichen, die ihn an das Leben bindet. Die Frau durchschneidet sie, der Mann wird frei zum Tode, weil sein Leben das Geheimnis verloren hat. Damit gelangt er zur Neugeburt, und wie die Geliebte ihn vom Banne der Mutter befreit, so löst die Frau buchstäblicher von der Mutter Erde ihn, die Hebamme, welche jene Nabelschnur durchschneidet, die aus Naturgeheimnis geflochten ist.

Madame Ariane zweiter Hof links

Wer weise Frauen nach der Zukunft fragt, gibt ohne es zu wissen, eine innere Kunde vom Kommenden preis, die tausendmal präziser ist als alles, was er dort zu hören bekommt. Ihn leitet mehr die Trägheit als die Neugier und nichts sieht weniger dem ergebenen Stumpfsinn ähnlich, mit dem er der Enthüllung seines Schicksals beiwohnt, als der gefährliche, hurtige Handgriff, mit dem der Mutige die Zukunft stellt. Denn Geistesgegenwart ist ihr Extrakt; genau zu merken, was in der Sekunde sich vollzieht, entscheidender als Fernstes vorher zu wissen. Vorzeichen, Ahnungen, Signale gehen ja Tag und Nacht durch unsern Organismus wie Wellenstöße. Sie deuten oder sie nutzen, das ist die Frage. Beides aber ist unvereinbar. Feigheit und Trägheit raten das eine, Nüchternheit und Freiheit das andere. Denn ehe solche Prophezeiung oder Warnung ein Mittelbares, Wort oder Bild, ward, ist ihre beste Kraft schon abgestorben, die Kraft, mit der sie uns im Zentrum trifft und zwingt, kaum wissen wir es, wie, nach ihr zu handeln. Versäumen wir's, dann, und nur dann, entziffert sie sich. Wir lesen sie. Aber nun ist es zu spät. Daher, wenn unversehens Feuer ausbricht oder aus heiterm Himmel eine Todesnachricht kommt, im ersten stummen Schrecken ein Schuldgefühl, der gestaltlose Vorwurf: Hast du im Grunde nicht darum gewusst? Klang nicht, als du zum letzten Male von dem Toten sprachst, sein Name in deinem Munde schon anders? Winkt dir nicht aus den Flammen Gestern-Abend, dessen Sprache du jetzt erst verstehst? Und ging ein Gegenstand, der dir lieb war, verloren, war dann nicht Stunden, Tage vorher schon ein Hof, Spott oder Trauer, um ihn, der es verriet? Wie ultraviolette Strahlen zeigt Erinnerung im Buch des Lebens jedem eine Schrift, die unsichtbar, als Prophetie, den Text glossierte. Aber nicht ungestraft vertauscht man die Intentionen, liefert das ungelebte Leben an Karten, Spirits, Sterne aus, die es in einem Nu verleben und vernutzen, um es geschändet uns zurückzustellen; betrügt nicht ungestraft den Leib um seine Macht, mit den Geschicken sich auf seinem eigenen Grund zu messen und zu siegen. Der Augenblick ist das kaudinische Joch, unter dem sich das Schicksal ihm beugt. Die Zukunftsdrohung ins erfüllte Jetzt zu wandeln, dies einzig wünschenswerte telepathische Wunder ist Werk leibhafter Geistesgegenwart. Urzeiten, da ein solches Verhalten in den alltäglichen Haushalt des Menschen gehörte, gaben im nackten Leibe ihm das verlässlichste Instrument der Divination. Noch die Antike kannte die wahre Praxis, und Seipio, der Karthagos Boden strauchelnd betritt, ruft, weit im Sturze die Arme breitend, die Siegeslosung : Teneo te, Terra Africana! Was Schreckenszeichen, Unglücksbild hat werden wollen, bindet er leibhaft an die Sekunde und macht sich selber zum Faktotum seines Leibes. Eben darin haben von jeher die alten asketischen Übungen des Fastens, der Keuschheit, des Wachens ihre höchsten Triumphe gefeiert. Der Tag liegt jeden Morgen wie ein frisches Hemd auf unserm *Bett;* dies unvergleichlich feine, unvergleichlich dichte Gewebe reinlicher Weissagung sitzt uns wie angegossen. Das Glück der nächsten vierundzwanzig Stunden hängt daran, dass wir es im Erwachen aufzugreifen wissen.

Masken-Garderobe

Wer eine Todesnachricht überbringt, erscheint sich sehr wichtig. Sein Gefühl macht ihn – selbst wider allen Verstand – zum Botschafter aus dem Reiche der Toten. Denn die Gemeinschaft aller Toten ist so riesig, dass sogar der, der nur vom Tod berichtet, sie verspürt. ,Ad plures ire' hieß bei den Lateinern sterben.

In Bellinzona bemerkte ich drei Geistliche in der Wartehalle des Bahnhofs. Sie saßen auf einer Bank schräg gegenüber von meinem Platz. Ich beobachtete hingegeben die Geste dessen, der in der Mitte saß und durch ein rotes Käppchen vor seinen Brüdern ausgezeichnet war. Er spricht zu ihnen, indem er die Hände über dem Schoß gefaltet hält und nur ab und zu die eine oder die andere ganz wenig hebt und bewegt. Ich denke: Die rechte Hand muss immer wissen, was die Linke tut.

Wer kam nicht schon einmal aus der Metro ins Freie und war betroffen, oben in das volle Sonnenlicht zu treten. Und dennoch schien die Sonne vor ein paar Minuten, als er hinunterstieg, genau so hell. So schnell hat er das Wetter auf der

Oberwelt vergessen. So schnell wird wiederum sie selber ihn vergessen. Denn wer kann mehr von seinem Dasein sagen, als dass er zwei, drei andern durch ihr Leben so zärtlich und so nah wie das Wetter gezogen ist.

Immer wieder, bei Shakespeare, bei Calderon füllen Kämpfe den letzten Akt und Könige, Prinzen, Knappen und Gefolge ‚treten fliehend auf'. Der Augenblick, da sie Zuschauern sichtbar werden, lässt sie einhalten. Der Flucht der dramatischen Personen gebietet die Szene halt. Ihr Eintritt in den Blickraum Unbeteiligter und wahrhaft Überlegener lässt die Preisgegebenen aufatmen und umfängt sie mit neuer Luft. Daher hat die Bühnenerscheinung der ‚fliehend' Auftretenden ihre verborgene Bedeutung. In das Lesen dieser Formel spielt die Erwartung von einem Orte, einem Licht oder Rampenlicht herein, in welchem auch unsere Flucht durch das Leben vor betrachtenden Fremdlingen geborgen wäre.

Wettannahme

Das bürgerliche Dasein ist das Regime der Privatangelegenheiten. Je wichtiger und folgenreicher eine Verhaltungsart ist, desto mehr enthebt es sie der Kontrolle. Politisches Bekenntnis, Finanzlage, Religion – das alles will sich verkriechen, und die Familie ist der morsche, finstere Bau, in dessen Verschlägen und Winkeln die schäbigsten Instinkte sich festgesetzt haben. Das Philisterium proklamiert restlose Privatisierung des Liebeslebens. So ist ihm Werbung zu einem stummen, verbissenen Vorgang unter vier Augen geworden, und diese durch und durch private, aller Verantwortung entbundene Werbung ist das eigentlich Neue am

„Flirt". Dagegen sind der proletarische und der feudale Typ sich darin gleich, dass in der Werbung sie viel weniger die Frau als ihre Konkurrenten überwinden. Das aber heißt die Frau viel tiefer respektieren als in ihrer ‚Freiheit', heißt ihr zu Willen sein, ohne sie zu befragen. Feudal und proletarisch ist die Verlegung der erotischen Akzente ins Öffentliche. Mit einer Frau bei der und der Gelegenheit sich zeigen, kann mehr bedeuten, als mit ihr zu schlafen. So liegt auch bei der Ehe der Wert nicht in der unfruchtbaren ‚Harmonie' der Gatten: als exzentrische Auswirkung ihrer Kämpfe und Konkurrenzen tritt, wie das Kind, so auch die geistige Gewalt der Ehe zutage.

Stehbierhalle

Matrosen kommen selten an Land; der Dienst auf hoher See ist Sonntagurlaub verglichen mit der Arbeit in Häfen, wo oft bei Tag und Nacht muss ein- und ausgeladen werden. Wenn dann der Landurlaub für einen Trupp auf ein paar Stunden kommt, ist es schon dunkel. Im besten Falle steht die Kathedrale als finsteres Massiv am Weg zur Wirtschaft. Das Bierhaus ist der Schlüssel jeder Stadt; zu wissen, wo es deutsches Bier zu trinken gibt, Länder- und Völkerkunde genug. Die deutsche Seemannskneipe rollt den nächtlichen Stadtplan auf: von dort bis zum Bordell, bis in die anderen Kneipen durchzufinden ist nicht schwel'. Ihr Name kreuzt seit Tagen in den Tischgesprächen. Denn wenn man einen Hafen verlassen hat, hisst einer nach dem anderen wie kleine Wimpel Spitznamen von Lokalen und von Tanzböden, von schönen Weihern und von Nationalgerichten aus dem nächsten. Aber wer weiß, ob man diesmal an Land kommt.

Drum sind schon, wenn das Schiff kaum eben deklariert
und angelaufen hat, Händler mit Andenken an Bord gekommen: Ketten und Ansichtskarten, Ölbilder, Messer und
Marmorfigürchen. Die Stadt wird nicht besichtigt sondern
eingekauft. Im Koffer des Matrosen liegt der Ledergurt aus
Hongkong neben dem Panorama von Palermo und einem
Mädchenfoto aus Stettin. Genau so ist ihr wirkliches Zuhause. Sie wissen nichts von einer Nebelferne, in der dem
Bürger fremde Welten liegen. Was sich in jeder Stadt am ersten durchsetzt, ist der Dienst an Bord und dann das deutsche
Bier, die englische Rasierseife und der holländische Tabak.
Bis in die Knochen ist die internationale Norm der Indust-
rie für sie präsent, sie sind nicht dupe der Palmen und Eis-
berge. Der Seemann hat die Nähe ,gefressen‘, und zu ihm
reden nur exakteste Nuancen. Er kann die Länder besser
nach der Zubereitung ihrer Fische als nach dem Hausbau
und Dekor der Landschaft unterscheiden. Er ist dermaßen
im Detail zu Hause, dass ihm im Ozean die Routen, wo er
andere Schiffe schneidet (und mit Sirenengeheul, die seiner
eigenen Firma begrüßt), lärmende Fahrstraßen werden, auf
denen man ausweichen muss. Er wohnt auf offenem Meer in
einer Stadt, wo auf der Marseillaiser Cannebière eine Kneipe
aus Port Said schräg gegenüber einem Hamburger Freuden-
haus und das Napoletanische Castel del Ovo auf der Plaza
Catalufia Barcelonas sich befindet. Bei Offizieren hat die
Heimatstadt noch den Primat. Dem Leichtmatrosen aber,
oder dem Heizer, den Leuten, deren transportierte Arbeitskraft im Schiffsrumpf Fühlung mit der Ware hält, sind die
verschränkten Häfen nicht einmal mehr Heimat sondern
Wiege. Und wenn man ihnen zuhört, wird man inne, welche
Verlogenheit im Reisen steckt.

Betteln und Hausieren verboten!

Den Bettler ehrten alle Religionen hoch. Denn er belegt, dass Geist und Grundsatz, Konsequenzen und Prinzip in einer so nüchternen und banalen als heiligen und lebenspendenden Sache, wie das Almosengeben es war, schmählich versagen.

Man führt Klage über die Bettler im Süden und man vergisst, dass ihr Beharren vor unserer Nase so gerechtfertigt ist, wie die Obstination des Gelehrten vor schwierigen Texten. Kein Schatten des Zögerns, kein leisestes Wollen oder Erwägen, das sie in unseren Mienen nicht ausspürten. Die Telepathie des Kutschers, der uns mit seinem Ruf erst deutlich macht, dass wir nicht abgeneigt zu fahren sind, des Krämers, der aus seinem Plunder die einzige Kette oder Kamee, die uns reizen könnte, heraushebt, sind vom gleichen Schlage.

Zum Planetarium

Wenn man, wie einst Hillel die jüdische Lehre, die Lehre der Antike in aller Kürze, auf einem Beine fußend, auszusprechen hätte, der Satz müsste lauten: „Denen allein wird die Erde gehören, die aus den Kräften des Kosmos leben." Nichts unterscheidet den antiken so vom neueren Menschen, als seine Hingegebenheit an eine kosmische Erfahrung, die der spätere kaum kennt. Ihr Versinken kündigt schon in der Blüte der Astronomie zu Beginn der Neuzeit sich an. Kepler, Kopernikus, Tycho de Brahe waren gewiss nicht von wissenschaftlichen Impulsen allein getrieben. Aber dennoch liegt im ausschließlichen Betonen einer optischen Verbundenheit mit dem Weltall, zu dem die Astronomie sehr bald geführt hat, ein Vorzeichen dessen, was kommen musste. Antiker Umgang mit dem Kosmos vollzog sich anders: im Rausche. Ist doch Rausch die Erfahrung, in welcher wir allein des Allernächsten und des Allerfernsten, und nie des einen ohne des andern, uns versichern. Das will aber sagen, dass rauschhaft mit dem Kosmos der Mensch nur in der Gemeinschaft kommunizieren kann. Es ist die drohende Verirrung der Neueren, diese Erfahrung für belanglos, für abwendbar zu halten und sie dem Einzelnen als Schwärmerei in schönen Sternennächten anheimzustellen. Nein, sie wird je und je von neuem fällig, und dann entgehen Völker und Geschlechter ihr so wenig, wie es am letzten Krieg aufs fürchterlichste sich bekundet hat, der ein Versuch zu neuer, nie erhörter Vermählung mit den kosmischen Gewalten war. Menschenmassen, Gase, elektrische Kräfte wurden ins freie Feld geworfen, Hochfrequenzströme durchfuhren die Landschaft, neue Gestirne gingen am Himmel auf, Luftraum und Meerestiefen brausten von Propellern, und allenthalben grub man Opferschächte in die Muttererde. Dies große Werben um den Kosmos vollzog zum ersten Male sich in planetarischem Maßstab, nämlich im Geiste der Technik. Weil aber die Profitgier der herrschenden Klasse an ihr ihren Willen zu büßen gedachte, hat die Technik die Menschheit verraten und das Brautlager in ein Blutmeer verwandelt. Naturbeherrschung, so lehren die Imperialisten, ist Sinn aller Technik. Wer möchte aber einem Prügelmeister trauen, der Beherrschung der Kinder durch die Erwachsenen für den Sinn der Erziehung erklären würde? Ist nicht Erziehung vor allem die unerlässliche Ordnung des Verhältnisses zwischen den Generationen und also, wenn man von Beherrschung reden will, Beherrschung der Generationsverhältnisse und nicht der Kinder? Und so auch Technik nicht Naturbeherrschung:

Beherrschung vom Verhältnis von Natur und Menschheit. Menschen als Spezies stehen zwar seit Jahrzehntausenden am Ende ihrer Entwicklung; Menschheit als Spezies aber steht an deren Anfang. Ihr organisiert in der Technik sich eine Physis, in welcher ihr Kontakt mit dem Kosmos sich neu und anders bildet als in Völkern und Familien. Genug, an die Erfahrung von Geschwindigkeiten zu erinnern, kraft deren nun die Menschheit zu unabsehbaren Fahrten ins Innere der Zeit sich rüstet, um dort auf Rhythmen zu stoßen, an denen Kranke wie vordem auf hohen Gebirgen oder an südlichen Meeren sich kräftigen werden. Die Lunaparks sind eine Vorform von Sanatorien. Der Schauer echter kosmischer Erfahrung ist nicht an jenes winzige Naturfragment gebunden, das wir „Natur" zu nennen gewohnt sind. In den Vernichtungsnächten des letzten Krieges erschütterte den Gliederbau der Menschheit ein Gefühl, das dem Glück der Epileptiker gleichsah. Und die Revolten, die ihm folgten, waren der erste Versuch, den neuen Leib in ihre Gewalt zu bringen. Die Macht des Proletariats ist der Gradmesser seiner Gesundung. Ergreift ihn dessen Disziplin nicht bis ins Mark, so wird kein pazifistisches Raisonnement ihn retten. Den Taumel der Vernichtung überwindet Lebendiges nur im Rausche der Zeugung.

II. Ausgewählte autobiographische Skizzen aus der *Berliner Kindheit um Neunzehnhundert*

*O braungebackne Siegessäule
mit Winterzucker aus den Kindertagen.*

Kaiserpanorama

Es war ein großer Reiz der Reisebilder, die man im Kaiserpanorama fand, dass gleichviel galt, bei welchem man die Runde anfing. Denn weil die Schauwand mit den Sitzgelegenheiten davor im Kreis verlief, passierte jedes sämtliche Stationen, von denen man durch je ein Fensterpaar in seine schwachgetönte Ferne sah. Platz fand man immer. Und besonders gegen das Ende meiner Kindheit, als die Mode den Kaiserpanoramen schon den Rücken kehrte, gewöhnte man sich, im halbleeren Zimmer rundzureisen. Musik, die später Reisen mit dem Film erschlaffend machte, weil durch sie das Bild, an dem die Phantasie sich nähren konnte, sich zersetzt – Musik gab es im Kaiserpanorama nicht. Mir aber scheint ein kleiner, eigentlich störender Effekt all dem verlogenen Zauber überlegen, den um Oasen Pastorales oder um Mauerreste Trauermärsche weben. Das war ein Klingeln, welches wenige Sekunden, eh das Bild ruckweise abzog, um erst eine Lücke und dann das nächste freizugeben, anschlug.

Und jedesmal, wenn es erklang, durchtränkten die Berge bis auf ihren Fuß, die Städte in allen ihren spiegelblanken Fenstern, die fernen, malerischen Eingeborenen, die Bahnhöfe mit ihrem gelben Qualm, die Rebenhügel bis ins kleins-

te Blatt sich tief mit wehmutsvoller Abschiedsstimmung.
Zum zweitenmal kam ich zur Überzeugung – denn vorher brachte sie fast regelmäßig der Anblick schon des ersten
Bildes auf – dass es unmöglich sei, die Herrlichkeiten in
dieser einen Sitzung auszuschöpfen. Und dann entstand der
– nie befolgte – Vorsatz, am nächsten Tage nochmals herzu-
kommen. Doch ehe ich mir völlig schlüssig war, erbebte der
ganze Bau, von dem mich nur die Holzverschalung trennte; das Bild in seinem kleinen Rahmen wankte, um alsbald
nach links vor meinen Blicken sich davonzumachen. Die
Künste, die hier überdauerten, sind mit dem neunzehnten
Jahrhundert aufgestanden. Nicht eben frühe, aber doch zur
Zeit, um noch das Biedermeier zu begrüßen. Im Jahre 1822
hatte Daguerre sein Panorama in Paris eröffnet. Seitdem
sind diese klaren, schimmernden Kassetten, die Aquarien
der Ferne und Vergangenheit, auf allen modischen Korsos
und Promenaden heimisch. Und hier wie in Passagen und
Kiosken haben sie Snobs und Künstler gern beschäftigt, ehe
sie die Kammer wurden, wo im Innern die Kinder mit dem
Erdball Freundschaft schlossen, von dessen Kreisen der er-
freulichste – der schönste, bilderreichste Meridian – sich
durch das Kaiserpanorama zog. Als ich zum erstenmal dort
eintrat, war die Zeit der zierlichsten Veduten längst vorbei.
Der Zauber aber, dessen letztes Publikum die Kinder waren,
hatte nichts verloren. So wollte er mich eines Nachmittags
vorm Transparent des Städtchens Aix bereden, ich hätte in
dem olivenfarbenen Lichte, das durch die Platanenblätter
auf den breiten Cours Mirabeau herabströmt, schon einmal
zu einer Zeit gespielt, die freilich nichts mit ändern Zeiten
meines Lebens teilte. Denn dies war an den Reisen sonderbar: dass ihre ferne Welt nicht immer fremd und dass die
Sehnsucht, die sie in mir weckte, nicht immer eine lockende

ins Unbekannte, vielmehr bisweilen jene lindere nach einer Rückkehr ins Zuhause war.

Das aber ist vielleicht das Werk des Gaslichts gewesen, das so sanft auf alles fiel. Und wenn es regnete, so brauchte ich mich nicht bei den Affichen aufzuhalten, auf welchen alle fünfzig Bilder pünktlich, in zwei Kolonnen, eingetragen waren – ich trat ins Innere und fand nun dort in Fjorden und auf Kokospalmen dasselbe Licht, das abends bei den Schularbeiten mir das Pult erhellte. Es sei denn, ein Defekt in der Beleuchtung erzeugte plötzlich jene seltene Dämmerung, in der die Farbe aus der Landschaft schwand. Dann lag sie unter einem Aschenhimmel verschwiegen da; es war, als hätte ich noch eben Wind und Glocken hören können, wenn ich nur besser achtgegeben hätte.

Schmetterlingsjagd

Gelegentlicher Sommerreisen unbeschadet, bezogen wir, ehe ich zur Schule ging, alljährlich Sommerwohnungen in der Umgebung. An sie erinnerte noch lange an der Wand meines Knabenzimmers der geräumige Kasten mit den Anfängen einer Schmetterlingssammlung, deren älteste Exemplare in dem Garten am Brauhausberge erbeutet waren. Kohlweißlinge mit abgestoßenen Rändern, Zitronenfalter mit zu blanken Flügeln vergegenwärtigten die heißen Jagden, die mich so oft von den gepflegten Gartenwegen fort in eine Wildnis gelockt hatten, in welcher ich ohnmächtig der Verschwörung von Wind und Düften, Laub und Sonne gegenüberstand, die dem Flug der Schmetterlinge gebieten mochten. Sie flatterten auf eine Blüte zu, sie standen über ihr. Den Kescher angehoben, erwartete ich nur noch, dass der Bann, der von der Blüte auf das Flügelpaar zu wirken schien, sein Werk vollendet habe, da entglitt der zarte Leib mit leisen Stößen seitwärts, um genau so reglos eine andere Blüte zu beschatten und genau so plötzlich, ohne sie berührt zu haben, sie zu lassen. Wenn so ein Fuchs oder Ligusterschwärmer, den ich gemächlich hätte überholen können, durch Zögern, Schwanken und Verweilen mich zum Narren machte, dann hätte ich gewünscht, in Licht und Luft mich aufzulösen, nur um ungemerkt der Beute mich zu nähern und sie überwältigen zu können. Und so weit ging der Wunsch mir in Erfüllung, dass jedes Schwingen oder Wiegen der Flügel, in die ich vergafft; war, mich selbst anwehte oder überrieselte. Es begann die alte Jägersatzung zwischen uns zu herrschen: je mehr ich selbst in allen Fibern mich dem Tier anschmiegte, je falterhafter ich im Innern wurde, desto mehr nahm dieser Schmetterling in Tun und Lassen die Farbe menschlicher Entschließung an, und endlich war es, als ob sein Fang der Preis sei, um den einzig ich meines Menschendaseins wieder habhaft werden könne. Doch wenn es dann vollbracht war, wurde es ein mühevoller Weg, bis ich vom Schauplatz meines Jagdglücks an das Lager vorgedrungen war, wo Äther, Watte, Nadeln mit bunten Köpfen und Pinzetten in der Botanisiertrommel zum Vorschein kamen. Und wie lag das Revier in meinem. Rücken! Gräser waren geknickt, Blumen zertreten worden; der Jagende selber hatte als Dreingabe den eignen Körper seinem Kescher nachgeworfen; und über so viel Zerstörung, Plumpheit und Gewalt hielt zitternd und dennoch voller Anmut sich in einer Falte des Netzes der erschrockene Schmetterling. Auf diesem mühevollen Wege ging der Geist des Todgeweihten in den Jäger ein. Die fremde Sprache, in welcher dieser Falter und die Blüten vor seinen Augen sich verständigt hatten – nun hatte er einige

Gesetze ihr abgewonnen. Seine Mordlust war geringer, seine
Zuversicht um so viel größer geworden. Die Luft jedoch, in
der sich dieser Falter damals wiegte, ist heute ganz durchtränkt von einem Wort, das seit Jahrzehnten nie mehr mir
zu Ohren noch über meine Lippen gekommen ist. Es hat
das Unergründliche bewahrt, womit die Namen der Kindheit dem Erwachsenen entgegentreten. Langes Verschwiegen
wordensein hat sie verklärt. So zittert durch die schmetter-
lingserfüllte Luft das Wort »Brauhausberg«. Auf dem Brauhausberge bei Potsdam hatten wir unsere Sommerwohnung.
Aber der Name hat alle Schwere verloren, enthält von einem
Brauhaus überhaupt nichts mehr und ist allenfalls ein von
Bläue umwitterter Berg, der im Sommer sich aufbaute, um
mich und meine Eltern zu behausen. Und darum liegt das
Potsdam meiner Kindheit in so blauer Luft, als wären seine
Trauermäntel oder Admirale, Tagpfauenaugen und Aurora-
falter über eine der schimmernden Emaillen von Limoges
verstreut, auf denen die Zinnen und Mauern Jerusalems vom
dunkelblauen Grunde sich abheben.

Wintermorgen

Die Fee, bei der er einen Wunsch frei hat, gibt es für jeden.
Allein nur wenige wissen sich des Wunsches zu entsinnen,
den sie taten; nur wenige erkennen darum später im eignen
Leben die Erfüllung wieder. Ich weiß den, der mir in Erfüllung ging, und will nicht sagen, dass er klüger gewesen ist als
der der Märchenkinder. Er bildete sich in mir mit der Lampe, wenn sie am frühen Wintermorgen um halb sieben sich
meinem Bette näherte und den Schatten des Kindermädchens an die Decke warf. Im Ofen wurde Feuer angezündet.

Bald sah die Flamme, wie in ein viel zu kleines Schubfach eingepfercht, wo sie vor Kohlen kaum sich rühren konnte, zu mir hin. Und doch war es ein so Gewaltiges, das dort in nächster Nähe, kleiner als ich selbst, sich einzurichten anfing, und zu dem die Magd sich tiefer bücken musste als zu mir. Wenn es versorgt war, tat sie einen Apfel zum Braten in die Ofenröhre. Bald zeichnete sich das Gatter der Kamintür im roten Flackern auf der Diele ab. Und meiner Müdigkeit kam vor, sie habe an diesem Bilde für den Tag genug. So war es um diese Stunde immer; nur die Stimme des Kindermädchens störte den Vollzug, mit dem der Wintermorgen mich den Dingen in meinem Zimmer anzutrauen pflegte. Noch war die Jalousie nicht hochgezogen, da schob ich schon zum erstenmal den Riegel der Ofentür beiseite, um dem Apfel in seiner Röhre nachzuspüren. Manchmal hatte er sein Arom noch kaum verändert. Und dann geduldete ich mich, bis ich den schaumigen Duft zu wittern glaubte, der aus einer tieferen und verschwiegeneren Zelle des Wintertages kam als selbst der Duft des Baums am Weihnachtsabend. Da lag die dunkle, warme Frucht, der Apfel, der sich, vertraut und doch verändert wie ein guter Bekannter, der verreist war, bei mir einfand. Es war die Reise durch das dunkle Land der Ofenhitze, der er die Arome von allen Dingen abgewonnen hatte, welche der Tag mir in Bereitschaft hielt. Und darum war es auch nicht sonderbar, dass immer, wenn ich an seinen blanken Wangen meine Hände wärmte, ein Zögern mich beschlich, ihn anzubeißen. Ich spürte, dass die flüchtige Kunde, die er in seinem Dufte brachte, allzu leicht mir auf dem Wege über meine Zunge entkommen könne. Jene Kunde, die mich manchmal so beherzte, dass sie mich noch auf dem Marsch zur Schule tröstete. Dort angelangt, kam freilich bei Berührung mit meiner Bank die ganze Müdigkeit, die erst verflogen schien, verzehnfacht wieder. Und mit ihr jener Wunsch: ausschlafen zu können. Ich habe ihn wohl tausendmal getan und später ging er wirklich in Erfüllung. Doch lange dauerte es, bis ich sie darin erkannte, dass noch jedesmal die Hoffnung, die ich auf Stellung und ein sicheres Brot gehegt hatte, umsonst gewesen war.

Erwachen des Sexus

In einer jener Straßen, die ich später auf Wanderungen, die kein Ende nahmen, nachts durchstreifte, überraschte mich, als es an der Zeit war, das Erwachen des Geschlechtstriebs unter den sonderbarsten Umständen. Es war am jüdischen Neujahrstage und die Eltern hatten Anstalten getroffen, in irgendeiner gottesdienstlichen Feier mich unterzubringen. Wahrscheinlich handelte es sich um die Reformgemeinde, der meine Mutter aus Familientradition einige Sympathie entgegenbrachte, während meinem Vater von Hause aus der orthodoxe Ritus vertraut war. Er musste aber nachgeben. Man hatte mich für diesen Feiertag einem entfernteren Verwandten anbefohlen, den ich abholen sollte. Aber sei es, dass ich dessen Adresse vergessen hatte, sei es, dass ich mich in der Gegend nicht zurechtfand – es wurde später und später und mein Umherirren immer aussichtsloser. Selbständig in die Synagoge mich zu trauen, konnte gar nicht in Frage kommen, denn mein Beschützer hatte die Einlasskarten. An meinem Missgeschicke trug die Hauptschuld Abneigung gegen den fast Unbekannten, auf den ich angewiesen war, und Argwohn gegen die religiösen Zeremonien, die nur Verlegenheit in Aussicht stellten. Da überkam mich, mitten in meiner Ratlosigkeit, mit einem Male eine heiße Welle der Angst –

»zu spät, die Synagoge ist verpasst« -, noch ehe sie verebbt war, ja genau im gleichen Augenblicke aber eine zweite vollkommener Gewissenlosigkeit – »das alles mag laufen wie es will, mich geht's nichts an«. Und beide Wellen schlugen unaufhaltsam im ersten großen Lustgefühl zusammen, in dem die Schändung des Feiertags sich mit dem Kupplerischen der Straße mischte, die mich hier zuerst die Dienste ahnen ließ, welche sie den erwachten Trieben leisten sollte.

Der Fischotter

Wie man aus der Wohnung, wo einer haust, und aus dem Stadtviertel, das er bewohnt, sich ein Bild von seiner Natur und Wesensart macht, hielt ich es mit den Tieren des Zoologischen Gartens. Von den Straußen, welche vor einem Hintergrund von Sphinxen und Pyramiden Spalier bildeten, bis zu dem Nilpferd, das seine Pagode wie ein Zauberpriester bewohnte, der auf dem Wege ist, leibhaftig mit dem Dämon, dem er dient, sich zu verschmelzen, war kaum ein Tier, dessen Behausung ich nicht liebte oder fürchtete. Seltner waren die unter ihnen, die schon durch die Lage des Hauses etwas Besonderes hatten – meist Insassen des Weichbilds: jener Teile, mit denen der Zoologische Garten an die Kaffeeschenken oder das Ausstellungsgelände anstieß. Vor allen ändern Bewohnern solcher Gegenden war aber der Fischotter bemerkenswert. Unter den drei Portalen war ihm das an der Lichtensteinbrücke zunächst gelegen. Es war bei weitem das am wenigsten benutzte, führte auch in die abgestorbenste Region des Gartens. Die Allee, die den Besucher da empfing, ähnelte mit den weißen Kugeln ihrer Kandelaber einer verlassenen Promenade von Eilsen oder Bad Pyrmont, und lange ehe diese Orte so verödet lagen, dass sie antiker als Thermen sind, trug dieser Winkel des Zoologischen Gartens die Züge des Kommenden. Es war ein prophetischer Winkel. Denn wie es Pflanzen gibt, von denen man erzählt, dass sie die Kraft besitzen, in die Zukunft sehen zu lassen, so gibt es Orte, die die gleiche Gabe haben. Verlassene sind es meist, auch Wipfel, die gegen Mauern stehn, Sackgassen oder Vorgärten, wo kein Mensch sich jemals aufhält. An solchen Orten scheint es, als sei alles, was eigentlich uns bevorsteht, ein Vergangenes. In diesem Teile des Zoologischen Gartens also war es, wo immer, wenn ich mich dahin verirrte, ein Blick mir über den Brunnenrand vergönnt war, welcher hier wie in der Mitte eines Kurparks aufstieg. Das war der Zwinger des Fischotters. Ein Zwinger in der Tat; denn starke Stäbe vergitterten die Brüstung des Bassins, in dem das Tier sich aufhielt. Ein kleiner Fels- und Grottenbau umsäumte im Hintergründe das Oval des Beckens. Er war als Wohnung für das Tier gedacht; doch habe ich es niemals darin angetroffen. Und so verblieb ich häufig, endlos wartend, vor dieser unergründlichen und schwarzen Tiefe, um irgendwo den Otter zu entdecken. Gelang es endlich, war es sicher nur für einen Nu, denn augenblicklich war der gleißende Insasse der Zisterne wieder von neuem in der nassen Nacht verschwunden. Gewiss, in Wahrheit war es keine Zisterne, in der man den Otter hielt. Doch wenn ich in sein Wasser blickte, war mir immer, als stürze Regen in alle Gullis der Stadt, nur um in dieses Becken zu münden und sein Tier zu speisen. Denn es war ein verwöhntes Tier, das hier behaust war und dem die leere, feuchte Grotte mehr als Tempel denn als Zufluchtsstätte diente. Es war das heilige Tier des Regenwassers. Ob es aber in diesen Abwässern und Wässern sich gebildet habe oder von seinem Strömen und von seinem Rinnsale nur sich

speise, hätte ich nicht entscheiden können. Immer war es
aufs äußerste beschäftigt, so als wenn es in seiner Tiefe un-
entbehrlich sei. Aber ich hätte liebe, lange Tage die Stirne an
sein Gatter legen können, ohne mich an ihm sattzusehen.
Und auch darin bewies es seine heimliche Verwandtschaft
mit dem Regen. Denn niemals war der liebe, lange Tag mir
lieber, niemals länger, als wenn Regen mit seinen feinen
oder groben Zähnen ihm langsam Stunden und Minuten
strähnte. So folgsam wie ein kleines Mädchen beugte er den
Scheitel unterwiesen grauen Kamm. Und unersättlich sah
ich ihm dann zu. Ich wartete. Nicht bis es nachließ. Sondern dass es mehr und immer üppiger herunterrausche. Ich
hörte es an die Scheiben trommeln, aus den Traufen strömen
und gurgelnd in die Abflussrohre niederrauschen. Im guten
Regen war ich ganz geborgen. Und meine Zukunft rauschte
es mir zu, wie man ein Schlaflied an der Wiege singt. Wie
gut begriff ich, dass man in ihm wächst. In solchen Stunden
hinterm trüben Fenster war ich bei dem Fischotter zu Hause.
Doch eigentlich merkte ich das immer erst, wenn ich das
nächstemal vorm Zwinger stand. Dann musste ich wieder
lange warten, bis der schwarze, gleißende Leib heraufschoss,
um sogleich zu eiligen Geschäften hinabzuschnellen.

Die Farben

In unserem Garten gab es einen verlassenen, morschen Pa-
villon. Ich liebte ihn der bunten Fenster wegen. Wenn ich
in seinem Innern von Scheibe zu Scheibe strich, verwandelte
ich mich; ich färbte mich wie die Landschaft, die bald lo-
hend und bald verstaubt, bald schwelend und bald üppig
im Fenster lag. Es ging mir wie beim Tuschen, wo die Dinge

mir ihren Schoß auftaten, sobald ich sie in einer feuchten
Wolke überkam. Ähnliches begab sich mit Seifenblasen. Ich
reiste in ihnen durch die Stube und mischte mich ins Farben-
spiel der Kuppel bis sie zersprang. Am Himmel, mit einem
Schmuckstück, in einem Buch verlor ich mich an Farben.
Kinder sind ihre Beute auf allen Wegen. Man konnte damals Schokolade in zierlichen, kreuz weis gebündelten Päck-
chen kaufen, in denen jedes Täfelchen für sich in farbiges
Stanniolpapier verpackt war. Das kleine Bauwerk, dem ein
rauher Goldfaden seinen Halt gab, prunkte mit grün und
gold, blau und orange, rot und silber; nirgends stießen zwei
gleich verpackte Stücke aneinander. Aus diesem funkelnden
Verhau brachen die Farben eines Tages auf mich herein, und
ich spüre die Süßigkeit noch, an der mein Auge sich damals
vollsog. Es war die Süßigkeit der Schokolade, mit der sie
mir mehr im Herzen als auf der Zunge zergehen wollten.
Denn ehe ich den Lockungen des Naschwerks erlegen war,
hatte der höhere Sinn mit einem Schlage den niederen in mir
überflügelt und mich entrückt.

Der Lesekasten

Nie wieder können wir Vergessenes ganz zurückgewinnen.
Und das ist vielleicht gut. Der Chock des Wiederhabens
wäre so zerstörend, dass wir im Augenblick aufhören müssten, unsere Sehnsucht zu verstehen. So aber verstehen wir
sie, und um so besser, je versunkener das Vergessene in uns
liegt. Wie das verlorene Wort, das eben noch auf unseren
Lippen lag, die Zunge zu demosthenischer Beflügelung lösen würde, so scheint uns das Vergessene schwer vom ganzen
gelebten Leben, das es uns verspricht. Vielleicht ist, was Ver-

gessenes so beschwert und trächtig macht, nichts anderes als die Spur verschollener Gewohnheiten, in die wir uns nicht mehr finden könnten. Vielleicht ist seine Mischung mit den Stäubchen unserer zerfallenen Gehäuse das Geheimnis, aus dem es überdauert. Wie dem auch sei – für jeden gibt es Dinge, die dauerhaftere Gewohnheiten in ihm entfalteten als alle anderen. An ihnen formten sich die Fähigkeiten, die für sein Dasein mitbestimmend wurden. Und weil das, was mein eigenes angeht, Lesen und Schreiben waren, weckt von allem, was mir in früheren Jahren unterkam, nichts größere Sehnsucht als der Lesekasten. Er enthielt auf kleinen Täfelchen die Lettern, einzeln, in deutscher Schrift, in der sie jünger und auch mädchenhafter schienen als im Druck. Sie betteten sich schlank aufs schräge Lager, jede einzelne vollendet und in ihrer Reihenfolge gebunden durch die Regel ihres Ordens, das Wort, dem sie als Schwestern angehörten. Ich bewunderte, wie soviel Anspruchslosigkeit vereint mit soviel Herrlichkeit bestehen könne. Es war ein Gnadenstand. Und meine Rechte, die sich gehorsam um ihn mühte, fand ihn nicht. Sie musste draußen wie der Pförtner sitzen, der die Erwählten durchzulassen hat. So war ihr Umgang mit den Lettern voll Entsagung. Die Sehnsucht, die er mir erweckt, beweist, wie sehr er eins mit meiner Kindheit gewesen ist. Was ich in Wahrheit in ihm suche, ist sie selbst: die ganze Kindheit, wie sie in dem Griff gelegen hat, mit dem die Hand die Lettern in die Leiste schob, in der sie sich zu Wörtern reihen sollten. Die Hand kann diesen Griff noch träumen, aber nie mehr erwachen, um ihn wirklich zu vollziehen. So kann ich davon träumen, wie ich einmal das Gehen lernte. Doch das hilft mir nichts. Nun kann ich gehen; gehen lernen nicht mehr.

Ein Gespenst

Es war ein Abend meines siebenten oder achten Jahres vor unserer babelsberger Sommerwohnung. Eins unserer Mädchen steht noch eine Weile am Gittertor, das auf, ich weiß nicht welche, Allee herausführt. Der große Garten, in dessen verwilderten Randgebieten ich mich herumgetrieben habe, hat sich schon für mich geschlossen. Es ist Zeit zum Zubettgehen geworden. Vielleicht habe ich mich an meinem Lieblingsspiel ersättigt und irgendwo am Drahtzaun im Gestrüpp mit Gummibolzen meiner Heurekapistole nach den hölzernen Vögeln gezielt, die von dem Anprall des Geschosses aus der Scheibe fielen, wo sie, in das gemalte Blattwerk eingelassen, saßen. Den ganzen Tag hatte ich ein Geheimnis für mich behalten – nämlich den Traum der letztvergangenen Nacht. Mir war darinnen ein Gespenst erschienen. Den Ort, an dem es sich zu schaffen machte, hätte ich schwerlich schildern können. Doch hatte er mit einem Ähnlichkeit, der mir bekannt war, wenn auch unzugänglich. Das war im Zimmer, wo die Eltern schliefen, eine Ecke, die ein verschossener, violetter Vorhang von Plüsch verkleidete, und hinter ihm hingen die Morgenröcke meiner Mutter. Das Dunkel hinter der Portiere war unergründlich: der Winkel das verrufene Pendant des lichten Paradieses, das sich mit dem Wäscheschrank der Mutter mir eröffnete. Dessen Bretter, an denen, blaugestickt auf weißen Borten, ein Text aus Schillers »Glocke« sich entlang zog, trugen gestapelt Bett- und Wirtschaftswäsche, Laken, Bezüge, Tischtücher, Servietten. Lavendelduft kam aus den kleinen, prallen, seidenen Sachets, die über dem gefältelten Bezug der Rückwand beider Spindentüren baumelten. So war der alte, geheimnisvolle Wirk- und Webezauber, der einst im Spinnrad seinen Ort

besessen, in Himmelreich und Hölle aufgeteilt. Der Traum
nun war aus dieser; ein Gespenst, das sich an einem hölzernen Gestell zu schaffen machte, von dem Seiden hingen.
Diese Seiden stahl das Gespenst. Es raffte sie nicht an sich,
trug sie auch nicht fort; es tat mit ihnen und an ihnen eigentlich nichts. Und dennoch wusste ich: es stahl sie; wie in
Sagen die Leute, die ein Geistermahl entdecken, von diesen
Geistern, ohne sie doch essend oder trinkend zu gewahren,
erkennen, dass sie eine Mahlzeit halten. Dieser Traum war
es, den ich für mich behalten hatte. Die Nacht nun, welche
auf ihn folgte, bemerkte ich zu ungewohnter Stunde – und
es war, als schiebe sich in den vorigen Traum ein zweiter ein
– die Eltern in mein Zimmer treten. Dass sie sich bei mir ein-
schlossen, sah ich schon nicht mehr. Am ändern Morgen, als
ich erwachte, gab es nichts zum Frühstück. Die Wohnung,
so begriff ich, war aus geraubt. Mittags kamen Verwandte
mit dem Nötigsten. Eine vielköpfige Verbrecherbande hatte
bei Nacht sich eingeschlichen. Und ein Glück, erklärte man,
dass das Geräusch im Haus auf ihre Stärke hatte schließen
lassen. Bis gegen Morgen hatte der gefährliche Besuch ge-
dauert. Vergebens hatten die Eltern hinter meinem Fenster
die Dämmerung erwartet, in der Hoffnung, Signale nach
der Straße tun zu können. Auch mich verwickelte man in
den Vorfall. Zwar wusste ich nichts über das Verhalten des
Mädchens, das am Abend vor dem Gittertor gestanden hatte; aber der Traum der vorvergangenen Nacht schuf mir Gehör. Wie Blaubarts Frau, so schlich die Neugier sich in seine
abgelegene Kammer. Und noch im Sprechen merkte ich mit
Schrecken, dass ich ihn nie hatte erzählen dürfen.

Das Pult

Der Arzt fand, ich sei kurzsichtig. Und er verschrieb mir nicht nur eine Brille sondern auch ein Pult. Es war sehr sinnreich konstruiert. Man konnte den Sitz verstellen, derart dass er näher oder entfernter vor der Platte lag, die abgeschrägt war und zum Schreiben diente, dazu der waagerechte Balken an der Lehne, welcher dem Rücken einen Halt bot, nicht zu reden von einer kleinen Bücherstütze, die das Ganze krönte und verschiebbar war. Das Pult am Fenster wurde bald mein Lieblingsplatz. Der kleine Schrank, der unter seinem Sitz verborgen war, enthielt nicht nur die Bücher, die ich in der Schule brauchte, sondern auch das Album mit den Marken und die drei, die von der Ansichtskartensammlung eingenommen wurden. Und an dem starken Haken an der Seite des Pults hing nicht nur, neben dem Frühstückskörbchen, meine Mappe sondern auch der Säbel der Husarenuniform und die Botanisiertrommel. Oft war es, wenn ich aus der Schule kam, mein Erstes, mit meinem Pulte Wiedersehn zu feiern, indem ich es zum Schauplatz irgend einer meiner geliebtesten Beschäftigungen machte – des Abziehns zum Beispiel. Dann stand bald eine Tasse mit warmem Wasser an der Stelle, die vorher vom Tintenfasse eingenommen wurde und ich begann, die Bilder auszuschneiden. Wieviel verhieß der Schleier, hinter dem sie aus Bögen und aus Heften auf mich starrten. Der Schuster über seinem Leisten und die Kinder, die äpfelpflückend auf dem Baume sitzen, der Milchmann vor der winterlich verschneiten Tür, der Tiger, der sich zum Sprunge auf den Jäger duckt, aus dessen Büchse gerade Feuer kommt, der Angler im Gras vor seinem blauen Bächlein und die Klasse, die auf den Lehrer achtet, welcher ihr vorn an der Tafel etwas Vormacht, der Drogist vor seinem reichbestellten

bunten Laden, der Leuchtturm mit dem Segelboot davor –
sie alle waren von einem Nebelhauche überzogen. Wenn sie
dann aber sanft durchleuchtet auf dem Blatte ruhten und
unter meinen Fingerspitzen, die vorsichtig rollend, scha-
bend, reibend auf ihrem Rücken hin- und widerfuhren, die
dicke Schicht in dünnen Walzen abging, zuletzt auf ihrem
rissigen, geschundnen Rücken in kleinen Fleckchen süß
und unverstellt die Farbe durchbrach, war's als ginge über
der trüben, morgendlich verwaschnen Welt die strahlende
Septembersonne auf und alles, noch durchfeuchtet von dem
Tau, der in der Dämmerung es erfrischte, glühe nun einem
neuen Schöpfungstag entgegen. Doch hatte ich genug an
diesem Spiel, so fand sich immer noch ein Vorwand um
die Schularbeiten weiter zu vertagen. Gern ging ich an die
Durchsicht alter Hefte, die einen ganz besonderen Wert dadurch besaßen, dass mir's gelegen war, sie vor dem Zugriff
des Lehrers, der den Anspruch auf sie hatte, zu bewahren.
Nun ließ ich meinen Blick auf den Zensuren, die er mit roter
Tinte darin eingetragen hatte, ruhen und stille Lust erfüllte
mich dabei. Denn wie die Namen Verstorbener auf dem
Grabstein, die nun nie mehr von Nutzen noch von Schaden
werden können, standen die Noten da, die ihre Kraft an
frühere Zensuren abgegeben hatten. Auf andere Art und
noch mit besserem Gewissen ließ eine Stunde auf dem Pulte
sich beim Basteln an Heften oder Schulbüchern vertrödeln.
Die Bücher mussten einen Umschlag aus kräftigem blauen
Packpapier erhalten, und was die Hefte anging, so bestand
die Vorschrift, einem jeden sein Löschblatt unverlierbar bei-
zugeben. Zu diesem Zwecke gab es kleine Bändchen, die
man in allen Farben kaufen konnte. Am Deckel jedes Hefts
und auf dem Löschblatt befestigte man diese Bändchen mit
Oblaten. Wenn man für einigen Farbenreichtum sorgte, so

konnte man zu sehr verschiedenartigen, den stimmungs-
vollsten wie den grellsten Arrangements gelangen. So hatte
das Pult zwar mit der Schulbank Ähnlichkeit. Doch umso
besser, dass ich dennoch dort geborgen war und Raum für
Dinge hatte, von denen sie nichts wissen darf. Das Pult und
ich, wir hielten gegen sie zusammen. Und ich hatte es nach
ödem Schultag kaum zurückgewonnen, so gab es frische
Kräfte an mich ab. Nicht nur zu Hause durfte ich mich fühlen, nein im Gehäuse, wie nur einer der Kleriker, die auf den
mittelalterlichen Bildern in ihrem Betstuhl oder Schreib-
epult gleichwie in einem Panzer zu sehen sind. In diesem Bau
begann ich »Soll und Haben« und »Zwei Städte«. Ich suchte
mir die stillste Zeit am Tag und diesen abgeschiedensten
von allen Plätzen. Danach schlug ich die erste Seite auf und
war dabei so feierlich gestimmt wie jemand, der den Fuß
auf einen neuen Erdteil setzt. Auch war es in der Tat ein
neuer Erdteil, auf dem die Krim und Kairo, Babylon und
Bagdad, Alaska und Taschkent, Delphi und Detroit so nah
sich aufeinanderschoben wie die goldenen Medaillen auf
den Zigarrenkisten, die ich sammelte. Nichts tröstlicher als
derart eingeschlossen von allen Instrumenten meiner Qual
– Vokabelheften, Zirkeln, Wörterbüchern – zu weilen, wo
ihr Anspruch nichtig wurde.

Winterabend

Manchmal nahm mich an Winterabenden meine Mutter
zum Kaufmann mit. Es war ein dunkles, unbekanntes Berlin, das sich im Gaslicht vor mir ausbreitete. Wir blieben
im alten Westen, dessen Straßenzüge einträchtiger und an-
spruchsloser waren als die später bevorzugten. Die Erker

und Säulen gewahrte man nicht mehr deutlich, und in die Fassaden war Licht getreten. Lag es an den Mullgardinen, den Stores oder dem Gasstrumpf unter der Hängelampe – dies Licht verriet von den erleuchteten Zimmern wenig. Es hatte es nur mit sich selbst zu tun. Es zog mich an und machte mich nachdenklich. Das tut es in der Erinnerung heute noch. Dabei geleitet es mich am liebsten zu einer von meinen Ansichtskarten. Sie stellte einen Berliner Platz dar. Die Häuser, die ihn umgaben, waren von zartem Blau, der nächtliche Himmel, an dem der Mond stand, von dunklerem. Der Mond und die sämtlichen Fenster waren in der blauen Kartonschicht ausgespart. Sie wollten gegen die Lampe gehalten werden, dann brach ein gelber Schein aus den Wolken und Fensterreihen. Ich kannte die abgebildete Gegend nicht. »Hallesches Tor« stand darunter. Tor und Halle traten in ihr zusammen und bildeten die erhellte Grotte, in welcher ich die Erinnerung an das winterliche Berlin vorfinde.

Unglücksfälle und Verbrechen

Die Stadt versprach sie mir mit jedem Tag aufs neue und am Abend war sie sie schuldig geblieben. Tauchten sie auf, so waren sie, wenn ich an Ort und Stelle kam, schon wieder fort, wie Götter, die nur Augenblicke für die Sterblichen übrig haben. Ein ausgeraubtes Schaufenster, das Haus, aus dem man einen Toten getragen hatte, die Stelle auf dem Fahrdamm, wo ein Pferd gestürzt war – ich fasste vor ihnen Fuß, um an dem flüchtigen Hauch, den dies Geschehn zurückgelassen hatte, mich zu sättigen. Da war er auch schon wieder hin – zerstreut und fortgetragen von dem Haufen Neugieriger, die sich in alle Winde verlaufen hatten. Wer konnte es mit der Feuerwehr aufnehmen, die von ihren Rennern zu unbekannten Brandstätten befördert wurde, wer durch die Milchglasscheiben in das Innere der Krankenwagen blicken? Auf diesen Wagen glitt und stürzte Unglück, dessen Fährte ich nicht erhaschen konnte, durch die Straßen. Doch hatte es noch seltsamere Vehikel, die freilich ihr Geheimnis eigensinnig wie die Zigeunerwagen hüteten. Und auch an ihnen waren es die Fenster, in denen es mir nicht geheuer schien. Eiserne Stäbchen hielten sie verwahrt. Und wenn ihr Abstand auch so winzig war, dass keinesfalls ein Mensch sich durch sie hätte zwängen können, hing ich doch immer den Missetätern nach, die drinnen, wie ich mir erzählte, gefangen saßen. Ich wusste damals nicht, dass das nur Wagen für die Beförderung von Akten waren, begriff sie aber darum nur noch besser als stickige Behältnisse des Unheils. Auch der Kanal, in dem das Wasser doch so dunkel und so langsam trieb, als sei es mit allem Traurigen auf Du und Du, hielt mich von einem Mal zum ändern hin. Umsonst war jede seiner vielen Brücken mit einem Rettungsring dem Tod verlobt. So oft ich sie passierte, fand ich sie jungfräulich. Und am Ende lernte ich, mich mit den Tafeln zu begnügen, die Wiederbelebungsversuche an Ertrunkenen zeigen. Doch diese Akte blieben mir so fern wie die steinernen Krieger des Pergamon-Museums.

Für das Unglück war überall vorgesorgt; die Stadt und ich hätten es weich gebettet, aber nirgends ließ es sich sehn. Ja, wenn ich durch die festgeschlossenen Laden in das Elisabeth-Krankenhaus hätte blicken können! Es war mir, wenn ich durch die Lützowstraße kam, aufgefallen, dass manche Laden hier am hellen Tage geschlossen waren. Auf meine Frage hatte ich erfahren, in solchen Zimmern lägen »die Schwer kranken« Die Juden, wenn sie von dem Todesengel erzählen hörten, der mit seinem Finger die Häuser der Ägypter bezeichnete, deren Erstgeburt sterben sollte, mögen sich diese Häuser so mit Grauen vergegenwärtigt haben wie ich mir die Fenster, deren Laden geschlossen blieben. Aber tat er wirklich sein Werk – der Todesengel? Oder gingen dann eines Tages doch die Laden auf, und legte sich der Schwerkranke als Genesender ins Fenster? Hätte man ihm nicht nachhelfen mögen – dem Tod, dem Feuer oder auch nur dem Hagel, der gegen meine Scheiben trommelte, ohne jemals sie zu durchschlagen? Und ist es wunderbar, dass, als nun endlich Unglück und Verbrechen zur Stelle waren, dieses Erlebnis alles um sich her – ja auch die Schwelle zwischen Traum und Wirklichkeit – zunichte machte? So weiß ich nicht mehr, ob es einem Traum entstammt oder nur vielfach in ihm wiederkehrte. In jedem Fall war es im Augenblick bei der Berührung mit der »Kette« gegenwärtig.

»Vergiss nicht, erst die Kette vorzumachen« hieß es, wenn mir gestattet worden war, die Tür zu öffnen. Die Angst vor einem Fuße, der sich in die Tür stemmt, ist mir durch meine Kindheit treu geblieben. Und in der Mitte dieser Ängste dehnt sich endlos wie die Höllenqual das Schrecknis, das offenbar nur eingetreten war, weil nicht die Kette vorlag. Im Arbeitszimmer meines Vaters steht ein Herr. Er ist nicht schlecht gekleidet, und er scheint die Gegenwart der Mutter gar nicht zu bemerken, spricht über sie hinweg, als ob sie Luft wäre. Erst recht ist meine Gegenwart im Nebenzimmer für ihn unbeträchtlich. Der Ton, in dem er spricht, ist vielleicht höflich und wohl kaum sehr drohend. Gefährlicher ist eine Stille, wenn er schweigt. In dieser Wohnung ist kein Telefon. Das Leben meines Vaters hängt an einem Haar. Vielleicht wird er das nicht erkennen und, indem er vom Sekretär, den zu verlassen er noch gar nicht Zeit fand, aufsteht, um den Herrn, der eindrang und längst Fuß gefasst hat, hinauszuweisen, wird dieser ihm zuvorgekommen sein, abschließen und den Schlüssel an sich nehmen. Dem Vater ist der Rückzug abgeschnitten, und mit der Mutter hat der andre es auch weiter nicht zu tun. Ja das Entsetzlichste an ihm ist seine Weise, sie zu übersehen, als wenn sie mit ihm, dem Mörder und Erpresser, im Bunde wäre.

Weil auch diese finstere Heimsuchung ging, ohne mir ihr Rätselwort zu hinterlassen, habe ich immer den verstanden, der zum ersten besten Feuermelder flüchtet. Sie stehen als Altäre an der Straße, vor denen man zur Unglücksgöttin fleht. Dann stellte ich mir, noch erregender als das Erscheinen des Wagens, die Minute vor, in der man als einziger Passant sein noch entferntes Sturmsignal erlauscht. Fast immer aber hatte man an ihm den besten Teil des Unheils schon dahin. Denn selbst im Falle, dass es brannte, war vom Feuer nichts zu sehn. Es schien, als ob die Stadt die seltene Flamme mit Eifersucht betreue, tief im Innern des Hofes oder Dachgestühls sie nähre und jedermann den Anblick dieses hitzigen, prächtigen Geflügels, das sie sich da gezogen hatte, neide. Feuerwehrleute kamen ab und zu von drinnen, doch sie sahen nicht aus als seien sie den Anblick wert, von dem sie voll sein mussten. Wenn dann ein zweiter Zug mit Schläuchen, Leitern und Boilern vorgefahren kam, so schien er nach den ersten eiligen Manövern sich in den gleichen Schlendrian hineinzufinden und der robuste und behelmte Nachschub mehr Hüter eines unsichtbaren Feuers als sein Feind. Meist aber kamen keine Wagen nach, sondern auf einmal merkte man, dass auch die Polizei verschwunden und das Feuer abgelöscht war. Keiner wollte einem bestätigen, es sei angelegt gewesen.

III. Ausgewählte Prosatexte aus den *Illuminationen*

Kurze Schatten

Platonische Liebe

Wesen und Typus einer Liebe zeichnen am strengsten im Schicksal sich ab, welches sie dem Namen — dem Vornamen — bereitet. Die Ehe, die der Frau den ursprünglichen Nachnamen nimmt, um den des Mannes an seine Stelle zu setzen, lässt doch auch — und dies gilt von fast jeder Geschlechtsnähe — ihren Vornamen nicht unangetastet. Sie umhüllt, umstellt ihn mit Kosenamen, unter denen er oft jahre-, jahrzehntelang nicht mehr zum Vorschein kommt. Der Ehe in diesem weiten Sinne entgegengesetzt, und nur so — im Schicksal des Namens, nicht in dem des Leibes — wahrhaft bestimmbar, ist die platonische Liebe in ihrem einzig echten, einzig erheblichen Sinn: als die Liebe, die nicht am Namen ihre Lust büßt, sondern die Geliebte im Namen liebt, im Namen besitzt und im Namen auf Händen trägt. Dass sie den Namen, den Vornamen der Geliebten unangetastet wahrt und behütet, das allein ist der wahre Ausdruck der Spannung, der Fernenneigung, die Platonische Liebe heißt. Dieser Liebe geht wie Strahlen aus einem Glutkern das Dasein der Geliebten aus ihrem Namen, ja noch das Werk des Liebenden aus ihm hervor. So ist die *Divina Commedia* nichts als die Aura um den Namen Beatrice; die gewaltigste Darstellung dessen, dass alle Kräfte und Gestalten des Kosmos aus dem heil der Liebe entstiegenen Namen hervorgehen.

Einmal ist keinmal

Das hat die überraschendsten Evidenzen im Erotischen. Solange man um eine Frau mit dem beständigen Zweifel an der Erhörung wirbt, kann die Erfüllung nur im Zusammenhang dieser Zweifel, nämlich als Erlösung, Entscheidung kommen. Kaum aber hat sie in dieser Form sich verwirklicht, so kann eine neue, unerträgliche Sehnsucht nach der nackten, bloßen Erfüllung an sich im Nu an ihre Stelle treten. Die erste Erfüllung geht in der Erinnerung mehr oder weniger in der Entscheidung, also in ihrer Funktion dem Zweifel gegenüber auf, sie wird abstrakt. So kann dies Einmal zu keinem Mal, gemessen an der nackten absoluten Erfüllung werden. Umgekehrt, kann sie sich aber auch erotisch als nackte absolute entwerten. So, wenn uns ein banales Abenteuer in der Erinnerung allzu nahe auf den Leib gerückt, brutal und plötzlich vorkommt und wir dies erste Mal annullieren und Keinmal nennen, weil wir die Fluchtlinien der Erwartung suchen, um zu erfahren, wie die Frau als ihr Schnittpunkt sich vor uns aufhebt. Im Don Juan, dem Glückskind der Liebe, ist es das Geheimnis, wie er blitzhaft in all seinen Abenteuern Entscheidung und süßestes Werben zugleich heraufführt, die Erwartung, im Rausche, nachholt und die Entscheidung, im Werben, vorwegnimmt. Dies Ein-für-Allemal des Genusses, diese Verschränkung der Zeiten, kann nur musikalisch zum Ausdruck kommen. Don Juan fordert Musik als Brennglas der Liebe.

Armut hat immer das Nachsehen

Dass keine Galaloge so unerschwinglich ist wie das Eintrittsbillett in Gottes freie Natur, dass selbst sie, von der wir doch lernten, dass sie so gern sich Vagabunden und Bettlern, Lumpen und Stromern schenkt, ihr trostreichstes, stillstes und lauterstes Antlitz dem Reichen verwahrt, wenn sie durch die großen tiefliegenden Fenster in seine kühlen, schattigen Säle dringt, — das ist die unerbittliche Wahrheit, die die italienische Villa den lehrt, der zum ersten Male durch ihre Pforten trat, um einen Blick auf See und Gebirge zu werfen, vor dem, was er dort draußen gesehen hat, verblasst wie das Kodak-Bildchen vor dem Werk eines Lionardo. Ja, ihm hängt die Landschaft im Fensterrahmen, nur ihm hat Gottes Meisterhand sie signiert.

Zu nahe

Im Traum am linken Seine-Ufer vor Notre-Dame. Da stand ich, aber da war nichts, was Notre Dame glich. Ein Backsteinbau ragte nur mit den letzten Staffeln seines Massivs über eine hohe Verschalung von Holz. Ich aber stand, überwältigt, doch eben vor Notre Dame. Und was mich überwältigte war Sehnsucht. Sehnsucht nach eben dem Paris, in dem ich hier im Traume mich fand. Woher also diese Sehnsucht? Und woher dieser ihr ganz entstellter, unkenntlicher Gegenstand? — Das macht: im Traume war ich ihm zu nah gekommen. Die unerhörte Sehnsucht, welche hier, im Herzen des Ersehnten mich befallen hatte, war nicht, die aus der Ferne zum Bilde drängt. Es war die selige, die schon die Schwelle des Bildes und Besitzes überschritten hat und nur noch von der Kraft des Namens weiß, aus welchem das Geliebte lebt, sich wandelt, altert, sich verjüngt und, bildlos, Zuflucht aller Bilder ist.

Pläne verschweigen

Wenige Arten des Aberglaubens sind so verbreitet wie der, der die Leute abhält, von ihren wichtigsten Absichten und Projekten miteinander zu reden. Nicht nur durch alle Schichten der Gesellschaft geht dies Verhalten hindurch, auch alle Arten menschlicher Motive, von dem banalsten bis zum untergründigsten herab scheinen daran Anteil zu haben. Ja das Nächstliegende sieht so platt und verständig aus, dass mancher denken wird, es sei kein Grund von Aberglauben zu reden. Nichts ist begreiflicher, als dass ein Mensch, dem etwas fehlgeschlagen sei, den Misserfolg für sich zu behalten trachte und, um sich diese Möglichkeit zu sichern, von seinem Vorhaben schweigt. Aber das ist doch mehr die oberste Schicht seiner Bestimmungsgründe, der Firnis des Banalen, der die tieferen verkleidet. Darunter steckt die zweite in Gestalt des dumpfen Wissens um die Schwächung der Tatkraft durch die motorische Entladung, die motorische Ersatzbefriedigung im Reden. Man hat diesen zerstörenden Charakter der Rede, von dem die simpelste Erfahrung weiß, nur selten so ernst genommen, wie er es verdient. Bedenkt man, wie fast alle entscheidenden Pläne mit einem Namen verbunden, ja an ihn gebunden sind, so leuchtet ein, wie teuer die Lust zu stehen kommt, ihn im Munde zu führen. Kein Zweifel aber, dass dieser zweiten Schicht eine dritte folgt. Es ist die Vorstellung, auf der Unwissenheit der andern, besonders der Freunde, wie auf den Stufen eines Thrones in die Höhe zu steigen. Und damit nicht genug, jene letzte und bitterste, in deren Tiefe Leopardi mit den Worten dringt, dass »Eingeständnis eigenen Leides nicht Mitleid, sondern Vergnügen hervorruft, und dass es nicht nur bei Feinden, sondern bei allen Menschen, die davon erfahren, keine Trauer, sondern Freude erweckt, denn das ist ja eine Bestätigung, dass der Betroffene weniger und man selber mehr wert ist.« Wie viele Menschen wären aber imstande, sich selbst zu glauben, wenn schon der Verstand Leopardis Einsicht ihnen zuraunen würde? Wie viele würden nicht, angewidert von der Bitternis solcher Erkenntnis, sie ausspeien? Da tritt nun Aberglauben ein, die pharmazeutische Verdichtung bitterster Ingredienzen, die keiner einzeln und getrennt zu schmecken imstande wäre. Viel lieber gehorcht der Mensch in Volksbrauch und Sprichwort dem Dunklen und Rätselhaften, als dass er in der Sprache des gesunden Menschenverstandes die ganze Härte und das ganze Leid des Lebens sich predigen ließe.

Woran einer seine Stärke erkennt

An seinen Niederlagen. Wo wir erfolglos durch unsere Schwäche waren, da verachten wir uns und schämen uns ihrer. Worin wir aber stark sind, da verachten wir unsere Niederlage, da beschämen wir unser Missgeschick. Durch Sieg und Glück erkennten wir unsere Stärke?! Wer weiß denn nicht, wie nichts so sehr uns unsere tiefsten Schwächen offenbart wie grade sie? Wer hat nicht schon nach einem Sieg im Kampf oder in der Liebe wie von einem Wonneschauer der Schwäche die Frage über sich dahingehen fühlen: Und das ich? Das mir, dem Schwächsten? Anders die Serien von

Niederlagen, in denen wir alle Finten des Aufstehens lernen und in Beschämung wie in Drachenblut baden. Es sei der Ruhm, der Alkohol, das Geld, die Liebe — wo einer seine Stärke hat, kennt er keine Ehre, keine Furcht vor Blamage und keine Haltung. Aufdringlicher kann kein Schacherjude vor seinem Kunden sich aufführen als Casanova vor der Charpillon. Solche Menschen hausen in ihrer Stärke. Ein besonderes und schreckliches Hausen freilich, das ist der Preis jeder Stärke. Dasein in einem Tank. Hausen wir drinnen, sind wir dumm und unnahbar, fallen in alle Gräben, stürzen über alle Hindernisse, wühlen Schmutz auf und schänden die Erde. Aber nur wo wir so besudelt sind, sind wir unbezwinglich.

Vom Glauben an die Dinge, die man uns weissagt

Den Zustand zu erforschen, in dem sich einer befindet, der an die dunklen Mächte appelliert, ist einer der sichersten und kürzesten Wege zur Erkenntnis und Kritik dieser Mächte selbst. Denn jedes Wunder hat zwei Seiten, eine an dem, der es tut, und eine an dem, der es hinnimmt. Und nicht selten ist die zweite aufschlussreicher als die erste, weil sie deren Geheimnis schon in sich einschließt. Hat einer sich sein graphologisches oder chiromantisches Lebensbild entworfen, sein Horoskop stellen lassen, so wollen wir für diesmal nur so viel fragen: Was geht mit ihm vor? Man möchte meinen, zunächst einmal geht es an ein Vergleichen und Prüfen. Mehr oder minder skeptisch wird er Behauptung auf Behauptung durchmustern. In Wahrheit nichts von alledem. Eher das Gegenteil. Vor allem eine Neugier auf das Ergebnis, so brennend, als hätte er hier Auskunft über einen zu erwarten, der ihm sehr wichtig, aber völlig unbekannt ist. Der Brennstoff zu diesem Feuer ist Eitelkeit. Bald ist es ein Flammenmeer, denn nun ist er auf seinen Namen gestoßen. Ist aber die Exponierung des Namens schon an sich eine der stärksten Einwirkungen, die auf seinen Träger gedacht werden können (die Amerikaner haben es praktisch verwendet, indem sie Smith und Brown von ihren Lichtreklamen anreden lassen), so verbindet sie in der Wahrsagung sich selbstverständlich mit dem Inhalt des Gesagten. Damit steht es aber folgendermaßen: Das sogenannte innere Bild vom eigenen Wesen, das wir in uns tragen, ist von Minute zu Minute pure Improvisation. Es richtet sich, wenn man so sagen darf, ganz nach den Masken, die ihm vorgehalten werden. Die Welt ist ein Arsenal solcher Masken. Nur der verkümmerte, verödete Mensch sucht es als Verstellung im eigenen Innern. Denn wir selber sind zumeist arm daran. Darum macht nichts uns so glücklich, als wenn einer mit einem Kasten exotischer Masken auf uns zutritt und nun die selteneren Exemplare, die Maske des Mörders, des Finanzmagnaten, des Weltumseglers an uns heranhält. Durch sie hindurch zu blicken verzaubert uns. Wir sehen die Konstellationen, die Augenblicke, in denen wir eigentlich das eine oder das andere oder dies alles auf einmal wirklich gewesen sind. Dies Maskenspiel ersehnen wir alle als Rausch und hiervon leben noch heute die Kartenleger, die Chiromanten und Astrologen. Sie wissen in eine jener lautlosen Schicksalspausen uns zurückzuversetzen, denen man es erst später anmerkt, dass sie den Keim zu einem ganz andern Schicksalsverlauf enthalten haben, als dem, der uns zuteil geworden ist. Dass so das Schicksal aussetzt wie ein Herz — das spüren wir in jenen scheinbar so dürftigen, scheinbar so schiefen Wesensbildern unserer selbst, die uns der Charlatan entgegenhält, mit tiefem, glückseligem Schrecken. Und wir beeilen uns um so mehr, ihm Recht zu geben, je durstiger wir die Schatten nie gelebter Leben in uns aufsteigen fühlen.

Kurze Schatten

Wenn es gegen Mittag geht, sind die Schatten nur noch die schwarzen, scharfen Ränder am Fuß der Dinge und in Bereitschaft, lautlos, unversehens, in ihren Bau, in ihr Geheimnis sich zurückzuziehen. Dann ist, in ihrer gedrängten, geduckten Fülle, die Stunde Zarathustras gekommen, des Denkers im »Lebensmittag«, im »Sommergarten«. Denn die Erkenntnis umreißt wie die Sonne auf der Höhe ihrer Bahn die Dinge am strengsten.

Geheimzeichen

Man überliefert mündlich ein Wort von Schuler. In jeder Erkenntnis müsse, so sagte er, ein Quentchen Widersinn enthalten sein, wie die antiken Teppichmuster oder Ornamentfriese von ihrem regelmäßigen Verlauf immer irgendwo eine geringfügige Abweichung erkennen ließen. Mit andern Worten: Nicht der Fortgang von Erkenntnis zu Erkenntnis ist entscheidend, sondern der Sprung in jeder einzelnen Erkenntnis selbst. Er ist die unscheinbare Echtheitsmarke, die sie von aller Serienware unterscheidet, die nach Schablone angefertigt ist.

Ein Wort von Casanova

»Sie wusste«, sagt Casanova von einer Kupplerin, »dass ich nicht die Kraft haben würde, zu gehen, ohne ihr etwas zu geben.« Seltsames Wort. Welch einer Kraft bedurfte es, die Kupplerin um ihren Lohn zu prellen? Oder, genauer, welche Schwäche ist es, auf welche sie sich stets verlassen kann? Es ist die Scham. Die Kupplerin ist käuflich; nicht die Scham des Kunden, welcher sie bemüht. Der sucht, von ihr erfüllt, sich ein Versteck und findet das Verborgenste: im Gelde. Die Frechheit wirft die erste Münze auf den Tisch; die Scham zahlt hundert drauf, sie zu bedecken.

Der Baum und die Sprache

Ich stieg eine Böschung hinan und legte mich unter einen Baum. Der Baum war eine Pappel oder eine Erle. Warum ich seine Gattung nicht behalten habe? Weil, während ich ins Laubwerk sah und seiner Bewegung folgte, mit einmal in mir die Sprache dergestalt von ihm ergriffen wurde, dass sie augenblicklich die uralte Vermählung mit dem Baum in meinem Beisein noch einmal vollzog. Die Äste und mit ihnen auch der Wipfel wogen sich erwägend oder bogen sich ablehnend; die Zweige zeigten sich zuneigend oder hochfahrend; das Laub sträubte sich gegen einen rauen Luftzug, erschauerte vor ihm oder kam ihm entgegen; der Stamm verfügte über seinen guten Grund, auf dem er fußte; und ein Blatt warf seinen Schatten auf das andre. Ein leiser Wind spielte zur Hochzeit auf und trug alsbald die schnell entsprossenen Kinder dieses Betts als Bilderrede unter alle Welt.

Das Spiel

Das Spiel, wie jede andre Leidenschaft, gibt sein Gesicht darinnen zu erkennen, wie der Funke im leiblichen Bereich von einem Zentrum zum andern überspringt, bald dies bald jenes Organ mobil macht und in ihm das ganze Dasein sammelt und begrenzt. Da ist die Frist, welche der Rechten eingeräumt ist, eh das Kügelchen ins Fach gefallen ist. Sie streicht gleich einem Flugzeug über die Kolonnen, die Saaten der Jetons in ihren Furchen verbreitend. Diese Frist ankündigend, der Augenblick, der einzig dem Ohr vorbehalten ist, in dem die Kugel den Wirbel eben antritt und der Spieler lauscht, wie Fortuna ihre Bässe stimmt. Im Spiel, das sich an alle Sinne wendet, den atavistischen der Hellsicht nicht ausgeschlossen, kommt auch die Reihe an das Auge. Alle Zahlen blinzeln ihm zu. Weil es jedoch die Sprache der Winke am entschiedensten verlernt hat, so führt es die, die ihm vertrauen, am meisten in die Irre. Dafür sind freilich sie es, die dem Spiel die tiefste Devotion bezeigen dürfen. Noch eine Weile bleibt der Einsatz, der verloren ist, vor ihnen liegen. Das Reglement hält sie zurück. Allein nicht anders als einen Liebenden die Ungunst der von ihm Verehrten. Deren Hand sieht er in dem Bereich der seinen; dennoch wird er nichts unternehmen, sie zu fassen. Das Spiel hat leidenschaftlich ihm Ergebene, die es um seiner selbst und keineswegs um dessentwillen lieben, was es gibt. Ja wenn es ihnen alles nimmt, so suchen sie bei sich selbst die Schuld. Sie sagen dann: »Ich habe schlecht gespielt.« Und diese Liebe trägt in solchem Maß den Lohn für ihren Eifer in sich selbst, dass die Verluste lieblich sind, nur weil sie mit ihnen ihren Opfermut beweisen. So ein untadeliger Kavalier des Glücks ist der Fürst von Ligne gewesen, der in den Jahren nach Napoleons Sturz in den Pariser Klubs zu sehen und berühmt der Haltung wegen war, mit welcher er die außerordentlichsten Verluste hinnahm. Sie war tagaus, tagein die nämliche. Die rechte Hand, die immerfort die großen Einsätze auf den Tisch geworfen hatte, hing schlaff herab. Die Linke aber lag unbeweglich, waagerecht, in die Weste hineingeschoben, auf der rechten Brust. Später, durch seinen Kammerdiener, wurde laut, daß diese Brust drei Narben aufwies — den genauen Abdruck der Nägel der drei Finger, welche dort immer so regungslos gelegen hatten.

Die Ferne und die Bilder

Ob sich nicht das Gefallen an der Bilderwelt aus einem düstern Trotz gegen das Wissen nährt? Ich sehe in die Landschaft hinaus: Da liegt das Meer in seiner Bucht spiegelglatt; Wälder ziehen als unbewegliche, stumme Masse an der Kuppe des Berges herauf; droben verfallene Schlossruinen, wie sie schon vor Jahrhunderten gestanden haben; der Himmel strahlt wolkenlos, in ewiger Bläue. So will der Träumer es. Dass dieses Meer in Milliarden und aber Milliarden Wellen sich hebt und senkt, die Wälder von den Wurzeln bis ins letzte Blatt mit jedem neuen Augenblick erzittern, in den Steinen der Schlossruine ein ununterbrochenes Stürzen und Rieseln waltet, im Himmel Gase, ehe sie Wolken bilden, unsichtbar streitend durcheinander wallen — das alles muss er vergessen, um den Bildern sich zu überlassen. An ihnen hat er Ruhe, Ewigkeit. Jede Vogelschwinge, die ihn streift, jeder Windstoß, der ihn durchschauert, jede Nähe, die ihn trifft, straft ihn Lügen. Aber jede Ferne baut seinen Traum wieder auf, an jede Wolkenwand steht er gelehnt, an jedem erleuchteten Fenster entglimmt er von neuem. Und am vollkommensten erscheint er, wenn es ihm gelingt, der Bewegung selber ihren Stachel zu nehmen, den Windstoß in ein Rauschen und das Huschen der Vögel in den Vogelzug zu wandeln. So der Natur im Rahmen abgeblasster Bilder Einhalt zu gebieten, ist die Lust des Träumers. Sie unter neuem Anruf in Bann zu schlagen die Gabe der Dichter.

Spurlos wohnen

Betritt einer das bürgerliche Zimmer der achtziger Jahre, so ist bei aller »Gemütlichkeit«, welche es vielleicht ausstrahlt, der Eindruck »Hier hast du nichts zu suchen« der stärkste. Hier hast du nichts zu suchen — denn hier ist kein Fleck, auf dem nicht der Bewohner seine Spur schon hinterlassen hätte: auf den Gesimsen durch die Nippsachen, auf den Polstersesseln durch Deckchen mit dem Monogramm, vor den Fensterscheiben durch Transparente und vor dem Kamin durch einen Ofenschirm. Ein schönes Wort von Brecht hilft von hier fort; weit fort. »Verwische die Spuren!« Hier, im bürgerlichen Zimmer, ist das entgegengesetzte Verhalten zur Gewohnheit geworden. Und umgekehrt nötigt das Interieur seine Bewohner, sich ein Höchstmaß von Gewohnheiten zuzulegen. Sie sind im Bilde des »möblierten Herrn« versammelt, wie er den Wirtinnen vor Augen steht. Das Wohnen war in diesen Plüschgelassen nichts andres als das Nachziehen einer Spur, die von Gewohnheiten gestiftet wurde. Sogar der Zorn, der beim geringsten Schaden dort die Geschädigte befiel, war vielleicht nur die Reaktion des Menschen, welchem man »die Spur von seinen Erdetagen« ausgewischt hat. Die Spur, die er auf Polstern und in Sesseln, die seine An-

verwandten in den Fotos, die seine Habe an Futteralen und
Etuis zurückgelassen hatte und die diese Räume manchmal
so übervölkert scheinen ließen wie die Urnenhallen. Das
haben nun die neuen Architekten mit ihrem Glas und ihrem
Stahl erreicht: Sie schufen Räume, in denen es nicht leicht
ist, eine Spur zu hinterlassen. »Nach dem Gesagten«, schrieb
bereits vor zwanzig Jahren Scheerbart, »können wir wohl von
einer ›Glaskultur‹ sprechen. Das neue Glas-Milieu wird den
Menschen vollkommen umwandeln. Und es ist nun nur
zu wünschen, dass diese neue Glaskultur nicht allzu viele
Gegner findet.«

Kurze Schatten

Wenn es gegen Mittag geht, sind die Schatten nur noch
die schwarzen, scharfen Ränder am Fuß der Dinge und in
Bereitschaft, lautlos, unversehens, in ihren Bau, in ihr Geheimnis sich zurückzuziehen. Dann ist, in ihrer bedrängten,
geduckten Fülle, die Stunde Zarathustras gekommen, des
Denkers im »Lebensmittag«, im »Sommergarten«. Denn die
Erkenntnis umreißt wie die Sonne auf der Höhe ihrer Bahn
die Dinge am strengsten.

Denkbilder

Zum Tode eines Alten

Der Verlust, mit dem er einen viel Jüngeren betreffen mag, lenkt dessen Blick vielleicht zum ersten Mal auf das, was zwischen Menschen, die ein sehr großer Altersspielraum trennt und trotzdem Zuneigung verbindet, walten kann. Der Tote gab einen Partner ab, mit dem man sicher das Meiste, Wichtigste, was einen anging, nicht berühren konnte. Dafür war das Gespräch mit ihm erfüllt von einer Frische und von einem Frieden wie niemals mit einem Gleichaltrigen. Das hatte aber zweierlei Ursachen. Einmal war jede, auch die unscheinbarste Bestätigung, die beide über die Kluft von Generationen hinweg an einander gewannen, viel zwingender als die durch Ihresgleichen. Dann aber fand der Jüngere, was später, wenn ihn die Alten erst verlassen haben, ganz verschwindet, bis er selbst alt geworden ist: Zwiesprache, welcher jeglicher Kalkül und jede äußere Rücksicht völlig fernbleibt, weil keiner vom andern etwas zu erwarten hat, keiner auf andere Gefühle stößt als jenes seltene: Wohlwollen ohne jeden Beisatz.

Der gute Schriftsteller

Der gute Schriftsteller sagt nicht mehr, als er denkt. Und darauf kommt viel an. Das Sagen ist nämlich nicht nur der Ausdruck, sondern die Realisierung des Denkens. So ist das Gehen nicht nur der Ausdruck des Wunsches, ein Ziel zu erreichen, sondern seine Realisierung. Von welcher Art aber die Realisierung ist: ob sie dem Ziel präzis gerecht wird oder sich geil und unscharf an den Wunsch verliert — das hängt vom Training dessen ab, der unterwegs ist. Je mehr er sich in Zucht hat und die überflüssigen, ausfahrenden und schlenkernden Bewegungen vermeidet, desto mehr tut jede Körperhaltung sich selbst genug, und desto sachgemäßer ist ihr Einsatz. Dem schlechten Schriftsteller fällt vieles ein, worin er sich so auslebt wie der schlechte und ungeschulte Läufer in den schlaffen und schwungvollen Bewegungen der Glieder. Doch eben darum kann er niemals nüchtern das sagen, was er denkt. Es ist die Gabe des guten Schriftstellers, das Schauspiel, das ein geistvoll durchtrainierter Körper bietet, mit seinem Stil dem Denken zu gewähren. Er sagt nie mehr, als er gedacht hat. So kommt sein Schreiben nicht ihm selber, sondern allein dem, was er sagen will, zugute.

Traum

O … s zeigten mir ihr Haus in Niederländisch-Indien. Das Zimmer, in dem ich mich befand, war mit dunklem Holz getäfelt und erweckte den Eindruck von Wohlstand. Aber das sei noch wenig, sagten meine Führer. Was ich bewundern müsse, sei die Aussicht im Obergeschoß. Ich dachte an den Blick über das weite Meer, das nahebei lag, und so stieg ich die Treppe hinauf. Oben angekommen stand ich vor einem Fenster. Ich blickte hinab. Da lag vor meinen Augen eben dieses warme, getäfelte und anheimelnde Zimmer, das ich im Augenblick verlassen hatte.

Erzählung und Heilung

Das Kind ist krank. Die Mutter bringt's zu Bett und setzt sich zu ihm. Und dann beginnt sie, ihm Geschichten zu erzählen. Wie ist das zu verstehen? Ich ahnte es, als N. mir von der sonderbaren Heilkraft sprach, die in den Händen seiner Frau gelegen habe. Von diesen Händen aber sagte er: »Ihre Bewegungen waren höchst ausdrucksvoll. Doch hätte man ihren Ausdruck nicht beschreiben können ... Es war, als ob sie eine Geschichte erzählten.« Die Heilung durch Erzählen kennen wir schon aus den Merseburger Zaubersprüchen. Es ist ja nicht nur, dass sie Odins Formel wiederholen; vielmehr erzählen sie den Sachverhalt, auf Grund von dem er sie zuerst benutzte. Auch weiß man ja, wie die Erzählung, die der Kranke am Beginn der Behandlung dem Arzte macht, zum Anfang eines Heilprozesses werden kann. Und so entsteht die Frage, ob nicht die Erzählung das rechte Klima und die günstigste Bedingung manch einer Heilung bilden mag. Ja ob nicht jede Krankheit heilbar wäre, wenn sie nur weit genug — bis an die Mündung — sich auf dem Strome des Erzählens verflössen ließe? Bedenkt man, wie der Schmerz ein Staudamm ist, der der Erzählungsströmung widersteht, so sieht man klar, dass er durchbrochen wird, wo ihr Gefälle stark genug wird, alles, was sie auf diesem Wege trifft, ins Meer glücklicher Vergessenheit zu schwemmen. Das Streicheln zeichnet diesem Strom ein Bett.

Traum

Berlin; ich saß in einer Kutsche in höchst zweideutiger Mäd-chengesellschaft. Plötzlich verfinsterte sich der Himmel.»So-dom«, sagte eine Dame gesetzten Alters in einem Kapott-Hütchen, die plötzlich auch im Wagen war. So gelangten wir ins Weichbild eines Bahnhofes, wo die Gleise nach außen austraten. Hier fand zunächst eine Gerichtssitzung statt, wobei die beiden Parteien an zwei Straßenecken, auf dem bloßen Pflaster, sich gegenübersaßen. Ich bezog mich auf den übergroßen entfärbten Mond, der niedrig am Himmel hervortrat, als auf ein Sinnbild der Gerechtigkeit. Dann war ich bei einer kleinen Expedition, die auf einer Rampe, wie Güterbahnhöfe sie haben (und ich war und blieb nun im Weichbild des Bahnhofes), sich abwärts begab. Vor einem ganz schmalen Rinnsal machte man halt. Das Rinnsal floss zwischen zwei Bändern konvexer Prozellanplatten hin, die aber mehr schwammen als Festland waren und wie Bojen unter dem Fuße nachgaben. Ob die zweiten, jenseitigen, wirklich aus Porzellan waren, ist mir aber nicht sicher. Eher denke ich an Glas. Jedenfalls waren sie lückenlos mit Blumen bestellt, die wie Ziebeln aus Glasbehältern, nur aus kugeli-gen, buntfarbigen, hervorkamen und die im Wasser, wieder wie Bojen, sanft gegeneinanderschlugen. Ich trat für einen Augenblick in das Blumenparterre der jenseitigen Reihe hi-nein. Gleichzeitig hörte ich die Erläuterungen eines kleinen Unterbeamten, welcher uns führte. In dieser Rinne, das be-sagten seine Ausführungen, bringen sich die Selbstmörder um, die Armen, die nichts mehr besitzen als eine Blume, welche sie zwischen die Zähne nehmen. Dieses Licht fiel nun auf die Blumen. Also ein Acheron, könnte man denken; aber im Traum nichts davon. Man sagte mir, an welcher Stelle ich

den Fuß beim Rückschreiten auf die ersten Platten zu setzen
habe. Das Porzellan war an dieser Stelle weiß und gerieft.
In Gesprächen legten wir den Weg aus der Tiefe des Güter-
bahnhofs zurück. Ich machte auf die seltsame Zeichnung der
Kacheln, die wir noch immer unter den Füßen hatten, aufmerksam und auf ihre Verwendbarkeit für einen Film. Man
wollte aber nicht, dass so öffentlich von solchen Projekten
gesprochen werde. Auf einmal kam ein zerlumpter Knabe
auf dem Weg nach dort unten uns entgegen. Die anderen
ließen ihn, wie es schien, ruhig passieren, nur ich griff fieber-
haft in all meine Taschen, ich wünschte ein Fünfmarkstück
zu finden. Es kam nicht. Ich steckte ihm, da er mich kreuzte
— denn er hielt auf seinem Wege nicht inne —, eine etwas
kleinere Münze zu und erwachte.

Die »Neue Gemeinschaft«

Ich las »Friedensfest« und »Einsame Menschen«. Ungesit-
tet benahmen die Leute sich in diesem Friedrichshagener
Milieu. Aber so kindisch scheinen sich die Leute in dieser
»Neuen Gemeinschaft« Bruno Willes und Bölsches, die zu
Gerhart Hauptmanns Jugendzeit von sich reden machte, be-
nommen zu haben. Der heutige Leser fragt sich, ob er einem
Geschlecht von Spartiaten angehört, so viel mehr Zucht
besitzt er. Was für ein roher Patron ist nicht dieser Johan-
nes Vockerath, den Hauptmann mit sichtlicher Sympathie
darstellt. Die Unerzogenheit und Indiskretion scheint die
Voraussetzung dieses dramatischen Heldentums. In Wirk-
lichkeit aber ist diese Voraussetzung nichts anderes als: die
Krankheit. Hier wie bei Ibsen scheinen ihre vielen Spielarten
Decknamen für die Krankheit der Jahrhundertwende, das

mal de siècle zu sein. In jenen halb verpfuschten Bohemiens wie Braun und Pastor Scholz ist die Sehnsucht nach Freiheit am stärksten. Andererseits aber scheint es, als ob die intensive Befassung mit der Kunst, mit der sozialen Frage sie erst so krank gemacht hat. Mit andern Worten: Krankheit ist hier ein soziales Emblem, wie der Wahnsinn es bei den Alten gewesen ist. Die Kranken haben ganz besondere Kenntnis vom Zustand der Gesellschaft. In ihnen schlägt die Hemmungslosigkeit in eine untrügliche Witterung der Atmosphäre um, in der die Zeitgenossen atmen. »Nervosität« ist die Zone dieses Umschlagens. Die Nerven sind inspirierte Fäden, gleich jenen Fasern, die sich mit unbefriedigten Verjüngungen, mit sehnsuchtsvollen Buchten um Neunzehnhundert über Mobiliar und Häuserfronten zogen. Die Figur des Bohemiens sah der Jugendstil am liebsten in Gestalt einer Daphne, die unter dem Nahen der verfolgenden Wirklichkeit sich in ein Bündel bloßgelegter, in der Luft der Jetztzeit erschauernder Nervenfasern verwandelt.

Brezel, Feder, Pause, Klage, Firlefanz

Dergleichen Wörter, ohne Bindung und Zusammenhang, sind Ausgangspunkte eines Spieles, das im Biedermeier hoch im Ansehen stand. Aufgabe eines jeden war, sie derart in einen bündigen Zusammenhang zu bringen, dass ihre Reihenfolge nicht verändert wurde. Je kürzer dieser war, je weniger vermittelnde Momente er enthielt, desto beachtenswerter war die Lösung. Zumal bei Kindern fördert dieses Spiel die schönsten Funde. Ihnen nämlich sind Wörter noch wie Höhlen, zwischen denen sie seltsame Verbindungswege kennen. Doch nun vergegenwärtige man sich die Umkehrung des Spieles, sehe einen gegebenen Satz so an, als wäre er nach dessen Regel konstruiert. Mit einem Schlage müsste er ein fremdes, erregendes Gesicht für uns gewinnen. Ein Teil von solcher Sicht liegt aber wirklich in jedem Akt des Lesens eingeschlossen. Nicht nur das Volk liest so Romane — nämlich der Namen oder Formeln wegen, die ihm aus dem Text entgegenspringen; auch der Gebildete liegt lesend auf der Lauer nach Wendungen und Worten, und der Sinn ist nur der Hintergrund, auf dem der Schatten ruht, den sie wie Relieffiguren werfen. Greifbar wird das zumal an solchen Texten, die man die heiligen nennt. Der Kommentar, der ihnen dient, greift Wörter aus solchem Text heraus, als wären sie nach den Regeln jenes Spieles ihm gesetzt und zur Bewältigung aufgegeben worden. Und wirklich haben Sätze, die ein Kind im Spiele aus den Wörtern schlägt, mit denen heiliger Texte mehr Verwandtschaft als mit der Umgangssprache der Erwachsenen. Davon ein Beispiel, welches die Verbindung der vorgenannten Wörter durch ein Kind (in seinem zwölften Lebensjahre) gibt: »Die Zeit schwingt sich wie eine Brezel durch die Natur. Die Feder malt die Landschaft, und entsteht eine Pause, so wird sie mit Regen ausgefüllt. Man hört keine Klage, denn es gibt keinen Firlefanz.«

IV. Ausgewählte Kurzprosa aus der *Vossischen Zeitung*

Ein Weihnachtsengel

von Detlef Holz [Pseudonym von Walter Benjamin]

Mit den Tannenbäumen begann es. Eines Morgens, als wir zur Schule gingen, hafteten an den Straßenecken die grünen Siegel, die die Stadt wie ein großes Weihnachtspaket an hundert Ecken und Kanten zu sichern schienen. Dann barst sie eines schönen Tages dennoch, und Spielzeug, Nüsse, Stroh und Baumschmuck quollen aus ihrem Innern: der Weihnachtsmarkt. Mit ihnen aber quoll noch etwas anderes hervor: die Armut. Wie nämlich Äpfel und Nüsse mit ein wenig Schaumgold neben dem Marzipan sich auf dem Weihnachtsteller zeigen durften, so auch die armen Leute mit Lametta und bunten Kerzen in den besseren Vierteln. Die Reichen aber schickten ihre Kinder vor, um denen der Armen wollene Schäfchen abzukaufen oder Almosen auszuteilen, die sie selbst vor Scham nicht über ihre Hände brachten. Inzwischen stand bereits auf der Veranda der Baum, den meine Mutter insgeheim gekauft und über die Hintertreppe in die Wohnung hatte bringen lassen. Und wunderbarer als alles, was das Kerzenlicht ihm gab, war, wie das nahe Fest in seine Zweige mit jedem Tage dichter sich verspann. In den Höfen begannen die Leierkasten die letzte Frist mit Chorälen zu dehnen. Endlich war sie dennoch verstrichen und einer jener Tage wieder da, an deren frühesten ich mich hier erinnere.

In meinem Zimmer wartete ich, bis es sechs werden wollte. Kein Fest des späteren Lebens kennt diese Stunde, die wie ein Pfeil im Herzen des Tages zittert. Es war schon dunkel; trotzdem entzündete ich nicht die Lampe, um den Blick nicht von den Fenstern überm Hof zu wenden, hinter denen nun die ersten Kerzen zu sehen waren. Es war von allen Augenblicken, die das Dasein des Weihnachtsbaumes hat, der bänglichste, in dem er Nadeln und Geäst dem Dunkel opfert, um nichts zu sein als nur ein unnahbares und doch nahes Sternbild im trüben Fenster einer Hinterwohnung. Doch wie ein solches Sternbild hin und wieder eins der verlassenen Fenster begnadete, indessen viele weiter dunkel blieben und andere noch trauriger im Gaslicht der früheren Abende verkümmerten, schien mir, dass diese weihnachtlichen Fenster die Einsamkeit, das Alter und das Darben – all das, wovon die armen Leute schwiegen – in sich fassten.

Dann fiel mir wieder die Bescherung ein, die meine Eltern eben rüsteten. Kaum aber hatte ich so schweren Herzens, wie nur die Nähe eines sichern Glücks es macht, mich von dem Fenster abgewandt, so spürte ich eine fremde Gegenwart im Raum. Es war nichts als ein Wind, so dass die Worte, die sich auf meinen Lippen bildeten, wie Falten waren, die ein träges Segel plötzlich vor einer frischen Brise wirft: „Alle Jahre wieder, kommt das Christuskind, auf die Erde nieder, wo wir Menschen sind" – mit diesen Worten hatte sich der Engel, der in ihnen begonnen hatte, sich zu bilden, auch verflüchtigt. Doch nicht mehr lange blieb ich im leeren Zimmer. Man rief mich in das gegenüberliegende, in dem der Baum nun in die Glorie eingegangen war, welche ihn mir entfremdete, bis er, des Untersatzes beraubt, im Schnee verschüttet oder im Regen glänzend, das Fest da endete, wo es ein Leierkasten begonnen hatte.

(aus: *Vossische Zeitung*, 24. Dezember 1932)

Die Kaktushecke

von Detlef Holz

Der erste Fremde, der zu uns nach Ibiza kam, war ein Ire O'Brien. Das ist jetzt ungefähr zwanzig Jahre her, und der Mann war damals schon in den Vierzigern. Er war, bevor er sich bei uns zur Ruhe setzte, viel herumgekommen, hatte in seiner Jugend lange als Farmer in Ostafrika gelebt, war ein großer Jäger und Lassowerfer, vor allem aber ein Sonderling, wie ich keinen gekannt habe. Von den gebildeten Kreisen, Geistlichen, Magistratsbeamten, hielt er sich fern, selbst mit den Eingeborenen stand er nur in losem Verkehr. Dennoch lebt sein Gedächtnis bei den Fischern heute noch, und zwar vor allem wegen seiner Meisterschaft im Knotenbinden. Im Übrigen schien seine Menschenscheu nur halb die Folge seines Naturells zu sein; widrige Erfahrungen mit Naheste-henden mochten das Weitere dazu getan haben.

Ich konnte damals nicht viel mehr ermitteln, als dass ein Freund, dem er sein einzig wertvolles Besitztum anvertraut hatte, damit verschwunden war. Das war eine Sammlung von Negermasken, welche er bei den Eingeborenen selber in seinen afrikanischen Jahren erworben hatte. Im Übrigen hat sie dem, der sie sich angeeignet hatte, kein Glück gebracht. Bei einem Schiffsbrand war er umgekommen und mit ihm die Sammlung von Masken, die ihn an Bord begleitet hatte.

O'Brien saß auf seiner Finca hoch über der Bucht, hatte er aber Arbeit vor, so führte ihn sein Weg immer wieder ans Meer. Da befasste er sich mit Fischerei, ließ die aus canas geflochtenen Reusen hundert Meter und tiefer hinab, wo die Langusten auf dem felsigen Meeresboden spazieren, oder fuhr an stillen Nachmittagen hinaus, um Netze zu legen, die in zwölf Stunden wieder eingeholt sein wollten. Daneben aber war der Fang von Landtieren seine Freude geblieben, und in England besaß er zu Amateuren und Wissenschaftlern genügend Beziehungen, um selten ganz ohne Aufträge, sei es auf Vogelbälge, seltene Käferarten, Geckos oder Schmetterlinge zu sein. Am meisten aber beschäftigten ihn die Eidechsen. Man erinnert sich noch der Terrarien, die damals, zuerst in England, in der Kakteen-Ecke der Boudoirs oder der Wintergärten sich ansiedelten. Eidechsen begannen ein Modeartikel zu werden, und unsere Balearen wurden bald bei den Tierhändlern ebenso bekannt, wie sie es bei den Führern römischer Legionen einst ihrer Schleuderer wegen gewesen sind. Denn „balea" heißt die Schleuder.

O'Brien, ich sagte es schon, war ein Sonderling. Ich glaube, vom Eidechsenfang und Kochen bis zum Schlafen und Denken tat er nichts auf die Art, wie andere es machen. Was Speisen anging, so hielt er von Vitaminen, Kalorien und dergleichen wenig. Alles Essen, so pflegte er zu sagen, sei Heilung oder sei Vergiftung, und ein Mittleres gäbe es nicht. Der Essende also müsse sich immer als eine Art von Rekonvaleszenten ansehen, wenn er sich nämlich richtig ernähren wolle. Und nun konnte man von ihm eine ganze Liste von Speisen hören, deren die einen dem Sanguiniker, die anderen dem Choleriker, andere wieder dem Phlegmatischen und endlich wieder andere dem Melancholischen entsprächen, ihnen heilsam seien, indem sie die ergänzenden, die mildernden Substanzen ihnen einverleibten.

Ganz ähnlich stand es mit dem Schlaf; er hatte da eine eigene Theorie der Träume und behauptete, bei den Pangwe, einem Negerstamme im Innern, das unfehlbare Mittel kennengelernt zu haben, Alpträume, quälende Gesichte, die im Schlafe wiederkehren, sich fernzuhalten. Man brauche nur am Abend, ehe man schlafen gehe, das Schreckensbild – wie es die Pangwe unter Zeremonien tun – sich zu beschwören, so bleibe man des Nachts vor ihm bewahrt. Er nannte das die Traumimpfung.

Das Denken endlich – wie er es mit dem Denken hielt, das sollte ich eines Nachmittags erfahren, als wir in einem Boot auf dem Wasser lagen, um Netze, die am Vortag ausgeworfen waren, einzuziehen. Der Fang war elend. Wir hatten das beinahe leere Netz fast eingebracht, als ein paar Maschen sich an einem Riff verfingen und trotz aller Sorgfalt bei der Bergung rissen.

Ich rollte meine Regenhaut zusammen, schob sie in meinen Nachen und streckte mich aus. Das Wetter war bewölkt, die Luft still. Bald fielen ein paar Tropfen, und das Licht, das alle Dinge hier vom Himmel her so sehr beansprucht, verzog sich, um sie der Erde zurückzugeben.

Als ich mich aufrichtete, fiel mein Blick auf ihn. Er hielt sein Netz noch in den Händen, aber die ruhten; der Mann war wie abwesend. Befremdet fasste ich ihn näher ins Auge; sein Gesicht war ausdruckslos und ohne Alter; um den geschlossenen Mund spielte ein Lächeln. Ich griff nach meinem Ruderpaar; ein paar Schläge führten uns übers stille Wasser.

O'Brien sah auf.

„Jetzt hält es wieder", sagte er und prüfte, kräftig zerrend, den neuen Netzknoten. „Es ist aber auch ein doppelter Fläme."

Verständnislos sah ich ihn an.

„Ein doppelter Fläme", wiederholte er. „Sehen Sie, er kann Ihnen auch beim Angeln nützen."

Und damit nahm er ein Stück Schnur, schlug eines ihrer Enden ein und schlang es drei-, viermal um sich selber, bis es zur Achse einer Spirale wurde, deren Windungen mit einem Ruck sich zum Knoten zusammenzogen.

„Eigentlich", fuhr er fort, „ist er nur eine Abart des doppelten Galeerenknotens und auf alle Fälle, geschleift oder ungeschleift, dem Zimmermann vorzuziehen." All dies begleitete er mit geschwinden Windungen und Schleifen. Mir schwindelte.

„Wer diesen Knoten", schloss er, „auf Anhieb bindet, der hat es ziemlich weit gebracht und kann sich zur Ruhe setzen. Ganz wörtlich meine ich das: zur Ruhe setzen, denn das Knoten ist eine Yogakunst; vielleicht das wunderbarste aller Entspannungsmittel. Man lernt es nur durch Üben und Wiederüben – nicht erst am Wasser, sondern zu Hause, in aller Gemütsruhe, im Winter, bei Regen. Und am besten, wenn man Kummer und Sorgen hat. Sie glauben nicht, wie oft ich darüber eine Lösung für Fragen, die mich bedrückten, gefunden habe."

Schließlich versprach er, mich in diesem Fache zu unterrichten und in alle seine Geheimnisse vom Kreuz- und Weber- bis zum Puffer- und Herkulesknoten mich einzuführen.

Aber es wurde nichts draus; denn bald darauf sah man ihn immer seltener am Wasser. Erst blieb er drei, vier Tage fern, dann ganze Wochen. Was er trieb, wusste niemand. Man munkelte von einer geheimnisvollen Beschäftigung. Unzweifelhaft hatte er irgendeine neue Liebhaberei entdeckt.

Es vergingen einige Monate, bis wir wieder einmal im Boot beieinander lagen. Diesmal war der Fang reichlicher, und als wir zuletzt eine große Meerforelle an seiner Angel fanden, machte O'Brien mir den Vorschlag, am nächsten Abend zu einem kleinen Essen zu ihm zu kommen.

Nach Tisch sagte O'Brien, indem er eine Tür öffnete, „meine Sammlung, von der Sie gewiss schon gehört haben."

Gehört hatte ich von der Sammlung von Negermasken wohl, aber eigentlich nur dies, dass sie zugrundegegangen war.

Doch da hingen sie nun, zwanzig bis dreißig Stück, im leeren Zimmer, an geweißten Wänden. Es waren Masken von groteskem Ausdruck, die vor allem eine bis ins Komische getriebene Strenge, eine ganz unerbittliche Ablehnung alles Ungemäßen verrieten. Die aufgeworfenen Oberlippen, die gewölbten Riefen, zu denen Lidspalte und Brauen geworden waren, schienen etwas wie grenzenlosen Widerwillen gegen den Nahenden, ja gegen das Nahende schlechthin, zum Ausdruck zu bringen, während die gestaffelten Kuppen des Stirnschmucks und die Verstrebungen der geflochtenen Haarsträhnen wie Mäler hervortraten, die die Rechte einer fremden Macht über diese Züge bekundeten. Auf welche dieser Masken man auch blickte, nirgends schien ihr Mund irgend dazu bestimmt, Laute entfahren zu lassen; die wulstig aufgeworfenen oder festgeschlossenen Lippen waren Schranken vor oder nach dem Leben wie die Lippen der Embryonen oder die der Toten.

O'Brien war zurückgeblieben.

„Diese hier", sagte er plötzlich hinter mir und wie zu sich selber, „habe ich zuerst wiedergefunden."

Als ich mich umwandte, stand er vor einem langgezogenen, glatten, ebenholzschwarzen Kopf, der ein Lächeln zeigte. Es war ein Lächeln so von Anbeginn herauf, dass es im Grunde wie ein Wiederkäuen des Lächelns hinter den geschlossenen Lippen schien. Im Übrigen lag dieser Mund ganz tief, wie denn das ganze Antlitz nichts als Ausgeburt der ungeheuren gewölbten Stirn war, die in unaufhaltsamem Bogen herniederfloss, durchbrochen nur von den erhabenen runden Augenringen, die wie aus einer Taucherglocke hervortraten.

„Diese habe ich zuerst wiedergefunden. Und ich könnte Ihnen auch sagen, wie."

Ich sah ihn nur an. Mit dem Rücken lehnte er sich gegen das niedrige Fenster, und dann begann er:

„Wenn Sie hinaussehen, haben Sie vor sich die Kaktushecke. Es ist die größte in der ganzen Gegend. Bemerken Sie den Stamm, wie er bis hoch hinauf verholzt ist. Daran erkennen Sie das Alter; mindestens hundertfünfzig Jahre. Es war eine Nacht wie heute, nur dass der Mond schien. Vollmond. Ich weiß nicht, ob Sie sich je Rechenschaft von der Wirkung des Mondes in dieser Gegend gegeben haben, in der sein Licht nicht auf den Schauplatz unseres Tagesdaseins zu fallen scheint, sondern auf eine Gegen- oder Neben-Erde. Den Abend hatte ich vor meinen Seekarten zugebracht. Sie müssen wissen, es ist mein Steckenpferd, die Karten des britischen Marineamts zu verbessern, und zugleich ein billig erworbener Ruhm, denn wo ich eine neue Stelle mit meinen Reusen besetze, nehme ich Lotungen vor. Also ich hatte einige Hügelchen auf dem Meeresgrunde umschrieben und drüber nachgedacht, wie hübsch es wäre, wenn man mich dort in der Tiefe verewigte, indem man ihrer einem meinen Namen gäbe. Und dann war ich zu Bett gegangen. Sie werden vorhin gesehen haben, dass ich Vorhänge vor den Fenstern habe; die fehlten mir damals noch, und der Mond rückte, während ich schlaflos lag, gegen mein Bett vor. Ich hatte wieder zu meinem Lieblingsspiel gegriffen, dem Knotenschlingen. Ich glaube, ich habe Ihnen schon einmal davon gesprochen. Das geht so vor sich, dass ich im Geiste einen komplizierten Knoten schürze, darauf ihn gleichsam bei mir selbst beiseitelege und einen zweiten, wieder in Gedanken, zustande bringe. Dann kommt der erste wieder an die Reihe. Nur dass ich ihn diesmal nicht zu schürzen, sondern zu lösen habe. Natürlich kommt es dabei darauf an, die Form der Knoten ganz präzise im Gedächtnis zu behalten, vor allem darf sich der erste mit dem zweiten nicht vermengen. Diese Übungen, in denen ich es wirklich zu einigem Können gebracht habe, stelle ich an, wenn ich Gedanken im Kopf habe und keine Lösung, oder Müdigkeit in den Gliedern und keinen Schlaf finde. Bei beiden kommt es auf ein und dasselbe hinaus: die Entspannung.

Diesmal aber half mir meine bewährte Meisterschaft nichts, denn je näher ich der Lösung kam, desto näher rückte auch der blendende Mondschein gegen mein Bett vor. Da nahm ich meine Zuflucht zu einem andern Mittel. Ich ließ die Sprüche, Rätsel, Lieder und Diktons, die ich allmählich auf der Insel gelernt habe, Revue passieren. Das ging schon besser. Ich fühlte meinen inneren Krampf sich legen, da fiel mein Blick auf die Kaktushecke. Ein altes Spottverschen kam mir in das Gedächtnis: „Buenas tardes chlumbas figas." Der Bauernjunge sagt „Guten Abend" zu der Kaktusfeige, zückt sein Messer und zieht ihr, wie es heißt, vom Wirbel bis zum Hintern einen Scheitel.

Aber die Zeit der Kaktusfeigen war längst vorüber. Die Hecke stand kahl; ihre Blätter stießen bald schräg ins Leere, bald standen sie gestaffelt, dicke Schalen, die vergebens auf Regen warten.

„Kein Zaun, sondern Zaungäste", ging es mir durch den Kopf.

Denn in der Zwischenzeit schien eine Verwandlung mit dieser Hecke vor sich gegangen. Es war, als wenn die draußen in der Helle, die nun mein ganzes Bett umgab, herstarrten; als hinge da eine Schar mit angehaltenem Atem an meinen Blicken. Ein Getümmel erhobener Schilde, Kolben und Streitäxte. Und beim Einschlafen erkannte ich plötzlich das Mittel, mit dem die Gestalten da draußen mich in Schach hielten. Es waren Masken, die sich mir entgegen reckten!

So war der Schlummer über mich gekommen. Am nächsten Morgen aber ließ es mir keine Ruhe. Ich nahm ein Messer, und dann schloss ich mich acht Tage mit dem Block ein, aus dem die Maske, die hier hängt, entstand. Die anderen entstanden eine nach der andern, und ohne dass ich noch jemals einen Blick an die Kaktushecke verloren hätte. Ich will nicht sagen, dass sie alle meinen früheren ähnlich sehen; aber schwören möchte ich, dass kein Kenner diese Masken von denen unterscheiden könnte, die vor Jahren einmal ihre Stelle einnahmen."

So erzählte O'Brien. Wir plauderten noch ein Weilchen, dann ging ich.

Einige Wochen später hörte ich, O'Brien habe sich wieder mit einer geheimnisvollen Arbeit eingeschlossen und sei für jedermann unzugänglich. Ich habe ihn niemals wiedergesehen, denn bald danach starb er.

Schon lange hatte ich nicht mehr an ihn gedacht, als ich zu meiner Überraschung eines Tages bei einem Pariser Kunsthändler in der Rue La Boétie in einem Glaskasten drei Negermasken entdeckte.

„Darf ich Sie", wandte ich mich an den Chef des Hauses, „zu dieser unerhört schönen Erwerbung aufrichtig beglückwünschen?"

„Ich sehe mit Vergnügen", war die Antwort, „dass Sie Qualität zu würdigen wissen! Ich sehe, dass Sie Kenner sind! Die Masken, die Sie hier mit Recht bewundern, sind nichts als eine kleine Probe der großen Kollektion, deren Ausstellung wir augenblicklich vorbereiten!"

„Und ich könnte mir denken, mein Herr, dass diese Masken unsere jungen Künstler zu interessanten eigenen Versuchen inspirieren würden."

„Das hoffe ich sogar! – Wenn Sie sich übrigens näher dafür interessieren, lasse ich Ihnen aus meinem Büro die Gutachten unserer ersten Kenner aus dem Haag und aus London kommen. Sie werden finden, dass es sich um jahrhundertalte Objekte handelt. Bei zweien möchte ich sogar von Jahrtausenden reden."

„Diese Gutachten zu lesen, würde mich in der Tat besonders interessieren! Dürfte ich Sie nun fragen, von wem diese Sammlung stammt?"

„Sie stammt aus dem Nachlass eines Iren. O'Brien. Sie werden seinen Namen nie gehört haben. Er lebte und starb auf den Balearen."

(aus: *Vossische Zeitung*, 8. Januar 1933)

Kierkegaard

Das Ende des philosophischen Idealismus

Der letzte Versuch, Kierkegaards Gedankenwelt ungebrochen zu übernehmen oder weiterzuführen, ging von der „Dialektischen Theologie" Karl Barths aus. Die Wellen dieser theologischen Bewegung berühren sich in ihren Ausläufern mit den von Heideggers existenziellem Denken hervorgerufenen Kreisen. Der vorliegende Versuch – Theodor *Wiesengrund-Adorno*: Kierkegaard (G. C. B. Mohr, Tübingen) – geht an den Gegenstand von einer ganz anderen Seite heran. Kierkegaard wird hier nicht fortgeführt, sondern zurück: Zurück ins Innere des philosophischen Idealismus, in dessen Bannkreis die eigentlich theologische Intention des Denkers zur Ohnmacht verurteilt blieb.

Wiesengrunds Fragestellung ist somit, wenn man will, eine historische. In ihrer Bearbeitung aber erweist er, aus welch höchst aktuellen Interessen heraus seine methodisch so vorsichtige Untersuchung entsprungen ist. Sie führt zu einer Kritik des deutschen Idealismus, dessen Enträtselung von seiner Spätzeit ausgeht. Denn Kierkegaard ist ein Spätling. Die von Wiesengrund sehr glücklich charakterisierte Zwitternatur seiner schriftstellerischen Erscheinung, die seine Produkte so oft zu Bastarden von Dichtung und Erkenntnis zu machen scheint, gibt Aufschluss über die verborgensten Elemente des Idealismus, die in ihm wirken. Im ästhetischen Idealismus der Romantik nämlich kommen die mythischen Elemente des absoluten Idealismus überhaupt zum Vorschein. Und deren logische und historische Darstellung bildet in Wiesengrunds Untersuchung den Mittelpunkt.

Der Verfasser zeigt das Mythische nicht nur in der Existenzialphilosophie von Kierkegaard, sondern in „jeglichem Idealismus des absoluten Geistes" auf. Nirgends jedoch – selbst nicht beim späten Schelling und bei Baader – hat es in derart originalen, zeitgeprägten, aufschlussreichen Formationen seinen Niederschlag gefunden wie bei Kierkegaard. Die sehr präzise und erschöpfende Aufdeckung und Beschreibung dieser Formationen gibt manchen Seiten der Untersuchung etwas von einer Phantasmagorie. Nie aber geht die Einsicht oder Schlagkraft – wie das in der „Kulturgeschichte" oft der Fall ist – auf Kosten kritischer Genauigkeit. Und doch wird keine Kulturgeschichte dieses 19. Jahrhunderts es an Bildkraft mit den Konstellationen aufnehmen können, in die hier, aus dem Zentrum seines Denkens, Kierkegaard bald mit Hegel, bald mit Wagner, bald mit Poe, bald mit Baudelaire tritt. Dem Aufriss in der Breite des Jahrhunderts entspricht der in die Tiefe der Vergangenheit. Pascal und die Allegorienhölle des Barock sind hier der Vorhof jener Zelle, in der Kierkegaard der Trauer sich anheimgibt, und die er mit seiner falschen Freundin Ironie teilt.

Diese Bilderwelt, in deren Labyrinthen und Spiegelungen Kierkegaards wesenhafteste Erfahrungen liegen, hat er selber aber als etwas Geringes, Willkürliches, Idiosynkratisches empfunden; und der ganze hochmütige Anspruch seiner Existenzialphilosophie beruht auf der Ueberzeugung, in ihr, als dem Bezirk des „Innerlichen", der „reinen Geistigkeit", den Schein durch die „Entscheidung", die existenzielle, kurz die religiöse Haltung überwunden zu haben. Hier wird nun Wiesengrund in einer eindringlichen Analyse des Existenzialbegriffs zum unbestechlichen Kritiker Kierkegaards. Der „trügerischen Theologie der paradoxon Existenz" schaut er bis auf den Grund. Und so erkennt er „die ‚Tiefe' Kierkegaards, will man an dem viel missbrauchten Begriff festhalten, keinesfalls darin, unter der Hülle idealistischer Denkformen einen absoluten religiösen Ursinn wieder hergestellt zu haben". Vielmehr hat Kierkegaard als Ursinn des Idealismus selber „in dessen historischem Untergang mythischen Gehalt aufgehen lassen als einen zugleich historischen".

So bekommt die Kierkegaardsche Innerlichkeit ihren bestimmten Ort in der Geschichte und Gesellschaft. Ihr Modell ist das bürgerliche Interieur, in welchem historische und mythische Züge ineinander treten. Mit gutem Griff hat Wiesengrund eine Anzahl von faszinierenden Beschreibungen derartiger Innenräume dem Werke Kierkegaards entnommen. In ihnen erweist sich die Innerlichkeit „als das Gefängnis des urgeschichtlichen Menschenwesens". Es ist aber nicht, wie Kierkegaard meinte, der „Sprung", der, mit der Zauberkraft des „Paradoxen" den Menschen aus dieser Gefangenschaft befreit. Nirgends greift Wiesengrund vielmehr tiefer, als wo er, die Schablonen der Kierkegaardschen Philosophie missachtend, in deren unauffälligsten Relikten, den Bildern, Gleichnissen, Allegorien den Schlüssel sucht.

In diesem Buch liegt viel auf engem Raum. Leicht möglich, dass die späteren des Verfassers einmal aus diesem hier entspringen werden. In jedem Fall gehört es zu der Klasse jener seltenen Erstlingswerke, in denen ein beflügelter Gedanke in der Verpuppung der Kritik erscheint.

(aus: *Vossische Zeitung*, 2. April 1933)

Die Mummerehlen

von Detlef Holz

In einem alten Kinderverse kommt die Muhme Rehlen vor. Weil mir nun „Muhme" nichts sagte, wurde dies Geschöpf für mich zu einem Geist: der Mummerehlen. Das Missverstehen verstellte mir die Welt. Jedoch auf gute Art; es wies die Wege, die in ihr Inneres führten. Ein jeder Anstoß war ihm recht.

So wollte der Zufall, dass in meinem Beisein einmal von Kupferstichen war gesprochen worden. Am Tag darauf steckte ich unterm Stuhl den Kopf hervor: das war ein „Kopfverstich". Wenn ich dabei mich und das Wort entstellte, tat ich nur, was ich tun musste, um im Leben Fuß zu fassen. Beizeiten lernte ich es, in die Worte, die eigentlich Wolken waren, mich zu mummen. Die Gabe, Ähnlichkeiten zu erkennen, ist ja nichts als ein schwaches Überbleibsel des alten Zwangs, ähnlich zu werden und sich zu verhalten. Den aber übten Worte auf mich aus. Nicht solche, die mich Mustern der Gesittung, sondern Wohnungen, Möbeln, Kleidern ähnlich machten.

Nur meinem eigenen Bilde nie. Und darum wurde ich so ratlos, wenn man Ähnlichkeit mit mir selbst von mir verlangte. Das war beim Fotografen. Wohin ich blickte, sah ich mich umstellt von Leinwandschirmen, Polstern, Sockeln, die nach meinem Bilde gierten wie die Schatten des Hades nach dem Blut des Opfertieres. Am Ende brachte man mich einem roh gepinselten Prospekt der Alpen dar, und meine Rechte, die ein Gemsbarthütlein erheben musste, legte auf die Wolken und Firnen der Bespannung ihren Schatten. Doch das gequälte Lächeln um den Mund des kleinen

Aelplers ist nicht so betrübend wie der Blick, der aus dem Kinderantlitz, das im Schatten der Zimmerpalme liegt, sich in mich senkt. Sie stammt aus einem jener Ateliers, welche mit ihren Schemeln und Stativen, Gobelins und Staffeleien etwas vom Boudoir und von der Folterkammer haben. Ich stehe barhaupt da; in meiner Linken einen gewaltigen Sombrero, den ich mit einstudierter Grazie hängen lasse. Die Rechte ist mit einem Stock befasst, dessen gesenkter Knauf im Vordergrund zu sehen ist, indessen sich sein Ende in einem Büschel von Pleureusen birgt, die sich von einem Gartentisch ergießen. Ganz abseits, neben der Portiere, stand die Mutter starr, in einer engen Taille. Wie eine Schneiderfigurine blickt sie auf meinen Samtanzug, der seinerseits mit Posamenten überladen und von einem Modeblatt zu stammen scheint. Ich aber bin entstellt vor Ähnlichkeit mit allem, was hier um mich ist. Ich hauste so wie ein Weichtier in der Muschel haust im neunzehnten Jahrhundert, das nun hohl wie eine leere Muschel vor mir liegt. Ich halte sie ans Ohr.

Was höre ich? Ich höre nicht den Lärm von Feldgeschützen oder von Offenbachscher Ballmusik, auch nicht das Heulen der Fabriksirenen oder das Geschrei, das mittags durch die Börsensäle gellt, nicht einmal Pferdetrappeln auf dem Pflaster oder die Marschmusik der Wachtparade. Nein, was ich höre, ist das kurze Rasseln des Anthrazits, der aus dem Blechbehälter in einen Eisenofen niederfällt, es ist der dumpfe Knall, mit dem die Flamme des Gasstrumpfs sich entzündet, und das Klirren der Lampenglocke auf dem Messingreifen, wenn auf der Straße ein Gefährt vorbeikommt. Noch andere Geräusche, wie das Scheppern des Schlüsselkorbs, die beiden Klingeln an der Vorder- und der Hintertreppe; endlich ist auch ein kleiner Kindervers dabei. „Ich will dir was erzählen von der Mummerehlen.“

Das Verschen ist entstellt; doch hat die ganze entstellte Welt der Kindheit darin Platz. Die Muhme Rehlen, die einst in ihm saß, war schon verschollen als ich es zuerst gesagt bekam. Die Mummerehlen aber war noch schwerer aufzuspüren. Gelegentlich vermutete ich sie im Affen, welcher auf dem Tellergrund im Dunst von Graupen oder Sago schwamm. Ich aß die Suppe, um ihr Bild zu klären. Im Mummelsee war sie vielleicht zu Haus und seine trägen Wasser lagen ihr wie eine graue Pelerine an. Was man von ihr erzählt hat – oder mir wohl nur erzählen wollte –, weiß ich nicht. Sie war das Stumme, Lockere, Flockige, das gleich dem Schneegestöber in den kleinen Glaskegeln sich im Kern der Dinge wölkt. Manchmal wurde ich darin umgetrieben. Das war, wenn ich beim Tuschen saß. Die Farben, die ich dann mischte, färbten mich. Noch ehe ich sie an die Zeichnung legte, vermummten sie mich selber. Wenn sie feucht auf der Palette ineinander schwammen, nahm ich sie so behutsam auf den Pinsel, als seien sie zerfließendes Gewölk.

Von allem aber, was ich wiedergab, war mir das China-Porzellan am liebsten. Ein bunter Schorf bedeckte jene Vasen, Gefäße, Teller, Dosen, die gewiss nur billige Exporterzeugnisse waren. Mich fesselten sie dennoch so, als hätte ich damals die Geschichte schon gekannt, die mich nach so viel Jahren noch einmal zum Werk der Mummerehlen hingeleitet. Sie stammt aus China und erzählt von einem alten Maler, der den Freunden sein neuestes Bild zu sehen gab. Ein Park war darauf dargestellt, ein schmaler Weg am Wasser und durch einen Baumbelag hin, der lief vor einer kleinen Türe aus, die hinten in ein Häuschen Einlass bot. Wie sich die Freunde aber nach dem Maler umsahen, war der fort und in dem Bild. Da wandelte er auf dem schmalen Weg zur Tür, stand vor ihr still, kehrte sich um, lächelte und verschwand in ihrem Spalt. So war auch ich bei meinen Näpfen und den Pinseln auf einmal ins Bild entstellt. Ich ähnelte dem Porzellan, in das ich mit einer Farbenwolke Einzug hielt.

(aus: *Vossische Zeitung*, 5. Mai 1933)

Zwei Rätselbilder

von Detlef Holz

Unter den Ansichtskarten meiner Sammlung gab es einige wenige, deren Schriftseite mir deutlicher in der Erinnerung haftet als ihr Bild. Sie trugen die schöne, leserliche Unterschrift: Helene Pufahl. Das war der Name meiner Lehrerin. Das P, mit dem er anhob, war das P von Pflicht, von Pünktlichkeit, von Primus; f hieß folgsam, fleißig, fehlerfrei, und was das l am Ende anging, war es die Figur von lammfromm, lobenswert und lernbegierig. So wäre diese Unterschrift, wenn sie, wie die semitischen, aus Konsonanten allein bestanden hätte, nicht nur Sitz der kalligraphischen Vollkommenheit gewesen, sondern die Wurzel aller Tugenden.

Knaben und Mädchen aus den besten Häusern des bürgerlichen Westens saßen in Fräulein Pufahls Zirkel. Im Einzelnen nahm man es nicht genau, so dass sich in den Kreis der Bürgerlichen auch eine Adlige verirren konnte. Luise von Landau hieß sie, und der Name hatte mich bald in seinen Bann gezogen. Bis heute blieb er mir lebendig, doch nicht darum. Er war vielmehr der erste unter denen Gleichaltriger, auf den ich den Akzent des Todes fallen hörte. Das war, nachdem ich, unserem Zirkel schon entwachsen, ein Angehöriger der Sexta war. Und wenn ich nun ans Lützowufer kam, suchte ich mit den Blicken stets ihr Haus. Zufällig lag es einem Gärtchen gegenüber, das, am anderen Ufer, in das Wasser hängt. Und das verwob sich mit der Zeit so innig mit dem geliebten Namen, dass ich schließlich zur Überzeugung kam, das Blumenbeet, das drüben unberührbar prange, sei der Kenotaph der kleinen Abgeschiedenen.

Fräulein Pufahl wurde abgelöst von Herrn Knoche. Nun war ich eingeschult. Was sich im Klassenzimmer zutrug, stieß mich meist ab. Doch nicht bei einem seiner Strafgerichte ist es, dass die Erinnerung Herrn Knoche trifft, vielmehr im Amt des Sehers, der das Künftige voraussagt, und das ihm nicht schlecht anstand. Wir hatten Singen. Geübt wurde das Reiterlied aus „Wallenstein": „Frisch auf, Kameraden, aufs Pferd, aufs Pferd, In das Feld, in die Freiheit gezogen! Im Felde, da ist der Mann noch was wert, Da wird das Herz noch gewogen." Herr Knoche wollte von der Klasse wissen, was denn der letzte Vers bedeuten solle. Natürlich konnte niemand Antwort geben. Herrn Knoche aber schien das eben recht, und er erklärte: „Das werdet ihr verstehen, wenn ihr groß seid."

Damals erschien mir das Ufer des Erwachsenseins durchs Flussband vieler Jahre von dem meinen so geschieden wie jenes Ufer des Kanals, von dem das Blumenbeet herübersah und das beim Spaziergang an der Hand des Kinderfräuleins nie betreten wurde. Später, als mein Weg von keinem mehr mir vorgeschrieben wurde und ich auch schon das „Reiterlied" verstand, kam ich manchmal dicht in der Nähe des Beetes am Landwehrkanal vorüber. Aber nun schien es seltener zu blühen. Und von dem Namen, den wir einst zusammen festgehalten hatten, wusste es nicht mehr als jener Vers des Reiterlieds, jetzt, da ich ihn verstand, von jenem Sinn enthielt, den uns Herr Knoche in der Gesangsstunde

verheißen hatte. Das leere Grab und das gewogene Herz –
zwei Rätselbilder, deren Lösung mir das Leben weiter schuldig bleiben wird.

Das Fieber

Das lehrte stets von neuem der Beginn von jeder Krankheit,
mit wie sicherem Takt, wie schonend und gewandt das Missgeschick sich bei mir einfand. Aufsehn zu erregen, lag ihm
fern. Mit ein paar Flecken auf der Haut, mit einer Übelkeit
begann es. Und es war, als sei die Krankheit durchaus gewohnt, sich zu gedulden, bis ihr vom Arzt Quartier bereitet
worden sei. Der kam, besah mich und legte Wert darauf, dass
ich das Weitere im Bett erwarte. Lesen verbot er mir. Ohnehin hatte ich Wichtigeres zu tun. Denn nun begann ich,
was kommen musste, durchzugehen, solange es noch Zeit
und mir im Kopfe nicht zu wirr war. Ich maß den Abstand
zwischen Bett und Tür und fragte mich, wie lange noch
mein Rufen ihn überbrücken könne. Ich sah im Geist den
Löffel, dessen Rand die Bitten meiner Mutter besiedelten,
und wie, nachdem er meinen Lippen erst so schonungsvoll
genähert worden war, mit einem Mal sein wahres Wesen
durchbrach, indem er mir die bittere Medizin gewaltsam
in die Kehle schüttete. Wie ein Mann im Rausch bisweilen
rechnet und denkt, nur um zu sehen: er kann es noch, so
zählte ich die Sonnenkringel, die an meiner Zimmerdecke
schwankten, und die Rauten der Tapete ordnete ich zu immer neuen Bündeln.

Ich bin viel krank gewesen. Daher stammt vielleicht, was
andere als Geduld an mir bezeichnen, in Wahrheit aber keiner Tugend ähnelt: die Neigung, alles, woran mir liegt, von

144

weitem sich mir nahen zu sehen wie meinem Krankenbett die Stunden. So kommt es, dass an einer Reise mir die beste Freude fehlt, wenn ich den Zug nicht auf dem Bahnhof lang erwarten konnte, und ebenfalls rührt daher, dass Beschenken zur Leidenschaft bei mir geworden ist; denn was den andern überrascht, das sehe, als Geber, ich von langer Hand voraus. Ja, das Bedürfnis, durch die Wartezeit so wie ein Kranker durch die Kissen, die er im Rücken hat, gestützt, dem Kommenden entgegenzusehen, hat bewirkt, dass späterhin mir Frauen um so schöner schienen, je getroster und länger ich auf sie zu warten hatte. Mein Bett, das sonst der Ort des eingezogensten und stillsten Daseins gewesen war, kam nun zu öffentlichem Rang und Ansehen. Auf lange war es nicht mehr das Revier heimlicher Unternehmungen am Abend: des Schmökerns oder meines Kerzenspiels. Unter dem Kissen lag nicht mehr das Buch, das sonst allnächtlich nach verbotenem Brauch mit letzter Kraft dort hingeschoben wurde. Und auch die Lavaströme und die kleinen Brandherde, welche das Stearin zum Schmelzen brachten, fielen in diesen Wochen fort. Ja, vielleicht raubte die Krankheit mir im Grunde nichts als jenes atemlose, schweigsame Spiel, das niemals frei von einer geheimen Angst für mich gewesen war – Vorbotin jener späteren, die ein gleiches Spiel am gleichen Rand der Nacht begleitete. Die Krankheit hatte kommen müssen, um mir ein reinliches Gewissen zu verschaffen. Das aber war so frisch wie jede Stelle des faltenlosen Lakens, das mich abends, wenn aufgebettet worden war, erwartete.

Meist machte meine Mutter mir das Bett. Vom Diwan aus verfolgte ich, wie sie die Kissen und Bezüge schüttelte, und dachte dabei an die Abende, an denen ich gebadet worden war und dann auf einem Porzellantablett das Abendbrot ans Bett bekommen hatte. Durch ein Gestrüpp von wilden

Himbeerranken drang, hinter der Glasur, ein Weib, bemüht, dem Wind ein Banner mit dem Wahlspruch preiszugeben: „Komm nach Osten, komm nach Westen, zu Haus ist's am besten." Und die Erinnerung an das Abendbrot und an die Himbeerranken war um so viel angenehmer, als der Körper auf immer sich erhaben über das Bedürfnis, etwas zu verzehren, vorkam. Dafür gelüstete ihn nach Geschichten. Die starke Strömung, welche sie erfüllte, ging durch ihn selbst hindurch und schwemmte Krankes wie Treibgut mit sich fort. Schmerz war ein Staudamm, welcher der Erzählung nur anfangs widerstand; er wurde später, wenn sie erstarkt war, unterwühlt und in den Abgrund der Vergessenheit gespült. Das Streicheln bahnte diesem Strom sein Bett. Ich liebte es, denn in der Hand der Mutter rieselten schon Geschichten, welche bald in Fülle ihrem Mund entströmen sollten. Mit ihnen kam das Wenige ans Licht, was ich von meinen Vorfahren erfuhr. Die Laufbahn eines Ahnen, Lebensregeln des Großvaters beschwor man mir herauf, als wolle man mir so begreiflich machen, wie übereilt es sei, der großen Trümpfe, die ich dank meiner Abkunft in der Hand hielt, durch einen frühen Tod mich zu entäußern. Wie nah ich ihm gekommen war, das prüfte zweimal am Tage meine Mutter nach. Behutsam ging sie mit dem Thermometer sodann auf Fenster oder Lampe zu und handhabe das schmale Röhrchen so, als sei mein Leben darin eingeschlossen.

Später, als ich heranwuchs, war für mich die Gegenwart des Seelischen im Leib nicht schwieriger zu enträtseln als der Stand des Lebensfadens in der kleinen Röhre, in der er immer meinem Blick entglitt. Gemessen werden strengte an. Danach blieb ich am liebsten ganz allein, um mich mit meinen Kissen abzugeben. Denn mit den Graten meiner Kissen war ich zu einer Zeit vertraut, in der mir Hügel und

Berge noch nicht viel zu sagen hatten. Ich steckte ja mit den Gewalten, welche jene erstehen ließen, unter einer Decke. So richtete ich's manchmal ein, dass sich in diesem Bergwall eine Höhle auftat. Ich kroch hinein; ich zog die Decke über den Kopf und hielt mein Ohr dem dunklen Schlunde hin, die Stille ab und zu mit Worten speisend, die als Geschichten aus ihr wiederkehrten. Bisweilen mischten sich die Finger ein und führten selber einen Vorgang auf; oder sie machten „Kaufhaus" miteinander, und hinterm „Tisch", der von den Mittelfingern gebildet wurde, nickten die zwei kleinen dem Kunden, der ich selbst war, eifrig zu.

Doch immer schwächer wurde meine Lust und auch die Macht, ihr Spiel zu überwachen. Zuletzt verfolgte ich fast ohne Neugier das Treiben meiner Finger, die wie träges, verfängliches Gesindel sich im Weichbilde einer Stadt zu schaffen machten, die ein Brand verzehrte. Nicht möglich, ihnen übern Weg zu trauen. Denn hatten sie in Unschuld sich vereint – nie war man sicher, dass nicht beide Trupps, lautlos, wie sie sich eingefunden hatten, ein jeder wieder seines Weges gingen. Und der war manchmal ein verbotener, an dessen Ende eine süße Rast den Ausblick auf die lockenden Gesichte freigab, die in dem Flammenschleier sich bewegten, der hinter den geschlossenen Lidern stand. Denn aller Sorgfalt oder Liebe glückte nicht, das Zimmer, wo mein Bett stand, lückenlos dem Leben unseres Hausstands anzuschließen. Ich musste warten, bis der Abend kam. Dann, wenn die Tür sich vor der Lampe auftat und sich die Wölbung ihrer Glocke schwankend über die Schwelle auf mich zu bewegte, war es, als ob die goldene Lebenskugel, die jede Tagesstunde wirbeln ließ, zum ersten Mal den Weg in meine Kammer, wie in ein abgelegenes Fach, gefunden hätte. Und eh der Abend sich's noch selber recht bei mir hatte wohl sein lassen, fing für mich ein neues Leben an; vielmehr das alte des Fiebers blühte unterm Lampenlicht von einem Augenblick zum andern auf.

Nichts als der Umstand, dass ich lag, erlaubte mir, einen Vorteil aus dem Licht zu ziehen, den andere nicht so schnell gewinnen konnten. Ich nutzte meine Ruhe und die Nähe der Wand, die ich in meinem Bette hatte, das Licht mit Schattenbildern zu begrüßen. Nun kamen alle jene Spiele, welche ich meinen Fingern freigegeben hatte, noch einmal unbestimmter, stattlicher, verschlossener auf der Tapete wieder. „Statt sich vor den Schatten des Abends zu fürchten", so stand es in meinem Spielbuch, „benutzen ihn lustige Kinder vielmehr, um sich einen Spaß zu machen." Und bilderreiche Anweisungen folgten, nach denen man Steinbock und Grenadier, Schwan und Kaninchen an die Bettwand hätte werfen können. Mir selbst gedieh es freilich selten über den Rachen eines Wolfes hinaus. Nur war er dann so groß und klaffend, dass er den Fenriswolf bedeuten musste, den ich als Weltvernichter in dem gleichen Raum sich in Bewegung setzen ließ, in dem man mich selbst der Kinderkrankheit streitig machte.

Eines Tages zog sie dann ab. Die nahende Genesung lockerte, wie die Geburt, Bindungen, die das Fieber noch einmal schmerzhaft angezogen hatte. Dienstboten fingen an, in meinem Dasein die Mutter wieder öfter zu vertreten. Und eines Morgens gab ich mich von neuem nach langer Pause und mit schwacher Kraft dem Teppichklopfen hin, das durch die Fenster heraufdrang und dem Kinde tiefer sich ins Herz grub als dem Mann die Stimme der Geliebten, dem Teppichklopfen, welches das Idiom der Unterschicht war, wirklicher Erwachsener, das niemals abbrach, bei der Sache blieb, sich manchmal Zeit ließ, träg und abgedämpft

zu allem sich bereitfand, manchmal wieder in einen un-
erklärlichen Galopp fiel, als spute man sich drunten vor
dem Regen.

Unmerklich, wie die Krankheit zu Beginn sich mit mir
eingelassen hatte, schied sie auch. Doch wenn ich im Begriff war, sie schon wieder ganz zu vergessen, dann erreichte mich ein letzter Gruß von ihr auf meinem Zeugnis.
Die Summe der versäumten Stunden war an seinem Fuß
verzeichnet. Keineswegs erschienen sie mir grau, eintö-
nig wie die, denen ich gefolgt war, sondern gleich bunten
Streifchen an der Brust des Invaliden standen sie gereiht.
Ja eine lange Reihe Ehrenzeichen versinnlichte in meinen
Augen der Vermerk: Gefehlt – einhundertdreiundsiebzig
Stunden.

Loggien

Wie eine Mutter, die das Neugeborene an ihre Brust legt,
ohne es zu wecken, verfährt das Leben lange Zeit mit der
noch zarten Erinnerung an die Kindheit. Nichts kräftigte die
meine inniger als der Blick in Höfe, von deren dunklen Loggien eine, die im Sommer von Markisen beschattet wurde,
für mich die Wiege war, in die die Stadt den neuen Bürger
legte. Die Karyatiden, die die Loggia des nächsten Stock-
werks trugen, mochten ihren Platz für einen Augenblick verlassen, um an dieser Wiege ein Lied zu singen, das zwar fast
nichts von dem enthielt, was später auf mich wartete, dafür
jedoch den Spruch, durch den die Luft der Höfe mir auf
immer berauschend blieb. Ich glaube, dass ein Beisatz dieser
Luft noch um die Weinberge von Capri war, in denen ich
die Geliebte umschlungen hielt; und es ist eben diese Luft,

in der die Bilder und Allegorien stehen, die über meinem
Denken herrschen wie die Karyatiden auf der Loggienhöhe
über die Höfe des Berliner Westens.

Der Takt der Stadtbahn und des Teppichklopfens wiegte
mich da in Schlaf. Er war die Mulde, in der sich meine
Träume bildeten. Zuerst die ungestalten, die vielleicht vom
Schwall des Wassers oder dem Geruch der Milch durchzogen waren; dann die langgesponnenen: Reise- und Regen-
träume; endlich die geweckteren: vom nächsten Murmel-
spiel im Zoo, vom Sonntagsausflug. Der Frühling hisste
hier die ersten Triebe vor einer grauen Rückfront; und wenn
später im Jahr ein staubiges Laubdach tausendmal am Tage
die Hauswand streifte, nahm das Schlürfen der Zweige mich
in eine Lehre, der ich noch nicht gewachsen war. Denn
alles wurde mir im Hof zum Wink. Wie viele Botschaften
saßen nicht im Geplänkel grüner Rouleaux, die hochgezogen wurden, und wie viele Hiobsposten ließ ich klug im
Poltern der Rolläden uneröffnet, die in der Dämmerung
niederdonnerten.

Am tiefsten aber konnte mich die Stelle betreffen, wo der
Baum im Hofe stand. Sie war im Pflaster ausgespart, in das
ein breiter Eisenring versenkt war. Stäbe durchzogen ihn
derart, dass er ein Gitter vorm nackten Erdreich bildete. Es
schien mir nicht umsonst so eingefasst; manchmal sann ich
dem nach, was in der schwarzen Kute, aus der der Stamm
kam, vorging. Später dehnte ich diese Forschung auf die
Droschkenhaltestellen aus. Die Bäume dort wurzelten ähnlich, doch sie waren noch dazu umzäunt, und Kutscher hingen an die Umzäunung ihre Pelerinen, während sie für den
Gaul das Pumpenbecken, welches ins Trottoir gesenkt war,
mit dem Strahl füllten, der Heu- und Haferreste wegtrieb.
Mir waren diese Warteplätze, deren Ruhe nur selten durch

den Zuwachs oder Abgang von Wagen unterbrochen wurde, entlegenere Provinzen meines Hofes.

Viel war an seinen Loggien abzulesen: der Versuch, der abendlichen Musse nachzuhängen; die Hoffnung, das Familienleben ins Grüne vorzuschieben; das Bestreben, den Sonntag ohne Rückstand auszuschöpfen. Aber am Ende war das alles eitel. Nichts lehrte der Zustand dieser eines überm anderen befindlichen Gevierte, als wie viel beschwerliche Geschäfte jeder Tag dem folgenden vererbte. Wäscheleinen liefen von einer Wand zur anderen; die Palme sah um so obdachloser aus, als längst nicht mehr der dunkle Erdteil, sondern der benachbarte Salon als ihre Heimat empfunden wurde. So wollte es das Gesetz des Ortes, um den einst die Träume der Bewohner gespielt hatten. Doch ehe er der Vergessenheit verfiel, hatte bisweilen die Kunst ihn zu verklären unternommen. Bald stahl sich eine Ampel, bald eine Bronze, bald eine Chinavase in sein Bereich. Und wenn auch diese Altertümer selten dem Orte Ehre machten, so gewann auf diesen Loggien der Zeitverlauf selbst etwas Altertümliches. Das pompejanische Rot, das sich so oft in breitem Bande an der Wand entlang zog, war der gegebene Hintergrund der Stunden, welche in dieser Abgeschiedenheit sich stauten. Die Zeit veraltete in diesen schattenreichen Gelassen, die sich auf die Höfe öffneten. Und eben darum war der Vormittag, wenn ich auf unserer Loggia auf ihn stieß, so lange schon Vormittag, dass er mehr er selbst schien als auf jedem anderen Fleck. So auch die ferneren Tageszeiten. Nie konnte ich sie hier erwarten, immer erwarteten sie mich bereits. Sie waren schon lange da, ja gleichsam aus der Mode, wenn ich sie endlich dort aufstöberte.

Später entdeckte ich vom Bahndamm aus die Höfe neu. Und wenn ich dann an schwülen Sommernachmittagen aus dem Abteil auf sie heruntersah, schien sich der Sommer in sie eingesperrt und von der Landschaft losgesagt zu haben. Und die Geranien, die mit roten Blüten aus ihren Kästen sahen, passten weniger zu ihm als die roten Matratzen, die am Vormittag zum Lüften über den Brüstungen gehangen hatten. Abende, die auf solche Tage folgten, sahen uns — mich und meine Kameraden — manchmal am Tisch der Loggia versammelt. Eiserne Gartenmöbel, die geflochten oder von Schilf umwunden schienen, waren die Sitzgelegenheit. Und auf die Reclamhefte schien aus einem rot- und grüngeflammten Kelch, in dem der Strumpf summte, das Gaslicht nieder: Lesekränzchen. Romeos letzter Seufzer strich durch unsern Hof auf seiner Suche nach dem Echo, das ihm die Gruft der Julia in Bereitschaft hielt.

Seitdem ich Kind war, haben sich die Loggien weniger verändert als die anderen Räume. Doch nicht nur darum sind sie mir noch nah. Es ist vielmehr des Trostes wegen, der in ihrer Unbewohnbarkeit für den liegt, der selber nicht mehr recht zum Wohnen kommt. An ihnen hat die Behausung des Berliners ihre Grenze. Berlin — der Stadtgott selber — beginnt in ihnen. Er bleibt sich dort so gegenwärtig, dass nichts Flüchtiges sich neben ihm behauptet. In seinem Schutze finden Ort und Zeit zu sich und zueinander. Beide lagern sich hier zu seinen Füßen. Das Kind jedoch, das einmal mit im Bunde gewesen war, hält sich, von dieser Gruppe eingefasst, auf seiner Loggia wie in einem längst ihm zugedachten Mausoleum auf.

(aus: *Vossische Zeitung*, 16. Juni 1933)

Der Mond

von Detlef Holz

Das Licht, welches vom Mond herunterfließt, gilt nicht dem Schauplatz unseres Tagesdaseins. Die Weite, die es zweifelhaft erhellt, scheint einer Gegen- oder Nebenerde zu gehören. Sie ist nicht mehr die, der der Mond als Satellit folgt, sondern sie selbst in einen Mondtrabanten verwandelte. Ihr breiter Busen, deren Atemzug die Zeit war, rührt sich nicht mehr; endlich ist die Schöpfung heimgekehrt und darf nun wieder den Witwenschleier antun, den der Tag ihr fortgerissen hatte. Der blasse Strahl, der durch die Bretterjalousie zu mir hereindrang, gab mir das zu verstehen. Mein Schlaf fiel unruhig aus; der Mond zerschnitt ihn mit seinem Kommen und mit seinem Gehen. Wenn er im Zimmer stand und ich erwachte, so war ich ausquartiert, denn es schien niemand als ihn bei sich beherbergen zu wollen.

Das erste, worauf dann mein Blick fiel, waren die beiden cremefarbenen Becken des Waschgeschirrs. Bei Tage kam ich nie darauf, mich über sie aufzuhalten. Im Mondschein aber war das blaue Band, das durch den oberen Teil der Becken sich hindurch zog, ein Ärgernis. Es täuschte ein gewebtes vor, das sich durch einen Saum hindurch schlang. Und in der Tat – der Rand der Becken war gefältelt wie eine Krause. Behäbige Kannen standen in der Mitte der beiden, aus dem gleichen Porzellan, das gleiche Blumenmuster tragend. Wenn ich aus meinem Bette stieg, klirrten sie, und dieses Klirren pflanzte auf den Marmorbelag des Waschtischs sich zu Schalen und Näpfen, Gläsern und Karaffen fort. So froh ich aber war, ein Lebenszeichen – sei es auch nur das Echo meines eigenen – der nächtlichen Umgebung abzulauschen, so war es doch ein unverlässliches und wartete darauf, als falscher Freund mich in dem Augenblick zu überlisten, in dem ich michs am wenigsten versah. Das war, wenn ich die Hand mit der Karaffe erhob, um Wasser in ein Glas zu schenken. Das Glucksen dieses Wassers, das Geräusch, mit dem ich erst die Karaffe, dann das Glas abstellte – alles schlug an mein Ohr als Wiederholung. Denn alle Stellen jener Nebenerde, auf welche ich entrückt war, schien das Einst bereits besetzt zu halten. So kam mir jeder Laut und Augenblick als Doppelgänger seiner selbst entgegen. Und wenn ich das für eine Weile hatte über mich ergehen lassen, so näherte ich mich meinem Bette voller Furcht, mich selbst schon darin ausgestreckt zu finden.

Ganz legte sich die Angst erst, wenn ich wieder im Rücken die Matratze fühlte. Dann schlief ich ein. Das Mondlicht rückte langsam aus meiner Stube. Und oft lag sie bereits im Dunkeln, wenn ich ein zweites oder drittes Mal erwachte. Die Hand musste als erste sich beherzen, über den Grabenrand des Schlafs zu tauchen, in dem sie Deckung vor dem Traum gefunden hatte. Und wie noch nach Gefechtsschluss einer manchmal von einem Blindgänger ereilt wird, blieb die Hand gewärtig, unterwegs verspätet einem Traum anheimzufallen. Wenn dann das Nachtlicht, flackernd, sie und mich beschwichtigt hatte, stellte sich heraus, dass von der Welt nichts mehr vorhanden war als eine einzige verstockte Frage. Mag sein, dass diese Frage in den Falten des Vorhangs saß, welcher vor meiner Tür, um die Geräusche abzuhalten, hing. Mag sein, sie war nichts als ein Rückstand vieler vergangener Nächte. Endlich mag es sein, dass sie die andere Seite des Befremdens war, das der Mond in mir verbreitete. Sie lautete: warum denn etwas auf der Welt, warum die Welt sei? Mit Staunen stieß ich darauf, nichts in ihr könne mich nötigen, die Welt zu denken. Ihr Nichtsein wäre mir um keinen Deut fragwürdiger vorgekommen als ihr Sein, welches dem Nichtsein zuzublinzeln schien. Der Mond hatte ein leichtes Spiel mit diesem Sein.

Die Kindheit lag schon beinahe hinter mir, da endlich schien er gewillt, den Anspruch auf die Erde, den er sonst nur bei Nacht erhoben hatte, vor ihrem Tagesantlitz anzumelden. Hoch überm Horizont, groß, aber blass, stand er am Himmel eines Traumes über den Straßen von Berlin. Es war noch hell. Die meinigen umgaben mich, ein wenig starr, wie auf einer Daguerreotypie. Nur meine Schwester fehlte. „Wo ist Dora?" hörte ich meine Mutter rufen. Der Mond, der voll am Himmel gestanden hatte, war plötzlich immer schneller angewachsen. Näher und näher kommend, riss er den Planeten auseinander. Das Geländer des eisernen Balkons, auf dem wir alle über der Straße Platz genommen hatten, zerfiel in Stücken, und die Leiber, die ihn bevölkert hatten, bröckelten geschwind nach allen Seiten auseinander. Der Trichter, den der Mond im Kommen bildete, sog alles in sich ein. Nichts konnte hoffen, unverwandelt durch ihn hindurchzugehen. „Wenn es jetzt Schmerz gibt, gibt es keinen Gott", hörte ich mich erkennen, und sammelte zugleich, was ich hinübernehmen wollte. Alles tat ich in einen Vers. Er war mein Abschied. „O Stern und Blume, Geist und Kleid, Lieb, Leid und Zeit und Ewigkeit." Jedoch, indem ich diesen Worten mich anheimzugeben suchte, war ich schon erwacht. Und nun erst schien das Grauen, mit dem eben der Mond mich überzogen hatte, sich auf ewig, trostlos, bei mir einzunisten. Denn dies Erwachen steckte nicht, wie andere, dem Traum sein Ziel, sondern verriet mir, dass es ihm entgangen und das Regiment des Mondes, welches ich als Kind erfahren hatte, für eine weitere Weltzeit gescheitert war.

Das bucklichte Männlein

Solange ich klein war, sah ich beim Spazierengehen gern durch jene waagerechten Gatter, die auch dann erlaubten, vor einem Schaufenster sich aufzustellen, wenn gerade unter ihm ein Schacht sich auftat, welcher dazu diente, mit etwas Licht und Luft die Kellerluken, die in der Tiefe sich befanden, zu versorgen. Die Luken gingen kaum ins Freie, sondern eher ins Unterirdische. Daher die Neugier, mit der ich durch die Stäbe jedes Gatters, auf dem ich gerade fußte, nieder sah, um aus dem Souterrain den Anblick eines Kanarienvogels, einer Lampe oder eines Bewohners mit davonzutragen. Es war nicht immer möglich. Wenn ich aber bei Tage dem vergebens nachgetrachtet hatte, so konnte es geschehen, dass sich nachts der Spieß umkehrte und ich selbst im Traum dingfest gemacht wurde von Blicken, die aus solchen Kellerlöchern nach mir zielten. Gnomen mit spitzen Mützen warfen sie. Doch kaum war ich vor ihnen bis ins Mark erschrocken, waren sie schon wieder fort.

Nicht streng geschieden war für mich die Welt, welche bei Tage diese Fenster bevölkerte, von der, die nachts dort auf der Lauer lag, um mich in meinem Traum zu überfallen. Ich wusste darum gleich, woran ich war, als ich in meinem »Deutschen Kinderbuch« von Georg Scherer auf die Stelle stieß: »Will ich in mein Keller gehn | Will mein Weinlein zapfen; | Steht ein bucklicht Männlein da, | Tat mir ,n Krug wegschnappen.« Ich kannte jene Sippe, die auf Schaden und Schabernack versessen war, und dass sie sich im Keller zu Hause fühlte, war nicht wunderlich. »Lumpengesindel« war es. Und gleich erinnerte ich mich der Nachtgesellen, die, so spät, draußen zum Hühnchen und zum Hähnchen stoßen: der Nähnadel sowie der Stecknadel, die beide rufen,

»es würde gleich stichdunkel werden«. Was sie sodann am Wirt, der sie des Nachts aufnahm, verübten, dünkte sie wohl nur ein Spaß. Mich aber grauste es. Von ihrem Schlage war der Bucklige. Doch kam er mir nicht näher. Erst heute weiß ich, wie er geheißen hat. Meine Mutter verriet mir's, ohne es zu wissen. »Ungeschickt lässt grüßen«, sagte sie mir immer, wenn ich etwas zerbrochen hatte oder hingefallen war. Und nun verstehe ich, wovon sie sprach. Sie sprach vom bucklichten Männlein, welches mich angesehen hatte. Wen dieses Männlein ansieht, gibt nicht acht. Nicht auf sich selbst und auf das Männlein auch nicht. Er steht verstört vor einem Scherbenhaufen: »Will ich in mein Küchel gehn, | Will mein Süpplein kochen; | Steht ein bucklicht Männlein da, | Hat mein Töpflein brachen.«

Wo es erschien, da hatte ich das Nachsehn. Ein Nachsehn, dem die Dinge sich entzogen, bis aus dem Garten übers Jahr ein Gärt-lein, ein Kämmerlein aus meiner Kammer und ein Bänklein aus der Bank geworden war. Sie schrumpften, und es war, als wüchse ihnen ein Buckel, der sie selber nun der Welt des Männleins für sehr lange einverleibte. Das Männlein kam mir überall zuvor. Zuvorkommend stellte sich's in den Weg. Doch sonst tat er mir nichts, der graue Vogt, als von jedwedem Ding, an das ich kam, den Halbpart des Vergessens einzutreiben: »Will ich in mein Stüblein gehn, | Will mein Müslein essen: | Steht ein bucklicht Männlein da, | Hat's schon halber ,gessen.« So stand das Männlein oft. Allein, ich habe es nie gesehn. Es sah nur immer mich. Und desto schärfer, je weniger ich von mir selber sah.

Ich denke mir, dass jenes »ganze Leben«, von dem man sich erzählt, dass es vorm Blick der Sterbenden vorbeizieht, aus solchen Bildern sich zusammensetzt, wie sie das Männlein von uns allen hat. Sie flitzen rasch vorbei wie jene Blätter der straff gebundenen Büchlein, die einmal Vorläufer unserer Kinematographien waren. Mit leisem Druck bewegte sich der Daumen an ihrer Schnittfläche entlang; dann wurden sekundenweise Bilder sichtbar, die sich voneinander fast nicht unterschieden. In ihrem flüchtigen Ablauf ließen sie den Boxer bei der Arbeit und den Schwimmer, wie er mit seinen Wellen kämpft, erkennen. Das Männlein hat die Bilder auch von mir. Es sah mich im Versteck und vor dem Zwinger des Fischotters, am Wintermorgen und vor dem Telefon im Hinterflur, am Brauhausberge mit den Faltern und auf meiner Eisbahn bei der Blechmusik, vorm Nähkasten und über meinem Schubfach, im Blumeshof und wenn ich krank zu Bett lag, in Glienicke und auf der Bahnstation. Jetzt hat es seine Arbeit hinter sich. Doch seine Stimme, welche an das Summen des Gasstrumpfs anklingt, wispert über die Jahrhundertschwelle mir die Worte nach: »Liebes Kindlein, ach, ich bitt, | Bet fürs bucklicht Männlein mit.«

(aus: *Vossische Zeitung*, 8. September 1933)

Schmöker

von Detlef Holz

Aus der Schülerbibliothek bekam ich die liebsten. In den unteren Klassen wurden sie zugeteilt. Der Klassenlehrer sagte meinen Namen, und dann machte das Buch über die Bänke seinen Weg; der eine schob es dem anderen zu, oder es schwankte über die Köpfe hin, bis es bei mir, der sich gemeldet hatte, angekommen war. An seinen Blättern haftete die Spur von Fingern, die sie umgeschlagen hatten. Die Kordel, die den Bund abschloss und oben und unten vorstieß, war verschmutzt. Vor allem aber hatte sich der Rücken viel bieten lassen müssen; daher kam es, dass beide Deckelhälften sich von selbst verschoben und der Schnitt des Bandes Treppchen und Terrassen bildete. An seinen Blättern aber hingen, wie Altweibersommer am Geäst der Bäume, bisweilen schwache Fäden eines Netzes, in das ich einst beim Lesenlernen mich verstrickt hatte.

Das Buch lag auf dem viel zu hohen Tisch. Beim Lesen hielt ich mir die Ohren zu. So lautlos hatte ich doch schon einmal erzählen hören. Den Vater freilich nicht. Manchmal jedoch, im Winter, wenn ich in der warmen Stube am Fenster stand, erzählte das Schneegestöber draußen mir so lautlos. Was es erzählte, hatte ich zwar nie genau erfassen können, denn zu dicht und unablässig drängte zwischen dem Altbekannten Neues sich heran. Kaum hatte ich mich einer Flockenschar inniger angeschlossen, erkannte ich, dass sie mich einer anderen hatte überlassen müssen, die plötzlich in sie eingedrungen war. Nun aber war der Augenblick gekommen, im Gestöber der Lettern den Geschichten nachzugehen, die sich am Fenster mir entzogen hatten. Die fernen Länder, welche mir in ihnen begegneten, spielten vertraulich wie die Flocken umeinander. Und weil die Ferne, wenn es schneit, nicht mehr ins Weite, sondern ins Innere führt, so lagen Babylon und Bagdad, Akko und Alaska, Tromsö und Transvaal in meinem Innern. Die linde Schmökerluft, die sie durchdrang, schmeichelte sie mit Blut und Fährnis so unwiderstehlich meinem Herzen ein, dass es den abgegriffenen Bänden die Treue hielt.

Oder hielt es die Treue älteren, unauffindbaren? Den wundervollen nämlich, die mir nur einmal im Traume wiederzusehen gegeben war? Wie hatten sie geheißen? Ich wusste nichts, als dass es diese längst verschwundenen waren, die ich nie wieder hatte finden können. Nun aber lagen sie in einem Schrank, von dem ich im Erwachen einsehen musste, dass er mir nie vorher begegnet war. Im Traum schien er mir alt und gut bekannt. Die Bücher standen nicht, sie lagen; und zwar in seiner Wetterecke. In ihnen ging es gewittrig zu. Eins aufzuschlagen, hätte mich mitten in den Schoß geführt, in dem ein wechselnder und trüber Text sich wölkte, der von Farben schwanger war. Es waren brodelnde und flüchtige, immer aber gerieten sie zu einem Violett, das aus dem Innern eines Schlachttiers zu stammen schien. Unnennbar und bedeutungsschwer wie dies verfehmte Violett waren die Titel, deren jeder mir sonderbarer und vertrauter vorkam als der vorige. Doch ehe ich des ersten besten mich versichern konnte, war ich erwacht, ohne auch nur im Traum die alten Knabenbücher noch einmal berührt zu haben.

(aus: *Vossische Zeitung*, 17. September 1933)